袁行霈 主編
趙爲民 程郁綴 副主編

歷代名篇賞析集成

宋金元卷（上）

高等教育出版社

篇目表

宋金元卷［上］

李清照

陳與義

張元幹

岳　飛

陸　游

山禽矜逸態
梅粉弄輕柔
已有丹青約
宣和殿御製并書

村行

王禹偁

馬穿山徑菊初黃，信馬悠悠野興長。萬壑有聲含晚籟，數峯無語立斜陽。

棠梨葉落胭脂色，蕎麥花開白雪香。何事吟餘忽惆悵，村橋原樹似吾鄉。

作詩而以「村行」命題，其作者大抵並非村民，而是身居鬧市乃至官場，偶然來到鄉村閑行，目之所接，耳之所遇，在在處處，都有一種新鮮感，從而搖蕩性靈，形諸吟詠。因而可以這樣說：這一類詩，一般寫詩人「村行」之時的所見所感。當然，其所見所感，是因人而殊，因地而異的。且看晚唐詩人成文幹的《村行》：

曖曖村煙暮，牧童出深塢。騎牛不顧人，吹笛尋山去。

全詩似乎衹寫目之所見，而心之所感卽寓其中。詩人對那位牧童的自由自在，無拘無束，顯然是無限向往的。

同樣以「村行」命題，王禹偁的這首詩，却是另一番情景，另一種寫法。

這是一首七律，從章法上說，七律是要講起、承、轉、合的：首聯起，頷聯承，頸聯轉，尾聯合。但實際情況並非如此簡單。王禹偁的這首《村行》，就突破了那種框框。首聯「起」，頷、頸兩聯「承」，尾聯則以上句突轉，以下句拍合。章法井然，而又富於變化。

首句的「馬穿山徑」，寫了「行」，却未見人，衹提馬；寫了「行」的場所，却衹見山，未提「村」。而繼之以「菊初黄」，則馬上有人，山中有村，便依稀可想。爲什麽？「菊初黄」，非馬能辨，只能是馬上人的眼中景。初黄之菊，又自然是山中人培植的。於是乎，讀者憑借自己的經驗馳騁創造性的想象，因菊花而想見竹籬，因竹籬而想見茅舍，一幅山村秋意圖，就展現在眼前了。次句更明白地寫出馬不過是人的坐騎。那馬上人並無明確的目的地，衹是任憑馬兒穿過山徑，自由地行走，悠悠然領略山鄉風光。兩句詩，既點題而又不限於點題。環境、景物、季節以及「村行」者的神態、心情，都躍然紙上；在章法上，又水到渠成，引出頷、頸兩聯。

頷聯寫大景，視覺、聽覺並用而默會於心，既移情入景，又觸景生情，從而産生了審美共鳴。「萬壑有聲含晚籟」一句，顯然吸取了《莊子·齊物論》中關於人籟、地籟、天籟的議論而又自鑄偉詞、自成意象。「萬壑」本來沒有生命、沒有情感，說它「有聲」，便立刻使人感到它是有生命的東西，並且以聲傳情，傾吐它的內心世界。再以「含晚籟」作補充，又使人聯想到莊子關於「地籟」所自來的描繪，從而以「山林之畏佳」、「大木百圍之竅穴」、「前者唱于而隨者唱喁」等等來豐富「萬壑」的視覺形象和聽覺形象。「數峯無語立斜陽」一句更精彩。山峯，本來不能語。說它「無語」，則意味着它原是能語、有語的，衹是如今却沉默了。那麽，這立於「萬壑」之間、斜陽之中的「數峯」又爲什麽沉默了呢？就不能不引人遐想。

頸聯與首聯中的「菊初黄」相照應，描繪秋季山鄉的兩種典型景物。「棠梨葉落」，不無蕭瑟之感，却說那飄落的葉片「胭脂色」，十分濃豔。「蕎麥花開」，有如白雪鋪遍田野，令人賞心悦目；但更誘人的，還是那吸引了無數蜜蜂的芳香。於「白雪」後着一「香」字，作者和讀者，都不禁爲之陶醉了。

這四句詩，緊承首聯，寫「信馬悠悠」之時的見聞感受，以見「野興」之「長」。在寫法上，高低相形，有無互立，形聲交錯，開落對照，色香畢具，充分體現了藝術辯證法，從而創造出情景交融的詩境，內涵深廣，耐人尋味。

凡有創作甘苦的人，都會想：用七律的體裁寫「村行」的題材，一口氣寫了六句，還略無轉折，將怎樣收

村行

尾呢？不要說收得好，就是不出現敗筆，也是很難的。繼續讀下去，第七句「何事吟餘忽惆悵」，以問爲轉，轉得出人意外；第八句「村橋原樹似吾鄉」，以答爲合，合得貼切自然。這，當然與作者才華、功夫有關。但更起作用的，還是作者的身世、遭遇和此時此地的眞情實感。王禹偁（九五四——一〇〇一），字元之，北宋濟州鉅野（今山東鉅野縣）人，出身農家，耿介剛直。淳化二年（九九一），他方判大理寺，廬州妖尼誣告徐鉉，他據實抗疏爲徐雪誣，觸怒皇帝，朝臣又乘機讒害，因而被貶爲商州（今陝西商縣）團練副使。這首《村行》，乃次年秋天在商州所作。明乎此，就知道他離開官署，在鄉村山野裏徜徉，無非是爲了解憂散悶，呼吸一點新鮮空氣。但當他沉浸於山鄉風物，野興方長，吟情正濃之時，不覺斜陽滿目、晚籟盈耳，留連忘返而又不得不回到那汚濁的官場，便忽然惆悵起來。和官場相比，這山村鄉野的確是美好的，但這究竟不是自己的家鄉啊！而自己的家鄉不是和這裏一樣美好嗎？於是乎，這裏的村橋，這裏的原樹，這裏的一切，便喚起對家鄉無窮的憶戀。那麼，爲什麼不拂衣歸去呢？讀詩至此，很自然地使我們想起陶淵明的《歸去來兮辭》：

> 歸去來兮，田園將蕪胡不歸！既自以心爲形役，奚惆悵而獨悲？悟已往之不諫，知來者之可追。實迷途其未遠，覺今是而昨非……

當然，作者一想到辭官歸田，就捲起鋪蓋回去了，那倒是很爽快。可是，他是一個「罪人」，貶到「商州」乃是皇帝給他的處分，哪能想走就走呢？尾聯所表現的內心活動是複雜的，全詩的意境，也因此而忽然升華，展現了一個新天地。

（霍松林）

黃州新建小竹樓記

王禹偁

黃岡之地多竹，大者如椽。竹工破之，刳去其節，用代陶瓦。比屋皆然，以其價廉而工省也。

子城西北隅，雉堞圮毀，榛莽荒穢，因作小樓二間，與月波樓通。遠吞山光，平挹江瀨，幽闃遼敻，不可具狀。夏宜急雨，有瀑布聲；冬宜密雪，有碎玉聲。宜鼓琴，琴調和暢；宜詠詩，詩韻清絶；宜圍棋，子聲丁丁然；宜投壺，矢聲錚錚然。皆竹樓之所助也。

公退之暇，披鶴氅衣，戴華陽巾，手執《周易》一卷，焚香默坐，消遣世慮。江山之外，第見風帆沙鳥、煙雲竹樹而已。待其酒力醒，茶煙歇，送夕陽，迎素月，亦謫居之勝概也。彼齊雲、落星，高則高矣，井幹、麗譙，華則華矣，止於貯妓女，藏歌舞，非騷人之事，吾所不取！

吾聞竹工云：「竹之爲瓦僅十稔，若重覆之，得二十稔。」噫！吾以至道乙未歲，自翰林出滁上，丙申移廣陵，丁酉又入西掖，戊戌歲除日，有齊安之命，己亥閏三月到郡。四年之間，奔走不暇，未知明年又在何處，豈懼竹樓之易朽乎？幸後之人與我同志，嗣而葺之，庶斯樓之不朽也！

咸平二年八月十五日記。

在我國古代散文寶庫中，儲藏着很多膾炙人口的遊記。其中有些篇目，僅僅對祖國的名山大川稍作點染，就放出了絢麗的光彩。另一些作品却避開崇山峻嶺和浩淼煙波，着眼於某種平凡的名物，憑借作者的強烈感受，描繪出了生動的藝術形象。宋代王禹偁撰寫的《黃州新建小竹樓記》就是後一類遊記中的精彩篇章。

王禹偁，字元之，山東鉅野人，家境清貧，世代務農。宋太宗太平興國八年考中進士，先後擔任過右拾遺、左司諫、翰林學士等顯要官職。他比較了解人民的疾苦，敢於向皇帝直言諫諍，所以三次遭到貶謫。面對逆境，王禹偁守正不阿，毫不苟且，始終用「屈於身兮不屈其道，雖百謫而何虧」來勉勵自己。這就使他在政治上贏得了「良吏」和「直士」的美稱，在詩文創作方面也能夠另闢蹊徑，獨樹一幟。

《黃州新建小竹樓記》寫在王禹偁第二次貶官期間。公元九九七年，剛即位不久的宋眞宗趙恆把王禹偁召回京城，從而結束了他的第一次貶謫生活。但是，王禹偁依舊直言政事，不畏權貴，跟宰相張齊賢、李沆產生了深刻矛盾。所以時隔一年，正當千家萬戶送舊迎新、京城內外炮竹聲聲的大年三十，王禹偁再一次拜受了貶官的詔令。第二年暮春三月，他懷着無限的悵恨，遙望着巍峨高聳的宮闕和掩隱在花木叢中的豪華樓臺，怏怏地離開了開封。公元九九九年的中秋佳節，身在湖北黃州的王禹偁，眼望着溶溶月色，耳聞那陣陣歡笑，禁不住千思萬慮，湧上心頭，奮筆寫下了這篇《小竹樓記》，表達了他遭貶之後恬淡自適的生活態度和莊重自持的思想情操。

文章的開頭是這樣的：

黃岡之地多竹，大者如椽。竹工破之，刳去其節，用代陶瓦。比屋皆然，以其價廉而工省也。

黃州新建小竹樓記

「黃岡」，在今湖北省的黃岡市，又稱齊安，是宋代黃州的州治所在地。這一段的意思是：湖北黃岡盛產竹子，大的有架屋的椽子那麽粗。當地百姓請竹匠把它劈開，刮去竹節，用來構築房屋，代替陶土燒成的瓦片。挨家逐戶，沒有不這樣做的，因爲竹子價格便宜而且節省建築工時。

我們知道，黃州雖然是宋代貶官任職的窮鄉僻壤，但它南臨奔騰的長江，西接起伏的丘陵，從這裏入江的滔滔巴水氣象萬千，境內的名勝赤壁游人如織。王禹偁却無視江山勝景，也不發思古幽情，偏偏着眼於平平常常的竹子。他一開頭就從多竹、大竹、破竹寫到竹瓦和竹屋，如數家珍地勾勒了一個竹子的世界。這是爲什麽呢？是出於對異鄉客地的好奇嗎？不盡然。因爲竹子是黃州百姓的生活所需，鄉村的竹屋又恰恰跟通都大邑的樓閣形成鮮明的對比，何況它作爲「歲寒三友」之一，縱然是冰天雪地，却依舊亭亭玉立，蒼翠挺拔，所以王禹偁對竹子寄託着深厚的感情，甚至別開生面地蓋起小竹樓來了：

子城西北隅，雉堞圮毁，榛莽荒穢，因作小樓二間，與月波樓通。

這裏，作者先向我們介紹了竹樓的建造地點。「子城」，又稱翁城、月城，就是城外護城的半圓形城牆。「雉堞」，就是城頂上凹凸的短牆，又叫女兒牆。「圮」，是毁壞的意思。這幾句的意思是：在黃州子城的西北角，在女兒牆倒塌毁墜、野草叢生、荒蕪雜亂的地方，王禹偁建造了兩間小竹樓。爲什麽要把小竹樓造在這裏呢？作者祇說了一點：因爲這裏和月波樓相通（據古書記載，月波樓也在黃岡城上，也由王禹偁修築）。實際上還有兩個更重要的因素：其一是居高臨下，視野廣闊，足以閱盡黃州的山光水色。其二是客觀環境的破殘和荒涼，恰恰適應了作者惆悵和落寞的思想感情。這兩點作者沒有明說，但讀後文，就能體味出來。

遠吞山光，平挹江瀨，幽闃遼敻，不可具狀。

接下來這四句是對竹樓景色和作者感受的集中概括。「吞」是接受和容納的意思，「挹」就是舀取，「江瀨」特指湍急的江流。「遠吞山光」和「平挹江瀨」，意思是極目遠眺，秀麗的山色盡收眼底；平視左右，湍急的江流似可舀取。這是寫景。感受呢，作者祇說了「幽闃遼敻」四個字，特別強調這裏的清幽寂靜和遼闊廣遠。可以想見，身臨偏僻而又荒蕪之處的小竹樓，所見既多，所思尤繁，要想把千姿百態的景物和千頭萬緒的思想表達清楚，決不是容易做到的，所以作者說「不可具狀」，無法全部描繪。從而把概括描寫一筆打住，又把文思作了新的引發。

夏宜急雨，有瀑布聲；冬宜密雪，有碎玉聲。宜鼓琴，琴調和暢；宜詠詩，詩韻清絶；宜圍棋，子聲丁丁然；宜投壺，矢聲錚錚然。皆竹樓之所助也。

這是寫竹樓之中一年四季的生活情趣。這裏說的「投壺」，是古人宴飲時的一種遊戲。遊戲時，主客依次以箭投壺，敗者必須罰酒。這一節前四句的意思是：夏天遇上瓢潑大雨，就能聽到衝擊竹瓦所發出的瀑布似的轟鳴；冬天碰到鵝毛大雪，房頂上必定傳來琢玉碎屑般的聲響。這是寫嚴寒酷暑的自然景色。接着，作者改用「宜」字開頭，描述了在竹樓上琴棋詩酒時的景況。他說：這裏適宜於彈琴，絲弦的音響清虛舒暢；適宜於詠詩，吟哦的聲韻高雅清幽；適宜於下棋，擺棋的聲響清脆悠遠；適宜於投壺，箭鏃觸壺的聲音如同金石交迸。總之，不管是自然的雨雪聲，還是人爲的操琴、吟詩、下棋和投壺聲，全都異乎尋常；而這些，全都得力於僻靜而又高聳的小竹樓。這一節不僅有力地烘托了小竹樓的旖旎風光，眞切地表現了作者詩酒生活的獨特情趣，還憑藉其中的音響描寫，反襯了前面所說的「幽闃遼敻」的境況。惟其連雪花飄落的聲音也能聽到，惟其雨聲如同瀑布轟鳴，纔能格外表現出小竹樓的清幽寂靜和遼闊廣遠。也許你要問：作者爲什麼要追求這種幽闃寂靜的境界呢？這是因爲，他對變幻莫測的仕途和污濁喧鬧的官場感到失望，力圖在曠遠和靜穆的環境裏解除自身的煩惱。那麼，王禹偁眞的超脫於世外了嗎？沒有，他胸中感情的波瀾根本沒有平息，透過「瀑布」、「碎玉」等帶有強烈主觀色彩的比喻和「和暢」、「清絕」、「丁丁」、「錚錚」等特殊的措詞造句，人們似乎仍然可以聽到作者奔騰起伏的心聲；這種複雜的情況，同樣滲透在下面的兩節文字中間。

> 公退之暇，披鶴氅衣，戴華陽巾，手執《周易》一卷，焚香默坐，消遣世慮。江山之外，第見風帆沙鳥、煙雲竹樹而已。待其酒力醒，茶煙歇，送夕陽，迎素月，亦謫居之勝概也。

這一節大意是說，公事完畢的閑暇時間，他身披羽毛製成的披風，頭戴道士的帽子，手裏拿着一冊《周易》，點着香靜靜地坐在小竹樓上，借以解除世俗的煩惱。在他眼前，除了江流和山巒以外，衹見片片風帆、翩翩沙鷗、縷縷煙雲和叢叢翠竹綠樹而已。等到那酒醉乍醒，茶煙消散的時刻，目送着沉沉落日，迎來了皓皓月輪，這也可算是謫居黃州的賞心悅事啊！這裏，表面上是說王禹偁在政治挫折面前的淡漠態度，實際上是寫他守正不阿的傲岸心理。他並不因爲貶官而自怨自艾，也不因此而隨波逐流。誠然，模仿道士的裝束舉止，陶醉自然風光和沉溺醇酒茗茶，充分顯示了封建士大夫的階級屬性；但跟蠅營狗苟、追名逐利的贓官酷吏相比，能够以景物自娛，在默坐中消遣世慮，不也是難能可貴的嗎？

我們再讀另一節文字：

> 彼齊雲、落星，高則高矣，井幹、麗譙，華則華矣，止於貯妓女，藏歌舞，非騷人之事，吾所不取！

這裏提到的「齊雲」、「落星」、「井幹」和「麗譙」，都是古代有名的高樓。其中齊雲觀由陳後主營造，落星樓構築在孫權執政時期，井幹樓是爲漢武帝舉行封禪儀式而建造的，麗譙樓的興建純屬曹操的旨意。這幾句話的大意是：那齊雲觀和落星樓，高峻是的確高峻，那井幹樓和麗譙樓，華麗是委實華麗；但它們衹能用來藏匿美女和表演歌舞，決不是失意文人所該追求的事，所以我對此并不讚許。這裏，作者描寫某些封建官僚醉生夢死的腐朽生活，與上一節清心默坐和自得其樂的自我記述，正好形成鮮明的對照。因此，王禹偁筆下那獨具風韻的小竹樓，實際上已成了「屈身」而「不屈道」的貶官的象徵，而充滿聲色玩好的豪華樓觀則又成了竊取高位、自甘墮落的官僚佞臣的代稱。兩相比較，作者十分自信地肯定了前者，又斬釘截鐵地否定了後者，從而明確表示了自身的政治抱負和生活態度。另外，因爲齊雲觀、落星樓等都是封建帝王建造的，所以這裏又自然包含着對宋代最高統治者的嘲諷，從而更加顯示了王禹偁「屈身而不屈其道」的頑強精神。

由於作者對小竹樓滿懷深情，因此他對小竹樓未來的命運也就十分關切：

吾聞竹工云：「竹之爲瓦僅十稔，若重覆之，得二十稔。」

聽竹匠們說，用竹子做的瓦衹能維護十年，如果重複蓋兩層，也衹能支撐二十年。對此，王禹偁難免惶惑不安。然而，物以人好，人去物非；小竹樓的前景固然不妙，作者的政治命運又何嘗暢達呢！想到這裏，文章隨卽出現了轉折：

噫！吾以至道乙未歲，自翰林出滁上，丙申移廣陵，丁酉又入西掖，戊戌歲除日，有齊安之命，己亥閏三月到郡。四年之間，奔走不暇，未知明年又在何處，豈懼竹樓之易朽乎？

這段話涉及一系列年代、職官和地理名稱。其中「至道」是宋太宗的年號。「乙未」、「丙申」、「丁酉」、「戊戌」和「己亥」都屬天干地支紀年，分別指宋太宗至道元年、二年、三年和宋眞宗咸平元年、二年。「翰林」就是翰

黃州新建小竹樓記

林學士，「西掖」是宋代最高行政機關中書省的別稱。王禹偁先回顧了自己的坎坷仕途，然後聯繫到小竹樓的命運。他激動地說：唉！我王禹偁在至道元年由翰林學士貶任滁州知州；第二年調任揚州知州；第三年重新回到中書省；咸平元年的大年三十，又接受了貶任黃州知州的詔命；次年閏三月到達黃州。前後四年中間，馬不停蹄，奔走不歇，不知道明年又將在什麽地方，哪裏用得到去擔心小竹樓容易朽壞和倒塌呢！是的，想想過去和現在，就能知道將來。王禹偁猶如泥菩薩過江，自身尚且難保，何必再去顧念小竹樓呢！然而，小竹樓畢竟是他親手建造的，而且還寄託着自己的理想和情操，縱然自己遭受種種不幸，又怎麽能任憑它毁壞和坍倒呢！想到這裏，文章再次出現了轉折：

幸後之人與我同志，嗣而葺之，庶斯樓之不朽也！

王禹偁希望以後謫居到黃州的官吏，能具備他那樣的思想境界，繼續不斷地修葺小竹樓，果眞如此，它或許能永不倒塌，長久留存。然而能像自己這樣，政治上屢遭貶黜，但內心深處的信念却始終堅貞不遷的人，又能有幾個？因此，小竹樓的命運到底如何，還衹能是個未知數。這幾句，既在字面上寫出了作者的熱切期望，又於言外透露出一種無可奈何的哀傷。到這裏，作品的正文結束了。按照遊記的慣例，王禹偁在正文後面還附上了創作時間：「咸平二年八月十五日記。」就是說，這篇作品寫成於宋眞宗咸平二年的中秋節。

上面已經談到，《黃州新建小竹樓記》是一篇敍寫普通名物的遊記。這樣的遊記，要比描述名山勝水的作品難寫得多，因爲它敍寫的對象實在太簡陋、太平凡了。然而，「山不在高，有仙則名」。由於作者在小竹樓上寄託了自己的眞摯感情和理想，又善於把文章當作「傳道而明心」的工具，能够將情和景熔鑄成一個有機的整體，所以一座平平常常的小竹樓也能發出令人矚目的光彩，具有一種清麗而幽芳的韻味。當然，作爲封建士大夫，王禹偁所堅持的「道」，畢竟打上了地主階級的烙印，他同情人民而又內心孤獨，憎惡官場而又感到前途渺茫，因此《黃州新建小竹樓記》所描寫的景物和開拓的意境，不免過於淒清寂冷，陰沉晦暗。這也是我們閱讀時必須注意的。

（談鳳樑）

書河上亭壁（其三）

寇　準

岸闊檣稀波渺茫，獨憑危檻思何長。蕭蕭遠樹疏林外，一半秋山帶夕陽。

《書河上亭壁》共四首，分寫四季景物，這是第三首，寫秋天夕景。關於這組詩的寫作本事，《忠愍公詩集》原有題云：「予頃從穰下（卽鄧州，今河南鄧縣）移莅河陽（卽孟州，今河南孟縣南），洎出中書，復領分陝（卽陝州，今河南三門峽市西），惟茲二鎮，俯接洛都，皆山河襟帶之地也。每憑高極望，思以詩句狀其物景，久而方成四絕句，書於河上亭壁。」依原題所說，《書河上亭壁》乃描寫孟州、陝州一帶黃河景物，而詩則是書於陝州河上亭壁的。當時，寇準因力促眞宗親自征遼，訂澶淵之盟，爲王欽若所譖，景德三年（一〇〇六）二月罷相出知陝州，詩當爲景德三、四年間陝州任內所作。

在秋天的一個傍晚，詩人登上河上亭，舉目遠眺，卽景抒懷，寫下了這首詩。一、二兩句寫河中之景和由此而產生的感慨。詩人面對黃河，放眼望去，衹見兩岸寬闊，水波渺茫。這本來是十分壯美的景色，可是當他看到大河上下空空蕩蕩，除了暮色蒼茫中的幾隻小船外別無他物的時候，反而產生了冷落、孤寂之感。所以緊接着續出第二句，寫自己危檻獨憑，思緒緜緜，字句間流露出無限蒼涼之意。在這兩句中，先寫景後寫情，情由景生，銜接自然，用筆老到。他先以「岸闊」（一作「峯闊」）點出河道之廣，再以「渺茫」點出水勢之大，把空

書河上亭壁（其三）

間無限地擴展開來，畫出闊大之景。在「岸闊」、「波渺茫」中間所嵌入的「檣稀」二字，乃是詩人眺望中着意點出的一景。稀少的船隻與浩渺的河流相比，更渲染出寂寥、冷落的氣氛。第二句，詩人獨倚危檻，心境當然是寂寞而凄涼的。可是詩裏衹用「思何長」三字加以總括，韻味深長，彷彿訴說不盡也訴說不清。程度副詞「何」字，帶有強烈的感嘆意味。是思鄉還是恤民？是宦海的愁苦還是國事的憂慮？也許都有一些吧。

詩的三、四兩句，寫夕陽秋山之美。當詩人獨憑危檻，遠望「山河襟帶之地」，陷入無限沉思的時候，忽覺天色漸晚，於是轉移視線，游目於暮山之間。因爲已是深秋季節，樹木搖落，大地清肅，而在遠樹疏林之外，一半秋山抹上落日的餘輝。情深而思遠的詩人，此時不知又湧起多少思緒。從章法來說，三、四兩句是全詩的重點，着意描繪秋林、秋山、夕陽的美。筆意蕭疏而景物鮮明，文字清新而意境疏寬。其中「蕭蕭」二字，不是風聲，也不是樹木搖動之狀，而是稀疏矮小之貌。其實，「遠樹」並不一定很矮，衹是因爲距離較遠，從高處望去，顯得矮小；「疏林」也不一定植株很稀，衹是因爲樹葉盡落，故有稀疏之感。用「遠樹」、「疏林」寫秋林遠景，既表現出秋林的季節特徵，也符合山水畫「去之稍闊，則其見彌小」的透視原理。從河上亭眺望，視點高、視野遠，故而在遠樹、疏林之外，又可見秋山夕陽之景。古人寫詩作畫，都以清、淨爲秋山的基本特徵。張喬云：「秋山清如水，吟客靜如僧」，郭熙論畫山時說：「眞山之煙嵐，四時不同：春山淡冶而如笑，夏山蒼翠而如滴，秋山明淨而如沐，冬山慘淡而如睡。」因此，寇準在詩中卽使不細說秋山的特徵，讀者也自可想見，那沐浴在夕陽落照中的秋山，顯現出疏朗而又爽麗之美。胡仔《苕溪漁隱叢話》曾說：「忠愍詩思凄婉，蓋富於情者。」這首七言絶句的妙境也具有這種藝術特色，不過在凄婉中帶有蒼涼之氣，在悽清中現出疏闊之美，頗有唐人之風。在西崐派浮靡文風彌漫於詩壇的北宋初期，寇準能寫出這樣清新自然的作品，是值得稱道的。

（臧維熙）

孤山寺端上人房寫望

孤山寺端上人房寫望

林　逋

底處憑闌思眇然，孤山塔後閣西偏。陰沈畫軸林間寺，零落棋枰葑上田。
秋景有時飛獨鳥，夕陽無事起寒煙。遲留更愛吾廬近，祇待重來看雪天。

書爲心畫，言爲心聲；在心爲志，發言爲詩；昔人論之詳矣。作詩原以抒寫懷抱，歌詠性靈，貴在有眞情眞趣，表現出一個眞實的人。關於這一點，豐子愷先生在他的散文《湖畔夜飲》中說得最爲透徹：

別的事都可有專家，而詩不可有專家，因爲做詩就是做人。人做得好的，詩也做得好。倘說做詩有專家，非專家不能做詩，就好比說做人有專家，非專家不能做人，豈不可笑？

這段話是豐先生提到數學家蘇步青的一首絕句，認爲「滋味純正」，特加讚美，因而說起的。此論初看似稍偏激，細想實有至理。人與文本該一致，言違眞實，口不應心，就是做詩忘了做人，言行成爲兩截，尙何足取？其身在江湖而心存魏闕的，往往故以閑適之辭入詩，以示安於田野，實際熱中利祿，急於求仕，以僞掩眞，其詩不過僅存假面而已。據此而言，我認爲北宋隱逸詩人林逋的作品的可貴，首先卽在一個「眞」字。

孤山寺端上人房寫望

林逋（九六七—一〇二八）字君復，錢塘人，恬淡好古，不慕榮利，隱居西湖孤山，二十年不入城市，一生不娶，惟喜植梅養鶴，有妻梅子鶴之稱，卒謚和靖先生。能詩善書，詩成多隨手棄去，不欲以此取名。今存詩集四卷。近人朱孔彰又輯拾遺一卷，附錄一卷。宋梅堯臣序其集云：「其順物玩情爲之詩，則平澹邃美，詠之令人忘百事也。其辭主乎靜正，不主乎刺譏，然後知其趣向情遠，寄適於詩爾。」「平澹邃美」和「主乎靜正」，可以說是林逋作品的基本情調。蘇軾對其人其詩，亦頗致推崇，在《書林逋詩後》七古中有「先生可是絕俗人，神清骨冷無由俗，我不識君曾夢見，瞳子瞭然光可燭，遺篇妙字處處有，步繞西湖看不足」諸句，足見其傾倒。黃庭堅謂歐陽修極賞林逋梅花詩「疏影橫斜水清淺，暗香浮動月黃昏」之句，而庭堅以爲林詩《詠梅》的「雪後園林才半樹，水邊籬落忽橫枝」二聯，似勝前句（見宋蔡正孫《詩林廣記》）。雖二人鑒賞有異，實際兩詩俱佳，與其另一首中「池水倒窺疏影動，屋檐斜入一枝低」兩語，皆清新蕭散，旣見詠物之工，也顯示了作者隱逸的高致。對林逋先有這樣一個簡略的了解，再來看他這首《孤山寺端上人房寫望》，就有了體會其情趣的基礎。

古時僧徒，不乏高士，文人卽不信佛，亦多喜與之往還。林逋棲隱孤山，信步行至禪堂，登高舒眺，以寫一時情景，是很自然的事情。佛教本謂具備德智善行的人爲上人。這裏的上人，是作爲和尙的敬稱來用的，「端」是人名。「底處」，卽何處，常見於唐宋人詩詞。憑闌縱目，一時思緒隨所見風物而與之俱遠，以「底處」設問，跟着指出所據之地爲「孤山塔後閣西偏」，自具形勝，便於遠望，遂覺文意生動，不同於平鋪直敍的述說。下面兩聯所寫，有靜有動。「陰沈畫軸林間寺，零落棋枰葑上田」，以比喻的說法，描摹靜態。謂景物佳勝有如畫圖，或畫圖神妙，逼眞實景，爲經常交互使用之修辭手段。僧寺深沈，林間隱現，似畫軸列於眼底；葑田（架木於沼澤而鋪泥種植之田）錯落，隨勢高低，若棋枰之交插縱橫；當爲下瞰之所見。「秋景有時飛獨鳥，夕陽無事起寒煙」，又使景中有物，顯示動態，爲遠觀之所見。秋清氣爽，一鳥高飛，起落突兀，一時偶現；夕陽澹澹，寒煙四起，觸目濛濛，其爲山嵐忽聚，炊火所成，無須辨別。這兩聯動靜結合，非常自然，使全詩形象鮮明，意境悠遠。末尾的「遲留更愛吾廬近，祇待重來看雪天」，由寓所接近、客易復臨，設想此處冬天雪景之美，表示重來的願望，更留下了有餘不盡之意。林逋的詩於平淡中顯示眞趣以及隱士的放曠襟懷，俱可於此見之。我認爲林逋的詩能够流露眞情，他的作人和作詩是一致的。

宋張表臣云：「詩以意爲主，又須篇中煉句，句中煉字，乃得工耳。以氣韻清高深眇者絶，以格力雅健雄豪者勝。元輕白俗，郊寒島瘦，皆其病也。」（見《珊瑚鉤詩話》卷一）以風格論，林逋的詩雍容大雅，毫不造作，可以歸入「氣韻清高深眇」的一類。清孔尚任云：「余嘗論詩有二道，曰工曰佳。工者多出苦吟，佳者多由快詠。古人謂詩窮而後工，特爲工者言耳。而佳詩則必文采風流，翩翩豪邁，能發廟朝太平之音，較之窮而後工者，有風雅正變之殊焉」（見《湖海集·山濤詩集序》）。林逋的詩揮灑自如，氣韻流暢，又可以說多快詠佳作，而不見苦吟之跡，亦其勝處，而不必是什麽「廟朝太平之音」。

（劉葉秋）

岳陽樓記

范仲淹

慶曆四年春，滕子京謫守巴陵郡。越明年，政通人和，百廢俱興。乃重修岳陽樓，增其舊制，刻唐賢今人詩賦於其上。囑予作文以記之。

予觀夫巴陵勝狀，在洞庭一湖。銜遠山，吞長江，浩浩湯湯，橫無際涯；朝暉夕陰，氣象萬千。此則岳陽樓之大觀也。前人之述備矣。然則北通巫峽，南極瀟、湘，遷客騷人，多會於此，覽物之情，得無異乎？

若夫霪雨霏霏，連月不開，陰風怒號，濁浪排空，日星隱曜，山岳潛形，商旅不行，檣傾楫摧；薄暮冥冥，虎嘯猿啼。登斯樓也，則有去國懷鄉，憂讒畏譏，滿目蕭然，感極而悲者矣。

至若春和景明，波瀾不驚，上下天光，一碧萬頃；沙鷗翔集，錦鱗游泳；岸芷汀蘭，郁郁青青。而或長煙一空，皓月千里，浮光躍金，靜影沈璧；漁歌互答，此樂何極！登斯樓也，則有心曠神怡，寵辱皆忘，把酒臨風，其喜洋洋者矣。

嗟夫，予嘗求古仁人之心，或異二者之爲，何哉？不以物喜，不以己悲。居廟堂之高則憂其民，處江湖之遠則憂其君。是進亦憂，退亦憂。然則何時而樂耶？其必曰：先天下之憂而憂，後天下之樂而樂歟！噫！微斯人，吾誰與歸！時六年九月十五日。

范仲淹（九八九——一〇五二）是北宋著名的政治家、散文家，也是一位優秀的詞人。他的詞只有六首傳世，其中以《漁家傲》最爲膾炙人口。

沿湘江順流而下，經長沙再向前，一片煙波浩渺的大水映入眼簾，那就是「水天一色，風月無邊」的洞庭湖了。唐代詩人孟浩然在一首題爲《臨洞庭》的詩裏寫道：「氣蒸雲夢澤，波撼岳陽城。」生動地表現了洞庭湖浩瀚的氣勢，成爲千古絕唱。詩中所說的岳陽，西臨洞庭，北扼長江，自古以來就是南北交通的咽喉之地。從洞庭湖上向岳陽遠眺，最引人注目的是屹立於湖畔的一座三層的城樓，被藍天白雲襯托得十分壯觀。那就是著名的岳陽樓。

岳陽樓的前身，是三國時吳國都督魯肅的閱兵臺。唐玄宗開元四年，中書令張說謫守岳州，在閱兵臺舊址建了一座樓閣，取名岳陽樓。李白、杜甫、白居易、張孝祥、陸游等著名詩人都曾在這裏留下膾炙人口的詩作。到北宋慶曆四年（一〇四四）春天，滕子京被貶謫到岳州巴陵郡做知府，第二年春重修岳陽樓，六月寫信給貶官在鄧州的好朋友范仲淹，並附有《洞庭晚秋圖》一幅，請他寫一篇文章記述這件事。到慶曆六年九月，范仲淹便寫了這篇著名的《岳陽樓記》。

《岳陽樓記》全文衹有三百六十八字，分五段。

第一段，說明作記的原由：

慶曆四年春，滕子京謫守巴陵郡。越明年，政通人和，百廢俱興。乃重修岳陽樓，增其舊制，刻唐賢今人詩賦於其上。囑予作文以記之。

這番交代十分必要，因爲范仲淹既非岳陽人，又不在岳陽做官，可能根本就沒來過岳陽，一個和岳陽沒有關係的人忽然爲岳陽樓作記，這是必須說明緣由的。作者先提出自己的好朋友滕子京，說他被貶官到岳陽後，經過一年的時間，就做到了「政通人和，百廢俱興」。重修並擴建了岳陽樓，在樓上刻了唐代先賢和今人的詩賦，又囑託我作一篇文章記述這件事。這段文字簡明扼要，把必須交代的背景在文章開頭集中地加以交代，後面就可以馳騁想象自由揮灑筆墨了。

第二段，不對岳陽樓本身作描寫，而是由岳陽樓的大觀過渡到登樓覽物的心情：

予觀夫巴陵勝狀，在洞庭一湖。銜遠山，吞長江，浩浩湯湯，橫無際涯；朝暉夕陰，氣象萬千。此則岳陽樓之大觀也。前人之述備矣。然則北通巫峽，南極瀟、湘，遷客騷人，多會於此，覽物之情，得無異乎？

這段文字的內容是寫景，口氣却是議論。一上來就提出自己的看法：巴陵的美景集中在洞庭湖上，它「銜遠山」、「吞長江」，洶湧着，流動着，無邊無際。這幾句是從空間上形容湖面的廣闊和水勢的浩淼。接下來兩句「朝暉夕陰，氣象萬千」，則又從不同時間洞庭湖的不同景色，表現它氣象萬千的變化。早晨陽光燦爛，把洞庭湖照得如同明鏡一般，正如唐朝人張碧的詩裏所說的「漫漫萬頃鋪琉璃」。晚上雲霧低垂，把洞庭湖籠罩在一片昏暗之中，正如宋朝人李祁在一首詞裏所寫的：「霧雨沉雲夢，煙波渺洞庭。」以上幾句抓住不同時刻洞庭湖的不同景色，把它的萬千氣象很生動地渲染了出來，然後小結一句說：「此則岳陽樓之大觀也。前人之述備矣。」既然前人描述已經完備，而且有詩賦刻在岳陽樓上，范仲淹便不再重複。人詳我略，人略我詳，轉而寫登樓覽物之情：「然則北通巫峽，南極瀟、湘，遷客騷人，多會於此，覽物之情，得無異乎？」「遷客」，指降職貶往外地的官吏。屈原曾作《離騷》，所以後世也稱詩人爲騷人。既然洞庭湖北通巫峽，南極瀟湘，湖邊的岳陽樓便爲遷客、騷人常常會集的地方。當他們登樓觀賞洞庭湖的景物時，心情能不有所差異嗎？這幾句是全文的樞紐，很自然地引出以下兩段。上面對洞庭湖的描寫是客觀的，以下則是設想遷客騷人觀洞庭時的主觀感受；上面的文字很簡約，以下則洋洋灑灑，淋漓盡致。

第三段寫覽物而悲者：

若夫霪雨霏霏，連月不開，陰風怒號，濁浪排空，日星隱曜，山岳潛形，商旅不行，檣傾楫摧；薄暮冥冥，虎嘯猿啼。登斯樓也，則有去國懷鄉，憂讒畏譏，滿目蕭然，感極而悲者矣。

這一段的大意是說：假若是在陰雨連綿的季節，一連幾個月不放晴；天空「陰風怒號」，湖上「濁浪排空」；太陽和星星隱藏了它們的光輝，山岳也隱蔽了它們的形體；商旅不敢出行，船隻全被損壞；當黃昏時分一切都籠罩在昏暗之中，衹有那「虎嘯猿啼」之聲不斷傳入耳來。這時登上岳陽樓，滿目蕭然，觸景傷情，更會感到離開京城的哀傷和懷念家鄉的憂愁，並且會憂心忡忡，畏懼小人的毀謗和譏刺，感傷到極點而悲慟不止了。

第四段寫覽物而喜者：

至若春和景明，波瀾不驚，上下天光，一碧萬頃；沙鷗翔集，錦鱗游泳；岸芷汀蘭，郁郁青青。而或長煙一空，皓月千里，浮光躍金，靜影沈璧；漁歌互答，此樂何極！登斯樓也，則有心曠神怡，寵辱皆忘，把酒臨風，其喜洋洋者矣。

這一段的大意是說：遇到春天溫和的日子，明媚的陽光照射在平靜的湖面上，沒有一絲兒波瀾。天色襯着湖光，湖光映着天色，上下是一片碧綠。天上的沙鷗飛飛停停，水裏的魚兒游來游去。岸邊的花草散發出濃鬱的芳香，沁人心脾。在夜間還可以看到湖上的煙雲一掃而空，皎潔的月光普照千里；月光與水波一起蕩漾，閃爍着金光，月亮的倒影沉浸在水底，宛如一塊璧玉。漁歌的對唱，洋溢着無邊的歡樂。這時候登上岳陽樓，一定會心曠神怡，把一切榮譽和恥辱都忘掉了。舉杯暢飲，臨風開懷，衹會感到無比的欣慰和歡喜。

這兩段採取對比的寫法。一陰一晴，一悲一喜，兩相對照。情隨景生，情景交融，有詩一般的意境。由這兩段描寫，引出最後的第五段，點明了文章的主旨。在這一段裏對前兩段所寫的兩種覽物之情一概加以否定，表現了一種更高的思想境界：

嗟夫，予嘗求古仁人之心，或異二者之爲，何哉？不以物喜，不以己悲。居廟堂之高則憂其民；處江湖之遠則憂其君。是進亦憂，退亦憂。然則何時而樂耶？其必曰：先天下之憂而憂，後天下之樂而樂歟！噫！微斯人，吾誰與歸！

「嗟夫」，是感嘆詞。作者十分感慨地說，我曾經探求過古代那些具有高尚道德的人的心，與上述兩種心情有所不同。他們的悲喜不受客觀環境和景物的影響，也不因個人得失而變化。當高居廟堂之上做官的時候，就爲人民而憂慮，唯恐人民有饑寒；當退居江湖之間遠離朝政的時候，就爲國君而憂慮，唯恐國君有闕失。這麼說來，他們無論進退都在憂慮了，那麼什麼時候才快樂呢？他們必定這樣回答：在天下人還沒有感到憂慮的時候就憂慮了，在天下人都已快樂之後才快樂呢；作者感慨萬千地說：倘若沒有這種人，我追隨誰去呢！表示了

范仲淹

岳陽樓記

對於這種人的嚮往與敬慕。文章最後一句「時六年九月十五日」，是交代寫作這篇文章的時間。

《岳陽樓記》的作者范仲淹，生於九八九年，死於一〇五二年。字希文，吳縣人，吳縣就是今天的蘇州。他出身貧苦，兩歲時死了父親。青年時借住在一座寺廟裏讀書，常常吃不飽飯，仍然堅持晝夜苦讀，五年間未曾脫衣睡覺。中進士以後多次向皇帝上書，提出許多革除弊政的建議，遭到保守勢力的打擊，一再貶官。後來負責西北邊防，防御西夏入侵很有成績。一度調回朝廷擔任樞密副使、參知政事的職務，可是在保守勢力的攻擊與排擠下，於宋仁宗慶曆五年又被迫離開朝廷。寫《岳陽樓記》時正在鄧州做知州。

《岳陽樓記》的著名，首先是因爲它的思想境界崇高。和它同時的另一位著名的文學家歐陽修在爲他寫的碑文中說，他從小就有志於天下，常自誦曰：「士當先天下之憂而憂，後天下之樂而樂也。」可見《岳陽樓記》末尾所說的「先天下之憂而憂，後天下之樂而樂」，是范仲淹一生行爲的準則。孟子說：「達則兼善天下，窮則獨善其身。」這已成爲封建時代許多士大夫的信條。范仲淹寫這篇文章的時候正貶官在外，「處江湖之遠」，本來可以採取獨善其身的態度，落得清閑快樂。可是他不肯這樣，仍然以天下爲己任，用「先天下之憂而憂，後天下之樂而樂」這兩句話來勉勵自己和朋友，這是難能可貴的。

一個人要做到先憂，必須有膽、有識、有志，固然不容易；而一個先憂之士，當他建立了功績之後還能後樂，才更加可貴。這兩句話所體現的精神，那種吃苦在前、享樂在後的品質，在今天無疑仍有教育意義。

就藝術而論，《岳陽樓記》也是一篇絕妙的文章。下面提出幾點來講一講：

第一，岳陽樓之大觀，前人已經說盡了，再重複那些老話還有什麼意思呢？遇到這種情況有兩種方法。一個方法是作翻案文章，別人說好，我偏說不好。另一個方法是避熟就生，另闢蹊徑，別人說爛了的話我不說，換一個新的角度，找一個新的題目，另說自己的一套。范仲淹就是採取了後一種方法。文章的題目是《岳陽樓記》，却巧妙地避開樓不寫，而去寫洞庭湖，寫登樓的遷客騷人看到洞庭湖的不同景色時產生的不同感情，以襯托最後一段所謂「古仁人之心」。范仲淹的別出心裁，不能不讓人佩服。

第二，記事、寫景、抒情和議論交融在一篇文章中，記事簡明，寫景鋪張，抒情眞切，議論精闢。議論的部分字數不多，但有統帥全文的作用，所以有人說這是一篇獨特的議論文。《岳陽樓記》的議論技巧，確實有值得我們借鑒的地方。

第三，這篇文章的語言也很有特色。它雖然是一篇散文，卻穿插了許多四言的對偶句，如「日星隱曜，山岳潛形」、「沙鷗翔集，錦鱗游泳」、「長煙一空，皓月千里，浮光躍金，靜影沈璧」……這些駢句爲文章增添了色彩。作者錘煉字句的功夫也很深，如「銜遠山，吞長江」這兩句的「銜」字、「吞」字，恰切地表現了洞庭湖浩瀚的氣勢。「不以物喜，不以己悲」，簡潔的八個字，像格言那樣富有啓示性。「先天下之憂而憂，後天下之樂而樂」，把豐富的意義熔鑄到短短的兩句話中，字字有千鈞之力。

滕子京在請范仲淹寫《岳陽樓記》的那封信裏說：「山水非有樓觀登覽者不爲顯，樓觀非有文字稱記者不爲久。」確實是這樣。岳陽樓已因這篇絕妙的記文，而成爲人們向往的一個勝地；《岳陽樓記》也像洞庭的山水那樣，永遠給人以美好的記憶。

（袁行霈）

蘇幕遮

范仲淹

懷舊

碧雲天，黃葉地。秋色連波，波上寒烟翠。山映斜陽天接水。芳草無情，更在斜陽外。黯鄉魂，追旅思。夜夜除非，好夢留人睡。明月樓高休獨倚。酒入愁腸，化作相思淚。

蘇幕遮·懷舊

這是范仲淹在外地思念家室的作品。

弄文藝的人似乎都懂得，在文藝作品中，情和景是不可能截然分割的，所以纔有「情景交融」、「情因景見」、「景中帶情」，甚至有「一切景語皆情語也」的話。細想起來，天地間一切所謂「景色」，有哪一樣不是通過人才獲得它的意義的呢？所以，一切自然界的景物，在藝術家的筆下，就被染上人的色彩。圖畫中的山水，不會完全同於自然界中的山水，詩詞就更是如此了。

范仲淹是融情入景的能手。你看他這首《蘇幕遮》又給我們描下一幅動人的秋景。但它和《漁家傲》不同，它是鮮豔濃烈的秋天；而就在這幅色調濃烈的畫卷中，有一股強烈的感情撲面而來。我們看到的不僅是濃烈的秋色，更主要的是感受到它那深摯的懷人之情。

湛青，連雲彩也變得湛青的天穹，它下面是一片鋪滿黃葉的原野。一眼看去就使人猛然感到秋天已經來臨了。這充滿秋色的天地，一直向前方伸展，同一派滔滔滾滾的江水連接融合起來。而大江遠處還抹上一層空翠的寒煙，讓江水和天空都顯得迷濛莫辨了。

正是斜日西下的時候，遠近的峯巒各自反射着落照餘暉，把夕陽的殘光一步步帶到更爲遙遠的地方。看到這一派景色，遠遊的客子陡然從心底裏飄出一縷思鄉之情，彷彿隨着夕陽的殘光遠遠飄蕩開去，一直飄出斜陽之外，飄落在芳草萋萋的故鄉，飄落在綠茵如染的自己的家院。

「芳草」爲什麼就是詩人的家鄉呢？這裏面暗中化用了《楚辭》的話：「王孫游兮不歸，芳草生兮萋萋。」意思是王孫遠游不歸，衹見家鄉的芳草豐盛地生長。後來李商隱也說：「見芳草則怨王孫之不歸。」（見文集《獻河東公啓》）可見，「芳草」遠在「斜陽外」，就不單是指自然界中的芳草，而是借芳草來暗示詩人的家鄉遠在天際，好像越出斜陽之外，比斜陽更要遙遠了。

上片，眞是好一幅闊大而又濃麗的秋色；但誰又能說它不是強烈的抒情呢！

於是我們又不禁想到《西廂記》。你看它這幾句：

碧雲天，黃花地，西風緊，北雁南飛。曉來誰染霜林醉？總是離人淚。（第四本第三折）

先勾勒一幅悽緊的秋景，然後在「霜林醉」下面加上點睛之筆——「總是離人淚」。於是，「恨成就得遲，怨分離得疾，柳絲長，玉驄難繫……」強烈的感情就像流水落花，奔迸而來了。

這位雜劇高手是善於汲取前人掘出的美泉的。化用得眞好啊！

范仲淹在上片融情入景，下片就順着景物所構成的意境，讓洶湧的情潮盡情傾瀉出來：

「黯鄉魂，追旅思。」——上三字是作者妻子的夢魂。下三字是作者自己思家之念。妻子黯淡淒楚的鄉魂，追尋着旅外遊子的思家之夢。兩種感情的化身在茫茫的空間互相尋找，互相吸引，「鄉魂」終於「追」上了「旅思」，於是夫妻倆就在夢中驀然相會。

「黯鄉魂」三字，解爲「思念家鄉，黯然消魂」，或認爲「鄉魂、旅思是互文」，這當然也是一種說法。唐詩人儲光羲《渭橋北亭作》詩：「鄉魂涉江水，客路指蒲城。」就是這種鄉魂。可是在此詞中，却很難處理那「追」字。按江淹《別賦》，先寫「行子腸斷，百感悽惻」，再寫「居人愁臥，怳若有亡」。然後說：「知離夢之躑躅，意別魂之飛揚。」「離夢」是一方，「別魂」又是一方。范仲淹此詞也是雙方並舉，所以句中用一「追」字。這樣來理解下片的開頭，似乎更能貼近作者當時的心境。

「夜夜除非，好夢留人睡。」——不料非常短暫，而且還是夢中。然而顯然是有了那次夢中相會，纔引起這樣的渴念：而且還可見，沒有這樣的好夢，便衹有無盡的思憶。

「明月樓高休獨倚」——看來又是「尋好夢，夢難成」，翻起身來，又靠在高樓的欄桿上。然而一輪明月，反而引起愁懷，所以又覺得「休倚」爲好。倚是難過，不倚也同樣難過。他在倚和不倚之間徘徊，眞是「欲倚還休，欲休還倚」。

「酒入愁腸，化作相思淚」——終於還是「休倚」了。回到室內，借酒澆愁，忘却這分相思，也解決倚和休倚的矛盾。這該是沒有辦法中的辦法吧！但那結果也不曾稍好一點。酒立卽化成相思之淚，淚比往常還更多了……

讓我們再迴環細讀兩遍：秋濃似酒，鄉思又更濃於酒；夢魂難接，明月更增添相思之苦；於是酒入愁腸，不料酒卻化成相思之淚，越發無法開解了。

柔情似水，蜜意如綿，出自一位歷史上有數的「名臣」口中，然而絲毫不曾貶損他那高大的形象。「酒入愁腸，化作相思淚。」眞是一語點破了藝術上客觀和主觀的微妙關係。

酒，不過是千萬客觀事物中的一種，然而一旦進入愁人的腸中，卻化爲主觀的相思了。一切自然景物不是也有同樣的轉化能力麼？懂得酒可以化成相思淚，甚至「酒未到」也可以「先成淚」（見范仲淹《御街行》），景與情、物與我，在文藝作品中怎麼可以截然分割呢？

這首詞先從寫景入手，寫出很典型的高秋景色，境界開展闊大。這種開闊的境界，卻用那句「山映斜陽天接水」爲關捩，轉入「芳草無情」，輕輕傳出作者思鄉的念頭，景與情之間的銜接是非常巧妙的。「芳草」無情而人有情。無情的芳草能遠出斜陽之外，伸到自己的故鄉；而人呢？富於感情的人反而不如芳草！這正是人生最無法開解的憾事。這裏已不是寫芳草斜陽，而是強烈地抒發沉重的懷人之情了。

下片在抒情中進一步刻畫作者本人的形象。那思鄉的夢魂，那夢裏的歡笑，那倚樓的孤影，那帶酒的淚痕，都是竭力渲染勾勒人物，讓他的形象鮮明而突出。

在抒情與寫景中完成對人物形象的塑造，這是我國古典詩詞的特長。它很值得我們從中汲取經驗。

（劉逸生）

漁家傲

范仲淹

秋　思

塞下秋來風景異，衡陽雁去無留意。四面邊聲連角起。千嶂裏，長煙落日孤城閉。

濁酒一盃家萬里，燕然未勒歸無計。羌管悠悠霜滿地，人不寐，將軍白髮征夫淚。

宋仁宗康定元年（一〇四〇），范仲淹任陝西經略副使兼知延州（治所在今陝西省延安市），守邊四年，這首詞就是范仲淹在西北軍中的感懷之作。

詞的上片寫塞外秋光。首句的「異」字很有分量，它包含著兩個方面的內容：一是說邊塞的風光與內地不同；二是講秋天來臨，邊地的景物也發生了變異。上片寫景，就是從「異」字生發開去的。

衡陽雁去，是雁去衡陽的倒文，是爲了符合詞的格律而顛倒詞序的。衡陽即今湖南省衡陽市，舊城的南面有座回雁峰，相傳大雁飛到這便不再南飛。「西風緊，北雁南飛」，出於動物的本能，無所謂留戀不留戀，作者卻說「雁無留意」，實際上是寫人的感受，雁猶如此，人何以堪！

後三句，作者著意描寫邊塞的蒼涼景色。邊聲是指邊地特有的聲音，具有一種凄涼的情調，李陵《答蘇武書》（相傳爲僞作）中有這幾句：「側耳遠聽，胡笳互動，牧馬悲鳴，吟嘯成群，邊聲四起」，是極好的注腳。「四面邊聲連角起」，邊聲加上軍營的號角聲，淒涼以外，又渲染了悲壯的氣氛。「千嶂」二句，極寫邊塞荒涼而又壯闊的景象。數不清的山峰猶如屏障一般聳立著。斜陽西沉，煙霧彌漫，在千山萬壑之中，一座孤城緊閉。這三句疊用了許多名詞，只用了三個動詞，「連」、「起」一開一合，「閉」字則顯出戒備森嚴，透出局勢的緊張，而這座「孤城」，則是處於戰爭的前綫，遣詞造句是絲絲入扣的。

下片轉入抒情，「家萬裏」與「酒一盃」對舉，形成強烈對比，一盃濁酒怎能澆萬裏思歸之愁呢？其結果必然是「舉盃消愁愁更愁」。然而，將士們之所以不得歸去，其原因是「燕然未勒」。燕然，即今蒙古境內的杭愛山。勒，刻石記功。公元八九年，東漢竇憲追擊北匈奴，出塞三千餘里，至燕山勒石記功而回。「燕然未勒」是說沒有建立破敵大功。

「燕然」一句，說盡了作者矛盾、複雜的心情。他兼知延州，完全出於一腔報國熱情。事情是這樣的：寶元元年（一〇三八）十二月，夏州地方割據勢力頭子趙元昊反叛宋朝，第二年正月，趙元昊上表請稱帝改元。接著，大興干戈，于康定元年（一〇四〇）正月帶領西夏叛亂部隊向延州進攻，包圍延州整整七天，俘虜了北宋部隊主要將領鄜延、環慶兩路副都總管劉平和鄜延副都總管石元孫，「城中憂沮，不知所爲」。還好趕上一場大雪，西夏才撤兵。延州城總算是僥幸保住了。但一些貪生怕死的官吏卻嚇破了膽。新任延州知州張存久不到任，剛上任，就向新任陝西經略安撫副使范仲淹提出兩條理由：一是「素不知兵」，二是「親年八十」，要求調到內地當官。在這種情況下，范仲淹不得不挺身而出，上表自請代張存知延州，主動挑起了這副保民衞國的重擔。他希望能幹出一番旋轉乾坤的事業，永熄邊烽，但是在積貧積弱的北宋時代，他根本不可能成爲「勒燕然」的竇憲。主觀願望與客觀現實的矛盾衝突達到高潮，因而在濃霜遍地的夜晚，隨著悠悠的羌笛之聲，督軍（作者自指）和征夫陷入了沉思和悲慨之中，久久未能入眠，流下了憂國思鄉的熱淚。

《漁家傲》的基調是低沉的，它給讀者的具體感受是悲憤而又惆悵不甘的低回情緒，這是由作者所處的時代與政治環境所決定的。宋仁宗統治的時期，表面上國內似乎處於相對的穩定狀態，但北方和西夏的威脅日甚，形勢十分緊張。然而敵國外患，絲毫沒有改變這個王朝從開國以來苟且偷安的基本國策。時代環境是不景氣的，它不同於封建社會處於蓬勃發展、國力充沛的盛唐時期，也不像民族矛盾暴露得特別尖銳、民族意識普遍高漲的南北宋之際，而是一個沉悶得令人窒息的時代。范仲淹到延州後，選將練卒，增設城堡，撫慰流亡，聯絡諸羌少數民族，深爲西夏貴族集團所畏憚，稱之爲「小范老子（即范仲淹）腹中有數萬甲兵」。然而，他也只能做到消極防禦而已，不可能追奔逐北，收復國土。在詞裏，隱約可以看到這陰暗時代的投影。

作者出身孤寒，登朝以後，就和統治集團的腐朽勢力展開了激烈的鬥爭，《宋史》說他「每感激天下事，奮不顧身」，政治上是進步的。然而，北宋時期，王安石變法以前，政治完全掌握在大官僚、大地主的手中，出身中下層的官吏在鬥爭中處於劣勢。范仲淹等人的力量是單薄的，他們的鬥爭是脆弱的。這一切也必然反映到他的詞中，帶上感傷的色彩。

作爲一個有理想的封建士大夫，范仲淹具有「匈奴未滅，何以家爲」的豪邁精神，而在事與願違，侘傺坎坷之際，又不免消沉。這樣，就構成了他內心矛盾的複雜性和特殊性。在詞裏也表現了兩個方面：由於他關懷現實，對社會充滿了憤懣與不平，所以排奡，所以沉鬱；由於時代和階級的局限，所以哽咽，所以悲涼，所以情調低沉。兩種互相排斥的因素對立統一，形成了范詞的獨特風格。

這首詞的情調與盛唐昂揚奮發的邊塞詩迥不相同，如王昌齡《從軍行》（其四）：「青海長雲暗雪山，孤城遙望玉門關。黃沙百戰穿金甲，不破樓蘭終不還。」將兩者比較一下，便會發現它們都描繪了蒼涼暗淡的邊塞風光，都寫到了這一背景下的孤城，都抒發了戍邊將士的愛國情懷。范詞用竇憲「勒燕然」的故事，王詩用的是傅介子「斬樓蘭」的典故。典故是這樣：漢武帝時期，使者出使大宛國，中途經常受到樓蘭國的阻擋和襲擊。昭帝元鳳四年（公元前七七），大將軍霍光派平樂監傅介子前往樓蘭，巧妙地用計斬樓蘭國王，打通了漢朝通西域的道路。這個典故和「勒燕然」一樣，都是表現保衛祖國、淨掃邊塵的壯志。就主題思想來說，兩者完全是一致的。然而范詞卻不能像王詩那樣，用高昂激越的情調，唱出必然勝利的信心，這是由於所處的時代不同的緣故。

儘管如此，這首詞仍不失爲一篇優秀的愛國主義作品，詞中所表達的抵禦外患、報國立功的壯烈情懷，是應給予充分肯定的。

我國古代，詩和詞兩種文學樣式有著很大的區別。「詩言志」，是文人抒寫懷抱、反映社會的重要工具；而「詞爲艷科」，是士大夫娛賓宴客的消遣品，尤其是文人詞，本身就是在燈紅酒綠、淺斟低唱中生長起來的，題材往往局限於男女相悅之中。北宋初年的詞壇，還是這種狀況。范仲淹這篇作品卻脫穎而出，在詞史上開了邊塞詞的先聲，是個很大的突破。以後，蘇軾、辛棄疾等人廣泛地開拓詞的題材，與之是一脈相承的。所以，從詞的發展歷史看，這首《漁家傲》也有重要的地位。

（馬茂元　王從仁）

雨霖鈴

柳　永

寒蟬凄切，對長亭晚，驟雨初歇。都門帳飲無緒，留戀處、蘭舟催發。執手相看淚眼，竟無語凝噎。念去去、千里煙波，暮靄沈沈楚天闊。

多情自古傷離別，更那堪、冷落清秋節！今宵酒醒何處？楊柳岸、曉風殘月。此去經年，應是良辰好景虛設。便縱有、千種風情，更與何人說？

柳永是北宋眞宗、仁宗時（十一世紀上半期）一位傑出的詞人。他繼承並發展了民間的和文人的詞的優良傳統，超過了他以前和同時的詞人所已經達到的成就，爲宋詞開闢了一條新道路，並給後代的詞以相當大的影響。

柳永在年輕的時候就喜歡寫詞。他精通音律，熟悉舊調，並能創製新調。他長期過着羈旅和冶游的生活，

雨霖鈴（寒蟬淒切）

和歌妓、樂工們混在一起，他對有些歌妓還有眞摯的感情。他爲她們創作新詞供她們歌唱，也可能從她們那裏學習一些來自民間的曲子，因而他創製的詞有許多新調子在別處是不易看到的。這一點在詞的發展史上有很大的貢獻。

反映都市的繁華面貌，體現市民階層的思想意識，描寫愛情生活的甜蜜，抒發離懷別感的痛苦，表現不幸婦女的遭遇和失意文人的感受，是他的作品的主要內容。其中愛戀歌妓和悲嘆羈旅的思想情感交織在一起的作品，如《雨霖鈴》、《八聲甘州》、《夜半樂》、《臨江仙引》等，是他作品中最突出的、最具有強烈的感染力的部分。其次寫都市生活、錦繡山河的作品，如《望海潮》、《拋球樂》、《內家嬌》、《早梅芳》、《木蘭花慢》等，也給人較深刻的印象。而個別的蔑視統治階級或觸犯統治階級的忌諱的作品，如《鶴衝天》、《醉蓬萊》，則和他的出處進退有關，也可以看出他在一定時期內的人生態度。

他的詞的表現藝術主要是卽事言情和融情入景。卽事言情的較樸素，還滲透着一些口語方言，接近民間曲子詞；融情入景的較清麗，還有一些相當高雅的。音律諧協，美妙動聽，也是柳永詞的特徵。他的表現手法是善於鋪敍，一氣貫注，首尾完整；卽使表達曲折複雜的情景，也自然流轉，毫不呆滯，而深入細緻，清晰明朗，好像說出了人們的眼前景和心裏話。這就使得他的作品在當時卽「傳播四方」（吳曾《能改齋漫錄》卷十六《柳三變詞》），「天下詠之」（陳師道《後山詩話》），「凡有井水飲處卽能歌柳詞」（葉夢得《避暑錄話》卷下）。還有人因爲羨慕它而妄圖超過它以相標榜，把自己的集子叫做《冠柳集》；甚至一些平素鄙夷他的統治階級的詞人也不能不受他的詞的影響；到後來，除一些詞人學習他以外，柳永的詞在講唱、戲曲方面還起了不小的作用。

柳永是福建崇安人，字耆卿，宋工部侍郎柳宜的幼子。初名三變，字景莊，和哥哥三復、三接都有文名，號「柳氏三絕」。他在宋仁宗景祐元年（一〇三四）中進士，曾做過睦州（今浙江建德縣）推官，定海（今浙江鎭海）曉峯鹽場官，最後做屯田員外郎。他的詞集名叫《樂章集》，流傳下來的有二百多首。

柳永詞《雨霖鈴》是描寫他要離開汴京（開封）去各地飄泊時和他心愛的人難捨難分的痛苦心情。通過這種描寫，十分眞實地反映出封建社會中離別給予青年男女的愛情以多麽深重的打擊。這首詞正是愛戀歌妓和悲嘆

雨霖鈴（寒蟬悽切）

羈旅的思想情感交織着的作品，是柳永的代表作品之一。

這首詞的上半闋主要是寫臨別時的情景，下半闋主要是寫別後的情景。

開首三句，如果簡單看成敍事，好像只從送別的時間、地點說起，而其實，既沒像後面的「清秋節」明確指出時間，也沒像後面的「都門」明確指出地點。如果簡單看成寫景，也好像衹在對着長亭的當兒，聽到寒蟬在叫，看到驟雨剛停，而其實，不僅聲音、形象中有異樣的情味，卽呆對着的長亭也不是單純的建築物。可見這裏着重的是在釀造一種足以觸動離情別緒的氣氛，先給人一種無可奈何的感受，打下情感的基礎，以增強下面抒寫情事的眞實性的感染力。當抒情寫景中可以看出時間和地點，便不能簡單作敍事或寫景理解。應該說，這主要是抒情，是融情入景，是卽景抒情。這是一個很好的「冒頭」（開端）。柳永的詞中這類寫法是不少的，如《引駕行》的開頭是：「虹收殘雨，蟬嘶敗柳長堤暮。」接着才是：「背都門，動消黯，西風片帆輕舉。」《卜算子》的開頭是：「江楓漸老，汀蕙半凋，滿目敗紅衰翠。」接着纔是：「楚客登臨，正是暮秋天氣。」或者寫出有人在「對」，或者沒寫出，都是一樣的寫法。因爲作品中的景物描寫都是作者所看到、聽到或想到的，總不能離開人。而這裏的「長亭」也不是一個專有的地名，在送別的場合都用得着。如王褒《送別裴儀同》的「河橋望行旅，長亭送故人」，王昌齡《少年行》的「西陵俠少年，送客短長亭」，兩首詩裏的「長亭」和這首詞裏的「長亭」，當然不能看成是實指一個地名。但作爲送別的所在是一樣的。從下面的「都門」看，這詞裏的「長亭」應在汴河岸上。宋代的汴河兩岸，多種楊柳，因此宋代詞人寫到「長亭」，往往和楊柳聯繫起來說（這詞下面的「楊柳岸」和周邦彥的《蘭陵王·柳》都可以證明）。柳和蟬是結不解緣的。柳樹多的地方蟬總是特別多，因而詞人往往把柳和蟬並用，從上引《引駕行》的「蟬嘶敗柳」和《少年游》的「長安古道馬遲遲，高柳亂蟬嘶」看來，柳永自己就一再這樣用過。一陣驟雨過後，景色特別鮮明刺眼，周圍都是凄切的蟬聲，又正是暮色蒼茫時分，對着這送別的長亭，這是多麼動人愁思的境界呵！

「都門帳飲無緒」兩句是實寫不忍別又不能不別的情況。「都門」是指汴京門外。北宋自趙匡胤稱帝那年（九六〇）起就建都在汴京，卽東京。「帳飲」是沿用向來搭起篷帳請行人吃酒的詞語，不要呆看，在小館子餞行也是同樣的意義。「無緒」是當時心緒非常不安，不知所措的表現，這六個字明顯地寫出地點、動作和情緒，是高度壓縮的精練的寫法。「留戀處、蘭舟催發」，是說正在留戀不捨的當兒，舟子已經催促他出發了。「留戀處」，《花庵詞選》作「方留戀處」，意更明顯。「蘭舟」是用木蘭刻成的船。從「催發」中可以看出他們多麽依依不捨。從這種依依不捨的情況中也可以更清楚地看出上句的「無緒」是已經達到了「黯然魂銷」的程度。

「執手相看淚眼，竟無語凝噎」，進一步刻畫兩人難捨難分的形象。在這時候，眞是縱有千言萬語也給喉嚨噎住說不出口了。衹有緊握着手，淚眼相對而已。這一形象的刻畫，看來似很簡單，實則是情感的集中表現，是很眞摯動人的。《紅樓夢》第三十四回寫寶玉受賈政鞭笞之後黛玉去看他時，有這樣一段描寫：「此時黛玉雖不是嚎啕大哭，然越是這等無聲之泣，氣噎喉堵，更覺利害。聽了寶玉這些話，心中提起萬句言詞，要說時却不能說得半句，半天才抽抽噎噎地道：『你可都改了罷！』」雖然後來黛玉終於說出了一句話，但這段描寫可以說明爲什麽會「無語凝噎」的道理。就這首詞的思想情感的活動過程來說，這樣集中地刻畫這種形象是有必要的，因爲作者主要情思的表現是放在後面的層層設想上，不可能在這方面作過多的描述。作者在另一首詞《鵲橋仙》裏也描寫臨別時的情況，我們不妨拿來對照說明一下：

> 屆征途，攜書劍，迢迢匹馬東去。慘離懷，嗟少年，易分難聚。佳人方恁繾綣，便忍分鴛侶。當媚景，算蜜意幽歡，盡成輕負。此際寸腸萬緒，慘愁顏，斷魂無語。和淚眼，片時幾番回顧。傷心脈脈誰訴？但黯然凝佇。暮煙寒雨，望秦樓何處？

這首詞和《雨霖鈴》一樣是寫別情，一樣是從離別時的情景出發。然而實際情況不同：這首寫的是陸程，《雨霖鈴》寫的是水程；這裏寫單身匹馬赴征途，沒有人「催發」；《雨霖鈴》有「蘭舟催發」。內容的廣狹也不同：這首寫的限於臨別時的情景，僅下半闋結尾提到別後的去處；《雨霖鈴》所寫的，上半闋結尾已經提到別後的去處了，下半闋完全是別後情景的設想。可以說，這首詞表現範圍衹抵得《雨霖鈴》的上半闋。兩首的創作思想已有所不

雨霖鈴（寒蟬淒切）

同，表現手法不能不和它相適應。這首詞可以曲折詳盡地寫臨別時的情景，《雨霖鈴》就必須用三言兩語抓住最能給人強烈印象的表達出來。從這裏我們可以體會到對某種情景的或詳或略的寫法還是由具體內容決定的。

以上都是實寫當時的情景。

「念去去、千里煙波，暮靄沈沈楚天闊。」「念」字一直貫注到下半闋別後心情的描寫。「去去」是越去越遠的意思。「煙波」是波面像輕煙籠罩着，和「金波」相反，是愁人的景象。「暮靄」是傍晚的雲氣。「沈沈」是重重下壓，極深邃的樣子。從汴河南下是古代楚國的地方，所以說「楚天闊」。這兩句是由當前情景過渡到以後情景的寫法，也是融情入景、即景抒情的寫法。時間接近黃昏，景色模糊了，而別離的情緒也是黯淡的。作者在這種景色中，那黯淡的情緒就變得越發黯淡了，更何況渺茫的前途？於是就把所有的景色都塗上了更加黯淡的色彩，復加以必要的擴張，說「千里」，說「沈沈楚天闊」。這麽一來，給予讀者的感受就不光是自然的景色，更深刻的是這種景色中充塞着茫無邊際的離愁別恨。

下半闋的「多情自古傷離別，更那堪、冷落清秋節！」兩句是特提，是說道理，是把一時的、特殊的情況說成永恆的、普遍的情況。詞學批評家劉體仁曾這麽說過：「中調、長調轉換處，不欲全脫，不欲明黏」。（《七頌堂詞繹》）。我們從這兩句詞中可以體會出這種道理。說全脫嗎？不是。分明是說「傷別離」，又是「清秋節」，和這詞的表現是一致的。說全黏嗎？也不是。分明是說「自古」怎樣怎樣，不限於這個場合。這樣的寫法，用文藝理論上慣用的話來說，那就是作者有意識地把自己的私情作爲具有典型意義的問題提出來了，說明在冷落的清秋的時候這種難堪的離情，凡是多情的人都會具有的。這種把個別的特殊的現象提高到一般的合情合理的現象，也就擴大了這首詞的意義。

「今宵酒醒何處？楊柳岸、曉風殘月。」這是歷來爲人所傳誦的句子。就詞義看，是頂接上面「念去去、千里煙波」兩句而來，是深一層的想念。想到今夜酒醒的時候，不見心愛的人，衹對着岸上的楊柳，曉風輕拂，殘月微明，這情景是多麽難受。這也是情景交融的寫法。爲什麽特別爲人們所愛賞，甚至有人拿這兩句詞來代表柳詞呢？這兩句的好處怕還是在於集中了許多觸動離愁的東西來表現他這次的愁懷。怎麽說呢？離人飲酒，是作爲麻醉劑來消減愁懷的，酒醒就無異愁醒。經過麻醉後再醒過來的愁，就越發使人感到無法排遣了。李璟《應天長》的「昨夜更闌酒醒，春愁過却病」，周邦彥《關河令》的「酒已都醒，如何消夜永？」都明顯地說明這種情況。這是一。「曉風殘月」是天還未亮時的景象，這時一切景象都特別淒清，難以承受。古代要趕遠程的行人也往往在這個時候動身，因而也經常在這個時候送別。如溫庭筠《菩薩蠻》的「江上柳如煙，雁飛殘月天」，韋莊《荷葉盃》的「惆悵曉鶯殘月，相別」，都是把別情和這時候的景象聯繫起來說的（溫詞還提到「柳」）。這是二。至於楊柳和別情有關，自灞橋折柳的故事產生以後，歷來都是這樣看法，「年年柳色，霸陵傷別」，楊柳和離別似乎已成爲具有必然性的聯繫了。這是三。兩句詞裏集中寫了那麼多最能觸動離愁的東西，又寫得異常鮮明生動。應該說，這是它感動了許多人的主要原因（柳永這次離別雖是傍晚，但他這兩句接觸到一般的情況了，是可以這樣理解的，不能認爲他自相矛盾）。

「此去經年，應是良辰好景虛設。便縱有、千種風情，更與何人說？」這四句是更深一層推想到離別以後慘不成歡的情況。衹從「良辰好景」和「千種風情」這種特別美好的場合中來說明光景等於虛設，風情與誰共語，那平常日子的離捱就更不消說了。這是一種簡練的寫法，在意（內容）不在筆（字句）。「良辰好景」是值得欣賞流連的，離開了相愛的人，也就沒有心情去欣賞流連，這「良辰好景」不是等於虛設嗎？作者在《慢卷紬》裏說：「對好景良辰，皺着眉兒，成甚滋味？」說明沒和歡愛的人在一起，對着「良辰好景」的苦處。又在《應天長》裏說：「把酒與君說：恁好景佳辰，怎忍虛設？」說明與歡愛的人在一起時，須及時行樂。這兩種說法正可和《雨霖鈴》的說法互相印證。「風情」是指男女風流一類的情事，和一般的情事不同。這樣的情事就衹有和歡愛的人可以盡情地說。現在已經離開歡愛的人了，卽使有許多許多的風情，又能跟什麼人仔細傾談呢？這樣地結束就包蘊了無限的意義。我們從這裏聯想得到，作者和他歡愛的人平日裏是有說不完的歡樂情事的，因而這次的離別才會感到這麼痛苦。

柳永這首詞是宋元時期流行的「宋金十大曲」之一，歷來人們都愛賞它，認爲是寫別情的典範之作。就具體內容說，作者眞實而深刻地反映了自己重複過若干次的實際生活（這從他集子裏許多這類的詞可以明顯地看出來），而這種生活是各個歷史時期的青年男女經常體驗過的。這種揭開人們的心幕，大膽眞率地說出人們心裏話的作品，又怎能不爲人們愛賞？就藝術技巧說，作者無論寫當前的或者別後的內心活動，都通過具體鮮明的形象展示在人們的面前，運用語言精練準確，描寫手法又很生動自然，通篇血脈流貫，讀起來十分順暢，絕無餖飣呆滯的感覺。至於聲調音節的美妙使讀者易於受它的感染，這是柳詞所具有的特徵，更不消說了。

作者抒寫愛情的作品有許多是傾向於色情方面的，消極頽廢的色彩較濃厚，這是應該批判的。但就這首詞來說，思想感情還是相當健康的，藝術技巧更達到高度的成績。（詹安泰）

鳳棲梧

柳　永

佇倚危樓風細細。望極春愁，黯黯生天際。草色煙光殘照裏，無言誰會憑闌意？

擬把疏狂圖一醉。對酒當歌，強樂還無味。衣帶漸寬終不悔，爲伊消得人憔悴。

柳永工於羈旅行役，他的長詞慢調以善鋪敍而著稱於世，他的短詞小令在寫景、抒情方面，也頗見功力。例如《鳳棲梧》（或稱《蝶戀花》），雙調，六十字，篇幅甚短窄，與一般令詞相差不多。在這有限的天地中，如何以沉雄之魄，清勁之氣，寫奇麗之情，作揮綽之聲，似乎是個難題。但是，柳永於此，却揮灑自如，表現出非凡的才能。

鳳棲梧（佇倚危樓風細細）

柳集中有《鳳棲梧》三首，就其內在聯繫看，三首合寫一個戀愛故事，當是不可分割的一組情歌。這個故事包括三個部分。首先是聽歌。「簾下清歌簾外宴。雖愛新聲，不見如花面。」因歌聲而對其產生愛慕之情。「坐上少年聽不慣，玉山未倒腸先斷。」不是一見鍾情，而是尚未見面就先爲之傾倒。其次是相思：爲伊憔悴，終不反悔。最後是尋訪。「蜀錦地衣絲步障。屈曲迴廊，靜夜閑尋訪。」兩人見面之時，「玉樹瓊枝，迤邐相偎傍。」這裏所說是第二首，寫其「不見如花面」時的相思情景。

上片寫景，展現其獨上高樓，憑欄遠望，所見夕陽下的一片煙光草色。這裏，雖爲客觀寫景，却已把主觀情思熔鑄其中。就人物的形態看，「佇倚」、「望極」、「無言」，頗見其神魂顛倒之狀；就遠近物境看，「危樓」、「黯黯」、「殘照」，均已染上「愁」的色彩。作者登上高樓，在「細細」的春風中，站也不是，倚也不是，舉止無措。（「佇倚」與「危」，正表現這一情狀。）他斜靠着欄干，不聲不響地向天涯望去。望極生「愁」。這「愁」，是「春愁」，又不同於一般的傷春之愁；這「愁」，難以名狀，使人黯然神傷，好像是發生在天邊一般。究竟這「愁」有何具體內容？詞作告訴我們，這「愁」就在夕陽下的煙光草色裏，誰也無法領會。這是上片，寫景寓「愁」。

下片抒情，抒發哀而且傷的相思之情，回答了上片所提出的問題。首先，作者說明，上片所說的「愁」是無法排遣的。他曾經想以大醉一場來代替自己的這種疏狂行爲，但是，對酒當歌，強樂無味，不僅無味，且無法消「愁」。其次，作者表明，他的這種「愁」，根本不想排遣，相反，還要繼續「愁」到底。因爲「愁」，形容消瘦，寬了衣帶，但這是暫時的，爲了她，再怎麽憔悴，也不後悔。至此，事情十分清楚。作者上片所說「愁」，並非觸景生「愁」，而是寓「愁」於客觀物境當中。他的這種「愁」，是「爲伊」而產生的「愁」。因此，所謂「疏狂」行爲，指的就是男女相愛的放蕩行爲。

這首詞寫相思，一往情深，完全不受傳統詩教約束。「關關雎鳩，在河之洲。窈窕淑女，君子好逑。參差荇菜，左右流之。窈窕淑女，寤寐求之。求之不得，寤寐思服。悠哉悠哉，輾轉反側。」在其未得之時，當寤寐不忘以求之。這也是一種相思之情，但這種感情是有節制的，不能超越限度，此所謂「哀而不傷」也。柳永在這首詞中所抒寫的相思之情，就有所不同。賀裳曾指出：「小詞以含蓄爲佳，亦有作決絕語而妙者，如韋莊『誰家年少足風流，妾擬將身嫁與一生休。縱被無情棄，不能羞。』之類是也。……柳耆卿『衣帶漸寬終不悔，爲伊消得人憔悴』或卽韋意，而氣加婉矣。」（《皺水軒詞筌》）韋莊的《少年游》和柳永的《鳳棲梧》，二詞寫男女情愛，均善作決絕語，但謂柳比韋「氣加婉矣」，並非認爲柳意不够決絕。應當說，柳永這首詞寫相思之情，哀而且傷，是無往而不前的，衹不過是，這種感情表現得較爲委婉，留有無窮餘味而已。

前人論詞，多將柳永這首《鳳棲梧》當作愛情詞看待，但王國維却在這首詞中，領悟到成就大事業、大學問的境界，以爲：「衣帶漸寬終不悔，爲伊消得人憔悴」是成就大事業、大學問所當經過的第二境界。（《人間詞話》）所謂見智見仁，用這種方法讀詞、釋詞，當也無妨。形象大於思維，歷來如此，這是完全可以理解的。同時，這也表現了大詞人的大手筆。在有限的天地中表現無限的內容，沒有高深的造詣，決辦不到。

這首詞寫相思，和另一首寫聽歌的詞，見歐陽修《近體樂府》（卷二）。歐陽修也是詞中的一位寫情聖手，詞風與柳頗有某些相近之處，不少人將這兩首《鳳棲梧》當爲歐陽公所作。但就其「決絕」作風看，還是歸之於柳較爲合適。

（施議對）

定風波

柳　永

自春來、慘綠愁紅，芳心是事可可。日上花梢，鶯穿柳帶，猶壓香衾臥。暖酥消，膩雲嚲，終日厭厭倦梳裹。無那！恨薄情一去，音書無箇！早知恁麼，悔當初、不把雕鞍鎖。向鷄窗，衹與蠻牋象管，拘束教吟課。鎮相隨，莫抛躲，針綫閑拈伴伊坐。和我，免使年少光陰虛過。

關於這首詞，曾經有過一則詞壇「故事」。據宋人張舜民《畫墁錄》記載：柳永因作《醉蓬萊》詞忤仁宗之後，曾求謁當時的政府長官晏殊改放他官，晏殊問柳：「賢俊作曲子（詞）否？」柳永答曰：「衹如相公，亦作曲子。」晏殊卽道：「殊雖作曲子，（却）不曾道『彩線慵拈伴伊坐』」（此句另一版本爲「針綫閑拈伴伊坐」），柳永衹得無言以告退。從這段詞話中，我們可以約略地感到，「正統」的士大夫文人和柳永之間，其藝術趣味是有所不同的。

談到「趣味」，似乎有些兒玄虛，其實却是可以通過具體的作品「捉摸」到的。就拿表現「思婦」之「心態」的這類題材來看吧，溫庭筠、晏殊等「小令派」詞人的作品和柳永的慢詞作品，其藝術風貌就大不相同。而造成這種風貌不同的一個主要「內因」，就在於「趣味」的差異。這裏不妨讓我們先從藝術風貌說起。比如溫庭筠的《菩薩蠻》（小山重疊金明滅）寫閨怨，衹是用含蓄委婉的筆觸，從側面烘托。而柳永的這首《定風波》，却用「代言體」，「放開來說」，把那位思婦的滿腔情思，一股腦兒地「端」到了讀者的眼前。你看，自從春天「回來」之後，「他」却一直杳無音訊。因此，在思婦的眼中，桃紅柳綠，盡變爲傷心觸目之色（「慘綠愁紅」）；一顆「芳心」，整日竟無處可以安放！（「是事可可」者，事事都平淡乏味也。）所以，盡管窗外已是麗日高照、韶景如畫，可她却衹管懶壓綉被、不思起牀。由於長久以來不事打扮，再加上相思的苦惱，已弄得她形容憔悴，「暖酥」（皮膚）爲之消損，「膩雲」（頭髮）爲之蓬鬆，可她却絲毫不想稍作梳理，衹是喃喃自語：「無那（無聊之極）！恨薄情（郎）一去，音書無箇」！自此以下，這位女主角便乾脆自己站出來表白她的心曲了：早知這樣，眞應該當初就把「他」留在身旁。在我倆那間書房（「鷄窗」）而兼閨房的屋裏，他鋪紙寫字、念他的功課；我手拈針線，陪他說話，這種樂趣該有多濃、多美！那就不會像現在這樣，一天天地把青春年少的光陰白白地虛度！

溫詞所表現的文學趣味，是一種士大夫式的「文雅」的、「精美」的趣味。他寫的雖是「閨怨」和「豔情」，却寫得風流藴藉，符合正統文人「溫柔敦厚」的審美趣味。而柳詞的情況却與此大相逕庭。所體現的，乃是一種帶有市民色彩的文學趣味。它不講求「含蓄」，不講求「文雅」，而唯求暢快淋漓、一瀉無餘地發洩和表露自己的「眞感情」。從這個角度上看，它就相當典型地代表着市民階層那種以眞爲美、以俗爲美的審美趣味。這就難怪晏殊深不以爲然了。

然而，就是在柳永的這類「骫骳從俗」（《後山詩話》批評他的話）的詞裏，却表現出了新的思想傾向和藝術風格。如果從宋代詞苑中去除了這樣一類作品，這個姹紫嫣紅的百花園裏，就會缺少了那特別旖旎的一番風光了。

從思想方面看，這首詞明顯帶有着這樣兩個特色，「愛情意識」的不可抑勒地「蘇醒」和「抬頭」；「市民意識」的頑強而「自傲」地要求在文學中得到「自我表現」。先説前者：人所共知，在封建時代裏，人類正常的愛情意識一直是備受壓制的，「男女大防」、「男女授受不親」之類的思想教條，就像緊箍圈一樣，長久地緊套在人們的頭上。而隨着社會的向前發展，這種被迫潛藏在心底的愛情意識，終究是要「爆發」出來的。因此，就在詞這個封建思想的影響最爲薄弱的領域裏，終於綻開了「豔情」的朵朵花苞。在這方面，柳永的詞顯得最爲「大膽」。以往的詩和詞，儘管也表現過同樣的主題，但就像我們前面舉出的溫詞那樣，總是顯得有點羞羞答答、欲露不露，而且寫來寫去，也不外是「自從消瘦減容光，萬轉千迴懶下牀」（《會眞記》中崔鶯鶯的詩）的那種「怨而不怒」的感情。柳詞却不止於此。它所表露的，乃是一種「愛情至上」和「敢於追求」的感情——這就又牽涉到後一個「市民意識」的問題了。我們知道，市民階層是伴隨着商業經濟的發展而壯大起來的一支新興力量。它較少封建思想的羈束，也比較敢於反抗封建禮教的壓迫。宋人話本中有一篇《碾玉觀音》，其中的女主角璩秀姑娘，就是這樣的一個典型人物。是她，首先敢於「勾引」崔寧一起「私奔」；又是她，在死後猶執著於要和丈夫成爲「生死冤家」、並向拆散他們婚姻的讎人報了深讎。這樣「潑辣」、「放肆」的新的思想面貌反映在文人詞裏頭，於是就形成了《定風波》中這位「新女性」的聲吻：「鎮相隨，莫抛躲，針線閑拈伴伊坐。和我，免使年少光陰虛過」。在她看來，青春年少，男恩女愛，才是人間最可寶貴的，至於什麼功名富貴、仕途經濟，統統都是

定風波（自春來）

可有可無的。這裏所顯露出來的生活理想和生活願望（也可稱之爲「生活趣味」吧），在晏殊他們看來，自然是俗不可耐和離經叛道的，但是其中却顯露了某些新的時代契機——後來《紅樓夢》中那位「不肖子孫」賈寶玉，他的思想意識豈不就與此有些相似嗎？所以，在這首不免有些庸俗意味的詞篇裏，却自寓藏着某些「不俗」的思想底蘊在內；而對於當時的市民羣衆來說，也唯有這種毫不掩飾的熱切戀情，纔是他們備感親切的東西。因而，這種既帶有些「俗氣」却又十分眞誠的感情內容，就表現出了「美」的品格。柳詞雖不入「正人雅士」之眼而能達到「凡有井水飲處」皆能誦歌的境地，原因蓋出於此。

其次，從藝術風格看，這首詞也帶有它自己的顯著特色。簡單地說，那就是對於傳統詞風的一種「放大」和「俗化」。而這種「放大」和「俗化」，從宏觀來說，乃是適應着時代的需要，從微觀來說，又是適應着人物個性化的需要而產生的，所以便具有了一定的生命力和新鮮感。

在柳永以前，詞壇基本是小令的天下。小令的體式要求着含蓄，而士大夫文人的審美情趣又要求着文雅，所以自從《花間》、南唐直至柳永同時代的晏殊，詞風一向以委婉、蘊藉、雅麗、精美爲尙。但是隨着時代進入到北宋的「盛時」以後，人們的物質生活和精神生活却有了更加豐富複雜化的趨向。這時，原先那種篇幅短小的令詞以及它們那種「深美閎約」的小令風格，就似乎顯得不够用了。而正在令詞感到有些「力不從心」的當口，柳永所大量創製的慢詞長調便應運而登上了詞壇。隨之而來，「鋪敍展衍，備足無餘」（李之儀評柳詞之語，見其《吳思道小詞跋》）的新風格便風靡了當日的慢詞詞苑。試看柳永這首《定風波》，光是描寫一個「懶」字，它就花了多少筆墨：從春色的撩撥愁緒，到「芳心」的無處可擺，再到「日上花梢，鶯穿柳帶」時的猶壓香衾高臥，進而又寫她的肌膚消瘦、鬢髮散亂，最後纔揭出她病懨懨的倦懶心境，這種「重筆」和「加倍」的寫法，是祇有在慢詞長調中才能大顯其身手的。它對加強全詞的抒情氣氛，是極爲奏效的。如若我們再聯想一下柳永描繪杭州繁富的慢詞《望海潮》，就可以知道，長調的體式和它的鋪敍手法，無論對於外部世界的描繪還是內心世界的描摹、無論對於物質生活的模寫還是對於精神生活的刻畫，都是有着爲令詞所不能替代和超越的地方的。所以，雖然晏殊等小令派詞人或許看不大慣柳詞的這種發露展衍的新風格，但是後者却是有其強大的生命力的。

定風波（自春來）

若是不對傳統的小令風格（它形成在晚唐五代階段）來一個「放大」，那麽，「宋詞」的新局面就不可能眞正開創。以上是講的「宏觀」。再從「微觀」來說，柳永這首詞中所表現的這位女性，明顯是一位「身分」不高的婦女——儘管它用了諸如「暖酥」、「膩雲」之類的詞藻來形容她的容貌，又儘管它用了「香衾」、「雕鞍」、「鸞牋象管」之類的字面來形容他倆的起居物飾，但是仍然掩蓋不了他們的「俗氣」——這是因爲，「眞富貴」的作者（例如晏殊），恰恰就討厭用這種類似於「窮人誇富」的筆調來寫他們的錦衣玉食的生活；相反，他們反倒喜歡用那些淡雅而又富有富貴氣象的語言來襯托他們的「貴人相」（例如晏殊的詩：「梨花院落溶溶月，柳絮池塘淡淡風」，他的詞：「一曲新詞酒一盃，去年天氣舊亭臺，夕陽西下幾時迴」，就是不着一個「金玉錦繡」的字眼而盡得「風流富貴」之態的）。因此相比之下，柳詞所寫的一對青年男女，實際上是屬於市民階層中的「才子佳人」——他們正是功名未就的柳永自己和他在青樓中的戀人的化身。所以，爲了要表現這樣一種「新女性」（與溫、晏某些詞中的貴婦人相比）的心態，柳詞就採用了一種新的風格和新的語言，簡言之，就是一種「從俗」的風格和「從俗」的語言。這或許就可以稱作爲「人物個性化」的需要。我們知道，各式人物各有其表達情感的方式和風格，也有符合他們自己身份的個性化語言。試比較馮延巳的《謁金門》和民間所作的《望江南》，前者這樣寫道：「風乍起，吹縐一池春水。閑引鴛鴦香徑裏，手挼紅杏蕊。鬥鴨闌干獨倚，碧玉搔頭斜墜。終日望君君不至，舉頭聞鵲喜。」它寫那位「大家閨秀」盼夫的心緒，是何等的含蓄、細膩，其舉止行動，又是何等的「文雅」、「優美」，而即使是聽到預示丈夫將歸的鵲聲之後，她雖然内心激動却又仍舊保持着「矜持」；後者則這樣寫道：「天上月，遙望似一團銀。夜久更闌風漸緊，爲奴吹散月邊雲，照見負心人。」在這裏，這位平民婦女盼望、怨恨「負心人」的心懷，是完全向人們「敞開」着的。所以，無論從風格或語言來看，士大夫文人所作的詞和平民作者所作的詞，都有其「雅」、「俗」之分。柳永長期出入於社會底層，其所結交的，多是樂工伶人、歌妓娼女，所以他的詞也沾染了濃厚的市民氣息，何況這首《定風波》所要表現的，正是一位青樓歌女的情感，因而它就採用了民間詞所常用的「代言體」寫法和任情放露的風格，以及那種似雅而實俗的語言。詞的上片，用富有刺激性的字面（例如「愁紅慘綠」），盡情地渲染了環境氣氛；再用穠豔的筆調（如「暖酥消，膩雲嚲」之類），描繪了人物的外貌形態（這也是「個性化」的需要）；接下來便直接點明她那無聊寂寞的心境（「終日厭厭」）。以下（直到下片終結）則轉入第一人稱的「自述」。那一連串的「快語快談」，那一迭迭的「旖語」、「癡語」（其中又夾着許多口語、俚語），就把這個人物的心理寫得活靈活現、躍然紙上。她那香豔而「放肆」的神態，眞摯而「發露」的情思，使人讀後如聞其聲、如見其形。綜觀全篇，除了在《四庫提要》所批評於柳詞的「以俗爲病」（這點也是應當承認的）一面之外，我們又感到了它的「以俗爲美」的另一方面——而這種「以俗爲美」又是首先甚於「以眞爲美」之上的。所以，儘管這首詞在思想和藝術上自還存在着一些不足之處，也儘管卽使在全部柳詞中它都稱不上是一首佳作，但是從認識柳詞的基本思想特徵和藝術特徵這點出發，它和《雨霖鈴》、《八聲甘州》等詞一樣，是有着「標本」和「典型」的意義的。

（楊海明）

望海潮

柳　永

東南形勝，三吳都會，錢塘自古繁華。煙柳畫橋，風簾翠幕，參差十萬人家。雲樹繞堤沙，怒濤卷霜雪，天塹無涯。市列珠璣，戶盈羅綺，競豪奢。

重湖疊巘清嘉。有三秋桂子，十里荷花。羌管弄晴，菱歌泛夜，嬉嬉釣叟蓮娃。千騎擁高牙。乘醉聽簫鼓，吟賞烟霞。異日圖將好景，歸去鳳池誇。

望海潮（東南形勝）

陳振孫說，柳永的詞「音律諧婉，語意妥帖，承平氣象，形容曲盡」（《直齋書錄解題》卷二十一），祝穆曾經引用范鎮的話說：范蜀「公嘗曰：『仁宗四十二年太平，（范）鎮在翰苑十餘載，不能出一語詠歌，乃於耆卿詞見之。』」（《方輿勝覽》）這說明柳永描寫「承平氣象」的詞取得了獨到的成就，能說出別人想說却又說不出的話。這話是不錯的，這首《望海潮》就當之無愧。

《望海潮》是描繪北宋時期杭州景象的。詞的上片描寫杭州的自然風光和都市的繁華。

要談杭州，首先把杭州的情況做個總的、概括的介紹：「東南形勝，三吳都會，錢塘自古繁華。」「東南形勝」，是從地理條件、自然條件着筆寫的。杭州地處東南，地理位置很重要，風景很優美，故曰「形勝」。「三吳都會」，是從社會條件着筆寫的。它是三吳地區的重要都市，那裏人衆薈萃，財貨聚集，故曰「都會」。「錢塘自古繁華」，這一句是對前兩句的總結，因爲杭州具有這些特殊條件，所以「自古繁華」。但又另有新意。如果說前兩句是從横的方面來寫，寫杭州的現狀的話，那第三句則是從縱的方面來寫，交代出它「自古繁華」的歷史。三句詞，從縱、横兩個方面勾畫出杭州的粗略面貌，以横爲主，以縱爲賓，實寫杭州的現狀，對其歷史，則是虛寫，一筆帶過，作爲陪襯。下面，就對「形勝」、「都會」和「繁華」這三個方面進行鋪敘。

「煙柳畫橋，風簾翠幕，參差十萬人家」，是就「三吳都會」一句進行鋪展的描寫。「十萬」，乃約略之詞，祇言人口之多，並不是確切的人口統計。杭州在當時就有「池有湖山美，東南第一州」（宋仁宗詩）的美譽。宋南渡以後，就有了更大的發展。宋人吳自牧《夢粱錄》云：「柳永詠錢塘詞曰：『參差十萬人家』，此元豐（宋神宗年號）前語也。自高廟（宋高宗）車駕自建康幸杭駐蹕，幾近二百餘年，戶口蕃息，近百萬餘家。杭城之外城，南西東北，各數十里，人煙生聚，民物阜蕃，市井坊陌，鋪席駢盛，數日經行不盡，各可比外路一州郡，足見杭城繁盛耳。」（卷十九）「參差」二字，寫出了樓閣房舍遠遠近近、高高低低的景象；「風簾翠幕」，把「人家」具體化了，家家懸挂風簾，戶戶張設翠幕，一派寧靜安詳的氣氛；而這大大小小的樓閣、張簾掛幕的人家，盡落在「煙柳畫橋」之中，這就不僅使我們看到了戶戶人家的具體景象，也看到了整個城市的風貌。

「雲樹繞堤沙，怒濤卷霜雪，天塹無涯」，是對「東南形勝」一句作鋪展的描寫。這裏祇選擇了錢塘江岸和

望海潮（東南形勝）

江潮兩種景物來寫。錢塘江岸，綠樹如雲，寫出了鬱鬱葱葱的景象；錢塘江水是「怒濤卷霜雪，天塹無涯」。杭州位於錢塘江畔。錢塘潮的壯觀景象是很有名的。宋人周密的《武林舊事》裏有這樣一段描寫：

> 浙江（卽錢塘江）之潮，天下之偉觀也。自既望（十六日）以至十八日爲最盛。方其遠出海門，僅如銀線；既而漸近，則玉城雪嶺，際天而來，大聲如雷霆，震撼激射，吞天沃日，勢極雄豪。楊誠齋（南宋詩人楊萬里）詩云：「海湧銀爲郭，江橫玉繫腰」者是也。

「怒濤」，寫江潮來勢之猛，猶如鏖戰的貔虎，不就是「震撼激射」的景象麽？「卷霜雪」，寫「怒濤」的具體形象，也就是「玉城雪嶺」的景象。「霜雪」，不僅寫出了怒濤如雪的白色，也寫出了江潮帶來的森森寒氣，正如孟浩然《與顏錢塘登障樓望潮作》所云：「驚濤來似雪，一坐凛生寒。」衹是柳永在這裏對人的感受沒有明言而已。「天塹無涯」，寫出了江面的寬闊，也暗示出江潮「吞天沃日」的氣勢。

「市列珠璣，戶盈羅綺，競豪奢」，則是就「繁華」二字進一步鋪展，寫杭州的繁華。杭州，在宋代就有「銷金鍋兒」之號（見《武林舊事》），這是說，不管有多少金錢，都能在那裏揮霍淨盡。詩人在這裏又深入一步，透過那重重簾幕，描寫了兩個方面：一是商業貿易情況——「市列珠璣」，衹用市場上的珍寶，代表了商品的豐富、商業的繁榮；二是衣著情況——「戶盈羅綺」，家家被羅著錦。「競豪奢」，又總括杭州的種種繁華景象，一個「競」字，寫出了杭州富民比豪華、鬥闊氣的情景，在詩人的筆下，杭州眞是民殷財阜，繁華得不得了。

詞的下片，寫杭州人民和平寧靜的生活景象。

「重湖疊巘清嘉。有三秋桂子，十里荷花」，寫杭州西湖的湖山之美。這既是進一步描寫「東南形勝」，同時又是杭州人遊樂的背景。西湖是美的，蘇軾說：「水光瀲灎晴方好，山色空濛雨亦奇。欲把西湖比西子，淡妝

望海潮（東南形勝）

濃抹總相宜。」《飲湖上初晴後雨》）也是寫了山和水兩個方面。「重湖」，寫湖本身，西湖有裏湖外湖；「疊巘」，寫湖岸，山峯重疊。西湖水碧山青，秀美異常，所以說「清嘉」。「三秋桂子」照應「疊巘」二字，寫山中桂花。杭州的桂花自來有名，據說是月中的桂樹種所生。《南部新書》說：「杭州靈隱寺多桂，寺僧曰：『此月中種也。』至今中秋望夜（十五日夜），往往子墜，寺僧亦嘗拾得。」這種傳說，給杭州桂花蒙上了一層神話色彩，對人們有很大的吸引力。宋之問《靈隱寺》詩云：「桂子月中落，天香雲外飄。」白居易《憶江南》詞云：「江南憶，最憶是杭州。山寺月中尋桂子，郡亭枕上看潮頭，何日更重游？」杭州山中的桂子是讓人嚮往的。「十里荷花」，照應「重湖」二字，寫水裏荷花。紅花綠葉，蓮芰清香，也是很能體現西湖特點的景物。蘇軾說那裏「無主荷花到處開」（《六月二十七日望湖樓醉書》），南宋楊萬里說：「畢竟西湖六月中，風光不與四時同。接天蓮葉無窮碧，映日荷花別樣紅。」（《曉出淨慈寺送林子方》）「三秋」，從時間着眼；「十里」，從空間着眼。桂爲秋季開花，蓮爲夏季開花，寫出了西湖不同季節的美景。

西湖不論任何季節、任何時間、任何天氣，都是美的，因而遊人不絕。《武林舊事》曰：「西湖天下景，朝昏晴雨，四序總宜；杭人亦無時而不游，而春游特盛焉。」下面便開始描述杭人遊樂的情景。

先寫杭州民衆的游樂：「羌管弄晴，菱歌泛夜，嬉嬉釣叟蓮娃」。「羌管弄晴」，寫白天，寫笛聲。「弄晴」二字，寫出了吹笛人悠然自得的愉快心情。「菱歌泛夜」，寫夜晚，寫歌聲。「泛夜」二字，寫出了採菱女的歌聲，在寧靜的夜晚，在水面上輕輕飄蕩的情景。「嬉嬉釣叟蓮娃」是就前面二句總而言之，說明這是杭州百姓在游湖，是民人之樂。

「千騎擁高牙」以下，寫杭州官員的游樂。「千騎擁高牙」，寫出了人物的身分，寫了出游時隨從的衆多，表現出官員的威勢。下面從兩個方面寫官員的樂趣。「乘醉聽簫鼓」，寫宴酣之樂。統治階級經常攜帶酒宴游湖。開懷暢飲，酩酊大醉，已經寫出了飲宴的歡樂，醉後還要聽音樂，把飲宴之樂推向了極點。「吟賞煙霞」，寫山水之樂。前面寫了山，寫了水，這裏以「煙霞」二字來表現景物之美。體現出山川靈秀的一面。不僅欣賞湖山之美，情不可遏還要形之吟詠。這既表現出官員的儒雅風流，更襯托出了山水的美麗。詞的最後兩句是對官員的祝願，說日後把杭州美好的景色描畫下來，等到去朝廷任職的時候，就可以向同僚們誇耀一番了。

這首詞歌頌了杭州山水的美麗景色，讚美了杭州人民和平安定的歡樂生活，反映了北宋結束五代分裂割據局面以後，經過眞宗、仁宗兩朝的休養生息，所呈現的繁榮太平景象。當然，這種景象還祇是生活的表面現象，沒有能像他做杭州附近的定海曉峯鹽場監督官時那樣，揭示出「官租未了私租逼」所造成的廣大鹽民「雖作人形俱菜色」（《煮海歌》）的苦況。這首詞是寫給當時任兩浙轉運使的孫何的（見宋人羅大經《鶴林玉露》卷一），雖爲贈獻之作，有一定的奉承成分，却不能說就是粉飾升平的歌功頌德的作品，它反映了當時一定的社會現實。孟元老《東京夢華錄》記載：「太平日久，人物繁阜。垂髫之童，但習鼓舞；斑白之老，不識干戈。……舉目則青樓畫閣，繡戶珠簾。雕車競駐於天街，寶馬爭馳於御路。金翠耀目，羅綺飄香。新聲巧笑於柳陌花衢，按管調弦於茶坊酒肆。……集四海之市奇，皆歸既易；會寰區之異味，悉在庖廚。花光滿路，何限春游？簫鼓喧天，幾家夜宴。技巧則驚人耳目，侈奢則長人精神。」這雖然是記錄都城汴京的景象，但也可以看出當時國內確有「太平氣象」，因而紙醉金迷、競尚豪奢，成爲各地統治階級的普遍風氣。《望海潮》所反映的，正是這樣的現實。據說「此詞流播，金主亮聞歌，欣然有慕於『三秋桂子，十里荷花』，遂起投鞭渡江之志。近時謝處厚詩云：『誰把杭州曲子謳？荷花十里桂三秋。那知卉木無情物，牽動長江萬里愁！』」（《鶴林玉露》）當然，這祇是一種傳說，並不正確。誘使金兵入侵，導致北宋滅亡的原因，是由於統治階級「競豪奢」，醉生夢死的腐朽本質所造成的；引起金兵南下，給南宋王朝帶來威脅的，仍然是統治階級「直把杭州作汴州」（林升《題臨安邸》）的腐朽本質造成的，於柳詞本無關係。不過，從這個傳說中却可以說明，《望海潮》的寫作是很成功的，讀了這首詞，不由得會使人對杭州心嚮往之。

（張燕瑾　楊鍾賢）

夜半樂

柳　永

凍雲黯淡天氣，扁舟一葉，乘興離江渚。渡萬壑千巖，越溪深處。怒濤漸息，樵風乍起，更聞商旅相呼，片帆高舉。泛畫鷁、翩翩過南浦。　望中酒旆閃閃，一簇煙村，數行霜樹。殘日下、漁人鳴榔歸去。敗荷零落，衰楊掩映，岸邊兩兩三三，浣紗游女，避行客、含羞笑相語。　到此因念，繡閣輕拋，浪萍難駐。歎後約叮寧竟何據？慘離懷、空恨歲晚歸期阻。凝淚眼、杳杳神京路。斷鴻聲遠長天暮。

這首詞也分三疊。第一疊寫旅途經歷，第二疊寫所見人、物，都是寫景，第三疊抒感，是寫情。它是詞人浪跡浙江時所作，所以用了許多與浙江有關的地名和典故。「越溪」明指越地，不用說。「萬壑千巖」出《世說新語・言語篇》，顧長康讚會稽（今浙江紹興）山川之美說：「千巖競秀，萬壑爭流。草木蒙籠其上，若雲興霞蔚。」「乘興」字出《世說新語・任誕篇》所載王子猷居山陰，雪夜乘小船到剡縣訪戴安道，到了門外，又不去看他，說是「吾本乘興而行，興盡而返，何必見戴」的故事；「怒濤」字出枚乘《七發》形容曲江之濤，「有似勇壯之卒，突怒而無畏」，「誠奮厥武，如震如怒」，「聲如雷鼓，髮怒屋沓」等句；「樵風」字出《後漢書・鄭弘傳》註引《會稽記》所載鄭弘從神人求得若耶溪的順風爲他採薪後的運輸提供方便的故事；都與浙江有關，足見作者用典的細

夜半樂（凍雲黯淡天氣）

密。若是囫圇看過，未免有負他的匠心。

第一疊首句點明時令，二、三句寫旅中出發情況。「渡萬壑」以下，都是寫開船之後，乘興在船中欣賞景物。溯江上行，景物愈來愈美，而總以「萬壑千巖」括之，這是用顧長康讚美會稽一帶風景的話，已見上引。衹有知道這個出典，才可以引起豐富的聯想。「怒濤」句承上「江渚」來，江口有濤，濤息才可行船。「樵風」句承上「扁舟」來。鄭弘早上出去砍柴，要坐船由南而北，晚上運柴回來，要由北而南，所以他要求神人在若耶溪上賜與「旦，南風；暮，北風」，果然如願。故「樵風」也就含有順風的意思。有了順風，才能「乘興離江渚」，也才能「片帆高舉」。「更聞」一句，寫出商人途中之繁忙，以襯自己的孤獨。「泛畫鷁」句，鷁是一種水鳥，古代船家畫鷁於船頭以作裝飾。這裏即用作船的代稱。「翩翩」，輕快貌。「南浦」字出江淹《別賦》：「送君南浦，傷如之何！」這裏已暗逗下文怨別，但總的來說，作者開始出發時，心情還是輕快的。

第二疊寫所見。首句即明說「望中」，以下都是望中所見，有人有物。「酒旆」三句，岸上之物；「殘日」句，江中之人。「鳴榔」，是一種以敲木作聲來捕魚的方法。「敗荷」句，又江中；「衰楊」句，又岸上。「敗荷」兩句，均寫景；「岸邊」三句，均寫人。人與物，岸上與江中，往復交織，構成一幅非常生動的秋日江干暮景的畫面。在極其蕭颯荒涼的景物中，忽然出現一羣天眞活潑的、一面含羞避客一面又笑又說的浣紗姑娘，這使景物增添了生氣，但也使作者牽動了離愁。這羣姑娘，是無憂無慮的，可是在途中的旅客，却由於看到了她們，而想起自己心愛的人來。杜牧《南陵道中》云：「南陵水面漫悠悠，風緊雲輕欲變秋。正是客心孤迥處，誰家紅袖憑江樓？」蘇軾《蝶戀花》云：「牆裏鞦韆牆外道。牆外行人，牆裏佳人笑。笑漸不聞聲漸悄，多情却被無情惱。」寫的都是這種微妙的心理。但柳詞在這裏衹提到所見爲止，而所感則留在第三疊中去寫。

第三疊由景入情，以「到此因念」四字領起。本來是「乘興」沿途覽景，景物清佳，雖然身在旅途，而離愁尚可借佳景以資排遣，但是，一羣浣紗游女的忽然出現，却打破了這種暫時寧靜的心理狀態，把離愁都勾引出來了。「繡閣」句，悔當初的分別，考慮不够周詳；「浪萍」句，比今天的行蹤，仍然漂流無定。「歎後約」以下，直抒胸臆，而以「慘離懷」句懷鄉裏之愛妻，「凝淚眼」句憶汴京之仙子分承。古代詩詞中歸期、歸舟等歸字，都是指歸回家鄉。柳永當時落魄江湖，以情理說，不可能攜帶家眷同行，更不能把家眷安置在汴京，而獨自出游浙江，故知「慘離懷」與「凝淚眼」，乃是各念一人。許昂霄《〈詞綜〉偶評》說此詞「第三疊乃言去國、離鄉之感」。（古人常稱京爲國，去國卽是出京。）以去國與離鄉分言，深合詞意。而對此兩人，又同有「繡閣輕拋」、後約無據之感，故以「斷鴻」句作結，以景足情。「斷鴻」之「遠」、「長天」之「暮」，與「離懷」之「慘」、「淚眼」之「凝」，情調氣氛，結合密切。

這首詞前兩疊平敍，從容不迫，所反映的情緒也很穩定，末疊則突然轉爲急促，一句一意，愈引愈深，所反映的情緒也變爲激昂。前鬆後緊，前緩後急，前兩疊之鬆緩，正爲末疊蓄勢，從而使矛盾達到高潮。可以想象得到，當時歌唱起來，也是聲情相應的。

（沈祖棻）

八聲甘州

柳　永

對瀟瀟暮雨灑江天，一番洗清秋。漸霜風淒緊，關河冷落，殘照當樓。是處紅衰翠減，苒苒物華休。惟有長江水，無語東流。

不忍登高臨遠，望故鄉渺邈，歸思難收。歎年來蹤迹，何事苦淹留？想佳人、妝樓顒望，誤幾回、天際識歸舟。爭知我、倚闌干處，正恁凝愁！

八聲甘州（對瀟瀟暮雨灑江天）

這首詞主題與《安公子》同，但時令有異，前者是暮春所作，此首則是暮秋所作。它上片寫景，下片抒情，界線比較分明，與它詞上、下片中每每景情兼賅者又別。

上片頭兩句，用一「對」字領起，勾畫出詞人正面對一幅暮秋季節、傍晚時間的秋江雨景。「暮雨」上用「瀟瀟」，下用「灑」字來形容，就使人彷彿聽到了雨的聲音，看到了雨的動態。那是一陣秋天的涼爽蕭疏的雨，而經過這番雨，「秋」就變得更「清」了。「秋」是不可以「洗」的，但詞人却偏以爲「秋」之「清」是由於「暮雨」之「洗」，使人感到生動、眞切，覺雨後秋空清朗之狀，如在目前。《九歌·大司命》「使凍雨兮灑塵」句，可能使柳永受到啓發。「灑江天」，也是灑向空氣中的雨絲，但由此想出「洗清秋」，構思就更新穎。

接着，用一「漸」字領起下三句。一番雨後，傍晚的江邊，就覺得寒風漸冷漸急。身上的感覺是如此，眼中所見也是一片淒涼。「關河」是「冷落」的，而詞人所在之地，則被卽將西沉的陽光照射着。景色蒼茫遼闊，境界高遠雄渾。蘇軾一向看不起柳永，然而對這三句，却大加讚賞，認爲：「此語於詩句不減唐人高處。」（見趙令畤《侯鯖錄》）正因這幾句詞不但形象鮮明，使人讀之如親歷其境，而且所展開的境界，在詞中是稀有的。

六、七兩句接寫樓頭所見。看到的裝飾着大自然的花木，都凋零了。與《卜算子慢》「江楓漸老」三句同意。不過那首詞先寫「敗紅衰翠」，後寫「楚客登臨」，而這首詞則反過來，先寫了人已登樓，再寫「紅衰翠減」，結構按照全詞的安排，所以各有不同。歇拍兩句，寫在這種自然界的變化之下，人是不能不引起許多感觸的，但是却並沒有明說，衹以「長江水無語東流」暗示出來。「惟有」兩字，包含有不但「紅衰翠減」的花木在外，也包含有「登高臨遠」的旅人更不在內的意思。古人每用流水來比喻美好事物的消逝。高蟾《秋日北固晚望》「何事滿江惆悵水，年年無語向東流」，乃是柳詞所本。（他如韓琮《暮春滻水送別》：「綠暗紅稀出鳳城，暮雲宮闕古今情。行人莫聽宮前水，流盡年光是此聲。」黃季剛師又反韓意作詞云：「流盡年光，流水何曾住？」都是此意。）江水本不能語，而詞人却認爲它無語卽是無情，這也是無理而有情之一例。上片以這樣一個暗喻作結，而不明寫人的思想感情，是爲下片完全寫情蓄勢。

下片由景入情。上片寫到面對江天暮雨、殘照關河，可見詞人本是在「登高臨遠」，而換頭却以「不忍」二

八聲甘州（對瀟瀟暮雨灑江天）

字領起，在文章方面，是轉折翻騰；在感情方面，是委婉深曲。「登高臨遠」，爲的是想望故鄉，但故鄉太遠，「愛而不見」，所闖入眼簾的，衹不過是如上片所描寫的更加引起鄉思的淒涼景物，這就自然使人產生了「不忍」的感情，而鄉思一發，更加難於收拾了。

四、五兩句，由想象而轉到自念。懷鄉之情雖然是如此地強烈和迫切，但是檢點自己近年來還是落拓江湖，東漂西蕩，究竟又是爲了什麽呢？這裏用問句一提，就加重了語氣，寫出了千迴百轉的心思和四顧茫然的神態，表達出「歸也未能歸，住也如何住」，即「歸思」和「淹留」之間的矛盾，含有多少難言之隱在內。究竟爲什麽「淹留」，詞人自己當然明白，他在另外一首詞《戚氏》中就說出了：「未名未祿，綺陌紅樓，往往經歲遷延。……念利名，憔悴長縈絆。」從前的讀書人，在沒有取得功名之前，要上京應考；在已經取得功名之後，當上了官，也要在他鄉任職。長期考不取，就或者是在京城住下來，準備下屆再考，或者四處遊謁地方長官，以謀衣食。這當中，是包含了許多生活經歷中的酸甜苦辣在內的。問「何事苦淹留」，而不作回答，不過是因爲他不願說出來罷了。這樣，就顯得含蓄，比《戚氏》所直接抒寫的同一心情，更爲動人。

由於自己的思歸心切，因而聯想到故鄉的妻子也一定是同樣地盼望自己回家。自己在外邊漂泊了這樣久，她必然也想望得很久了。謝朓《之宣城郡出新林浦向板橋》云：「天際識歸舟，雲中辨江樹。」謝詩是實寫江景，柳詞則借用其語，爲懷念自己的妻子創造了一個生動的形象。他想象她會經常地在妝樓上癡癡地望着遠處的歸帆，而幾次三番地誤認爲這些船上就載着她的從遠方回來的丈夫。溫庭筠《夢江南》：「梳洗罷，獨倚望江樓。過盡千帆皆不是，斜暉脈脈水悠悠，腸斷白蘋洲。」這是「想佳人」兩句很具體的解釋。

最後兩句，再由對方回到自己。在「佳人」多少次的希望和失望中，肯定要埋怨在外邊長期不回來的人不想家。因爲「何事苦淹留」，有時連自己都感到有些茫然，則整天在「妝樓顒望」的人，自然更難於理解了。她也許還認爲自己在外邊樂而忘返，又怎麽會知道我現在倚闌遠望的時候，是如此愁苦呢？

本是自己望鄉，懷人，思歸，却從對面寫「佳人」切盼自己回去。本是自己倚闌凝愁，却說「佳人」不知自己的愁苦。「佳人」懷念自己，出於想象，本是虛寫，却用「妝樓顒望，誤幾回、天際識歸舟」這樣具體的細節來表達其懷念之情，彷彿實有其事。倚闌凝愁，本是實情，却從對方設想，用「爭知我」領起，則又化實爲虛，顯得十分空靈。感情如此曲折，文筆如此變化，眞可謂達難達之情了。這種爲對方設想的寫法，並非始自柳永，在他以前，如韋莊的《浣溪沙》：「夜夜相思更漏殘，傷心明月憑闌干，想君思我錦衾寒」，即是一例。但更著名的則是杜甫的《月夜》：「今夜鄜州月，閨中祇獨看。遙憐小兒女，未解憶長安。香霧雲鬟濕，清輝玉臂寒。何時倚虛幌，雙照淚痕乾。」但柳詞層次更多，更曲折變化。梁令嫻《藝蘅館詞選》載梁啓超評此詞，認爲它的境界很像溫庭筠《菩薩蠻》中「照花前後鏡，花面交相映」兩句，就是指詞中所寫自己與對方的情景，有如美女簪花以後，前後照鏡，鏡中形象重疊輝映。

結句倚闌凝愁，遠應上片起句，知「對瀟瀟暮雨」以下，一切景物，都是倚闌時所見；近應下片起句，知「不忍登高臨遠」以下，一切歸思，都是凝愁中所想。通篇結構嚴密，而又動蕩開合，呼應靈活，首尾照應，如前人談兵所云常山之蛇。

（沈祖棻）

傾盃

柳　永

鶩落霜洲，雁橫煙渚，分明畫出秋色。暮雨乍歇。小檝夜泊，宿葦村山驛。何人月下臨風處，起一聲羌笛？離愁萬緒，聞岸草、切切蛩吟如織。

爲憶。芳容別後，水遙山遠，何計憑鱗翼？想繡閣深沈，爭知憔悴損、天涯行客？楚峽雲歸，高陽人散，寂寞狂蹤跡。望京國，空目斷、遠峯凝碧。

柳永在詞史上具有卓越的貢獻，他變舊聲爲新聲，發展了長調慢詞，擴展了詞的領域，使詞從表現士大夫的閑情逸致，走向反映市民生活，反映都市的繁榮。自此宋詞漸漸有別於「花間」，出現了獨特的面貌。然而前人對柳七詞風每多訾議，李清照就曾在《詞論》中說他「詞語塵下」，蘇軾也對秦觀之學柳七表示婉諷。其實就柳永《樂章集》作全面衡量，當分雅俚二類：許多俚詞固屬「詞語塵下」，時涉狎媟；而其雅詞，則凄清婉麗，「不減唐人高處」（趙令畤《侯鯖錄》卷七記東坡語）。這首《傾盃》，就屬於雅詞一類。清代詞學家譚獻評此詞云：「耆卿（柳永字）正鋒，以當杜詩。」（《譚評詞辨》卷一）以之與詩聖杜甫的作品相提並論，這是一種很高的榮譽。細玩詞之內容與風格，確有相似之處，並非溢美之辭。

《傾盃》反映了詞人羈旅行役的生活。柳永之飄泊與杜甫之漂泊雖不可同日而語，但就離情之深沉而言，也不無一致之處。詞的上闋，寫雨後夜泊，着重於景色的描繪；下闋寫別後離愁，着重於感情的抒發。「何人月下臨風處，起一聲羌笛」，則如譚獻所說，是「扶質立幹」（引同上）。打個比方說，無論上闋寫景，下闋抒情，都是枝枝葉葉，若沒有這兩句作爲主幹，就顯得支離破碎，無所依附。何以見得？因爲這兩句承上啓下，融情入景，從而把全篇組成一個渾融的藝術整體。

起首三句，以明朗的色調畫出一派秋光。「畫」字很俗，但却用得極工。詞人的詞筆，實爲大自然的畫筆，它先在洲渚（河中小塊陸地）上畫上秋霜，又塗上一層煙靄，於是在讀者面前展開一幅迷濛的畫面。然後它在洲渚的上空畫上一羣野鴨（即鶩）翩然而下，又畫上一行大雁，橫空飛過。於是又增加了畫面的動態美。這裏的霜和雁，都帶有時令特徵，所以後面接着點明「秋色」。「暮雨乍歇」，寫一場秋雨剛剛停止。詞人擅長寫秋景，尤善寫暮雨。如《甘草子》云：「秋暮，亂灑衰荷，顆顆眞珠雨。」《雨霖鈴》云：「寒蟬凄切，對長亭晚，驟雨初歇。」《八聲甘州》云：「對瀟瀟暮雨灑江天，一番洗清秋。」《滿江紅》則與此詞相似，簡練地寫道：「暮雨初收」。詞人如此喜寫暮雨，特別是秋季的暮雨，是因爲它具有特殊的情韻，那灑在衰荷殘柳上的聲音，淅淅瀝瀝，如泣如訴，容易引起離愁，烘托秋思。而暮雨初歇，則又易給人以淒清蕭颯之感。此處雨歇之後，繼之以小舟夜泊（檝，船槳，此處借指小舟），而所泊之處，又鄰「葦村山驛」（山中驛站，供行人住宿和歇脚之處），境界極爲淒清恬靜，亦復帶有畫意。在此環境中，孤客遠行，已不堪寂寥，着以「何人」二句，則宛如一帖催化劑，於是縷縷離情，油然而生矣。試想此時，皓月當空，清風徐來，一陣淒涼笛曲，悠然而至，獨宿孤舟的詞人，情何以堪？在古代詩詞中，行人一聞羌笛，往往聯想到楊柳，而楊柳又是古人贈別之物，象徵着依依惜別的情懷和千絲萬縷的離愁。唐人王之渙《涼州詞》云：「羌笛何須怨楊柳，春風不度玉門關。」李白《春夜洛城聞笛》云：「此夜曲中聞折柳，何人不起故園情？」都是很好的例證。熟知故事和熟讀古詩的詞人，此刻一聞羌笛，恍如條件反射，隨即引起一腔離情別緒，這是很自然的。下面蟬連「聞岸草」二句，以蛩聲（蛩即蟋蟀）作爲羌笛的伴奏，笛曲悠揚哀怨，蛩聲切切如織，渲染了一個淒涼蕭瑟的氛圍。詞人就是這樣因景生情，融情入景，從而構成一個情景交融、物象與意趣渾然一致的意境。它比單純的畫面又深入一層，深入到人物的內心世界。

過片承上闋「離愁」而來，轉入純粹的抒情。從下面「望京國」一句來看，詞人出外旅行是從北宋的首都汴梁出發的。相傳柳永酷愛填詞，常常流連坊曲。此詞所寫的戀人，很可能是汴京的一位青樓歌女。「爲憶」以下四句，寫他離京漸遠，書信難通。「芳容」，狀其戀人之美。「鱗翼」，猶魚雁，指書信。「何計」二字，極言思慮之切。彼此分離，情況不得而知，欲通音問，而信使無憑，內心之痛苦，可以想見。「想繡閣」三句，想象戀人深閨獨處之苦況。「深沈」二字，形容居處之幽邃，令人想象到小樓深院，簾幕重重，幾乎與世隔絕。因此她不知行人漂泊在外，形容多麼憔悴。語言婉曲，感情深摯。通過詞人的想象寫對方，比直接寫對方，更爲感人。其法與杜甫《月夜》詩中所寫的「今夜鄜州月，閨中祇獨看。遙憐小兒女，未解憶長安」頗爲相似。譚獻所謂「以當杜詩」，當然也包括此點。他還進一步評價這兩句說：「忠厚悱惻，不愧大家。」（引同上）所謂「忠厚」，是說他的思想眞誠婉篤；所謂「悱惻」，是說他的感情淒婉纏綿。像這樣的意思，詞人在《八聲甘州》中也寫過：「想佳人、妝樓顒望，誤幾回、天際識歸舟。爭知我、倚闌干處，正恁凝愁？」以曲筆寫深情，正是詞家妙諦。所不同的是，《八聲甘州》中的佳人還在妝樓上頻頻遠望，眼中不斷出現詞人的歸舟，一番希望隨着一番失望；

而《傾盃》中的佳人，則樓臺高扃，繡閣深沈，不知道在想些什麽。可見在大家的筆下，雖同是一景，同是一情，寫來却神情各異，意趣全殊。

「楚峽雲歸，高陽人散」，借楚襄王夢遇巫山神女的典故，寫詞人與所歡者的分離。據宋玉《高唐賦》載，襄王（一說懷王）曾游高唐，與一神女夢中相遇。臨行，婦人曰：「妾在巫山之陽，高丘之陰。旦爲朝雲，暮爲行雨。朝朝暮暮，陽臺之下。」詞人寄跡青樓，爲歌女們塡詞，吟風弄月，逐步產生了戀情。以今天的觀點看，是很庸俗的。但由於用了此典，意思便顯得含蓄，風格也轉爲典雅，一般都能接受。「寂寞狂蹤跡」，說明他與戀人分手後，孑然一身，浪跡天涯。着一「狂」字，自怨自艾中，帶一些自豪與自慰。然而就語調而言，却是低沈平緩的。故譚獻評曰：「寬處坦夷，正見家數。」（引同上）其實外在似坦夷平靜，內心却藏有無限酸楚，細細品味，自能領會。

結尾三句，落入歸思。詞人頻頻回首，瞻望京城；高城不見，唯見遠處山峯，迤邐天外。雖寫離情，而修門之感、遠謫之思，隱然言外。前人認爲塡詞起句好易得，結句好難得。結句也有兩種寫法：或以情結，或以景結。以景語作結，蘊含深遠，耐人尋味。此詞結云「遠峯凝碧」，乃是以景語作結，寓情於景，含蓄不盡；而着一「凝」字，不僅寫出了碧色之濃，且又反映了凝神遠望的專注之情，確能給人以無限想象的餘地。

這是一首長調，詞人利用它容量大的特點，施展了他的塡詞才華：一是大筆濡染，盡情地鋪敍景色；二是波瀾迭起，委婉曲折地抒發離情；三是音節頓挫，疾徐有致，備極聲情之美。在宋初詞壇上，不失爲一首著名的作品。

（徐培均）

傾盃（鶩落霜洲）

天仙子（水調數聲持酒聽）

天仙子

張　先

時爲嘉禾小倅，以病眠，不赴府會。

水調數聲持酒聽，午醉醒來愁未醒。送春春去幾時回？臨晚鏡，傷流景，往事後期空記省。　沙上並禽池上暝，雲破月來花弄影。重重簾幕密遮燈，風不定，人初靜，明日落紅應滿徑。

張先是北宋著名的詞人，傳世《安陸集》（又名《張子野詞》），存詞一百六十餘首。《天仙子》就是其集中最著名的詞篇之一。

這首詞前面有一短序（或稱詞題）：「時爲嘉禾小倅，以病眠，不赴府會。」一、短序中交代了作詞的時間、地點和詞人的身分；二、交代了作者借口臥病，閑居在家，不想入府。這兩點說明，張先當時雖已五十二歲（據夏承燾《張子野年譜》），但因他性格孤傲，不肯依附於人，所以仕途淹蹇，很不得意，衹當了個嘉禾（當時的州名，今浙江嘉興）小倅，即協助知州掌管文書的小吏。梅堯臣在《送簽判張秘丞赴秀州（即嘉禾）》詩中曾這樣寫道：「嘉禾主人余久知，跡冗不擬強攀附。倘或無忘問姓名，爲言懶拙皆如故。」這些都有助於我們理解張先的這首詞。

天仙子（水調數聲持酒聽）

上片集中寫傷春之情。開篇兩句是第一層。起筆從聽歌入手：「水調數聲持酒聽。」據《隋唐嘉話・補遺》載：「隋煬帝鑿汴河，自製《水調歌》。」又《碧鷄漫志》載：「今曲《水調歌》爲煬帝自製，……聲韻悲切」，並說唐玄宗還欣賞過這個曲調，其中有「山河滿目淚霑衣」之句。可見，《水調》的旋律是悲抑激切的。聽歌的目的在於送春，在於消愁，結果如何呢？回答是：「午醉醒來愁未醒。」

「送春春去幾時回」至上片結尾是第二層。這一層表面是傷春，重點却是自傷，因爲春天一去，雖然不知「幾時回」，但畢竟還有回歸之日，而人的青春一去，却永無重返之機了。所以「幾時回」問的並不是春天，而是在向自己的青春發問。「臨晚鏡」，是向晚臨鏡自照。「流景」，是逝去的年華，當作者臨鏡自照，發現自己青春老去，年華永逝，又怎能不油然升起一絲悵惘之情呢？「傷」字對此已表現得十分清楚了。所以，最後便發出了往事不堪回首，「後期」（今後的相約和期許）成空的慨嘆。

下片描繪庭園池塘之景，並借以烘托傷春自傷之情。「沙上」二句寫目之所見。「並禽」，是成雙成對的鳥兒。這是愛情和美滿的象徵。「暝」，是暮色，這一句交代了時間的推移。從上片的「午醉」到下片的「池上暝」，可見作者在園中已消磨大半天時光，惜春戀春之情，已不言自明。下面，「雲破月來花弄影」，是千古傳誦的名句。正如王國維在《人間詞話》中所說：「着一『弄』字而境界全出矣。」「弄」字有擬人的特點，並極富連貫的動作性。通過這個「弄」字，把月下的「花」寫活了。但是，除此之外，我們還應當看到，這一句之所以富有詩意，富有美學情趣以及由此而爲後世讀者所激賞的原因，還在於有一個不曾爲王國維強調提出的「影」字。這個「影」字才是篇中的「詞眼」，是詞中美學境界的焦點之所在。「雲破月來」是針對「池上暝」而言的。當暮色籠罩池塘之際，天上浮雲掩月。忽然，雲散月明，皎潔的月亮露出圓圓笑臉，照射園中的一切。此刻，由於作者留戀春天，故而特別注意於那象徵春天的花朵。他終於發現，那即將凋謝的殘花，仍在把自己的身影投向水面，伴隨春風的吹拂而不斷擺動自己的腰身，彷彿在對鏡理妝。詞人由此而想到，連那即將凋謝的殘花，面對「春去」的現實，還要顧影自憐，對生活充滿了眷戀之情，這對「往事後期空記省」的詞人來說，不更加引起自己對春天的留戀、對生活的熱愛麽？從「重重簾幕」到篇終是第四層。時間由傍晚轉到更深人靜，寫的是作者的目之所見與心之所想，這一層的關鍵詞語是「風」字。這一「風」字，是貫穿整個下片的。由於有「風」，春寒料峭，沙灘上成雙成對的鳥兒纔依偎得緊緊的；由於有「風」，纔把浮雲吹散，使月亮得以出現；由於有「風」，月下的殘花纔在風中搖擺，使倒映入水的花枝不斷地「弄影」自憐。這「風」，還將把殘花吹落，使明天園林裏的小路上落英繽紛。「應」，是估想之詞，是由「風不定」聯想到的。終篇的「落紅」與開篇的傷春，前呼後應，使上情下景，水乳交融，渾然一體。

這首詞有兩個顯著的藝術特點。第一是感情勁直激切，有一種鬱結於胸的自傷和悵惘之情，這種感情是非直接表現出來不可的。第二是「影」字傳神，作者善於通過「影」字來開拓美學境界。張先對於「影」字似乎懷有特殊的感情。據《苕溪漁隱叢話》、《古今詞話》等書記載，當時人們曾送給張先一個美稱：「張三中」，「謂能道得心中事，眼中景，意中人也。」子野却自我介紹說：「何不曰：『張三影』？『雲破月來花弄影』，『簾壓卷花影』，『墮風絮無影』，吾得意句也。」（後兩影，有人傳爲「浮萍斷處見山影」、「隔牆送過鞦韆影」）。這說明「張三影」的美稱是張先自己起的。在張先之前，已有不少詩詞家在各自的作品中描繪過「影」字。南朝梁詩人何遜《夕望江橋》：「風聲動密竹，水影漾長橋。」李白《峨眉山月歌》：「峨眉山月半輪秋，影入平羌江水流。」李煜《浪淘沙》：「想得玉樓瑤殿影，空照秦淮。」還有宋代林逋的《山園小梅》：「疏影橫斜水清淺，暗香浮動月黃昏。」在這些詩句裏，都注意到「影」字的作用，但是，像張先這樣自覺地、反覆地捕捉和挖掘「影」字的美學境界的詞人，文學史上並不多見。

那末，詩人、詞人爲什麼要着意描繪「影」字呢？這可以從現實中的鮮花美景和倒映入水的美景這兩者的關係得到說明。稍有生活常識的人都知道，水中的花影、山影、人影以及亭臺樓閣的倒影似乎更多一層迷人的魅力。這也就是說，「影」字具有一種美感的作用。難怪司空圖在《與極浦書》中這樣說：「戴容州（叔倫）云：『詩家之景，如藍田日暖，良玉生煙，可望而不可置於眉睫之前也。』象外之象，景外之景，豈容易可譚哉？」張先似乎很懂得這個道理。「雲破月來花弄影」，這「影」字多傳神！它生動地表現了「花」的情趣，「花」對生活的積極態度，使全詩的境界爲之一變。這是一首膾炙人口之作，其中表現出一種珍惜青春的美好感情與美的境界，

浣溪沙（一曲新詞酒一盃）

它給讀者的感覺不是感傷而是激發人們對青春的熱愛，對生活的熱愛。儘管如此，它仍然沒有跳出古詩詞中司空見慣的傷春自傷之情、庭園樓閣之景的狹小範圍，這是閱讀時需要注意的。（陶爾夫）

浣溪沙

晏　殊

一曲新詞酒一盃，去年天氣舊亭臺，夕陽西下幾時迴？　無可奈何花落去，似曾相識燕歸來，小園香徑獨徘徊。

晏殊的一生，可以說是志得意滿，無憂無慮。但是，錦衣玉食的物質生活，填補不了他精神上的空虛。他的詞作，在雍容華貴的氣象之中，也時時流露出淡淡的哀愁，這首《浣溪沙》所表現的，就是這樣的感情。全詞所寫，不外是惜春懷舊的思想情緒，但由於詩人手法高妙，寫得淒婉含蓄，遂成爲衆口稱譽的名作。

詞的上片側重寫懷舊。在一個黃昏時分，詩人在亭臺上飲酒作詞，寫的是詩人在某個特定的時日的思想感情：「一曲新詞酒一盃，去年天氣舊亭臺。」在這裏，詩人巧妙地運用了「新」與「舊」的對比，「舊」是主，「新」是賓，用「新」來反襯「舊」。「新」是唱新詞，詩人在飲酒唱詞，詞的內容是什麼，詩人秘而不宣。「舊」是飲酒唱詞時的環境：亭臺如舊，天氣如舊。天氣而曰「去年」，是因爲這環境觸動了詩人的感情，使他想起了往事，留戀着往事。往事爲什麼值得留戀？詩人也不作說明。但是我們可以知道，往事給詩人留下了不能磨滅的美好記憶，詩人對往事有着很深的感情。他的「新詞」，也許是抒發他對往日的懷念吧？飲酒唱詩，這本來是封建士大夫閑情逸致的表現，在這裏，却用來抒發詩人悵惘的情思。「夕陽西下幾時迴」一句，把這種感情推向了高潮。詩人難道不知道，今日「夕陽西下」，明朝還會「旭日東升」？當然不是。但這一問，却表現出一片癡情——對往日往事的癡情，對往昔時光的癡情。往事隨着時光一起流逝了，衹給人留下了緜緜不盡的回憶。它幾時才能回來呢？「夕陽西下」是眼前景，用嘆今的方式來表現懷舊的感情，情味淒惋。

這剪不斷的一縷愁絲，使詩人在亭子上坐不住了。他走下了亭臺。詞的下片側重寫惜春。在百花凋零的暮春時節，詩人在殘紅委地的小路上獨自徘徊，寫的是詩人在一個特定的季節裏的思想感情：「無可奈何花落去，似曾相識燕歸來。」在這裏，詩人又運用了「來」與「去」的對比，「去」是主，「來」是賓，以「來」反襯「去」。「花落去」、「燕歸來」，都是暮春時節的典型景物。落英繽紛，這是自然景象，冠以「無可奈何」，則惜春之情自見。落花飄零，春光將去，見景傷情，欲留不住，「無可奈何花落去」，表現詩人惜春的心理很形象。紫燕呢喃，也是自然景象。燕子秋天南去，春則北歸，據說它隔年還能認明舊巢。現在，燕子又飛回來了，所以詩人說「似曾相識」。但是，這裏寫燕子歸來不是目的，目的是用燕子的「來」，反襯時光的「去」。是呀，燕子年年離去，又年年歸來。現在，它又飛回來了，然而逝去的時光、以及隨時光一同逝去的往事，却再也不能返回了！所以，這「似曾相識」的燕子，不僅沒有給詩人帶來什麼安慰，反而增加了詩人對春光逝去的惋惜心情。「無可奈何花落去，似曾相識燕歸來」二句，用景物描寫，把詩人的感情表現得很細膩、很生動，是非常工巧的對偶句，却又那樣自然、那樣渾成，彷彿是信手拈來，一點也看不出雕琢的痕跡，表現了詩人很高的藝術技巧，是頗有盛譽的名句。沈祥龍說：「詞中對句，貴整煉工巧，流動脫化，而不類於詩句。……晏元獻之『無可奈何花落去，似曾相識燕歸來』，非詩句也。然不工詩句，亦不能爲絕妙好詞。」（《論詞隨筆》）楊慎說：「『無可奈何』二語工麗，天然奇偶。」（《詞品》）「小園香徑獨徘徊」，交代出前二句是詩人徘徊所見，「香徑」二字又照應「花落」二字，落紅滿徑，塵泥霑香。古人認爲，詞的結句「以景結情最好」，或「以情結尾，亦好」（沈義父《樂府指迷・結句》）。這首《浣溪沙》的結句，既沒有寫景，也沒有直接抒情，而是描繪出了詩人在小園中獨自徘徊的情景，用抒情主

浣溪沙（一曲新詞酒一杯）

人公的行動，來表現他孤獨悵惘的心境，雖然沒有達到「有有餘不盡之意」的佳境，却也別有情致。

詞的內容並沒有什麼重大的意義，但它的寫作技巧却取得了成功。明明是懷舊，却偏偏用筆墨去寫景，用景物描寫來襯托出懷舊的感情，含蓄委婉，餘味無窮。不僅被歷代讀者喜愛，詩人自己也頗爲欣賞，他有一首題爲《示張寺丞王校勘》的七律詩，云：「元已清明假未開，小園幽徑獨徘徊。春寒不定斑斑雨，宿醉難禁灔灔懷。無可奈何花落去，似曾相識燕歸來。游梁賦客多風味，莫惜青錢萬選才。」其中三句，祇易一字，全與詞同。但作者却忽略了詩與詞兩種不同文學樣式的特點。王士禎云：「或問詩詞、詞曲分界，予曰：『無可奈何花落去，似曾相識燕歸來』，定非香奩詩；『良辰美景奈何天，賞心樂事誰家院』，定非草堂詞也。」（《花草蒙拾》）張宗橚云：「細玩『無可奈何』一聯，情致纏緜，音調諧婉，的是倚聲家語。若作七律，未免軟弱矣。」（《詞林紀事》）也有的說「無可奈何花落去，似曾相識燕歸來」一聯爲王琪所對。宋吳曾《能改齋漫錄》卷十一記載：

（晏殊在揚州大明寺，召江都尉王琪至）同飯，飯已，又同步池上。時春晚，已有落花。晏云：「每得句，書牆壁間，或彌年未嘗強對。且如『無可奈何花落去』，至今未能對也。」王應聲曰：「似曾相識燕歸來。」自此闢置館職，遂躋侍從矣。

宋胡仔《苕溪漁隱叢話後集》卷二十轉引了這段記載，錄以備考。

（張燕瑾　楊鍾賢）

蝶戀花（檻菊愁煙蘭泣露）

蝶戀花

晏　殊

檻菊愁煙蘭泣露。羅幕輕寒，燕子雙飛去。明月不諳離恨苦，斜光到曉穿朱戶。
昨夜西風凋碧樹。獨上高樓，望盡天涯路。欲寄彩牋無尺素，山長水闊知何處！

晏殊的詞集名《珠玉詞》，確實不愧爲中國文學史上的明珠美玉。但它並不是憑藉光豔奪目的彩色來炫耀人們的眼簾，而是以其晶瑩和溫潤涵泳讀者的情性。上面的《蝶戀花》，就是這麽一首耐人反覆吟詠而引起無限悵觸的詞章。

離愁別恨，曾經被許許多多詩人詞客吟嘆過，而本篇作者寫來，情致深沉纏綿而氣象高華闊大，別具一種風味。溫庭筠有《望江南》二首云：

千萬恨，恨極在天涯。山月不知心裏事，水風空落眼前花，搖曳碧雲斜。
梳洗罷，獨倚望江樓。過盡千帆皆不是，斜暉脈脈水悠悠，腸斷白蘋洲。

與本篇主題相類同，但溫詞描寫的是江畔女子對行客的盼念，而本篇刻畫的是閨中少婦對遠人的凝想，身分不

蝶戀花（檻菊愁煙蘭泣露）

同，情景也各有特點。

試看本篇上片對環境的描繪，景生情，情生景，主人公還沒有露面，但她的處境、心曲，已宛然紙上了。檻菊與庭蘭，烘托出深院的幽雅，也象徵了主人的高尚芳潔。《楚辭·離騷》中的「餐秋菊之落英」、「紉秋蘭以爲佩」，就是以服佩香草來表示詩人自己的情操的。這裏菊凝煙而有愁，蘭霑露而曰泣，又把主人的離愁別恨移植到香草上去了，更顯得情景的交融。蘭、菊還點出了時令。秋深了，羅幕抵不住寒氣的微微透入，反映了獨處空房對節候的敏感；而樑間燕子的比翼雙飛而去，更反襯出人的孤寂與對自由幸福的遐想。明月的清輝，從晚到曉在屋內移轉，含蓄地點出此中人的徹夜凝眸含睇未曾成眠。唐人詩句：「多情衹有春庭月，猶爲離人照落花。」（張泌《寄人》）「無情最是臺城柳，依舊煙籠十里堤。」（韋莊《金陵圖》）自然之物本是沒有意識的，詩人感念它多情也好，埋怨它無情也好，都是爲了有力地表現出人的感情。這裏的「明月不諳離恨苦」，寫情更顯得深沉委婉。「諳」，是「熟悉」、「深知」的意思。這皎潔的月光，道是無情吧，爲什麼偏偏整夜斜穿朱戶照人無眠？道是有意吧，它怎能理解離人心底的蘊蓄呢？它並沒有這個體會啊。蘇軾《水調歌頭》：「轉朱閣，低綺戶，照無眠。不應有恨，何事長向別時圓？」與此相比，豪放與婉約風格有所不同，情境却略相似。

處在深深庭院，簾幕重遮，碧樹環繞，衹有明月穿戶，難效雙燕翺翔，這是此中主人的身分所決定的。但是夜來的西風，添人愁緒，也做了一件好事，吹掉了樹枝上的密葉，掃除了憑高望遠的障礙，這位夜不成眠的離人，一待天明，迅卽獨自登上高樓，放眼天涯海角，望盡迢迢征途。下片直接寫到女主人的活動，詞境也突然開拓，隨着她的目瞻神馳，展開尺幅千里的蒼茫圖畫，而且畫卷有盡，情意無窮。山長水闊，音信無憑，意中人又在何處飄零？詞的最後，衹見一片烟水迷離，留給讀者雋永的餘趣。王國維《人間詞話》：「《詩·蒹葭》一篇，最得風人深致。晏同叔之『昨夜西風凋碧樹。獨上高樓，望盡天涯路』，意頗近之，一灑落，一悲壯耳。」對此評價頗高。他又說「古今之成大事業、大學問者，必經過三種之境界」，而以晏殊這三句爲「第一境」。這是用常州詞派「作者之用心未必然，而讀者之用心何必不然」（譚獻《復堂詞話敍錄》）的方法來發揮詞意的。如果從這三句來看，未嘗不可作如此聯想，詞句所塑造形象是有普遍意義的。然而從這首《蝶戀花》整篇來看，作

蝶戀花（檻菊愁煙蘭泣露）

者應是「未許」作如此聯想的。因爲成大事業、大學問者的第一境是展望廣闊前景而立志努力追求，而本篇的「望盡」了「天涯路」，却是爲了竭力襯托對意中人望而不見、無處可尋的悵惘，連書信也無由傳遞，更不論第二境是如何走得的了。我們以之和傳爲李白所作《菩薩蠻》的「何處是歸程，長亭更短亭」等句相比照，雖然後者寫遊子思家，前者寫思婦懷遠，都屬遙望而不能見，在有限篇幅中展示出無限境界，又在無限境界中體現出詞中人物所受嚴酷的限制，所以更顯得沉鬱悲壯。

這裏還需要討論的是，詞的最後「欲寄彩牋無尺素」兩句如何理解。有的版本「無」作「兼」，似乎於義不長。因爲從色澤看，「尺素」不及「彩牋」濃鬱。旣用彩牋，再加尺素，豈非無意義的重複？但爲什麽説「欲寄彩牋」後又補上「無尺素」呢？沈祖棻先生《宋詞賞析》對此作了探索：

然而，要寫信，又恰恰沒有信紙，怎麽辦呢？這裏「彩牋」即是「尺素」。一個家有「檻菊」，「羅幕」、「朱戶」、「高樓」的人，而竟「無尺素」，這顯然是他自己也不相信的、極爲笨拙的推托。而其所以寫出這種一望而知的托辭，則又顯然出於一種難言之隱。比如説，她是否變了心呢，或者是嫁了人呢？……這兩句極寫訴説離情的困難和間阻，將許多難於説，或不願説的情事，輕輕地推托於「無尺素」，就獲得了意在言外、有餘不盡的藝術效果。

這樣的分析是頗具匠心的，然而總覺還未愜意。一、這樣推托確「極」「笨拙」，與全篇情景並不相稱。二、如果欲寄書而無紙，則無書可寄，其責任在此方，下句何必再講對方「山長水闊知何處」？由此而尋求的「言外之意」似乎難以體會。因之，本句的「無尺素」或卽無從寄書之意。我還懷疑這「尺素」也許是指對方的來信。據樂府古辭：「客從遠方來，遺我雙鯉魚。呼兒烹鯉魚，中有尺素書。」該詩也爲思婦念征夫之作，這幾句卽寫從遠方捎來了書信。本篇用此典故，説明欲寄書而無對方音信，相隔遙遠而無處問訊。這樣上下句詞意也連貫起來了。

當然，如此解釋也屬推測，但晏殊《踏莎行》有云：「當時輕別意中人，山長水遠知何處！綺席凝塵，香閨掩霧，紅牋小字憑誰附？」歐陽修《玉樓春》有云：「別後不知君遠近，觸目淒涼多少悶。漸行漸遠漸無書，水闊魚沈何處問？」晏幾道《思遠人》有云：「紅葉黃花秋意晚，千里念行客。飛雲過盡，歸鴻無信，何處寄書得？」這些都是說對方無音信而無從寄書這類意思，可以參照。俞平伯先生《唐宋詞選釋》釋「欲寄彩牋無尺素」句爲「意謂欲寄彩箋，却不能如尺素之得附托鯉魚也」。也是一說。但據俞說則這裏不應說「無尺素」，而應說「無鯉魚」。如這不合詞律，大詞人當會選用更適當的詞匯的。至於本篇的主人是男性還是女性，詞中雖未明言，看來應屬女性。相傳晏殊的兒子晏幾道曾說：「先君平日小詞雖多，未嘗作婦人語也。」那是用封建觀念回護其父尊嚴的飾辭，不足爲憑。《珠玉詞》具在，是否作過婦人語，可以覆按。其中《山亭柳·贈歌者》即是題目點明了內容的。描寫男女之情而悱惻感人，正是《珠玉詞》中的一種有價値的特色。至於詞中容有寄寓，自當別論。

近聆葉嘉瑩教授談及本詞，略謂此句應作「欲寄彩牋兼尺素」。「彩牋」再加「尺素」，有着豐富的意義。彩牋寄浪漫激情，尺素託樸素眞意；而且彩牋憑雁傳，尺素附魚遞，雁飛長空，魚游水裏，與下句「山長水闊知何處」緊密聯繫，彷彿白居易《長恨歌》「上窮碧落下黃泉，兩處茫茫皆不見」的情景。葉說堪稱別有妙悟，得詞人之用心，特錄於此。對拙稿上文不作修改，聊存「衆裏尋他千百度」的過程，以見求索之不易；而「驀然回首，那人却在，燈火闌珊處」，乃得之他山，未敢掠美。當然，傳述或有未確，責任仍在筆者。

（顧易生）

玉樓春

宋　祁

春　景

東城漸覺風光好，縠皺波紋迎客棹。綠楊煙外曉寒輕，紅杏枝頭春意鬧。　浮生長恨歡娛少，肯愛千金輕一笑。爲君持酒勸斜陽，且向花間留晚照。

宋祁是宋初人，年輩較晏殊稍晚，而較歐陽修稍早。他在宋仁宗天聖二年（一〇二四）與兄宋庠同舉進士，時號「大小宋」，歷官翰林學士、史館修撰，與歐陽修等合修《新唐書》，修成後，進爲工部尚書，逾月，拜翰林學士承旨。宋人李之儀曾說：「宋景文、歐陽永叔以餘力遊戲爲詞，而風流閑雅，超出意表。」（《姑溪題跋》）宋祁存詞僅六首，但所作却頗知名，尤以這首《玉樓春》爲最。

宋祁所生活的時代正值北宋社會的承平期，仁宗繼眞宗奉行休養生息的政策，帶來了農業生產的發展和社會經濟的繁榮，中原干戈久息，階級矛盾緩和，城市發展，豪門和市民都耽於遊樂。宋祁也不例外，他的享樂生活常見於前人記載，如魏泰《東軒筆錄》載其「多內寵，後庭曳羅綺者甚衆。嘗宴於錦江，偶微寒，命取半臂。諸婢各送一枚，幾十餘枚皆至。子京視之茫然。恐有厚薄之嫌，竟不敢服，忍冷而歸。」此書還說，他晚年知成都府時，「每宴罷，盥漱畢，開寢門垂簾，燃二椽燭，媵婢夾侍，和墨伸紙，遠近觀者，知尚書修《唐書》矣。」

望之如神仙焉。」正由於這樣，《玉樓春》之謳歌及時行樂可謂決非偶然了。

這首詞的上片寫了春色的美麗，下片寫了與美人、美酒共享春光。春天來了，漸感風光美好，溫柔的水波像輕紗的皺紋迎着船槳。楊柳如煙，雖還帶着曉寒，但已是輕淡、而非嚴酷的了，紅色的杏花開滿枝頭，更使人感到春意盎然。生活中常令人覺得歡娛太少，與姬妾相伴之時，豈能吝惜千金而看輕這美好的一笑呢？她們持杯勸酒，意興未消，在斜陽之下，花叢之中，盡情痛飲，眞想留住這下山的夕陽。上片寫春色的美好和絢麗，很有獨到之處。首句的「漸覺」二字，立足於主觀，寫出了很眞切的感受。接着，一句寫水，一句寫樹，一句寫花，逐漸寫出了蓬勃的春色。作者不寫風，却寫水，而「縠皺波紋」的水實際上就寫出了春風的柔和，「迎客棹」的「迎」字，移情於水，更添生動的情致。春色最易見於柳色，故在寫水之後接寫楊柳，但春色最爛漫的却不在柳而在於花，因而接寫杏花，而柳的「曉寒輕」和花的「春意鬧」，既是字句的對偶，更是色彩的映襯、反差。至此「漸覺」的春光，已成絢爛的春色，生動之至而又恰到好處，使其他的語言都爲之減色，成爲贅言。這明麗的春光更使人感到人生短暫，漂浮不定而歡樂太少，這一感慨從風景驟然轉入人事，但過渡得又很自然。他一反一正，一退一進，否定了因愛惜金錢而看輕與美人相伴的打算，示之以勸酒斜陽下，花間留晚照的行樂圖。當然，這種庸俗的情趣實難稱之爲「高雅」，較之晏殊的「一曲新詞酒一盃」（《浣溪沙》）、歐陽修的「羣芳過後西湖好」（《采桑子》），確也顯得直露、奢侈、庸陋，而缺乏清新、雅韻，但是，其熱烈撩人的春色，盡情酣樂的意緒，較之晏、歐的莫名閑愁和淡淡悲惋，非僅是另具面貌，而且更能見到承平年月的世風。宋祁少年得志，仕途順利，「肯愛千金輕一笑」的生活態度是貫穿於一生的。所作《浪淘沙》的「始惜月滿、花滿、酒滿」，《錦纏道》的「向郊原踏青，恣歌攜手」，都是同一基調。但他之被稱爲「『紅杏枝頭春意鬧』尙書」却是得名於《玉樓春》，可謂人因詞名，詞因句顯，但此句爲何爲時人所重呢？下面略作些分析。

宋祁詞，頗使人有學過於才之感。且不說《鷓鴣天》的大量借用李商隱成句，《錦纏道》的翻用杜牧詩意，卽以「紅杏」句來說，清人王士禛在《花草蒙拾》中就指出其「實本《花間》『暖覺杏梢紅』」（按，出於和凝《菩薩蠻》），但同時又稱道「特有青藍、冰水之妙」。那麽，「紅杏」句好不好？且又好在何處？後人對此是打過筆墨官司的。李漁說：「予謂『鬧』字極粗俗，且聽不入耳。」（《窺詞管見》）黃寥園則稱其「奇辟」（《寥園詞選》），王國維進而稱道：「著一『鬧』字，而境界全出。」（《人間詞話》）我們說「奇辟」之讚未深入就裏，「境界」之說道及了「果」却未言「因」，李漁《窺詞管見》所說：「爭鬥有聲之謂『鬧』，桃李爭春則有之，紅杏鬧春，予實未之見也。『鬧』字可用，則『吵』字、『鬥』字、『打』字皆可用矣。」並非強詞奪理，但這位曲學大師却實在是未明其理，他的同時人方中通以「寺多紅葉燒人眼」爲例，說明「句中有眼」，「非一『燒』字，不能形容其紅之多，猶之非一『鬧』字，不能形容其杏之紅耳。」（見錢鍾書《通感》）但其中道理仍未道出。錢鍾書先生纔深刻指出了「『鬧』字是把事的無聲的姿態說成好像有聲音的波動，彷彿在視覺裏獲得了聽覺的感受」。並從心理學上說明了這是屬於「通感」或「感覺挪移」的例子（同上）。正是以有聲寫無聲，纔寫得花海如潮，從而境界全出。由於有了這樣「境界全出」之句，人們纔偏愛這一首新意無多之作，我們也可以從中體會出「通感」造就的藝術魅力來，回視「暖覺杏梢紅」，不難體會「紅杏枝頭春意鬧」的生氣和活力了。

（鄧喬彬）

陶者

梅堯臣

陶盡門前土，屋上無片瓦。十指不霑泥，鱗鱗居大廈！

這首短詩，用口頭語，作不平鳴，而能發人深省。它高度概括了漫長的封建社會中那種極不合理而又始終普遍存在的階級壓迫和剝削，並且飽含着作者熾熱的愛憎之情。梅堯臣「刺」、「美」現實，提倡「平淡」的創作主張於此詩可見一斑。

此詩中的「陶者」，指的是燒瓦工人。它開門見山，一下就擒住了題目。作者沒有花更多的筆墨去描繪燒瓦工人的苦難生活，而是用極其凝練的語言，強烈的對比，用十個字加以描寫和論述：他們日夜燒製屋瓦，將自家門前的泥土都用光了，然而自家房頂上却沒有一片瓦，自己住的是不堪風雨的茅草棚！緊接着，作者又用十個字描述了一種截然相反的生活情景：那些達官貴人、地主土豪們雙手從未霑過泥土，却一個個都住着高樓大廈，他們的屋頂上蓋着魚鱗般齊齊密密的屋瓦，「風雨不動安如山」！

此詩寫於宋景祐三年（一〇三六），作者當時是建德縣令。宋王朝對外妥協投降，對內實行「恩逮於百官者，惟恐其不足；財取於萬民者，不留其有餘」的政策，以致「富者有彌望之田，貧者無卓錐之地」，已陷入越來越深的危機。作爲下層官吏，作者既看到了上層統治者的日益腐朽，從而爲王朝的命運擔心，又很熟悉下層勞動人民的苦難生活，並對此十分同情。加上作者始終認爲詩歌創作不應當吟風弄月、無病呻吟，不能走內容空洞、浮靡雕琢的形式主義道路，而應當「刺」、「美」現實，所以，他纔能用詩歌的形式，反映出這種尖銳的階級對立，爲勞動者喊出內心的不平和憤怒。

在階級社會中，勞而不獲與不勞而獲的尖銳對立，是令人心酸和憤慨的普遍現象，也是詩歌創作中古老而又充滿生命力的主題。表現這種主題的詩歌，在我國詩歌發展史上有不少傳世的佳作。錢鍾書先生在《宋詩選註》中曾經列舉了從漢代到唐宋的一些類似作品：「屠者藿羹，車者步行，陶人用缺盆，匠人處狹廬——爲者不得用，用者不肯爲。」「赤脚人趁兎，著靴人吃肉。」「如何織紈素，自著藍縷衣！」「不會蒼蒼主何事，忍飢多是力耕人！」「壠上扶犁兒，手種腹長飢；窗下擲梭女，手織身無衣！」「年年道我蠶辛苦，底事渾身著苧麻？」「昨日到城郭，歸來淚滿巾；遍身羅綺者，非是養蠶人。」直到一九四九年前，還流傳着這樣的民謠：「口唱山歌手插秧，汗珠滴盡穀滿倉。牛出力來牛吃草，東家吃米我吃糠。」「泥瓦匠，住草房。紡織娘，沒衣裳。賣鹽的，喝淡湯。種田的，吃米糠。編涼席的睡光牀。當奶媽的賣兒郎。挖煤哥兒家裏像冰窖，淘金老漢一輩子窮得慌。」

這些詩歌都極其形象地反映了階級的對立和社會的不合理，所以膾炙人口，流傳不朽。但就語言的凝煉、對比的強烈、思想性和藝術性的高度統一來說，則梅堯臣的這首小詩，是不易企及的。

作者曾對歐陽修說：詩歌要「意新語工」，要「古淡有眞味」，要能「狀難寫之景，如在目前；含不盡之意，見於言外」。此詩採用白描、對比，將敍事、描寫、抒情、議論熔爲一爐，造成了既有「如在目前」的形象性，又有「見於言外」的含蓄性的藝術效果。

本詩一反當時風靡詩壇的「西昆體」詩歌那種浮華雕琢的弊病，完全採用樸實無華的民間口語、民歌民謠的口吻，描繪出勞動者和剝削者的兩種截然相反的生活圖畫。粗看似乎平淡無奇，司空見慣，細讀則引人深思，餘味無窮。全詩淡到幾乎無一個着色之字，却又包含着社會生活的五顏六色，祇是這五顏六色是在畫面之外，需要讀者按詩人的暗示去聯想。此詩白描淡寫却意境深遠，採用強烈的對比手法是重要原因：陶工們千辛萬苦與上無片瓦是對比，剝削者手不霑泥與身居大廈是對比，「陶盡門前土」的「陶者」與「鱗鱗居大廈」的富豪，更是一個鮮明的對比！這些對比中有生動的形象，也有具體的數量概念和人們習以爲常的生活現象，一旦集中起來，效果便驚心動魄！

作爲北宋詩歌革新運動的旗手，梅堯臣力圖用樸素的語言，創造出雋永的意境，收到耐人尋味的效果，以達到「刺」、「美」現實的目的。前人對此評價頗高，龔嘯說他「去浮靡之習，超然於昆體極弊之際；存古淡之道，卓然於諸大家未起之先。」（《宛陵先生集・附錄》）劉克莊則進一步指出：「本朝詩惟宛陵爲開山祖師。宛陵出然後桑濮之哇淫稍熄，風雅之氣脈復續，其功不在歐、尹（歐陽修和尹洙）下。」（《後村詩話》）陸游也稱頌梅堯臣是「突過元和作，巍然獨主盟」（《劍南詩稿》卷五十四）的時代歌手，推崇他是李、杜以後的大詩人：「李杜不復作，梅公眞壯哉！」（《劍南詩稿》卷六十）這首《陶者》祇是梅氏平淡樸素的衆多詩作中的一首短詩，如果細讀他的《田家語》、《汝墳貧女》、《小村》、《岸貧》、《村豪》、《耕牛》和《魯山山行》等作品，我們將獲得更多有益的啓示。

（陳光明）

魯山山行

梅堯臣

適與野情愜，千山高復低。好峯隨處改，幽徑獨行迷。霜落熊升樹，林空鹿飲溪。人家在何許，雲外一聲雞。

「遠上寒山石徑斜，白雲生處有人家。停車坐愛楓林晚，霜葉紅於二月花。」在以《山行》爲題的詩中，杜牧的這首七絕歷來膾炙人口。北宋詩人梅堯臣的《魯山山行》雖不如杜牧的這首《山行》著名，但也很有特色，不愧佳作。

先看《魯山山行》。

魯山，一名露山，在今河南魯山縣東北，接近襄城縣西南邊境。宋仁宗康定元年（一〇四〇），梅堯臣知襄城縣，作此詩。

這是一首五律，但不爲格律所縛，寫得新穎自然，曲盡山行情景。

山路崎嶇，對於貪圖安逸，怯於攀登的人來說，「山行」不可能有什麼樂趣。山野荒寂，對於酷愛繁華、留戀都市的人來說，「山行」也不會有什麼美感和詩意。梅堯臣的這首詩，一開頭就將這一類情況一掃而空，興致勃勃地說：「適與野情愜」——恰恰跟我愛好山野風光的情趣相合。什麼跟愛好山野風光的情趣相合呢？下句才作了說明：「千山高復低」。按順序，一、二兩句倒裝。一倒裝，既突出了愛山的情趣又顯得跌宕有致。

「千山高復低」，這當然是「山行」所見。「適與野情愜」，則是「山行」所感。首聯衹點「山」而「行」在其中。

頷聯「好峯隨處改，幽徑獨行迷」，進一步寫「山行」。「好峯」之「峯」是客觀存在，承「千山高復低」而來；「好峯」之「好」則包含了詩人的美感，又與「適與野情愜」契合無間。「好峯」本身不會「改」，更不會「隨處改」。說「好峯隨處改」，見得人在「千山」中繼續行走，也繼續看山，落脚點在「改」，着眼點在「改」，眼中的「好峯」也自然移步換形，不斷變換美好的姿態。第三句纔出「行」字，但不單純是爲了點題。「徑」而曰「幽」，「行」而曰「獨」，與通衢鬧市的喧囂熙攘形成強烈的對照，正投合了主人公的「野情」。着一「迷」字，不僅傳「幽」「獨」之神，而且以小景見大景，使「千山高復低」的環境又展現在讀者面前。「迷」，當然是暫時的；「迷」路之後，終於又找到出路，詩人衹是沒有明說而已。另一些詩人寫類似景象，則是明說了的。王維《藍田山石門精舍》：「遙愛雲木秀，初疑路不同。安知清流轉，忽與前山通」；耿湋《仙山行》：「花落尋無徑，雞鳴覺有村」；王安石《江上》：「青山繚繞疑無路，忽見千帆隱映來」；陸游《游山西村》：「山重水復疑無路，柳暗花明又一村」，都可以作爲例證。「迷」，本來不是好字眼。「迷路」，一般說來，也不是好事情。但在詩人筆下，却會出現相反的情況。宋之問《春日宴宋主簿山亭》詩有云：「攀巖踐苔易，迷路出花難。」爲萬花所「迷」，不易找到出路，這當然是好事情。前面所引的許多詩句，如「初疑路不同」、「花落尋無徑」、「青山繚繞疑無路」、「山重水復疑無路」等等，也都略等於宋之問所說的「迷路」；梅堯臣的「幽徑獨行迷」亦然。山徑幽深，容易「迷」；獨行無伴，容易「迷」；「千山高復低」，更容易「迷」。但這裏的「迷」，決不是壞字眼；詩人選用它，不過是爲了更有力地表現野景之幽與「野情」之濃而已。

頸聯「霜落熊升樹，林空鹿飲溪」，互文見意，寫「山行」所見的動景。「霜落」則「林空」，既點時，又寫景。霜未落而林未空，林中之「熊」也會「升樹」，林中之「鹿」也要「飲溪」；但樹葉茂密，遮斷視線，「山行」者如何能够看見「熊升樹」與「鹿飲溪」的野景！作者特意寫出「霜落」、「林空」與「熊升樹」、「鹿飲溪」之間的因果關係，正是爲了表現出那是「山行」者眼中的野景。惟其是「山行」者眼中的野景，所以飽含着「山行」

者的「野情」，而不是單純的客觀存在。「霜落」而「熊升樹」，「林空」而「鹿飲溪」，多麼閑適！多麼自由自在，野趣盎然！

「山行」者眼中所見，又表明主體與客體之間有一段距離，人望見了「熊」和「鹿」，而「熊」和「鹿」並不知道有人在望它們。蘇軾《高郵陳直躬處士畫雁》詩云：

野雁見人時，未起意先改。君從何處看，得此無人態？無乃枯木形，人禽兩自在！……

梅堯臣從林外的「幽徑」上看林中，看見「熊升樹」、「鹿飲溪」，那正就是蘇軾所說的「無人態」，因而就顯得那麼「自在」。「熊」「自在」，鹿「自在」，看「熊升樹」、「鹿飲溪」的人也「自在」。

歐陽修《六一詩話》云：

聖俞（梅堯臣的字）嘗語余曰：「詩家雖主意，而造語亦難。若意新語工，得前人所未道者，斯爲善也。必能狀難寫之景如在目前，含不盡之意見於言外，然後爲至矣。賈島云：『竹籠拾山果，瓦瓶擔石泉』，姚合云：『馬隨山鹿放，雞逐野禽棲』等是山邑荒僻、官況蕭條，不如『縣古槐根出，官清馬骨高』爲工也。」余曰：「語之工者固如是。然狀難寫之景、含不盡之意，何詩爲然？」聖俞曰：「作者得於心，覽者會以意，殆難指陳以言也。雖然，亦可略道其彷彿。若嚴維『柳塘春水漫，花塢夕陽遲』，則天容物態，融和駘蕩，豈不如在目前乎？又溫庭筠『雞聲茅店月，人跡板橋霜』，賈島『怪禽啼曠野，落日恐行人』，則道路辛苦，羇愁旅思，豈不見於言外乎？」

梅堯臣提出的「意新語工」、「狀難狀之景如在目前，含不盡之意見於言外」的作詩主張，在他的部分作品中得到了不同程度的體現。例如「霜落熊升樹，林空鹿飲溪」和《秋日家居》中的「懸蟲低復上，鬥雀墮還飛」，都可以說是「狀難寫之景如在目前」。是不是還「含不盡之意見於言外」呢？也可以作肯定的回答。從「懸蟲」一聯看，所展現的是這樣的畫面：懸在自己吐出的絲上的蟲子，逐漸低垂，又逐漸上升；飛翔的鳥兒互相打鬥，雙雙墜落，接着又逐一飛起。這當然是動景，但作者却在尾聯說：「無人知靜景。」這「靜」，可以從兩方面看。一方面，以動的小景表現靜的大景。鳥兒在眼前打鬥，其「秋日家居」的環境之寂靜，已不言可知；倘若是車馬盈門、笑語喧嘩，怎會有這般景象？另一方面，也是更重要的一方面，以景物之動表現心情之靜。一個人能够循環往復地注視「懸蟲低復上」，又注視「鬥雀墮還飛」，其心情之閑靜，也不言可知。至於那閑靜之中究竟包含着愉悅之情、還是寂寞無聊之感，更是耐人尋味的。「霜落」一聯所展現的也是動景，但寫動景的目的也是以動形靜。「熊升樹」、「鹿飲溪」而未受到任何驚擾，見得除「幽徑」的「獨行」者而外，四野無人，一片幽寂；而「獨行」者看了「熊升樹」，又看「鹿飲溪」，其心情之閑靜愉悅，也見於言外。從章法上看，這一聯不僅緊承上句的「幽」、「獨」而來，而且對首句「適與野情愜」作了更充分、更形象的表現。

全詩以「人家在何許，雲外一聲雞」收尾，餘味無窮。杜牧的「白雲生處有人家」，是看見了人家。王維的「欲投人處宿，隔水問樵夫」，看不見人家，才詢問樵夫。這裏又是另一番情景：望近處，祇見「熊升樹」、「鹿飲溪」，沒有人家；望遠方，祇見白雲浮動，也不見人家；於是自己問自己：「人家在何許」呢？恰在這時，雲外傳來一聲雞叫，彷彿是有意回答詩人的提問：「這裏有人家哩，快來休息吧！」兩句詩，寫「山行」者望雲聞雞的神態及其喜悅心情，都躍然可見，宛然可想。

方回在《瀛奎律髓》中評這首詩說：「尾句自然；『熊』、『鹿』一聯，人皆稱其工，然前聯尤幽而有味。」胡仔《苕溪漁隱叢話後集》卷二四說：「聖俞詩工於平淡，自成一家。如《東溪》云：『野鳧眠岸有閑意，老樹着花無醜枝』，《山行》云：『人家在何許，雲外一聲雞』，《春陰》云：『鳩鳴桑葉吐，村暗杏花殘』，《杜鵑》云：『月樹啼方急，山房人未眠』，似此等句，須細味之，方見其用意也。」這些意見，都可以參考。

（霍松林）

戲答元珍

歐陽修

春風疑不到天涯，二月山城未見花。殘雪壓枝猶有橘，凍雷驚筍欲抽芽。
夜聞歸雁生鄉思，病入新年感物華。曾是洛陽花下客，野芳雖晚不須嗟！

這是歐陽修被貶夷陵（今宜昌市）縣時寫的一首七律。

歐陽修是北宋初年著名的政治革新家和文壇泰斗。他支持范仲淹的政治改革運動，多次上書直諫，屢遭貶謫。宋仁宗景佑三年（一〇三六），被降職爲峽州夷陵縣令。次年初，他的好友丁元珍寄贈一首《花時久雨》的詩給他。他有感於物換星移、人事滄桑，遂作此詩以答。

這是一首意眩情永的佳作，爲歷代的文人學士所傳誦。詩的開頭兩句，落筆蒼涼，意境闊遠，富有強烈的感情色彩，一下子把人引進了山城春寒料峭的境地：春風啊，也好像與我這宦途失意之人作對，遲遲不願來到這偏僻的山城。時令已經是早春二月了，那山外也許該「雜花生樹，鶯飛草長」了吧，可這山城的花朵尚未開放。這兩句詩彷佛新聞的導語，既交代了作詩的時間、地點，又點出了詩人當時所處的嚴峻冷酷的政治氣氛，以及由此而抒發的偏居一隅的孤獨寂寞之情，讀之使人感慨唏噓。據說歐陽修自己也很欣賞這二句詩。他曾說過：「若無下句，則上句何堪？既見下句，則上句頗工。」這兩句破題精巧，蘊含豐富，而第二聯則寫得氣勢雄渾：儘管冬天的寒風和早春的嚴霜摧得百花凋零，但殘雪覆壓的橘樹上仍有丹橘掛在枝頭，光彩爍爍，而埋在地下的春筍則在春雷的感召之下，蘇醒過來，以它百折不回的頑強精神，正在掀石破土，躍然向上。這是何等生機勃勃的景象！詩人十分善於擇物抒情，他抓住夷陵產橘、產竹的地理特點，以丹橘比擬自己的耿耿丹心，以勁竹寄寓自己絕不向惡勢力妥協的高潔情懷，眞可謂字字珠璣，石破天驚！尤其是「凍雷驚筍欲抽芽」，詩人採用擬人化的手法，賦「雷」、「筍」以生命，用「凍」、「驚」、「欲」三字，給人以呼之欲出之感，使人如聞雷鳴，如見春筍。詩的後兩聯由上面的寫景轉爲直抒胸臆。「夜聞歸雁生鄉思，病入新年感物華。」對仗工整，肅穆深沉。詩人入夜憑欄，遠眺雁羣北歸，不禁想起了洛陽的親友。此刻，他們也許在圍爐夜話吧。而我呢，却遠在山鄉，抱病進入了新的一年，此情此景，怎不令人感慨萬千啊！有人認爲這兩句詩格調不高，其實不然。詩人是爲自己壯志難酬、病困山鄉而慨嘆。何況詩人並未止於這種慨嘆，他在逆境中仍充滿了樂觀向上的精神。於是詩的末兩句抑中見揚：「曾是洛陽花下客，野芳雖晚不須嗟！」意思是說，我也曾在洛陽爲官，欣賞過那兒的羣芳爭妍，但往事如煙，富貴榮華是不足爲念的。夷陵山鄉的野花固然開得遲一點，但萬紫千紅的春天一定會到來，所以用不着嗟嘆。全詩到此戛然作結。山城的「野芳」到底如何呢？由於詩人在前面以濃墨重彩，酣暢透徹地寫了竹、橘的蓬勃生機，留給人們以馳騁想象的廣闊天地，因此，讀者吟罷此詩，很自然就會聯想到萬山溢紅流彩，百花爭豔鬥芳的大好春光。結尾兩句詩既照應了首聯「二月山城未見花」的寂寞狀況，又抒發了詩人不甘潦倒，高潔曠達的磊落胸懷。

這首七律前四句大體寫景，但景中寓情；後四句大體抒情，但情中見景。寫景逼眞自然，視通萬里；抒情眞摯涵蘊，思接千載。從詠物落筆，以言志作結，情景交融，形神兼備，琅琅上口，金聲玉振。元代人方回稱讚這首詩「句句有味」，的確如此。

（劉慶林）

踏莎行

歐陽修

候館梅殘，溪橋柳細，草薰風暖搖征轡。離愁漸遠漸無窮，迢迢不斷如春水。

寸寸柔腸，盈盈粉淚，樓高莫近危闌倚。平蕪盡處是春山，行人更在春山外。

這首詞寫的是一個旅人在征途中的感受。上片寫男性行者途中所見所感，下片寫旅人想象中的女性居者對他的懷念。

它以對句開頭。「候館」，卽旅舍。「候館」、「溪橋」，點明征途；「梅殘」、「柳細」，點明時令，在讀者眼前展開了一片初春景色。

第三句接着仍然寫了初春景色，春風已經是暖洋洋的，原野上的春草也散發着一陣陣的香氣，而旅人却正在這麽吸引人的環境之中，搖動着馬繮，走上征途。這句承上啓下，由春景過渡到離愁。江淹《別賦》：「閨中風暖，陌上草薰。」上句屬女性居者，下句屬男性行者。此句用江賦而小變其意，將風暖、草薰都歸之於行者中途所見。

四、五兩句，接寫中途所感。在這麽美好的春光中，不能留在家鄉，和愛人一起欣賞景物，却要跋涉長途，到遙遠的地方去，怎麽能够不引起離愁呢？馬不停地走着，離家是愈來愈遠了。路程，長了；時間，久了，是

踏莎行（候館梅殘）

不是把離愁沖淡了一些呢？詞人回答說：不。相反地，它却隨着空間和時間的差距而更增加了。這離愁，正像沿途經過的河流。春水是那樣地無窮無盡，永遠不斷，眼前所見與心中所感，眞是再也沒有這樣吻合的了。抽象的感情，在詞人筆下，變成了具體的形象，這就不但使人更容易感受，而且這種感受還極爲親切。以流水與離愁關合，是詞人們常用的一種表現方式。在歐陽修以前，則如南唐李中主《攤破浣溪沙》云：「青鳥不傳雲外信，丁香空結雨中愁。回首綠波三峽暮，接天流。」在他以後，則如秦觀《江城子》云：「西城楊柳弄春柔。動離憂，淚難收。……便做春江都是淚，流不盡，許多愁。」而李詞渾樸，歐詞眞摯，秦詞工巧，風格各異。至如南唐後主《虞美人》之「問君能有幾多愁？恰似一江春水向東流」之啓發了歐詞，更屬顯而易見。

下片寫行者自己感到離愁之無窮無盡，於是推想到居者也一定相同。她必然是痛心流淚，登高望遠，而產生如張先詞中所寫的那種「嘶騎漸遙，征塵不斷，何處認郎蹤」的感傷了。「樓高」以下三句，是行者心中設想的居者心裏的話。她說別上樓去靠着那高高的闌干癡望了吧！人已經走得太遠，望不着了。能望到的，衹不過是一片長滿青草的平原，即使望到了草原的盡頭，又還有春山擋住了視線，而人又還在春山之外，如何看得見呢？行者由自己的離愁推想到居者的離愁，又由居者有離愁而想到她會登高望遠，想到她要登高望遠而又遲疑不決。層層深入，有如剝蕉。

范仲淹《蘇幕遮》云：「山映斜陽天接水，芳草無情，更在斜陽外。」本詞云：「平蕪盡處是春山，行人更在春山外。」一向被人認爲是相類的名句。它們的特徵在於，將情景融成一體，在想象中更進一層。斜陽已遠，而芳草更在斜陽之外；春山已遠，而行人更在春山之外；就更其令人不能爲懷。與這種表現手法可以比較的，則是作家們有時又不從想象而從事實着筆。張潮《江南行》云：「茨菰葉爛別西灣，蓮子花開猶未還。妾夢不離江上水，人傳郎在鳳凰山。」劉采春《羅嗊曲》云：「那年離別日，衹道住桐廬。桐廬人不見，今得廣州書。」本以爲他在江水邊，誰知道却跑到鳳凰山去了。本以爲他在桐廬，想不到却從廣州來了信。這，叫人的感情怎麼追得上他的脚跡呢？一寫想象，一寫事實，但其由於景的擴大而增加了情的容量，則正相同。

讀這首詞，特別是下片，還應當參看梁元帝的《蕩婦秋思賦》。賦起云：「蕩子之別十年，蕩婦之居自憐。

登樓一望，惟見遠樹含煙。平原如此，不知道路幾千？」下又云：「妾怨回文之錦，君思出塞之歌。相思相望，路遠如何！」寫法基本相同。祇是：景色，春、秋各異；人物，詞以男性行者爲主，女性居者爲賓，賦則主賓互易而已（蕩婦是長期在外鄉流浪人的妻子，卽蕩子婦，不是風流放蕩的婦人）。然而詞自是詞，賦自是賦，細玩自知。（沈祖棻）

生查子

歐陽修

去年元夜時，花市燈如晝。月上柳梢頭，人約黃昏後。　今年元夜時，月與燈依舊。不見去年人，淚滿春衫袖。

南宋時越州有個「輕俊標致的秀士」張舜美，一次在杭州「逢着上元佳節」外出觀燈，「遙見燈影中一丫鬟，肩上斜挑一盞彩鸞燈，後面一女子冉冉而來」。女子約他次日在十官子巷相會，兩情旣洽，共擬潛奔，誰知「出得第二重門，被人一湧，各不相顧」。張舜美誤以爲女子溺水而死，悲悼成疾。「舜息又是上元燈夕」，他追思往事，仍去十官子巷，「可憐景物依然，祇是少個人在目前」，悶悶回到房裏，「因誦秦少游學士所作《生查子》詞」。就是上面這首詞。經過一些曲折，張舜美後來還是與那個女子團聚了。

這個故事見於明熊龍峯所刻宋元話本《張生彩鸞燈傳》，馮夢龍又編入《古今小說》，改名《張舜美元宵得麗女》。從故事中，我們可以了解到描寫上元男女約會的《生查子》詞流傳廣、影響大。

元夕觀燈與清明、寒食踏青挑菜一樣，是青年男女歡會定情的機會，自唐以來便已相沿成俗。《舊唐書・睿宗紀》載：「上元日夜，上皇御安福門觀燈，出內人連袂踏歌，縱百僚觀之，一夜方罷。」劉禹錫的《踏歌詞》有「唱盡新詞歡不見」之句。《東京夢華錄》卷六記北宋都城汴京元宵之夜：「別有深坊小巷，……酒興融洽，雅會幽歡，寸陰可惜，景色浩鬧，不覺更闌。」南宋都城臨安亦復如此。《夢粱錄》卷一載，當時「家家燈火，處處管弦」，「公子王孫，五陵年少，更以紗籠喝道，將帶佳人美女，遍地游賞」。可見《張生彩鸞燈傳》描寫的由元夕觀燈引起的愛情故事是有現實生活依據的，而其中所引用的《生查子》詞同樣是當時社會習俗的眞實寫照。

不過，小說把《生查子》詞說成「秦少游學士所作」，却是弄錯了作者。秦少游，即蘇門四學士之一的秦觀。他的詞集，無論三卷本的《淮海居士長短句》或一卷本的《淮海詞》，都沒有這首詞。清初毛晉刻《六一詞》於此詞下註：「或刻秦少游。」其實，明沈際飛評本《草堂詩餘》卷上已謂此詞「刻少游誤」，而依楊愼《詞品》卷二署作者爲南宋的女詞人朱淑眞。近人況周頤《蕙風詞話》卷四引魏端禮《斷腸集序》謂朱淑眞「蚤歲父母失審，嫁爲市井民妻，一生抑鬱不得志」語，認爲「升庵（楊愼）之說實原於此」。大約楊愼覺得行爲不甚合乎封建道德規範的婦女才會寫下這樣的詞，所以他說：「詞則佳矣，豈良人家婦所宜耶？」沈際飛完全承襲此說，亦謂「調甚佳，非良家婦所宜有」。直到毛晉合刻《漱玉詞》與《斷腸詞》，跋語中還以《生查子》詞責朱淑眞「爲白璧微瑕」。用道學家眼光來看這首《生查子》詞，而將作者定爲所謂「行止失檢」的某女詞人，元初方回已開其端了。他在《瀛奎律髓》卷十六評白居易《正月十五夜月》詩時說：「三四（春風來海上，明月在江頭）佳句也，如李易安『月上柳梢頭』，則詞意邪僻矣。」李易安卽李清照。南宋道學之風日熾，王灼《碧鷄漫志》卷二，卽聯繫李清照改嫁事，謂其「晚節流蕩無依，作長短句……閭巷荒淫之語，肆意落筆」。所以，方回因《生查子》「詞意邪僻」，便想當然也嫁名於李清照。看來，《生查子》詞作者之所以出現歧異，是與對作品本身的認識、評價有關的。說是秦觀所作，也因爲秦觀「疏蕩之風不除」（《碧鷄漫志》卷二），寫了「銷魂，當此際」的句子，曾被指爲「却學柳七作詞」（《歷代詩餘》卷一百十五引《高齋詩話》），還有「怎得花香深處，作個蜂兒抱」之類，「亦近似柳七」

生查子（去年元夜時）

（彭孫遹《金粟詞話》）；柳七郎柳永，而柳永是「好爲淫冶謳歌之曲」（吳曾《能改齋漫錄》卷十六）的。

實際上，這首詞是歐陽修的作品，歐陽修雖被稱爲「一代儒宗」，但他的詞，包括一些詩篇，却不乏愛情的描寫。他並不像從前正統文人所頌揚的那樣道貌岸然，也不像今天有些研究者所批評的那樣在詞中暴露了封建士大夫生活腐朽的一面。他的詞表現青年男女的愛情生活，雖不能說具有何等鮮明的反封建意義，但在排斥愛情的禮教統治時代，還不免使得頭腦冬烘的衞道者們感到有礙於風化，而盡力爲他洗刷，說是「亦有鄙褻之語一二側其中，當是仇人無名子所爲」（吳師道《吳禮部詩話》）。實則這些詞正反映了作爲文壇領袖的歐陽修思想上頗爲通達，創作上頗重情致。《生查子》詞便是如此。

宋人元夕詞多描寫節日遊樂，但往往停留於「帝里風光」的繁華，借以粉飾現實，點綴升平。至於青年男女在元夕的愛情活動，則衹是側面地有所反映，作爲節日景象的陪襯。在宋人元夕詞中正面集中地描寫男女愛情的作品爲數甚微，而像歐陽修的《生查子》詞就更是吉光片羽了。

《生查子》詞反映的是一種民間習俗，同時體現着一些民歌情調。「人約黃昏後」有似乎「月出皎兮，佼人僚兮」（《詩經・陳風・月出》），「不見去年人」有似乎「愛而不見，搔首踟躕」（《詩經・邶風・靜女》），而「去年」與「今年」的映照，則手法又同於「昔我往矣，楊柳依依；今我來思，雨雪霏霏」（《詩經・小雅・采薇》）與「昔別春草綠，今還墀雪盈」（《子夜四時歌》）。至於以聚會與離別的今昔對比來描繪刻骨的相思，那更是民歌中較爲習見的表現方式，文人多有仿效，如劉禹錫的《楊柳枝》：

春江一曲柳千條，二十年前舊板橋。曾與美人橋上別，恨無消息到今朝。

再如施肩吾的《楊柳枝》：

傷見路傍楊柳春，一枝折盡一重新。今年還折去年處，不送去年離別人。

生查子（去年元夜時）

從唐代敦煌曲子詞的「清明節近千山綠，輕盈士女腰如束，九陌正花芳，少年騎馬郎」（《菩薩蠻》）與「去年春日長相對，今年春日千山外，落花流水東西路，難期會」（《山花子》），尤其可以明顯地看到《生查子》詞所由嬗變蛻化的原型。以往評論歐陽修的詞，衹注意到他把詞從五代花間體的浮豔淺俗引向清麗高雅的一路，而忽視了他的詞跟民歌、民間詞的一些聯繫。

正因爲或多或少受到民間作品的影響，歐陽修的詞善於描繪天眞爛漫而對青春幸福充滿美好憧憬的少女，表現她們的多情，表現她們內心深處因愛情追求而引起的歡愉與憂傷。而且《生查子》詞運用詞調的整齊字句，以及上下片字句的相同，又有意使字與句重疊，造成迴環往復的韻律美。上下片的第一句「去年元夜時」與「今年元夜時」，第二句「花市燈如晝」與「月與燈依舊」，兩兩相對，把「元夜」、「燈」作了強調，表明風光宛然，景色如故；而「人約黃昏後」與「不見去年人」，則是上片第四句與下片第三句交叉相對，雖是重疊了「人」字，却從參差錯落中顯示了「人」的有無、留去的天差地別，和感情上由歡愉轉入憂傷的大起大落，從而使抒情主人公豐富深沉而起伏變化的內心，在少量的字句中得到了充分的表現，清新而自然，婉曲而流麗。從這種內容、格調、手法和句式中，我們都不難看出民歌的特色。

但不管《生查子》詞在字句上如何講求勻稱一致，又如何有意錯綜穿插，它總的還是用上片寫過去，下片寫現在，上四句與下四句分別提供不同的意象以造成鮮明強烈的對比。它先寫「去年」，是對於過去的追憶；後寫「今年」，是對於現在的描述。而追憶過去與描述現在，又都有實際的場景，最後落在截然不同的感情的抒發上。如果沒有這後者，「去年」「今年」云云，那就僅僅是時間的依次排列，好比杜甫的「昔聞洞庭水，今上岳陽樓」（《登岳陽樓》），衹是事件的順敘，而無所謂對比了。

李石和辛棄疾各有一首《生查子》詞：

今年花發時，燕子雙雙語。誰與卷珠簾，人在花間住。　明年花發時，燕語人何處。
且與寄書來，人往江南去。（李詞）

生查子（去年元夜時）

去年燕子來，簾幕深深處。香徑得泥歸，却把琴書污。　今年燕子來，誰聽呢喃語。不見卷簾人，一陣黄昏雨。（辛詞）

李石詞從現在推想未來，辛棄疾詞從過去述及現在，都是上下片對比，以燕子來時之人留與人去對比，各佔四句二十字，彷彿兩首並列的五言絶句詩。它們都是從歐陽修的《生查子》詞因襲下來的，不衹格式上套用，那上下片的首句就分明是直接摹擬歐詞的「去年元夜時」與「今年元夜時」。李石、辛棄疾詞當然遠不及歐陽修詞。因爲李石、辛棄疾更多着眼於人與燕子即人與物的關係，而不像歐陽修側重在人與人的關係。這人與人的關係，在歐陽修筆下非常明確，就是愛情。

不過，李石、辛棄疾詞與歐陽修詞也還有别的共通之處，就是以相同的景物作對比。李石、辛棄疾都描寫了燕子隨春歸來，飛入珠簾繡幕，衹是「誰與卷珠簾，人在花間住」、「香徑得泥歸，却把琴書污」在先，其後則是「燕語人何處」、「不見卷簾人」，從翡翠堂開、春閨夢好到畫屏幽冷、人去樓空。歐陽修描寫的是元宵佳節的月影燈輝、柳煙花露，從空間上説，地同、物同、風習同、境象同，但從時間上説，則因「不見去年人」而無復當初「人約黄昏後」的温情軟語了。這是以相同景物的對比，寫出人事的變遷。詩詞中也有以不同景物作對比的，如唐張紘《怨詩》的「去年離别雁初歸，今夜裁縫螢已飛」，五代皇甫松《夢江南》詞的「屏上暗紅蕉」與「畫船吹笛雨瀟瀟」。但這種不同景物的對比，一般側重在點明時令，景物與情意的聯繫並不十分緊密。而相同景物的對比，則以物是來突出人非，更能抒發作者的不勝今昔之感，或主人公的不堪回首之痛。

這裏又牽涉到情與景的關係問題。自然的客觀景物引起人們的主觀感情，情不能已，因之發而爲歌詩，甚至不禁手之舞之、足之蹈之。對此，古人已經注意到了。《詩品序》説：「氣之動物，物之感人，故摇蕩性情，形諸舞詠。」那麽，景物轉换了，感情自然隨之變化，詩歌内容也就有所不同。對此，古人也已經注意到了。《文心雕龍・物色篇》説：「歲有其物，物有其容；情以物遷，辭以情發。」但人對於自然並不是處在消極被動狀態，人常常在感受自然時聯繫或運用了自己的社會生活體驗，這就是人對自然的情緒的對象化，詩詞創作當中叫作以情寫景。以我觀物，物中固有我在。

歐陽修《生查子》詞中的抒情主人公，從語氣看，當是青年女子。她在「去年元夜時」，與心上人相會。這時，「花市燈如晝」，花燈相映，熠熠生輝，一切都向她展現出充滿希望和幸福的霓虹般的色彩。「花市」的「花」，是實指，不是有的註家所謂借喻繁華。李漢老《女冠子》詞：「帝城三五，燈光花市盈路。」周密《月邊橋·元夕懷舊》詞：「九街月淡，千門夜暖，十里寶光花影。」可以爲證。你看，燈火萬千，花影撩亂，一天風露，十里笙歌，眞是如此良夜！待到銀漢無聲，冰輪乍湧，似水的清光輝耀着蒼茫夜色，於是柳邊花下，「見許多才子豔質，攜手并肩低語」（李漢老《女冠子》）。這就是「月上柳梢頭，人約黄昏後」。「月上」，《張生彩鸞燈傳》誤作「月在」，別本或作「月到」。還是「月上」好。「上」字具有冉冉升起的情狀，而且由空間移動表示了一個時間過程，見出約會者的殷切期待。月升而上至柳梢頭，又以柳暗寫新春，因爲「柳眼春相續」（李煜《虞美人》）。這月，「素光行處隨人」；這柳，「柳邊照見青春」（毛滂《清平樂·元夕》）。心共柳爭春，人與月同圓。因「人約黄昏後」的兩情歡洽，無論花、燈、月、柳，彷彿都成了愛的溫馨，美的甘醇，未來幸福的圖景。然而，好事多磨，相約而無法相守，元夕情親引出年來的離愁別恨。是彼方變心或以他事拘牽而造成雲天阻隔，還是因自由相愛招來粗暴干涉而終致蓬山萬重，詞中並未明言。不管怎樣，這抒情主人公仍是那麽「之死矢靡他」（《詩經·鄘风·柏舟》）地執著苦戀、一往情深。不覺又是「今年元夜時」，風香陣陣，隊逐紛紛，她於是也步入那花衢柳陌，希圖在月光燈影之中再續舊歡、重尋好夢。然而，終是「不見去年人」了。及至「兩兩人初散，厭厭夜向闌」（曾覿《南柯子·元夜書事》），她舊歡難續，好夢無尋，所得到的唯有「淚滿春衫袖」而已。「淚滿」，別本多作「淚濕」，似乎「淚滿」更能表現傷心之極，「衫兒袖兒，都搵做重重疊疊的淚」（《西廂記·長亭送別》）。因「不見去年人」的失望愁苦，無論花、燈、月、柳，又彷彿都變得黯淡無光，衹是淒涼哀怨的化身。詞的上下兩片不同的觸景生情的對比，就在以昔日的歡愉反襯今日的憂傷，因爲詞人採用的是倒敍方式，撫今追昔；但同時又以今日的憂傷表現執著追求昔日的歡愉，因爲詞人描寫了同一元夕場景，不忘所自。同一場景而有歡愉與憂傷的不同情緒表現，就在於「人約黄昏後」與「不見去年人」帶來了不同的主觀感受。這種觸景生情、以情寫景又借景抒情，大概就是《文心雕龍・物色篇》所說的「情往似贈，興來如答」吧。於是，《生查子》詞感人至深。雖然它受到過「詞意邪僻」一類的指責，但它依然流傳廣、影響大，甚至被引用到歌頌自由愛情的小說裏去了。（趙齊平）

蝶戀花

歐陽修

庭院深深深幾許？楊柳堆煙，簾幕無重數。玉勒雕鞍游冶處，樓高不見章臺路。

雨橫風狂三月暮，門掩黃昏，無計留春住。淚眼問花花不語，亂紅飛過鞦韆去。

本詞寫一個上層少婦的悲哀。她的丈夫整天在外尋歡逐樂，盡情遊蕩，而自己則被幽囚在深宅大院之中，獨守空房，一任青春流逝。這首詞客觀上反映了封建社會男女的不平等，表現了對不幸婦女的同情。

上片寫閨中的寂寞與男人在外走馬章臺、尋歡逐樂的冶遊生活。頭三句交代少婦的身分和處境。首句點出她生活在深宅大院，用的是設問手法，以引起讀者注意。下兩句立即作出回答：「楊柳堆煙，簾幕無重數。」少婦的矜貴已被暗暗托出。這是一層。接二句筆鋒陡轉，從側面着墨，寫丈夫在外的遊蕩：「玉勒雕鞍游冶處，樓高不見章臺路。」這兩句與上一層形成鮮明對照，目的是引出空房獨守的苦悶，爲下片抒情作好鋪墊。

下片抒寫傷春自傷的情感，換頭點明暮春季節。「雨橫風狂」不僅關聯結尾的「亂紅」，而且還暗示青春與愛情遭受到風雨的摧殘。「三月暮」，象徵青春已逝。「門掩黃昏，無計留春住」是篇中的警句。這位少婦以豐富的內心

蝶戀花（庭院深深深幾許）

活動賦予「黃昏」和「春天」以人的情感。「門」，可以把「黃昏」關在門外，但它却無法把「春」留在自己身邊。這是一層。結尾兩句承此，寫少婦的天眞與癡情：「淚眼問花花不語，亂紅飛過鞦韆去。」「淚眼」，足見傷春之深，「問花」，足見情感之癡。這位少婦之所以要「問花」，並非像有的詞評家所說的那樣，是在求取同情，而是從「留春住」這一癡情的目的出發，幻想能共同設計出一個「留春」的妥善方案。「花不語」，是無計可施，故默然相對，並非對少婦不表同情。因爲「花」在「雨橫風狂」的惡劣天氣裏是無法掌握自己的命運的。「亂紅飛過鞦韆去」，對此作了最好的回答。「亂紅」的命運如此，這位少婦的命運又有什麽兩樣呢？「問花」，也就是在自問；傷春，實際是在自傷。

這首詞的特點主要表現在：一是寓同情於強烈的對比之中。上片寫丈夫長期在外花天酒地、尋歡作樂；下片寫被幽囚在深宅大院中的少婦忍受着寂寞和痛苦的摧殘。兩相對照，哀樂畢見；同情與貶斥，不言自明。二是用擬人手法來緣情寫景。丈夫在外浪遊不歸，少婦的青春已逝，因此與「無計留春住」構成巧妙的聯想。這多情的少婦不僅把「春」人格化了，「花」也被她人格化了。「傷春」、「惜花」正是在抒發美人遲暮的感慨。由於作者善於化無情爲有情，所以這首詞在刻畫人物內心活動上達到新的高度，並具有很強的感情色彩。三是「層深而渾成」。全詞可分四層。上片兩層：一是少婦深閨獨處，一是丈夫章臺冶游；兩相對比。下片兩層：一是雨暴風狂，春去難留；一是淚眼問花，借花自傷。不僅如此，歷代詞評家還常把「淚眼問花」兩句作爲「層深而渾成」的典型，認爲這十七個字中有四層意思（「淚眼問花」是少婦把希望和精神的寄託投向春花，一也；「花不語」，風雨中的春花不能自保，故無可奉告，二也；「亂紅」，春花不免要隨風飄零，三也；「飛過鞦韆去」，鞦韆是少婦當年嬉樂游玩之處，代表青春的歡樂，前後對比，難免感慨萬千，四也。毛稚黃此種解釋，可供參考。）四是善用疊字。李清照認爲「庭院深深深幾許」一句，深得疊字之法，她還倣此作作「庭院深深」數闋（《臨江仙》）。其實，她那首著名的《聲聲慢》連用十四個疊字，似也受到這首詞的啓發。

晚唐五代詞中所出現的女性，往往是歌妓舞女這樣爲人所玩弄所損害的對象，寫法上也往往停留在服飾的勾勒與體態的塗抹之上，格調不高。本篇不僅寫出了少婦心靈上的苦悶，而且還委婉地寄託了作者政治上的某種期望，思想與藝術均較「花間」大大前進一步。

（陶爾夫）

五代史伶官傳叙

五代史伶官傳叙

歐陽修

嗚呼！盛衰之理，雖曰天命，豈非人事哉！原莊宗之所以得天下，與其所以失之者，可以知之矣。

世言晉王之將終也，以三矢賜莊宗而告之曰：「梁，吾仇也；燕王，吾所立；契丹與吾約爲兄弟，而皆背晉以歸梁。此三者，吾遺恨也。與爾三矢，爾其無忘乃父之志！」莊宗受而藏之於廟。其後用兵，則遣從事以一少牢告廟，請其矢，盛以錦囊，負而前驅，及凱旋而納之。

方其繫燕父子以組，函梁君臣之首，入於太廟，還矢先王，而告以成功，其意氣之盛，可謂壯哉！及仇讎已滅，天下已定，一夫夜呼，亂者四應，倉皇東出，未及見賊而士卒離散，君臣相顧，不知所歸，至於誓天斷髮，泣下霑襟，何其衰也！豈得之難而失之易歟？抑本其成敗之跡，而皆自於人歟？

《書》曰：「滿招損，謙得益。」憂勞可以興國，逸豫可以亡身，自然之理也。故方其盛也，舉天下之豪傑，莫能與之爭；及其衰也，數十伶人困之，而身死國滅，爲天下笑。夫禍患常積於忽微，而智勇多困於所溺，豈獨伶人也哉！

五代史伶官傳敘

《五代史伶官傳敍》的作者歐陽修是北宋著名的文學家和史學家，爲文學史上所謂的「唐宋八大家」之一。他編寫過一部《五代史》，後人爲了把這本書同北宋初年由薛居正等人所編的《五代史》區別開來，就稱之爲《新五代史》。《新五代史》中有一篇《伶官傳》，「伶官」就是樂官，也就是宮廷演員。後唐莊宗李存勗在位時，政治腐敗，行爲荒唐，經常和伶官們在一起胡鬧，終於國破身亡。《伶官傳》所記敍的就是李存勗手下一些伶官的事跡。按照《新五代史》的編寫體例，多數傳文的前面都有一段敍言，用來表述作者對所記史事的感想和議論。《伶官傳》之前也有這樣一段敍言，由於它在《新五代史》的許多敍言中寫得比較出色，因此後代便有人把它從原書中抽出來，讓它獨立成篇，放進古文選本；同時又給它加上一個標題，就叫作《五代史伶官傳敍》。

下面先對原文分段譯解一遍。

原文第一段：「嗚呼！盛衰之理，雖曰天命，豈非人事哉！原莊宗之所以得天下，與其所以失之者，可以知之矣。」

有幾個詞解釋一下：「原」，這裏是動詞，推本求原的意思。「莊宗」，指五代後唐開國之君李存勗，於公元九二三年稱帝，莊宗是他的謚號。下面翻譯這一段：「唉！興盛衰敗的道理，雖說是天命，難道不也是人事麽？推究一下後唐莊宗之所以得天下、和他所以丟失天下，就可以知道了。」

第二段原文：「世言晉王之將終也，以三矢賜莊宗而告之曰：『梁，吾仇也；燕王，吾所立；契丹與吾約爲兄弟，而皆背晉以歸梁。此三者，吾遺恨也。與爾三矢，爾其無忘乃父之志！』莊宗受而藏之於廟。其後用兵，則遣從事以一少牢告廟，請其矢，盛以錦囊，負而前驅，及凱旋而納之。」下面解釋幾個詞：「晉王」，指李存勗之父李克用，本是唐末西突厥沙陀部族首領，因鎮壓黃巢領導的農民起義軍有功，封爲晉王，死於公元九○八年。「梁」，指梁王朱溫，本是黃巢起義軍將領，後叛變投靠唐王朝，封梁王，公元九○七年篡唐稱帝，建立後梁王朝。朱溫爲了爭權，曾害過李克用，所以李克用指他爲仇人。「燕王」，這裏概指劉仁恭及其子劉守光。李克用曾推舉劉仁恭做盧龍節度使，劉却歸附梁朝；梁又封他兒子劉守光爲燕王。「契丹」，唐末北方一個力量強大的少數民族。李克用曾和契丹首領耶律阿保機約定一道起兵攻梁，阿保機却違背盟約，與梁聯結。「從事」，這裏指負責具體事務的小官。「少牢」，祭祀時用一羊一猪爲祭品，叫少牢。下面翻譯這一段：「世上傳説晉王李克用臨死的時候，拿三支箭賜給兒子李存勗，並告訴他説：『梁王是我的仇敵；燕王是我所扶立起來的；契丹人和我結爲兄弟，但燕和契丹都背叛我而歸附於梁。這三者是我的遺憾。給你三支箭去報仇，你一定不要忘掉你父親的遺志！』李存勗受了箭藏在太廟裏，此後出兵打仗，就派有關官員以羊猪爲祭品到太廟祝告，請出箭來，放在錦緞口袋裏，背着它走在隊伍的前邊。等到凱旋的時候仍舊把箭放回太廟。」

原文第三段：「方其繫燕父子以組，函梁君臣之首，入於太廟，還矢先王，而告以成功，其意氣之盛，可謂壯哉！及仇讎已滅，天下已定，一夫夜呼，亂者四應，倉皇東出，未及見賊而士卒離散，君臣相顧，不知所歸，至於誓天斷髮，泣下霑襟，何其衰也！豈得之難而失之易歟？抑本其成敗之跡，而皆自於人歟？」

下面解釋幾個詞：「方」，當。「繫」，捆。「組」，絲帶，這裏指捆人的繩。「函」，匣，這裏是動詞，用木匣裝起來。「梁君臣」，指朱溫的兒子梁末帝朱友貞及其部將皇甫麟。公元九二三年李存勗攻破梁都開封，當時朱溫已死，朱友貞命皇甫麟把自己殺死，隨即皇甫麟也自殺。下面再講一點與本段有關的史事。公元九二六年，後唐軍人皇甫暉夜間在貝州（今河北清河縣）發動兵變，又攻入鄴都（今河北臨漳縣北），附近的後唐部隊都起來響應。這就是本段中所説的「一夫夜呼，亂者四應」。隨後李存勗派李嗣源領兵去鎮壓，李嗣源也叛變，攻佔後唐的東都開封。李存勗由洛陽向東進兵，途中士兵逃散，他與殘餘的將士相對哭泣，衹得返回洛陽。接着樂官郭從謙作亂，李存勗中流矢而死。這就是本段中「倉皇東出」以下各句所指的事情。下面翻譯這一段：「當李存勗把燕王父子捆起來，又把梁朝君臣的首級裝進木匣，獻入太廟，把箭還給先王，他那意氣之盛，眞可説是豪壯啊！等到仇敵已消滅，天下已平定，僅僅有一個人在夜裏一喊，作亂的人就四面響應。李存勗慌裏慌張向東進軍，還沒見到作亂部隊，部下士兵就紛紛逃散；李存勗君臣互相看着，不知回到哪裏去；甚至於對天發誓，割下頭髮，眼淚掉下來霑濕了衣襟。這時候他又是何等的衰頹啊！難道天下本來就是得來艱難而失去却很容易麽？還是照他的成敗事跡來看這一切都是由於人事的緣故呢？」

原文第四段：「《書》曰：『滿招損，謙得益。』憂勞可以興國，逸豫可以亡身，自然之理也。故方其盛也，舉天下之豪傑，莫能與之爭；及其衰也，數十伶人困之，而身死國滅，爲天下笑。夫禍患常積於忽微，而智勇多困於所溺，豈獨伶人也哉！」

下面解釋幾個詞：「書」，指《尚書》，儒家經典之一，這裏所引的兩句話見於《尚書·大禹謨》。「得」，《尚書》原作「受」。「溺」，這裏是沉緬的意思，「所溺」構成名詞，指過於迷戀的東西。下面翻譯這一段：「《尚書》說：『驕傲自滿會招來損害，謙虛才能得到好處。』思慮勤勞可以讓國家興盛，安逸享樂會叫自身滅亡，這是自然的道理。所以當李存勗興盛時，普天下的豪傑都不能同他爭鋒；等到他衰敗時，幾十個樂工就把他圍困，終於使他身死國滅，被天下人所譏笑。禍患往往隱伏在微小的事情之中，而一個人的智慧勇氣大都爲他過於迷戀的東西所束縛，也不僅僅是迷戀伶官才會這樣。」

現在對這篇文章的思想內容作一點分析。

這篇文章議論的是五代後唐的史事，但它的寫作目的却在於向北宋王朝的統治者提供教訓，希望他們以後唐莊宗李存勗的滅亡爲戒，努力做到「憂勞興國」。全文所宣揚的思想，從根本上說，屬於歷史唯心主義。因爲在作者看來，一個王朝的盛衰安危完全取決於統治者的主觀努力，這顯然不符合歷史的眞實進程。而且，本文所表現的完全是一腔「忠厚惻怛」之心，目的是要北宋的貴族大地主統治集團能够自己來改變嚴重的腐化現象，維護長久的統治。可見作者是完全忠於貴族大地主階級的利益的。這些都是文章的嚴重局限。

但是，能不能因爲本文具有這樣嚴重的局限，便認爲它純屬糟粕、一無可取呢？不能。因爲一篇有價值的古文往往包含着比較豐富的歷史內容和思維經驗，不能簡單地貼上一兩個標簽便否定了事；而應該進行更加細緻的清理，來看看其中有沒有一些歷史內容和思維經驗在當時能起一定的進步作用，在今天也還可以參考借鑒。

經過分析，不難看出這篇文章在思想上至少有兩點值得注意。

第一是作者對「天命論」的態度。有人說這篇文章是否定「天命論」的。這是過於誇張了。實事求是地看，這篇文章不過是對「天命論」採取一種存而不論的態度。這種態度同較早的一些唯物主義思想家對「天命論」所作的尖銳批判相比，固然還要差一點，但由於「天命論」與反「天命論」的鬥爭是長期、曲折、反覆地進行的，所以有必要肯定鬥爭的任何一個回合所起的歷史作用。而且，這篇文章在對「天命論」存而不論的同時還運用了相當生動的歷史經驗來進行論證。論證中也就包含着有價值的思維經驗，能給人以一定的啓發和教益。

第二再談作者對「憂勞興國」的論述。前面説過，把一個王朝的盛衰安危完全歸結爲統治者的主觀原因，是歷史唯心主義的看法，但這不等於説統治者的主觀原因與盛衰安危毫無關係，在一定的歷史條件下，勵精圖治與驕奢淫逸的確能產生不同的作用，這也是爲大量歷史事實所證明了的。北宋王朝建立以後，一直是最大限度地滿足大官僚大地主的政治經濟利益，「不立田制」，「不抑兼併」，還讓他們享有免役、免税等特權。隨着土地和財富的高度集中，北宋的統治集團日益腐化，對勞動人民的榨取便更加殘酷。在尖鋭的民族矛盾中，北宋王朝不但不力求振作，爲收復燕雲十六州和統一全國而鬥爭，反而忍受恥辱，長期向遼王朝輸款納幣，以求維持苟安的局面。在這樣的歷史背景下，歐陽修通過活生生的李存勗興亡史，來呼籲「憂勞興國」，警告「逸豫亡身」，便不能不説是對症下藥的。後來的歷史事實證明，北宋王朝亡於女眞族，南宋王朝又亡於蒙古族，原因之一都在於宋王朝的統治者衹求苟安享樂，毫無進取之心。歐陽修早在北宋前期便能把這一點作爲嚴重的問題提出，也説明他是有一定的眼光的。「憂勞興國」、「逸豫亡身」的歷史教訓，在今天也可供人們借鑒。

下面再談談這篇文章的寫作藝術，主要談三點。

第一，選材與剪裁。本文屬於史論性質，而用的主要是歸納論證方法。運用這種論證方法關鍵在於準確地選擇具體事例。本文所用的主要事例是「晉王三矢」的故事，作者對此是下過一番選材和剪裁工夫的。任何歷史家撰寫歷史都會面臨兩項要求，即記事既要全面，又要可信；但二者往往發生矛盾。爲了全面最好能「有聞必錄」，但所聞未必可信，所以又要遵守「無徵不信」的原則。「晉王三矢」的故事在當時社會上是有影響的，所以宋初王禹偁《五代史闕文》對此作了記錄，以彌補薛居正等人所編的《舊五代史》的缺陷。現在歐陽修撰寫《新五代史》，如果仍然不用這條材料，恐怕難免被人譏爲疏陋；而如果加以引用，却又無法證明它確實可信。因此他採用了一種巧妙的處理方法：在《新五代史》的《莊宗本紀》中不用這條材料，表現了應有的謹嚴態度；同時却把這條材料寫進《伶官傳》的「敍」中，並且加上「世言」二字，這就恰當地表明了這個材料的社會影響及其

五代史伶官傳敘

可信程度。這一處理不但解決了求全與求信的矛盾，而且對《伶官傳敍》來說還是一種積極的選材。因爲敍中如果再拿一些《莊宗本紀》寫過的事來發議論，未免重複無味；而「晉王三矢」故事既是《莊宗本紀》所未記的，用在這裏更顯得新鮮，而且很有助於論證本篇的中心論點。這正是一石二鳥，恰到好處。同時作者又通過恰當剪裁來突出這個事例。全文想說明「憂勞可以興國，逸豫可以亡身」，寫得比較詳細的衹是這個「晉王三矢」的故事，加上興亡兩種不同結果；此外並沒有寫李存勗如何「憂勞」，又如何「逸豫」。然而讀者對他從「憂勞」發展到「逸豫」却已留下了很深的印象。這就叫作「存大而略小，舉重以明輕」，表現了相當高的寫作藝術。

第二，敍事議論的波瀾。《五代史伶官傳序》篇幅不長，但由於敍事議論配合恰當，行文中又注意了輕重緩急節奏的變化，所以整個文章顯得波瀾起伏，很有厚度。例如「晉王三矢」故事敍述相當充分，筆勢則比較平緩；等到擺完這個生動事例之後，便立即用繁弦促節把文章推向高潮：「方其繫燕父子以組，函梁君臣之首，入於太廟，還矢先王，而告以成功，其意氣之盛，可謂壯哉！及仇讎已滅，天下已定，一夫夜呼，亂者四應，倉皇東出，未及見賊而士卒離散，君臣相顧，不知所歸，至於誓天斷髮，泣下霑襟，何其衰也！」這兩個長句，一揚一抑，大起大落。前者好像駕機起飛，直指長空；後者又似高山墜石，一落千丈，這就形成了全文中一個很有聲勢的大波。再則兩個長句分別用「可謂壯哉」、「何其衰也」兩個分句感嘆作結，也是又唱又嘆，遙遙相對，使人感到筆墨酣暢，痛快淋漓。大波過去以後，下文還有小波與之呼應配合，這就是「故方其盛也」至「爲天下笑」各句。這樣便顯得筆有餘力，文不單薄。本文的中心論點在於宣揚「憂勞興國」、「逸豫亡身」的道理，因此對李存勗的揚和抑的對比度越大，便越能證明作者所要宣揚的道理。所以文章中出現的波瀾正是爲表現中心論點服務的。

第三，語言的錘煉。錘煉語言不是爲了賣弄詞藻，而是爲了準確而充分地表現主題。《五代史伶官傳敍》爲了突出「憂勞」和「逸豫」的對比，很注意使用對稱的詞句。例如「人事」和「天命」、「盛」和「衰」、「得」和「失」、「難」和「易」、「成」和「敗」、「興」和「亡」等等，這些都是對稱的詞，散見於全篇。再從句子上看，本文更有駢散結合的特點。歐陽修是著名的古文家，原則上是反對駢文的；但他沒有陷入形而上學，而是很善於運駢入散、以散破駢，使句式多彩而富有表現力。本文在這一點上尤其突出，凡是敍事議論吃緊之處，作者都着意錘煉了四六成文的對偶句，例如：「雖曰天命，豈非人事」、「繫燕父子以組，函梁君臣之首」、「一夫夜呼，亂者四應」、「憂勞可以興國，逸豫可以亡身」、「禍患常積於忽微，智勇多困於所溺」等等，這些句子都是經過錘煉的，很有助於造成鮮明的對比感。另外本文還比較多用轉折句、疑問句和感嘆句。前人說歐陽修的說理文「一唱三嘆」，富有感情色彩，看來這和用語上的「三多」也不無關係。因爲轉折句使語氣委婉，疑問句給讀者留下思索和回答的空隙，這兩種句子用得好都可以增加文章的情致；至於感嘆句更是直接地表露着感情。當然本文之富於感情色彩根本上是由於作者對北宋封建統治者滿懷忠厚惻怛之情，這是應加識別的。但作爲寫作經驗來看，歐陽修能够把説理文寫得頗有情味，這還是值得研究的。

（金開誠）

醉翁亭記

歐陽修

環滁皆山也。其西南諸峯，林壑尤美。望之蔚然而深秀者，琅琊也。山行六七里，漸聞水聲潺潺，而瀉出於兩峯之間者，釀泉也。峯回路轉，有亭翼然臨於泉上者，醉翁亭也。作亭者誰？山之僧曰智僊也。名之者誰？太守自謂也。太守與客來飲於此，飲少輒醉，而年又最高，故自號曰醉翁也。醉翁之意不在酒，在乎山水之間也。山水之樂，得之心而寓之酒也。

若夫日出而林霏開，雲歸而巖穴暝，晦明變化者，山間之朝暮也。野芳發而幽香，佳木秀而繁陰，風霜高潔，水落而石出者，山間之四時也。朝而往，暮而歸，四時之景不同，而樂亦無窮也。

至於負者歌於途，行者休於樹，前者呼，後者應，傴僂提攜，往來而不絕者，滁人游也。臨溪而漁，溪深而魚肥，釀泉爲酒，泉香而酒洌；山肴野蔌，雜然而前陳者，太守宴也。宴酣之樂，非絲非竹；射者中，弈者勝，觥籌交錯，坐起而喧嘩者，衆賓歡也。蒼顏白髮，頹然乎其間者，太守醉也。

已而夕陽在山，人影散亂，太守歸而賓客從也。樹林陰翳，鳴聲上下，游人去而禽鳥樂也。然而禽鳥知山林之樂，而不知人之樂；人知從太守游而樂，而不知太守之樂其樂也。醉能同其樂，醒能述以文者，太守也。太守謂誰？廬陵歐陽修也。

《醉翁亭記》是北宋大文學家歐陽修的一篇著名散文。

在歐陽修登上文壇和仕途的時候，北宋的階級矛盾和民族矛盾日趨嚴重。在封建統治集團內部，以范仲淹爲代表的革新派和以呂夷簡爲代表的保守派的鬥爭十分激烈。歐陽修站在范仲淹一邊，主張限制大地主階級的特權，輕賦稅，減徭役，以緩和日趨嚴重的危機。但是由於保守派的勢力強大，范仲淹被迫下臺，歐陽修也受到貶謫，先後在滁州、揚州、潁州做了九年地方官。這篇《醉翁亭記》就是他做滁州太守時寫的。

醉翁亭，在今安徽省滁縣西南琅琊山的兩峯之間。這個亭子本來是智仙和尙造的。宋仁宗慶曆六年（一〇四六），歐陽修被貶謫到滁州，心情抑鬱，於是放情山水，常常在這裏宴請賓客，因此便用自己的號「醉翁」作爲這個亭子的名稱。

全文共分四段，我們逐段加以講解和分析。

第一段，寫醉翁亭周圍的風景和它得名的由來。

文章的主旨本是寫醉翁亭，作者却按下亭子不寫，先從亭子周圍的環境說起。第一句「環滁皆山也」，僅用五個字就概括地描述了滁州的地理特徵。據看過歐陽修手稿的人說，這層意思原來用了幾十個字，寫滁州四面有山，東面怎樣，西面怎樣，說得很詳細。經過反覆修改，最後才錘煉成「環滁皆山也」五個字。這一句已成爲錘煉字句的典範了。歐陽修的寫作態度十分認眞，一篇文章常常幾經修改才肯拿出來。據說他「作文既畢，貼之牆壁，坐臥觀之。改正盡善，方出以示人」。直到晚年，還「自竄定平生所爲文，用思甚苦」。他的夫人勸阻他說：「何必這樣苦呢，難道還怕老師生你的氣嗎？」他笑着說：「不畏先生嗔，却怕後生笑。」他的這種精益求精的態度是值得我們學習的。

然後從四面的山，縮小範圍，衹寫滁州西南的幾個山峯：「其西南諸峯，林壑尤美。」然後，又從西南諸峯中挑出琅琊山來加以描繪：「望之蔚然而深秀者，琅琊也。」這兩句的意思是說：滁州西南的幾座山峯、樹林和山谷的風景尤其優美。遠遠望去，其中樹木很茂盛，既幽深又秀麗的是琅琊山啊。寫完山，接着又寫水：「山行六七里，漸聞水聲潺潺，而瀉出於兩峯之間者，釀泉也。」意思是說：沿着山走六七里，漸漸聽到潺潺的水聲傾瀉在兩座山峯中間，這就是釀泉。寥寥幾筆，作者就很有層次地向讀者介紹了醉翁亭周圍的自然環境。接着用一個特寫鏡頭突出醉翁亭：「峯回路轉，有亭翼然臨於泉上者，醉翁亭也。」這句意思是：山勢廻環，路途曲折，忽然看到有個亭子四角翹起，像鳥兒張開翅膀一樣，高踞在泉水邊上的，就是醉翁亭了。

以上幾句描寫景物很有特色，作者先概括地描述滁州城周圍的風景特徵，然後逐步縮小視野，專寫西南諸峯，再從西南諸峯寫到其中的琅琊山，從琅琊山寫到山間的釀泉，最後才寫泉上的醉翁亭。好像電影鏡頭，遠景逐漸拉近，到中景、近景、特寫，把讀者一步步引入佳境。

周圍環境交代清楚了，緊接着用兩個短句自問自答地介紹亭子的建造者和命名者：「作亭者誰？山之僧曰智僊也。名之者誰？太守自謂也。」這兩句意思是：修建亭子的人是誰呢？是山上的和尚智仙。給它命名的是誰呢？是自稱「醉翁」的太守。然後解釋爲什麽要取名「醉翁亭」：「太守與客來飲於此，飲少輒醉，而年又最高，故自號曰醉翁也。」這句的意思是說：自己和客人到亭子裏喝酒，喝一點就醉，而且年紀又最大，所以自己起了個別名叫「醉翁」。

這段最後兩句：「醉翁之意不在酒，在乎山水之間也。山水之樂，得之心而寓之酒也。」意思是說：醉翁的本意不在於酒，而在醉心於山水的優美景色，把遊賞山水的樂趣，領會在心裏，寄託在酒中。這樣就進一步補充說明了「醉翁」二字的深意。

第二段，集中描繪醉翁亭周圍因時變化的不同景色。

「若夫」，表示由一層意思引出另一層意思的連詞，一直貫到下文「山間之四時也」。先寫朝暮的不同景色：「若夫日出而林霏開，雲歸而巖穴暝，晦明變化者，山間之朝暮也。」意思是：像那太陽一出來，樹林裏霧氣就散了；煙雲一聚攏起來，山谷就陰暗了。陰暗、明朗，隨時變化，這是山裏的早晨和晚上的不同景色。

接下來寫四季的不同風光：「野芳發而幽香」寫春天，野花開了，發出一股清幽的香味。「佳木秀而繁陰」寫夏天，美好的樹木長滿了葉子，成爲一片濃鬱的綠陰。「風霜高潔」寫秋天，風高氣爽，霜色潔白。「水落而石出者」寫冬天，冬天溪水變淺了，水裏的石頭露了出來。這是多麽精練的語言啊，短短幾句就準確地刻畫出山間早晚和四季的風光，在讀者面前展現出一幅幅各具特色的優美畫面。那「開」字、「暝」字、「發」字、「秀」字，不僅用得準確，而且富有意趣。「野芳發而幽香」，不僅使人從野花的開放聯想到春天的來臨，而且還叫人嗅到一股股清幽的香味。「佳木秀而繁陰」，不禁使人想起陶淵明的兩句詩：「藹藹堂前林，中夏貯清陰」。樹葉蔽天，濃蔭匝地，正好避暑乘涼。置身於風景如此宜人的山水之間，該有多麽愜意啊！作者在本段收尾處，就直接抒發了他被美麗風光所吸引所陶醉的愉快心情：「朝而往，暮而歸，四時之景不同，而樂亦無窮也。」早去晚歸，四季的景色不同，樂趣也就無窮無盡啊。

第三段，寫太守和賓客在亭中的飲宴，和太守眼中的滁人生活，側重寫醉翁亭遊人之多和宴飲之樂。

這一段分四層。第一層，寫滁人之遊。

「負者」是背着東西的人，他們在路上一邊走一邊歌唱。「行者」是走路的人，他們走累了便在樹下休息。「前者呼，後者應」：走在前邊的打招呼，走在後邊的回答。「傴僂」，指彎腰駝背的老年人。「提攜」，指需要大人領着走的小孩。老老少少，絡繹不絕，這是滁州人在遊賞山水啊！

第二層，寫太守的宴飲之樂。「臨溪而漁，溪深而魚肥；釀泉爲酒，泉香而酒洌；山肴野蔌，雜然而前陳者，太守宴也。」「釀泉」，用泉水釀酒。「洌」，清。「山肴」，山禽野獸；「野蔌」，野菜。「前陳」就是陳列在面前。古漢語方位詞用在動詞前面，表示動作的趨向。「宴」這裏是動詞，宴請賓客的意思。這幾句是說：靠在溪邊釣魚，溪水深，魚兒肥；用泉水釀成酒，泉水香，釀成的酒很清涼；還有野禽和野菜，各種各樣的食物擺列在面前，這是太守在宴請賓客。

第三層，寫「衆賓歡」的場面。「宴酣之樂，非絲非竹；射者中，弈者勝，觥籌交錯，坐起而喧嘩者，衆賓歡也。」這幾句是說：赴宴喝酒的樂趣，不在於音樂，而在於各種遊戲。古代宴會時有一種遊戲叫「投壺」，把箭投在壺裏，投不中的罰酒。「弈」是下棋。「觥」是酒杯。「籌」是酒籌，行酒令時用來計數的竹簽，也就是籌碼。「觥籌交錯」是說酒杯和酒籌交互錯雜。「坐起」，坐着的和站着的。這幾句是說，赴宴喝酒的樂趣，不用靠管弦音樂來助興，投壺的投中了，下棋的下贏了，酒杯和酒籌交互錯雜，有的坐起來，有的站起來，大聲地說笑，這便是客人們興高采烈的場面。這幾句話把歡樂的氣氛渲染得多麼濃烈啊！

第四層，纔寫到太守自己，「蒼顏白髮，頽然乎其間者，太守醉也」。「頽然」，精神不振的樣子，這裏形容醉態。意思是說：那面容蒼老，頭髮斑白，醉醺醺地坐在衆人中間的，便是喝醉了的太守啊！

這一段採用了由遠及近的寫法，先寫路上的遊人，繼而寫宴會的陳設，然後寫衆賓客，最後寫到自己，以自己的醉態收結。與上文醉翁亭的命名相呼應。

第四段，寫太守盡興醉歸的情景。

現在把這幾句解釋一下：「已而」，表示過了一些時候。「陰翳」，形容枝葉茂密成蔭。這兩句是說，過了一些時候，夕陽落在山上，照得人影散亂錯綜，這是太守宴遊已罷，賓客們紛紛跟着歸去。樹林枝葉茂密成蔭，禽鳥上下飛鳴，這是遊人離去以後禽鳥的歡樂。人們已盡興而返，山鳥還在歡樂，引起人們對宴遊之樂的無窮回味。然而禽鳥衹知道棲止山林的快樂，可是不知道人們遊賞山水的快樂；人們衹知道跟隨太守遊賞山水的快樂，可是不知道太守是在因百姓之樂而樂啊！作者巧妙地用禽鳥之樂映襯遊人之樂，又以遊人之樂映襯太守之樂。轉接得自然、含蓄，一層比一層深入，從而表現出太守的樂趣是與一般人不同的，它有着更深的意義在裏邊。

最後兩句：「醉能同其樂，醒能述以文者，太守也。太守謂誰？廬陵歐陽修也。」這兩句是說，喝醉了能够同大家一起快樂，酒醒之後能够用文章來記敍這種樂趣的，是太守啊。太守指的是誰呢？就是廬陵的歐陽修。太守之樂，「意不在酒」，也不單單是「在於山水之間」，而是在於與人同樂，並能記敍這種樂趣。結尾用一個問答句補敍宴遊作記的人是誰，成了全篇的畫龍點睛之筆。

這篇散文有四點特別值得注意的地方：

第一，寓憂憤於歡樂之中。有人認爲這是一篇遊戲之作，我們不同意。全文雖然處處寫遊山翫水之樂，寫自己與賓客的宴酣之樂，但它絕不是遊戲之作。前面我們講過歐陽修到滁州當地方官的時候才三十九歲，爲什麽自稱「翁」呢？他在《贈沈博士歌》中說：「我昔被謫居滁山，名號爲翁實少年。」可見他取名「醉翁」是政治上受到排擠打擊後，精神抑鬱，借着這個別號寄寓自己的不滿。從文章中「少飲輒醉」這一句可以看出他並不是嗜酒成性的人，自稱「醉翁」也是發洩悲憤。他在《題滁州醉翁亭》一文中說：「四十未爲老，醉翁偶題篇。醉中遺萬物，豈復記吾年。」可見他是借酒澆愁。歐陽修是一個有抱負的封建知識分子，他的許多治國拯民的政治措施，得不到支持，他的智慧和才能得不到施展的機會。被貶到滁州以後，祇能朝朝暮暮流連於醉翁亭上，實在閑得難受，苦得難熬。他的寄情山水、縱情酒宴，寓悲憤於歡樂之中，深沉蘊藉，含而不露，正是這篇文章的風格特點。

第二，簡約精當。全文不過四百多字，却把醉翁亭周圍的一切描述得曲折有致；無論是朝暮的晦明變化、四季的更迭交替，都衹用一句就鮮明地勾勒了出來。至於寫人更是搖曳多姿，負者、行者、射者、弈者、傴僂者、提攜者，無不神情畢肖。尤其是太守，「蒼顏白髮，頹然乎其間」，更是絕妙。作者把如此豐富的內容，如此多變的景物，如此複雜的感受，寫得如此生動，這不能不讓人驚嘆其運用語言的高超技巧。

第三，散中帶駢，駢散相間。這是一篇散文，和四六對偶的駢文不同，但其中却化入了不少駢句。駢散相間，融會得很巧妙。如：「日出而林霏開，雲歸而巖穴暝」，「野芳發而幽香，佳木秀而繁陰」，「臨溪而漁，溪深而魚肥；釀泉爲酒，泉香而酒洌」等等，都是相當工整的駢句。這些駢句增加了文章的華彩和韻味。

第四，迴環詠嘆。這篇文章具有濃厚的抒情意味，像一首散文詩。全篇共二十一句，竟用了二十一個「也」字結尾，這是多麽大膽的寫法！每讀一個「也」字句，就像讀到押韻的詩詞一樣，讓人心情激越，心嚮往之。

這篇文章的強烈藝術魅力，使滁州人不能忘懷，他們於慶曆八年（一〇四八）就把全文用石頭刻出來立於亭上。後來嫌字體小，刻得淺，怕不能久傳，又於元祐六年（一〇九一）請蘇軾用眞、草、行三種字體書寫後刻成石碑。多少年來，這篇佳作，盛傳不衰，成了膾炙人口的名篇。

（楊賀松）

秋聲賦

歐陽修

歐陽子方夜讀書，聞有聲自西南來者，悚然而聽之。曰：異哉！初淅瀝以蕭颯，忽奔騰而砰湃。如波濤夜驚，風雨驟至。其觸於物也，鏦鏦錚錚，金鐵皆鳴；又如赴敵之兵，銜枚疾走，不聞號令，但聞人馬之行聲。予謂童子：「此何聲也？汝出視之。」童子曰：「星月皎潔，明河在天。四無人聲，聲在樹間。」

予曰：「噫嘻，悲哉！此秋聲也，胡爲乎來哉？蓋夫秋之爲狀也，其色慘淡，煙霏雲斂；其容清明，天高日晶；其氣慄冽，砭人肌骨；其意蕭條，山川寂寥。故其爲聲也，淒淒切切，呼號憤發。豐草綠縟而爭茂，佳木葱蘢而可悅。草拂之而色變，木遭之而葉脫。其所以摧敗零落者，乃其一氣之餘烈。

夫秋，刑官也，於時爲陰；又兵象也，於行爲金。是謂「天地之義氣」，常以肅殺而爲心。天之於物，春生秋實。故其在樂也，商聲主西方之音；夷則爲七月之律。商，傷也，物既老而悲傷；夷，戮也，物過盛而當殺。

嗟夫！草木無情，有時飄零。人爲動物，惟物之靈。百憂感其心，萬事勞其形。有動乎中，必搖其精，而況思其力之所不及，憂其智之所不能。宜其渥然丹者爲槁木，黟然黑者爲星星。奈何以非金石之質，欲與草木而爭榮？念誰爲之戕賊，亦何恨乎秋聲？」

童子莫對，垂頭而睡。但聞四壁蟲聲唧唧，如助予之歎息。

陸機《文賦》說：「悲落葉於勁秋，喜柔條於芳春。」不同的季節，景物給人以不同的感受；反映在文學作品中，寫景、抒情自然也是不同的。屈原《九歌》中已以「嫋嫋兮秋風，洞庭波兮木葉下」寫對「公子」殷切思盼的怨悵；至宋玉《九辯》，一聲「悲哉秋之爲氣也」，更開啓了文人悲秋的詠嘆，傷時憂國，思鄉懷人，往往結合着悲秋來抒寫，產生了無數的「秋意」、「秋懷」、「秋興」、「秋思」之作。一般寫秋，無論秋山鍾起、秋水鷺飛、秋殿月孤、秋塞雲平，甚而小至秋蟲相對、秋苔漠漠，總是具體的景象與境況，而歐陽修的《秋聲賦》却寫無形無影的秋聲，借秋聲以抒秋感。歐陽修還不採用詩或詞的形式，注重於深婉含蓄，把秋聲僅僅作爲秋景的一種點染；而是採用賦的形式，集中描寫秋聲，雖然不似古賦那麼鋪張揚厲，層層排比，但對秋聲的恣意渲染、盡力形容，也還切近「敷陳其事」，符合賦的「鋪采摛文，體物寫志」的特點。

秋聲無形無影，在歐陽修寫來却維妙維肖，使人可感可觸。人們都很讚賞歐陽修善於比喻，用許多別的聲音來模擬秋聲。但把秋聲寫得這麼形象、眞切，主要還在歐陽修善於從動與靜的相反相成的關係以及聽與視的相輔相成的關係上去寫秋聲。首先，作者把秋聲放在夜間來寫，夜深人靜，正好挑燈讀書，但是萬籟俱寂之中，凝神聚思之際，忽然「聞有聲自西南來」，不禁「悚然而聽之」，這是從靜中寫動。聲音是那樣不同尋常，它是怎麽發出的震響呢？作者本來是在室內「聽之」的，爲考察這聲音，却叫童子到室外「視之」。作者接着寫童子。妙在童子不是到室外更加具體地聽到聲音如何，而是清楚地看到「星月皎潔，明河在天」，這是一個高爽晴朗的秋夜，有如蘇軾詩所說「暮雲收盡溢清寒，銀漢無聲轉玉盤」，一句「四無人聲」，點明當時是多麽的寧謐、寂靜。然而，正是由于這時聽到的聲音分外明晰，童子發現「聲在樹間」。這裏自然包含着那月光瀉漾之下，樹身的搖曳歷歷在目，而「樹間」的響動也就聲聲入耳了。童子的回答，同樣是從靜中寫動，而且把視覺與聽覺的感受統一了起來，彷彿聲音有形有影。當然，這形影是樹，樹而有聲，那麽所謂秋聲，亦卽風聲。風聲本身無法直接表現，作者就借他物來顯示，以視覺上的樹的晃動，寫出聽覺上的風的聲響，好像畫家借蝴蝶追逐馬蹄，畫出馬蹄踏花染上的芬芳。到了文章最後，歐陽修對童子講完一番議論，童子早已「垂頭而睡」，又恢復到「四無人聲」的狀態，那秋聲也暫時趨於平息，夜還是先前一樣的寧謐、寂靜，這時却是「但聞四壁蟲聲唧唧」。唧唧蟲聲，比起人的話語、樹間的風響，要微弱得多了，然而聽來如此聒耳，就更加反襯出夜的凄清、幽冷。作者轉到以動寫靜，收結全篇；從另一意義上說，蟲聲也是秋聲。

秋聲並非突然而來，亦非戛然而止。歐陽修借助於聯珠的譬喻，展示了秋聲自遠而近、由小漸大的過程。「聞有聲自西南來」，表明是初秋。歐陽修感受力是相當敏銳的，所以能聞其聲音，能辨其方位，並且不禁爲之「悚然」諦聽，細細體察到秋聲的動蕩起伏。「初淅瀝以蕭颯」，是寫聲之方至，如秋雨瀟瀟、秋風習習，帶來了凄涼況味。「忽奔騰而砰湃」，是寫聲之已起，如駿馬聯翩馳逐、江河掀起狂瀾，開始使人驚心動魄。「如波濤夜驚，風雨驟至」，是寫聲之大盛，好比驚濤駭浪、疾風暴雨，儼然有摧枯拉朽之勢。「其觸於物也，鏦鏦錚錚，金鐵皆鳴」，是對「波濤夜驚，風雨驟至」再作誇飾，彷彿風雨波濤震動着萬物，搖撼着大地，一齊發出撞鍾擊鼓般的轟鳴。「又如赴敵之兵，銜枚疾走，不聞號令，但聞人馬之行聲」，是寫聲之趨於減弱，戰士奔向戰場，不見喧嘩，亦無喊殺，衹有馬蹄聲碎，人步聲急，漸行漸遠而漸歸岑寂。這時，作者才從「悚然」中平靜下來，叫童子出外看視，才悟出是秋聲，產生了無限感慨。而感慨之後，「但聞四壁蟲聲唧唧」，則又是秋聲高潮已過的嫋嫋不盡的餘音。歐陽修把秋聲寫得極有層次，我們有如欣賞了一支節奏明快的秋夜奏鳴曲。

但歐陽修仍然不滿足於引喻取譬緊扣一個「聽」字，他還是要從物之「狀」上喚起讀者視覺形象的聯想，以更加深刻地去感受物之「聲」。他肯定了「此秋聲也」之後，却把「聽」字宕開，寫起「秋之爲狀」來。「秋之爲狀」分四個方面：「其色慘淡，煙霏雲斂；其容清明，天高日晶；其氣慄冽，砭人肌骨；其意蕭條，山川寂寥。」既然秋的色、容、氣、意是如此充滿肅殺的氛圍、慘戚的情調，那麽就難怪秋聲非「淒淒切切」即「呼號憤發」了。「淒淒切切」，照應「初淅瀝以蕭颯」；「呼號憤發」，照應「鏦鏦錚錚，金鐵皆鳴」。而無論其聲之或弱或強，總不似簫笙那般雍熙和鳴，奏出悅耳動聽的春之聲。作者用「秋之爲狀」，寫「故其爲聲」，「屬采」以「附聲」，從秋的黯淡畫面上譜出秋的悲涼音符。

歐陽修沒有停留於喚起讀者直觀的聯想。他進一步運用邏輯論證去喚起讀者推理的聯想，使感性與理性相結合。宋人發展了以文爲詩，進而以文爲詞，同時也以文爲賦。變駢賦、律賦爲文賦，歐陽修首開風氣。當然，以文爲詩、以文爲詞與以文爲賦，並不僅僅是增加了散文的因素，使格律形式較爲自由；還在於注入了議論成分，使寫景、抒情、狀物、敍事之作帶上了思辯色彩。這議論，運用得不好，就損害了詩、詞、賦的形象美與音樂美；而運用得好，就不但可以保持形象美與音樂美，而且還使情、事、理和諧統一，在耐人尋味之中發人深省。《秋聲賦》是屬於後者的。作者由秋聲的「草拂之而色變，木遭之而葉脫」，聯繫到秋時屬陰，萬物凋零，行刑待秋而決，征伐待秋而舉，樂有屬西方的商聲，律有屬七月的夷則，商爲哀傷，夷爲殺戮，於是自然現象與社會現象關合，一切都統歸「摧敗零落」，正見出秋聲的「淒淒切切」、「呼號憤發」，是體現着肅穆威嚴秋氣的「餘烈」。「天之於物，春生秋實」，物遇春而萌發繁盛，及秋而結實衰殘，這是自然規律。秋的作用就是「物過盛而當殺」，那麽秋聲如同樂的商聲使人感到「物既老而悲傷」，也就是順理成章的了。《文心雕龍·物色》說：「春秋代序，陰陽慘舒，物色之動，心亦搖焉。」歐陽修對「物色之動」既有形象的描繪，又有理論的發揮，「心亦搖焉」就既有直觀的感受，又有理性的認識，其目的仍然在於表現秋聲的動人心魄，而不同於枯燥乏味的抽象說教。不過，也不必認爲歐陽修的議論另有何種深刻寓意，如有人所說的將現實生活中的強弱之別、善惡之爭賦予了大自然那樣。當然，歷來對秋的解釋，以及歐陽修的有關議論，顯然多有牽強附會之處，但也不能排除其中合理的方面，未可以唯心主義一筆抹煞。

歐陽修的散文於平易舒暢之中包含抑揚頓挫，生動的敍寫、委婉的語調結合着透闢的議論、深沉的感慨。這篇《秋聲賦》同樣是如此。開頭刻畫夜讀所聞之聲，以「異哉」領起，待童子回答「聲在樹間」之後，又在「此秋聲也」的判斷之前冠以「噫嘻悲哉」，帶出「秋之爲狀」的描寫和秋之爲用的結論，最後再以「嗟夫」一聲感喟，把「體物」引向「寫志」：一唱三嘆，搖曳生姿，柔婉圓轉而又清新剛健。

「寫志」，就是抒發感慨，由「草木無情，有時飄零」，感慨「渥然丹者爲槁木，黟然黑者爲星星」的人生。本來，「豐草綠縟而爭茂，佳木葱蘢而可悅」，比及秋聲一起，僅以秋氣之「餘烈」，卽已「草拂之而色變，木遭之而葉脫」。這秋聲還是屬於外在的「摧敗零落」的力量。而人，除了如同萬物「春生秋實」的自然規律那樣會由青春年少轉入衰老死亡之外，還有內在的「摧敗零落」的力量，這就是「百憂感其心，萬事勞其形」，以及「思其力之所不及，憂其智之所不能」。於是，作者感慨「非金石之質」的人既無法「與草木而爭榮」，也難以「恨乎秋聲」，人已經自我「戕賊」了。

對這樣的感慨，多數評論文章以爲作者宣揚老莊清心寡欲的養生之道，情調消極低沉；《秋聲賦》由於思想內容不太健康，剩下的就祇有所謂藝術價值和可供借鑒的寫作手法了。然而，抽掉了思想內容，所謂藝術價值與寫作手法，無非單純的技巧功能而已，哪會有感人的魅力呢？

《秋聲賦》劈頭一句「歐陽子方夜讀書」，規定了賦詠秋聲的特定環境，「歐陽子」是一個勤奮用世者的形象。秋作爲自然季節，歐陽修會因其「風霜高潔」，感到它與春、夏、冬一樣，「四時之景不同，而樂亦無窮」，同時也曾在《新霜二首》詩中唱出「林枯山瘦失顏色，我意豈能無寂寞？……無情木石尙須老，有酒人生何不樂？」然而更多情況下，歐陽修却是從秋的顯示一年將盡，聯繫人的歲月無多，而渴望有所作爲、有所建樹。就在《新霜二首》詩中，他又唱道：「咿呦兒女感時節，愛惜朱顏屢窺鑒。惟有壯士獨悲秋，拂拭塵埃磨古劍。」此外，他在《秋懷二首寄聖俞》詩中說：「隆陰夷老物，摧折壯士胸。壯士亦何爲，素絲悲青銅。」在《立秋有感寄蘇子美》詩中說：「所噓事業晚，豈惜顏色衰。廟謨今何謂，胡馬日以肥。」梅堯臣、蘇舜欽是歐陽修關係至爲密切的朋友，無須對他們說些冠冕堂皇的話，詩中所真誠披露的正是有志於「事業」的「壯士」的心。這同「夜讀書」的形象恰好相符。那麽，「物既老而悲傷」，《秋聲賦》的情調難道不是低沉的麽？是的，不過它低沉而不消極。這裏面反映着歐陽修的矛盾心情。歐陽修雖然後來位居顯要，其實他在政治上的際遇是頗爲坎坷的。他曾蒙受多次的構陷、貶謫，他全力支持的「慶曆新政」也衹是一現的曇花。他「既不能因時奮身，遇事發憤，有所建明，以爲補益，又不能依阿取容，以徇世俗」，當老而且病的時候，他更不願意「徒久費大農之錢，爲太倉之鼠」（《歸田錄序》），因此，他早就產生了全身避禍的思想。皇祐二年（一〇五〇），他四十四歲，便買田潁上，約梅堯臣一同歸老。但是他實際上並沒有離開朝廷，原因是「蓋自嘉祐、治平之間，國家多事，固非臣子敢自言其私時也」（《續思潁詩序》）。《秋聲賦》正作於嘉祐四年（一〇五九），當時作者任開封府尹，同時從事《新唐書》的編纂。這樣，我們就可以理解《秋聲賦》中的「百憂感其心，萬事勞其形」與「思其力之所不及，憂其智之所不能」，原是概括了歐陽修政治上進退維谷的處境與內心裏違己交病的苦悶。篇末「但聞四壁蟲聲唧唧，如助予之嘆息」，這樣「嘆息」，我們不正可以聯繫歐陽修《感興五首》詩的第五首來認識：「唧唧復唧唧，夜嘆曉未息。蟲聲急愈尖，病耳聞若刺。壯士易爲老，良時難再得！」由秋聲所引起的秋感，其基本內涵應該說就是這「壯士易爲老，良時難再得」。

秋聲，畢竟是客觀的，客觀事物本身並不因人而異。而秋感則屬於主觀範疇，各人身世經歷、思想認識不同，於是所感也就千差萬別。事實上，「體物」也已帶上了作者的主觀色彩。秋聲在《秋聲賦》裏具有那種「摧敗零落」的慘酷之威，就因爲歐陽修深深有感於「物既老而悲傷」。當然，藝術形象的欣賞，也是主觀與客觀的結合。讀者對於《秋聲賦》中秋聲、秋感的領略、理解，不也有着自己的生活體驗與歷史認識嗎？

歐陽修對秋聲作了多種描繪，既有想象，又有推理；他又不停留於秋聲本身，還由秋聲抒發了自己政治生活的感慨。《秋聲賦》儘管帶有更多的散文特徵，但它還是如紀昀評《文心雕龍》所說：「鋪采摛文，盡賦之體；體物言志，盡賦之旨。」

（趙齊平）

瀧岡阡表

歐陽修

嗚呼！惟我皇考崇公卜吉於瀧岡之六十年，其子脩始克表於其阡。非敢緩也，蓋有待也。

脩不幸，生四歲而孤。太夫人守節自誓，居窮，自力於衣食，以長以教，俾至於成人。太夫人告之曰：「汝父爲吏，廉而好施與，喜賓客。其俸祿雖薄，常不使有餘，曰：『毋以是爲我累』。故其亡也，無一瓦之覆，一壟之植，以庇而爲生。吾何恃而能自守邪？吾於汝父，知其一二，以有待於汝也。自吾爲汝家婦，不及事吾姑，然知汝父之能養也。汝孤而幼，吾不能知汝之必有立，然知汝父之必將有後也。吾之始歸也，汝父免於母喪，方逾年，歲時祭祀，則必涕泣曰：『祭而豐，不如養之薄也！』間御酒食，則又涕泣曰：『昔常不足而今有餘，其何及也！』吾始一二見之，以爲新免於喪適然耳。既而其後常然，至其終身，未嘗不然。吾雖不及事姑，而以此知汝父之能養也。汝父爲吏，嘗夜燭治官書，屢廢而歎。吾問之，則曰：『此死獄也，我求其生不得爾！』吾曰：『生可求乎？』曰：『求其生而不得，則死者與我皆無恨也。矧求而有得邪！以其有得，則知不求而死者有恨也。夫常求其生，猶失之死，而世常求其死也！』回顧乳者劍汝而立於旁，因指而歎曰：『術者謂我歲行在戌將死，使其言然，吾不及見兒之立也。後當以我語告之。』其平居教他子弟，常用此語，吾耳熟焉，故能詳也。其施於外事，吾不能知。其居於家，無所矜飾，而所爲如此，是眞發於中者邪！嗚呼！其心厚於仁者邪！此吾知汝父之必將有後也。汝其勉之！夫養不必豐，要於孝；利雖不得博於物，要其心之厚於仁。吾不能教汝，此汝父之志也。」脩泣而志之，不敢忘。

先公少孤力學，咸平三年進士及第，爲道州判官，泗、綿二州推官，又爲泰州判官。享年五十有九。葬沙溪之瀧岡。

太夫人姓鄭氏，考諱德儀，世爲江南名族。太夫人恭儉仁愛而有禮，初封福昌縣太君，進封樂安、安康、彭城三郡太君。自其家少微時，治其家以儉約，其後常不使過之，曰：「吾兒不能苟合於世，儉薄，所以居患難也」。其後脩貶夷陵，太夫人言笑自若，曰：「汝家故貧賤也，吾處之有素矣。汝能安之，吾亦安矣。」自先公之亡二十年，脩始得祿而養。又十有二年，列官於朝，始得贈封其親。又十年，脩爲龍圖閣直學士、尚書吏部郎中，留守南京，太夫人以疾終於官舍，享年七十有二。

又八年，脩以非才入副樞密，遂參政事。又七年而罷。自登二府，天子推恩，褒其三世。故自嘉祐以來，逢國大慶，必加寵錫，皇曾祖府君累贈金紫光祿大夫、太師、中書令，曾祖妣累封楚國太夫人；皇祖府君累贈金紫光祿大夫、太師、中書令兼尚書令，祖妣累封吳國太夫人，皇考崇公累贈金紫光祿大夫、太師、中書令兼尚書令，皇妣累封越國太夫人。今上初郊，皇考賜爵爲崇國公，太夫人進號魏國。

於是小子脩泣而言曰：「嗚呼！爲善無不報，而遲速有時，此理之常也。惟我祖考積善成德，宜享其隆。雖不克有於其躬，而賜爵受封，顯榮褒大，實有三朝之錫命：是足以表見於後世而庇賴其子孫矣」。乃列其世譜，具刻於碑；既又載我皇考崇公之遺訓，太夫人之所以教而有待於脩者，并揭於阡。俾知夫小子脩之德薄能鮮，遭時竊位，而幸全大節，不辱其先者，其來有自。

熙寧三年歲次庚戌四月辛酉朔十有五日乙亥，男推誠保德崇仁翊戴功臣、觀文殿學士、特進、行兵部尚書、知青州軍州事、兼管內勸農使、充京東東路安撫使、上柱國、樂安郡開國公，食邑四千三百戶，食實封一千二百戶，脩表。

這篇文字，通體祇有一條線索，就是一個「待」字。爲什麼直到父親葬了六十年，才給他作墓表呢？因爲有所等待。爲什麼要等待？因爲作者的母親說過「有待於汝」的話。母親的「有待於汝」不是漫無憑依的空希望，她根據父親的孝行與仁心，知道這樣的人該會有好兒子，能够具有同樣的孝行與仁心，並且能够顯榮他的父母祖先——就是所謂「有後」。在父親下葬的那年，作者纔祇有四歲，當然不能作墓表。後來長大起來，而且「食祿」了，「列官於朝」了，他還是不作，因爲母親所等待的還沒有確切的着落；直到「天子推恩褒其三世」，三代都受了皇帝的贈封，作者覺得「是足以表見於後世而庇賴其子孫矣」，換一句說，母親所等待的有了確切的着落了，他才動手作墓表。他以爲「天子推恩褒其三世」是自己「幸全大節」的憑證，而自己所以能够「幸全大節」，正是由於不負母親的等待，也就是不背父親的遺訓，總之是所謂「不辱其先」，眞成了個好兒子。這並不是誇張自己，祇是見得父親具有孝行與仁心，而果眞「有後」，果眞有好兒子，乃是「爲善無不報」的「理之常」。要表揚父親，還有比這個更值得敍述的嗎？所以必須等待到這時候才來作墓表。——作者的意念是依着這樣一條線索發展的。

意念發展的線索既已成立，同時就把取材的範圍也規定了。這一篇文字屬於碑志類；所謂碑志類，是就它刊刻的方式而言，實際上也就是傳記。傳記敍述一個人的生平有牽涉得很廣的，爲什麼這一篇僅敍父親的孝行與仁心兩端呢？還有，作者在四歲時候，父親就去世了，對於父親的生平，當然祇能間接地從母親方面得知；但是母親對於父親的生平，平日一定瑣瑣屑屑講得很多，爲什麼這一篇僅敍母親講到父親的孝行與仁心的一番話呢？原來作者認爲孝行與仁心是父親的兩大「善」，祇此兩端，就足以表見父親的全貌。他在文字的第六段裏有「俾知夫小子脩……」的話，所謂「俾知」，使什麽人知道呢？不是要使子孫與世人知道嗎？要使子孫與世人知道什麽？不是說父親的兩大「善」影響了他，果然使他「幸全大節，不辱其先」，可見這兩大「善」是人生的至寶嗎？這就使這篇文字在敍述以外，自然而然帶着教訓意味。大凡含有教訓意味的文字，是排斥那沒有教訓意味的成分的；所以這一篇僅敍父親的孝行與仁心兩端。並且，作者受父親的影響，是從母親特別把父親的兩大「善」教訓他而來的；惟有把母親當時的教訓摹聲傳神地敍述下來，才見得他的受影響爲什麽會這麽深切。這好像是在寫母親，其實正是出力地具體地寫父親。若再加上母親平日瑣瑣屑屑講到父親生平的旁的話，那就使這一番話比較不顯著，把它的力量減弱了；所以這一篇僅敍母親講到父親的孝行與仁心的一番話。——以上是說取材的範圍受着意念發展的線索的限制。

不祇第二段的取材如上面所說，再看第四段裏敍述母親「治其家以儉約」；當作者貶謫的時候，母親說過「汝能安之，吾亦安矣」的話；這都與第二段裏所敍父親的話「毋以是爲我累」相應合，見得母親是眞能夠體驗父親的志概，本着父親的志概訓練兒子的。寫母親也就是寫父親，所以這些材料要取。再看第五段，說了「天子推恩，褒其三世」，以下就直接第七段的「於是小子脩泣而言曰」，似乎也沒有什麽不可以。但是「天子推恩，褒其三世」是作者「幸全大節」的憑證，如果就此一筆敍過，未免把這種憑證看得太不鄭重了，把朝廷的寵賜看得太不恭敬了；所以要把三代所受的贈封逐一記下來，以表鄭重與恭敬。可見這一段關於三代受贈封的文字，也是從作者意念發展的線索而來的。

自來傳記文字很多，作者意念發展的線索不同，取材範圍也就不一樣。如歸有光的《先妣事略》，是從一種「孺慕」的意念發展開來的；所以祇取日常瑣屑作材料，使全篇帶有抒情的情調，而沒有什麽教訓意味。歐陽修這一篇的第二段雖然紆徐曲折，摹聲傳神，也像是抒情的文字，但他把這一段作爲全篇的主要材料，是着眼於它的教訓意味的；所以這一段與其它各段統看，就不覺得什麽抒情的情調，祇覺得作者在那裏向人說教。歐陽修是上承唐朝的韓愈而提倡古文的；他佔很高的官位，有許多文人做他的門人，受他的提拔，他是當時文壇的盟主。韓愈開始以文字爲教，主張爲文須得傳堯舜禹湯文武周公孔孟之道，也就是漢朝以來我國的傳統倫理觀念。歐陽修當然也作這樣想。在尋常的題目之下，如一篇遊記一篇短序之類，自然不妨隨便一點；但現在遇到的却是個非常嚴肅的題目——要敍述自己的父親。以文壇盟主的資格，作這樣非常嚴肅的題目，若作來沒有「傳道」的作用，豈不是自己取消自己的主張？於是他抓住父親的孝行與仁心兩端，以爲全篇的主要材料：因爲孝與仁正是我國最重要的傳統倫理觀念。他又把母親預料父親「有後」，到後來果眞「有後」，可見「爲善無不報」，作爲全篇的線索，這「爲善無不報」，也正是我國的傳統倫理觀念。既敍述了父親，又有了「傳道」的作用，從歐陽修當時的觀點與立場出發，要知道他處在怎樣的一種思想環境與現實環境之中，才能得到客觀的理解。倘若不能抱這樣的態度，衹憑讀者自己的主觀見解去評判，那就難以理解得透徹。如說這一篇第五段歷記三代所受的贈封，誇耀虛飾的榮顯，酸味十足；又說第六段表明爲善果眞有報，近於一種迷信的因果論，與無知的積善見解不相上下；這就是憑現代的人的主觀見解去評判古人的文字了。這樣評判固然也是一種研討，但對於作者爲什麼要這樣取材、這樣下筆，並沒有得到正确的理解。

現在就把各段的大意與作用來說一說。第一段從作表延遲說起，標出「待」字。第二段說明「待」字的來由在母親「有待於汝」的話；而母親這個話是有根有據的，那根據在父親的孝行與仁心。於是敍述母親所講關於父親的孝行與仁心的一番話，也就安排了本篇的主要材料。第三段記父親的官職、年歲與葬地，是傳記一類文字的格式。到這裏，敍述父親的生平的部分完畢了。第四段敍母親，而着眼於母親能够體驗父親的志概，能够隨時本着父親的志概訓練兒子，可以說是從旁面敍父親。這段裏因爲敍「得祿而養」母親，用了「自先公之亡二十年」作爲時間副語；以下就順次下去，連用「又十有二年」、「又十年」，來表明自己進官與母親去世的時間。第五段開頭用「又八年」，緊接上段，而敍的是自己「登二府」、三代受贈封的事情，這表明母親所謂「有待於汝」的有了着落了。於是來了第六段，見得這纔是可以作墓表的時候了。作墓表不但記敍一個人的生平而已，更要使子孫與世人得到一種教訓，才有意義；所以先前不作，直到這個時候才作。第七段記作表的年月與作表當時自己的賜號、官職、封爵、祿秩及名字，也是傳記一類文字的格式。

第二段所敍母親的一番話最長，也最關緊要。這一番話又可分爲六節。從「汝父爲吏」到「以有待於汝也」是一節，說明她處在寡居窮困的境地「而能自守」，衹因她對於父親知道一二，有待於她的兒子。以下到「然知汝父之能養也」是一節，到「然知汝父之必將有後也」又是一節，這兩節就是所謂「知其一二」。從什麼方面知道的呢？第四節到「而以此知汝父之能養也」爲止，第五節到「此吾知汝父之必將有後也」爲止，說明了知道的所以然。末了一節是結論，她說從「汝父之志」看來可見養親最重要的是「孝」，待物最重要的是「其心厚於仁」。這裏第二節說「能養」，第三節說「必將有後」，第四節承接「能養」說，第五節承接「必將有後」說，第六節用「孝」與「其心厚於仁」雙承「能養」與「必將有後」，層次極爲清楚整齊。

第三段開頭是「先公少孤力學」一語，「少孤」敍他的境遇，「力學」敍他的努力，都衹是抽象說法；如果沒有這四個字，好像也沒有多大關係。可是沒有這四個字，開頭一語就成「先公咸平三年進士及第」，語氣見得急促了。現在用這四個字，語氣就見得舒緩；「力學」又與「進士及第」有了照應。並且「少孤力學」是抽象說法，而第二段母親口裏稱述父親全是具體說法；一面具體，一面抽象，也有錯綜的趣味。

第四段第二句實際是「太夫人自其家少微時，治其家以儉約」，而「恭儉仁愛而有禮，初封福昌縣太君，進封樂安、安康、彭城三郡太君」是插進去的，作爲對於「太夫人」的形容語。所以要把這三語插進去的緣故，第一，與前所說加用「少孤力學」四字一樣，如果直接作「太夫人自其家少微時」，嫌其急促，插入這三語，語氣就舒緩了。第二，太夫人被封爲「福昌縣太君，進封樂安、安康、彭城三郡太君」本來在作者「列官於朝」之後，但「始得贈封其親」一語之下是接不上母親被封爲什麼的（若要在這裏敍明母親被封爲什麼什麼，就得像現在作文一樣，把這個話括在括弧裏頭了，而從前作文是沒有這個格式的）。正好前面有個可以安插的地方，所以就把它提到前面去了。

第四段裏的「又十年」，指宋仁宗皇祐四年，與以下的「脩爲龍圖閣直學士、尚書吏部郎中，留守南京」，都是「太夫人以疾終於官舍」的時間副語，表明作者任這些官職的時候，母親去世了。若以爲作者「爲龍圖閣直學士、尚書吏部郎中，留守南京」，是皇祐四年才開始的事情，那就錯了。其實作者除龍圖閣直學士，在前此八年（仁宗慶曆四年）；落龍圖閣直學士，在前此七年（慶曆五年）；復龍圖閣直學士，在前此三年（皇祐元年）；知應天府，兼南京留守司事，授尚書吏部郎中，在前此二年（皇祐二年）；都不是皇祐四年纔開始的。

第六段裏「既又載我皇考崇公之遺訓，太夫人之所以教而有待於脩者」兩語，是歸結全篇的話，很重要。全篇的主要目標當然在記載父親的遺訓，但父親的遺訓所以會在作者人生上發生影響，却在母親本着遺訓訓練兒子，期待兒子。沒有父親的遺訓，母親將本着什麽來訓練兒子，這是不可知的。沒有母親的訓練，父親的遺訓會不會在作者人生上發生影響，也很難說定。遺訓與母親的訓練是二而一的，惟有這兩項合併在一起，纔收到眞實的效果——就是兒子果眞能够「幸全大節，不辱其先」。這裏所指出的兩語就表明這個二而一，同時也點醒了本篇敍述手法的所以然。原來本篇從母親的口吻敍述父親的遺訓，又敍述母親的儉約安貧，無非要表明母親能够本着遺訓訓練兒子。所以說，這兩語是歸結全篇的話。

以上把全篇的取材、布局、照應各方面大略說過了。大概讀一篇文字，僅能逐句逐句照字面解釋，是不够的；必須在解釋字面之後，更從文字以外去體會，才會得到眞切意義。現在把本篇須得加意體會的地方提出來說一說。第二段母親的話的第一節裏，提起父親的「毋以是爲我累」一語，爲什麽「有餘」反而是「累」呢？因爲欲求「有餘」，或許會傷「廉」，或許會損害「好施與」的品性，這是對於自身的「累」；「有餘」而傳到兒子手裏，或許使兒子慣於席豐履厚，不能居患難、安貧賤，這是對於兒子的「累」；對於兒子的「累」也就是自己的「累」。這些「累」都是要不得的，所以說「毋以是爲我累」。同節裏有「無一瓦之覆，一壟之植」兩語，這等於說沒有房屋與田地，但比起「無屋舍田畝」來，却具體得多，印象深刻得多。「一瓦」、「一壟」都是最低限度，最低限度的財產也沒有，可見窮困眞到了極點了。第三節「然知汝父之必將有後也」一語，如果去掉「將」字，作「必有後也」，文意也順適；但「必有後也」是斷定口氣，加入「將」字就是期望口氣，這裏承上文的「有待於汝」，作期望口氣猶合於說話當時的神情。第四節敍述父親的話，說「祭而豐，不如養之薄也」，又說「昔常不足而今有餘，其何及也」，都從一句簡單的話，表出父親追慕不已的孝思。祭祀是人子的一件大事，固然要求其豐盛；但是，如果不是死後的祭祀而是生前的奉養，即使比較菲薄一點，在人子是何等的快慰呢？在奉養的時候，因爲手頭「不足」，不得好好奉養；現在手頭「有餘」了，偏偏又無法奉養，在人子是何等的深恨呢？這兩層意思，從這兩句簡單的話裏表達出來，父親的孝思如何深切也就可想而知了。再看在「御酒食」上頭加上一個「間」字，見得所謂「有餘」也是有限得很的，不過比往時稍稍寬裕一點而已。稍稍寬裕一點，就想到不及拿來奉養，那孝思眞是沒有一刻不在心上的了。同節「至其終身未嘗不然」一語，是找足一句的說法。每逢祭祀，每對食酒，總是要涕泣而嘆息，這樣直到他臨死；說他的孝思沒有一刻不在心上，還有可以懷疑的嗎？死後的追慕尚且如此，那麼，生前的奉養雖因「不足」而菲薄一點，但必然純本於孝思，是不問可知的了。所以本節的末了說「以此知汝父之能養也」。第五節裏母親問「生可求乎？」以下父親回答的一番話，層次很多，言外還有意思，必須仔細體會。這一段話開頭說「求其生而不得，則死者與我皆無恨也」，並不直接回答說「生」的可求不可求，祇是提出一個原則來：法官必須勞費心思替將死的罪犯尋一條生路。卽使個個罪犯都尋不到生路，但那一番心思是不得不勞費的；因爲惟有這樣做，在法官是盡了他的職責，良心上沒有什麼抱恨；在罪犯是自己犯了實罪，雖死也沒有什麼抱恨。以下接說「矧求而有得邪」，用的是反問感嘆的語氣。假定求而總是不得，但爲彼此不致抱恨起見，尚且非求不可；現在實際上又「求而有得」，怎麼能不求呢？這就回答了「生可求乎」的問語；見得「生」是可求的，而且是非求不可的。以下接說「以其有得，則知不求而死者恨也」，這是推開來想：從「求而有得」着想，可見偶尔疏忽一件案子，也許正寃枉一個罪犯，將使他抱恨而死。那麼，做法官的還可以偶尔疏忽一件案子嗎？以下接說「夫常求其生，猶失之死，而世常求其死也」，這是對於當時一般法官的感慨。「常求其生」指自己說：像自己這樣存心，這樣審愼，說不定還有考核與判斷的錯誤，因而把不該受死罪的罪犯寃枉處死。而一般法官對於案子祇是隨便處理，一味疏忽；那不但是不替罪犯尋生路，簡直是專把罪犯趕上死路去了。說着這樣感慨的話，他自己決不願像一般法官那樣隨便與疏忽，那意思也就表明了。接着父親嘆息說恐怕見不到兒子的成立，「後當以我語告之」，以下母親又說「教他子弟常用此語」；這裏的「我語」、「此語」不能呆看。「我語」、「此語」該是指前面的話而言，而前面的話是說法官必須盡心替罪犯尋生路，以求彼此無恨；難道父親料定兒子與「他子弟」將來都要作法官嗎？這就是呆看了。原來「我語」、「此語」是指像前面的話那樣的存心而言；

兒子與「他子弟」將來固然不一定作法官，但那樣的存心是無論做什麼都必要的，所以說「後當以我語告之」，所以「教他子弟常用此語」。以下母親讚嘆父親，用推進一層的說法，先說「其施於外事，吾不能知」；這不但按照實際情形說，她自己處在家裏，不能知道父親在外面的情形；同時還表出一種料想，也許父親在外面，更有許多教人感服的事情，衹是她不能知道，故而也無從說起了。在外面作事而能教人感服，也許還有點「矜飾」的意味，並不完全出於自然；於是推進一層說，在家裏是絕對用不到「矜飾」的，而父親能那樣地認眞盡責，可見他的存心是完全出於自然的了。存心完全出於自然，怎麼就歸結到「此吾知汝父之必將有後也」呢？中間好像缺少了一座過渡的橋梁。原來過渡的橋梁就是「爲善無不報」。這「爲善無不報」是「理之常」，人人所有的信念，不煩言而可知，所以把它省略了。第六節開頭說「汝其勉之」，明明是教訓語，以下却又說「吾不能教汝」，而用「此汝父之志也」來結束；見得所謂「養不必豐，要於孝，利雖不得博於物，要其心之厚於仁」，衹是從「知其一二」的父親的性行上體驗出來的一點道理；就爲體驗出來了這點道理，她才有以教兒子，她才有待於兒子。倘若沒有這一節話，以上幾節僅僅說明了「汝父之能養」，「汝父之必將有後」，與兒子的關係還淺。現在有了這一節，見得她的教訓也就是「汝父之志」，她所謂「有待於汝」，是期待「汝父之志」在兒子的人生上發生優善的影響，這與兒子的關係就深切多了。

第四段敍母親的話：「吾兒不能苟合於世，儉薄，所以居患難也」；意思是說「不能苟合」必然常「居患難」，習慣了「儉薄」，「居患難」就安之若素了。這個話正與父親「毋以是爲我累」的話正反相應：父親的意思是豐厚（有餘）要成「累」，母親的意思是儉薄就沒有什麼「累」。以下「汝家故貧賤也……」兩句是承接上文，用敍述來加倍描寫。「汝能安之，吾亦安矣」一句，雖衹有八個字，可是把母親與兒子融融洽洽、「居患難」而心胸曠然的情境，都表現出來了。作者的母親畫荻教子，自來稱爲賢母的模範。讀本篇所敍母親的一些話，眞像看見了這位賢母，聽到了她的溫恭慈愛的口吻。

第六段「爲善無不報」之下，加「而遲速有時」五字，作爲對於「報」字的副語，與下文相應；這是文字的周密處。「我祖考積善成德，宜享其隆」，但「不克有於其躬」，這就像是「不報」。然而到後來「賜爵受封，顯榮褒大，實有三朝之錫命」，可見並不是「不報」，衹是「報」得「遲」一點罷了。這就是所謂「遲速有時」。若不在上文把這一層先行點明，下文「不克有於其躬」就未免有點突兀了。末句的末了說「小子脩」「德薄能鮮，遭時竊位」，「德」與「能」都不行，原不該有什麼發展，而現在竟得發展，無非遭遇時世，竊居高位而已；把自己說得這樣地平凡，衹是要反襯下文的「全大節」與「不辱其先」。「全大節」與「不辱其先」不是容易做到的事情，而平凡的自己居然能够做到，那是經過了許多奮勉的工夫而來的。下一個「幸」字，所以表明奮勉成功的意思。若把這「幸」字解作通常的「僥幸」，意味就差一點了。平凡的自己何所憑借而能奮勉呢？憑藉的是父親的遺訓與母親的訓練；把成功的原因都歸到父母身上，這就是所謂「其來有自」。

現在把本篇所用的字與詞、語應該提出來說明的，逐一說明於下。

關於墳墓的刻石，通常有兩種，一種是「墓表」，也稱「墓碑」；一種是「墓志銘」。一般的見解，「墓表」所以彰其人，立在墳上，供瞻仰的人觀看；「墓志銘」埋在墳中，將來時候或許陵谷變遷，發見的人就可以知這墳中埋的是誰。但姚鼐《古文辭類纂》的序文裏說：「志者，識也。或立石墓上，或埋之壙中，古人皆曰志。爲之銘者，所以識之之辭也。然恐人觀之不詳，故又爲序。世或以石立墓上曰碑曰表，埋乃曰志，及分志銘二之，獨呼前序曰志者，皆失其義。」這是說關於墳墓的刻石，不管它立在墳上或是埋在墳中，「古人皆曰志」；他是不承認有「墓表」與「墓志銘」的分別的。

「嗚呼」是嘆詞，或僅表感嘆，或在感嘆之外兼表傷痛或讚美的意思。本篇裏用了三個「嗚呼」。第一段裏的「嗚呼」僅表感嘆，感嘆作表的延遲。第二段裏的「嗚呼」就兼表讚美了，讚美父親「其心厚於仁」。第六段裏的「嗚呼」也兼表讚美，讚美祖考的「實有三朝之錫命」。從此又可見「於是小子脩泣而言曰」的「泣」字是感慰的「泣」，不是傷痛的「泣」。

本篇裏用了兩個「惟」字，一個在第一段，一個在第六段。這兩個「惟」字不是「惟獨」，沒有實義，衹是古代的發語詞——在說話開頭的時候，帶出一個沒有實義的字來，以助語氣。去掉「惟」字，作「我皇考」、「我祖考」，意思也一樣。現在加用這古代的發語詞，見得稱說自己的「皇考」與「祖考」，語氣更莊敬一點。

「皇」字是對於先代的敬稱。篇首初提到父親，當然該莊敬；第五段敍述父親受朝廷的贈賜，第六段說到父親的遺訓，也非莊敬不可；所以都用「皇考」。第三段裏的「先公少孤力學」，第四段裏的「自先公之亡二十年」，都衹是尋常敍述語，所以不用「皇考」而用「先公」。第五段裏稱曾祖爲「曾皇祖」，稱祖父爲「皇祖」，理由與前面所說一樣。

「崇公」是賜爵崇國公的簡稱。在「皇考」之下，又稱父親的賜爵，也所以表示莊敬。除了對於自己的祖先以外，對於其他的人不稱他的名字而稱他的官位、封爵、謚號，也都表示莊敬的意思。

「卜吉」就是下葬；但是說「卜吉」見得當時是鄭重其事，占卜了「吉兆」而下葬的，正與全句鄭重、莊敬的情味相一致。第三段裏敍及葬地，僅是尋常敍述語，所以用「葬」字就够了。

還要注意第六段裏「雖不克有於其躬」一語的「不克」。這一語說祖考「不克」在生前「享其隆」，而「享其隆」是一件大事，提及的時候應該鄭重、莊敬，所以不作「不能」而作「不克」。

本篇裏用了許多「也」字，這些「也」字可以分爲三類。「非敢緩也」、「故其亡也」、「吾之始歸也」、「此死獄也」、「汝家故貧賤也」等語裏的「也」字是一類，表示語氣到此稍稍頓一頓，話還沒有說完。「蓋有待也」、「以有待於汝也」、「然知汝父之能養也」、「然知汝父之必將有後也」、「不如養之薄也」、「而以此知汝父之能養也」、「則死者與我皆無恨也」、「則知不求而死者有恨也」、「而世常求其死也」、「吾不及見兒子之立也」、「故能詳也」、「此吾知汝父之必將有後也」、「此汝父之志也」、「儉薄所以居患難也」、「此理之常也」等語裏的「也」字是一類，表示語氣到此完足，一句話已經說完。第三段裏「其何及也」一語的「也」字又是一類，與「邪」字相當，是反問與感嘆的語氣。如果說白話，「非敢緩也」作「並不是敢於遲緩」，「此死獄也」作「這是一件該判死罪的案子」，「汝家故貧賤也」作「你家本來貧賤」，都衹須稍稍頓一頓就是，不須再用什麼語助詞。「故其亡也」作「所以他去世的時候」，「吾之始歸也」作「我嫁過來的時候」；這裏值得注意，白話裏的時間副語「……的時候」，文言裏可作「……也」。所以「當他入學的時候」可作「方其入學也」，「與你碰見的時候」可作「與君之相遇也」。再說第二類「也」字。「蓋有待也」作「是有所等待」，「以有待於汝也」作「因此對於你有所等待」，都衹在聲調上表示語氣完足，末了不須再用什麼語助詞。「然知汝父之能養也」作「然而知道你父親是能够奉養的」，「然知汝父之必將有後也」作「然而知道你父親是一定會有好子孫的」，「則知不求而死者有恨也」作「就知道不經仔細考求而被處死刑的有怨恨了」，「吾不及見兒之立也」作「我見不到兒子的成立了」；從這裏可以知道，白話裏的「是……的」與「了」兩種斷定語氣，在文言裏就是「也」字。再說第三類「也」字。「其何及也！」白話裏作「還哪裏來得及呢！」這「也」字正是白話裏的「呢」。「什麼緣故呢？」文言作「何也」；「什麼人呢？」文言作「誰也？」

「蓋有待也」的「蓋」字，與「乃」字意義相近，作「乃有待也」也可以。全句說白話，是「並不是敢於遲緩，是有所等待」。可見白話裏這樣語氣之下的「是」字，文言作「蓋」字或「乃」字。所以「並不是不願意做，是沒有能力做」，文言作「非不願也，蓋無其能也」。「這不是遠山，是停着的雲」，文言作「是非遠山也，乃停雲也」。

「自力於衣食」一語，照樣說作白話是「自己盡力對於衣食」，或「自己盡力在衣食方面」，都不很順適。這祇須說「自己盡力謀衣食」就可以了。又如下文「新免於喪」，白話就是「新近除服」。那「於」字都不必譯作「對於」或「在」字放在話裏的。

「以長以教」的「長」字作「長養」解，所以與「教」字處同等的地位。被「長」被「教」的都是作者。

「以長以教」，以什麼長養兒子教訓兒子呢？原來是以「自力於衣食」。因爲「自力於衣食」已經說在前面，「以」字之下就可以直接「長」字「教」字了。這與「以庇而爲生」一語情形完全相同。原來是「以一瓦之覆，一壟之植，庇而爲生」，但爲要說明沒有「一瓦之覆，一壟之植」，必須把這兩語提在前面，才加得上一個「無」字；兩語既已提在前面，「以」字之下就可以直接「庇而爲生」了。明白了這個，也就可以明白「俾至於成人」、「俾知夫小子脩……」兩語的句法。「俾」就是「使」，使那一個「至於成人」，使什麼人知道，語中都不點明，必然已經提在前面了：「俾至於成人」的「俾」字正是「脩不幸」的「脩」字，「俾知夫小子脩……」的「俾」字正是「是足以表見於後世而庇賴其子孫矣」一語裏的「後世」與「子孫」。

本篇裏用了四個「邪」字，「邪」就是「耶」。「吾何恃而能自守邪？」「矧求而有得邪！」都是反問口氣，「邪」

瀧岡阡表

字與白話裏的「呢」字相當。「是眞發於中者邪！」「其心厚於仁者邪！」都是讚嘆口氣，「邪」字與白話裏的「啊」字相當。後面兩語說作白話，就是「這眞是從心裏發出來的啊！」「他的心裏仁道很厚的啊！」

「祭而豐，不如養之薄也」，說作白話，就是「祭得豐厚，不如供養得菲薄」。又如「讀而勤」、「學而有成」、「爲吏而廉」一類的語句，白話就是「讀得勤快」、「學習得有成就」、「做官做得廉潔」；這些「而」字都與白話裏的「得」字相當。「養之薄」本來也可以作「養而薄」，現在不用「而」字而用「之」字，叫做「互文」——就是說，錯綜地使用作用相同的字，以避免重複。這「之」字並不與「我的」、「你的」的「的」字相當而與上語的「而」字作用相同。「互文」常常用在語式相同的兩語裏。「而」字與「之」字可爲「互文」之外，其他「互文」還有很多。如陶潛《歸去來兮辭》裏的「舟遙遙以輕揚，風飄飄而吹衣」兩語語式相同，「以」字與「而」字是「互文」。

「間御酒食」的「御」字，與白話裏的「用」字相當。白話說「請用飯」，比較「請吃飯」恭敬一點。文言說「御酒食」，也比較「進酒食」恭敬一點。

本篇裏用了許多「其」字，多數「其」字都是尋常用法，在白話裏就是「他的」。衹有兩個比較不尋常，現在提出來說一說。一個是「其何及也」的「其」字。這一語說作白話，就是「還哪裏來得及呢！」「其」字與白話的「還」字正相當。再從《左傳》裏摘出一些語句來看，如「其何不濟？」「其何以免乎？」「其何以報君？」「其何後之有？」說作白話，就是「還有什麼不成功呢？」「還從什麼方法避免呢？」「還拿什麼報答您呢？」「還會有什麼後代呢？」可見在反問或感嘆的語句裏，「其」字用在開頭，語氣與白話裏說「還」字一樣。另一個是「汝其勉之」的「其」字。這「其」字表示命令與期望的意思。不說「汝勉之」而說「汝其勉之」，更見懇切叮嚀的心懷。《尚書》裏有「帝其念哉！」「嗣王其監於茲！」的語句；《左傳》裏有「吾子其無廢先君之功！」的語句，「其」字的用法都與「汝其勉之」一語相同。

「吾始一二見之，以爲新免於喪適然耳；既而其後常然；至其終身，未嘗不然」一句裏，連用「適然」、「常然」、「未嘗不然」，逐層遞進，把父親沒有一刻不存着孝思說到極點。凡要使讀者聽者的感興逐漸達到頂點，用這種逐層遞進的說法是很有效的。

「以爲新免於喪適然耳」的「耳」字，與尋常作「而已」或「罷了」的「耳」字不同，它與「也」字相當，放在語句的末了，表示語氣到此停頓。所以這一語若作「以爲新免於喪適然也」，語調是一樣的。說作白話，就是「以爲他新近除服偶尔這樣」，無論用「耳」、用「也」，都不須再找什麼語助詞來譯它了。「我求其生不得爾」的「爾」字，與這個「耳」字，完全相同；也與「也」字相當，也是放在語句的末了，表示語氣到此停頓。「我求其生不得爾」，也可以作「我求其生不得也」。再就本篇用「也」字的語句來看，有些「也」字也可以換作「耳」字；如「蓋有待也」也可以作「蓋有待耳」，「以有待於汝也」也可以作「以有待於汝耳」。可見「也」、「耳」兩字是常常可以通用的。不過用「也」字語氣重一點，用「耳」或「爾」字語氣輕一點，這是分別所在。

「矧」字與「況」字意義相同。有人說這兩個字，語氣有緩急的分別：「況」字語氣緩，「矧」字語氣急。這種分別，現在也不能辨明；衹覺得「況」字是常用字，「矧」字是比較不常用的字罷了。

本篇裏用了三個「夫」字。「夫常求其生」、「夫養不必豐」兩語裏的「夫」字是一類，放在語首，表示提示的意思。白話裏沒有與這個「夫」字相當的字。說這兩語，就是「常常給他尋生路」、「奉養不一定要豐盛」，開頭都不須用什麼語詞，衹須發聲前低後高就是了。「俾知夫小子脩……」一語裏的「夫」字又是一類，放在動詞底下，沒有意義，衹把上面那動詞拖得舒緩一點。白話裏也沒有與這個「夫」字相當的字。這樣的「夫」字當然去掉也不妨；所以這一語也可作「俾知小子脩……」

「猶失之死」一語裏，「失之」兩字是相連的；凡是說話說得不對，做事做得錯誤，文言都可用「失之」兩字來表示。這一語說作白話，就是「尚且會弄錯了教人冤枉死」。文言爲什麼縮得這樣簡短呢？因爲「猶失之死」與上語「常求其生」句法相同，成爲對偶，而對偶的語句，往往可以簡縮而見意的。

「劍」字的來源，在《禮記・曲禮上》。《曲禮上》的文句是「長者……負劍辟咡詔之，則掩口而對。」鄭註說：「負，謂置之於背；劍，謂挾之於旁。」孔疏說：「劍，謂挾於脅下，如帶劍也。」可這「劍」字是把小兒挾在脅下的意思。本篇各本有異文若干處，這個「劍」字，一本作「抱」字。有人說，作「劍」字表示「乳者」把作者挾在脅下，看主人在燈下辦公事，情態很生動；若作「抱」字，就覺得直致了。但這「劍」字是個僻字（僻字與古字不同，古字是現在不常使用的字，僻字是向來就少經使用的字），就本篇全體看，使用僻字的就祇有這一處，未免見得不調和。並且，用「劍」字就生動，用「抱」字就直致，也祇是從愛好僻字而來的主觀看法。所以，作者當時用的如果眞是「劍」字，在全篇用字須求調和這一點上是可議的。

作者的父親死在宋眞宗大中祥符三年，那年正是「庚戌」，與術者的話相應。作者所以要把「歲行在戌將死」的話敍下來，就爲事實與預言相應的緣故。至於這是偶合還是術者眞有預知的本領，這問題在現代人當然很容易想起；但在作者當時是不成問題的。

「吾耳熟焉」的「焉」字與「之」字相當，指稱上一語裏的「此語」。這四個字說作白話，就是「我聽熟了這個話」。《左傳》裏有「公使讓之，且辭焉」的語句，《孟子》裏有「堯之於舜也，使其子九男事之，二女女焉」的語句；「辭焉」就是「辭之」，「女焉」就是「女之」。可見「焉」字與「之」字常常通用。

作者「貶夷陵」是宋仁宗景祐三年的事情。按年譜，景祐元年，「授宣德郎，試大理評事，兼監察御史，充鎭南軍節度，掌書記館閣校勘」。景祐三年，「是歲，天章閣待制權知開封府范仲淹言事忤宰相，落職，知饒州。公切責司諫高若訥，若訥以其書聞，五月戊戌，降爲峽州夷陵縣令」。

作者初入仕「得祿而養」是宋仁宗天聖八年的事情。按年譜，天聖七年，「是春，公……試國子監爲第一，補廣文館生。秋，赴國學解試，又第一」。天聖八年，「正月，試禮部，……公復爲第一。三月，御試崇政殿，公甲科第十四名。五月，授將仕郎，試秘書省校書郎，充西京留守推官」。

「列官於朝」，指宋仁宗慶曆二年作者「知太常禮院」而言。

作者「拜樞密副使」是宋仁宗嘉祐五年的事情。「參知政事」是嘉祐六年的事情。

「又七年」，指宋英宗治平四年。按年譜，治平四年，「二月，……御史彭思永蔣之奇以飛語汙公，上察其誣，斥之。公力求去。三月壬申，除觀文殿學士，轉刑部尙書，知亳州。……五月甲辰，至亳」。這就離開了中央而充外任了。

「實有三朝之錫命」的「實」字，不是「實在」而是「果然」。「果」本來是「木實」，有「果然」一義，自然「實」

也可以作「果然」了。如在敍述一個學生怎樣怎樣用功之後，接着說「每試實列前茅」；在敍述人家怎樣怎樣對我有好感之後，接着說「實慰我心」：這些「實」字都是「果然」。

以上說到的一些文言虛字，固然要分析、比較，確切地知道它們所表示的意義與語氣；但是要熟悉它們並且使用它們，非加工吟誦不可。從吟誦入手，所得到的才是習慣，而不僅是知識。

讀過這篇文字，可以想起許多問題。譬如，碑志傳記的文字，目的在敍述人物，從這篇文字看來，敍述人物的主要手法是什麽呢？第一是抉出那個人品性與行爲上的特點，憑那些特點來表現他的全貌。本篇作者以爲孝行與仁心是父親的兩大「善」，是父親的特點，所以着眼在此，其他不再敍述。第二是用具體寫法：作者不用一些抽象詞語來形容父親的孝與仁，而用父親在祭祀與進酒食的時候怎樣追摹，在辦公事的時候怎樣用心，來表現父親的孝與仁。

那麽，具體寫法與抽象寫法，方法上與效果上有什麽不同呢？抽象寫法衹憑作者主觀的意見；如作者觀得某人能够孝順他的父母，就說他「能孝其親」，覺得某人的孝行眞是做到極點了，就說他「孝行純篤」；這裏「能孝」與「純篤」都是作者主觀的意見。具體寫法就不然。如「祭而豐，不如養之薄也！」「昔常不足而今有餘，其何及也！」本是本篇作者父親常說的兩句話；關於「求其生」的意見，本是本篇作者父親某一夕說起的一番話；作者覺得就是這幾句話，已可充分地見到父親的孝行與仁心了，於是把它們記下來。還有說話當時的背景：「祭而豐……」一句是「歲時祭祀」的時候說的，「昔常不足……」一句是「間御酒食」的時候說的，「求其生而不得……」一段是「夜燭治官書，屢廢而嘆」的時候說的；在那樣背景中，說那樣的話，父親的孝行與仁心眞是宛然如見了。這裏衹有選取材料（就是言語、行動、背景等）的時候多少摻有作者主觀的意見，待材料選定之後，作者的任務衹是敍事與記言罷了。這種手法叫做表現，意思是使所寫的人物自己顯示在讀者面前。以上是兩種寫法方法上的不同。抽象寫法衹能教人家知道些什麽。如前面所舉的例子，說某人「能孝其親」或「孝行純篤」，讀者讀了，就知道某人「能孝其親」或「孝行純篤」；但某人怎樣「能孝」，他的孝行怎樣「純篤」，却是無法知道的。具體寫法在教人家知道些什麽之外，還能教人家感到些什麽。如本篇敍述父親的話與說話當時的背景，那背景與說話構成一種眞切的境界，顯示一個生動的人物，可供讀者自己用心靈去探索與認識。探索與認識的結果，不但知道作者的父親曾經說過那些話而已，並且感到作者父親眞是個盡孝盡仁的人。以上是兩種寫法效果上的不同。

又如，凡是碑志傳記文字，是不是或多或少都用具體寫法的呢？所謂抉出人物的特點，這特點是不是專指那人的長處而言呢？這類文字，有的帶教訓意味，有的却不帶，這帶與不帶由什麼而分別呢？想到這些問題，就可以各就方便，取若干篇碑志傳記來看。又如，這篇文字紆徐而莊敬，風格與它相近的文字，作者還有哪些篇呢？人家說作者「文備衆體」，作者的文字工作，涉及的方面到底有多少呢？想到這些問題，就可以取作者的全集來看。又如，本篇所用的一些文言虛字，在本篇裏作這樣意義這樣語氣，能不能從其他文篇中得到印證呢？本篇所用的一些修辭方法，如逐層遞進的說法與對偶句裏用互文，能不能從其他文篇中找到例子呢？想到這些問題，就得隨時留意，以免錯過發見的機會。

（朱自清　葉聖陶）

淮中晚泊犢頭

蘇舜欽

春陰垂野草青青，時有幽花一樹明。晚泊孤舟古祠下，滿川風雨看潮生。

蘇舜欽的這首寫景小詩在宋人絕句中一向爲人讚賞，是膾炙人口之作。

這首詩的魅力，就在於以寫氣圖貌、屬采附聲的筆墨，描繪出一副詩情蕩漾、韻味深長的圖畫，既表現了自然美，還塑造了藝術美。

詩的前半首寫白天裏作者行舟淮河上眺望到的兩岸景色。這時，春雨欲來，灰濛濛的天空像一層輕紗籠罩在草色青青、一望無際的淮河平原上。從船上看出去，景色可以想見是這麼清曠悦目，生意盎然。這是衹有在大自然中，衹有在那樣的天氣和視野下才會呈現的美景；而作者用「春陰垂野草青青」這樣一個起句竟使它再現紙上，一下子把讀者引進了一個美的境界。如果把這句詩當一幅畫來欣賞，它在顔色配合上，天空是淡灰色，地面是青緑色，美是够美了，可能嫌素淡了一些，單調了一些。下面再加一句，「時有幽花一樹明」，就爲畫面增添了光澤，顯得畫面更加秀麗、更加醒目，而春意也更加濃鬱。吴幵在《優古堂詩話》中曾指出這句詩與鄭毅夫詩「一樹高花明遠村」句相類似，「皆清絶可愛。」

這裏，爲了最完滿地托出一個特定的境界，作者在遣詞用字上是費了一番斟酌的。因爲這前半首詩總的是要表現那樣一個主要以灰緑兩色相配、給人以清幽之感的景色，而不是萬紫千紅的風光，所以在第二句裏寫到花樹時，衹説「幽花一樹」，既使它在色彩上起映托作用，又不喧賓奪主，破壞了整幅畫面的情調。同時，作者在這裏衹用了一個顯示情態的「幽」字來形容花，後面衹用了一個表達感覺的「明」字來形容顔色，而沒有明白點破是什麼花、什麼顔色。是紅豔照人的杏花，還是潔白耀目的梨花？留待讀者自己去想象。這樣，詩句就有空靈藴藉之美，境界就有耐人尋味之妙。如果我們細心一點，還可以發現，在這兩句詩裏把畫面點活了的是「時有」兩字。這兩個字暗示出水上的船在動、岸上的景在變，因而就使人感覺到這幅畫面不是静止不動的，而是隨着船的行進在不斷移動變換中的了。蘇軾有首題爲《出潁口初見淮山是日至壽州》的七律，中間兩聯「平淮忽迷天遠近，青山久與船低昂；壽州已見白石塔，短棹未轉黄茅岡」，也是描寫船在行進，景在變換。但蘇詩是明寫，而這首詩是暗寫。

這首詩的後半首是寫薄暮時作者停舟犢頭後看見的水上景物。這時，在夜幕覆蓋下，風雨齊來，河水喧漲，另是一番景象。作者用「晚泊孤舟古祠下」一句交代過停舟的時間、地點，並烘托出環境氣氛後，立即把視線轉到河面上，衹用「滿川風雨看潮生」這七個字傳神入妙地又畫出了一幅喧騰動蕩的夜雨圖，讓讀者既看到了風

淮中晚泊犢頭

勢、雨勢、水勢，也彷彿聽到了風聲、雨聲、水聲。如果說，前半首詩是一幅有色的畫；那麽，這後半首詩就是一幅有聲的畫。如果說，呈現在前半首詩裏的畫面雖然在移動變換，而給人以寂靜的感覺，是動中見靜；那麽，呈現在這後半首詩裏的畫面儘管並沒有移動，而給人以喧動的感覺，就是靜中見動了。

在讀這首詩時，更應當看到，它雖然通篇都是寫景，其實帶有濃厚的抒情色彩。可以說，在任何情況下，一個詩人不可能對自然景物作純粹直觀的反映，當他把景物剪裁入詩時已經通過了頭腦，裏面總或隱或現地有他自己的影子，總蘊藏着喜怒哀樂的感情。對這首詩，祇要細加品味，就可以看出，其中滲透了作者的孤寂之感、憂憤之情。這裏，作者所選擇的景物：垂野春陰、幽花一樹、孤舟夜泊、風雨潮生以及由這些景物所構成的整幅畫面，都是與他的感情相適應的。再從作者所選用的形容詞看，花是「幽」花，樹是「一」樹，舟是「孤」舟，祠是「古」祠，也是爲他所要表達的感情服務的。

我們知道，蘊涵在詩歌裏面的思想感情正是它的靈魂。鑒賞一首詩歌，即令看來是一首寫景小詩，我們也要善於通過景物的描寫窺探到詩人的靈魂深處。對這首詩所抒之情，從蘇舜欽所處的時代環境來看，是可以理解的。他曾出仕於宋仁宗朝。當時，在承平的幕後隱藏着深刻的民族矛盾和階級矛盾。在統治階級內部，他屬於主張變法的范仲淹一派，後來隨着變法的失敗，受到保守派的打擊，長期放廢。儘管如此，作爲一個關心社會現實的詩人，正如梅堯臣所稱讚，「其人雖憔悴，其志獨昂昂」，在詩歌創作上始終以抒發愛國之情、揭露社會矛盾爲主要內容，而苦悶憤激，是他的作品的基調。把這首詩裏所流露的感情與他的政治遭遇和總的創作傾向聯繫起來看，在當時是有一定進步意義的。

（申　君）

六國論

蘇　洵

六國破滅，非兵不利，戰不善，弊在賂秦。賂秦而力虧，破滅之道也。或曰：「六國互喪，率賂秦耶？」曰：「不賂者以賂者喪。蓋失強援，不能獨完。故曰弊在賂秦也。」

秦以攻取之外，小則獲邑，大則得城。較秦之所得，與戰勝而得者，其實百倍。諸侯之所亡，與戰敗而亡者，其實亦百倍。則秦之所大欲，諸侯之所大患，固不在戰矣。思厥先祖父，暴霜露，斬荆棘，以有尺寸之地。子孫視之不甚惜，舉以予人，如棄草芥。今日割五城，明日割十城，然後得一夕安寢。起視四境，而秦兵又至矣。然則，諸侯之地有限，暴秦之欲無厭，奉之彌繁，侵之愈急，故不戰而強弱勝負已判矣。至於顛覆，理固宜然。古人云：「以地事秦，猶抱薪救火，薪不盡，火不滅。」此言得之。

齊人未嘗賂秦，終繼五國遷滅，何哉？與嬴而不助五國也。五國既喪，齊亦不免矣。燕、趙之君始有遠略，能守其土，義不賂秦。是故燕雖小國而後亡，斯用兵之效也。至丹以荆卿爲計，始速禍焉。趙嘗五戰於秦，二敗而三勝，後秦擊趙者再，李牧連却之；洎牧以讒誅，邯鄲爲郡，惜其用武而不終也。且燕、趙處秦革滅殆盡之際，可謂智力孤危，戰敗而亡，誠不得已。嚮使三國各愛其地，齊人勿附於秦，刺客不行，良將猶在，則勝負之數，存亡之理，當與秦相較，或未易量。

嗚呼！以賂秦之地封天下之謀臣；以事秦之心禮天下之奇才；并力西嚮，則吾恐秦人食之不得下咽也。悲夫！有如此之勢，而爲秦人積威之所劫，日削月割，以趨於亡。爲國者無使爲積威之所劫哉！

夫六國與秦皆諸侯，其勢弱於秦，而猶有可以不賂而勝之之勢。苟以天下之大，而從六國破亡之故事，是又在六國下矣。

蘇洵父子三人各有一篇《六國論》，論及戰國時代的魏、韓、趙、楚、燕、齊六國之事，我們不妨把它們看成命題作文的三份答卷。從三篇的比較中看蘇洵此文的特點，是饒有興味的。

一、主旨。蘇軾《六國論》的論題是「養士」。他認爲六國久存的原因在於「諸侯卿相皆爭養士自謀」，而秦國速亡是因爲不能「養士」。蘇轍的論題是探討六國滅亡的原因。他提出六國團結禦秦、免於滅亡之法，「莫如厚韓親魏以擯秦，秦人不敢逾韓魏以窺齊楚燕趙之國」。蘇洵的論題與小蘇相同，也是探討六國滅亡原因的，但他尖銳地提出「弊在賂秦」的命題。小蘇主要從策略上着眼。秦國對付六國原有「遠交近攻」的策略，以期分化瓦解，各個擊破；小蘇在此文中提出了齊楚燕趙四國支援韓魏以擯擋強秦的論點，不失爲一種有效的反策略。而蘇洵則從戰略原則着眼，嚴厲地批判屈膝求和的投降思想，認爲這是六國自取滅亡的根本原因，比之小蘇站得更高，看得更深。至於大蘇的論點，實似是而非。他把「養士」看作安置天下「智、勇、辯、力」四種人才的辦法，認爲秦始皇不知「畏此四人者，有以處之」，因而導致覆滅，這並沒有揭示出秦亡的眞正原因。這篇文章作於大蘇晚年貶居海南島時期，是否針對王安石《讀孟嘗君傳》之類（此文把孟嘗君所得之士斥爲「鷄鳴狗盜」之徒），就不得而知了。

大蘇、小蘇的文章都是就史論史，而老蘇却是借古論今。北宋王朝對於當時遼和西夏的侵擾，沒有採取積極抵御的政策，而是每年向他們輸幣納絹，乞取苟安。宋輸契丹歲幣達銀二十萬兩，絹三十萬匹；輸西夏銀十萬兩，絹十萬匹，茶三萬斤，成爲宋王朝財政的沉重負擔。蘇洵在文章的最後，大聲疾呼：「爲國者無使爲積威之所劫哉！」並直接警告北宋統治者不要「從六國破亡之故事」，重蹈歷史的覆轍，表現出本文鮮明的現實針對性。這又是高出於他兩位兒子的地方。

二、結構。蘇洵此文爲論說文，其結構完美地體現了論證的一般方法和規則，堪稱論說文的範式。此文劈頭提出六國破滅「弊在賂秦」的論題，然後分別從「賂秦」（韓、魏、楚）與「未嘗賂秦」（齊、燕、趙）兩類國家加以論證，又從賂秦則亡、不賂秦則未必亡正反兩個角度予以深入申述，最後得出結論：大國被秦國的「積威」所嚇倒，終於滅亡。末尾借古論今：今日北宋統治者切勿「從六國破亡之故事」，而應採取堅決禦敵的態度。這樣的行文結撰，一是把文章的重心始終牢牢地放在論證上，並使論點層層深入，反覆論證，滴水不漏；二是脈絡清楚，首尾照應，古今相映，完全符合邏輯推理的要求。因而論證有力，牢確不刊。相比之下，大蘇之文提出論題時的文字過長，進入論證的過程太慢，而論證部分却又失之簡略，沒有緊緊抓住論說文應以論證爲重心的一般規則。小蘇之文，結構嚴整，前半偏重秦國方面立論，說明秦之所忌者爲韓魏；後半從六國方面立論，說明棄韓魏以事秦爲失策，但其論證缺乏層層展開、剝笋擘蕉之趣，則又稍嫌平板了。清沈德潛說：蘇洵的論題「與子由篇相同，而筆力遠過」。但日本著名學者賴襄却不同意：「沈評以爲筆力遠過子由，余未敢謂然」；「老泉論，其意平直，不如乃子文錯綜奇變。」（均見《增評八大家文讀本》卷十六、二十五）從結構的首尾完整和論點的逐層推進來看，我以爲沈評是有道理的。

三、風格。在宋代古文家中，蘇洵以取徑戰國縱橫之文名世。南宋人黃震曾說：宋朝崇尚縱橫之學者有四人（蘇洵、李覯、王質、陳亮），而「蘇老泉其巨擘」。（《黃氏日抄》卷八十四）但是，蘇洵並非簡單地重演戰國游士的縱橫捭闔、徒逞口辯的故技，而是吸取他們的某些長處來加強文章的現實性和說服力。比如本文中講「諸侯之地有限，暴秦之欲無厭」一段，引述「古人云：『以地事秦，猶抱薪救火，薪不盡，火不滅』。」這裏所說的「古人」，就是指戰國時的游士們。《戰國策·魏策三》記孫臣謂韓安釐王曰：「且夫奸臣固皆欲以地事秦。以地事秦，譬猶抱薪而救火也。薪不盡，則火不止。今王之地有盡，而秦之求無窮，是薪火之說也。」這個有名的比喻，蘇代說魏王（《史記·魏世家》）、蘇秦說韓宣王（《戰國策·韓策一》）、虞卿說趙孝成王（《戰國策·趙策三》）都用過，在當時是頗爲流行的。蘇洵這段文字，明顯地乃是師法戰國游士之說，但並不是照抄照搬，而是引申發揮，融爲自己文章的有機組成部分。這種「古爲今用」的經驗，也很有啓發意乂。蘇軾的文章也頗有《戰國策》之風，但他那篇《六國論》却不算成功之作。由於立論不確，反而顯出游士們強詞奪理的色彩。而蘇轍之文，以「汪洋淡泊」（蘇軾《答張文潛書》中語）著稱，他的《六國論》寫得從容不迫，論證平實，與父兄異趣。元朝人劉壎說：「老泉之文豪健，東坡文字奇縱，而潁濱之文深沉。」（《隱居通議》）所評甚是。

總之，就文論文，三篇《六國論》，公推蘇洵第一。

（王水照）

愛蓮說

周敦頤

水陸草木之花，可愛者甚蕃。晉陶淵明獨愛菊。自李唐來，世人甚愛牡丹。予獨愛蓮之出淤泥而不染，濯清漣而不妖，中通外直，不蔓不枝，香遠益清，亭亭淨植，可遠觀而不可褻翫焉。

予謂菊，花之隱逸者也；牡丹，花之富貴者也；蓮，花之君子者也。噫！菊之愛，陶後鮮有聞；蓮之愛，同予者何人？牡丹之愛，宜乎衆矣！

愛蓮說

《愛蓮說》這篇短文選自周敦頤的詩文集《宋濂溪周元公先生集》，是一篇體物言志的散文小品，頗爲後人稱道和傳誦。

周敦頤（一〇一七——一〇七三），北宋著名的唯心主義哲學家，字茂叔，謚號元公，道州營道（今湖南道縣）人。因爲他在廬山蓮花峯下小溪旁建造的房屋是用家鄉的濂溪命名的，後人便稱他爲濂溪先生。他推崇孔孟的儒家學說，同時繼承了古代部分道家以及道教思想，後被他的弟子發展成了濂溪學派。他的學說對以後理學發展有很大影響，並且爲宋以來的封建統治階級所利用。著作有《太極圖說》和《通書》等。

《愛蓮說》這個題目的意思是論說一下喜愛蓮花的道理。「蓮」，本義是蓮子、蓮蓬；後來多半與荷混用。這裏是指蓮花，即荷花，同時也包括它的根與莖。「說」，是古代論說文的一種體裁，可以直接說明事物、闡述事理，也可以通過敍事、寫人、詠物來論說道理。《愛蓮說》是屬於後一種。作者通過對蓮花的歌頌，說明愛蓮的道理，借以表現自己的人格和操守。

全文僅兩段，第一段，從「水陸草木之花」到「可遠觀而不可褻玩焉」。

「水陸草木之花，可愛者甚蕃。」這句話的意思是：水裏和陸地上所開的草本與木本的花，可愛的很多。這句話是全文的總起：前一個分句把水生的草本植物蓮花暗扣其中；當然也包括陸地生長的草本的菊花和木本的牡丹。後一個分句點出「愛」字來，就又把「愛菊」、「愛牡丹」，特別是「愛蓮」這些意思包括在內了。同時，「愛」字還作爲意脈，貫穿着全文。接下去是「晉陶淵明獨愛菊」一句。陶淵明是東晉大詩人，因不滿政治黑暗和官場虛僞，棄官歸隱，表現出不願同流合污的精神。他的高風亮節，使他愛菊成性，常在詩裏提到。留有「採菊東籬下，悠然見南山」，「秋菊有佳色，裛露掇其英」等名句。這裏先舉出陶淵明的愛菊來襯托下面自己的愛蓮。這是襯托的第一層。跟着一句是「自李唐來，世人甚愛牡丹」。「李唐」，指唐代，唐代的開國皇帝是唐太祖李淵，所以稱爲「李唐」。這句話的意思是：自從李氏的唐朝以來，社會上的人都很愛牡丹。唐代人喜愛牡丹，在古書裏是不乏記載的。唐代李肇的《唐國史補》裏說：「京城貴游，尚牡丹三十餘年矣。每春暮車馬若狂，以不耽玩爲恥。……種以求利，一本有直（同『値』）數萬者。」唐代著名詩人劉禹錫的《賞牡丹》詩中也寫道：「惟有牡丹眞國色，花開時節動京城。」這些材料都可說明唐朝人喜愛牡丹的盛況。「自李唐來，世人甚愛牡丹」這一句，再舉出「牡丹」來襯托下文要寫的蓮花；並舉出「世人」，一面和上文的「獨」字對照，一面來襯托自己，這是襯托的第二層。下面使用了一個長句，轉入正題。「予獨愛蓮之出淤泥而不染，濯清漣而不妖，中通外直，不蔓不枝，香遠益清，亭亭淨植，可遠觀而不可褻翫焉。」這個長句的意思是說：我單單喜愛蓮花的從汚泥裏生長出來却不被霑染，從清水裏洗過但不妖冶，中間貫通、外部挺直，不生藤蔓、沒有旁枝，香氣越傳得遠越覺得清淡，高高地潔淨地直立在水中，可以從遠處觀賞但不能輕慢地去玩弄啊。這句話對蓮作了細緻傳神的描繪，着力寫它的可愛，實際上是借蓮花來比喻君子，抒寫個人的懷抱，表明自己不受汚濁社會的霑染，既不求媚於人，也不攀附權貴，性格剛直不阿，思想純正通達，維護聲名，獨持操守，令人們肅然起敬。這一句裏的「獨」字，既和上文的「獨」與「世人」相對照，又和下文的「鮮有聞」、「同予者何人」、「衆」等詞語相呼應，從中可見出行文的縝密。

以上是第一段。這一段，主要寫了蓮花的可愛，說明自己喜愛蓮花的緣由。

第二段，從「予謂菊」到「宜乎衆矣」。

「予謂菊，花之隱逸者也」。「隱逸者」，指隱士，卽隱居的人。因爲菊花是在萬花紛謝後的秋天才開放的，它獨抗寒霜，散發着幽香，所以作者用「隱士」來比喻它。這句話的意思是：我認爲菊花，是花中的「隱士」。下面一句是「牡丹，花之富貴者也」。因爲牡丹看上去十分濃豔，所謂「天下無雙豔，人間第一香」、「品原誇富貴，職本重王侯」，所以這樣說。這句話的意思是：牡丹，是花中的「富貴人」。文章接着寫道：「蓮，花之君子者也。」「君子」，舊社會指所謂品德高尙的人。這三個句子直承上文，用隱喻的修辭手法點明三種花的比喻意義，然後用一個嘆詞「噫」字，表示感慨，引出全文的要旨。下面分三層來論述：「菊之愛，陶後鮮有聞。」這句話的意思是：對於菊花的喜愛，在陶淵明以後就很少聽到了；照應上文的「獨愛菊」，這是論述的第一層。「蓮之愛，同予者何人？」意思是說：對於蓮花的喜愛，像我一樣的還有誰呢？照應上文的「予獨愛蓮」，但由於是用反詰的語氣寫出，就比直陳的句式，顯得深沉遒勁；這是論述的第二層。全文最後寫道：「牡丹之愛，宜乎衆矣！」

古漢語中「宜」和「乎」連用，相當於現代漢語的「當然」。這句話的意思是：對於牡丹的喜愛，人數當然很多了，照應上文的「世人甚愛牡丹」，語含譏諷，表示對時俗的鄙夷之情；這是論述的第三層。這三層中的「菊之愛」與「牡丹之愛」，又都是陪襯「蓮之愛」的，借以表示自己的愛蓮與衆不同。

以上是第三段。這一段進一步申明自己獨愛蓮花的原因，並慨嘆當世沒有和自己同道的人，而喜愛牡丹的庸夫俗子却很多。

這篇文章主要是說明蓮花的可愛，借以勉勵人們要具有不同流合污的「君子」的高尚人格，並隱約地譏諷了社會上追求功名富貴、庸俗不堪的人們。作者以人們喜愛什麼花來表明其品德的高下：他認爲菊花雖好，却幽居獨處，孤芳自賞；牡丹雖豔，但富貴榮華，正同世俗；祇有蓮花，雖柢陷污淖，却能潔身自好，清高不凡。蓮之勝菊，正在於身處污濁環境，還能保持高潔的操守。這種思想在地主階級統治下的封建社會中，無疑是有一定積極意義的；即使在今天，也不無借鑒的作用。

本文在寫法上的顯著特點是運用了襯托和比喻的修辭方法。全文先後三次用菊和牡丹襯托蓮：第一次襯托，表明自己的喜愛與衆不同；第二次襯托，見出蓮的品格高出百花；第三次襯托，借以慨嘆世上沒有別人和自己的愛好相同。這三次襯托，各有各的作用，而每運用一次襯托，主題就更加深一步。本文的比喻運用得也很巧妙，把菊花比喻爲「隱士」，用它的抗霜，表現人的孤傲；把牡丹比喻爲「富貴人」，用它的濃豔，表現人的庸俗；把蓮花比喻爲「君子」，用它的清逸，表現人的清高。特別是描寫蓮花的這段文字，處處扣緊「君子」的性格特徵：用「出淤泥而不染」，借喻君子不隨時俗，不與黑暗勢力同流合污；用「濯清漣而不妖」，借喻君子潔身自好，不阿諛逢迎權貴；用「中通外直」，借喻君子內心通達，行爲正直；用「不蔓不枝」，借喻君子純正無邪，不拉攏勾結；用「香遠益清」，借喻君子品格高尚，聲名遠揚；用「亭亭淨植」，借喻君子卓然特立，堅守節操；用「可遠觀而不可褻玩」，借喻君子端莊嚴肅，被人敬重。這樣寫，就把蓮花的特質和君子的品格渾然熔鑄，名曰寫物，實則寫人，物我一體，水乳交融。

本文在寫作上的第二個顯著特點是詠物精工，做到形神兼備。文章對蓮花的狀摹和歌詠所運用的七個短語，分別從蓮花的環境、形態、香氣等方面突現它的特點。文筆細膩，體物入微，描寫精工。不但栩栩如生地表現了它的外部特徵，做到了形似；而且傳神地揭示了它的內在氣質，達到了神似。並在形神兼備的基礎上，寄寓着作者的理想和情懷；從中見出作者純熟的寫作技巧。

本文語言古樸自然，平淺曉暢，句法活脫，這和作者所提出的「文以載道」的文學主張是分不開的。在短短的不足一百二十字的小文裏，時而用對句（如「出淤泥而不染，濯清漣而不妖」），時而用排比（如「予謂菊，花之隱逸者也；牡丹，花之富貴者也；蓮，花之君子者也」），時而用長短相間、錯落有致的散行語句（如第一段中「晉陶淵明獨愛菊」以下三句），從而產生了文字活潑、句式富於變化的藝術效果。此外，文章中的一些詞句，如「出淤泥而不染」、「不蔓不枝」，今天我們還經常引用，並賦予了新的含意。

《愛蓮說》是頗爲後人稱道、經世而不衰的佳作，它的立意和語言都對後代產生了影響。如魯迅先生青年時期所寫的七律《蓮蓬人》中就曾經寫道：「掃除膩粉呈風骨，褪却紅衣學淡妝。好向濂溪稱淨植，莫隨殘葉墮寒塘。」

（李如鸞）

墨池記

曾　鞏

臨川之城東，有地隱然而高，以臨於溪，曰新城。新城之上，有池窪然而方以長，曰王羲之之墨池者，荀伯子《臨川記》云也。羲之嘗慕張芝，臨池學書，池水盡黑，此爲其故跡，豈信然邪？

方羲之之不可強以仕，而嘗極東方，出滄海，以娛其意於山水之間；豈有徜徉肆恣，而又嘗自休於此邪？羲之之書晚乃善，則其所能，蓋亦以精力自致者，非天成也。然後世未有能及者，豈其學不如彼邪？則學固豈可以少哉！況欲深造道德者邪？

墨池之上，今爲州學舍。教授王君盛恐其不章也，書「晉王右軍墨池」之六字於楹間以揭之。又告於鞏曰：「願有記」。推王君之心，豈愛人之善，雖一能不以廢，而因以及乎其跡邪？其亦欲推其事以勉其學者邪？夫人之有一能，而使後人尚之如此，況仁人壯士之遺風餘思，被於來世者何如哉！

慶曆八年九月十二日，曾鞏記。

這篇短文的一個顯著特點是因小及大、小中見大、用小題目做大文章。題目是爲墨池作記，據說這是東晉大書法家王羲之之洗滌筆硯之池；但實際上，傳爲王羲之之墨池舊跡的，還有浙江會稽等多處。從曾鞏此文「此爲其故跡，豈信然邪」的語氣來看，他對臨川墨池是否確爲王羲之的眞跡，也是抱着懷疑態度的。因此，他略記墨池的處所、形狀以後，把筆鋒轉向探討王羲之功成的原因：「蓋亦以精力自致者，非天成也」。也就是說，並非「天成」，而是後天勤學苦練的結果。這是本文的第一層意思。這層意思緊緊扣住「墨池」題意，是題中應有之義。

但文章的主旨並不就此完結。作者由此進一步引申、推論：一、學習書法是如此，「欲深造道德者」也是如此。從學習書法推及道德修養，強調都不是先驗的，而是後天獲得的；二、從「人之有一能」尚且爲後人追思不已，推及「仁人壯士之遺風餘思」將永遠霑溉後世。也從書法推及風節品德，從具體的書法家推及更廣泛的仁人志士，這是從他們對後人的影響來立論的。這兩點推論都極爲自然，並非外加，表現了曾鞏思路的開闊、識見的高超。如果是低手寫作這類碑板文字，往往就事論事，黏着題義，不知生發、開掘。這是本文的第二層意思。沈德潛評本文說：「用意或在題中，或出題外，令人徘徊賞之。」（《八大家文讀本》卷二十八）「題中」、「題外」，即分別指上述兩層意思。

更有說者，「題外」實還在「題中」。這兩層意思不僅由小及大，從前者推出後者，順理成章；而且，從講書法到講道德，從講懷念書法家到追慕先德，都還是跟題意相扣的。爲什麽能這樣說呢？因爲墨池舊址「今爲州學舍」；本文之作，又是作者應「教授王君盛」的請求；王的目的又是「勉其學者」。所以，重點是一個「勉」字。於是，從學習書法到道德風節，自然是勉勵生員們的應有內容。如果死扣「墨池」，拘於一般題義，衹講書法，倒反死於題下，甚至遠離作記本意了。所以，這第二層意思，就一般做法來說，是「題外」；就本文來說，實在還在「題中」。

這篇短文的另一特點是多用設問句和感嘆句。全文可分十四句，其中設問句五句：「豈信然邪？」「而又嘗自休於此邪？」「況欲深造道德者邪？」「而因以及乎其跡邪？」「以勉其學者邪？」「也」字句兩句：「荀伯子《臨川記》云也」，「非天成也」。最後又以一個感嘆句作結：「況仁人壯士之遺風餘思，被於來世者何如哉！」這些句式的大量運用，使這篇說理短文平添了一唱三嘆的情韻。特別是五個設問句，兼收停頓、舒展之功，避免一瀉無餘之弊，低徊吟誦，玩索不盡。前人以「歐曾」並稱，在這點上，曾鞏是頗得歐陽修「六一風神」之妙的。

（王水照）

明妃曲（其一）

王安石

明妃初出漢宮時，淚濕春風鬢脚垂；低徊顧影無顏色，尙得君王不自持。歸來却怪丹青手，入眼平生未曾有；意態由來畫不成，當時枉殺毛延壽。一去心知更不歸，可憐着盡漢宮衣；寄聲欲問塞南事，祇有年年鴻雁飛。家人萬里傳消息，好在氈城莫相憶；君不見咫尺長門閉阿嬌，人生失意無南北。

《明妃曲》，北宋著名政治家、思想家和詩人王安石作。原作共兩首，這裏選其第一首。明妃，卽王昭君，晉人因避晉文帝司馬昭諱，改稱明君，後又稱明妃。我們在下面講解時仍用昭君原名。

在我國傳世的古典詩歌中，以王昭君爲題材的篇章，其數量之多是十分驚人的。據一九八二年出版的《歷代歌詠昭君詩詞選註》一書作者所見，就有七百七十餘首之多。這當然是很不完全的數字，而且還不包括許多在詩歌中提到昭君但並非專詠昭君的篇章。一個並非有顯赫聲名的婦女，却贏得古今衆多詩人吟誦不衰，這是我國詩壇上不可多得的現象。在這大量歌詠昭君的詩篇中，最普遍的主題是描寫昭君的悲怨，是對昭君離漢出塞、遠嫁匈奴的哀憐。本來，「昭君入宮數歲，不得見御，積悲怨」，見之於《後漢書・南匈奴傳》，是有着歷史依據的。但這「悲怨」，是就她在漢宮生活而言的，嫁到匈奴以後，她是否也感到悲怨，並應引起詩人爲之哀憐

明妃曲（其一）

呢？大多數詩人似乎更多對昭君在匈奴生活揮灑同情之淚。但王安石的《明妃曲》却獨闢蹊徑，他雖然也寫昭君的悲怨，却與衆不同，顯示了他的藝術水平與思想高度。

開頭四句，寫昭君初出漢宮時的情景。「淚濕春風」，是昭君內心情感的表露。昭君遠嫁匈奴，雖然如《後漢書》所說，出於她的自請求行，行時「豐容靚飾，光明漢宮，顧影徘徊，竦動左右」，但她生長中土，待詔漢宮，一旦辭別京都，遠涉塞北，自不免興起去國懷鄉之感，這是人之常情；何況在漢宮久積悲怨，這時得離樊籠，投入新的天地，一生中如此巨大變化，自必引起心情激動，也會催人淚下。「低徊顧影」，自是從「顧影徘徊」而來。「無顏色」照應上句「淚濕春風」，說明她雖然「豐容靚飾」，却掩不住內心的傷感。但是，就這樣慘淡容顏，也使得君王心魂搖蕩，不能自持，則昭君之美貌動人，可以想見。

接着筆鋒一轉，却丟開昭君而從漢元帝着墨，寫元帝回宮以後的後悔。他看到昭君如此美貌，「意欲留之，而難於失信」，衹好任其隨呼韓邪單于而去。據《西京雜記》記載，漢元帝因後宮多，不得常見，乃使畫工圖形，按圖召幸，諸宮人皆厚賂畫工，衹有昭君不肯賄賂，畫工乃不將她的美貌畫出，因而沒有得到皇帝賞識。這次皇帝親見昭君容顏，才發現畫工圖畫失眞，惱怒之下，就將畫工毛延壽等人殺掉了。此事正史不載，大概採自民間傳說，可是却豐富了昭君故事的情節，屢見於詩人詞客的吟詠。他們不是譴責畫工，就是指斥皇帝。而王安石却從另一個角度爲毛延壽鳴冤，說「意態由來畫不成，當時枉殺毛延壽」。昭君容顏體態之美，在詩中並沒有實寫，「顔如舜華」、「膚如凝脂」之類的描寫，詩中沒有一句。却用「尚得君王不自持」、「入眼平生未曾有」從側面來作烘托，特別是用「意態由來畫不成」爲毛延壽鳴冤，更說明昭君之美，不僅在於「豐容靚飾」的外貌，還另有一種爲畫工畫不成的內在神態美，雖然着墨不多，却比用多少美好的形容詞語和多少生動的比喻更使讀者感受眞切。這也可以解釋這樣一個疑問，爲什麼在這四句前後都從昭君的角度落筆，而這四句却偏偏從漢元帝角度去寫，彷彿前後不接氣似的。其實這四句正是緊接「尚得君王不自持」而來，寫漢元帝，寫毛延壽，實則仍在寫昭君，筆鋒似斷而未絕，章法是很謹嚴的。

下面再轉而從昭君落筆，寫昭君在匈奴不忘漢室和思念家鄉。昭君家在長江西陵峽香溪之畔，又在漢宮生活數年，儘管她在漢宮「積悲怨」，自願請行，在走的時候就沒有打算回來，而且在匈奴生活得很好，位居閼氏，生兒育女，但久居朔漢苦寒之地，風俗既殊，習慣也異，對過去的生活，對自己的家鄉，自不無思念之情，這也是人之常情，因此，她穿着漢宮舊衣，盼望家鄉消息，這是很自然的。如果有意拔高昭君，寫她思想境界極高，身在匈奴，而「樂不思蜀」，這倒異乎常情，違背生活眞實了。

從「家人萬里傳消息」到終篇，是全詩的警句，但也存在着頗多歧義。

這四句是以誰的口氣說的？一般都認爲這是昭君的家人給昭君捎信的話，讓她在匈奴好好生活，不要思念家人，並以漢武帝陳皇后阿嬌幽閉長門宮的事相勸。但是否也可以作另外一種解釋，卽不是昭君的家人向昭君捎信，而是昭君捎信給家人的話。「家人萬里傳消息」，就是說向萬里外的家人傳送消息。在古典詩歌裏這樣句式是常見的。因爲這四句是承上句「鴻雁飛」而來。「鴻雁飛」是用蘇武在匈奴「雁足傳書」的故事，表明書信來往。但值得注意的是「衹有」二字。「衹有」卽空有的意思。昭君身在塞北，思念家鄉，總想知道塞南的事，可是衹看到年年鴻雁飛來，却得不到家鄉消息。如果把下面四句解釋成家人來信，那末，「塞南事」已經傳來，就不會發出「衹有年年鴻雁飛」的慨嘆了。更值得推敲的是，寫昭君，當然要從昭君落筆，描摹昭君的心理，模擬昭君的語氣，如果寫昭君家人勸勉昭君，那就脫離了主要描寫對象，詩的意境、思想也平庸乏味了。所以這四句當是昭君的口氣，意思是說，請南飛的鴻雁給萬里外的家人帶個信：我在匈奴生活得很好，望家人不要掛念；你們不看到陳皇后阿嬌嗎？當年她雖受到君王那樣寵幸，而一旦色衰愛弛，雖然與皇帝近在咫尺，却落得幽閉深宮，看來人生失意與否，與身在中原或塞北是沒有什麼關係的。這樣解釋，是否恰當？讀者可以考慮。但這樣解釋，寫出了昭君的心情，表達了昭君的思想，似乎較合詩人原意。再聯繫第二首中所寫「漢恩自淺胡自深，人生樂在相知心」兩句來看，詩人設想昭君所追求的人生樂趣，衹在「相知心」，至於在漢在胡都無所謂。這與「人生失意無南北」意思是一樣的，不過一從得意（「相知心」當然就是得意）說，一從失意說，得意無分漢胡，失意無分南北，詩人所揣摩到的昭君思想前後一致，更可證明上述解釋當非大謬。

縱觀歷代歌詠昭君詩詞，不僅如開頭所說大部分是描寫昭君的悲怨，寄以深切的哀憐，而且多數從漢民族

明妃曲（其一）

偏見出發，把昭君出嫁匈奴，認爲是民族屈辱，更把昭君後來遵從胡俗，再嫁呼韓邪單于之子，看作是違背漢家倫理道德，是更大的恥辱。他們不理解昭君自請求行的心理，不顧昭君一生爲漢匈和好做出一定貢獻的歷史事實，更不考慮尊重各民族自己的風俗習慣，把昭君在漢宮所「積悲怨」說成在匈奴的悲怨，似乎昭君是身在匈奴心在漢，而且一心思念君王，心懷漢主。這樣的作品，歷代多有。傳世最早的晉代石崇的《王明君辭》就這樣寫道：「殊類非所安，雖貴非所榮，父子見陵辱，對之慚且驚……昔爲匣中玉，今爲糞上英。」著名的唐代現實主義詩人白居易甚至寫道：「漢使却回憑寄語，黄金何日贖蛾眉，君王若問妾顔色，莫道不如宮里時。」把「豐容靚飾」、慷慨請行，肩負漢匈和好使命的昭君，寫成企求重返故宮，得到君王寵愛，生恐君王嫌其年老色衰，這不但違背歷史實際，更大大歪曲了昭君的形象。至於那些從昭君出塞聯繫到對漢室和親政策的非議，描寫昭君出塞途中和在匈奴生活的苦辛等等詩篇，都是從漢家大民族偏見出發，爲昭君抱屈的。還有不少詩人從昭君不被君王賞識而興起對世事不平和人才埋沒的慨嘆，那衹是詩人借題發揮，借昭君的遭遇發揮自己的懷才不遇，其實與昭君無涉，那又當別論了。

同這些詩歌不一樣，王安石獨能打破胡漢畛域之分，掃除大民族的傳統偏見，合情合理地刻畫昭君內心思想，這在封建時代是十分難得的。當然，這在許多封建腐儒看來自是忽夷夏之大防，薄君臣之大義，因而受到當時和後世不盡的疵議。如黄山谷在其前輩王回面前稱許王安石此詩時，王回說：「不然，『夷狄之有君，不如諸夏之亡也』，『人生失意無南北』，非是。」范仲淹甚至說：「詩人多作明妃曲，以失身胡虜爲無窮之恨，讀之者至於悲愴感傷」，而王安石的《明妃曲》則是「壞天下人心術」，認爲「今之背君父之恩，投拜而爲盜賊者，皆合乎安石之意」（見《王荆公詩文箋註》卷六《明妃曲》註）。在這些封建衞道士看來，不管皇帝如何玩弄婦女，作爲宮嬪總要思君戀主，不能有絲毫離異之心，尤其委身於在他們視爲胡虜的異族更是奇恥大辱。因此，王安石這篇充滿人情味、反迂腐的道德觀念、反傳統的民族偏見的詩篇，實在是值得稱讚的。

（魯　歌）

登飛來峯

王安石

飛來山上千尋塔，聞說雞鳴見日升。不畏浮雲遮望眼，自緣身在最高層。

北宋皇祐二年（一〇五〇）夏天，王安石任浙江鄞縣（今浙江省寧波市）知縣期滿，去官返回故鄉江西臨川，路過杭州，遊覽當地名勝古跡，在登臨靈隱山東南的飛來峯時便寫下了這首詩。這一年，王安石三十歲。

王安石從小跟隨父親奔走南北，較爲廣泛地接觸社會。二十二歲中進士後，歷任地方官多年，目睹時弊，對「積貧積弱」的北宋社會更有進一步的認識。從此便懷着變法圖強的雄心壯志，希望有一天能施展其才能，以扭轉北宋社會衰敗沒落的局面。《登飛來峯》就是在這種思想基礎上產生的，因而這詩雖然是寫登高遊覽，但在它裏面却體現了作者的理想和抱負。

詩一開始就點了題：「飛來山上千尋塔」，「千尋塔」，是極言塔高。古代八尺爲一尋。這一句先交代遊覽的地點。這地點是極其高峻的，既是飛來山峯，又是在峯頂的塔上，而這個塔更是「千尋」高的。這樣，其高聳入雲的形象便生動地出現在讀者的眼前了。這裏極寫其立足點之高，既爲以下寫遠眺俯視作鋪墊，也暗示作者居高而不懼的雄偉胸懷和高瞻遠矚的豪邁氣概。

那麼，作者站在飛來峯的高塔上，究竟看到了什麼怡人景色呢？下句寫：「聞說雞鳴見日升」。聽說每天黎明雞叫時登上飛來峯高塔上能見到日出的奇景。「聞說」二字有兩層意思：一，表明他不是親眼看到，而是聽別人傳說的；二，表明他登臨的時間不是一清早，而是上午，或是中午、下午。這一句有點奇怪，作者不直接寫他親眼看到的景物，而是寫他聽到的，這是爲什麼？難道當時他眼前沒有好的風光嗎？不是。而是由於詩的主題思想決定了的。這詩雖然寫登高遊覽，但它並非着意寫景，而是借景來抒懷發議論。所以沒有必要刻畫山光水色，但它既然是寫遊覽，如果不接觸一些景物，又必然給人以離題之感。那麽，他爲什麽要寫雞鳴日出而不寫別的呢？原因有二：一，滄海日出是登高望海的一個奇異壯麗的景致，凡是登高遊覽的人，祇要能望得見滄海的，莫不希望看到「日出」這一難得的燦爛奇景。所以，他登飛來峯而選擇雞鳴日出來寫是具有特殊意義的。二，一般來說，初升的太陽，往往是用來象徵美好的有發展前途的事物。當時王安石懷着要求變革現實的雄心，希望能有機會施展他的治國平天下的才能。這樣，他一登上飛來峯的高塔，便聯想起雞鳴日出時光明燦爛的朝陽景色，並通過這景色的憧憬來表示對自己前途的展望，不僅自然，而且很貼切。如果寫別的，比如夕陽，雖然「夕陽無限好，祇是近黃昏」，怎能確切地表達他的胸襟呢？正因爲這樣，「聞說雞鳴見日升」句，不僅讚美「飛來峯上千尋塔」可以看到滄海日出的奇景，也是作者抒寫懷抱、展望前途，是青年時代的王安石在政治舞臺上意氣風發、生氣盎然的自然流露。

雖然如此，王安石並沒有忽視前進路上的困難。政治改革從來就不是一帆風順，他是預料到這一點的。但是，王安石對前進路上的困難是抱着樂觀主義精神的。他認爲自己完全有能力來克服這些困難。詩的最後二句就是借寫景來抒發他的這種感情：「不畏浮雲遮望眼，自緣身在最高層。」這兩句是寫詩人屹立峯頂的高塔上，居高臨下，極目遠望。「浮雲遮眼」，見於西漢陸賈《新語·愼微篇》：「故邪臣之蔽賢，猶浮雲之障日月也。」這裏陸賈把浮雲遮蔽日月比喻奸邪小人在皇帝面前讒害賢臣。李白《登金陵鳳凰臺》：「總爲浮雲能蔽日，長安不見使人愁」也是這個意思，是說自己離開長安是由於皇帝聽信了小人的讒言。王安石却反其意而用之，說我不怕浮雲遮住我的望遠視線，因爲我身在最高層。換句話說，就是我站得最高，浮雲迷霧都在我脚下，是遮擋不了我的視線的。看，這是多麽有氣魄的豪邁聲音！「緣」，作「因爲」、「由於」講。王安石在宋神宗時做了宰相，進行變法，任憑舊黨怎麽反對，對他進行種種無恥的造謠中傷，他始終堅決貫徹執行新法，毫不動搖。「不畏浮雲遮望眼」，正是王安石這種戰鬥精神的眞實寫照。王安石之所以能够經得起狂風惡浪的衝擊，是由於他在政治上能高瞻遠矚，看清了社會發展趨勢，堅信變法能改變「積貧積弱」的局面，堅固國家政權。所謂「自緣身在最高層」的內在含義，實際上就是指此。

這兩句寫的是自然界，指的却是社會現象。它塑造了一個勇往直前、不畏強暴的英雄形象，表現了作者反對墨守成規，立志改革現實的堅定信念和豪邁氣概。

這首詩，衹有四句二十八個字，却包含着極其豐富的社會內容。作者的政治理想、抱負和對前途充滿信心的神情意態，都在它裏面得到充分的反映。這，主要在於他文筆精練，善於選擇、運用典故來恰如其分地表達他所要說明的問題。如用滄海日出的光明燦爛的景色來寄寓自己對未來的展望及其信心，既言簡意賅，又寓抽象的義理在具體的事物之中，形象，生動。「不畏」句，把典故融化在自然現象的浮雲之中，以喻自己不怕奸邪小人的誹謗陷害，詞句顯淺，寓意深刻。全詩借景抒懷，表現了作者變革現實的豪情壯志，感情奔放，氣勢磅礴，風格遒勁有力。

（鄭孟彤）

泊船瓜洲

王安石

京口瓜洲一水間，鍾山衹隔數重山。春風又綠江南岸，明月何時照我還。

這首詩因「春風又綠江南岸」一句而爲人們廣泛傳誦。具體地講，是那「綠」字用得好，把本來的視覺形象轉化爲動作意象，鮮明生動地表現出春光明媚、生意盎然的江南風光。許多評論者把視線的焦點凝聚在這一「綠」字上，馳騁豐富想象，展開積極聯想，力圖把握它的美的眞諦和美的意境。這一經作者多次推敲而最後改定的「綠」字，一時成爲文學史上煉字的典範，傳爲千古美談。然而，要眞正理解這一「綠」字，或者說「春風又綠江南岸」這一句詩之所以寫得絕，還必須結合詩中其餘句子，從整體上把握全詩的意蘊和美的境界，在上下文的串聯中，仔細咀嚼、尋味。

誠如衆人所云，此詩的感情基調並未因「春風又綠江南岸」一句而變爲熱烈明快，而是充滿低徊哀怨的感傷色彩。欣欣生意的江南岸，勾引起漂泊者的無限思緒，在作者的心理上形成一個鮮明反差，所謂「以樂景寫哀，而一倍增其哀怨」是也。作者在思念什麽？也就是說「明月何時照我還」一句中「還」的賓語指什麽，詩中未直接點明。從字面上理解，似乎是「江南岸」，然而現在一般的賞析文章，均以爲是指作者的故鄉，這首詩表現了他思念故鄉的深情。王安石是撫州臨川（今江西臨川縣）人，臨川地處江南，他從「春風又綠江南岸」而聯想到自己故鄉的如畫美景，繼而勾起遊子思鄉之意緒，是完全可能、也是符合藝術想象的規律的。此外，「明月」一詞在詩歌傳統中，也多少和故鄉有關。如「舉頭望明月，低頭思故鄉」，「月是故鄉明」等；而「明月」又是光照千里，「隔千里兮共明月」，「但願人長久，千里共嬋娟」。作者在瓜洲見明月而思念千里之遙的故鄉，也是情理中的事。

然而，這畢竟是一首七絕，是由四句詩共同構成一個完整的意境。我們不應該忽視「京口瓜洲一水間，鍾山祇隔數重山」二句在全詩中起的作用。這二句詩句中共出現了三個地名，「瓜洲」是作者所處之地，「京口」是隔江的鎮江，「鍾山」在南京，也可看做南京的指代詞，作者在南京居住過。京口和鍾山均在長江南岸。這二句詩並非祇是爲了交代地名，而是寫出了作者此時離江南都市距離之近，爲下面的抒情作了鋪墊。京口瓜洲，祇是一水相間，可以望見，連鍾山也「祇」不過相隔數重山而已。這種空間距離的近，和歸期之遙遠難卜，恰構成又一個強烈的心理反差，引起作者思緒的波瀾。「春風又綠江南岸」之「江南岸」，也是承「京口」、「鍾山」而來。這樣，一是空間距離之近化爲時間之渺茫，一是景色秀麗却又難以登山臨水領略，在作者的心理上形成雙重的反差。「明月何時照我還」，雖然是輕靈的一筆，却由於前三句的鋪墊，感傷意緒極其強烈，形成一股濃濃的哀怨意味籠罩全詩。由此而言，如果我們撇去種種背景材料，就字面來論詩，是否可以這樣設想：不管作者是乘舟東下還是西上，他旅途的最終目的，是在北方，故而他要思念，要點出「京口」、「鍾山」，要遐想「春風又綠江南岸」的宜人風光（此時正是夜晚，江南之綠意，視線難以明察），要抒寫「明月何時照我還」的惆悵。那麼，「還」的賓語，又可寬泛地理解爲江南。作者生在江南，又長期生活在江南，對之有着深厚的鄉土之情。而「明月」二字，則是卽景抒情，以形象之筆抒寫歸期難卜之意；「月光如水水如天」又是一個極美的境界，符合前句春風江南的迷人景色，渲染出傷感的氛圍；再者，「春風」有情，染綠江南，明月冷漠，却不能照亮我回還的路途，這二種美的意象，又構成了鮮明的對照，反映在作者心理上，也就是前文所說的哀和樂的反差，把邏輯思維的結果貫穿於自覺的表象活動中，表現出濃濃的感傷之情。

王安石早已作古，此詩眞正的旨意難以辨明。然而我以爲，祇要符合詩的情感定勢和意向定勢。有多種設想也無妨。詩貴含蓄，雋永的絕句尤其如此。寥寥數語，規定了情感定勢和意向定勢，留存一個寬泛的想象空間，讓讀者循此方向去追尋藝術之美，在藝術王國中自由自在地遨翔。自然，讀者的自由，有時會偏離作者的本意。這也無妨，見仁見智，理之所容，古人不是曾有「作者未必然，而讀者未必不然」的論斷嗎？國外興起的接受美學，更把讀者的欣賞活動和作者的創作活動連綴在一起，合爲文學創作的全過程。反之，作者創作時所浮現的形象畫面，又有多少回是無一絲偏差地移植在讀者的腦海中？我把這首詩的旨意定爲思念江南，雖然舉不出直接的證明材料，衹是一種主觀臆想，然而，從整首詩來把握詩旨，在詩規定的情感定勢和意向定勢中，充分發揮欣賞者的主觀能動作用，作爲一說，不無存在的理由，恐怕也更接近詩本身字面上的意思。

（萬雲駿）

江上

王安石

江北秋陰一半開，晚雲含雨却低回。青山繚繞疑無路，忽見千帆隱映來。

想來詩人乘船已經很久了，一隻帆船在浩渺無際的長江江面上飄蕩。暮靄沉沉，烏雲密布，佇立在船頭的詩人注視着遠處暮空，心中充滿了不安，天氣的好壞關係着船行的遲速與安危，他因壞天氣而憂慮和對好天氣的企盼是必然的。突然，江北天開雲破，從沉雲密布轉爲多雲，詩人的心中是何等的歡悦，其情可以想見。可是那充滿雨意的晚雲不肯散去，它帶着沉甸甸的雨滴在江面上徘徊……這便是「江北秋陰一半開，晚雲含雨却低回」爲我們展現的意境。從表面上看，彷彿重在寫景，實際上是描寫詩人的心境。他的憂慮、歡悅、希望和不安都表現在陰雲的變化之中。由此，我們更感到王國維「一切景語，皆情語也」的正確。可以作更進一步的推想，詩人一定有緊要的事情，需要迅速達到目的地，但天不作美，一切都可能落空，詩人儘管急躁不安，但也無可奈何。

「青山繚繞疑無路」，詩人佇立船頭本來是注意天氣的變化，這時突然發現前面青山繚繞（從「青山繚繞」一句看，此船可能航行於長江在今安徽省內一段江面上），彷彿路已走到盡頭，天時、地利都對航行不利，詩人的心頭也布滿了烏雲。「忽見千帆隱映來」，筆鋒一轉，於絕境中看出了希望，使詩人爲之一振；他看到「千帆」，儘管它還在天的盡頭，帆影綽綽，還看不真切，但它們證明了江上有路，這一葉孤舟是有前途的。「千帆」，自從唐劉禹錫「沉舟側畔千帆過，病樹前頭萬木春」用過以後，它總是伴隨着雄偉的氣勢和蔚爲壯觀的場面而出現的。如宋初徐鉉名句「千帆日助陵江勢，萬里風馳下瀨聲」。這裏的「千帆」也是如此，它作爲即將出現的雄偉宏闊的場面，壓倒了剛才半開的秋陰和含雨的晚雲。那飄泊在暮靄之中的一葉小舟彷彿有了許多伴侶，它不孤獨了，詩人也更有信心，人的力量終於克服了自然條件的險惡。李白《望天門山》有句云：「兩岸青山相對出，孤帆一片日邊來。」雖也寫江上行船，却用「孤帆」之小來突出山高水闊，描寫山河的壯麗和力量，表現詩人的胸襟和氣魄。而此詩則是寫詩人的希望。

從詩中對景色的描寫可以感到詩人思想感情的細微的變化，但這種感情的背景是什麽呢？詩中沒有提及，但我們可以設想：詩人在從事政治改革的事業中有過孤獨和迷茫的時候，特别是由於政見不同和安石性格上的弱點，許多老朋友離開了他，使他不免產生了淒涼之感。他熱烈地期望着伴侶，哪怕是對面而來交臂而過的「伴侶」，從安石的生平來看，這些設想不是毫無根據的。

（王學太）

葛溪驛

王安石

缺月昏昏漏未央，一燈明滅照秋牀。病身最覺風露早，歸夢不知山水長。
坐感歲時歌慷慨，起看天地色淒涼。鳴蟬更亂行人耳，正抱疏桐葉半黃。

「正抱疏桐葉半黃」是本詩的最後一句，也可以看成是這首抒情詩的抒情出發點。梧桐凋零殆盡，桐葉行將枯萎，秋蟬緊緊地攀附着殘枝敗葉，發出悲慘淒厲的長鳴。它似訴說自己的末日，又像阻遏時光的流馳……這是詩人爲我們描繪出的意境，也是王安石在秋夜將盡、朝發葛溪驛時的感受；這是對眼前實景的描摹，但又帶有象徵色彩，彷彿是那個不景氣時代的寫照。

嘉祐三年（一〇五八）安石被任命爲江南東路提點刑獄，已經擔任過十多年地方官吏的安石早已目睹社會的種種弊病，時局形勢，了然在胸；而此時又作爲一路最高司法長官從紛繁的獄訟、積久不滅的案件中更感到人民的貧困、社會的黑暗和一些法令制度的不合理。深感國家「財力日以窮困」、「風俗日以衰壞」，將最後導致「天下之久不安」的局面。江南東路盛產茶葉，宋朝對茶、鹽、鐵都實行官賣制度，禁止人民私藏、私運、私賣，並常派出武裝緝私人員到處盤查，弄得告訐多端，給茶農造成災難，居民飲茶也受到影響，安石曾上疏建議改革茶法、取消專賣，宋政府亦一度予以採納。爲了除弊興利，澄清吏治，安石在任提點刑獄之時是十分忙碌的，

葛溪驛

經常奔走於江南東路之內的各地。《寄沈鄱陽》詩中的「朝渡藤溪霜落月，夜過麾嶺月明中」的詩句，正是這段生活的寫照。《葛溪驛》當寫於此時，作者巡行於路內，途經信州弋陽（今江西省弋陽縣）葛溪驛時所作。

作爲一路司法長官，雖居小驛，必然也是外有警衛、內有侍從的。但詩人並沒有描寫警戒森嚴的行轅場景，而是把自己放在一個普通詩人的地位，寫普通旅人生活的感受。

秋風料峭，寒氣襲人，安石夢醒，環顧四周，詩人看到：「缺月昏昏漏未央，一燈明滅照秋牀。」夜已過半，「缺月」尚正當空，看來是下弦月，這朦朧昏黄的一彎殘月和壺漏告訴人們夜還沒到盡頭。自從《詩經・庭燎》寫下「夜如何其？夜未央」以來，詩人筆觸及此，總給人以抒情主人公「不安於寢」，或勤於政事、或憂時念亂之感。因此，首句雖然是寫景，但通過暗示，已爲以下的抒情創造了氣氛。此時，油燈在秋風中搖曳，秋夜沉沉，客舍寂寂。詩人回味着夢中的情景，感慨萬分地寫下「病身最覺風霜早，歸夢不知山水長。」「病身」一句蘊蓄豐富，它既說明了夢醒的原因，也謙遜地表明自己「不安於寢」不是因爲勤於王事，而是身體多病，十分羸弱，對於「風霜」最爲敏感。其實，在還有鳴蟬的季節裏決不會有「風霜」，這裏衹是用具體的「風霜」替代抽象的寒涼。「歸夢」一句點明因爲多病，更加深了對故鄉的思念（這時安石全家已久居金陵，所思之鄉，當指金陵）。在出仕與歸隱問題上安石是易退難進之人，他用夢魂飛度千山萬水形容自己思歸之念的迫切。嘉祐四年他在《上曾參政書》中說：「今也某材不足以任劇，而又多病……而閣下必欲使之察一道之吏，而寄之以刑獄之事，非所謂因其材力之所宜也。某親老矣，有上氣之疾日久，比年加之風眩，勢不可以去左右。閣下必欲使之奔走跋涉，不常親之側，非所謂因其形勢之所安也。」自己多病，母親年邁，再加上獄訟紛繁，而且各級官吏之間關係複雜，難以一一清查。此時他在致好友王回的信中就坦率地說自己衹好查辦「罪之小者」，不敢對罪大者貿然「致刑」。這些苦衷與其素願矛盾很大，因此，他在「被使江東」之時，「夙夜震恐，思得脱去。」這種複雜的思想感情，詩人衹歸結爲一句「歸夢不知山水長」。此句不僅把無影無形的夢魂寫得極爲生動形象，而且暗示了詩人對連年奔波於道途的厭倦。與安石同時代的詞人晏幾道有一首《鷓鴣天》中有句云：「夢魂慣得無拘檢，又踏楊花過謝橋。」兩人構思類似，不過晏詞婉麗輕妙，王詩深穩老健。詩詞體制不同，各有所長。

葛溪驛

「坐感歲時歌慷慨，起看天地色淒涼」這兩句是詩的主題所在。前四句所寫秋夜沉寂、夢醒之後的淒涼、病骨支離，以及思鄉之情的迫切，這些都是爲了襯托自己憂時傷事之情。「歲時」既指秋風已至，萬物凋零的季節，又包含有社會含義。詩人出仕以來，所見所聞，無不戳破宋王朝繁榮的帷幕，其內部已經腐朽不堪，大廈既將傾倒了，以天下爲己任的詩人怎麽能不爲之慷慨悲歌呢？（安石確實寫下許多揭露時弊的詩篇，如《兼併》、《收鹽》、《感事》等）「天地」也是語意雙關，是包括自然與社會兩方面說的。「淒涼」本指人們內心的感受，這裏指能够逗引起人們淒涼之感的顔色。當詩人起身登程時，看到天地在一片灰朦朦的鉛色籠罩之中。自然和社會給詩人的感受和諧地融合在一起了。安石最欣賞李商隱的兩句詩：「永憶江湖歸白髮，欲回天地入扁舟。」（見《蔡寬夫詩話》）因爲它正能表現安石的心情，詩人嚮往歸隱，但眞正歸去應該是回天轉地之後，正是懷着這種信念他又要上路了。可是一片寒蟬，似乎在阻撓行人，這正像那些姦邪宵小一樣，他們反對一切有爲，株守着葉已半黄的桐樹，正在力竭聲嘶地鳴叫呢！詩人用這寫景並帶有象徵色彩的詩句結束了全篇。

關於「鳴蟬」一句，宋曾季貍在《艇齋詩話》中說：「予嘗疑夜間不應有蟬鳴，後見說者云：『葛溪驛夜裏常有蟬鳴』，此正與『寒山半夜鍾』同。」清張文虎《舒藝室譽稿・書〈艇齋詩話〉後》又云：「曾不知李義山已有『五更疏欲斷』之語。」不管這裏是寫實景，還是用事，中有寄託是不待言的。

安石七律，看似平穩，但他善以瘦硬雄直之氣入律，用以表現悲慨不平之氣。《葛溪驛》也是如此。「坐感」二句是流水對，但每詞每字對仗都很工切，並用倒置語序（「歌慷慨」、「色淒涼」）和聯緜字以增加傲兀奇崛之感。最後又以寫景終止全篇，也使人感到突兀。這種風格是和詩人倔強而孤獨的性格是一致的。這首表現安石憂國憂民的抒情詩，雖然帶有淒涼孤獨的色彩，但也可以看到詩人勤於國事、不畏人言、勇於進取的精神。

（王學太）

鍾山卽事

王安石

澗水無聲繞竹流，竹西花草弄春柔。茅簷相對坐終日，一鳥不鳴山更幽。

南朝梁詩人王籍在任湘東王參軍遊若耶溪時寫下一首著名的詩篇《入若耶溪》，其中「蟬噪林逾靜，鳥鳴山更幽」一聯更爲膾炙人口，被人稱爲「文外獨絕」。王安石並以「鳥鳴山更幽」說明「動中見靜意」，卽從鳥鳴的動態中更顯示出深山的幽靜。人們在盛讚王籍詩的同時則對安石的「一鳥不鳴山更幽」多有責備之詞。南宋曾季貍在《艇齋詩話》中就說，安石此句「却覺無味，蓋『鳥鳴』卽『山不幽』，鳥不鳴卽山自幽矣！何必言更幽乎？此所以不如南朝之詩爲工也。」清代顧嗣立更斥此語「直是死句」（《寒廳詩話》）。這種責備是否有道理呢？王安石自己是不這樣看的，他曾對黃庭堅說：「古稱『鳥鳴山更幽』，我謂不若『不鳴山更幽』。從上面所引可見，安石是懂得王籍詩句妙處所在，但又不客氣地認爲自己的詩句則是青出於藍。這位學問和創作經驗都十分豐富的作者提出的意見是值得我們思考的。我以爲詩句的好壞，主要應看它在全詩中所起的作用，然後才是詩句本身。我們分析和評賞「一鳥」句必須顧及全詩的意境。

此詩是詩人罷相之後，隱居江寧（今南京）鍾山時所作。當時安石已退出了政治生活，但其內心則未全平靜，過去的成敗利鈍、當今朝政的得失，尙時時縈繞於懷。這些在那時寫的一些小詩中亦時有表現。如《偶書》中的「我亦暮年專一壑，每聞車馬便驚猜」，便是一例。《鍾山卽事》一詩表面上給讀者所描繪的是沖淡恬靜的畫面，詩人的情感似乎沒有什麼波瀾與寧靜的風景融和在一起，但實際上是表現了詩人內心深處的某些期待。

「澗水無聲繞竹流，竹西花草弄春柔。」二句着力描寫初春山中景色，「澗水」爲山中之水，落差甚大，本應是澗水轟鳴，而現在却是「無聲」而流，可見澗水之少。春水滋潤了花草，它們破土而出，萌發生長，詩人用了「弄春柔」三字表現其嬌媚。這些不知名的小草小花也在點綴着春天。這兩句細膩的寫景句竭力描寫山中的靜，山中的一切：澗水、竹林、花草在季節的變遷中默默地存在，默默地變化，似乎與人事無關。

「茅簷相對坐終日，一鳥不鳴山更幽。」在第三句裏，詩人的形象出現了，他終日與山中的一切相對，默默地觀察着。此句承上啓下，既說明了詩人對山中春色的描寫爲什麼能如此細膩，又表現出詩人終日枯坐似有所期待。因此，逼出第四句。詩人望着這寧靜的大自然，他突然想到，爲什麼沒有一點聲音呢？這個應該是「羣鶯亂飛」、百鳥爭鳴的季節，爲什麼沒有一點聲音呢？甚至連一聲鳥鳴也沒有！這樣是十分幽靜，無奈和這「木欣欣以向榮，泉涓涓而始流」的季節極不和諧。「一鳥」句不單純是描寫山中的靜，更重要的是表現詩人內心的岑寂，以及他對這寂寞的不滿足和對有聲春天的嚮往。清人吳之振在《宋詩鈔·臨川詩鈔序》中說：「論者謂其（指安石詩）有工致無悲壯，讀之久則令人筆拘而格退。余以爲不然，安石遣情世外，其悲壯卽寓於閑澹之中。」這首小詩也是如此，在靜謐沖淡的畫面背後有一股憤憤不平的激流。因此，「一鳥不鳴」與其說是描繪死寂的世界，不如說是表現激蕩於胸的心潮；全詩與其說是一幅安閑寂靜山水圖卷，不如是一曲心靈交響的樂章。

此詩和王籍《入若耶溪》的意境完全不同，其表現手法也不一樣，強分優劣是不妥當的。

（王學太）

北陂杏花

王安石

一陂春水繞花身，花影妖嬈各佔春。縱被春風吹作雪，絕勝南陌碾成塵。

王安石對於杏花似乎特別有感情，他的詩集中標明與杏花有關的詩就有十來首。他對杏花十分喜愛：「看時高豔先驚眼，折處幽香易滿懷。」（《次韻杏花三首》之三）更怕杏樹身後遭劫：「仙人愛杏令虎守，百年終屬樵蘇手」（《移桃花示俞秀老》）。詩人對杏樹有如此深情，何況這是一株生於一陂春水岸畔的杏花呢？波光粼粼的池水圍繞着她娉婷的倩影，岸上的杏花與池中的花影交相輝映，共同妝點着春天，她們哪個更美麗一些呢？詩人眞是難以品評軒輊了。「身影妖嬈各佔春」，「妖嬈」爲妍媚美好的樣子，本多形容少女，這裏用以形容杏花也十分貼切。岸上的杏花佔斷春光，陂中的花影則是獨佔春水，兩者本爲一體，被詩人分爲二物，指出她們在春天的地位，更進一步表達詩人對杏花本身的珍愛。此詩前二句實際上已經把《北陂杏花》這個題目寫完，後面二句則筆鋒一轉，離開了「北陂杏花」描寫杏花落後的情景，花開令人欣然，其飄落後如何呢？詩人在《次韻杏花三首》中說：「衹愁風雨劫春回，怕見枝頭爛熳開。」這是一種想法，因怕花落，乾脆就不要開，這似乎荒唐，但可見詩人對美的摯愛；《病中睡起折杏花數枝二首》寫道：「已聞鄰杏好，故挽一枝春。」把花折來插在室內瓶中，使花可多留一些時日，這才是比較現實的想法。這首詩中擺脫了這些，「縱被春風吹作雪，絕勝南陌碾成塵。」如果花落不可避免，那麼甚麼是它們的最好歸宿呢？詩人寫道：如果杏花能夠長如雪花在空中飛舞，那是遠勝於落在道途被人碾成塵土的。這種想法是十分天眞的，因爲花落既屬必然，那麼不管在空中飛舞多久，最終也會飄落的，爲什麼說它遠勝落於「南陌」的命運呢？我以爲可以從兩方面理解，一，杏花如雪飛舞那短暫的時刻所構成的美好意境彷佛當今影視藝術中畫面的定格，詩人把它看成像落在「南陌」一樣的固定結局，而不是把它看成風定卽落於地的過程。這滿天飛花的美麗境界確實遠勝於與塵土同腐的結局。二，因爲正在飛舞的花，其結局尙未一定，這好像南朝時范縝所說：「譬如一枝花，同發一枝，俱開一蒂，隨風而墮，自有拂簾幌，墜於茵席之上，自有關籬牆，落於糞溷之側……」也就是說杏花隨風而舞，既有可能落於南陌，被碾爲塵，也可以飄浮於北陂的春水。因此，它還是遠勝於有固定結局，落於南陌的杏花。最後兩句，雖然是寫花，但顯然是借花喻意，表明了詩人操守嚴謹，不肯隨波逐流的高尙品質。從詩人的一生政治實踐看，確如詩中所寄寓的：寧爲玉碎，不爲瓦全。

（王學太）

書湖陰先生壁

王安石

茅簷長掃靜無苔，花木成畦手自栽。一水護田將綠繞，兩山排闥送青來。

宋神宗熙寧九年（一〇七六）王安石罷相後，屏跡金陵鍾山，與楊德逢爲鄰，二人建立了深厚的友誼。德

書湖陰先生壁

逢號湖陰先生，《書湖陰先生壁》就是寫給楊德逢的。原詩共二首，此是其一。這首詩以自然、工巧的語言，描寫了湖陰先生居處附近清雅秀麗的自然景色，表現了田園生活的無窮情趣。

開頭兩句寫楊德逢庭院中的景色。「茅」，指茅屋；「簷」，有二義，一是屋檐，一是指屋檐下的平臺或走廊，這裏用的是後一義。「成畦」，列成長行。這兩句寫的是靜景，但其中又包容着人的活動——「掃」和「栽」，茅檐潔淨是「長掃」的結果，花木成畦是主人親手栽種，用的是靜中寓動、景中有人的手法。這種寫法，使景物畫面增添了生活氣息，而且暗示了楊德逢以灑掃種植怡然自樂，表現了他胸懷的淡泊，情致的高雅。

寫完院內景色，詩人便將視線移向院外。院外有田園和青山，於是詩筆一句寫田，一句寫山。「綠」，是指田中禾稼；「青」，是指葱蘢的山色。這兩句無非是說楊德逢的院外綠水環繞着田地，遠處兩座青山送翠於窗前。但作者用了以物爲人、靜景動寫的方法，把這一聯點化成了千古警句。「一水」、「兩山」對仗工穩，「將綠繞」、「送青來」既有鮮明的色彩，又描繪出溪水的曲折回環，山巒的當窗呈翠。且用了有感情、有動作的「護田」、「排闥」兩語，彷彿溪水也讚賞主人躬耕隴畝的瑰行，殷勤地環繞田畝將禾稼保護；似乎青山也理解主人寄情山水的意趣，主動地推門而入將青翠的山色送來。這就將看似平常的景物寫得親切有情，意趣盎然；而且意蘊綿邈，十分耐人尋味。那山那水，都是詩人眼中之景，也是主人楊德逢眼中之景。將山、水寫得如此有意、有靈，不就進一步顯示出田園生活的恬適嗎？山和水都迎合主人的興致，裝點主人的生活，不又巧妙地烘托了楊德逢令人敬佩的高潔胸懷嗎？王安石上推新法期間，不僅舊黨同他嚴重對立，新黨中有些勢利之徒也在背後詆毀百端。罷相後他雖然未能忘情於政治，但他到底感受到了田園生活的恬靜閑適和一些下層人士品行的高潔，這首詩就借吟詠湖陰先生的庭院風光、田園意趣，寫出了他這種生活體驗和思想感情。

王安石學識淵博，工於修辭。葉少蘊《石林詩話》卷中云：「荊公詩用法甚嚴，尤精於對偶。嘗云：用漢人語，衹可以漢人語對，若參以異代語，便不相類。」這首絕句的三、四兩句，就是很工巧的對仗，而且暗用了兩個典故：「護田」和「排闥」，是用漢人語對漢人語的著名例子。《漢書·西域傳序》云：「自敦煌西至鹽澤，往往起亭。而輪臺、渠犂皆有田卒數百人，置使者校尉領護。」又《西域傳》下：「桑弘羊奏遺屯田卒詣故輪臺以東，置校尉二人分護。」《漢書·樊噲傳》：「樊噲乃排闥直入，大臣隨之。」這就是「護田」和「排闥」的來歷。但《漢書》所言是人，荆公所言是山、水，已經創造性地把古語化入自己的詩作中了。讀者如果了解典故的出處，當然更會覺得此處擬人化的寫法意味幽遠；不知道是用典，亦不妨礙對詩意的領會。《顏氏家訓》記邢邵評沈約語云：「用事不使人覺，若胸臆語也。」這首詩的用典正是如此。

這首詩的整體構思、結構安排也頗具藝術匠心。從空間構圖上看，前聯寫院內環境，後聯寫院外風光，由內而外，由近及遠。收句用「兩山排闥」這一動作性極強的辭語，映現山巒鑒賞者的變異感覺，把院外遠景收攏到院內，使整個畫面變得緊湊而集中。從寫法上看，一二句寓動於靜、景中有人，三四句以物爲人，化靜爲動；一二句出語質樸自然，三四句造句新奇警譬，這就使全詩的色彩、格調有淡有濃，有平有奇，增添了搖曳變化的姿彩。宋代曾季狸《艇齋詩話》引徐東湖（徐俯）語云：「荆公絶句妙天下。」從這首詩我們可以窺見王安石絶句藝術之一斑。

（劉乃昌　張稔穰）

桂枝香

金陵懷古

王安石

登臨送目，正故國晚秋，天氣初肅。千里澄江似練，翠峯如簇。征帆去棹殘陽裏，背西風、酒旗斜矗。綵舟雲淡，星河鷺起，畫圖難足。　念往昔、繁華競逐。嘆門外樓頭，悲恨相續。千古憑高對此，漫嗟榮辱。六朝舊事隨流水，但寒煙、衰草凝綠。至今商女，時時猶唱，後庭遺曲。

在中國文學史上，宋代王安石，並非以詞名者。然而他的某些詞作，却似健隼凌雲，獨造絕境，使後來詞家嘆爲觀止。《桂枝香》這首詞，卽其代表篇例。

本詞，宋人黃昇《花庵詞選》標題爲「金陵懷古」。是作者首創新聲、極見功力之作。體例近似《念奴嬌》、《石州慢》，是一種適於抒發豪宕感情的百零一字長調。它約寫於宋英宗趙曙治平四年（一〇六七），作者以知制誥出爲江寧知府期間。江寧，卽今南京，古稱金陵。

作者於高秋臨眺之際，對景興懷，撫今追昔，運用遒勁峭拔的筆觸，揮寫歌誦祖國山川、回顧前朝舊跡的衷曲。詞裏洋溢着一派清新警醒的氛圍，感慨中寓有奮厲之氣。清人劉熙載說：「王半山詞瘦削雅素，一洗五代舊習。」正是從王詞的承范、張之後，啓蘇、辛之先之點立論的。

長調詞的寫作規律，多爲「前景後情」，本詞並不例外。但本詞在「情景齊到，相間相融」（《藝概》）上，是有其獨到之處的。總的看，上闋清遊采烈，下闋懷古情深，在一定程度上突破了從宋玉到歐陽修、柳永等比較低調的悲秋格局。在秋景中有春的韻致。

開篇「登臨送目」一語，高唱入雲，縱筆遙遠，提挈全局，如衣之領。作者一副登高望遠神態，躍然紙上。「正故國晚秋，天氣初肅。」兩句全景式的描繪，勾勒了金陵秋色的大體輪廓，把讀者目光引向無限遼闊。給人一種江天寥廓、胸襟颯爽之感。

從煉字鑄句上看，它語工意愜，了無斧鑿痕跡。「送目」一詞，寫出登臨者視線次第舒展，視野逐步開擴的過程。「正故國晚秋」卽「晚秋中故國」（「國」是「都邑」），這裏的語序顚倒，不衹是符合韻律要求，也是突出觀覽客體。

以上三句，籠罩全篇，高屋建瓴地爲全詞開展奠下基勢。

「千里澄江似練，翠峯如簇。」二句緊承上文，分寫金陵山水之勝。這是詩人登高縱覽的主要內容。金陵北枕長江，東屏鍾阜。諸葛亮當年分析它的形勢曾說：「鍾阜虎踞，石城龍蟠。」兩句形象突出，動靜相襯。使人如聞江聲，如見山色。一種空水澄鮮、巖光煥爛的境界，如在眼前。那渾如一匹白練、滾滾奔流着的千里長江，那宛若百丈翠簇（蠶山）、重疊攢聚着的座座峯巒，它們是構成金陵一帶雄奇壯麗景觀的主要方面。上句出自謝眺《晚登三山還望京邑》，形象更見生動飽滿。

「征帆去棹殘陽裏，背西風、酒旗斜矗。」金陵勝景，山水同輝，但從高瞻角度來看，水上風景線要比山間豐富多彩。故下文常以水景着眼。作者俯瞰長江，入目的是那夕陽殘照裏熙來攘往的各色船隻，是那兩岸駢列着的娼樓酒肆，是那酒肆門前在山風裏斜立着的面面酒旗。「矗」是直立，不同的是它還具有高和廣的質感。如司馬相如《上林賦》「崇山矗矗」，鮑照《蕪城賦》「矗似長雲」，可證。「斜矗」一詞，活畫出西風吃緊、酒簾頻頻飄拂抖動情景。前人說半山老人「造語用字，間不容髮」（葉夢得《石林詩話》），可以概見。

此處景物描寫，逐漸自遠移近，從長江而淮水。秦淮兩岸，唐宋時爲金陵繁華市區。是官僚商賈尋歡作樂場所。這裏的「酒旗斜矗」，除有渲染當時金陵城市經濟表面繁榮意義外，實在隱喻當時上層社會的酒食征逐、競尚奢靡風氣。

「綵舟雲淡，星河鷺起，畫圖難足」三句，進一步繪寫視線近移的所見。俞平伯先生說：此處「皆登高眺望中秦淮勝景」（《唐宋詞簡釋》），是切合實際的。詞筆接寫：那秦淮河上許多畫舫遊船，在煙靄溟濛中停泊蕩漾，那無數倒映水中的華燈，像銀河下落一般。而成羣的水鳥白鷺，在那「繁星點點」的水面上撲起飛翔。這風光，這物色，它們各自以其獨具的美感，錯綜交織，構成一幅絢爛多姿的金陵秋日畫圖。就是再絢美的畫圖，也難於悉數容納偌多景色。在這裏，作者滿懷的山水欣愉激情，是溢於言表的。據《苕溪漁隱叢話》轉引張文潛金陵遊記：「西望城壁，壕水或絕或流。多鵁鶄白鷺，迤邐近山，風物天秀，如行畫圖中。」可爲本詞補充。

上闋，四整句四十九字。作者採擇組織的題材形象，是十分豐富的。舉凡似練的長江，如簇的翠峯，夕照裏的帆檣，西風中的酒幌，淡雲下的綵舟，星河上的白鷺：所有這些令人賞心悅目的自然景物，它們各自保有特定的光和色、明和暗、動和靜、高和低、遠和近、落和起，以及綺麗和素樸、嚴肅和靈活等種種不同質的或者矛盾對立的美感因素。這些美感因素，它們彼此關聯，交相映照，成爲整個畫幅的有機系列成分，它們的藝術生命是畫幅整體。

上闋詞，如此一路寫來，樹立了本詞「懷古」主題的堅實基礎。

詞的下闋，五整句五十二字。卽景抒情，感喟今昔，闡釋了「懷古」主題的本體。從邏輯結構上看，它水到渠成，精嚴緊湊。

「念往昔，繁華競逐。嘆門外樓頭，悲恨相續。」換頭處，層層相生，從眼前山川的美好，憶起往昔歷史的悲涼，從吳、東晉到南唐，多少代於此地建都立國的統治者，他們都是「鳳閣龍樓」、「瓊枝玉樹」，以酒色荒嬉爲正務。他們不理國事，不恤民生，一個個相隨着走上覆亡之路。這裏的「悲恨」，除了恨怨統治者搞得家亡國破外，也含有同情人民疾苦的成分。「念」字和下面的「嘆」、「嗟」，同是富於表情力度的動詞。「念」是領字，「嘆」和「嗟」的內容，都是從它引領而出。歷史上南朝君主的腐敗行徑是筆不勝書的。幾個著名的因荒淫而亡國隕身的皇帝，亦卽「後主」，都集中這裏。東吳的孫皓，後宮美女塡塞，僅被晉武帝司馬炎挑選「接收」去的就有五千之多。齊東昏侯蕭寶卷，「鑿金爲蓮花以帖地，令潘妃行其上，曰『此步步生蓮花也。』」梁武帝布衣粗飯，像是節儉；齋僧時，却要一道菜做出幾十種味道來。梁代嗣君的沈迷程度，不減齊時。所以李商隱《齊宮詞》說：「永壽兵來夜不扃，金蓮無復印中庭。梁臺歌管三更罷，猶自風搖九子鈴。」前半嘲笑齊君，後半諷刺梁主。而其間大名鼎鼎成爲歷代奢淫亂政皇帝典型的則是陳後主陳叔寶。《南史·張貴妃傳》載：「陳後主至德年間（五八四），起臨春、結綺、望仙三閣於光照殿前。窗牖壁帶，懸楣欄檻，皆以沈檀爲之，又以金玉飾之。每微風暫至，香聞數里。」其侈靡程度爲東晉以來所未有。所以本詞的「繁華競逐」一語，是有其極爲充分的依據的。

「嘆門外樓頭」句，隱括晚唐杜牧詩《臺城曲》「門外韓擒虎，樓頭張麗華」句，簡取兩個人名，更覺耐人尋味。隋文帝開皇九年（五八九），遣大將韓擒虎率師直搗金陵，陳後主猶自在結綺樓頭與寵姬歌舞宴樂。隋兵進城，他倉皇逃匿景陽井內，被逮出作了俘虜。那口井也被稱爲「辱井」。這裏的「繁華」句，「悲恨」句，與下「漫嗟榮辱」

句，意脈上是貫通着的。「繁華」是「榮」，「悲恨」是「辱」。「樓頭」有寵妾，「門外」是敵軍。字筆閃轉騰挪，徑直以兩種屬性迥異事物的同一時間地點出現作對比，揭露陳後主荒淫腐朽的嚴重程度，其諷刺力量是至爲強烈的。

「千古憑高，對此漫嗟榮辱」二句言千載之後，遊人登覽時，對着如畫的江山，緬懷微茫的往事，徒然興嘆那走馬燈式的興亡成敗史實。言外之意，正如杜牧《阿房宮賦》所說：「秦人不暇自哀，而後人哀之；後人哀之而不鑒之，亦將使後人而復哀後人也！」作者結合北宋朝廷的衰頽形勢，感慨是深沈的。程大昌《演繁露》記載：曾鞏當年曾親見景陽井「井口石欄有鐫字曰『辱井在斯，可不戒哉！』」北宋王朝當局是否能引以爲戒？下文自有解答。

「六朝舊事隨流水，但寒煙、衰草凝綠。」二句總結「懷古」主題。意在謂：吳、東晉、宋、齊、梁、陳這六個南國王朝，如同那「不舍晝夜」東流的江水，一去不復返！現在留下來的，衹是高秋肅穆天穹下一片衰草寒煙及其上面凝聚着的冥冥綠色而已！這裏的「懷古」情思，是依託鮮明形象表達的。可說是達到了情景交融的極致。那「逝者如斯」的「流水」，那生意闌珊的「寒煙衰草」，都和作者的懷古傷時心緒相諧調。對比來看，上闋因是歌頌大好山河，題材語感也相應含帶逸興豪情。這裏是一種思想的兩個側面，三個層次。因爲熱愛祖國河山，必然繫念祖國歷史；而繫念祖國歷史，實爲關注祖國現實。那麼，祖國的現實竟是如何呢？結尾三句，有其明示。

「至今商女，時時猶唱，後庭遺曲。」三句是全篇主題的緒餘，也是全篇思致的一種反振。古代詩詞，單純「懷古」之作是罕見的。它或隱或顯，總是和「感時」相聯。王安石作爲「中國十一世紀的改革家」（列寧語），青少年時就「慨然有矯世變俗之志」。他兩次出知江寧，再度入爲宰相。熟審國家形勢，詳悉地方情實。對北宋王朝的日趨貧弱情景，是深懷憂慮的。他生性「不好華腴，自奉至儉」（《宋史》本傳），對當時權豪勢要的驕侈風尚，是極爲不滿的。而今，他出守江南名郡，面對着的仍是「故國」的紙醉金迷，仍是「前朝」的燈紅酒綠。特別是當他聽到酒樓歌女傳唱出來的仍是當年陳後主編製的《後庭花》曲子時，作者的憂國憂民激情，是不能自已的。

《隋書·五行志》所記：「禎明（陳後主年號）初，後主作新歌，辭甚哀怨。令後宮美女習而歌之。其辭曰：『玉樹後庭花，花開不復久。』時人以爲歌讖。」很顯然，那首《後庭花》歌曲，是被後人視爲亡國之音的。從陳到北宋當時，時距已有四百八十年之久，可是這種靡靡之音却依然健在！這實在是一宗令人入耳驚心之事。作者在這裏尖銳地指斥了因循陳腐的時代風習，痛切地揭舉了荒嬉麻醉的社會弊病。用以結束全詞，愈見矯健有力。結句從杜牧《泊秦淮》化出，涵義更爲深婉。

《桂枝香》就是這樣一首風骨峻嶒的詞作。它是一首濃情憂國的高吟，是一篇篤志濟時的豪唱。它格高韻逸，骨秀辭清，宛如一樹風雪裏的梅花，有暗香襲人，有冰姿動世。黃蓼園說它「清迥」、「出塵」，沈際飛說它「媚出於老」，張炎則把它和東坡《水調歌頭》並稱，謂爲「皆清空中有意趣」之作，是有見地的。「風格即人」，從本詞可以窺察王安石文學創作的審美標準。王詞其美在神，非似西昆諸家以外表華豔炫人者可比。《草堂詩餘》引《古今詞話》說：東坡看過本詞「不免嘆曰：『此老乃野狐精也！』」雖說幾近笑謔，並不妨害崇敬心意的表達。同書還說：「金陵懷古，諸公寄調於《桂枝香》者凡三十餘首，獨介甫最爲絕唱。」這個傳說，不那麽可信。本詞既爲王安石首倡，諸家又那么多和作，實爲一時盛事，焉得一無留存？這個傳說，倒是從側面說明了人們愛重本詞的普遍心理。

（徐翰逢）

答司馬諫議書

王安石

某啓：昨日蒙教，竊以爲與君實游處相好之日久，而議事每不合，所操之術多異故也。雖欲強聒，終必不蒙見察，故略上報，不復一一自辨。重念蒙君實視遇厚，於反覆不宜鹵莽，故今具道所以，冀君實或見恕也。

蓋儒者所爭，尤在於名實。名實已明，而天下之理得矣。今君實所以見教者，以爲侵官、生事、征利、拒諫，以致天下怨謗也。某則以謂受命於人主，議法度而修之於朝廷，以授之於有司，不爲侵官；舉先王之政，以興利除弊，不爲生事；爲天下理財，不爲征利；辟邪說，難壬人，不爲拒諫。至於怨誹之多，則固前知其如此也。人習於苟且非一日，士大夫多以不恤國事、同俗自媚於衆爲善。上乃欲變此，而某不量敵之衆寡，欲出力助上以抗之，則衆何爲而不洶洶然？盤庚之遷，胥怨者民也，非特朝廷士大夫而已；盤庚不爲怨者故改其度，度義而後動，是而不見可悔故也。如君實責我以在位久，未能助上大有爲，以膏澤斯民，則某知罪矣；如曰今日當一切不事事，守前所爲而已，則非某之所敢知。

無由會晤，不任區區向往之至。

答司馬諫議書

王安石，爲唐宋古文八大家之一，於論辯文章尤具特色。元人吳澄說他可「與唐二子（指韓愈、柳宗元）相伯仲」。（《臨川王文公集》序）近代梁啓超說「公論事說理之文，其刻入峭厲似韓非子。」（《王安石評傳》）王氏傳世文章，長或萬言，短不滿百，無不峻潔廉悍，有雄視百代之概。

《答司馬諫議書》爲王氏著名駁論性短篇。它言簡意賅，詞嚴義正，針鋒相對地駁斥了保守派首腦人物司馬光對新法的指責，表現了我國中世紀時政治改革家堅定果敢的胸襟氣魄，成爲後世廣泛傳誦的名作。宋神宗趙頊熙寧二年（一〇六九），王安石擢任參知政事，全面推行新法，企圖挽救北宋王朝積貧積弱的危急局勢。但却遭到守舊派大官僚、大地主們的激烈反對。熙寧三年春，身爲翰林學士兼右諫議大夫的司馬光，上疏請罷新法，並三次致書王安石，攻擊新法，不遺餘力。《與王介甫書》長達三千三百餘言，列舉新法多種「罪狀」。於是王氏修此復書，以爲答辯。

本復書全文長三百多字，分三個段落。開端引言，結尾習語，都很簡短；從結構上看，仍可各視爲一段。中間一段較長，是本篇駁論的核心部分。全文結構嚴謹簡練，緊湊自然。

首段引言，主要說明自己對待來書態度的變化，卽從「略報」到「具言」。本段共三整句，兩個內容，兩個層次。首句訴說以前對來書的「略報」（卽未予回答）態度。「昨日蒙教」，開端明確本文的復書性質。「昨日」概說「前些日子」，不是定指昨天。「蒙教」，謙稱自己「接受教益」，表示尊重來信。「竊以爲」三分句，回顧自己與司馬光之間向存友誼，往來交好的時間也已甚爲久遠。王安石與司馬光早年卽曾同爲羣牧司判官（見《邵氏聞見錄》），但二人政治見解却常常相左。這是因爲所持的治世策術不同之故。復書開端卽如此探本輸心，態度何其明朗誠懇！「雖欲強聒」一整四分句，是說收信之初，估計彼此歧見之深，不想勉強作解，於是省略答復，不一一自辯。這裏文章，表面上謙沖，骨子裏傲岸。實質上「略報」等於「不屑理睬」。「故略上報」一語，各本均解爲「簡略作答」，意固可通；然而復按此「略」字實爲「簡省」之義，亦卽古籍中經見的「從略」之例。今查《臨川先生全集》（《四部叢刊》影嘉靖三十九年撫州刊本），王安石當年答復司馬光書信，祇此一函，別無他柬，似以解爲「未予答復」的敬語爲合。以上說明先前慢待來書的原委，這是本段第一個論列內容，第一個邏輯層次。

「重念蒙君實視遇厚」以下一句四分，則是本段第二個內容、層次。「重念」二字，使文章層轉遞進，波瀾初起，意在說：經過後來考慮，承蒙厚誼多年，在訊息往來上，不應粗率從事，故現在詳述所想，希望獲得寬諒。以上文章，誠摯坦白，有理有節地剖析了自己對來書態度變化的過程。看去是曲通情款，實際是毫釐不讓。文風乾淨利落，語言也委婉得體。逶迤周延，有行雲流水之致。

中間一段，是本復書的正文，是駁論的主體。它首尾兼具，自成獨立格局。主要也是兩個內容，兩個層次。前半是駁議，後半是開導。駁議是針對來信意見，批評其錯誤論點；開導是揭舉社會風習，探求病患本源。二者表裏相關，難於清楚分劈。在正式駁議之前，先提出儒者治學處事的基本原則，即「名實相符」問題，這是一個倫理上的命題，弄清楚這個傳統的論理前提之後，才可望掌握天下的事理。言外之意，實在指斥司馬光來信缺乏「循名責實」（猶今言之「實事求是」）精神。這是本段論述一個非常冠冕的開始，具有籠罩全篇、提挈全局的作用。下面是正式反駁來書，核心是駁斥「侵官」、「生事」、「征利」、「拒諫」四項指責和說明「招致怨謗」的後果問題。王氏這封復信，雖說是「具道所以」，實則全部篇幅衹是來書的十一，仍屬採取「片言折獄」做法，分別用「受命議法，不爲侵官」、「興利除弊，不爲生事」、「爲天下理財，不爲征利」、「辟邪說，難壬（巧佞）人，不爲拒諫」等無可爭議的理由，逐項駁倒司馬光見罪的觀點。論列理直氣壯，切中肯綮，態度光明磊落，均之無懈可擊。這是本段第一個內容層次，也是全文最爲主要的一個內容層次。清人劉熙載《藝概》說：「半山（王安石號）文善用揭過法，衹下一二語，便可掃他人數大段。」本篇卽其明證。司馬氏同爲一代古文能手，他的來書，洋洋灑灑，墨飽筆酣，也稱得上詞鋒異常銳利的力作。王氏在這裏衹是「提要鈎元」，擊其要害。先之示以「名實相符」的高標，繼之抉其「是非淆亂」的本質。碉堡一摧，陣容便整個瓦解。王氏的「根抵濟用」文風，於此可以概見。

下面，從「人習於苟且非一日」迄「則非某之所敢知」，是本文中間段的第二個內容層次，亦卽從「駁議」到「開導」、從批判到疏通的內容層次，文章意氣駿發，筆調也愈趨勁挺。司馬光來書，在指責同時，還列舉了一些聖哲遺訓。如「老子曰：『我無爲而民自化』，『我無事而民自富』」等黃老道家足爲保守派張目的論調。王氏復書，對此痛下針砭，指出當時彌漫社會的苟且偷安、不顧國事、祇知附和討好衆人的不良風氣，說明自己力助君主、倡行新政，必然招致怨誹的規律。擘肌分理，痛快淋漓。「洶洶」，原作「淘淘」，喧擾之聲，像濁流沸湧之狀。文章詞語的研練功夫是超人的。「人習於苟且非一日」，明積弊之深。「士大夫多以不恤國事，同俗自媚於衆爲善」，示頹風之廣。「欲出力助上以抗之」，表自己「矯世變俗」的決心和鬥志。語感剛毅果斷，大有《孟子》「自反而縮（直），雖千萬人吾往矣」的氣概。「洶洶然」，是個富於情態表現力的形容詞，它既描繪了守舊羣倫大嚷大叫的騷動嘴臉，也反映出作者自身鄙薄流俗的堅定神態。

接着，作者仿來書託古爲詞之例，援引盤庚遷都故事，進一步作解。《尚書·盤庚篇》記載：「盤庚五遷，將治亳殷，民咨胥怨。」盤庚爲商代中興之主，他鑒於舊都奄（今山東曲阜）地勢低隘，不利國家發展，決計遷都到亳（今河南安陽），遭到戀舊貴族及祇顧小利者的反對。盤庚沒有改變計劃，作告諭三篇，堅持搬遷到底。這是因爲他「度義而後動，是而不見可悔」之故。這裏的「度」，是動詞，音義與上不同，是忖度之意。這則援古，自然是爲了喻今，說明盤庚當年未因多怨而停止遷都，自己今日也不能因多怨而罷免變法；根據都是切符國家利益。「開導」一項內容，就到此爲止。此節文字，剴切詳明，發人深省。下面，引申史事，回應前文，圍繞變法當否這個爭論中心，從游處角度總結駁論一段。文中提出兩種不同的交友態度：一是督促朋友「大有作爲」；一是拖拉朋友「一切不事（作）事」。前者是自己的企求，後者是自己的厭棄。對比鮮明，用以評定司馬來書思想上態度上的雙重錯誤。妙在於事實明確面前，故作朦朧詰問語氣，修辭之道，可謂造極。

書信，古時常爲一種紙上折衝的形式，當然需要講求禮法，促進友誼。文章結尾一段，祇一整句。雖屬書信套語，但亦不容忽視。況且，是在正文一番激烈爭鬥之後，說點溫慰親情之類的習熟語言，以調劑一下通體僵冷的氛圍，是十分必要的。「無由會晤」，是說缺乏見面機緣。「不任區區向往之至」，表示自己誠摯仰慕對方的心意。「區區，愛也。」（《廣雅·釋訓》）最後落到同朝僚友書信往來的本題上，是甚爲得體的。

《答司馬諫議書》與《讀孟嘗君傳》同爲王安石短篇論文代表性作品。本文總的特色是：理足氣盛，精悍警辟，強力內潛，斬截犀利，如投槍匕首，充分體現出作者「意惟求多，字惟求少」的爲文主張，具有凜然不可干犯的氣勢。我們試一反思觀照，一個堅韌剛果、銳意革新的政治家形象，便會躍然紙上。《孟子》說「充實之謂美」，本文無疑是王氏長期鬱積內心的「起民之病，治國之癡」仁政思想的曲折反映。其抒情意義與審美價值是不在文藝作品之下的。蘇軾說：王氏文學「惟荒瘠斥鹵之地，彌望皆黃茅白葦」（《答張文潛書》），自然是偏見之談；梁啓超說：「以東坡文比荆公文，猶野狐禪之比正法。」（《王安石評傳》）也不免過正之失。但梁氏又說：「七子（指王外七大家）皆文人之文，王則學人之文。」則確係有得之論。

（徐翰逢）

遊褒禪山記

王安石

褒禪山亦謂之華山。唐浮圖慧褒始舍於其址，而卒葬之。以故其後名之曰「褒禪」。今所謂慧空禪院者，褒之廬冢也。距其院東五里，所謂華山洞者，以其乃華山之陽名之也。距洞百餘步，有碑僕道，其文漫滅，獨其爲文猶可識，曰「花山」。今言「華」如「華實」之「華」者，蓋音謬也。

其下平曠，有泉側出，而記遊者甚衆，所謂前洞也。由山以上五六里，有穴窈然，入之甚寒，問其深，則其好游者不能窮也，謂之後洞。余與四人擁火以入，入之愈深，其進愈難，而其見愈奇。有怠而欲出者，曰：「不出，火且盡。」遂與之俱出。蓋予所至，比好遊者尚不能十一，然視其左右，來而記之者已少。蓋其又深，則其至又加少矣。

方是時，予之力尚足以入，火尚足以明也。既其出，則或咎其欲出者，而予亦悔其隨之，而不得極夫遊之樂也。

於是予有歎焉。古人之觀於天地、山川、草木、蟲魚、鳥獸，往往有得，以其求思之深而無不在也。夫夷以近，則遊者衆；險以遠，則至者少。而世之奇偉、瑰怪、非常之觀，常在於險遠，而人之所罕至焉，故非有志者不能至也。有志矣，不隨以止也，然力不足者，亦不能至也；有志與力，而又不隨以怠，至於幽暗昏惑而無物以相之，亦不能至也。然力足以至焉，於人爲可譏，而在己爲有悔；盡吾志也，而不能至者，可以無悔矣，其孰能譏之乎？此予之所得也。

余於僕碑，又以悲夫古書之不存，後世之謬其傳而莫能名者，何可勝道也哉！此所以學者不可以不深思而慎取之也。

四人者：廬陵蕭君圭君玉，長樂王回深父，余弟安國平父、安上純父。

至和元年七月某日，臨川王某記。

在王安石的集子裏，遊記文並不多。但他的《遊褒禪山記》却寫得相當出色。這不止是說作爲唐宋古文八大家之一的王安石，在這篇遊記裏表現了傑出的散文藝術才能，更值得重視的是這篇遊記表現了作爲政治改革家的王安石的學識、見解、魄力和氣度。可以說，運用高超的寫作技巧，通過一定的具體事例，精確而充分地闡述一種人生哲理，使完美的表現形式與深刻的思想內容和諧統一，是這篇《遊褒禪山記》的顯著特色。

顧名思義，遊記文是記敍遊覽觀賞的文章，因而免不了要描繪山川之勝、風物之美，並且免不了要抒發由這山川風物所引起的內心感受。一般的遊記文也就往往側重於寫景、抒情，而王安石的這篇《遊褒禪山記》却是把寫景、抒情同敍事、說理結合起來，融爲一體，並且從中寄託政治上積極進取的懷抱，體現了對社會人生的執着追求的精神，這是很可貴的。

王安石早年做地方官到過東南一帶的許多地方，後來在京城做官，又曾北上遠至宋遼邊界。他所到之處，登臨遊賞，或有所感，或有所悟，提筆寫下詩詞散文，大多聯繫着歷史、現實、國計、民生，反映出他的政治理想。這篇《遊褒禪山記》，正是他作了鄞縣知縣，又在安徽作了三年舒州通判之後，於宋仁宗至和元年（一〇四五）寫的。褒禪山就在今天安徽的含山縣。

《遊褒禪山記》一開始便緊扣題目，從褒禪山寫起。「褒禪山亦謂之華山，唐浮圖慧褒始舍於其址，而卒葬之，以故其後名之曰『褒禪』。」「浮圖」和「禪」都是梵語的譯音；在這裏「浮圖」指和尚，「禪」指佛家的修行。這幾句是說，褒禪山之得名是由於唐代慧褒和尚生前居住在這裏，死後又埋葬在這裏。「今所謂慧空禪院者，褒之廬冢也。」「廬」是房舍，「冢」是墳墓。這個開頭對褒禪山的名稱來由、地理位置作了一番踏勘考訂。接着，文章由褒禪山引出了華山洞。「距其院東五里，所謂華山洞者，以其乃華山之陽名之也。」「陽」，是山的南面。這幾句，指出華山洞之得名是由於它地處褒禪山的南面，而褒禪山本來叫華山。這一點很要緊，因爲通篇所記遊褒禪山，實際上祇是遊華山洞，而文章闡述的精闢道理，又是從遊華山洞引發的。下面「距洞百餘步，有碑僕道，其文漫滅，獨其爲文猶可識曰『花山』。今言『華』如『華實』之『華』者，蓋音謬也。」這幾句指出，距離洞口百十來步遠的路旁，有一塊倒伏的石碑，上寫的文字已經模糊不清，惟有「花山」兩個字還可以辨認出來。原來華山是應該叫「花山」的，現在把它讀成「華實」的「華」，是讀音讀錯了。

這一段文字引入了記遊的正文，但它不像一般遊記文那樣限於交代所遊之地的概貌，而是別具一格地進行了一番實地考查，「循名責實」，從概念到實際，原原本本弄了個明白。

文章的第二段緊接着記敘了遊華山洞的情況。華山洞分爲前洞和後洞。對前洞的記敘是：「其下平曠，有泉側出，而記遊者甚衆，所謂前洞也。」「曠」是空闊的意思。前洞在山下，平坦空曠，洞中有泉水，遊人很多。後洞的景況怎樣呢？「由山以上五六里，有穴窈然，入之甚寒，問其深，則其好遊者不能窮也，謂之後洞。」指出後洞離山脚五六里，幽暗深邃，進去之後，寒氣襲人，要問它有多深，就是對遊覽有特別愛好的人也不能到達盡頭。雖然作者不把主要筆墨用在寫景狀物上面，但這三言兩語，就已經突出了前洞與後洞迥然不同的環境特徵。同時，又用「記遊者甚衆」，與「好遊者不能窮」「其深」來分別說明遊前洞之易與遊後洞之難，揭示一般遊人就易避難的心理，爲後文立論提供了客觀依據。這裏，前洞只是作爲後洞的陪襯。寫前洞是賓，寫後洞是主，把如何遊前洞完全省去，是爲了集中敍寫如何遊後洞。「余與四人擁火以入」一句，點明與人同遊，這才有入洞之後諸人的不同反應。至於入洞之後的所經所見所感，作者只用了「入之愈深，其進愈難，而其見愈奇」三個短句就立刻收住。方才我們講過，作者并不把主要筆墨用在寫景狀物上，入洞以後愈進愈難、愈見愈奇本身，不是文章的重點，所以沒有展開描述的必要。不然，文章就會顯得枝蔓蕪雜，有損於借事喻理的主題的表達。事實上，這「入之愈深，其進愈難，而其見愈奇」三句，已經扼要地表現了入洞以後的所經所見所感，並且把文章借事喻理的主題提供出來了。從這裏我們也可以看出作者精於剪裁、詳略得當，巧於概括、突出中心的寫作修養工夫。

文章寫到隨着入洞之深而「其見愈奇」，使讀者想象洞中一定是光怪陸離、千姿百態的景象。按說，既然如此美不勝收，那下文就該敍寫乘興直入，尋幽訪勝，全部領略其「奇」景。不料，却是中途退出了。「有怠而欲出者，曰：『不出，火且盡。』遂與之俱出。」「怠」是鬆懈怠惰、意志薄弱的意思。有不願繼續前進而要出來的人說：「不出去，火把將要燒完」，於是大家都同他一起出來了。文章到這裏本來是可以收住，徑直轉入議論的。但是，這樣一來，入洞過程就會被簡單化，後面的議論也就不可避免地會流於一般化。因此，作者放筆寫去，接着作了兩點補敍。第一點是「蓋予所至，比好遊者尚不能十一，然視其左右，來而記之者已少。蓋其又深，則其至又加少矣。」意思是說，我們所到達的深度比起「好遊者」來說還不及十分之一，然而看看洞壁上遊者刻記的已經少了，再深入一些，就更少了。這幾句是從正面補充「入之愈深，其進愈難」兩句。另外一點是「方是時，予之力尚足以入，火尚足以明也。既其出，或咎其欲出者，而予亦悔其隨之，而不得極夫遊之樂也。」「咎」是責怪的意思，「極」是窮盡的意思。這幾句是說，當時自己的精力完全可以繼續前進，火炬完全可以繼續照明，所以中途退出之後，有人就抱怨那個吵着要出洞的人，自己也對跟着退了出來感到後悔，沒有能够飽覽後洞的瑰異景色，盡興遊樂。這是從反面補充「而其見愈奇」一句。這一段的文筆，顯得曲折陡峭，文情也起伏跌宕，搖曳多姿。這和按部就班地記述過程，又是不相同的。作爲遊記文，既然沒能盡情遊玩，也就沒有什麽可記的了。但王安石却相反，他正是從這件事情中悟出了一些道理。

到了這時，文章就由「於是予有嘆焉」一句自然地轉入了帶有感情色彩的議論。「嘆」就是感慨。作者感慨什麽呢？文章沒說，却先講了一個道理：「古之人觀於天地、山川、草木、蟲魚、鳥獸，往往有得，以其求思之深而無不在也。」就是說，古代有成就的人卽使觀察天地、山川、草木、蟲魚這樣一些自然現象，也能够有所體會心得，因爲他們思考得深入細緻。「思之深」，是指思考的深度；「無不在」，是指思考的廣度，指雖細小而無不察。依據「求思之深而無不在」才能有所得這個道理，作者對遊華山洞的過程進行深入細緻的思考，寫出了如下一段議論。這議論，就是「予有嘆焉」的內容，也就是這篇《遊褒禪山記》的核心、靈魂、主旨所在。

「夫夷以近，則遊者衆」，「夷」是平坦的意思，平坦而近便的地方，遊人就多；這一句照應着「其下平曠，有泉側出，而記遊者甚衆」這幾句，是針對前洞來說的。「險以遠，則至者少」，指出艱險而偏遠的地方，遊人就去得少了；照應着「由山以上五六里，有穴窈然，入之甚寒，問其深，則其好遊者不能窮也」這幾句，是針對後洞來說的。兩相對比之後，緊接着指出：「而世之奇偉、瑰怪、非常之觀，常在於險遠，而人之所罕至焉。」「瑰怪」，卽美麗奇特。「罕」，是稀少的意思。世界上奇異壯麗而極不尋常的勝景，常常在那艱險而偏遠的地方，不是輕易可以到達的，能去的人自然不多。這是照應「入之愈深，其進愈難，而其見愈奇」幾句，就進入後洞的所經所見所感生發開去，告訴讀者：爭取一種美好的理想境界，須得經過艱難曲折，要有堅韌不拔的頑強精神。針對「有怠而欲出者」，作者接着提出了三個「不能至」。第一：「故非有志者不能至也」，指出缺乏堅強的意志是不能到達的。「有志」，就是具有堅強意志。但是僅僅「有志」還不够。作者又提出第二個「力」的問題：「有志矣，不隨以止也，然力不足者，亦不能至也。」這是說要到達美好境界，還必須具有充沛的精力。但「力」「足」了，也仍然不够，「有志與力，而又不隨以怠，至於幽暗昏惑而無物以相之，亦不能至也。」「相」是輔助的意思。憑借堅強的意志與充沛的精力，假使遇到幽深昏暗這樣困難的所在，而沒有一定的物質條件，例如火燭之類，來作爲輔助手段，那也是達不到目的的。這裏作者又提出了第三個「物」的問題。三個「不能至也」，表達三層意思，提出了「志」、「力」、「物」三種必備因素，把經過不斷的艱苦努力又需要有一定的物質條件才能完成一種理想追求的道理，說得相當清楚、完備而透徹。

必須指出，作者提出的「志」、「力」、「物」三者，其間的關係並非不分主次地平列的。「志」和「力」屬於主觀因素，「物」屬於客觀因素。任何事情，都離不開主觀與客觀兩方面的因素。而主觀因素在一定情況下往往是關鍵性的。再就「志」與「力」來說，「志」屬於心理方面，指人的精神狀態，「力」屬於生理方面，指人的體質狀態，而人的精神狀態又往往具有能動作用。人們有時候會感到「心有餘而力不足」，但只要「有志」，就會多方設法利用和創造條件，以改變「力不從心」的處境。反之，如果士氣不振，鬥志鬆懈，即使強而有力，那也會變得軟弱無能。所以作者以爲「志」、「力」、「物」三種因素缺少其中之一，美好的境界都不能達到，同時又把「志」的因素放在首位。三個「不能至」的三層意思，是按照三種因素的性能而依次論列的，邏輯十分嚴密。而在這之後，作者則又對「志」的重要意義，作了進一步的強調和申述。「然力足以至焉，於人爲可譏，而在己爲有悔」，是說體力足以到達，而努力不够，以致未能到達，就會招來別人的責怪譏笑，自己也要產生悔恨。「盡吾志也，而不能至者，可以無悔矣，其孰能譏之乎？」「孰」當「誰」講。是說盡了主觀努力，即使未能到達，那在自己就不會有悔恨，在別人也不會有誰來責怪譏笑了。這一正一反的兩層意思，照應「既其出，則或咎其欲出者，而予亦悔其隨之」，突出了「有志」的決定性作用，並且提出「盡志」，即全力以赴、堅持不懈的高標準要求，從事物的規律性歸結到人的能動性，把所議論的道理推進一層。最後，作者用「此予之所得也」——「這就是我的體會心得呵」一句，收束了這一段議論，回到只要「求思之深而無不在」即能「有得」的道理上去，前後呼應得緊密而自然，加強了議論的說服力量。

但是，文章的議論並沒有終結，照應開頭一段的末尾，作者於第三段之後，就「花山」誤讀爲「華山」一事，繼續發表感慨。這就是文章的第四段：「余於僕碑，又以悲夫古書之不存，後世之謬其傳而莫能名者，何可勝道也哉！此所以學者不可以不深思而慎取之也。」這一段包含兩層意思。其一，由於「僕碑」才得以了解「華山」應是「花山」，因而想起古書散失，後世的人以訛傳訛，事物的實際名稱就無法弄清了，類似的情況實在難以說盡。這是從個別到一般，從「華山」的「音謬」概括出社會上輾轉訛誤、相沿失實的普遍現象。其二，針對這一普遍現象，提出讀書求學的人應該持有深入分析與慎重接受的態度。這是從具體到抽象，從古書不存、難明眞實，進一步概括出研究事物去僞存眞的基本原則。有人看到文中提到「學者」，就認爲作者講的是「讀書求學」。這是不確切的。作者闡述的道理，具有廣泛性、普遍性，決非僅僅限於「論學」。再說這裏提出「深思而愼取」，對於上段的議論來說，也是一個重要的補充。因爲希望到達美好的理想境界，包括讀書求學，固然先要「有志」，先要有百折不回、一往無前的堅毅精神；但除此之外，「深思而愼取」，認眞不苟、實事求是的態度，也是至關緊要的。作者如此立論，既扣着中心，又顧及全面，文筆嚴絲合縫，通篇無懈可擊，也正是「深思而愼取」的具體體現。

到這裏，議論結束，文章也該收尾了。所以末段只是點出同遊諸人的名姓：「四人者：廬陵蕭君圭君玉，長樂王回深父，余弟安國平父、安上純父。」並點出遊山之後撰記的時間、作者：「至和元年七月某日，臨川王某記。」這是一般遊記文通有的格式。不過，它在《遊褒禪山記》裏，却不是可有可無的。列舉四人名姓，可以看出前面描寫諸人入洞後的不同反應，不是虛構的；遊山有時，撰記有人，更顯示了事件的眞實性。而通篇借事喻理，也就決不是鑿空妄發之作。

王安石的文章，大多能給人以思想上的啓發、理論上的誘導和情緒上的感染。原因就在於作者胸襟開闊，見識超遠，並且善於運用簡潔有力、流暢透闢的文筆，因小見大，就事論理。這篇不同於一般遊記文的《遊褒禪山記》不正是這樣的嗎？

（趙齊平）

讀孟嘗君傳

王安石

世皆稱孟嘗君能得士，士以故歸之，而卒賴其力以脫於虎豹之秦。嗟乎！孟嘗君特鷄鳴狗盜之雄耳，豈足以言得士！不然，擅齊之強，得一士焉，宜可以南面而制秦，尚何取鷄鳴狗盜之力哉？夫鷄鳴狗盜之出其門，此士之所以不至也。

《孟嘗君傳》即《孟嘗君列傳》，是司馬遷在《史記》中爲孟嘗君所作的一篇傳記。孟嘗君是戰國時齊國的公子，姓田名文。他的父親田嬰曾經做到齊國的宰相，被封於薛（其地在今山東滕縣東南）。田嬰死後，田文承襲他父親的爵位封地，做了薛公。「孟嘗君」，據《史記》說，是他死後的謚號。古時候有一定地位的人死了，要根據他一生的行事與功過給他一個稱號，叫謚號。不過唐代孔穎達、司馬貞都認爲「孟嘗君」是田文的號，而不是謚號。司馬貞說「孟」是字，「嘗」是邑名，其地就在薛的附近，所以號「孟嘗君」，這也可備一說。

《史記·孟嘗君列傳》記載孟嘗君熱情招徠天下的士人，連各諸侯國犯罪逃亡的人也都投奔到這裏來；而孟嘗君不論貴賤，都給予優厚的待遇，所以天下之士都歸向他，門下的食客竟達數千人之多，名聞諸侯。當時秦昭王聽說孟嘗君賢能，便設法把他召到秦國，想讓他做宰相。這時秦國有人說：「孟嘗君很賢能，又是齊國的王族，他做秦國的宰相，謀畫事情必然先考慮齊國的利益，而把秦國放在後面，秦國可要危險了。」秦昭王聽後便改變了原來的主意，不僅不用他爲相，反而把他軟禁起來，想殺掉他。孟嘗君派人去見秦昭王寵幸的王姬求救，王姬提出來要孟嘗君的狐白裘。孟嘗君當眞有一件狐白裘，價值千金，天下無雙，但是入秦的時候已經獻給了秦昭王，再沒有第二件了。孟嘗君和他門下的賓客們都束手無策，恰好有一個處於賓客末位的人能爲「狗盜」，於是他裝扮成狗夜入秦宮將狐白裘偷了出來。王姬得到了狐白裘，極力斡旋，說動秦昭王把孟嘗君放了。孟嘗君怕秦昭王反悔，卽時起行歸齊，夜半趕到函谷關。秦朝守關的法令規定，早上鷄叫以後才能啓關通客。這時又有一個居於賓客末位而能爲「鷄鳴」的人，便學作公鷄打起鳴來，結果羣鷄應聲皆鳴；守關吏便開關把他們放了出去。秦昭王果然後悔放了孟嘗君，派人飛車追趕，可是追到函谷，孟嘗君已經出關離開秦國的疆界了。《孟嘗君列傳》說：「始孟嘗君列此二人於賓客，賓客盡羞之。及孟嘗君有秦難，卒此二人拔之。自是之後，客皆服孟嘗君。」意思是說當初孟嘗君把善於「鷄鳴」、「狗盜」的這兩個人列爲賓客時，別的賓客都感到羞辱。待到孟嘗君在秦國遭遇危難，終於賴這兩個人得以脫險。從這以後，賓客們都佩服孟嘗君善於養士得人了。後來一般人也據此事認爲孟嘗君能得士。

這篇文章就是針對這件事情而發。文章不僅很短，而且可以說短得出奇，一共只有八十八個字。以不滿百字的文章，發一個大議論，而且論得虎虎有生氣，引人入勝，沒有高明的見解和較深的文學修養功夫，是很難辦到的。

首先，《史記·孟嘗君列傳》所記載孟嘗君之事很多，作者却只取這一件事發議論，這就給主題的集中、議論的深入、篇幅的短小精悍創造了條件，見出作者是很善於選題作文的。

其次，文章雖極短小，層次却歷歷分明，步步深入。全文包含四個層次；如果我們用新式的句、逗把它標點出來，那麽，一目瞭然，每一層可以說只有一句話。但這一句話，內容的豐滿厚實，足以抵得上一段文章。不過爲了分析的方便，下面仍把每一個逗點處當作一句看。

第一層共三句。先舉出世上一般人對孟嘗君得脫秦難的看法，這就是認爲他「能得士」，爲各種藝能之人所歸向，終於賴「鷄鳴」、「狗盜」之徒得以逃脫秦王毒手。這三句是立案，擺出準備予以批駁的靶子。這個案立得非常紮實，語言乾脆利落，包含三點意思：一、「能得士」；二、「士以故歸之」；三、終賴其力以脫秦難。而開端用「世皆稱」三字陡然領起，開門見山，一點也不拖泥帶水，見出作者用筆的剛勁峭折。文中用「虎豹」形容兇狠之秦，不僅形容傳神，又暗與文中的「鷄」、「狗」相映成趣。賴山陽說：「虎豹與鷄狗相映帶，在於有意無意之間。」靠「鷄」、「狗」之能以脫「虎豹」之口，有意無意之間，憑空添加了文章的趣味。

接下來三句是第二層。「嗟乎」是感嘆詞，沒有實意，如果把它除外，這一層實際只有兩句話。這兩句話與上文針鋒相對，直破「能得士」之說。它從根本上揭出孟嘗君養士的本質：既然所養爲「鷄鳴狗盜」之徒，那他不過是鷄鳴狗盜的頭兒而已，哪裏稱得上「得士」！這斷語下得深刻有力，語氣斬釘截鐵，緊承上文而來；以嘆詞做轉折，用一「特」字領起，陡轉直下，將「能得士」三字一下掀倒，眞個字字有千鈞之力。所以李剛己說：「將上文一筆折倒，辭氣極爲駿快。」「特」字在古文中與「但」、「直」二字相當，即現代漢語的「只不過」的意思。「雄」是「長」之意，可以譯成首領、頭子。

「不然」以下五句是第三層。以「不然」二字再做一個轉折，從孟嘗君沒有眞正得士上，生發出一篇正論，是本文的核心部分，集中反映出作者識見的高超。孟嘗君活動在齊湣王時期，當時對峙的戰國諸雄中，齊、秦、楚三國最強大。所以文中說孟嘗君「擅齊之強」。「擅」是據有的意思。有一個強盛的國家爲後盾，那麽，只要得一謀高識遠之「士」，便足以稱雄天下，哪裏還會成爲秦國的階下囚，需要靠鷄鳴狗盜之力以脫險呢？直破「賴其力以脫虎豹之秦」之說，翻駁得十分有力。古時君主的座位背北面南，文中的「南面」就是指齊國君臨天下，使秦國臣服於齊之意。這段文字裏實際隱含着這樣一個問題：是眞正得一輔國興邦之士，使齊國號令天下，不罹於難呢？還是收養一些鷄鳴狗盜之徒，終究不免於難，再靠他們出脫險境呢？這裏就見出眞得士與假得士的高下了。問題提得尖銳，發人猛醒。這一段雖純屬推論，却推論得極好，不僅合乎事情的情理，合於事物的邏輯，具有極強的說服力，而且大大展拓了文境，好像林盡水源處，忽逢桃花源，使文章大爲增色。

最後兩句是最後一層。轉折生發得尤其令人不測，將文章又推進更深一層：正因爲鷄鳴狗盜出其門，所以眞正之士不至。一針見血地指明網羅些鷄鳴狗盜之徒，不僅不是得士的表徵，恰恰是失士之由。高見卓識，啓人深思。以此作結，不僅直破「士以故歸之」之說，將孟嘗君不能得士之意收足，而且文勢高拔，語言冷雋、尖利而富有餘味。

這篇文章雖極短小，卻深藏爲文的匠心。作者在讀《孟嘗君列傳》時，可能先觸發了這一點感想：孟嘗君據有齊國之強，得一眞士，卽可稱雄天下，何需鷄鳴狗盜之徒以脫險！但高在作者是怎樣將此感此意結構成一篇妙文。作者沒有從這一點感想直接落筆去做正面的闡發，那樣雖然也可以把道理講深講透，但很可能寫出一篇平鋪直敍、平淡無奇的文章來。相反，作者匠心獨運，做了一番巧妙的安排，將全文分作四層；先立案，舉出世人的識見做爲靶子，然後依次翻駁，層層深入，每一層針對立案中的一點，不僅條理清晰，邏輯謹嚴，更重要的是經此一番結構，帶來許多妙處：第一，八十多字的短文中具有了四個分明的層次，顯得層巒疊嶂，有尺幅千里之妙。而層層轉折，文勢也波瀾起伏，一似廬山三疊泉，雖一瀑奔注，却層折而下，掀起幾個軒然大波，不平不板。沈德潛說得好：「語語轉，筆筆緊，千秋絕調。」第二，由於作者識見高卓，四層轉變之中，立意往往出人意料，正如唐介軒所說：「筆力眼界，俱到絕頂」。因而愈翻愈奇，勝境引人。劉鶚在《老殘遊記》裏描寫王小玉唱書，「回環轉折」、「節節高起」，有一段很好的形容說：「恍如由傲來峯西面攀登泰山的景象：初看傲來峯，削壁千仞，以爲上與天通；及至翻到傲來峯頂，才見扇子崖更在傲來峯上；及至翻到扇子崖，又見南天門更在扇子崖上。愈翻愈險，愈險愈奇。」我們可以移來品味此文的妙處。第三，由於短文多層，作者的論議都採取結論和斷語式的筆法，不做細緻的闡發和分說，這就使文簡意深，筆墨瘦硬，而轉折奇突，峭拔剛勁。讀此文章好像走入石林，迎面都是壁立的石筍，爲散文獨闢一境。我們可以從這裏體會到文字的奧妙：用筆不同，敍寫方式有異，可以給文章帶來什麼樣的風神與變化。

這篇文章從題目上看是一篇讀後感，但內容是對史事發議，實質上是以讀後感的形式做史論。就史書記事發議的史論，大致有兩類：一類是作史者本人於史傳末尾綴以評論以議是非，如《史記》各列傳後的「太史公曰」，《漢書》的「贊曰」，《後漢書》的「論曰」，《三國志》的「評曰」等等；一類則如本篇，脫離史傳獨立成文。無論哪一類，做史論都貴在有特識。識見超卓，議論精彩，才能給文章立位主幹。見解平庸，毫無新意，文章做得再漂亮，也沒有生氣。本文的成功處正在於不僅文章變化神妙，識見也迥然出衆。孟嘗君靠鷄鳴狗盜之力得脱秦險，一般人很容易把它看做是孟嘗君能得士的結果；而作者却高瞻遠矚，看到眞得一士則可不及於難。識見高人一頭，令人愜理厭心。作者在這篇史論裏，實際上提出了一個重要問題，即什麼叫做「士」。是能治國興邦之人呢？還是鷄鳴狗盜之輩？做爲一個政治改革家，王安石對這些問題是有自己的見解與回答的。從這裏可以看出這篇史論所議與現實政治的關係，見出王安石文章常常關聯政治的特點。而政治內容，出以生動有趣的史論，其效果便非一般文章所能比擬，這裏就見出文學的特殊功用。

王安石這篇文章也有其對前人繼承的淵源。不僅其史論形式是從史傳的評贊發展而出，其論議方式還明顯受到柳宗元議辯文的影響：如《晉文公問守原議》論議晉文公向親昵的使令小臣謀商任官之事，《桐葉封弟辯》論議成王因戲言封弟於唐同周公無涉事，其駁議之精警犀利，都與本篇相近。不僅如此，本篇中的主要見解還顯然受到韓愈《祭田横墓文》文意的啓發。田横是秦時人，秦末曾一度自立爲齊王。漢高祖劉邦統一了天下，田横與其徒衆五百人逃進海島。漢高祖下令征召，他不得已與賓客二人前往，行至半途自殺。兩個賓客和海島的五百人也全部自殺。韓愈在祭文中說：「當秦氏之敗亂，得一士而可王；何五百人之擾擾，而不能脱夫子於劍鋩！抑所寶之非賢，亦天命之有常。」意思說，當秦末大亂之時，得一能興國之士即可以王天下，何以有五百人之多，却不能救田横於死。是所寶重的人不賢能呢？還是天命如此呢？韓愈雖然意在後者，然而這種問題的提法，無疑對本文的作者有所啓示。從這裏可以看出，有對精華的認眞的繼承，才有在歷史已達到的水平基礎上的更高的發展。割斷歷史，否定傳統，白手起家，衹能事倍功半，甚至長期徘徊在一個初級水平上。（孫　靜）

臨江仙（夢後樓臺高鎖）

臨江仙

晏幾道

夢後樓臺高鎖，酒醒簾幕低垂。去年春恨却來時，落花人獨立，微雨燕雙飛。
記得小蘋初見，兩重心字羅衣，琵琶絃上說相思。當時明月在，曾照彩雲歸。

這是一首感舊懷人、傷離恨別之作。具體地說，是懷念歌女小蘋的。

詩人在《小山詞》自跋中說：「始時，沈十二廉叔（卽沈廉叔，「十二」是他的排行，下同）、陳十君寵家，有蓮、鴻、蘋、雲，品清謳娛客。每得一解，卽以草授諸兒。吾三人持酒聽之，爲一笑樂。已而，君寵疾廢臥家，廉叔下世，昔之狂篇醉句，遂與兩家歌兒酒使俱流轉於人間。」「追惟往昔過從飲酒之人，或壠木已長，或病不偶。考其篇中所記悲歡離合之事，如幻，如電，如昨夢、前塵，但能掩卷憮然，感光陰之易逝，嘆境緣之無實也。」這段跋文對於我們了解詞中的故事和詩人所流露出來的思想感情，不無幫助。

上片撫今。

「夢後樓臺高鎖，酒醒簾幕低垂。」這兩個六言對句先寫夢覺酒醒以後的凄寂情境，雖未直接言情，而情自在其中。試想，當年詩人和「過從飲酒」的朋友沈廉叔、陳君寵等人及「品清謳娛客」的歌兒蓮、鴻、蘋、雲在一起，飲宴歌舞，何其歡樂！然而，「一場愁夢酒醒時」（晏殊《踏莎行·小徑紅稀》），這些朋友和歌兒，或遽然死別，或倏而生離，詩人怎能不「感光陰之易逝，嘆境緣之無實」呢？「樓臺高鎖」、「簾幕低垂」，正說明人去樓空，音塵全無。所以，這兩句雖衹寥寥一十二字，却把詩人由於和小蘋長離久別而引起的淒寂之感、惆悵之情，全都烘托出來了。

「去年春恨却來時」，這一句承上啓下。「去年春恨」，點明上文所暗含的情事，卽和小蘋相離別的事，早在去年春上就發生了。「却來時」，一下子又把時間拉回到現在，說明去年的春天雖已過去，但去年春天的離別之恨，却隨着今年春天的到來，重又回到了詩人的心頭。這就很自然地引出了下文。

「落花人獨立，微雨燕雙飛。」這兩句通過描寫今年的春景，進一步展示詩人夢覺酒醒以後淒寂惆悵的心境。「落花」、「微雨」，點明節候。落英繽紛，春光將盡；細雨如織，天色方陰。這已是入愁之境，而詩人更以「獨立」之「人」和「雙飛」之「燕」相映襯，這就構成了一幅色調極其淒惋的藝術畫面。試想，無知燕子尚能翩翩「雙飛」，而有情人兒却反而煢煢「獨立」，好像那在「微雨」中成雙結對自由自在地飛舞着的燕子，是專門來形容、比照和撩逗這面對「落花」而悵然「獨立」的傷心人似的，這該是多麽惹詩人生恨的情境！然而，詩人對自己的恨事却未着一字，而全以境界會意，讓讀者根據這種特定的情境並聯繫有關的生活體驗，去思而得之。

「落花」兩句是被後人譽爲「千古不能有二」（譚獻《譚評詞辨》卷一）的名句。然而，正是這兩句，却恰恰是襲用五代翁宏《春殘》詩中的原句。那麽，何以翁詩反倒湮沒無聞，而晏句偏能卓絕千古呢？有比較，才有鑒別。翁詩云：「又是春殘也，如何出翠幃？落花人獨立，微雨燕雙飛。寓目魂將斷，經年夢亦非。那堪向愁夕，蕭瑟暮蟬輝。」（引詩見阮閱《詩話總龜》）單就這兩句詩來看，它好在無一情語而情自在其中，作者完全是通過對外在的客觀形象的描繪，來表現自己內在的主觀感情，具有一種淒婉美，含蓄美。但是，文學作品猶如一件器物，各部分之間要統一和諧才能稱得上完美。翁詩由於未能創造出完美的意境，不能說是好詩。這兩個名句放在詩裏，猶如組裝在次品上的優質部件，它的聲譽被整個作品帶累了，埋沒了。詞有着與這兩句詩相和諧的情調、相統一的意境，所以移詩入詞，雖然隻字未變，却使人但覺渾然天成，無縫無痕，全然看不出是移植而來。是《臨江仙》詞爲這兩個好句拂去了灰塵，使它現出了本色原斑；兩個好句又爲整首詞作增添了新的光

臨江仙（夢後樓臺高鎖）

彩，產生了新的魅力，以致人們往往衹稱道它是詞中的名句，而把原詩倒幾乎忘却了。當然，詞與詩有着不同的風格特性，在詩裏平淡無奇的句子，一旦入詞就可能讓人拍案叫絕；相反，以詞中的好句入詩，也往往會變得平淡無奇。

下片轉入憶人。

「記得小蘋初見」，承上片結句而來。詩人面對「落花」，更見翩翩「雙燕」，自然觸緒紛來。這裏，以「記得」一語領起，引出對小蘋的追憶。「想當初，有多少幽歡佳會。」（柳永《曲玉管》）詩人沒有寫「多少」，衹寫了和小蘋「初見」時的情事。爲什麼單寫「初見」？一則因爲「初見」給人的印象雖然是直觀的，但由於它是新鮮的，所以往往難以忘懷；二則生活的經驗告訴我們，「初見」時的印象又常常關乎到以後相互關係的發展；三則從表達上說，它又最容易引起讀者的注意。你看，《紅樓夢》寫寶、黛初見，不就是這樣嗎？且不說那大段的肖像描寫，衹要看兩段內心獨白和對話就足以說明問題了：他們一個「一見便大吃一驚，心中想道：『好生奇怪，倒像是在哪裏見過的，何等眼熟！』」一個則歸坐細看時，「眞是與衆各別……看罷，笑道：『這個妹妹，我曾見過的。』」又說：「雖沒見過，却看着面善，心裏倒像是遠別重逢的一般。」《紅樓夢》寫寶、黛初見如此經心，同一回寫黛玉和王熙鳳初見，也極其細膩。其實，也不光《紅樓夢》這樣注意人物初見時情景的描寫，其他優秀的說唱文學作品和戲劇等，也都十分重視人物初見印象的描寫。當然，作爲短小的抒情性詞作，在具體表現手法上不可能完全同於小說或戲劇，但其揆則一，都是爲了加深「初見」的印象。詩人是很善於捕捉「初見」時的動人鏡頭的，像同調詞的「鬥草階前初見」，《鷓鴣天》詞的「小令尊前見玉簫」，兩首《采桑子》的「西樓月下當時見」、「非花非霧前時見」等等，都是寫「初見」印象的。但比較地說，這次「初見」寫得最爲精彩。

「兩重心字羅衣，琵琶絃上說相思。」這兩句便開始具體地展示出「初見」時小蘋給詩人的印象。「兩重」句，寫小蘋的服飾。「羅衣」，不論其爲「心」字香熏過的羅衣，還是衣領曲如「心」字——款式新穎的羅衣，亦或是上有篆體「心」字圖案——表示心心相印的羅衣，都不影響我們對詞意的理解，反正是「與衆各別」的羅衣。衣着打扮，總是或多或少地反映着一個人的審美情趣。小蘋既身着「與衆各別」的羅衣，可以想見，她對美的

臨江仙（夢後樓臺高鎖）

追求也是「與衆各別」的。總之，這件「兩重心字羅衣」，表現出小蘋其人從外表到內心，都是「與衆各別」的。正因爲這樣，它才給詩人留下了難以磨滅的印象，使詩人回憶昔日「初見」時的情景時，首先就想到了它。「琵琶」句，寫小蘋高超的技藝和豐富的感情。小蘋作爲一個歌女，當然會彈唱，但是能在「琵琶絃上」把自己的「相思」之情都「說」出來，足見她的彈奏技藝不同一般。另一方面，初逢乍見，卽在「琵琶絃上」傾吐出對詩人的「相思」之情亦卽愛慕之情，不正說明她的感情十分豐富嗎？問題不祇如此，既然詩人能從小蘋的「琵琶絃上」聽出她的「相思」之情來，不又說明初逢乍見，詩人就成了小蘋的「知音」了嗎？正是：「身無彩鳳雙飛翼，心有靈犀一點通。」（李商隱《無題·昨夜星辰昨夜風》）小蘋與詩人感情上的交流，既不靠語言，更不靠眉傳目送，而完全憑藉那「昵昵兒女語，恩怨相爾汝」（韓愈《聽穎師彈琴》）的琵琶聲。我們彷彿看到了小蘋與詩人，一個張絃代語——「未成曲調先有情」（白居易《琵琶行》），一個心醉神馳——「如聽仙樂耳暫明」（同上）的鮮明圖畫。你看，他們僅僅是「初見」卽已發生心靈上的共鳴，別後相思之深、之苦，不是可想而知了嗎？這一句寫得涵蘊比較豐富，不光寫出了小蘋的高超技藝，也寫出了兩人的一見鍾情，把詩人的「春恨」放在了一個紮實的感情基礎上。另外，還值得一提的是「琵琶絃上說相思」的「說」字，這個「說」字和白居易《琵琶行》「低眉信手續續彈，說盡心中無限事」句中的「說」字同一機杼，著此一字，就把人物的彈奏動作同人物的思想感情自然而緊密地聯繫起來，這不僅豐富了詞境，還有形神兼俱的藝術效果。

「當時明月在，曾照彩雲歸。」這結拍兩句仍承換頭處的「記得」兩字而來，回憶小蘋宴罷而歸的情景。「當時」句寫出小蘋宴罷而歸時的自然環境，「曾照」句則進一步寫出小蘋宴罷而歸時的豔麗形象。「彩雲」，用來借指美女，詩人以前已多有之。李白《宮中行樂詞》云：「祇愁歌舞散，化作彩雲飛。」白居易《簡簡吟》云：「大都好物不堅牢，彩雲易散琉璃脆。」而詩人把它輕輕拈置於此，和「明月」相映襯，何其自然，何其精警！既是寫景，又是抒情，更是以明月照耀下的彩雲暗喻小蘋的光彩照人，形象鮮明生動，宛然一幅仕女月下借歸圖。兩句詩既寫出了小蘋的美麗形象，也寫出了詩人傾慕依戀的心態。他們因爲是「初見」，更不曾想到很快就會長離久別，因此在小蘋乘月翩然而歸的當兒，當不至於到「執手相看淚眼，竟無語凝咽」（柳永《雨霖鈴》）或「盈盈佇立，

臨江仙（夢後樓臺高鎖）

無言有淚，斷腸爭忍回顧」（柳永《採蓮令》）的地步；但是，既已一見傾心的他們，在「當時月下分飛處」（《采桑子》），一個凝眸遠送，一個回首頻顧，則是完全可以想見的。

這結拍兩句，回應了篇首夢覺酒醒以後那種樓鎖簾垂的淒寂情境。雖未直接言情，但字裏行間，分明充滿着詩人悼昔悲今的無限感喟。不是嗎？「當時」的明月「曾照」小蘋翩然歸去，如今明月似當初，而她却不知所終了，詩人的難以爲懷，悵悵不已，不是可想而知了嗎？這一結實在像一個耐人尋味的抒情性煞尾鏡頭，言有盡而意不盡，意有盡而情不盡。

這首詞是詩人的代表作之一。內容雖爲感懷歌妓，但態度嚴肅，感情眞摯。在藝術上，有幾個很明顯的特點。一是不直接言情，而以境界會意。詞中除去「去年春恨却來時」句略點「恨」情外，主要是通過對比鮮明而又富於畫面感的場景，來襯托抒情主人公——即詩人自己——跟感懷對象小蘋長離久別後的淒寂之感和相思之情。二是取材集中，記事典型。如下片追憶小蘋，祇寫了「小蘋初見」時的情事，記「初見」，又祇選擇了幾個最富代表性的情事細節來寫，寥寥幾筆就塑造出一個栩栩如生的歌女形象。三是結構完整，層次分明。上片撫今，開首句先寫人去樓空的淒寂之境，「去年」句承上啓下，點明時令和離恨，歇拍兩句於描寫春景中展示出惆悵感傷的心境，並爲下片寫觸景懷人做好鋪墊；下片轉入憶人，換頭一句以「記得」一語領起並直貫到底，「兩重」兩句寫「初見」，結拍兩句寫初見之別，並照應篇首，迴環全闋，起承轉結於自然中見功夫。四是語言淺淡有致，富於形象感。這些都體現着詩人的創作風格和藝術特色。

（張燕瑾　楊鍾賢）

鷓鴣天

晏幾道

彩袖殷勤捧玉鍾，當年拚却醉顏紅。舞低楊柳樓心月，歌盡桃花扇影風。　從別後，憶相逢，幾回魂夢與君同。今宵賸把銀釭照，猶恐相逢是夢中！

此詞與《臨江仙》（夢後樓臺高鎖）一闋是小晏詞中兩首壓卷之作。早歲爲北大中文系同學講授長短句，總覺得這一首更不好講，因爲要講的別人都已說盡，自己了無新意。三年前重讀此詞，逐漸多所理解，隨手寫了一篇札記，心裏却總覺得沒有講透。直到近來重新檢覈，才發現自己過去的理解完全錯了。主要是錯在主人公的性別上。過去我一直認爲詞中的抒情主人公就是作者本人，因此對上片第二句，我便理解爲作者在一位初見面的少女殷勤勸飲之下，由於盛情難却，衹好「拚却醉顏紅」，旨在不忍辜負她一片心意。殊不知「拚却醉顏紅」的人，正應該理解爲就是那個「捧玉鍾」者自己（詳下）。又如整個下片，我原也以爲作者是在向他重逢的情人傾訴，其實這一首與《臨江仙》恰恰相反，自始至終，都是以女抒情主人公的身分和語氣向她所愛的男子來表達她的深情摯誼的。俞平伯師《唐宋詞選》（稿本）釋此詞說：「『相逢』指初見時，所謂當年，即上片云云」。又說：「兩『相逢』是本篇下片的轉折關節所在。第一『相逢』實是初逢，第二『相逢』應是重逢，却同用這『相逢』字。」我以爲上片乃是那個捧杯勸飲的女子的難忘的回憶，回憶自己當年作爲一個侍酒的歌人，在主人的盛

鷓鴣天（彩袖殷勤捧玉鍾）

大筵席上遇到一位風流倜儻的少年，由於一見傾心而情不自禁地向他殷勤勸酒的情景。而她的一見傾心正是通過殷勤勸飲這一細節來體現的。但這還不够，作者爲了着力突出女方對這個值得鍾情的男子的主動追求，更進一步寫她雖已不勝酒力，却仍陪着她的意中人盡情酣飲，終於寧可使自己「拚却醉顏紅」。這樣理解，才見出作者意在抉出女性內心對愛情的大膽而迫切的追求，不僅泛泛地以沉深凝重之豔筆爲下片作陪襯而已。但這仍然不够，於是更寫了三、四兩句。這一聯，我開始衹注意到它的句法，舞到月光低下樓心，漸漸隱沒到婆娑的柳樹後面去了，豈非天快亮了麽？唱歌唱得連扇子都扇不出風來，一則形容歌人全力以赴去歌唱以致忘記搧扇子（扇上畫的桃花正以見持扇人的美豔），一則寫天欲曙時涼意頓生，扇影可捐而不用了。這樣講並不錯，但作者爲什麽這樣寫呢？衹是爲了用綺麗的對偶句以極寫酣歌妙舞的狂歡場面麽？十餘年前我的理解確僅停留在這個水平上。現在我懂了，這正是當年酣歌妙舞的那位微醺的麗人最難忘的一個良宵。她爲什麽這樣高興？這樣不辭辛苦地盡情歌舞？因爲在觀賞和聆聽她的人們中間，有她的那個值得爲之盡一切力量表現自己歌喉舞袖的意中人。在這一狂歡場面的背後，正是一種「士爲知己者死，女爲悦己者容」的動力在驅遣她這樣不惜力地高歌曼舞。爲了表達她一見傾心的滿腔熱忱，她把一切本領都用上了，忘記了疲勞，忘記了時間，願以自己的渾身解數博得知音的青睞顧盼。用這樣的具體行動來描寫一個女子的深情摯誼，比千萬句海誓山盟的言辭可深刻多了，小晏眞不愧爲寫情聖手。

然而這難忘的初逢轉瞬已成陳跡。在這女子的心中，短暫的幸福感儘管再也不能磨滅，可是一別多年，自己的意中人却一直未能再遇。所以她在一旦重逢時立刻眞情流露地向他剖白：你知道我是多麽難以忘情啊，自從和你分手，我就一直回憶着那一次邂逅相逢，甚至多少次做夢都同你在一起。俞選引《毛詩・鷄鳴》「甘與子同夢」，益證這話是女子自陳之辭。「魂夢與君同」者，指夢裏同你在一起，而不是和你做同樣的夢，那樣講反而不親切了。

歷代評論家都把注意力集中在最後兩句上。前賢用杜甫《羌村三首》第一首末二句「夜闌更秉燭，相對如夢寐」對照「今宵」兩句來講的大有人在。王楙《野客叢書》還引了戴叔倫的「還作江南會，翻疑夢裏逢」（《客夜與故人偶集》）和司空曙的「乍見翻疑夢，相悲各問年」（《雲陽館與韓紳宿別》），俞選則除引杜甫、司空曙外，且有詳盡疏解，今不具引。我這次仔細爬梳，感到此詞與唐人諸作雖相似而實不同。蓋杜甫之作，固屬兒女情長，却是家人團聚；戴與司空氏兩詩則是爲了朋友離合之情而作；獨小晏此詞乃情人聚晤，而且這雙情人雖說兩心相印，可是一共衹見了兩次面。這才是晏詞與唐人諸詩主要的差異所在。而這種柔情曲意衹宜用詞的形式表達。前人朦朧地感到詩詞有所不同，却不知其不同處還是在於主人公的身分、性格和場合之各異，依舊是內容決定形式的問題。而「詩與詞之分疆」（劉體仁《七頌堂詞繹》語）的關鍵則在於「銀釭」二字。這個形象與「共此燈燭光」或「夜闌更秉燭」不一樣，也與「紅燭」、「青燈」等詞語有區別。着一「銀」字，就給人以閃亮輝煌之感，在這首詞裏，「銀釭」所照，正與風韻不減當年的麗人形象互相輝映。但此詞之含蓄深婉尚不止此，其所以不惜連用「賸把」、「猶恐」等虛詞來加重語氣，我以爲作者顯然是要把「喜極而含悲」（俞選語）的意思透露給讀者。蓋兩人一見鍾情，隨卽分手，今夜重逢，仍復匆遽，暫時晤聚，依然要長別的。而「相逢是夢中」一語也才有了更深一層的不盡之意。此之謂蘊藉。（吳小如）

卜算子

送鮑浩然之浙東

王　觀

水是眼波橫，山是眉峯聚。欲問行人去那邊？眉眼盈盈處。

才始送春歸，又送

卜算子・送鮑浩然之浙東

君歸去。若到江南趕上春，千萬和春住。

在人生的旅途中，種種離別常令人心情沉重，古代交通不便，更增強了人們的傷別之感。因此「黯然銷魂者，惟別而已矣」（江淹《別賦》）的吟誦能引起廣泛的共鳴，實不足爲怪。那些送別的詩歌大多寫得氣象蕭索，情緒哀傷。例如：「風光一失所，各在天一隅」（舊題《李少卿與蘇武詩》）、「一見終無緣，懷悲空滿目」（梁吴均《答柳惲》）。北宋王觀的這首詞也是送別之作，却一掃窮愁淒苦之態，活潑、開朗，別具情趣。作者借助新穎的比喻、奇異的想象，創造出優美空靈的意境，在依依惜別之中表達了對江南春景的讚美和對故鄉的懷念。

王觀，字通叟，如臯（今江蘇省內）人，生卒年不詳，仁宗嘉祐二年（一〇五七）進士，曾任大理寺丞、江都知縣。官翰林學士時，其所撰《清平樂》詞被認爲褻瀆了神宗，因而罷職，自號逐客。《唐宋諸賢絕妙詞選》說他的《慶清朝慢・踏青詞》風流楚楚，世以爲高於屯田，故詞集名《冠柳集》。詞集今佚，存詞十六首，這首《卜算子》是他的傳世佳作。

詞的上片全用新穎的比喻，極爲傳神地刻畫了江南山水的秀麗多姿。

「水是眼波橫，山是眉峯聚。」這兩句並不直接描繪山水，而以美女的眉眼比喻，令人耳目一新。歷來倒是多以山水喻美女眉眼，刻畫女子的嫵媚動人之態：「昔時橫波目，今作流淚泉」（李白《長相思》）、「一雙瞳人剪秋水」（李賀《唐兒歌》）、「卓文君眉色姣好，如望遠山」（《西京雜記》）、「彈到斷腸時，春山眉黛低」（晏幾道《菩薩蠻》）。王觀反過來一比，頓覺境界一新。

古代繪畫理論指出水性「至柔」「至動」（清湯貽汾《畫鑒析覽》），江南的水更加沈碧、柔美，用美女那明亮清澈、流轉生姿的秀目來比喻它，眞是生動傳神。王維的《山水論》中說：「遠山無石，隱隱如眉。」江南那些團簇糾結的青山綠嶺，遠遠望去，不正像女子的翠黛蛾眉嗎！「橫」、「聚」，分別指眼波流轉、眉峯攢聚。這兩個動詞點活了眉眼，也寫活了山水。秀麗的江南充滿動感地逞現在我們眼前：縱橫交織的水道，波光瀲灧，凝碧聳翠的山巒，雲蒸霞蔚。而擬人化的描寫又給這如畫的山水平添了一種情韻，給人以親切嫵媚之感。宋詞

卜算子・送鮑浩然之浙東

中也有類似的用法，如「女兒浦口眼波秋」、「山染修眉新綠」（黃庭堅詞），却沒有王觀的明朗曉暢、靈動多姿。

三、四句設爲問答，進一步巧用比喻，渲染出更爲鮮明生動的意境。「欲問行人去那邊」，衹親切一問，便帶出送別之意。神情輕鬆灑脫，毫無淒苦愁怨之態，頗有點民歌清新、達觀的氣息。詞題寫明是送鮑浩然往浙東去。鮑浩然是作者友人，生平不詳。浙東，指浙江東南部，宋設浙江東路，簡稱浙東。問句宕開一筆，同時引出對行人所去江南的絕妙描寫：「眉眼盈盈處」。「盈盈」，指女子的美好儀態。《古詩十九首》中便有這樣的詩句：「盈盈樓上女，皎皎當窗牖。」此句緊承前句又與一、二句密切相關，「盈盈」狀眉眼，襯托出女子的完美形象，也就總的勾勒了江南的山容水態。麗江帆影、雨霽青山之景，便氣韻生動地出現在讀者的聯想之中。「眉眼盈盈」也極易令人想到眉清目秀、楚楚動人的江南女子，未嘗不是一語雙關。美女的形象更陪襯、烘托了山水之美。這樣，江南的風光人物便濃縮進態濃意遠的詞作境界裏了。唐末詞人韋莊有一首名作讚美江南：「春水碧於天，畫船聽雨眠。壚邊人似月，皓腕凝霜雪。」（《菩薩蠻》）這是實寫，自然而清麗。王觀的詞則是虛寫，凝煉含蓄、耐人尋味。

上片緊緊抓住巧妙的比喻，借點行人所去之處，層層深入地寫出了江南山水的美。下片則展開奇異的想象，把惜春與惜別交織來寫，既表達了對友人的眞摯情意，更深蘊着對春日江南的無限神往。

「才始送春歸，又送君歸去。」過片由上片的山水刻畫轉到暮春惜別，一寫地點，一寫時間，辭斷而意屬。這兩句明白曉暢，重疊的用字，大致排比的句式，把惜春、惜別之情交織在一起，使情感表現得更強烈。春既歸去，花落絮飛，該是「一去無跡」（周邦彥《六醜》）。古來傷春復傷別的詞作正自不少。作者偏能展開想象的翅膀，把人們帶往一個美好的境界：「若到江南趕上春，千萬和春住。」眞個是「柳暗花明又一村」。此詞大約寫於作者遊宦都城汴京時，我國北方不如江南春早、春長，彷彿「春歸」是往南而去，友人之行則是一路追趕美好的春光。作者的想落天外給友人的「歸去」增添了無限的詩情畫意，淡化了離別的感傷，給人以欣慰和鼓舞。詞人殷切地叮囑友人江南留春，千萬和美好的春光共住江南，是眞誠的祝福，同時也寄託了自己的情思。

《苕溪漁隱叢話》中說：「山谷詞云：『春歸何處，寂寞無行路。若有人知春去處，喚取歸來同住。』王逐客云：『若到江南趕上春，千萬和春住。』體山谷語也。」王觀此詞名句是否曾受山谷詞影響不甚確切，然而王觀無疑寫得更精練、更有生氣。同是寫「春歸」，一是「寂寞無行路」，一是春往南歸。既「無行路」，「喚春」之想雖屬奇特，總覺渺茫。而在王觀筆下，不僅「趕上春」是極可能的，而且還可以留住春。癡語癡情，情韻深長。作者以一個假設句展現了「斷腸春色在江南」（韋莊《古別離》）的奇思遐想。於是，在上片描繪的山青水秀的背景上，又點染出「千里鶯啼綠映紅」（杜牧《江南春》）的明媚春景。美麗、迷人的江南在作者傳神的刻畫下婉然而出，如何不叫人心動神搖。

作者的故鄉地處蘇南，與浙東同屬江南。友人南歸，觸動鄉情，江南的山山水水自然浮現在遊子的腦海中。透過上片擬人化的以小喻大的描繪，恰恰可以想見一個凝神遐思、親切懷想的詞人形象。幻由情生，下片詞人的如醉如癡，正好窺見詞人對故鄉的愛戀，對美好春光的讚美。在送別的題材中，巧妙地融進對江南春景的謳歌與懷念，正是王觀這首詞匠心獨運之處。

王觀的詞，總的成就不如柳永，風格倒近之，屬於婉約一派。然而他的詞並不限於浮華輕豔，許多詞寫得清新、明麗，富有情韻。王灼《碧鷄漫志》說他「新麗處與輕狂處皆足驚人」。這首詞奇想疊生，輕快、曠達，婉麗而不纖弱，在風格上有所突破。

（柯素莉）

村居

張舜民

水繞陂田竹繞籬，榆錢落盡槿花稀。夕陽牛背無人臥，帶得寒鴉兩兩歸。

村居

這首詩的作者張舜民是北宋詩人，生卒年代已不可確考。有人推算他大約生於宋仁宗景祐元年（一〇三四）前後，卒於宋徽宗即位初期，活了近七十歲。他字芸叟，號浮休居士，又號矴齋，邠州（今陝西邠縣）人，進士出身，政治上傾向於保守；在當時彼伏此起的新舊黨爭中，宦海浮沉，數度起落。哲宗朝，他因司馬光的荐舉，做過監察御史；徽宗即位，爲吏部侍郎，但不久即坐元祐黨，被貶至商州（今陝西商縣），死於謫所。

張舜民能文善詩，今傳《畫墁集》八卷並《補遺》，其中詩作有一百六十餘首。他作詩師法白居易，大都寫得平易曉暢。

這首七絕猶如一幅水墨小品。流利而疏宕的筆致，素樸而輕淡的設色，描繪出一個鄉村秋日傍晚的光景。整個畫面透出安謐而不免寂寥的氣氛，使我們似乎觸及詩人那寧靜而落寞的心境。

從全詩意境看，係寫村野的平遠之景。詩人的筆有如攝影機的鏡頭，分別攝取了幾組富於個性色彩的鏡頭，構成了完整統一的畫面。首句中「水繞陂田」（「陂」，此處指防水護田的土堤，即「圩岸」）以明快的筆觸勾勒了這個村子的外貌，可以看作遠景。緊接着鏡頭迅速拉近，映現在片片竹林圍繞中的農舍，它們不像大戶人家的莊園那樣以高牆深院作爲屏障，一方籬笆便分隔了左鄰右舍，形成了各自的小小天地——這便是「村居」。從詩的章法看，首句是點題。第二句，鏡頭搖向那落盡了果實的榆樹和花朵凋零的槿樹，暗示了節令。「榆錢落盡槿花稀」都是秋天景象。榆樹在春天開花，夏秋之交結實（榆芙，俗稱榆錢）；榆錢已經落盡，說明秋已深。槿樹是一種落葉灌木，夏秋間開紫紅色或白色的花，花期相當長，並非一花經久，而是次第開放，所以由稀而盛，由盛而稀。現在木槿花已經凋零稀落，可見秋色已濃。但如果一句詩僅僅交代了節令物候，未免詞費。這一句還有別的作用，那就是烘染氣氛，與末句中「寒鴉」相呼應，渲染了蕭索、清冷的詩境。「景」是客觀存在，但作家選取什麼景，賦予景以何種感情和情緒色彩，却又是主觀的。秋天的農村，也不乏足證成熟、豐收的景物可寫。比如王禹偁《村行》寫了山村秋景，他筆下的景象却是「棠梨葉落胭脂色，蕎麵花開白雪香」，把秋景點染得很豔麗。又如本詩作者在《秋晚三首・之二》中就寫出了「秋晚山川多草木，年豐場圃足鷄豘」的詩句（《畫墁集》卷三），表達了歡愉的心情。所謂「景隨情遷」，這原是藝術描寫中的普遍現象。三四句結合比較緊密，可以合看：「夕陽牛背無人臥，帶得寒鴉兩兩歸」。牧童和牛背，是山水田園詩中常見的形象。僅就宋詩而論，例如「牧童歸去橫牛背，短笛無腔信口吹」（雷震《村晚》）、「牧童眠向山，山犬吠隨人」（王操《村家》）、「牛羊深澗下，鳧雁寒塘裏」（文同《村居》）等等，可說不勝枚舉，它們幾乎成了描寫山水田園的「題中應有之義」。但張舜民的這兩句詩却有新意。夕陽西下，牧人本該驅牛歸來，可這兒却不知牧人何處，但見耕牛獨歸，伴隨它回村的是寒風中聒噪的暮鴉。這兩句詩有如剪影，在夕陽餘暉的映襯下，踽踽獨行的耕牛和緩緩相隨的寒鴉結伴歸來。詩人手中的「攝影機」憑借那西天殘留的一抹亮色，攝下了這動人却不免使人感到孤寂的鏡頭，爲《村居》所呈現的整個畫面添了感情濃重而色調暗淡的最後一筆。

張舜民是詩人，也能作畫。《宋詩紀事》引《郡齋讀書志》和《畫繼》的材料，說他「生平嗜畫……亦能自作山水」，還說他精於鑒賞，「題評精確」，並非無據。我們雖然已經看不到他所作的畫，但《畫墁集》中，他給友人藏畫的題跋，有詩有文，數量不少。《跋百之詩畫》中寫道，「詩是無形畫，畫是有形詩。丹青不知老將至，李陵蘇武眞吾師」，很有點夫子自道的味兒。在這首小詩中，他用畫家的眼光攝取景物，用畫家的筆觸來摹寫景物，確是詩中有畫。流水、陂田、竹林、籬笆、榆樹和槿樹、夕陽、耕牛和暮鴉，各個配置在畫面的適當位置上，又彼此呼應。流水和陂田，該是遠景，使整幅畫顯得空闊而有生氣。竹林、籬笆和也許僅僅顯露一角的村舍，則處於畫面的中心位置，突現了詩的主題。凋落的樹木點染了秋的凄清，而西沉的夕陽以它殘照的餘暉給畫面蒙上些微暖色。村牛和寒鴉從遠處歸來，通過它們的活動，把「村裏」和「村外」溝通了起來，拓寬了畫境和詩境，這個構思是值得稱道的。

這首詩在語言上也有特色：明白如話，却又清麗流暢，內蘊豐滿，在平易本色之間，顯示出詩人觀察的精到和描寫的傳神，很有表現力。詩的句法，如開頭兩句使人聯想起李白的《清平調》，讀來親切暢達，毫無滯澀之感，讀者並不會以因循爲病。

田園詩在我國古典詩歌中有着源遠流長的傳統。從陶淵明開始，歷代不乏佳作。但田園詩也負着因襲的重擔，脫不了閑適自在、樂天知命的格調，從中我們很難看到當時農村的眞實面貌和農民的思想感情。陶詩以下，唐宋兩代的著名詩人如王維、儲光羲、梅堯臣等均未能免俗。自然，其間「憫農」乃至頗有怨怒之聲的作品也不少，聶夷中、范成大堪稱代表。但嚴格說來，像《詠田家》、《四時田園雜興》這樣的作品已經超出了「田園詩」的範圍，衹能說題材稍涉「田園」罷了。張舜民寫了不少以農村生活爲題材的詩歌，《打麥》中憫農的主題顯豁而強烈，情見乎辭，與《詠田家》屬於同一類型。這首《村居》就寫得相當含蓄，幾乎不露聲色，却是寓情於景的佳作。它保持了田園詩的本色，却大體上洗淨了自得其樂的色調；我們從中看到的，倒可能是比較接近於眞實的農村面貌。

（周慶基）

賣花聲

題岳陽樓

張舜民

木葉下君山，空水漫漫。十分斟酒斂芳顏。不是渭城西去客，休唱陽關。　醉袖撫危欄，天淡雲閑。何人此路得生還？回首夕陽紅盡處，應是長安。

宋神宗元豐六年（一〇八三），張舜民因議議邊事，得罪朝廷，被貶官郴州（今湖南郴州市）。這首詞就是他當時途經岳陽，登臨岳陽樓後的作品。據作者當時寫的《郴行錄》（見《畫墁集》卷八），他在岳陽曾稍事逗留，兩次登上岳陽樓，一次在晚上，一次在白天。這首詞當寫在第二次登上岳陽樓之後。

賣花聲・題岳陽樓

上片開首兩句居高臨下，寫登臨所見。首句「木葉下君山」點示了登臨的時間和地點。君山在洞庭湖中，「望水中如覆斗者，即君山也」（《郴行錄》）；「木葉下」語本《楚辭・九歌・湘夫人》：「嫋嫋兮秋風，洞庭波兮木葉下。」秋風一起，樹葉紛紛下落；遠處的君山，似乎籠罩在一片秋的蕭瑟氣氛之中。「空水漫漫」句寫極目四望，衹見長空和洞庭湖水連成一片，無涯無際。「漫漫」本指水勢的浩瀚，這兒兼指長天的空闊，與「水隨天去秋無際」（辛棄疾《水龍吟》）、「水浸碧天何處斷」（張昇《離亭燕》）是同樣的意境。接下去筆鋒一轉，進入本題，寫餞宴中作者的感觸。「十分斟酒斂芳顔」，是說侍宴的歌女勸酒非常殷勤，但因爲意識到這是餞別，所以表情相當嚴肅。「十分」寫斟酒的殷勤，「斂」字寫容顔的嚴肅。動作與表情的不協調，就像一首樂曲中的不諧和音一樣，烘托出餞宴上沉重的感情氛圍，爲下文的抒發作了鋪墊。「不是渭城西去客，休唱陽關。」這兩句詞意蘊藉，感情成分相當複雜。表面上是勸歌女不要唱那離別送行的歌曲，因爲自己此番是羈旅南方，並非西行；這是對送行者的慰藉，其實又何嘗不是對自己的寬解？勸人不要唱離別之曲，固然是怕勾起送行者的離恨別緒，更是怕勾起自己的滿腔愁思。強作豁達之語，實際上表現了更深的惆悵，這衹要聯繫下片「何人」句便不難領會。渭城，即陝西咸陽，漢時改名。王維《送元二使安西》：「渭城朝雨浥輕塵，客舍青青柳色新。勸君更盡一杯酒，西出陽關無故人。」後人根據王維這首詩譜成曲子，曲名便叫《渭城曲》或《陽關曲》（《陽關三疊》）。陽關故址在現在甘肅敦煌縣西南，古時是通往西域的交通要道。當時人認爲，一出陽關，便等於到了與世隔絕的荒漠之地。所以王維《送劉司直赴安西》中有「絕域陽關道，胡沙與塞塵」的句子；也正由於此，「不是渭城西去客」就成了被貶無奈中聊以自慰且以慰人的理由。

以上是詞的上片，從登樓眺望所見引入餞飲席間所感，在溫厚蘊藉的語言中流露出被貶竄流離的感傷，爲下片進一步集中抒發傷高望遠之情作了情緒上的充分準備。

「醉袖撫危欄，天淡雲閑。」下片換頭兩句呼應上片開首；「醉」字並呼應「十分」以下各句。酒宴將罷，友好分手在即。詩人乘着酒意，離席而起，手撫危欄，再一次極目遠眺，不禁思潮奔湧，感慨萬端。「醉袖」字是婉曲的說法，即霑上了酒漬的衣袖，用以指代詩人的雙手；「危欄」即「高欄」，指岳陽樓上可以憑眺的欄杆。

登高憑欄（或「倚欄」、「撫欄」），極目望遠，這是古詩詞中屢見不鮮的形象。如「長憶西湖，盡日憑欄樓上望」（潘閬《酒泉子》）、「憑高眺遠，見長空，萬里無留跡」（蘇軾《念奴嬌》）、「盡日欄干倚遍，晝長人靜」（徐伸《二郎神》）、「怒髮衝冠，憑欄處、瀟瀟雨歇」（岳飛《滿江紅》）等等，包孕在類似形象中的感情和思緒，不管是念遠、懷舊、感時、憂國……似乎都爲了抒發作者心潮起伏、很難說清的複雜感情；「醉袖撫危欄」也並不例外。這裏，既有惜別的情愫、感時的胸懷，也有對前途的悵惘之情。「天淡雲閒」一句，突作跌宕之語，展示了「撫欄」所見的自然景象。這恰如電影中的「空鏡頭」，表面上似乎與前面的畫面隔開了，但思緒却是似斷實續：天空是清朗的，白雲點點飄浮空中，顯得如此安閑、自在；可是自己的前途、命運又將如何？「何人此路得生還」一句似乎突兀，却正是在「天淡雲閒」這一回旋、跌宕之後出現的警語，是詩人痛苦的内心獨白！自然是如此美好，如此牽動人的情思，而人生却是如此艱危，前途是如此吉兇難測！這一反跌，不僅有力地托出了詞的主題，而且呼應了上片的有關描寫。如果說，上片中「不是」以下兩句是強忍愁恨，故作放達，那麼這兒却把作者的底藴宣洩無遺。「此路」是指被貶竄遠處。歷史上不知有多少人終老於謫居之地，客死異鄉。瞻前顧後，作者能不感慨繫之？它以設問的形式出現，雖然委婉，其實並無疑慮，也不存僥倖之心。唐圭璋先生稱這首詞「寫登臨之感，語頗悲壯」（《唐宋詞簡釋》）是極有見地的。以壯語寫悲情，不失其壯，不掩其悲，恐怕正是這首詞的特色之一。《宋史·張舜民傳》說作者「慷慨喜論事」；《宋詩紀事》中說「芸叟爲文，豪重有理致」。慷慨、豪重，是論他的人風和文風；用之於這首詞的詞風，也是恰當的。

結句「回首夕陽紅盡處，應是長安」，語本白居易詩《題岳陽樓》「夕陽紅處是長安」（一作「夕波紅處近長安」）。北宋的國都在汴京（今開封），這裏借長安指代汴京，這種用法在古典詩歌中很常見。張舜民是陝西人，所以這兒的「長安」不僅可以指代汴京，也可以暗指作者的故鄉，一語雙關，巧於用典。作爲整首詞的結穴，這兩句至少表達了三層意思：首先，「夕陽紅盡」點明了時間的推移，從開宴到罷宴，時間已過去了很多；其次，從作者個人遭遇說，由於對前途艱危的預感，引出了對京都的依戀之情，自在意中；其三，長安（即汴京）不僅僅是作者舊居之地，也是君國的象徵；自己雖然遭到貶逐，但仍不能忘情於君上和國事。這正是封建社會中一般直臣貞士始終不渝的信念，是這首詞之所以「壯」的又一個因由。這兩句意甚重，情甚厚；而措辭得體，含而不露，可謂顧盼生姿，深得詞人之旨，爲全詞生色不少。（周慶基）

和子由澠池懷舊

蘇　軾

人生到處知何似？應似飛鴻踏雪泥。泥上偶然留指爪，鴻飛那復計東西！
老僧已死成新塔，壞壁無由見舊題。往日崎嶇還記否？路長人困蹇驢嘶。

宋仁宗嘉祐元年（一〇五六），蘇洵帶領蘇軾、蘇轍自四川眉山到汴京應試，中途曾在豫西澠池縣寄宿於奉閑僧舍，並在壁上題詩留念。嘉祐六年，蘇軾除授簽書鳳翔府判官，十一月由汴京赴任。蘇轍依依送行，同蘇軾在鄭州分手後返回汴京。他想到蘇軾繼續西行，一定會經過五年前他們共同留宿過的舊地澠池，於是寫了《懷澠池寄子瞻兄》七律一首。詩云：

相攜話別鄭原上，共道長途怕雪泥。歸騎還尋大梁陌，行人已渡古崤西。曾爲縣吏民知否？舊宿僧房壁共題。遙想獨游佳味少，無言騅馬但鳴嘶。

和子由澠池懷舊

這首詩，首聯記兄弟鄭州話別，頷聯寫兩人分手後各奔東西，頸聯追憶五年前共宿僧房的舊事，尾聯再落到眼前獨行的落寞。其中既有回首往事的感喟，又有鶺鴒分飛的惆悵，骨肉至情，淪肌浹髓。蘇軾收到蘇轍的詩後，感觸很深，便次其原韻，寫了這首著名的《和子由澠池懷舊》。

蘇轍詩的前四句，以平實的語言，直道其事，對兄弟倆鄭州話別，你西我東，無限感慨。東坡詩針對原韻，答和並開解，但並非就事論事，而是從大處着筆，議論人生行跡偶然，奔走不定。開端提出一個「人生」不定的偌大問題，以問句振起，接着用一個新穎比喻作答。「應似」直貫以下三句。謂人生東奔西走，偶或留下行跡，猶如飛鴻駐足雪泥印下指爪之痕，旋卽泯滅，然而飛鴻不復計慮這些，依然奮翮高翔，義無反顧。「應似」、「那復」前後關聯，語氣肯定。詩人通過這個比喻，既說明人生無定，行跡易泯，又說明飛鴻總是搏擊長空，志在千里，無暇眷顧往日的舊跡，不復計慮前程的迢遙。「鴻飛那復計東西」，這鏗鏘的詩句，表明詩人的心情並沒有沉沒於感舊傷離的淒婉之中，而是對飛鴻的一往無前、昂首奮進頗有嚮往之意。

蘇轍詩的第三聯追懷往昔，在「舊宿僧房壁共題」句後，自注曰：「轍昔與子瞻應舉，過宿縣中寺舍，題其老僧奉閑之壁。」蘇轍這次並未到達澠池，因此他衹能略提一下當年的情景。蘇軾這次路經澠池時，奉閑已死，舊壁已壞，因此便在自己詩篇的第三聯轉入寫實，反映澠池舊地的人事變遷：當年接待我們的奉閑和尚，如今已不在人世，按照釋家習俗，他的骨灰早已安葬於新塔之下；昔日我們的題詩，也因牆壁傾圮而無從尋覓。彈指之間，人事該有多大的變化啊。這兩句既是對蘇轍原詩的回答，是上文感嘆人生的自然發展，又借以與詩題「澠池懷舊」綰合。

上面由感嘆人生過渡到懷舊，尾聯順承而下，追憶往年經行澠池的舊事。如果說頸聯着重寫澠池今昔的變化，那麼尾聯則收結到昔日行旅的艱辛。詩人提醒蘇轍記取往日征程的崎嶇，「路長」、「人困」、「蹇驢嘶」，正是「往日崎嶇」的具體說明。詩的末句蘇軾自註：「往歲馬死於二陵，騎驢至澠池。」當日艱辛的境況於此可見。詩人提及「往日崎嶇」，自然是針對蘇轍「獨游佳味少」所作的和答，今日祇是因爲分手獨遊，而感到落寞無味，但想想往日的征途坎坷，今日的獨遊不也差堪自慰嗎？蘇軾當年與弟弟長途跋涉，赴京應試，不但備受顛連，

和子由澠池懷舊

而且前程吉兇未卜。如今他們早已文場告捷，文名日盛，各有職任；行志濟時，揚鞭馳騁，正在此時。作者於詩的收尾處，特意強調往日征程的崎嶇艱辛，言外之意，正在於以昔比今，開釋離懷，借以勉人和自勉。而這正眞實地表現了蘇軾初仕時期的思想感情。

蘇轍的詩，從寫實事實景，過渡到追懷往昔和設想別後，是由實入虛。蘇軾的詩，由議論人生到追懷舊事，然後折轉到自身，是由虛入實。蘇轍詩的虛處，衹是個人經歷的緬懷和推想；蘇軾詩的虛處，却達到一種新的境界。卽他把日常生活經由藝術思維的過濾，而升華到人生哲理的高度，然後再把這種關於人生的深邃哲思，借助引人入勝的形象來予以體現，因而就顯得超拔高妙而發人深省。《詩人玉屑》卷十七引《陵陽室中語》謂：「子瞻作詩，長於譬喻」。並舉此詩爲例。這首詩的比喻確乎與衆不同。一般的比喻，喻體與被喻之物衹有某一相似點，因而取來以彼喻此，喻體和被喻之物的特點，都較爲單純顯明。這裏却以飛鴻踏雪泥這一複雜的喻體，來比喻複雜而又偌大的人生，這樣取譬，其新穎警策之處，已經出人意表。再則，一般的喻體形態比較單一，顯示不出連續的轉換和變化，本篇中的喻體却是由「飛鴻踏雪泥」、「泥上留指爪」、「鴻飛那復計東西」三個連續形象所組成的意象系列，來喻指陳跡的易泯、人生的偶然無定、騰飛者一往無前等複雜的意蘊，這就生動而貼切地表達了耐人尋繹的理趣和哲思。後來蘇軾這個獨創性的比喻，被人們概括成「雪泥鴻爪」的成語，廣爲流傳，正說明這首詩歌影響深遠。這首七律，由於是次韻，韻脚用字，都要和原作相同，因而受到很多限制，但作者寫來却流動圓轉，毫無拘窘之態，和韻猶如原韻，見出腕力非凡。前四句一氣旋轉，順勢而下，第二聯不拘對仗，超雋自然，妙脫蹊徑。紀昀謂：「前四句單行入律，唐人舊格；而意境恣逸，則東坡本色。」（紀批《蘇文忠公詩》）凡此都顯示出蘇軾詩筆高妙，有過人的才情。

（劉乃昌　張稔穰）

遊金山寺

蘇　軾

我家江水初發源，宦游直送江入海。聞道潮頭一丈高，天寒尚有沙痕在。
中泠南畔石盤陀，古來出沒隨濤波。試登絕頂望鄉國，江南江北青山多。
羈愁畏晚尋歸楫，山僧苦留看落日。微風萬頃靴文細，斷霞半空魚尾赤。
是時江月初生魄，二更月落天深黑。江心似有炬火明，飛焰照山棲烏驚。
悵然歸臥心莫識，非鬼非人竟何物？江山如此不歸山，江神見怪驚我頑。
我謝江神豈得已，有田不歸如江水！

蘇軾以科第授官，進入統治階級行列。他敏銳地觀察到，當時的政治形勢危機四伏，國力每況愈下。總想繼承范仲淹、歐陽修的改革精神，除舊布新，改弦更張，期於內政修明，人民安枕，邊防鞏固，士馬精強。朱熹曾說：「熙寧更法，亦是勢當如此。凡荆公所變更者，蘇軾亦欲爲之。」（《朱子語類》卷一三〇）蘇軾對於新法，並不是始終反對，或全盤否定。其爭端所在，正如王安石《答司馬諫議書》所云「所操之術多異故也」，即目的相同，辦法有別。但由於安石「有治法，無治人」；加以神宗求效太速，安石身居首輔，承受的壓力太大，主觀客觀失去了平衡，有時甚至違反了事物發展的規律；更爲嚴重的是，一些奸巧邪佞之徒，乘機混入，打着安石

遊金山寺

新法的招牌，幹着爭權奪利的勾當。這就必然引起部分朝臣的反對，蘇軾就是其中的一員。其時他由判官告院轉任開封府推官，因連論科舉學校、市浙燈、新法不便等事，屢忤安石，小人乘機誣劾，處境漸趨複雜，於是請外，出任杭州通判。在赴任途中，路經鎮江、游三山（金山、焦山、北固山），都有詩。

這篇《遊金山寺》七言古風，是敍事、抒情、寫景三結合的傑作，而以抒情——懷鄉、思歸爲主。

「我家江水初發源，宦遊直送江入海。聞道潮頭一丈高，天寒尚有沙痕在。」這是第一層，以「我家」、「宦遊」主旨詞語統攝全篇。首先以雄偉凌厲的氣勢形成空間的飛躍。把遠在四川的家鄉和眼前的鎮江一直到海口，以長江爲紐帶，緊密地聯繫到一起，眞有囊括宇宙、並吞八荒的筆力，舉凡江山的欣賞、政治的失意、思鄉的感情，都已包含在內。「宦遊」之作，往往是騷人墨客抒寫羈旅之思或沉浮之感，但在藝術手法上，很少有人能把萬里江山，一剎那調動驅使於楮墨之間。接着說潮頭一丈，潮退沙留，想象長江的奔騰浩瀚，最後還要和海水沖激拚搏，蔚爲天下奇觀。前著「聞道」一詞，詩句顯出空靈變化，虛實映帶。

「中泠南畔石盤陀，古來出沒隨濤波。試登絕頂望鄉國，江南江北青山多。」這是第二層。「中泠」點明地點；「古來」句，暗寓仕途艱險；「試登」句明言久客思鄉；「青山多」，與第一聯相呼應。「中泠」，在金山側畔，爲天下泉水極品，名茶佳茗，得此益珍。蘇軾對它有深刻印象，後來他以詩送金山寺僧歸蜀時還說：「振衣忽歸去，衹影千山里。涪江與中泠，共此一味水。」直到九十年後，陸游官鎮江通判，還派人健步負竹筒走數千里外，以此水奉獻他的老師曾幾，其見重於士大夫可知。「盤陀」，形容詞，山石犖确之貌。這句把空間聚點，從海口拉回，固定在鎮江府金山之上。「出入隨濤波」，是說山石隱現，視水勢漲落而定；也暗喻宦海浮沉，波譎雲詭，政治風浪的起伏，「宦遊」者總是不能自主，也就是他詞中所說「長恨此身非我有」的意思。正因如此，所以登絕頂而望鄉國，就成爲此時此地自然而來的感情浮動。登上金山絕頂，並不鋪寫金山勝境；筆勢迴旋，承首句「我家」而遙望鄉國。鄉國不見，惟有「江南江北青山多」而已。衹此一語，把長江萬里流域的兩岸風光，收拾殆盡。憶三十多年前，汪師辟疆先生爲說詩，曾謂：「『蜀江水碧蜀山青』，一句而道盡全蜀山水特色，何等筆力！具見香山眞實本領。」今讀東坡此句，也有同感。縮萬里於尺幅，眞有納須彌於芥子之妙。但青山縹渺，詩人此時並沒有心情領略其層巒聳翠；似乎把它們看作供愁獻恨、遮斷望眼的塵障了。

「羈愁畏晚尋歸楫，山僧苦留看落日。微風萬頃鞾文細，斷霞半空魚尾赤。」此爲第三層。「羈愁」而遇黃昏，就會更增加分量，不如「尋歸楫」，逃避爲好。作爲詩人，一般都有這種心態以及排遣它的經驗。但山僧却苦苦挽留：請看「落日」，欣賞一下江天暮景。詩人也就運用他的非凡才思和生花妙筆，把讀者一齊引入更爲迷人的境界；遙望落日蒼茫，斜暉明滅，微風吹起鞾文似的細浪，半空呈現出魚尾似的赤霞，一上一下，澄澈空明，爲江山塗抹上更爲絢麗的色彩。至此，作者詩心初綻，情懷少抒，不但暫忘「歸楫」，而且逗引出繼看江月的興趣。

「是時江月初生魄，二更月落天深黑。江心似有炬火明，飛焰照山棲鳥驚。悵然歸臥心莫識，非鬼非人竟何物？」這三聯爲第四層。借深夜奇異之景，對朝廷奸佞進行了嘲諷，詩意向縱深發展，以重筆引起下文歸鄉之意。江月初生，二更月落，本沒有什麼景物可寫；但偏偏出現了一生最難見的奇景：二更過後，夜色深沉，纖月既已不存，江山寺觀，也都爲夜幕所籠罩，忽然隱約地看到遠處好像炬火在晃動，但是還不明晰，還不確定；逐漸由發生、發展而到極度，光焰竟可以照山，棲鳥都爲之驚起。世間一切客觀事物（不論是非邪正）不正是這樣由「幾微」到「著明」的一個邏輯過程嗎？詩人此時已不僅是奇景的驚異者，而且已是宇宙哲理的觀察者和探索者！詩人經過深思，總是不得其解：江心火炬、飛焰照山，非鬼非人，究竟是一些什麼東西呢？——朝廷上那些以公謀私、欺上壓下的官僚，以變法的僞裝蒙蔽着鬼蜮的眞相，這就是「悵然」（隱憂）的所在。正在困惑不解之際，於是「江神」出來「見怪」了。

「江山如此不歸山，江神見怪驚（一作「警」）我頑。我謝江神豈得已，有田不歸如江水！」此爲第五層。托言江神見怪，加強奇幻色彩。上文的「我家」、「望鄉國」，到此也歸根結穴。登臨騁目，山光信美；而又怪象難解，不可久留，自己好像拿不定主意。不料正在現實和理想矛盾鬥爭的當兒，感動了江神，他嚴正告誡：「既然是這樣，爲什麼還不趕快回去！再不當機立斷，怕是太癡頑不化了吧？」詩人爲江神的告誡深深感動，以謝罪的口氣作了解釋：爲貧而仕，遊宦他鄉，豈是本心所欲，出於無奈而已；但使有幾畝負郭薄田，略可維持生計，那時我再不回家，可指江水爲誓，它就是指責我「負約」的「證人」！耿耿此心，神明可鑒。

這篇七古的藝術構思，巧妙奇特，寓意深遠。篇名《游金山寺》，可是對名山寶刹的雄偉氣象並沒有鋪排的描寫，而是把筆墨集中抒發遊宦思鄉的感情上，並對在位姦邪進行了比照的暗諷。這些人眞相難明，居心叵測，國家前途如何，忠貞直諒之士不能漠然不顧。蘇軾大半生的宦海沉浮，詩獄、遠竄的反覆折磨，終於沒有實現歸回的願望，也大半由於對國家抱有巨大的責任感所致。寫到這裏，不禁讓人聯想到蘇軾的同鄉前輩大詩人陳子昂的《感遇》詩：「登山望宇宙，白日正西冥。雲海方蕩潏，孤鱗安得寧！」（第二十二首）他二人所處的時代特點、社會背景不同，但作爲一個愛國的、忠直的、想爲朝廷效力而屢受挫折的知識分子來說，二人的處境和心情，倒有異代共鳴之處。

詩中描寫日落之景，雖祇一聯，却形象生動，引人入勝。詩評家謂：「子瞻作詩，長於譬喻。」（《詩人玉屑》卷十七）「東坡長句波瀾洪大，變化不測。」（《詩人玉屑》卷十七引《呂氏童蒙訓》）紀昀評此詩：「首尾謹嚴，筆筆矯健，節短而波瀾甚闊。」均稱允當。至於韻脚多變，又顯示了音節鏗鏘、頓挫瀏亮的特色。

（于北山）

六月二十七日望湖樓醉書（其一）

蘇　軾

黑雲翻墨未遮山，白雨跳珠亂入船。卷地風來忽吹散，望湖樓下水如天。

六月二十七日望湖樓醉書（其一）

蘇軾曾說他與杭州有「前緣」。的確，蘇軾是很幸運的：在近四十年的宦遊生涯中，他曾兩度出任杭州的行政長官，勝過了那位慨嘆「皇恩祇許住三年」（《西湖留別》）的白居易；「湖上四時看不足」（蘇軾《和蔡準郎中見邀遊西湖三首》之一），五年之間，他飽覽了西湖的山容水態、雨趣晴姿。同樣，杭州也是很幸運的：「居杭積五歲，自意本杭人」（《送襄陽從事李友諒歸錢塘》），連蘇軾這樣的大文豪也樂於以「杭人」自居，成爲她一名熱情的歌手；從此，「欲把西湖比西子，淡妝濃抹總相宜」（《飲湖上初晴後雨》）的品題成了西湖的定評，「西子湖」的美名傳遍了五洲四海。人以地傳，地以人傳，人傑地靈，相得益彰。

《六月二十七日望湖樓醉書》這組詩就是蘇軾歌詠西湖的名篇之一，作於熙寧五年（一〇七二），即蘇軾初到杭州的第二年。原詩共五首，這裏選的是第一首。望湖樓在西湖北岸昭慶寺前。據史籍記載，蘇軾在杭州期間，經常與友人登樓飲酒，有時甚至夜宿其上。這組詩卽是他某次在樓上觀賞湖面雨景時所作。從詩題中「醉書」二字，我們可以想見詩人乘醉濡墨揮翰的詩興與豪情。

首句「黑雲翻墨未遮山」，寫遠處忽然湧來一陣烏雲，其黑如墨，在湖面上空翻騰滾動。「山」，當指與望湖樓隔湖相對的南山諸峯。「未遮山」既是實寫眼前所見，也暗示暴雨來勢迅猛。看，黑雲還未來得及遮住對岸的峯巒，可暴雨已鋪天蓋地傾瀉下來了。詩一開筆就寫得很有氣勢，十分傳神地寫出了暴雨來臨之前那種風起雲湧、天昏地暗的景象。

次句「白雨跳珠亂入船」，極寫雨勢之大，雨脚亂箭般地射在湖面上，水珠四濺，紛紛落在船中。「白雨」二字用得頗具匠心，既與上句「黑雲」構成鮮明的色彩對比，也表現出詩人體物入微的觀察力。夏日的暴雨不同於綿綿的春雨，雨點很大，惟其大，方能覺其「白」，方能造成萬珠迸濺的奇觀。「跳珠」一詞，更以其造語的新穎與摹寫物態的生動而贏得人們的讚譽。也許是詩人對西湖這一雨中奇景印象格外深刻，也許是詩人對這句詩特別得意，以致他在元祐四年（一〇八九）再到杭州時，又特地重遊了雨中的西湖，寫下了「還來一醉西湖雨，不見跳珠十五年」（《與莫同年雨中飲湖上》）的詩句。

第三句「卷地風來忽吹散」是詩意的一個轉折。正當大雨傾盆之際，忽然刮起一陣大風，吹散了滿天烏雲。

六月二十七日望湖樓醉書（其一）

以「卷地」二字狀風勢之猛，極富動感，彷彿使我們看見了大風驚地而起，烏雲四散的情景。

第四句「望湖樓下水如天」緊承第三句。烏雲既已消散，雨自然也就止了，青天倒映在碧水中，水天一色，渾然莫辨。這句是借水寫天，讀者可從水色的空明想象到此時天光的明淨。與前三句不同的是，這句詩中未用動詞。如果說前三句寫的是動境，那麽這一句寫的便是靜境。在一番風雨喧囂之後，大自然復歸平靜，詩人的內心也平靜了，故而以舒徐的筆調勾畫出一幅靜謐而又優美的畫面。

杭州夏、秋兩季多雷陣雨。雷陣雨一般來勢猛，雨量大，但持續的時間不長。這首詩和另一首《有美堂暴雨》，就都是蘇軾描寫杭州雷陣雨的名作。《有美堂暴雨》是一首七律，以豐富的想象、奇特的比喻對一場雷雨作了誇張的描繪，其中「天外黑風吹海立，浙東飛雨過江來」一聯是膾炙人口的名句。而這首詩則基本上是採用寫實的手法，簡潔明快地寫出了一次陣雨自始至終的全過程。全詩四句，分寫烏雲湧起、暴雨傾瀉、風起雲散、雨過天晴四個階段，一句一個畫面，銜接得緊，轉換得快，正與夏日陣雨的驟起驟止、來去倏忽相適應。詩人把西湖雨景寫得那麽令人神往，既表現出他對西湖山水的讚美和熱愛，也反映了他在政治紛爭中受挫之後寄情山水聊以自遣的心情。就在這組詩的最後一首中，蘇軾寫道：「未成小隱聊中隱，可得長閑勝暫閑？我本無家更安往，故鄉無此好湖山！」他不滿於「中隱」，渴望「長閑」，而他那遠在峨眉山下的故鄉又無這等秀麗的山水，這就無怪他視杭州爲第二故鄉，直欲在西湖上終老了。

望湖樓一名先得樓，五代時吳越王錢弘俶所建，原建築今已不存。一九八五年秋，杭州市人民政府重建了望湖樓。這是一座兩層的木結構建築物，它背依北山，面對西湖，樓前視野開闊，確是一處登臨憑眺的勝地。親愛的讀者，如果你有機會來到杭州，又有幸碰上暴雨驟降的天氣，不妨一登望湖樓。我相信，當你親眼觀賞到「黑雲翻墨」、「白雨跳珠」的景色時，你將會更加深切地領略到西湖雨景的奇趣，從而也更加喜愛蘇軾的這首詩。

（劉曾遂）

飲湖上初晴後雨二首

蘇　軾

朝曦迎客宴重岡，晚雨留人入醉鄉。此意自佳君不會，一杯當屬水仙王。
（自注：湖上有水仙王廟）

水光瀲灩晴方好，山色空濛雨亦奇。欲把西湖比西子，淡妝濃抹總相宜。

這是蘇軾熙寧六年（一〇七四）春天在杭州通判任上寫的兩首有名的絕句。西湖是杭州游覽勝地，漢朝時名「明聖湖」，又稱「錢唐湖」，因爲它的下面有下湖，所以又稱「上湖」，又因爲在杭州城的西邊，所以又稱「西湖」（參見田汝成《西湖游覽志》卷一）。自從蘇軾寫這兩首詩後，又被稱爲「西子湖」。我國好幾個地方都有西湖，但衹有杭州的西湖又稱西子湖，可見蘇詩的影響之深遠。

第一首是交代題目，「朝曦迎客」「晚雨留人」寫出先晴後雨的情況，用的是擬人法，把朝曦和晚雨都寫成對自己充滿感情，同時也寫宴會的時間自早到晚。遊山飲宴而碰到下雨，應該是煞風景的事。但因爲作者的人生觀學莊子隨遇而安，所以第三句不但不厭煩，而說「此意自佳」，這是承前二句說明先晴後雨是自然界用意甚好，這四個字從章法上說是引起第二首的。「君不會」是對同宴者的勸慰，從反面引出末句，說應該感謝「水仙王」（湖神）的美意，向她獻上一杯。這首詩一般選本都不選，而衹選第二首。但衹讀第二首就看不出題目和兩首詩的章法結構，也不易領會第二首的妙處。

第二首一、二句也用對起，但首句不入韻和第一首首句入韻的對起同中有異。兩句一寫晴，一寫雨，一寫水，一寫山，寫足第一首「此意自佳」的「佳」字。如果沒有晴天，看不出水光動蕩搖曳風姿，但是如果一味晴好，又看不到雨中山色迷離惝恍。「方」字、「亦」字雖是虛字，然而呼應有力，寫出景色的變化，剛獻湖光，又呈山色。水仙王的深情厚意實在令人感激。西湖的特色是山水相映，晴雨咸宜。蘇軾這兩句已經概括而又形象地寫出西湖之美，題目也寫足了，一般人寫到這裏應該是強弩之末，草草收場。而蘇軾以他特有的才華和豐富的聯想，忽然發一妙喻：「欲把西湖比西子，淡妝濃抹總相宜。」這兩句千古傳誦，變成西湖的定評。這兩句眞可說是「雖不識字人，也知是天生好言語」。這個妙喻，首先從「西」字聯想，其次西施是越地美女，西湖也是越地名湖，所以用「西子」而不是用「昭君」之類。妙喻的中心是「極美」，天下的美色和天下的美景，以人擬湖，仍然是承第一首「朝曦迎客」、「晚雨留人」的擬人手法。「淡妝濃抹」四字是承「西子」來，眞正的麗質不完全靠妝扮，所謂「淡妝」是指薄施甚或不施脂粉，「濃抹」是指盛妝，西施之美不管怎麼打扮，都是極美。西湖不管是晴天是雨裏，湖光山色也像西子的「淡妝濃抹」一樣宜人，「總相宜」是把人和湖合起來寫。「淡濃」、「晴雨」都是矛盾的，所以這「淡妝濃抹」四字又巧妙地把「晴方好」、「雨亦奇」收拾得恰到好處。詩就這樣戛然而止，使讀者回味無窮，西子湖的美名也因此詩不脛而走了。

（周本淳）

陳季常所蓄朱陳村嫁娶圖二首

蘇　軾

何年顧陸丹青手，畫作朱陳嫁娶圖。聞道一村惟兩姓，不將門戶買崔盧。

我是朱陳舊使君，（自註：朱陳村，在徐州蕭縣。）勸農曾入杏花村。而今風物那堪畫，縣吏催錢夜打門。

這二首絕句是蘇東坡被貶黃州的赴任途中，經過岐亭（今湖北麻城）朋友陳慥（季常）家時所作。這兩首詩雖是看一幅畫引起的一些感想，但詩意的內涵却十分豐富，是現實感很強的抒情詩。

第一首詩的開頭劈空寫道：「何年顧陸丹青手，畫作朱陳嫁娶圖。」表面看來，這是對畫家高超藝術的讚美，他是像顧、陸那樣的丹青名手，將朱陳村嫁娶情況栩栩如生地描繪出來。顧指顧愷之，陸指陸探微，都是晉代的名畫家，擅長畫人物。據宋朝黃休復《益州名畫錄》記載，朱陳嫁娶圖是五代前蜀人趙德元所畫。因五代距蘇東坡距離也已百餘年，用「何年」一詞，既以疑問開頭，引人注目，又說明年代較遠。這裏可見蘇東坡遣詞用字的功力和匠心。其實，這二句詩與其說是讚美畫家的藝術，不如說是讚美畫中淳樸的民風、人民安居樂業的情景。所以，接着的二句詩就是以事例來加以說明：「聞道一村惟兩姓，不將門戶買崔盧。」據明朝都穆《南濠詩話》介紹：「朱陳村在徐州豐縣東南一百里深山中，民俗淳質。一村惟朱陳二姓，世爲婚姻。」正因爲如此，

陳季常所蓄朱陳村嫁娶圖二首

他們和崔、盧那樣的名門大族絕不來往。儘管所描繪的情況帶有明顯的空想烏托邦的性質，但却寄寓着蘇東坡的理想。如果和下一首詩聯繫起來讀，這種理想並非是無源之水。但這種理想畢竟有很大成分的虛幻性，所以回過頭來看蘇東坡選用的「何年」、「聞道」這兩個詞兒，就有更深一層的體會。

第二首絕句就把讀者拉回到了現實，詩人就是活生生的見證人：「我是朱陳舊使君，勸農曾入杏花村。」由於朱陳村在徐州境內，而蘇東坡做過徐州知州，所以他說自己是朱陳村的「舊使君」，曾到那兒勸農。但今非昔比，令人痛心：「而今風物那堪畫，縣吏催錢夜打門。」在詩人看來，這種凄慘情景是不堪入目、難以入畫的：縣吏爲了催逼錢財深更半夜還敲打農戶的大門！這是蘇東坡對現實嚴肅地批判。

蘇東坡這兩首詩運用了強烈、鮮明的對比手法。他通過朱陳村的今昔對比，展現了社會面貌的巨大變化，鮮明地表現了詩人的愛憎。正是由於運用了強烈的對比手法，儘管詩句不多，也給讀者留下深刻印象。

這兩首詩淺顯如話，看起來極易理解，其實不然。如果我們將這兩首詩放在更廣闊的文化背景下來考察，就能認識其更深刻、豐富的內涵。朱陳村已不單純是一個地方的名字，而是一個歷史「原型」，一種象徵，經過長期「沉積」而形成的一種文化符號，它反映着民族的心態。早在唐朝，白居易就這樣描繪它：「徐州古豐縣，有村曰朱陳。去縣百餘里，桑麻風氛氳。機梭聲札札，牛驢走紜紜。女汲澗中水，男採山上薪。縣遠官事少，山深人俗淳。有財不行商，有丁不入軍。家家守村業，頭白不出門。生爲陳村民，死爲陳村塵。田中老與幼，相見何欣欣！一村惟兩姓，世世爲婚姻。親疏居有族，少長游有羣。黃鷄與白酒，歡會不隔旬。生者不遠別，嫁娶先近鄰。死者不遠葬，墳墓多繞村。既安生與死，不苦形與神。所以多壽考，往往見玄孫。」這種帶有幾分空想成分的桃花源境界，已成爲漫長的封建社會裏人們衡量事物的價值尺度，白居易以自己幾十年奔波的辛勞來對比，蘇東坡以「縣吏催錢夜打門」來對比，其理想的寄託都是「朱陳村」，這難道是偶然的嗎？

（尹恭弘）

題西林壁

蘇　軾

橫看成嶺側成峯，遠近高低各不同。不識廬山真面目，祇緣身在此山中。

元豐七年（一〇八四）四月，蘇軾自黃州（治所在今湖北省黃岡市）量移汝州（治所在今河南省臨汝縣），途中曾登覽了他神往已久的廬山。《初入廬山三首》其二云：「自昔懷清賞，神游杳靄間。而今不是夢，眞個在廬山。」夙願得償的欣歡之情，溢於言表。據《東坡志林》卷一「記游廬山」條記載，蘇軾在廬山盤桓了十餘日，以爲「山谷奇秀，平生所未見，殆應接不暇」，寫下了《廬山二勝》等記遊詩。這首《題西林壁》，就是他最後遊西林寺時的題壁之作，詩中結合自己遊山的觀感闡明了一條深刻的人生哲理，可以說是爲這次廬山之行作了一個極有意義的總結。

「橫看成嶺側成峯，遠近高低各不同」，這兩句寫廬山的景色。與一般寫景詩不同的是，詩人沒有借助比喻、擬人、誇張等藝術手段，對廬山作窮形盡相的描繪，而是通過抒發自己的主觀感受來表現客觀景物，這是這兩句詩在藝術手法上的一個特色。應該說，廬山作爲客觀存在的實體，自有其固定不變的形態。然而以廬山之大，隨着遊人觀察角度的不同，也自然會橫看成嶺，側觀爲峯，呈現出各種不同的風貌。姚寬《西溪叢語》卷下引《感通錄》云：「廬山七嶺，共會於東，合而成峯，因知東坡『橫看成嶺側成峯』之句有自來矣。」可見這兩句詩確是詩人通過實地觀賞所得。其實豈止是廬山，就連杭州那小小的吳山亦復如此：「朝見吳山橫，暮見吳山故多態，轉側爲君容。」（《法惠寺橫翠閣》）這一點，但凡喜愛遊山的人，想必都會有同樣的感受。

上二句既已對廬山景色作了粗筆勾勒，照一般寫法，以下應對廬山的各種姿態作一番具體描繪，並抒發自己流連忘返的心情。然而詩人突然筆鋒一轉，却就廬山變幻多姿這一點發起議論來了：「不識廬山眞面目，衹緣身在此山中。」詩人認爲，自己此行未能窮盡廬山之勝的原因，在於身處廬山之中，囿於橫側、遠近、高低等各種條件；換言之，衹有擺脫各種條件的限制，高瞻遠矚，才能眞正看清廬山的本來面目。表面看來，這兩句詩說的是看山的道理，但言在此而意在彼，其中蘊含了一種更普遍、更深刻的哲理：由於人們所處地位的不同，看問題出發點的不同，因而對客觀事物的認識難免帶有一定的片面性；衹有從不同角度全面地觀察事物，才能得到正確的判斷和本質的認識。當然，認識的相對性，即人的認識能力無不受到各種主、客觀條件限制的原理，並非蘇軾的最新發現，如《舊唐書・元行沖傳》中的「當局稱迷，傍觀見審」，就已經說明了這個道理。蘇軾的貢獻在於：他借看山爲喻，對這一哲理作了更新穎、更透闢的闡發，因而更爲警策生動，給人的印象也更加深刻。

這首詩固然是吟詠廬山的佳作，但顯而易見，它並不以模山範水取勝，而是以一種理性的韻致和思辨的力量贏得人們的喜愛，從而被推爲宋詩「理趣」的代表作。有人認爲，文學作品中切忌發議論，談哲理，詩尤其如此。然而這首詩却取得了極大的成功，其奥秘究竟何在呢？

首先，在於形象與議論的有機結合，詩情與哲理的高度統一。雖然這首詩中爲人傳誦徵引的往往衹是後兩句，然而它的藝術魅力却是來自四句詩所構成的整體美學境界。一方面，前兩句形象描繪爲後兩句哲理議論張本，使後兩句哲理議論有所附麗；另一方面，後兩句哲理議論爲前兩句形象描繪畫龍點睛，揭示了前兩句形象描繪的底蘊。抽象的、無限的哲理寄寓具體的、特定的形象之中，二者水乳交融，從而使這首詩既有詩的神韻，又有禪偈的機鋒；既使人得到藝術的享受，又使人受到思想的啓迪。因此，這首詩不是宋代理學家們那種徒具詩的形式的「語錄講義之押韻者」所可比擬於萬一的。

其次，在於詩中所闡發的哲理得之於現實生活，而又出之以平易自然。看山的感受，人皆有之，但蘇軾以前的詩人們往往停留於以抒情寫景的方式去表達感受本身。衹有蘇軾心有靈犀，從「橫看成嶺側成峯，遠近高低各不同」的現象中，悟出了人們所處不同就所見各異的哲理，並用樸素流暢的語言把它表達出來了。正因爲這哲理來自於現實生活，爲人人心中所有，而又爲人人筆下所無，故一經詩人拈出，便能引起讀者的強烈共鳴，產生震懾人心的感染力量。而晉代的玄言詩就因其理是遠離現實的老莊玄理，其言是淡乎寡味的質木枯言，所以才「平典似道德論」（鍾嶸《詩品・總論》），讀來味同嚼蠟。

針對蘇軾等人的「以議論爲詩」，南宋嚴羽提出「詩有別趣，非關理也」（《滄浪詩話》）的觀點，對他們進行了批評。此後拾嚴氏餘唾，指責「以議論爲詩」、以理語入詩者，代不乏人。「別趣」之說，固有其補偏救弊的積極一面，但由於對「以議論爲詩」缺乏具體分析，也不免失之偏頗。前些年，有些論者爲了強調形象思維的重要性，又受「文言理，詩言情」的傳統觀念影響，對詩中發議論、談哲理亦頗多微詞。在他們看來，似乎發議論、談哲理屬邏輯思維，文章中用的；抒情寫景才是形象思維，詩歌中用的。這種觀點同樣過於絕對。其實，抒情寫景之作，未必篇篇都是藝術珍品；發議論、談哲理，又何嘗不能產生名篇佳構？詩歌的特質與發議論、談哲理並非水火不容，關鍵在於詩人對現實生活有無真知灼見以及藝術表現是否高明。這首《題西林壁》不就是一個最好的例證麼？

（劉曾遂）

惠崇春江曉景

蘇　軾

竹外桃花三兩枝，春江水暖鴨先知。蔞蒿滿地蘆芽短，正是河豚欲上時。

早春二月，江南大地蕩漾着宜人的春光。三兩枝桃花搖曳在青翠的竹叢之外，搶先綻開了豔紅的笑靨；一羣鴨兒在溶溶的江水中自在地游泳，彷彿得意於最先感受到春江的溫暖。蔞蒿已經鋪滿了江南大地，蘆荻剛剛冒出嫩綠的新芽，那遠方深海的河豚，大約爲江南新春所吸引，就要沿江而上興致沖沖地游過來了……這一幅生機盎然的春光圖，乃是蘇軾《惠崇春江曉景》所創造的藝術境界。

《惠崇春江曉景》是蘇軾的題畫詩，約在元豐八年（一〇八五）作於汴京。惠崇，亦作慧崇，建陽人（一說淮南人），能詩善畫，宋初著名的「九僧」之一。郭若虛《圖畫見聞誌》卷四說：「建陽僧慧崇工畫鵝雁鷺鷥，尤工小景，善爲寒汀遠渚，蕭灑虛曠之象，人所難到也。」王安石《純甫出釋惠崇畫要予作詩》讚揚他說：「畫史紛紛何足數？惠崇晚出吾最許。」春江曉景兩幅今皆不傳。東坡題詩共兩首，以這一首傳誦最廣。從詩的內容推斷，當爲鴨戲圖。詩題諸本多作「晚景」；《東坡七集》及宋刊《東坡集》作「曉景」，似更符合詩意。

詩的起句從描寫引人注目的竹外桃花入題。竹叢搖翠，桃花吐丹，紅綠映襯，畫面色彩十分明麗。但綠竹原屬「歲寒三友」，桃花才是春天的標誌，故此句中桃花爲主，竹叢爲賓（從語法上分析，「桃花」是這句的主語，

「竹外」是桃花開放的處所，作狀語），詩人用請賓陪主手法，既是指點方位，又借以襯映色彩。「桃花」代表春光來臨，「三兩枝」說明桃花初開，準確地暗示了早春的景象。

以下詩人的視線轉向畫面中心——春天的江面。這裏大景小寫，春江原是宏闊意象，詩人却從細微角度專寫羣鴨戲水這一小景，既顯示出江水的平靜，又體現了春光的溫暖，且以羣鴨先知水暖，活潑地下水戲游，暗示出這正是江邊冰雪融化不久，氣溫剛剛轉暖的初春氣象。這句由視覺到觸覺進而寫出知覺，體察精微，運思深細。羣鴨凫水，自然是畫面實景；鴨知冷暖，則無非是詩人推測。這種實景虛寫的方法，正可以烘染出畫面所難以呈現的內在意蘊和生活機趣。不料東坡這一體察入微的名句，却在詩壇上引起過一場頗爲有趣的爭論。清人毛奇齡在《西河詩話》中論及此句，說：「水中之物，皆知冷暖，必先及鴨，妄矣。」王士禛很不贊成毛奇齡的說法，在《居易錄》中曾以揶揄的口吻載此事說：毛氏生平不喜東坡詩，有人舉出東坡這首絕句，「毛憤然曰：『鵝也先知，怎衹說鴨！』衆爲捧腹。」後來陳衍評論此事云：「毛西河並此亦要批駁，豈眞傖父至是哉？想亦口強耳。」（《宋詩精華錄》）其實文學用藝術形象反映生活，總是以個別代表一般；感知春江冷暖的，自然不限於鴨，但決不能將鴨、鵝、鷺鷥等水禽一一臚列；且題畫詩還應顧及畫面中的物象，不能任意信筆塗寫。毛奇齡不會完全不理解這些道理，正如陳衍所說，他不過不喜蘇詩，故作偏激之論而已。

詩的三四句，仍環繞「春江」展開描寫，一句實寫近江春草，一句聯想春江游魚。「蔞蒿」，即白蒿，一種野草，初出可食。「蘆芽」，蘆葦的幼芽，亦稱蘆筍。「河豚」，一種味極鮮美的魚，出產於海，春江水發，始沿江上行，近海處先得，然後，陸續游到江南各地。蔞蒿、蘆芽是烹煮河豚的佐料，河豚愛吃蔞蒿、蘆芽，於是詩人看到畫面上蒿、蘆，便很自然地聯想到：這正是河豚沿江而上的季節。蔞蒿、蘆芽與河豚，彷彿是無關的意象並列，實際有緊密的內在聯繫。上句爲畫面固有，是寫實景，下句由畫意推斷而來，是寫虛景。出語似淡，而對於早春的喜悅之情溢於言表。

畫有畫意，詩有詩境。一首好的題畫詩，不僅需準確地再現畫景，傳達畫意，更要據以創造出濃郁的詩情和意境。惠崇春江曉景中的「鴨戲圖」，看來是以鴨戲春江爲主體景物，又點綴以竹叢、桃花、蔞蒿、蘆芽，生動地描繪了早春風光。詩人題詠，由江岸的竹外桃花，到春江鴨戲，到近江原野的蔞蒿、蘆芽，這就依據畫面的空間構圖，準確而有層次地再現了畫中景。竹桃江鴨，蔞蒿蘆芽，這都是畫家可以畫出來的；而春江水暖，河豚欲上，畫家却無從表現。詩人憑着他體察入微的藝術敏感和豐富的生活知識，由鴨的嬉戲想象到江水的變暖，由蒿蘆初發想象到河豚的卽將游來，在畫面提供的視覺形象的基礎上又增益了視覺以外的生活內容和情趣，這就虛實相生，由表及裏地傳達了畫中意。更爲重要的是，詩人通過對畫面景物特徵的選擇和強調，通過獨特的聯想和想象，將一種鬱勃的生機貫注到詩歌之中。寫桃花而曰「三兩枝」，寫水暖而曰「鴨先知」，寫近江春草而曰「蘆芽短」……這既緊密契合着早春二月的季令特徵，又深深含蘊着象外之景，言外之意。它不難使人想到：三兩枝桃花，卽將迎來繁花似錦的前景；江水初暖，預示着和煦的豔陽卽將普照大地；蘆芽雖短，却蘊藏着按捺不住的力量；河豚初上，正表現出對於新春的興致……這些形象的共同特點，就是蘊含着喜悅之情、生命之力。它使我們彷彿感到生命的瓊漿玉液在字裏行間流蕩，葱蘢的生機在詩人胸中奔突，青春的活力躍動於宇宙萬象之中。清代大學者紀昀指出這首詩「興象實爲深妙」，妙在何處，妙就妙在平實淡遠的詩句之中含蘊着生命力的律動。反覆吟詠這首絕妙小詩，我們眼前也不禁浮現出明麗的春光，胸中湧來了滾滾的春潮。

（劉乃昌　張稔穰）

荔枝嘆

蘇　軾

十里一置飛塵灰，五里一堠兵火催。顛坑僕谷相枕藉，知是荔枝龍眼來。飛車跨山鶻橫海，風枝露葉如新採。宮中美人一破顔，驚塵濺血流千載。永元荔枝來交州，天寶歲貢取之涪。至今欲食林甫肉，無人舉觴酹伯游。（自註：漢永元中，交州進荔枝、龍眼，十里一置，五里一堠，奔騰死亡，罹猛獸毒蟲之害者無數。唐羌，字伯游，爲臨武長，上書言狀。和帝罷之。唐天寶中，蓋取涪州荔枝，自子午谷路進入。）我願天公憐赤子，莫生尤物爲瘡痏。雨順風調百穀登，民不饑寒爲上瑞。君不見武夷溪邊粟粒芽，前丁後蔡相籠加。（自註：大小龍茶，始於丁晉公，而成於蔡君謨。歐陽永叔聞蔡君謨進小龍團，驚嘆曰：「君謨，士人也，何至作此事！」）爭新買寵各出意，今年鬥品充官茶。（自註：今年閩中監司乞進鬥茶，許之。）吾君所乏豈此物，致養口體何陋耶！洛陽相君忠孝家，可憐亦進姚黃花。（自註：洛陽貢花，自錢惟演始。）

這首著名的七言古詩作於宋哲宗紹聖二年（一〇九五），當時蘇軾已年屆花甲，被安置在惠州（今廣東省惠陽縣）貶所。

以經世濟民爲士君子立身行事之本，並富於仁民愛物思想的蘇軾，由於看不慣當時朝政中的許多弊端，而又心直口快，不甘緘默，敢於在詩文中大膽地予以抨擊和揭露，便屢次因此受到打擊和迫害。在他四十四歲那年（一〇七九，宋神宗元豐二年），權臣王珪、李定等人一手羅織成的「烏臺詩案」，便是宋代震驚內外的一場文字獄。他們斷章取義地摘取蘇軾詩文中的片言隻語予以曲解，以「包藏禍心，訕謗謾罵，無人臣之節」的罪名，非置蘇軾於死地而後可。衹是終無實據，最後不得不以「譏諷時政」爲藉口，貶蘇軾爲黃州團練副使，不得簽署公事。而十五年後的哲宗紹聖元年（一〇九四），權奸們又以「誹謗先帝」的罪名，將五十九歲的蘇軾從定州（今河北省定縣）貶到英州（今廣東省英德縣）。就在蘇軾奔赴英州貶所的中途，朝廷又三傳貶謫命令，再貶蘇軾爲寧遠軍節度副使，在惠州安置。蘇軾輾轉跋涉，於當年十月方抵惠州。在瘴癘之地處置一個年近花甲的老文人，分明是權奸們在施展其借瘴殺人的陰謀。然而，堅強而樂觀的蘇軾早看穿了這一切，他以鄙夷的目光傲視和蔑視羣小們這可憐的伎倆，非但不肯流露出半點的擔心和氣餒，反而高喊出「不辭長作嶺南人」，甘心定居於此的決心。

惠州是盛產荔枝的名區。當詩人親口品嚐到這種珍異的美味時，卻不禁憂從中來，喚起他無限的憤怒與慨嘆。他想到漢、唐兩代帝王后妃們爲滿足自己的口腹嗜欲逼使百姓進貢鮮荔枝時造成的災禍，他更不能容忍當時北宋的某些邀寵的臣子以貢茶、貢花爲手段向主子取媚的可恥行徑。在無法抑制自己內心憤懣與不平的情勢下，他顧不得多次因詩文被迫害的可怖遭遇，大膽地寫出這首充滿了戰鬥精神的名篇《荔枝嘆》。

全詩共六個層次，每層四句，每四句一換韻。全詩扣住詩題中的「嘆」字作爲主線，將上自漢、唐，下迄北宋統治者爲滿足口腹耳目之娛給人民帶來無限災禍的罪惡予以無情地揭露。開頭四句便以使人驚心動魄的詩句，將人們帶到古代驛路上那種車馬疾馳、塵土飛揚、緊張可怖的氣氛中去。你彷彿看到，十里五里的驛站上，都如同兵火催迫似的匆忙，飛駛的車馬刻不容緩地日夜兼程。而路途艱險，人馬飢疲，「顛坑僕谷」，死者相藉。人們不禁會想到：這必定是忙於傳送某種有關國計民生的急用之物。然而誰會料到，耗費了多少人的生命血汗，所送者不過是專供宮廷享用的龍眼、荔枝而已！這四句雖然用了詩的誇張語言，但正如作者「自註」中所記，漢和帝時進貢荔枝的實況也正如此。據史書記載，永元年間（八九——一〇五）爲進荔枝，「驛馬晝夜傳送之，致有遭虎狼毒害，顛僕死亡不絕。」（謝承《後漢書》）這種「奔騰險阻，死者繼路」的淒慘景象，和詩中所描繪的情景是一致的。這第一層，集中揭露漢代進貢鮮荔枝的禍害。第二層四句則專寫唐玄宗時楊貴妃嗜鮮品荔枝，迫使快馬傳送，以致漢代貢荔枝的慘劇重演。據《唐書》記載，楊貴妃「欲得生荔枝，歲命嶺南馳驛致之。」「置騎傳送，走數千里，味未變已至京師。」所以詩裏用「飛車跨山鶻橫海」的語句，以古代神話中的飛車來比喻傳送荔枝的車馬跨山越嶺的進行之速，更以畫着飛鶻的船隻橫海急渡，來形容王命緊迫的刻不容緩。因爲衹有這樣，才能保持連枝採下的鮮果進宮時葉子上還帶着露水，枝條也仍如在風里搖動似的依然茂盛。不過爲使宮中美人的破顏一笑，而百姓們却「驚塵濺血流千載」。帝王后妃們片刻的歡樂，要以無數人民的生命血汗爲代價。這鮮明的對比，是對整個封建社會罪惡統治的深刻揭露，其意義不限於貢鮮荔枝這一事件上。這是第二層。在上述兩層的基礎上，作者對漢、唐兩代在進貢荔枝這一弊政中兩個代表性人物——唐羌和李林甫的忠奸善惡，作了深刻的評述。據史書記載，漢和帝永元年間自交州進貢荔枝，當時唐羌並非在交州貢區爲官，衹不過他爲官的臨武縣「接交州」。當交州「獻龍眼、荔枝及生鮮」時，驛馬「道經臨武，羌乃上書。」他的話是很有分量的，他說：「上不以滋味爲德，下不以貢膳爲功。故天子食太牢爲尊，不以果實爲珍。憂見交阯七郡獻生龍眼等，鳥驚風發。南州土地，惡蟲猛獸不絕於路，至於觸犯死亡之害，死者不可復生，來者猶可救也。此二物升殿，未必延年益壽。」（謝承《後漢書》）唐羌不愧爲有膽有識的仁人君子和敢於直諫的諍臣，而在這一點上，漢和帝也頗有開明可取之處。他遂下詔「太官勿復受獻」。於是，漢代貢鮮荔枝的事便由此而罷。然而，事過境遷，而今又有誰肯舉起酒杯，澆奠一杯水酒來祭奠唐羌這位爲民請命的先賢！但一味奉承獻媚如李林甫之流的奸佞却依然大有人在。詩人指出李林甫在唐玄宗時爲相，面對着玄宗和楊貴妃無限的淫奢行爲，非但一字不諫，反而助成其惡，使當時和後世欲食其肉而後快。李林甫不僅是口蜜腹劍的奸佞，而且他爲相時，甚至「明召諸諫官謂曰：『今明主在上，羣臣將順之不暇，烏用多言！』自是，諫諍之路絶矣！」人們唾罵他是必然的。但李林甫式的邀寵佞臣世代皆存，因而喚起詩人更深的感慨。所以，在第四層裏，詩人表達了一種不得已的心理狀態，他認爲，在當時的社會現實中，天生的珍奇異物非但不能造福於人民，反而給人民帶來了災難。因而，他希望天公不再生尤物，衹要風調雨順，五穀豐登，民不飢寒，便是最大的祥瑞。這是一種偉大的同情心，也是一種最辛辣的諷刺。在這一層裏，承上啓下地把漢、唐爲貢荔枝給人民帶來災殃與當時北宋朝廷流行的貢茶、貢花制度貫連在一起，把歷史的批判與對現實的揭露作了巧妙的結合。由此過渡到第五層，詩人用「君不見」三字以喚起人們的重視，指名道姓地斥責了宋代貢茶制度形成中兩個代表性人物及其不光彩的行徑。武夷山是產茶名地，粟粒芽是武夷山茶中的上品，因其茶芽嫩小，細如粟粒而得名。宰相丁謂是貢茶的始作俑者，端明學士蔡襄是繼成其事的人物。他們精心包裝，加籠封進，顯示出邀寵取媚的孝心。丁謂是以善於獻媚而著名的典型，「捋鬚」故事便是他的創作。而以學問、書法著稱於時的蔡君謨，居然也做出貢茶的事，却使人感到遺憾。所以作者在「自註」中引用歐陽修的話，認爲蔡君謨是讀書人，爲何竟也「做此事耶！」這蔡君謨，是蘇軾的前輩，學問書法皆爲蘇軾所敬重，認爲其書法「爲本朝第一」，但在這裏也受到抨擊，从中可以看出詩人在大是大非面前是不徇私情的，在這一點上，更足以看出蘇軾的人格。他尖鋭地指出他們「爭新買寵各出意」，爲了討好皇帝老子，不惜挖空心思，變換方式。當時的北宋貴族中，盛行一種「鬥茶」的風氣。官僚們把賽茶中選出的名品稱爲「鬥品」，而以這鬥品去進獻朝廷。范仲淹在《鬥茶歌》裏說：「北苑將期獻天子，林下雄豪先鬥美」，正與此詩相合。寫到這裏，詩人的感情已極爲高漲，把上自丁謂、蔡襄，下至當時鬥茶獻貢的人統統斥之爲「爭新買寵」，其大膽無畏，不惜干犯衆怒的勇氣，是很值得敬佩的。最後四句即第六層是全詩的結尾。作者不得不以委婉的語氣替君主開脱，說「吾君所乏豈此物」，把責任歸究到那些買寵的臣子身上：是他們把充口體之物獻給皇家，這是極爲淺陋的行爲。這種似婉實諷的曲筆，是在指責臣下的同時，表露出對君主的微詞。肯於受獻的君主並非明君，而以貢口腹耳目之歡的臣子也並非忠臣。所以，緊接着點出被宋太宗稱爲「以忠孝而保社稷」的吳越錢王的後代、洛陽留守錢惟演，居然也以牡丹的上品——姚黃進獻朝廷，「忠孝之家」而肯於爲此，是極其令人感到惋惜的事！所謂「可憐」，包含着不少的諷嘲。

蘇軾曾多次因詩文而受人攻擊、陷害，他說自己的詩文中「雖無所云，而好事者巧以醞釀，便生出無窮事。」

而這首《荔枝嘆》確乎是有所云的。假如那些小人們仍以「肆爲詆毀，無所顧忌」，怨望其上，訕謗謾罵，「無人臣之節」，「譏諷時政」而重興文字獄，恐怕也很難幸免。至今我們也爲當時的蘇軾捏一把汗。惟其如此，更可以看出在揭露弊政的禍害，在爲人民傾訴不平的時候，詩人是不計個人安危而大膽敢言的勇士，而不僅僅是一位傑出的詩人。

全詩以「嘆」字爲主線貫穿首尾。第一層嘆漢代貢荔枝之害，第二層嘆唐代貢荔枝之禍，第三層嘆漢、唐兩代貢荔枝的弊政，祇唐羌一人進諫而繼之者乏人，第四層承上啓下，嘆天生珍異之物不爲民福反爲民害，第五層嘆北宋貢茶之風與貢荔枝形異實同，最後一層嘆忠孝之臣亦未能免於買寵。把從漢唐至北宋不合理的口腹耳目之歡的貢物和這些貢物帶來的災殃予以無情地揭露，表現出作者對苦難下的人民無限的同情。全詩情感熾烈，語言也辛辣尖鋭、痛快淋漓。比如「顛坑僕谷相枕藉」，「飛車跨山鶻橫海」，「宮中美人一破顔，驚塵濺血流千載」……都是形象鮮明，音調鏗鏘，氣勢宏大，酣暢明白的戰鬥性詩句，顯示出作者的情感與詩才。

（于植元）

澄邁驛通潮閣二首（其二）

蘇　軾

餘生欲老海南村，帝遣巫陽招我魂。杳杳天低鶻沒處，青山一髮是中原。

澄邁驛通潮閣二首（其二）

蘇軾晚年，由於受章惇等人迫害，先後被貶居惠州（今廣東惠陽縣）、儋州（今海南儋縣）。元符三年（一一〇〇）初，宋哲宗病逝，徽宗繼位。五月，蘇軾被命內遷廉州（今廣西合浦縣）安置。六月，詩人自海南島渡海返回大陸。本篇是渡海前登海南島北部澄邁驛通潮閣時所作。

也許有人以爲蘇軾受到恩赦會感激涕零，興高采烈吧？其實不然。《澄邁驛通潮閣二首》的第一首，抒發了對歸路遙遠的愁緒。這第二首對受赦內遷的反應也很淡然。「餘生欲老海南村，帝遣巫陽招我魂」，蘇軾屢遭貶謫，到儋州時已六十二歲。後日無多，生還無望，所以說餘生將要終老於海南。從詩句看，似乎語帶淒涼。不過，蘇軾受佛老哲學思想影響頗深，能曠達處世，加上海南人民對他熱情照顧，因而雖艱辛至極，仍「超然自得」，甚至有「我本海南民，寄生西蜀州」之語。故「欲老海南村」，也含有主觀上想要終老於海南的意味。這實際上等於說已經做好了老死於海南的精神準備，把能否北歸置之度外了。在這種心境下，縱然朝廷寬赦，又能使他激動到哪裏去呢！「帝遣巫陽招我魂」，《楚辭・招魂》上說，上帝可憐屈原的靈魂脫離了他的軀殼，叫巫陽（女巫名）把它招回來。這裏比喻這次招還。但拿屈原自比，顯然有忠而見逐的意思。招還僅僅是對過去的錯誤處分做一點改正，有何了不得的恩典可言呢！

儘管蘇軾對招還的赦命淡然，但中原故土却又不能不令他神往。詩人在望鄉情緒的支配下，於未渡海之前登上了驛樓。「杳杳天低鶻沒處，青山一髮是中原。」舉眼北望，目光所能捕捉到的是遠空的飛鶻，這是那海天空闊的視屏上，惟一可見之物。但當那飛鶻倏地向着深遠的、彷彿越去越低的天邊隱沒的時候，却把詩人的視線引向了要搜索的目標——那抹在天際的一絲淡淡的青色影痕，渺若一髮，正是海對岸的連綿青山，正是中原！詩人從舉目跟蹤飛鶻，到在杳杳的遠天發現青山一髮，望穿了大海的雲空，該是望得何等之切啊！遊子思故鄉，卽使是此時的蘇軾，也羈勒不住那一分發自內心深處的強烈的望鄉之情！

詩的後兩句被紀昀讚爲「神來之筆」，它的好處在毫不費力，極其自然地一筆寫出了隔海遙望中原的景象，新鮮而又貼切。彷彿我們也被帶到海南島通潮閣上，跟着詩人的視線，從一個特殊的角度遙遙地望到了我們世世代代所居住的中原。不過，我們在想象着這樣一個新鮮的中原形象的同時，不要把它混同於李白的飄逸、李賀的奇幻。不要忘記了蘇軾是在將要被貶死海南的情況下放歸的，詩人可以說是在歸途的蒼茫百感中，寫了他眼前的，同時也是和他心境相契合的中原形象。詩人患難餘生，如今巫陽招魂，隔海相望，青山一髮，那種感情的對象化，也眞好似神魂飛越，恍惚附在渺若一髮的山痕之上。而對此景象，詩人心頭會湧起一些什麽感情，則留待讀者去想象了。是如夢如幻；還是忍不住要喊叫一聲，告訴中原自己歸來了；還是仍然有那種「我欲乘風歸去，又恐瓊樓玉宇，高處不勝寒」的餘悸？……讀者盡可以作多方面的想象。

施補華說：「東坡七絕亦可愛，然趣多致多，而神韻却少。『水枕能令山俯仰，風船解與月徘徊』，致也。『小兒誤喜朱顏在，一笑哪知是酒紅』，趣也。獨『餘生欲老海南村……』，則氣韻兩到，語帶沉雄，不可及也。」（《峴傭說詩》）的確，這首比他所舉的另外兩例，要深厚和有味多了。大約因爲本篇不是表現那種生活中的小趣味、小情致，而是牽連詩人身世遭遇，觸動了對中原故土的感情，內容深厚，又是被蘇軾用他那很灑脫的大手筆加以表現，遂使詩的意境，在浩渺廣闊之中又具沉雄之概，因而氣韻深厚，超出了一般作品。

（余恕誠）

書李世南所畫秋景

蘇　軾

野水參差落漲痕，疏林欹倒出霜根。扁舟一櫂歸何處？家在江南黃葉村。

這是一首有名的題畫詩。

書李世南所畫秋景

題畫詩有它特有的寫法。它應該尊重畫家，但又不能受制於畫家。尊重畫家，不是自己愛說什麼就說什麼；不受制於畫家，應該根據畫家構成的意境，有所發揮，有所補充。詩與畫互相映發，彼此既能融渾，而又各擅其勝。這才是好的題畫詩。

我們不妨看看蘇軾這首七絕。

李世南曾與晁補之同試諸生，當是蘇軾的晚輩。他畫的是一幅秋景。畫面近處有疏疏的樹林，有曲折的河岸，遠處有一排村落，村落前面橫着一片密林，樹葉全都染上了黃色。中景是平緩的江水，出現一隻小船兒，船上有人拿着槳。畫家畫的是江南水鄉常見的景色。

這是一幅秋景，在詩裏大致上已得到再現了。但是詩人當然不會祇限於再現，他有取有捨，有些需要強調，有些又需要補充。

他先從畫面上的江水着筆。由於枯水季節來了，潮水的漲痕已經不像夏天那樣，而是一天天低落下去。於是江岸上就出現參差不齊的落潮的痕跡。

這一句，詩人觀察得很仔細。那畫上的皴法，使他想象到平日的所見。

隨卽他又強調了近景中的疏林。秋天樹木紛紛落葉，露出稀疏的枝條，就看出它們歪歪斜斜的姿態；而且不止枝幹欹斜，連樹根也離開水面，歪扭着，顯出白霜似的顏色。

這裏要注意句中的用字。水是「野水」，林是「疏林」，已顯示晚秋的蕭瑟氣氛；漲痕用「落」，霜根用「出」，更是枯水的秋天所特有。詩人有意選用這些字眼，讓它同整個畫面配合，取得和諧效果。人們卽使沒有看畫，已覺秋氣撲人而來了。

然而詩到底是詩，不是畫的復製品，因此第三句便來個轉折，把畫的意境進一步加以拓開。

畫面的一葉扁舟，以及舟上的人，畫家其實沒有交代是什麼意思。詩人恰好就趁此馳騁想象，他設想那個人正在划着船兒，從遠處回到自己的家鄉。他的住處便是畫面遠景裏的村莊，那村莊正隱映在一片黃葉密林之中。

這想象便構成了下面的兩句：

扁舟一櫂歸何處？家在江南黃葉村。

「黃葉村」不是村名，不過因畫上有滿村黃葉而已。「扁舟一櫂」也不一定便是歸家，但詩人却可以如此發揮想象。這是對畫面的補充，也可以說是對畫意的點題。

第三句還用了疑問的句式，讓文勢略一蕩開，然後以「黃葉村」收結，更顯出開合跌宕之美。

有人說，畫是無聲詩；但因其無聲，有時就難免含情未露，若經詩人輕輕點出，便如撥開一層霧障，那意境既顯豁而又深遠了。

題畫詩應該達到這種水平；題畫詩有時不可缺少，其理由也在於此。

（劉逸生）

江城子

蘇　軾

乙卯正月二十日夜記夢

十年生死兩茫茫。不思量，自難忘。千里孤墳，無處話淒涼。縱使相逢應不識，塵滿面，鬢如霜。　夜來幽夢忽還鄉。小軒窗，正梳妝。相顧無言，惟有淚千行。料得年年腸斷處，明月夜，短松岡。

江城子・乙卯正月二十日夜記夢

蘇軾的《江城子・乙卯正月二十日夜記夢》是寫他夢亡妻的詞。「乙卯」是宋神宗熙寧八年，蘇軾這時四十歲，在山東密州作太守。他的妻子王弗，在宋英宗治平二年死於開封，至此首尾十一年（見《蘇東坡集・亡妻墓志銘》）。

第一句「十年生死兩茫茫」是合生者、死者兩邊說的。自從妻子死後，十年來，活着的人和死去的人兩無消息。「不思量」以下四句，是生者想念死者。這看去是很平淡的六個字，實是藴含着深摯的感情，這確實是經久不忘的夫婦感情。如果說天天在思量，反而不眞實了。王氏歸葬於他們的故鄉四川眉山（見《亡妻墓志銘》），所以下面說「千里孤墳，無處話淒涼」，妻子的墳遠在千里之外，連到墳上訴說自己淒涼的心境也不可能。「縱使相逢」以下三句，又合生者、死者兩邊說：生前相聚，既不可能；那麼今後的「相逢」更是空想。「塵滿面，鬢如霜」二句，想到自己仕途奔波，風塵僕僕，頭髮白了，人也老了，縱使夫妻有重逢之日，怕她也不認識自己了。這樣左思右想，三、四層意思折疊下來，逼出一個夢來。

上片寫致夢的原因，下片直接寫夢。「夜來幽夢忽還鄉」以下四句寫夢境很眞實，既清楚，又帶些朦朧。結尾，「料得年年腸斷處」三句，是寫夢醒後思索之情，是生者爲死者設想之辭，爲夢中原來不了解的「相顧無言，惟有淚千行」兩句作解釋。夢醒後想：她爲什麼傷心落淚呢？想必是在那故鄉的短松崗上，孤墳一座，月明之夜，倍感淒涼吧？那就是她年年腸斷的地方，那就是她「相顧無言，惟有淚千行」的原因吧？這裏也和「千里孤墳」兩句相呼應。整首結構相當嚴密，上片八句寫夢前，下片前五句是夢中，末了三句是夢後。

這首詞用白描的手法，語言自然，不加雕琢。「縱使相逢應不識」三句最沈痛，這裏既有對死去的妻子的懷念，也有對自己身世遭遇的感慨。蘇軾有與其弟子由詩：「猶勝相逢不相識，形容變盡語音存」，就是翻用這個意思。

《江城子》這個調，全首用平聲韻；而三、四、五、七言的句子錯綜地間用、迭用，音韻諧協而又起伏不平；宜於寫平和而又複雜的情感。蘇軾選用這個調子寫悼亡之作，能够表達舊體詩所難以表達的感情。但是也不能一概而論，蘇軾的《密州出獵》詞，也用《江城子》這個調，而所表達的情感完全不同。同一調子可以表達不同的聲情，問題在於作者如何運用。

晚唐、北宋人的詞，幾乎篇篇寫婦女，而且多半以謔浪遊戲筆墨出之。眞正把婦女作爲一個平等的人來看待，尊重她，並且寫出她的品格，這樣的詞並不多見。蘇軾的《賀新郎・乳燕飛華屋》一首，寫出女子高品，「頗欲與少陵（杜甫）佳人一篇互證」（譚獻語）。而這篇《江城子》悼亡詞，寫夫婦眞摯愛情，也可與杜甫的「今夜鄜州月」五律詩比美。

（夏承燾）

江城子

蘇　軾

密州出獵

老夫聊發少年狂。左牽黃，右擎蒼。錦帽貂裘，千騎卷平岡。爲報傾城隨太守，親射虎，看孫郎。　酒酣胸膽尚開張。鬢微霜，又何妨。持節雲中，何日遣馮唐。會挽雕弓如滿月，西北望，射天狼。

這首詞又題《獵詞》，作於到密州後的第二年冬天。傅藻《東坡紀年錄》載：「乙卯（一〇七五）冬：祭常山回，與同官習射放鷹作。」據此，可知詞中所寫，當是這次習射放鷹的情景。

上片敍寫習射放鷹的具體情事。入題直敍，謂自己已老邁，乃姑且學做少年人，發發狂態。老夫與少年狂，甚不相稱，故以一「聊」字將此互相矛盾的兩個方面調和在一起。接着寫習射放鷹的情景。「左牽黃，右擎蒼」，謂自己左手牽着黃狗，右臂舉着蒼鷹，殆用《梁書》典故而略加變化，《梁書・張充傳》載，充少時出獵，「左手臂鷹，右手牽狗。」張充以左手臂鷹，蘇軾易之爲右，並以「黃」、「蒼」兩個修飾詞替代狗與鷹。這是習射的一個特寫鏡頭。「錦帽貂裘，千騎卷平岡」，謂隨從們頭戴錦蒙帽，身着貂鼠裘，飛馬掠過山岡。「千騎」及「卷」，顯示出圍獵時的浩大聲勢。這是習射的羣衆場面。作者在大幅度地展示了圍獵場面之後，又將鏡頭集中在自己身上：「爲報傾城隨太守，親射虎，看孫郎。」謂百姓傾城而出，跟隨我觀看射獵，爲了報答這一盛意，我當親自挽弓射虎，讓大家見識見識今日之孫郎。《三國志・吳書・吳主傳》：「（建安）二十三年（二一八）十月，權將如吳，親乘馬射虎於庱亭（今江蘇丹陽東），馬爲虎所傷，權投以雙戟，虎却廢，常從張世擊以戈，獲之。」這裏，蘇軾以孫權自比，進一步突出了當時的狂態。張充、孫權，年少英俊，其舉止行爲，皆足以表現少年英雄不可一世之概。詞作用事用典，與習射放鷹之情事，正相切合。下片抒寫襟抱，表現抗敵報國的雄心壯志。「酒酣胸膽尙開張」，謂借助於酒興，而胸膽開張，而發狂態，對於上片所表現的不可一世之概，似乎帶有否定之意。但是，「鬢微霜，又何妨」，却是否定之否定。以爲兩鬢斑白，無關緊要，表現自己不服老，豪情滿懷。因此，上片的「聊」，原帶有無可奈何之意，至此，已完全向積極方面轉化。此時，蘇軾對於眼前的一切充滿着信心。他將自己比作魏尙，希望朝廷派馮唐來，爲他落實政策，他將奔赴疆場，爲國效力。《史記・張釋之馮唐列傳》載：漢文帝時，魏尙爲雲中（今山西大同一帶）太守，抵御匈奴有功，而因「坐上功首虜差六級」，獲罪被削職。後來，馮唐勸諫，文帝令馮唐持節赦魏尙，復以爲雲中守。又《楚辭・九歌・東君》曰：「舉長矢兮射天狼」。聯繫寫作此詞的社會背景以及蘇軾當時的政治處境可知，詞中所用故事，當是有所指的。五年前，蘇軾因「與介甫議論素異」，即「乞外任避之」。（蘇轍《東坡先生墓志銘》）其時西北、東北邊事正十分緊張。熙寧三年（一〇七〇），西夏大舉進攻環、慶二州，四年，陷撫、寧諸城，而八年，宋廷並割地於遼。可知所謂「西北望，射天狼」，當不僅僅指西北邊患。但是，自從出任杭州通判之後，蘇軾在仕途上，一直是失意的。由杭赴密，一貶再貶，報效朝廷的宏圖大略，無法實現。因此，他希望自己能够像魏尙那樣，重新得到信任，到邊疆抗敵。全詞由出獵聯繫到魏尙故事，由射虎聯繫到射天狼，說明作者所發的「狂」，乃是有一定實際內容的。此「狂」並非一發了事，而是要把雕弓拉滿，實實在在地大幹一場！

蘇軾在密州，曾經感嘆寂寞山城，催人老去，但仍然時時刻刻不忘朝廷，不忘國家大事。在這首詞中所發的狂態，所抒寫的壯志豪情，正體現了他的赤膽忠心。與此同時，蘇軾還有一首《祭常山回小獵》詩，曰：「青蓋前頭點皂旗，黄茅岡下出長圍。弄風驕馬跑空立，趁兔蒼鷹掠地飛。回望白雲生翠巘，歸來紅葉滿征衣。聖明若用西涼簿，白羽猶能效一揮。」詩中末二句所云，亦實有所指。據《烏臺詩案》所記，蘇軾自云：「（此詩）意取西涼主簿謝艾事。艾本書生也，善能用兵，故以此自比。若用軾爲將，亦不可減謝艾也。」這首詩敍寫出獵情事，以善能用兵之謝艾自比，同樣表現了作者爲國效力的赤膽忠心。一詞一詩，形式不同，但所表現的內容及心情却是一樣的。這說明，此時蘇軾，已經將詞與詩同等看待。如果說，蘇軾在前一年所作《沁園春》詞，是他轉變詞風的一個標誌，那麽，應該說，這首《江城子》詞，是蘇軾轉變詞風的繼續與發展。但是，這首詞顯然還不够成熟，將它與黄州時期的詞作相比，則稍嫌麤疏狂放；這首詞雖具有「自是一家」風味，却未能代表東坡本色。

歷來論蘇，往往將《江城子》（密州出獵）推舉爲蘇集中第一首豪放詞，並且認爲，這首詞就是蘇軾在《與鮮于子駿簡》中所說的那一闋小詞。這是值得斟酌的。蘇軾《與鮮于子駿簡》云：「近却頗作小詞，雖無柳七郎風味，亦自是一家。呵呵！數日前，獵於郊外，所獲頗多。作得一闋，令東州壯士抵掌頓足而歌之，吹笛擊鼓以爲節，頗壯觀也。」據考，蘇軾此簡乃作於徐州，在寫作《江城子·密州出獵》四年之後。說明所謂「自是一家」小詞並非這首《江城子》。拙作《蘇軾轉變詞風的幾個問題》（載《學習與思考》一九八三年第一期）已經闡述，此不贅。

（施議對）

水調歌頭

蘇　軾

丙辰中秋，歡飲達旦，大醉，作此篇，兼懷子由。

明月幾時有？把酒問青天。不知天上宮闕，今夕是何年。我欲乘風歸去，又恐瓊樓玉宇，高處不勝寒。起舞弄清影，何似在人間！　轉朱閣，低綺戶，照無眠。不應有恨，何事長向別時圓？人有悲歡離合，月有陰晴圓缺，此事古難全。但願人長久，千里共嬋娟。

詞前小序說：「丙辰中秋，歡飲達旦，大醉，作此篇，兼懷子由。」丙辰，是北宋神宗熙寧九年（一〇七六）。當時蘇軾在密州（今山東諸城）做太守，中秋之夜他一邊賞月一邊飲酒，直到天亮，於是作了這首《水調歌頭》。

在大自然的景物裏，月亮是很有浪漫色彩的，她很能啓發人的藝術聯想。一鉤新月，會讓人聯想到初生的萌芽的事物；一輪滿月，會讓人聯想到美好的圓滿的生活；月亮的皎潔，又會讓人聯想到光明磊落的人格。在月亮身上集中了人類許多美好的理想和憧憬。月亮簡直被詩化了！蘇軾是一個性格很豪放、氣質很浪漫的人。當他在中秋之夜，大醉之中，望着那團圞、嬋娟的明月，他的思想感情猶如長了翅膀一般，天上人間自由地飛

水調歌頭（明月幾時有）

翔着。反映到詞裏，遂形成一種豪放灑脫的風格。

上片一開始就提出一個問題：明月是從什麼時候開始有的——「明月幾時有？把酒問青天。」蘇軾把青天當做自己的朋友，把酒相問，顯示了他豪放的性格和不凡的氣魄。這兩句是從李白的《把酒問月》中脫化出來的，李白的詩說：「青天有月來幾時？我今停杯一問之。」不過李白這裏的語氣比較舒緩，蘇軾因爲是想飛往月宮，所以語氣更關注、更迫切。「明月幾時有？」這個問題問得很有意思，好像是在追溯明月的起源、宇宙的起源。又好像是在驚嘆造化的巧妙。我們從中可以感到詩人對明月的讚美與嚮往。

接下來兩句：「不知天上宮闕，今夕是何年。」把對於明月的讚美與嚮往之情更推進了一層。從明月誕生的時候起到現在已經過去許多年了，不知道在月宮裏今晚是一個什麼日子。詩人想象那一定是一個好日子，所以月才這樣圓、這樣亮。他很想去看一看，所以接着說：「我欲乘風歸去，又恐瓊樓玉宇，高處不勝寒。」他想乘風飛向月宮，又怕那裏的瓊樓玉宇太高了，受不住那兒的寒冷。「瓊樓玉宇」，語出《大業拾遺記》：「瞿乾祐於江岸翫月，或謂此中何有？瞿笑曰：『可隨我觀之。』俄見月規半天，瓊樓玉宇爛然。」「不勝寒」，暗用《明皇雜錄》中的典故：八月十五日夜，葉靜能邀明皇遊月宮。臨行，葉教他穿皮衣。到月宮，果然冷得難以支持。這幾句明寫月宮的高寒，暗示月光的皎潔，把那種既嚮往天上又留戀人間的矛盾心理十分含蓄地寫了出來。這裏還有兩個字值得注意，就是「我欲乘風歸去」的「歸去」。飛天入月，爲什麼說是歸去呢？也許是因爲蘇軾對明月十分嚮往，早已把那裏當成自己的歸宿了。從蘇軾的思想看來，他受道家的影響較深，抱着超然物外的生活態度，又喜歡道教的養生之術，所以常有出世登仙的想法。他的《前赤壁賦》描寫月下泛舟時那種飄然欲仙的感覺說：「浩浩乎如憑虛禦風，而不知其所止；飄飄乎如遺世獨立，羽化而登仙。」也是由望月而想到登仙，可以和這首詞互相印證。

但蘇軾畢竟更熱愛人間的生活，「起舞弄清影，何似在人間！」與其飛往高寒的月宮，還不如留在人間趁着月光起舞呢！「清影」，是指月光之下自己清朗的身影。「起舞弄清影」，是與自己的清影爲伴，一起舞蹈嬉戲的意思。李白《月下獨酌》說：「我歌月徘徊，我舞影零亂。」蘇軾的「起舞弄清影」就是從這裏脫胎出來的。這

水調歌頭（明月幾時有）

首詞從幻想上天寫起，寫到這裏又回到熱愛人間的感情上來。一個「我欲」、一個「又恐」、一個「何似」，這中間的轉折開闔，顯示了蘇軾感情的波瀾起伏。在出世與入世的矛盾中，他終於讓入世的思想戰勝了。

「明月幾時有？」這在九百多年前蘇軾的時代，是一個無法回答的謎，而在今天科學家已經可以推算出來了。乘風入月，這在蘇軾不過是一種幻想，而在今天也已成爲現實。可是，今天讀蘇軾的詞，我們仍然不能不讚嘆他那豐富的想象力。

下片由中秋的圓月聯想到人間的離別。「轉朱閣，低綺戶，照無眠。」「轉」和「低」都指月亮的移動，暗示夜已深沉。月光轉過朱紅的樓閣，低低地穿過雕花的門窗，照着屋裏失眠的人。「無眠」是泛指那些因爲不能和親人團圓而感到憂傷，以致不能入睡的人。月圓而人不能圓，這是多麽遺憾的事啊！於是詩人埋怨明月說：「不應有恨，何事長向別時圓？」明月您總不該有什麽怨恨吧，爲什麽老是在人們離別的時候才圓呢？這是埋怨明月故意與人爲難，給人增添憂愁，却又含蓄地表示了對於不幸的離人們的同情。

接着，詩人把筆鋒一轉，說出一番寬慰的話來爲明月開脫：「人有悲歡離合，月有陰晴圓缺，此事古難全。」人固然有悲歡離合，月也有陰晴圓缺。她有被烏雲遮住的時候，有虧損殘缺的時候，她也有她的遺憾，自古以來世上就難有十全十美的事。既然如此，又何必爲暫時的離別而感到憂傷呢？這幾句從人到月，從古到今，做了高度的概括，很有哲理意味。

詞的最後說：「但願人長久，千里共嬋娟。」「嬋娟」是美好的樣子，這裏指嫦娥，也就是代指明月。「共嬋娟」就是共明月的意思，典故出自南朝謝莊的《月賦》：「隔千里兮共明月。」既然人間的離別是難免的，那麽祇要親人長久健在，卽使遠隔千里也還可以通過普照世界的明月把兩地聯繫起來，把彼此的心溝通在一起。「但願人長久」，是要突破時間的局限；「千里共嬋娟」，是要打通空間的阻隔，讓對於明月的共同的愛把彼此分離的人結合在一起。古人有「神交」的說法，要好的朋友天各一方，不能見面，却能以精神相通。「千里共嬋娟」也可以說是一種神交了！王勃有兩句詩：「海內存知己，天涯若比鄰」，意味深長，傳爲佳句。我看，「千里共嬋娟」有異曲同工之妙。另外，張九齡的《望月懷遠》說：「海上生明月，天涯共此時」，許渾的《秋霽寄遠》說：「唯應待明月，千里與君同」，都可以互相參看。正如詞前小序所說，這首詞表達了對弟弟蘇轍（字子由）的懷念之情，但並不限於此。可以說這首詞是蘇軾在中秋之夜，對一切經受着離別之苦的人表示的美好祝願。

對於這首詞歷來都是推崇備至。《苕溪漁隱叢話》說：「中秋詞，自東坡《水調歌頭》一出，餘詞盡廢。」認爲是寫中秋的詞裏最好的一首，這是一點也不過分的。這首詞彷佛是與明月的對話，在對話中探討着人生的意義。既有理趣，又有情趣，很耐人尋味。它的意境豪放而闊大，情懷樂觀而曠達，對明月的嚮往之情、對人間的眷戀之意，以及那浪漫的色彩、瀟灑的風格和行雲流水一般的語言，至今還能給我們以健康的美學享受。

（袁行霈）

浣溪沙

蘇　軾

徐門石潭謝雨道上作五首。潭在城東二十里，常與泗水增減，清濁相應。

簌簌衣巾落棗花，村南村北響繅車，牛衣古柳賣黃瓜。　酒困路長惟欲睡，日高人渴漫思茶，敲門試問野人家。

蘇軾的《浣溪沙·徐門石潭》共五首。這裏選的是其中的第四首。這五首詞是作者於宋神宗元豐元年（一〇七八）任徐州太守時所作。當年春旱，旱情嚴重，作爲一州的地方長官蘇軾照例是要向天求雨；下了雨，又要去謝雨的。當時蘇軾去求雨和謝雨的地方是石潭。這五首詞就是他去謝雨神路上就其所見所聞寫成的。作者在

浣溪沙（簌簌衣巾落棗花）

這首詞中生動地描繪出一幅農村初夏的圖景，反映了作者對鄉村風光的喜愛之情。

在一個幽靜的村莊旁邊，無數棗樹正紛紛飄落着黃色小花，撒在地上，也撒在一位太守及其隨員們鮮豔的衣服上和頭巾上，兩相映襯，別有風趣。那時候，村中處處傳來軋軋的繅絲車聲，回響在村莊的上空，激蕩着寂靜的郊野，悅人耳目。而在村口的古老的柳樹底下，又有一個穿着粗麻布衣的老漢在叫賣着黃瓜呢！這就是詞的上片所寫的一幅生動的農村景色圖。在這幅畫面中，有動態，有靜態，有色澤，有聲響，有人有物，而在人物中又有兩種不同身份的人。然而，這一切僅僅在三句二十一個字中勾畫出來，足見作者用筆的神妙。上句是倒裝句，是「棗花簌簌落衣巾」的倒文，是說棗花紛紛地落在衣服和頭巾上。「簌簌」，是花落的聲音。這一句是詞的開頭，既點明了時間——當在初仲夏之交，才有棗花飛落；又暗示出人物——「衣巾」是人的穿着；同時，它展現出一個輕風吹拂、落英繽紛的景象。次句，點明地點，卽所要描寫的村莊，給這幅畫面規定了範圍和立足點；同時也反映了農村生活的一個側面。「繅車」，卽抽絲的工具。下句側寫賣瓜老農，加濃了農村生活氣息。「牛衣」，卽用粗麻編織的麻布，以供牛體取暖。這裏指用粗麻編織的衣服。「古柳」，卽古老的柳樹。這一句把叫賣黃瓜的老漢寫得很生動，形象很鮮明。「牛衣」，已見其衣衫襤褸；「古柳」，又襯托出他的衰老，這樣「賣黃瓜」也正切合其身分了。作者在這三句裏之所以能把這情景寫得活靈活現，主要在於抓住了具有農村特徵的事物來表現。如對村莊的描繪，可寫的東西很多，但作者衹選擇「響繅車」這唯一農村所獨有的現象來寫，既形象突出，又意味新鮮。寫農民，不寫其耕田，也不寫其牽牛，却寫其賣黃瓜；賣黃瓜，不一定是農民，但作者寫他穿「牛衣」，那就一定是農民了——小商販是不會穿「牛衣」的。這都是經過作者的一番斟酌的。看來，這兩句的好處，還在於它眞實地反映了當時特定的現實現象——旱後喜雨。大家試想想，如果旱情不解除，桑樹枯死，哪來桑葉養蠶而抽絲，更談不上能賣黃瓜了。所以，它既反映了農村生活面貌，更是眞實地反映了當時久旱逢甘雨之後所出現的農村喜悅情景。作者用筆之妙，就在於此。

上片既然暗示了太守及其隨員已到村邊，那麼，他們的情況如何？這就是下片所要寫的內容了。

太守們帶着幾分酒意，走了那麼長的路，未免感到有些困倦，昏昏欲睡。可是，太陽已經很高了，人又那麼乾渴，還得再趕路呢，於是他們便走過去，輕輕地敲了一下農家的門，試問能否讓杯茶喝？在封建社會裏，一般說來，封建官員對待人民都是作威作福的。可是，這裏的太守及其隨員們却不一樣。他們想要口茶喝，還得「敲門試問」呢，這就說明了他們不但不驕横粗暴，反而有點謙讓了。歷史已經證明，蘇軾一生的政治活動，基本上是按照儒家的仁政愛民行事的。在他長期的地方官任上，確實爲人民做了些好事，如救災、治水、請免賦稅、整頓軍紀等，得到人民的普遍好感。所以，他的「敲門試問」並非偶然，而是有其思想根源的。

這裏，上句寫太守酒後神態，着一「困」字，全神畢現。凡人醉後，往往神志昏昏而帶有疲倦之態，而「困」字則具有困頓疲倦之意，所以它最能準確而形象地表現這情態。要是改用「醉」字，雖合平仄，但就缺乏神昏意倦的韻味了。次句，寫太守們的口渴思茶。這裏面包含有夏天的炎熱、路途的遙遠，以及酒醉肉飽後的乾渴等等，讓讀者去體會。「漫思茶」，即很想喝茶。「漫」，有滿的意思。下句寫太守敲門討茶喝。「試」字，體現了太守謙虛、謹慎的態度。這三句，作者衹寫了幾個細節：「酒困」、「欲睡」、「人渴」、「思茶」、「敲門試問」，却逼眞地勾勒出一個酒意尚濃、困倦不堪、謙恭討茶的太守形象。

在唐宋文人詞作中，以農村生活爲題材的極其少見。而蘇軾却突破了詞爲豔科的傳統，用詞寫農村。雖然這類作品在他的詞集中爲數不多，但這是一個可喜的現象。他的這五首《浣溪沙》詞，都有一定的現實性，風格清新，富有生活意趣。在寫作手法上，這首詞上片主要是寫農村景物，下片寫的則是他自己的情況。作者在上片中，往往衹用一句話却相當清楚地勾勒出一個人物形象。例如，「牛衣古柳賣黄瓜」句，僅僅七個字，却把一個穿着襤褸、衰老、瘦黄的老農形象展現在讀者的眼前了。「簌簌衣巾落棗花」句，寫的是棗花的飛落，但在它裏面已展示出一個衣冠沾滿了黄色棗花的太守形象。至於下片對作者自己的抒寫，雖然多用了兩句話，但其神情狀態、思想面貌、言語動作等等，都一一寫到，因而作者的自我形象更爲鮮明。如果說，上片用筆不多，而人物輪廓清楚，是屬於速寫的筆法，那麼，下片却有點近於工筆畫了。其次是語言的樸素自然，句句不加雕飾，而圓潤流暢、明白如話。如「村南村北響繅車」、「日高人渴漫思茶，敲門試問野人家」等等，都是淺白易懂，像是隨口而出。

（鄭孟彤）

西江月

蘇　軾

頃在黃州，春夜行蘄水中。過酒家飲，酒醉，乘月至一溪橋上，解鞍曲肱，醉卧少休。及覺，已曉。亂山攢擁，流水鏗然，疑非人世也。書此語橋柱上。

照野彌彌淺浪，横空隱隱層霄。障泥未解玉驄驕，我欲醉眠芳草。　可惜一溪風月，莫教踏碎瓊瑤。解鞍欹枕綠楊橋，杜宇一聲春曉。

詞的序文寫道：「頃在黃州，春夜行蘄水中。過酒家飲，酒醉，乘月至一溪橋上，解鞍曲肱，醉臥少休。及覺，已曉。亂山攢擁，流水鏗然，疑非人世也。書此語橋柱上。」這詞作於宋神宗元豐五年（一〇八二）三月，是蘇軾因反對新法被貶謫黃州兩年後的作品。黃州期間，他一方面還想「進」，「雖老且窮，而道理貫心肝，忠義填骨髓，直須談笑於死生之際」（《與李公擇書》），表示絕不放棄理想，改變立場；另一方面他又想「退」，喜研禪學，談佛論道，追求釋、道的清心寡慾和因任自然，這兩方面的結合，形成了他獨特的思想。

作家的獨特思想，往往決定他創作的獨特風格。蘇軾在這時期的境遇、思想、襟抱及其創作風格，在這首詞中似都有所見。詞從景物寫起，寫的是春夜月下的莽野、横空、淺浪、層霄。圖景清明遠闊，氣勢雄放博大，筆觸却輕緩沉着；句中夾用「彌彌」、「隱隱」兩個描狀疊詞，使人於雄放中見沉着，博大中顯深細，在一片朦朧

西江月（照野彌彌淺浪）

月色中透出清新之感。緊接這幅雄闊清新圖畫的描繪，是詩人心情的抒發。他用了《晉書・王濟傳》中馬惜障泥、不肯渡水的故事，一則寫實，言詩人出遊，確曾騎馬；二則以馬狀人，壯健不馴的良馬，多麽酷似節高自守的詩人。他情不自禁地說「我欲醉眠芳草」，更有「神仙出世之姿」（《藝概》卷四）了。這種奇妙閑雅的情趣，衹有風格「俊逸豪麗」的蘇軾，才能想得到、寫得出。

倘若說上闋着重表現了詩人超凡不羣的情感，體現了雄健清雅的風格，那麽下闋則主要通過抒情，表現詩人對美景的珍愛，在清麗中又體現出放達。「可惜一溪風月，莫敎踏碎瓊瑤」，把月色比作美玉，可謂善於比喻；「瓊瑤」之上，又加「莫敎踏碎」，更是傳神之筆。莫敎誰？馬也。誰莫敎？人也。人、馬、自然景物，三位一體，緊緊圍繞瓊瑤般的一溪風月，構成一種無比融洽和諧的藝術境界，深深體現出詩人對這一理想化的良辰美景的珍愛。最後兩句，「解鞍攲枕」是承「醉眠芳草」而來，寫詩人酒醉之後，任軀體舒展，隨境遇而安，放浪形骸的情態。這裏體現出詩人一貫具有的「無所往而不樂者，蓋游於物之外也」（《超然臺記》）的達觀思想。「杜宇一聲春曉」，句式跳躍，聯想新巧，既寫出了春夜醉眠的獨特情趣，又進而表達了詩人隨遇而安、無往不樂的襟懷。我們從詩人創造的藝術境界中，品味出閑雅自適的樂趣，也體察出幽冷淡漠的淺愁。這些深邃精細的複雜情感，使這首詞的藝術風格多樣而且多變，難於以一言半語來作概括。

蘇詞素以風格豪放見稱。但優秀作家的創作風格，往往不是單調劃一、固定不變的，而是既有鮮明獨特的「主旋律」，又有豐富多變的「和聲」。蘇詞豪放之外，兼有婉約，時有豪放、婉約二者兼備的名篇佳作。這首《西江月》便屬後者。

從風格多樣論，《西江月》首先在選取題材上，毫無刻意索求的痕跡，充其量不過是詩人黃州貶謫生活點滴的藝術再現。如序文所言，衹是寫春夜醉酒、乘月出遊的一番親身感受而已。但正是這種信手拈來的選材方法，表現了詩人擺脫束縛、抒發自由的藝術個性。蔡伯衲評曰：「東坡公詩天才宏放，宜與日月爭光，凡古人所不到處，發明殆盡，萬斛泉源，未爲過也。」（《詩人玉屑》卷十二）蘇詞如蘇詩，「凡古人所不到處」，他能獨出新意，譜寫成章。他這種選材命意的主導思想，在一定程度上便規定了他豪放灑脫的創作風格。儘管《西江月》寫的是

西江月（照野瀰瀰淺浪）

春宵月夜的景色和感受，可是我們從他選取雄闊的天地爲背景，壯健的駿馬爲點綴，曠達的情感爲寄託，却能看得出詩人所固有的豪放的性格。我們進而再看，景物雖説雄闊，但寫層霄、淺浪，描風月，瓊瑤，又非常細膩；情感雖説放浪，但寫醉眠芳草之思，狀斜倚溪橋之態，又相當閑雅，這是他藝術風格的一種表現。

蘇軾題吳道子畫佛詩提到「神妙獨到」，這也正是他所追求的一種藝術境界。何謂「神妙」？《書吳道子畫後》有「出新意於法度之中，寄妙理於豪放之外」兩句，往往被人們看作是「神妙」的註脚。其實，「神妙」猶如姜夔所説的，是「非奇非怪」，「寫出幽微」，「出事意外」而已（《詩説》）。《西江月》創造的藝術境界，正可用「神妙」概括，而這種境界又是蘇詞藝術風格的另一表現。

《西江月》創造的藝術境界，着意在春宵夜月。寫月，蘇軾是能手。這可能與他馳騁奔放的思想感情、浪漫主義的創作方法有關，也與月光本身能啓迪人的想象、開發人的幻念有聯繫。蘇軾寫月，妙在變化多端，很少雷同。詞的上闋，首先勾畫出一幅清靜幽遠的春宵月夜圖：月光照野，橫空千里，瀰瀰淺浪，隱隱層霄。詩人筆調輕盈，境界却雄闊。下闋，描繪的則是另一番景象。詩人在溪橋上靜賞月色：溪流蕩波，月明如玉。此處選用「瓊瑤」兩字，描畫出一種空明澄澈的境界；「莫教踏碎」，似人語馴馬，構成一駿馬鐵蹄，一玲瓏美玉；一雄健有力，一清麗柔潤，兩相對立，又兩相融合，眞是一幅想象豐富的絶妙圖景，可以説是「寫出幽微」、「出事意外」了。《西江月》所體現的「神妙」境界，猶如它的選材命意，輕鬆自由，絶無雕琢痕跡。無論是雄天闊地，還是美瑤清溪，都是詩人「衝口出常言」、「辭達而已矣」的藝術表現。

「衝口出常言」，不祇説造境自然，避其雕琢，而且還指語言平易，不求艱深。蘇詞如同他的詩文，都以語言平易爲人稱道。「照野瀰瀰淺浪，橫空隱隱層霄」；「解鞍欹枕綠楊橋，杜宇一聲春曉」。像這樣自然的語句，毫不僻澀，又不散緩。蘇詞又以語言精確簡練、含蓄生動著稱。「照野」兩句，表面是寫天地水雲，十二字中無一「月」字，實則處處與月有關，無處不體現月的作用，無時不感到月的光輝，這種明寫暗襯的表現手法，烘托出一個月光融融的銀色世界。又「解鞍」兩句，詩人充分利用詞自由轉換、跳躍性大的特點，加之由花見果的豐富聯想，十二字中寫景抒情，容納了偌大的內容，眞實地體現了春宵月下詩人醉眠的奇情異趣。蘇詞言簡意賅，往往不覺其刻意錘煉，實則是平易中見工夫，逸趣中顯天才。趙翼說：「坡詩不以煉句爲工，然亦有研練之極，而人不覺其練者。」「在他人雖千錘萬杵，尚不能如此爽勁，而坡以揮灑出之，全不見用力之跡，所謂天才也。」（《甌北詩話》）所說極是。蘇詞揮灑自如、豐富多彩的語言風格，是他多樣多變藝術風格的重要組成部分。

「風格卽人」。《西江月》所表現的豪放、婉約二者兼有的藝術風格，從一個方面反映了這位才華出衆、筆力縱橫的文學大家高度的藝術造詣。

（韓　偉）

定風波

蘇　軾

三月七日，沙湖道中遇雨。雨具先去，同行皆狼狽，余獨不覺。已而遂晴。故作此詞。

莫聽穿林打葉聲，何妨吟嘯且徐行。竹杖芒鞋輕勝馬。誰怕？一蓑煙雨任平生。

料峭春風吹酒醒，微冷。山頭斜照却相迎。回首向來蕭瑟處，歸去。也無風雨也無晴。

《定風波·莫聽穿林打葉聲》是蘇軾元豐五年（一〇八二）三月七日所作。當時蘇軾因反對王安石變法而被貶官在黃州。爲能深入地去理解這首詞表現出來的那種複雜而微妙的感情，有必要把作者在當時政治鬥爭中的遭遇作個簡單的回顧。

蘇軾從小就懷有遠大的政治抱負，曾熱切期望能繼承和發揚范仲淹、歐陽修等人的事業，在政治上有所作

定風波（莫聽穿林打葉聲）

爲。因此，他在考中進士走上仕途不久，就向朝廷提出了改革政治的主張。由於他對尖銳的社會矛盾的認識沒有王安石深刻，所以當王安石提出比他激進的變法主張並雷厲風行加以推行的時候，他就接受不了了，終於站到以司馬光爲首的反對變法的舊黨營壘中去。但是蘇軾的反對新法與舊黨領袖司馬光等人的頑固態度是很有區別的。對新法，蘇軾並沒有採取一概否定的態度。凡是新法中符合他所提出的「豐財」、「強兵」、「擇吏」等主張的各項措施，他是予以肯定的，爲此，他遭到了舊黨中頑固派的排斥。激烈的新舊黨爭，使他遭致了一連串的打擊。可貴的是，挫折和不幸，沒有使他消沉頹喪，他總是以豪爽樂觀的性格和隨緣自適的人生態度把自己從苦悶和失意中解救出來。這首《定風波》詞就表現了他的這種態度。

在《定風波》詞牌下，作者加了一個小序，對爲什麼寫這首詞作了說明。小序說：「三月七日，沙湖道中遇雨。雨具先去，同行皆狼狽，余獨不覺。」其中「沙湖」是地名，位於黃岡東三十里。「雨具先去」是指攜帶雨具的人先走了。「狼狽」，是進退都感到困難的意思。

詞開頭的第一句：「莫聽穿林打葉聲」，「穿林打葉聲」是指風雨穿過樹林在葉子上發出的沙沙聲響。用「穿林打葉聲」來描寫風雨聲，很形象，給人以十分眞切的感受。風雨來臨時，作者正在野外出遊，身邊並沒有雨具，一般的人在這樣的境遇下一定很狼狽，會急於慌慌張張地去尋找個避雨場所。事實也是這樣，作者的小序就提到：「同行皆狼狽」。可是蘇軾却一反常人之所爲，不但沒有一點驚慌狼狽之態，而且顯示了少有的從容不迫、悠然自在的神態。他出人意料地來了個「何妨吟嘯且徐行。」「何妨」是「不妨」。「吟嘯」，是指吟詩長嘯。「徐行」，是慢慢地走。蘇軾在風雨之中獨自漫步吟詩長嘯，這種表現是何等地與衆不同！通過這句，就把蘇軾鮮明獨特的個性一下子突現出來了。蘇軾的這一表現，使我們很自然地聯想起晉代著名詩人陶淵明，他在《歸去來辭》中寫道：「登東皋以舒嘯，臨清流而賦詩。」陶淵明要登上東邊的山崗放聲長嘯和面對着清澈的溪流而寫作詩章的舉動和蘇軾上述表現何等相似！正是由於兩人性格和氣質的接近，所以蘇軾是那樣地欽佩和讚賞陶淵明。接下來的一句是：「竹杖芒鞋輕勝馬。」「芒鞋」是草鞋，可見作者這次出外郊遊是一身野服打扮，他手持竹杖，脚穿草鞋。在蘇軾看來這種打扮比起穿了官服騎着馬要強得多，這裏從一個側面，透露了作者一貫喜好自然、無拘無束的性格。在上片結束時，作者用了這麽一句：「誰怕？一蓑煙雨任平生。」這是個不同凡響的驚人之筆！它畫龍點睛般地表現出了作者的胸懷、抱負，體現了全詞的中心思想。這句從字面上解釋，無非是說，「怕什麽呢，自己的一生就是披着蓑衣在風雨之中過來的，對此我早就習以爲常、處之泰然了。」「任平生」三字是指平生飽經風雨，早已聽其自然的意思。當然，這裏的「風雨」，不僅是指自然界的風雨，更重要的是指政治上的風雨。古往今來，詩詞中的一些關鍵性的警句，往往是一語雙關或富於多方面的涵義，具有十分深廣的思想容量，經得住人們反覆的咀嚼和回味，能引起人們的深思。衹要想想蘇公一生坎坷的遭遇，我們就能掂出這句的分量。確實如此，蘇軾所經受的政治上的風風雨雨實在太多了。他一生長期被貶在外，嘗盡了人世的艱辛。生活磨練了他的意志，他對來自各方面的打擊和挫折早已習以爲常了，故而在風雨来临之時他能够不驚恐、不退縮，任其自然，坦然處之。總之，「誰怕？一蓑煙雨任平生」非常形象地描畫出了蘇軾的氣度、胸襟以及對人生的態度，給了人們難以忘懷的印象。

下片中，自然界情況發生了新的變化。換頭後的第一句：「料峭春風吹酒醒，微冷。」從「吹酒醒」三字中可以看出，蘇軾是在帶有醉意的情況下出遊的。在被貶黄州期間，蘇軾處境艱險、内心苦悶，因此借酒澆愁就成了常事，有時竟喝得酩酊大醉，不省人事。「料峭春風吹酒醒，微冷」是說經略帶寒意的春風一吹之後，酒醒了，這時身上微微地感到有些寒冷。緊接着來的是「山頭斜照却相迎」一句，它寫出了自然界天氣變化之快：剛剛自己還在風雨中行進，現在迎着他的却是山頭的斜陽了。自然界忽晴忽雨，變化不定；而政治舞臺上的晴雨表也是升沉不定。社會上政局猶如自然界的氣候一樣變幻莫測。「回首向來蕭瑟處」，這裏的「蕭瑟處」，是指作者剛才遇雨的地方。天氣的突然放晴，引起了作者「回首向來蕭瑟處」的興趣，看看原來下雨的地方，現在又發生了什麽新的變化呢？全詞以「歸去。也無風雨也無晴」作結束。這樣結束，初看似乎不太好理解，但仔細一琢磨就會感到這樣寫實在太好了，含蓄雋永，耐人尋味，發人深思。對此究竟應作怎樣的理解呢？有的解釋是這樣的：「政治場合的晴雨表是升沉不定的，不如歸去，作一個老百姓。不切實際地幻想着『也無風雨也無晴』」。這樣的解釋當然也不失爲一家之言，但似乎和前面的「誰怕？一蓑煙雨任平生」中所表現的情緒，以及蘇軾其人一貫的氣質並不太吻合。看來還不如作這樣的解釋爲好：「回去，對我來説既沒有晴天也沒有雨天」，也即無所謂晴天、雨天；意思是晴天也好，雨天也好，對我説來都是無所謂的。這樣就同前面的「誰怕？一蓑煙雨任平生」是前後呼應的，通過這種寫法進一步强調了自己的心胸、志向以及對人生的態度，從而作者的個性也就表現得更鮮明了。

總之，這首《定風波》通過生活中的一件平常小事——途中遇雨，借題發揮，表達了作者在種種打擊和挫折面前不退縮、不喪氣，坦然處之的曠達心境。作者巧妙地把自然界的風雨和政治變化中的風風雨雨聯繫起來，給人們以多方面的聯想，大大增强了詞的韻味。

（沈天佑）

洞仙歌

蘇　軾

僕七歲時，見眉山老尼，姓朱，忘其名，年九十餘。自言嘗隨其師入蜀主孟昶宮中。一日大熱，蜀主與花蕊夫人夜起避暑摩訶池上，作一詞。朱具能記之。今四十年，朱已死，人無知此詞者。但記其首兩句，暇日尋味，豈《洞仙歌令》乎？乃爲足之。云：

冰肌玉骨，自清涼無汗。水殿風來暗香滿。繡簾開，一點明月窺人，人未寢，敧枕釵橫鬢亂。

起來攜素手，庭戶無聲，時見疏星渡河漢。試問夜如何？夜已三更，金波淡、玉繩低轉。但屈指、西風幾時來，又不道、流年暗中偷換。

這首詞所寫，乃是關於五代後蜀國主孟昶和他的寵妃花蕊夫人之間的一段「豔事」。從外表看，十足是一首「宮體詞」。但是，正如元好問所說，「唐歌詞多宮體，又皆極力爲之。自東坡一出，情性之外，不知有文字，眞有『一洗萬古凡馬空』氣象。雖時作宮體，亦豈可以宮體概之」（《新軒樂府引》），蘇軾的這首《洞仙歌》即是對於「宮體詞」的一種「改造」，它在「宮體」的外衣下融注了作者自己的「情性」；或者換句話說，是在「豔情」的軀殼之中，凝注了蘇軾本人對於愛情、對於人生的深廣的「憂患意識」。

從詞序看，作者之接觸花蕊夫人的故事，還是在他七歲的幼童時代。它得之於一個入宋後已達九十餘歲（另一本「九十歲」作「九十餘」）的老尼——這個老尼在孟昶宮中出入的時候，也才衹十五、六歲。所以，在朱姓老尼而言，談起當年孟昶和花蕊夫人的舊事時，就已有了「白頭宮女在，閑坐說玄宗」的「恍若隔世之感」；而從蘇軾在四十年後追憶還是兒時在故鄉的場圃上所聽到的「民間故事」來說，則更帶有了一種「朦朧」的色彩和「神秘」的美感。但是，儘管如此，在蘇軾寫作這首詞的時候，朱氏早已長眠於地下，花蕊夫人則更是「玉骨久成泉下土」；就連作者自己，也已步入了「早生華髮」的中年。所以，我們在它那略具恍惚、迷惘意味的詞境之外，更可感受到他那「踏實」、深沉的人生感慨。

詞是從孟昶詠花蕊夫人的兩句詞開端的。據《能改齋漫錄》卷十六記載，花蕊夫人本姓徐，納於孟昶後拜爲貴妃。之所以被稱爲「花蕊夫人」，「意花不足擬其色，似花蕊翾輕也。」又升號「慧妃」，「以號如其性也」。從這段記載看，花蕊夫人的特性，一是極美，二是極慧。蘇軾的詞，正是極力抓住這兩點來刻畫花蕊夫人的。「冰肌玉骨，自清涼無汗」，孟昶所寫的這兩句詞，就已勾勒出了她的基本特徵：「冷豔」。大家都知道，前代詩人中早就有過描繪宮妃之美的作品，白居易的《長恨歌》就是其中最爲有名的。但白詩中出現的楊玉環，却是一個「熱性」的美人，所以詩人就用了這樣的句子來描寫她的美貌和嬌態：「雲鬢花顏金步搖，芙蓉帳暖度春宵」、「金屋妝成嬌侍夜，玉樓宴罷醉和春」，甚至在她死後所顯現的，猶是「雪膚花貌參差是」（按：此處所言「雪膚」

僅是說她膚色之白，故與下文的「花貌」對舉；非指其稟性之如冰雪）的豔美。但花蕊夫人却與她們不同，她的「本質」是冰爲其「肌」而玉爲其「骨」的，因之卽使在炎熱的夏天，都本自無汗——我們注意到，這兩句詞在孟昶而言，或許僅是「實寫」花蕊夫人的優美姿質而已，但在蘇軾而言，却在裏頭欣喜地尋覓到了他所讚賞的審美意趣——一種「超塵拔俗」的美，一種「高雅」的美，一種有「深度」的美。正是基於這種原因，所以蘇軾已經忘懷了別的句子而唯獨牢記着這兩句；也正因爲如此，蘇軾才樂意爲之「補足」。因此，接此而下，他就爲我們展開了一幅富有思想深度的、十分高雅幽美的神話般圖景：宣華苑摩訶池邊的水殿畔，清風正悄悄送來荷花的清香；布滿了涼意的後宮，繡簾被輕風拂開；人兒從簾內向外望去，「一點」明月（言其高、遠、小）正在那兒偷偷地窺看自己；月亮探頭進來，却又看到簾裏人尚未安寢，正卸掉了晚妝「釵橫鬢亂」地斜靠在枕上——夜已如此深靜，爲什麽人兒却仍未入睡？是天氣煩熱，還是他們心中有事？抑或兩者兼而有之？作者未作回答。衹見他倆雙雙攜手，起身漫步在寂無他聲的庭戶中，舉頭時見，一二流星偶或劃過銀河。這是一個多麽靜謐的深夜，又是一個多麽清幽的世界！悄語相問，說道「夜如何」？答曰：「夜已三更」。果然，月光（「金波」指浮動之月光）漸趨黯淡，玉繩星（位於北斗星斗柄三星的北面）也已低轉，看來子夜已盡，一個新的晨曦卽將來到。寫到此處，作者本人似乎已經「進入角色」，他自己的感情也完全「溶解」在這一對男女主角的心中了：扳着手指算算吧，秋風（「西風」）還有幾天將要來到？秋季的來臨，可以結束這燥熱的暑夏，這當然是一件值得盼望的事情，但殊不知，似水一般的「流年」，却又將永不復返地暗中偷偷地溜過了一大截！

如果進而聯繫到蘇軾本人此刻的身世遭遇，那麽我們對他在這裏流露的關於「流年偷換」的「恐懼」心理，就將會有更加深切的體會。蘇軾此時身貶黄州，政治上極度失意（正值「烏臺詩案」之後不久）。「四十、五十而無聞焉」（《論語•子罕》）的志士仁人之深悲大痛，正在嚙咬着他的內心。所以面對「逝者如斯夫，不舍晝夜」的浩浩大江，他舉筆寫下了極爲深沉的《赤壁懷古》詞；同時，相似的心境，也驅使他在這篇本是詠寫孟、徐「豔事」的《洞仙歌》中，寄寓深刻的「憂患意識」。不過，比較起這兩篇作於同地和同一時期的作品來，二者的感情內容和感情色彩還是有所不同的。前者所寫的，乃是一種偏於政治的人間的悲感，它是通過比較尖銳的矛盾

洞仙歌（冰肌玉骨）

和對比（歷史上幹過轟轟烈烈事業的英雄人物和默然無所作爲的作者之間的對照）表現出來的，因此顯得「豪放」中有「深沉」、雄奇中有低咽；後者所寫的，則是關於愛情的、並推擴到對於整個人生的那種憂患情緒，它又是通過比較平緩的、清幽的筆調表現出來的，因而格外富有深悄悠遠的「低音」之感。在這首《洞仙歌》中，蘇軾表露了他對愛情和人生的這樣一種思想態度：即使像孟昶和花蕊夫人如此恩愛、如此美滿的生活，也仍逃脱不了逐漸走向毁滅的危機——那「流年偷換」、「老之將至」的必然「終結」不正在步步逼近他們？所以，在蘇軾看來，前代李隆基和楊貴妃的「愛情」固然因爲政治的原因最終釀成了悲劇，而孟昶和徐妃之間的「愛情」，雖然暫時還沒有遭受到外力的干涉破壞，但從人類無法抗拒自然規律的角度來看，其「結局」仍將是同樣令人「長恨」的。「冰肌玉骨」的花蕊夫人，以及她同君王間如此令人欣羡的戀情，最終也將如夢一樣地幻化而去。那麽，整個「人生」又將如何呢？蘇軾正是通過對於孟、徐之間攜手於水殿、卜問於星夜的一個旖旎而清幽的片斷，寄發了他對於愛情、對於人生的相當敏鋭的「思考」——比較起「赤壁」詞的濃厚的「歷史意識」而言，這首詞的「哲學意識」或許就顯得格外深悠。

前面已經提到，蘇軾在寫花蕊夫人時，是極力抓住了她的「美」和「慧」的。我們又可以發現：也正是因爲抓住了這兩點，故而這首詞的詞境就富有了美感的深度和哲理的深度。從開始到最後兩句之前的絶大部分篇幅，主要在於塑造一個「美」的境界。而這種境界，又是通過「熱」與「涼」的矛盾對照寫出的。時令是在暑熱的夏季（詞序交代是「納涼」季節），但詞境却呈現爲一個「清涼」的世界：水殿，荷香；夜深，人静；月光淡淡，銀河耿耿；而在此中出現的主角，又是一位冰肌玉骨的仙子般人物。這一切，都顯示着她那「冷豔」的品格和姿質。她是「豔」的，這從「繡簾」、「攲枕」和「釵横鬢亂」等語中可以想見；她又是「冷」的，這又從「清涼無汗」、悄語卜夜的情狀中可以感知。夏天的燥熱在此已經全然退出，人間的囂鬧在此也已基本消盡，在荷風送香、星月轉廊的深夜中出現的這一位花蕊夫人，她具有着何等「超塵拔俗」、「解煩滌苛」的美感！所以，儘管蘇軾并沒有正面描寫她的「花貌月容」，然而通過對清幽的「環境美」和人物本身的「稟性美」的勾勒，一位前所未見的「冷美人」的形象就翩翩如仙地活動在這個神話一般的世界中了。當然，她也並非真像冰雪一樣的毫無感情，恰恰相反，她是極有感情的。你看她，正和「他」雙雙攜手在池邊，悄悄喁語在深夜，這豈是「無情」的表現？不過，她的熱烈的感情並不像李、楊那樣，是通過「七月七日長生殿，夜半無人私語時」所講的山誓海盟、甜言蜜語表現出的，却是通過「夜如何？夜未央（此處改爲夜已三更）」（《詩・小雅・庭燎》）式的「淡語」隱隱顯示。因而在她身上，一方面凝聚了作者本人的審美情趣——一種高雅的、不同於流俗的「雅趣」；另一方面，又從而顯露出了她對於「時序驚心」的高度敏感——這也就是她的「聰慧」！所以在「夜已三更」之後，作者馬上又轉換了一幅「場景」：「金波淡，玉繩低轉」，廣漢的天宇中，星移斗轉，晝夜卽將交替；它似乎向人們啓示着一個深邃的「永恆眞理」：日月不居而人生匆匆。因此接下來的「但屈指、西風幾時來，又不道、流年暗中偷換」兩句，就更豐滿地揭示出她的「聰思慧心」了。這末兩句詞，若細加玩味，其實也是由兩對「矛盾」所交織成的：一是恩愛之綿長與流年之短促，二是人心之多感與宇宙之冷漠。前者是指，今日我與君王恩深情長，但無奈歲月匆逝，流年如水，卽使不到美容消失、君恩淡薄的地步而能長久地維持着寵愛，但時光絕不饒人，總有一天會要紅顏變老，恩絕人亡。後者是指，儘管自己勉力要挽留這美妙的青春，但無情的宇宙却不會體察我的心境，仍是那麼一年年地夏去秋來、少去老至。合二者而言之，那就是一種極爲深細、却又極爲悠長的「憂患意識」。它旣是歷史上的花蕊夫人或許確實產生過的情緒，更是現實中的蘇軾發自深心而爲古人「設身處地」所擬寫的眞切感受。由於作者把這種憂患的「詞心」設置、寄寓在這樣一種高雅、優美、清涼、綿遠的「詞境」之中，所以它就同時具有了美感和哲理的深度。這就難怪有人要說它是「以此敍自晦耳」（張邦基《墨莊漫錄》卷九）。如若依照這樣的說法來解釋詞意，那就是蘇軾之寫花蕊夫人，一半是寫歷史上的徐貴妃，另一半却是在寫他自己——寫他自己高雅脫俗的生活情趣和藝術情趣，寫他雖處於煩熱囂鬧的塵世而仍保持着的「冰清玉潔」的潔淨的內心，更是寫他那無時無刻不懷有着的對於自然、對於人生、乃至對於整個宇宙的「憂患意識」。

（楊海明）

念奴嬌

赤壁懷古

蘇　軾

大江東去，浪淘盡、千古風流人物。故壘西邊，人道是、三國周郎赤壁。亂石穿空，驚濤拍岸，捲起千堆雪。江山如畫，一時多少豪傑！　遙想公瑾當年，小喬初嫁了，雄姿英發。羽扇綸巾，談笑間、檣櫓灰飛煙滅。故國神游，多情應笑我，早生華髮。人間如夢，一尊還酹江月。

這首詞雖然用了許多篇幅去寫赤壁的景色和周瑜的氣概，但主旨並不在於追述赤壁之戰的歷史，而是借古人古事抒發自己的感情。正如《蓼園詞選》所說：「題是懷古，意是謂自己消磨壯心殆盡也。……題是赤壁，心實爲己而發。周郎是賓，自己是主，借賓定主，寓主於賓，是主是賓，離奇變幻，細思方得其主意處。」

詞從赤壁之下的長江寫起：「大江東去，浪淘盡、千古風流人物。」這幾句怎麽講？難道江浪眞的像淘沙一樣，淘洗着風流人物，而且把他們都淘淨洗盡嗎？我們當然不能照字面呆板地理解。這東去的大江和滾滾的江浪，旣是眼前的景色，又是一種暗喻，喻指時光的流逝。逝者如斯，不舍晝夜，孔子早已有這樣的感慨。蘇軾登赤壁臨長江，自然會由滾滾東去的江水想到不斷流逝的時光。無情的逝水流光，淹沒了古代多少顯赫一時的風流人物。在歷史的長河裏，他們漸漸銷聲匿跡，不復有當年的光彩，眞正能經得起歷史考驗的又有幾個呢？但是這樣的人還是有的，周瑜就是一個，這幾句爲下文讚美周瑜作了準備。詞一開始就不同凡響：一派江水，千古風流，無窮感慨，和那種模山範水的詩句迥然不同。讓人感到詞人是站在歷史的制高點上，看得遠，想得深。「浪淘盡」，據《容齋隨筆》所記黃山谷書寫的《念奴嬌》墨跡，作「浪聲沉」。文字不同，意思相同。

「故壘西邊，人道是、三國周郎赤壁」。這幾句由大江引出赤壁，由千古風流人物引出周郎。據考證，赤壁之戰的戰場在今湖北蒲圻縣西北三十六公里，長江南岸。蘇軾寫這首詞時正謫居黃州，他所遊的赤壁在今湖北黃岡縣城西門外，原名赤鼻，亦稱赤鼻磯，斷崖臨江，截然如壁，色呈赭赤，形如懸鼻。詞人用了「人道是」三字，可見他知道這並不是赤壁之戰的那個赤壁，但當地既然傳說是周郎赤壁，寫詞的時候也就不妨把它當成眞的赤壁，用以寄託自己的懷古之情。「人道是」三字既有存疑的意味，又有確信的意味。前人說值得反覆體會，確實如此。但我看「周郎赤壁」四字更耐人尋味。「周郎」指周瑜，字公瑾，二十四歲就當了建威中郎將，「吳中皆呼爲周郎」。這是一個帶有親切意味的美稱。赤壁就是赤壁，原不屬哪一個人所有，而在詞裏却讓它歸了周郎，稱之曰「周郎赤壁」。赤壁因周郎而著稱，周郎亦借赤壁而揚名，一場確立了三分局面的大戰，把周郎與赤壁密不可分地聯在一起。有的版本作「孫吳赤壁」，便顯得呆板。因爲「孫吳赤壁」不過是說出了赤壁的地理位置而已，遠不如「周郎赤壁」之活脫、含蓄。

接下來描寫赤壁景色：「亂石穿空，驚濤拍岸，捲起千堆雪。」前一句把視線引向天空，後兩句把視線引向脚下，這三句簡直是一幅具有立體感的圖畫。「江山如畫，一時多少豪傑！」一句承上概括風景，一句啓下引出周瑜，這兩句很有力地收束了上闋。詞的開頭說「千古風流人物」，着眼於廣闊的歷史背景。這裏說「一時多少豪傑」，縮小範圍單就赤壁而言，在這個舞臺上有多少豪傑共同演出了雄壯的戲劇，而周瑜就是其中的一個主角。

下闋着重寫赤壁之戰中作爲主帥的周瑜。「遙想公瑾當年，小喬初嫁了，雄姿英發。」「當年」是正當年的意思，這裏是指周瑜指揮赤壁之戰的時候正青春年少、意氣風發。緊跟着又補充一句，說那時他剛剛結婚，娶了一個絕代的美人。但據《三國志・吳志・周瑜傳》記載：周瑜納小喬是在建安三年或四年，周瑜二十四、五歲。而赤壁之戰在建安十三年，周瑜三十四歲，這時距納小喬已有十年之久。那麽詞裏說「小喬初嫁了」，不是違背了歷史的眞實嗎？我想，藝術的眞實並不完全等同於生活的眞實，尤其是這類帶有浪漫主義色彩的抒情詩，原來就不以再現細節眞實爲目標，我們當然也就不必處處以生活的細節去衡量它。蘇軾寫詞的時候，興之所至揮筆立就，不一定去考證周瑜和小喬結婚的時間，讀者當然也就不必過於拘泥，周瑜結婚早幾年晚幾年在詞裏關係並不大。其實這幾句的意味全在「小喬初嫁了」的穿插，本來寫的是赤壁之戰這樣的大事，周瑜作爲戰爭一方的主帥，有許多事可寫。詞人偏偏要花費筆墨去渲染他的婚姻，說有一個國色天香的美人剛剛嫁給了他。這一句看似閑筆，其實不閑。詞人有意用小喬這位美人去襯托周瑜這位英雄，使下面那句「雄姿英發」成爲有血有肉的豐富飽滿的藝術形象。

「羽扇綸巾，談笑間，檣櫓灰飛煙滅。」「羽扇」是用鳥羽所製的扇，漢末盛行於江東。「綸巾」是用青絲帶編的頭巾，漢末名士多服此。「羽扇綸巾」並不是諸葛亮專用的，這裏當然也就不一定要講成是指諸葛亮。從「遙想公瑾當年」到「檣櫓灰飛煙滅」，一氣呵成，衹寫了一個人，就是周瑜，寫他風雅閑散，談笑自若，運籌於帷幄之中很容易地就挫敗了敵人。「檣櫓灰飛煙滅」是指曹軍的戰船被焚毁。「檣櫓」一作「強虜」，即強敵。我覺得「檣櫓」更形象，也更能扣緊赤壁之戰的特點，遠比「強虜」爲好。

「故國神游，多情應笑我，早生華髮。」這幾句的主語是誰？誰在「神游」？誰在「笑我」？這是個疑點。不少注本說主語是蘇軾，大概是考慮到詞的題目叫《赤壁懷古》，懷古的既然是蘇軾，遂以爲神游故國的人也是蘇軾。「神游」的主語既是蘇軾，「笑我」的主語當然也是蘇軾，「多情應笑我」便被解釋爲蘇軾自己應笑自己多情。還有進而把「多情」講成「自作多情」或「多情善感」的。這樣講雖然不能說不通，但畢竟顯得勉強。我以爲這幾句的主語仍然是上文所寫的周瑜。「神游」的意思是身未往游，而精神魂魄往游。蘇軾既已身在赤壁，怎麽能說是「神游」呢？如果硬要說是神游三國當時的赤壁，那也未免太迂曲了。還有「故國」，它的意思是古國、祖國或故鄉。赤壁是誰的故國呢？當然講成是周瑜的故國才順暢。赤壁是周瑜當年建立功勳的地方，又是東吳的故土。詞人想象，周瑜身已殞亡而心戀故地，神游故國，和自己相遇，將會笑我事業未就華髮早生。周瑜那麽年輕就完成了一番驚天動地的事業，顯示了非凡的才能。自己雖然也有抱負和才能，卻未能施展。歲月蹉跎，華髮早生，如今又被貶謫到黃州，在英雄們叱咤風雲的古戰場上空自憑吊，多情的周瑜眞該笑我了！這個「笑」字意味豐富，這是善意的笑，同情的笑；不是嘲弄，也不是揶揄。首先是蘇軾自己覺得自己的處境可笑，進而想象周瑜也會笑自己。這「笑」裏飽含着詞人對自己身世的深沉感慨，也帶有一種自我解嘲的意味。蘇軾是把周瑜當成知己的朋友看待的，他對周瑜的讚美使人感到是對朋友的親切的讚美，而周瑜笑他也是一種朋友之間的親切的體貼的笑。這就是「多情」二字的含義。

詞的開頭寫「千古風流人物」，上闋末尾縮小到「一時多少豪傑」，下闋又專寫周瑜這一位英雄，層次脈絡十分清楚，都屬於懷古的範圍。出人意料的是，在寫周瑜的時候突然把筆鋒一轉，引出詞人自己，也就是那個早生華髮的「我」。於是，千古風流，一時豪傑，以及小喬初嫁的周瑜一下子都退居於陪襯的地位，而「我」則被突出了。讚美周瑜的「雄姿英發」，原來是爲了對比自己的「早生華髮」。大開大闔，大起大伏，顯示了蘇軾雄奇的氣魄和筆力。

詞的末尾是兩句無可奈何的排遣之辭：「人間如夢，一尊還酹江月。」這兩句又回到了開頭的意思，並加深了開頭的意思。「人間如夢」一作「人生如夢」，意思相近，都是感嘆人生短促、虛幻。和江水、江月相比，和永恆的大自然相比，尤其會有這種感喟。正如蘇軾在《前赤壁賦》中所說：「哀吾生之須臾，羨長江之無窮。」多少風流人物尙且經不住流光的淘洗，何況自己呢？人生本來就很短促，自己又虛度了年華，等待着自己的將會是什麽？蘇軾之所以發出「人間如夢」的感慨，恰恰是因爲他想抓緊時間把握現實有所作爲以期不朽，但客觀的條件不允許他這樣。一個才情奔放而壯志消磨殆盡的人發出這樣的感慨，是完全可理解的。「一尊還酹江月」，是向江月灑酒表示祭奠。其中既有哀悼千古風流人物的意思，也有引江月爲知己，向江月尋求安慰的意思。蘇軾在《水調歌頭》裏說想要乘風飛向明月。在《前赤壁賦》裏說：「惟江上之清風，與山間之明月，耳得之而爲聲，目遇之而成色，取之無禁，用之不竭，是造物者之無盡藏也，而吾與子之所共適。」可以和「一尊還酹江月」互相參看。

登山臨水，探幽訪勝，客觀的景物，觸動詩人的情懷，往往能釀成醇美的詩篇。如果詩人足之所至是一處古跡，則能在優遊山水之際，發思古之幽情，撫今追昔，縱論千古，寫出容量更大、感慨更深的作品，這就是懷古詩。懷古，是從唐代才興盛起來的一種新的詩歌題材。唐代以前多的是詠史詩，《文選》中就衹有詠史而沒有懷古。詠史詩大多是讀史書有感而發，運用史家的筆法，將敍事、議論和寄托三者融爲一體。懷古詩則是作者親臨古跡，引起對古人古事的懷念而發爲吟詠，偏重於山川景物的描寫、環境氣氛的烘托，和撫今追昔的感嘆。在懷古詩裏景物與感情相融合，歷史感與現實感相融合，更能施展詩人的藝術才能。晚唐五代，一種新的詩歌體裁卽詞興盛起來，詞人們向尊前花間、小樓深院尋找靈感，那種深邃闊大的懷古之情裝不進詞的形式之中。到北宋後期，蘇軾以其不羈之才情步入詞壇，打破傳統，把詩的題材和感情引入詞中，才寫出了《念奴嬌・赤壁懷古》這樣的不朽之作。此詞一出在當時的詞壇上會引起怎樣的震動是不難想象的。宋俞文豹《吹劍續錄》說：「東坡在玉堂，有幕士善謳，因問：『我詞比柳詞何如？』對曰：『柳郎中詞，衹好十七八女孩兒，執紅牙拍板，唱「楊柳岸，曉風殘月」；學士詞須關西大漢，執鐵板，唱「大江東去」。』公爲之絕倒。」這段故事常被人用來論說蘇柳詞風的不同。但是除此以外，不也說明了世俗對東坡懷古詞的陌生與驚訝嗎！

（袁行霈）

臨江仙（夜飲東坡醒復醉）

臨江仙

蘇　軾

夜飲東坡醒復醉，歸來彷彿三更。家童鼻息已雷鳴。敲門都不應，倚杖聽江聲。
長恨此身非我有，何時忘却營營？夜闌風靜縠紋平。小舟從此逝，江海寄餘生。

詩詞的意境，往往有以理趣取勝者，從而給人以一種獨特的美感。沈德潛說：「杜詩『江山如有待，花柳自無私』，『水深魚極樂，林茂鳥知歸』，『水流心不競，雲在意俱遲』，俱入理趣。邵子則云：『一陽初動處，萬物未生時』，以理語成詩矣。」（《說詩晬語》）理學家「以理語成詩」，沒有生動的形象，無法喚起美感，因而不是有理趣之美的詩，嚴格說來甚至不能算作文學作品。某些哲理詩如朱熹的《觀書有感》、蘇軾的《題西林壁》，作者以哲理爲主宰，從而進行構思、描繪形象，儘管也有一定美感，但它們是哲理的形象化說明、富有詩意的圖解，這恐怕也不能說是有理趣之美。

眞正有理趣之美的作品，如沈德潛所舉杜詩名句，既非以理語成詩，也不是哲理詩。它要求作家在進行藝術構思的時候，以形象爲君，而以哲理爲其輔弼；要做到融理入景，理與景化，從而使哲理與詩情畫意融合無間，渾然一體。蘇軾作於黃州時的《臨江仙》詞，便是這樣一篇佳作。

詞的上半闋，敍述交代了作者雪堂（卽東坡）夜飲歸臨臯住處時的客觀環境氛圍，以及自己的主觀精神狀態。

臨江仙（夜飲東坡醒復醉）

時間已是三更，家童鼻息如雷，眞是夜已深，人已靜。這樣的環境氛圍，使作者的視覺和聽覺，都比白天來得敏感而且專注，從而使他在「敲門都不應」的時候，「倚杖聽江聲」成爲一種可能。同時，作者是「夜飲」歸來，醉而復醒，醒而復醉的朦朧恍惚的神思，又使他容易產生超越現實環境的遐想。這樣，便爲下半闋作了必要的輔墊。

換頭兩句：「長恨此身非我有，何時忘却營營？」是突兀而起的議論。這是作者長期蓄積於胸的鬱憤的噴發，反映了作者「聽江聲」時心境之不平靜，他既有所憎惡，也有所期待。憎惡的是，「身非吾有」，即陶淵明《歸去來辭》所謂「心爲形役」之意，自己無法掌握自己的命運，且衹能聽任環境的束縛和擺布；期待的是「忘卻營營」，有朝一日能徹底擺脱現實的種種紛擾羈絆，以及由此引起的內心煩惱苦悶。

接着，筆鋒陡轉，我們面前展現出了一幅看似平淡無奇、樸實無華的圖景：「夜闌風靜縠紋平」。看——夜靜。風靜。江靜。宇宙彷彿也屏住了呼吸。我們完全可以想象得出，作者已置身於一個寧靜安謐的境界之中。

爲什麽這種並非奇特的靜美境界，在此時會顯得如此注目，會深深吸引作者呢？原來，它引起了作者個人的獨特內心感受。

兩年以前（宋神宗元豐三年），蘇軾因烏臺詩案，在政治上受到當權者的排擠，被捕，囚禁，他甚至想到過自殺。後被貶爲黄州（今湖北黄岡）團練副使。他名義上是一州的軍事副長官，實際衹是一名被軟禁的囚犯。在此之前，他在政治上也已幾經挫折。蘇軾曾形容自己這一段時期的處境，是「驚魂未定，夢游縲紲之中；隻影自憐，命寄江湖之上」（《謝量移汝州表》）。他浮沉宦海，歷盡風波，常懷有驚恐而孤獨的心理。深受老莊思想影響的蘇軾，多麽希冀能擺脱這種動蕩不安的生活呵！因此，一旦夜深人寐之時，大自然靜美的境界展現在他面前，身之所接，目之所見，不禁心與景會，神與物遊，爲之而深深陶醉了：「夜闌風靜縠紋平」。這是白天無法感受到的一種平靜啊！與大自然的平靜形成對照的，正是自己身陷其中、厭倦之極的喧囂、混亂、煩雜的現實！作者在這一刹那間，享受到了「形爲心役」的無限樂趣，精神似乎擺脱了現實，他的心靈暫時地處於「無差別境界」，

臨江仙（夜飲東坡醒復醉）

而也趨於平靜了。在現實生活中無法追求到的，却在自然景象賦予的美中得到了。

作者從自然景象得到啓迪，便情不自禁地萌生了脱離現實環境的遐想。他要去擁抱大自然，親近大自然，甚至將整個身心融化在大自然之中：「小舟從此逝，江海寄餘生」。我們曾經讀到反映蘇軾受老莊思想影響的一些名句，如「我欲乘風歸去」（《水調歌頭·中秋》）、「挾飛仙以遨游，抱明月而長終」（《前赤壁賦》），這兩句當然也同樣表現了他的消極遯世思想。但同時，我們也不能不指出，它還反映了作者對自由的渴望和追求，他期待獲得身心的徹底解放。當然，這衹是幻想而已。據葉夢得《避暑錄話》記載：「翌日喧傳子瞻夜作此詞，掛冠服江邊，拏舟長嘯去矣。郡守徐君猷聞之，驚且懼，以爲州失罪人，急命駕往謁，則子瞻鼻鼾如雷猶未醒。」可見這條「小舟」是無法駛出作者所處身的現實世界的。

「夜闌風靜縠紋平」一句，是全詞的點睛之筆。這首詞，作者在藝術處理上的高明之處，在於他將由自然景象所激起的萬千悵觸，俱不形諸文字，而衹對自然景象本身作了簡潔平易的描繪。這一句所表現的，其實並不純是自然景象，它的意蘊要深廣得多。因爲它是主客觀相契合的產物，實際已成了作者追求的寧靜安謐的理想境界的象徵，所以我們決不能把它衹作一般寫景句子讀。這樣的意境，是「神理湊合時自然恰得」（王夫之《薑齋詩話》），衹可以無心得，不可以有心求；它具有啓發、暗示的作用，有「象外之趣」。這便是融理入景，理與景化構成的意境。（方智範）

卜算子

蘇　軾

黃州定慧寺寓居作

缺月掛疏桐，漏斷人初靜。誰見幽人獨往來，縹緲孤鴻影。　驚起卻回頭，有恨無人省。揀盡寒枝不肯棲，寂寞沙洲冷。

這首詞原題爲「黃州定慧寺寓居作」。「定慧寺」又作「定惠院」，實卽一地。故址在今湖北黃岡縣東南，蘇軾曾在這裏住過，還寫過《游定惠院記》等小品文。據清王文誥《蘇詩總案》，此詞作於宋神宗元豐五年壬戌冬十二月，按陽曆計算，已進入一〇八三年了。當時作者因寫了譏諷新法的詩，以謗訕朝廷的罪名繫御史臺獄，後遇赦被貶至黃州，雖說任團練副使，實際受官府監視管制，很不自由。這首詞以孤鴻自喻，抒寫自己內心寂寞，本在情理之中。清人黃蓼園評此詞云：

此東坡自寫在黃州之寂寞耳。初從人說起，言如孤鴻之冷落；下專就鴻說，語語雙關，格奇而語雋。斯爲超詣神品。

卜算子（缺月挂疏桐）

其說大體不差。但前人評論此詞，頗多謬說。一種說法是承認這首詞有政治內容，而解釋却穿鑿附會，如《類編草堂詩餘》卷一引宋代鮦陽居士云：

「缺月」，刺明微也；「漏斷」，暗時也；「幽人」，不得志也；「獨往來」，無助也。「驚鴻」，賢人不安也；「回頭」，愛君不忘也；「無人省」，君不察也；「揀盡寒枝不肯棲」，不偷安於高位也；「寂寞沙州冷」，非所安也。此詞與《考槃》詩極相似。

同意此說者有張惠言（《詞選》）、譚獻（《譚評詞辨》）；反對者有王士禛（《花草蒙拾》）、謝章鋌（《賭棋山莊詞話》續篇卷一）。近人沈祖棻先生在《清代詞論家的比興說》一文中指出：

這種方法，固然有時可以發明詞意，但其弊病也很大。因爲對古代作品求之過深，就不免穿鑿附會，甚至捕風捉影，曲解前作，厚誣古人，結果自然不免引起異議。（《宋詞賞析》頁二二八）

這話確有一定道理。

另一種則是用編造故事的方式來講詞，這比前一種辦法更不足取，如吳曾《能改齋漫錄》卷十六、王楙《野客叢書》卷十及《古今詞話》等，就認爲這首詞是蘇軾爲了一個王姓少女（或說爲了一個叫溫超超的少女，並把寫作地點從黃州遷到惠州）而作。今天看來，這樣講詞不僅無稽，而且無聊。爲了節省篇幅，恕不贅引。

儘管這兩種講法都爲我們所不取，却涉及詩詞創作的一個傳統手法問題，卽所謂比興，或稱之爲在創作中有寄託。我個人認爲，詩詞中用比興手法是習見的，而且是可取的；但「比興」却不等於「比附」。古人不少談「比興」或提倡「比興」的，其實是「比附」，也就是生拉硬扯，牽強附會。至於作品中有無「寄託」，是指作者的創作意圖或指作品的主題思想而言，同「比興」手法還不屬於同一範疇。我以爲，作品中有寄託是極自然的事，甚至一首詩或詞的抒情主人公完全是第三者，也仍舊可以是有寄託的。而作品之有寄託則往往借助於比興手法。如果一首作品本無寄託，或雖有寄託而一望可知，而後人却一味用牽強附會的手段去比附，硬說它有什麽內容，那就大錯特錯。蘇軾這首詞，顯然有寄託；以孤鴻自喻，當然屬比興手法。可是上述兩種意見却都屬於作者本無其意而爲後人強加上去的，所以那衹是「比附」，故爲我們所不取。

這首詞共出現三個「人」字。「人」指誰？值得研究。上片第二句說「漏斷人初靜」，顯係泛指，即通常說的夜深人靜。既然萬籟俱寂，羣動闃然，已是悄無人聲了；却又緊接着說「幽人獨往來」，可見這個「幽人」不同於一般塵俗擾攘之徒。「誰見」，一本作「時見」，又作「時有」，又作「唯有」。版本不同而理解亦因之而異。有人認爲「幽人」喻「孤鴻」，人已靜而猶見有個「幽人」獨往獨來，這並不是眞正的人而是「縹緲孤鴻影」（或說這個「幽人」衹有天空中的孤鴻才見到了他）。另一種說法則把「幽人」講成作者自己。在夜靜更深之際，人跡已杳，而作者仍踽踽獨行，從而見到虛空縹緲之間有孤鴻飛翥。其實這兩種講法並不矛盾。「幽人」與「孤鴻」，正是一而二、二而一，不過下片以鴻喻人，並未說破；上片則人鴻並舉，一任讀者聯想而已。由此可見，詞中前後兩「人」字與上片第三句的「幽人」，確不是指的同一類型的「人」，而且是彼此對立的。「人」未靜時，「幽人」不爲世俗之人所見；「幽人」有恨，亦不爲世俗之人所知省。可見這個「幽人」實卽「孤鴻」自己。

鴻雁是喜羣居而重配偶的，失羣孤雁，不僅比喻作者政治上孤立，而且也隱指世上與己同調的知音稀少。下片寫孤鴻之心跡與行蹤，道出了兩重心事。一是「驚起卻回頭，有恨無人省」；二是「揀盡寒枝不肯棲」。爲什麽「驚」？蓋反用張九齡《感遇》詩：「孤鴻海上來，池潢不敢顧，……今我游冥冥，弋者何所慕？」而蘇軾本人的遭遇，正如孤鴻之唯恐爲「弋者」所射中。所「恨」者何？不但自己的政治抱負不能實現，反而落得一個險些送命的下場。「驚起」二句，又是反用五代歐陽炯《南鄉子》：「孔雀自憐金翠尾，臨水，認得行人驚不起。」歐詞寫孔雀臨水照影，爲自身金翠尾羽所炫，竟得意忘形，沒有考慮行人走過。及至聽到脚步聲，便驚起欲飛；待仔細看時，覺得行人似曾相識，便又停下不飛，故詞言雖「驚」而並未飛「起」。這裏蘇軾爲了刻

卜算子（缺月挂疏桐）

畫其憂讒畏譏之心理與滿腔抑鬱之孤憤（卽所謂「恨」），既寫了悚然自驚而「回頭」，又寫了因一肚皮不合時宜而希望有人理解領會。「驚起」句是怕「人」；「有恨」句是想把內心苦悶一吐之爲快，又是希望能得到可傾訴之「人」。這種矛盾心情竟用比興手法以揣摩孤鴻的心跡和行蹤來曲曲描繪，眞是高人妙手。這一重心事是對待周圍客觀事物的；下面一句則是反映自己主觀思想的。鴻雁本不棲於樹上，而作者偏說「揀盡寒枝不肯棲」，一似強調鴻雁的本能原是棲於木上的，現在祇不過由於事不遂心，才有意「不肯棲」的，故被人非議爲有「語病」（見胡仔《苕溪漁隱叢話》前集卷三十九）。其實前人早已指出，這是「取興鳥擇木之意」（見陳鵠《耆舊續聞》卷二），不但有「繞樹三匝，何枝可依」的一層意思，而且還有不屑與世俗同流合污這更深一層的意思。用今天的話說，正是以擬人的手法寫現實人生的矛盾。既然如此，這隻失羣亡侶的孤鴻寧可遠離塵世，寂寞地獨處於冷落的沙洲之上，不願也不敢同這個可怕而又可憎的處境打交道了。這又是一重心事。可見作者寫雁也正是寫人，並通過這種藝術手法來刻畫自己的內心世界。因此我們說這首詞眞有寄託，是一點也不牽強的。

剩下來還有頭尾兩句：「缺月掛疏桐」和「寂寞沙洲冷」（據《耆舊續聞》卷二，「洲」一作「汀」，兩字義本相近）。頭一句是寫背景，也是寫實，點明當時是天寒夜深的時節，並無足奇。但作者不用圓月而說「缺月」，雖不必卽如鮦陽居士說的「刺明微也」，而「月如無恨月常圓」，這裏面恐怕也多少有點表示遺憾的味道，與下片的「有恨」似相照應，却又在疑似有無之間。寫「疏桐」而不說「林叢」或其它樹木，蓋梧桐本高潔之樹，所謂「龍門之桐，高百尺而無枝」；而且祇有鵷鶵（鳳凰一類的鳥）才肯棲息其上。祇是因爲寒意已深，梧葉凋殘，雖高潔而正逢厄運，又與下片「揀盡寒枝」句有若卽若離之妙。況且下弦殘月掛於疏桐枝梢之上，又是一幅極其淡雅疏朗的水墨寫意畫。不僅「詩中有畫」，而且與「幽人」、「孤鴻」等所要刻畫的抒情主人公有水乳交融、相得益彰之妙。景語原是爲抒情服務的，於此可見一斑。

至於最末一句，「寂寞」是孤鴻心境，「沙洲」是其止宿之處，「冷」字則兼把它的內在精神世界和客觀上的季節特徵結合起來，本亦順理成章，毋庸饒舌。但我經過反覆思量，却決定作一點翻案文章。卽我以爲元刊本末句作「楓落吳江冷」是有道理的。這句五言詩本是唐人崔信明現成的殘句（當然也是名句），却被作者毫不客氣地搬到詞中。乍看去似與上文毫不銜接，有點不知所云。其實這句寫江南由秋入冬之後的景物，眞是絕妙好辭。楓葉由丹而黃，由黃而隕，三吳江水，寒意逼人；枯葉隨江水流逝，尤增衰颯之感。這不正是處於四面楚歌之境的蘇軾周圍的現實氣氛的眞切寫照麽！相傳鴻雁南飛，最遠不逾湖南衡山，但吳頭楚尾，此時業已冷寂荒涼，非候鳥所宜棲息之地了。作者用這一成句把虛擬的比興之筆一下子大力兜轉，使讀者也隨着回到現實中來，更足以證成流落在大江之濱的「孤鴻」的處境是如何的寥落悲涼，這不比從表面上毫無假借地直說「寂寞沙洲冷」更顯得惝怳含蓄麽？正緣後人不得其解，才以「寂寞沙洲冷」之句代之，其實反而顯得質實淺露，全無楝果回甘、餘音繞梁之趣了。正惟此詞末句驟然劈空而下，以唐人成句作結，才更見出作者「語意高妙」，才氣縱橫，「似非吃煙火食人語」（《苕溪漁隱叢話》前集卷三十九引黃庭堅評此詞之語）的特色。如衹說「寂寞沙洲冷」，雖似切題而且章法結構皆甚完整，可是「筆下」反倒顯得有點「塵俗氣」（亦黃庭堅語）了。質之讀者，不知意下如何？

（吳小如）

水龍吟

蘇　軾

次韻章質夫楊花詞

似花還似非花，也無人惜從教墜。拋家傍路，思量卻是，無情有思。縈損柔腸，困酣嬌眼，欲開還閉。夢隨風萬里，尋郎去處，又還被、鶯呼起。

不恨此花飛盡，恨西

水龍吟·次韻章質夫楊花詞

園、落紅難綴。曉來雨過，遺蹤何在？一池萍碎。春色三分，二分塵土，一分流水。細看來不是楊花，點點是、離人淚。

章質夫（名楶，蒲城人）原詞上闋純詠楊花。下闋引入一思婦，她被楊花撩起愁緒，潸然淚下。平心而論，章詞確乎是難得的佳作。其中「傍珠簾散漫，垂垂欲下，依前被、風扶起」、「繡床漸滿，香球無數，才圓卻碎」、刻畫楊花，得形神兩似，可謂神來之筆。

關於蘇軾次韻之作的寫作年代，清代王文誥在《蘇文忠公詩編注集成總案》中說：「此詞無年月可考，據《資治通鑒長編》，元祐二年正月，章楶爲吏部郎中，四月出知越州。時楶正在京也，因附載於此。」因元祐二年（一〇八七）章楶和蘇軾同在汴京做官，所以姑且將此詞附於此年之下。後人多沿襲其說。近來劉崇德同志據蘇軾給章楶的一封信考證，此詞應作於元豐四年（一〇八一）春謫居黃州時（《蘇軾楊花詞繫年考辨》，載於《文學評論叢刊》第十八輯）。此說可信。蘇軾在那封信裏說：

> 承喻慎靜以處憂患，非心愛我之深，何以及此！謹置之座右也。柳花詞絕妙，使來者何以措詞！本不敢繼作，又思公正柳花飛時出巡按，坐想四子閉門愁斷，故寫其意次韻一首寄去，亦告不以示人也。

章楶今存詞僅二首，寫楊花的只有這一首《水龍吟》。此信中所說的「柳花詞」即《水龍吟》無疑。信中「四子」，劉崇德同志疑應作「內子」，古人稱之妻亦曰內子。信然。然則蘇軾的和詞是揣摩章楶的心情而寫的。此時蘇軾又正處於憂患之中，抒寫思婦之愁，而融入詞人自己之憂也是可能的。我們可以再推而廣之，說這首詞是藉暮春之際「拋家傍路」的楊花，抒寫了帶有普遍性的離愁。篇末「細看來、不是楊花，點點是、離人淚」就是顯志之筆。而近千年來，廣大讀者之所以欣賞這首詞，也正是因爲它別具匠心地表現了這一普遍的主題。正如蘇

水龍吟・次韻章質夫楊花詞

軾的《水調歌頭》（明月幾時有），雖然是爲懷念弟弟而作，但末尾那兩句「但願人長久，千里共嬋娟」，道出了離人們普遍的願望。我們如不拘泥於章楶夫妻二人，而作更寬泛的理解，也許會覺得更有意趣。

上闋首句「似花還似非花」，好像是從植物學的角度考察楊花而作出的一個判斷，然而卻耐人尋味，它不僅道出了楊花那種像花又不像花的特點，讓讀者在似與不似之間去把握楊花的形與色，而且引發了整首詞的想象，其意脈直貫篇末。按照習慣本應說「似花還非似花」，由於格律的關係，不得不顛倒詞序，這固然是不得已而爲之，但一經顛倒便另有一番滋味在裏頭，奇警、天真，非人籟可比。我想蘇東坡吟了這句詞，自己也會禁不住拍案叫絕的。因爲「似非花」，所以「也無人惜從教墜」，任它「拋家傍路」，四處飄揚。「傍路」二字使人聯想起暮春之際楊花堆於路邊，愈積愈多的情形，眞夠傳神的了。這「拋家傍路」的楊花看似「無情」，細細想來卻是「有思」。它也有生命，也有知覺，也有它的愁緒。韓愈《晚春》詩曰：「楊花榆莢無才思，惟解漫天作雪飛。」章質夫詞曰：「輕飛亂舞，點畫青林，全無才思。」蘇軾似乎針對他們寫了這「無情有思」的句子。楊花究竟有思還是無思呢？這全看當時詞人的心情和修辭的需要了。欲強調寂寞孤獨無人理解則抱怨楊花無思；欲將楊花擬人，則又說她有思。無也好，有也好，不可拘泥。寫詩著文，總要有點波瀾，有點新意，前人那麼說，我偏這麼說。雷同了還有什麼意思？章詞是用無思的楊花襯托玉人的春愁。那玉人本已滿懷愁緒，可楊花偏偏不理解她，又沾上春衣，落向繡床，撩起了她的心事，使她盈盈淚下。而蘇軾說，楊花也有思，連同那柳樹，整個兒就宛如一位思婦。這是遞進一層的寫法。有了這「有思」二字，才有以下幾句。

「縈損柔腸，困酣嬌眼，欲開還閉。夢隨風萬裏，尋郎去處，又還被、鶯呼起。」「柔腸」、「嬌眼」，或說指柳枝、柳葉，或說仍指楊花。我看還是指包括枝葉在內的整個柳樹爲宜。柳葉稱柳眼，唐詩屢見，如元稹詩：「柳眼渾開盡，梅心動已闌。」李商隱詩：「花鬚柳眼各無賴，紫蝶黃蜂俱有情。」由「柳葉」聯類而及，以「柔腸」代指細嫩的柳枝，是很自然的。而「柔腸」之「縈損」、「嬌眼」之「困酣」，以及其「欲開還閉」的情狀，又恰恰是楊花飛離枝葉之際欲去不去、忽張忽合的最傳神的描寫。由楊花寫到柳樹，又以柳樹喻指思婦（即篇末所謂「離人」），是很順暢的藝術聯想。「夢隨風萬里」的「夢」可以說是思婦之夢，也可以說是柳之夢。而楊花隨風起舞，不也正像夢一樣嗎？夢中尋郎，被鶯呼起，當然是用唐人金昌緒《春怨》詩：「打起黃鶯兒，莫教枝上啼。啼時驚妾夢，不得到遼西。」但柳枝本是黃鶯棲息之處，寫柳夢，而說被鶯呼起，這簡直是妙合。這幾句究竟是寫楊花，還是寫柳樹，還是寫思婦？究竟是用典，還是寫實？讓人難以分辨，也無須去分辨。這三重意象的疊合，造成多義的效果。妙就妙在這裏。

下闋開頭又跳回到上闋首句的意思上去。「不恨飛花盡」，已肯定了這是花。但人們並不憐惜她，而只知惋惜西園「落紅難綴」。這似乎是上闋前幾句的重複，又似乎不是重複，因爲感情色彩更濃了，寫得更具體了。從時間上看，似乎也從開始墜落欲開還閉，到了「此花飛盡」的地步。這裏，詞人已不再描寫楊花的飛舞，而是在尋她的蹤跡也就是歸宿了。「曉來雨過，遺蹤何在？一池萍碎。」到了青萍滿池的時候，已是初夏。所以接着說：「春色三分，二分塵土，一分流水。」楊花一旦飄盡，春色也就逝去了。那麼春歸何處呢？單就楊花看來，是二分化爲塵土，一分融入流水，哪里還有它的蹤影？蘇軾在這裏搞起數學來了！什麼三分之二，三分之一的，似乎算得很清楚，其實仍不過是一片模糊的印象。或者說是一片癡情，一番傻話。末尾三句，則又回到了上闋下半段以柳擬人的構思上：「細看來不是楊花，點點是、離人淚。」詞本是寫楊花的，寫了一大篇，最後竟一筆勾銷，說細細一看不是楊花，而是離人的淚。這是何等的奇思妙語！是啊，如果柳樹是離人的話，那楊花不恰是離人的淚嗎？這本在情理之中，可是又出乎一般人意想之外。若不是蘇軾這樣的大手筆，恐難寫出這樣的詞句來。

蘇詞向以豪放見長，但也有婉約之作。這首《水龍吟》就是一首婉約詞，把它放在婉約派諸名家的作品之中，以婉約之美而論，是毫不遜色的。

（袁行霈）

賀新郎

蘇　軾

乳燕飛華屋，悄無人、桐陰轉午，晚涼新浴。手弄生綃白團扇，扇手一時似玉。漸困倚、孤眠清熟。簾外誰來推繡戶？枉教人夢斷瑤臺曲。又却是，風敲竹。　石榴半吐紅巾蹙，待浮花浪蕊都盡，伴君幽獨。穠豔一枝細看取，芳心千重似束。又恐被、西風驚綠。若待得君來向此，花前對酒不忍觸。共粉淚，兩簌簌。

清代詞評家況周頤在《蕙風詞話》中提出：「詞貴有寄託。」沈祥龍《論詞隨筆》也說：「詩有賦、比、興，詞則比、興多於賦。或借景以引其情，興也；或借物以寓其意，比也。蓋心中幽約怨悱，不能直言，必低迴要眇以出之，而後可感動人。」這就是說寫詞要善於用「借物發端」或「託物取喻」的辦法，來表達作者深遠的寄託，使詞旨深沉含蓄，有引人入勝、耐人尋味之妙。自然，詞的藝術方法和風格是多種多樣的，這並不是衡量詞的唯一標準，不過符合這一要求的詞章，則無疑是百花競豔的詞苑中引人注目的一格。

中國古代詩歌長於比興，富於寄託的，可溯源到《詩經》、《楚辭》。《離騷》的「依詩取興，引類譬喻」（王逸《離騷章句》），更對後代詩人產生了深遠的影響。但早期詞人的作品，富有寄託的不多。因爲晚唐花間多寫兒女恩怨，思想浮薄，寄意不深。張惠言編《詞選》，說溫庭筠的《菩薩蠻》內容似《感士不遇賦》，其「照花前後鏡」

賀新郎（乳燕飛華屋）

四句，卽《離騷》初服之意，他甚至把溫庭筠比做屈原，這未免求之過深，失於穿鑿。其實，眞正用「婉曲纏綿」之調表達身世之感和政治情懷的，恐怕要數蘇軾爲最早。這首《賀新郎》就是一例。

詞的上片全力塑造了一位絕代佳人，她外貌和靈魂都很美麗。她那麽高潔貞靜、超塵拔俗，又那麽孤寂無依、命薄運蹇。她棲身的環境冰清玉潔，一塵不染。手中的用具也像它的主人一樣純潔玲瓏。「手弄生綃白團扇，扇手一時似玉。」這兩句彷彿電影中的特寫鏡頭，是有耐人深思的含義的。它用局部來映現整體，給讀者以足够的藝術聯想餘地，借以顯示佳人的身心純潔、體態嫵媚。同時，佳人伴以白團扇，在我國古典詩詞裏還有特殊的象徵意義。相傳漢成帝妃班婕妤「美而能文」，後爲趙飛燕離間，失寵退居東宮，「作賦及紈扇詩以自傷悼」，詩云：「新裂齊紈素，鮮潔如霜雪。裁爲合歡扇，團團似明月。出入君懷袖，動搖微風發。常恐秋節至，涼飆奪炎熱。棄捐篋笥中，恩情中道絕。」後來有不少詩人用《婕妤怨》的曲調題詠此事，如陸機說：「寄情在玉階，託意唯團扇。」劉孝綽也有「妾身似秋扇，君恩絕履綦」之句。因此，在古代詩人筆下，白團扇常常是紅顏薄命、佳人失時的象徵。蘇軾在這首詞中寫佳人手持白團扇，除了襯映佳人的潔白外，也暗示佳人與秋後的團扇有同樣的命運。

「漸困倚」以下，寫佳人入睡，被簾外的風竹聲驚醒。佳人困倦孤眠，不由沉入夢鄉，走向了閬苑仙境。瑤臺是仙子所居，《離騷》有「望瑤臺之偃蹇兮，見有娀之佚女」的詩句。佳人不甘幽閨的寂寞，時刻表現出對理想的憧憬和追求，她夢中剛到仙境幽深處，朦朧聽到有人揭簾推門，對於這種空谷足音，佳人也許是興奮的、等待的、盼望的，不料恍然醒來，又是慣常聽到的風竹蕭蕭聲。「開門復動竹，疑是玉人來」，李益《竹窗聞風寄苗發司空曙》的詩句正可說明這種意境。然而，好夢枉驚破，所望何曾來？等待佳人的仍舊是一片寂寞。「枉教人」、「又却是」，透露了佳人悵惘失意的心情。

詞的下片集中詠榴花，借以寫佳人。榴花豔麗文靜，自甘幽獨，不願與浮花浪蕊爲伍。她專等輕浮的花卉凋謝淨盡，才吐出濃豔的紅花，來陪伴佳人度過寂寞的時光。她心魂蹙束，芳意重重，擔心蕭颯的冷風吹落嬌嫩的花蕊。一個「驚」字，寫出了榴花也是佳人的沉重心緒。最後詩人暗示，榴花已臨近了失時的邊沿，待到西風吹來，美人把酒對花，將禁不住粉淚同花瓣一同紛紛下落。到此佳人與榴花感情交融，合而爲一。

全調採用了映襯和比興，華屋僅有乳燕飛出，見出房櫳闃寂；户外惟見風動竹搖，説明門庭冷落。寫中庭曰「悄」，寫傍晚曰「涼」，寫睡眠曰「孤」曰「清」，這都處處烘托出環境的幽悄清冷，表明佳人是被無人了解和支持的一派寂寞氣氛包圍着。與佳人同棲的是幼小的飛燕，供佳人手持的是潔白的團扇，同佳人相伴的是濃豔孤高的石榴花。主人的感情色彩注入了周圍的事物，從周圍的物情使人聯想到主人的品操、遭遇和命運。作者寫佳人周圍的一切，寫飛燕、寫團扇，無不是在寫佳人，而濃豔絶倫的石榴花，更是佳人的傳神寫照。《蓼園詞選》説「是花是人，婉曲纏綿，耐人尋味不盡」，確實指出了這首詞藝術上的重要特色。

蘇軾爲什麽着力刻畫一位幽居佳人呢？《苕溪漁隱叢話後集》卷三九載有引自楊湜《古今詞話》中的一個故事，大意説：蘇軾任錢塘太守，一天在西湖舉行宴會，羣妓畢集，衹有秀蘭因沐浴困倦而入睡，經派人傳呼，方才到場。坐中有一府僚爲此發怒，秀蘭手持石榴花進行解釋，府僚怒氣不息。這時蘇軾寫了這首《賀新郎》爲秀蘭解圍，楊湜並説：「子瞻之作，皆目前事。」曾季貍《艇齋詩話》説法不同：「東坡《賀新郎》在杭州萬頃寺作，寺有榴花樹，故詞中云石榴。又是日有歌者晝寢，故詞中云：『漸困依孤眠清熟。』」還有人説此詞是東坡爲侍妾榴花而作的。詞人寫作受到生活現象的觸發，或從現實中攝取某些形象，這是可能的，但決不是生活的簡單記録。把一首詞的内容完全坐實到一個官場的風流故事上，刻板地句句索隱，這顯然是附會之談，不足憑信。《宋六十名家詞》在這篇前有一詞序，用東坡口氣敍述秀蘭的故事，恐怕也是好事者依據《古今詞話》的説法編改而成，因爲宋代傳干注本和元刊本東坡詞都没有這個小序，正好證明它是晚出的。對楊湜的説法，胡仔早已做過批駁，他説：「楊湜之言，真可入笑林，東坡此詞冠絶古今，託意高遠，寧爲一娼而發邪？」胡仔看到此詞「託意高遠」，是很有道理的。

比興，寄託是我國詩歌的優秀傳統之一，以香草美人比君子，惡鳥陰雲喻小人，借他人的遭遇，發自身的感慨，這是不少詩人慣用的手法。從屈原「衆女嫉余之娥眉」的詩句，到曹植的《美女篇》、杜甫的《佳人》詩、白居易的《琵琶行》等等，使我們看到這種藝術手法的歷代名家的筆下，不斷得到發展。蘇軾寓居黄州定惠院所寫的海棠詩（《寓居定惠院之東，雜花滿山，有海棠一株，土人不知貴也》），也是這方面的佳篇。詩的前半極力刻畫海棠幽獨、高潔、美好、清淑的品格，後半對花興感、託物寄懷：「陋邦何處得此花？無乃好事移西蜀。寸根千里不易致，銜子飛來定鴻鵠。天涯流落俱可念，爲飲一樽歌此曲。明朝酒醒還獨來，雪落紛紛那忍觸。」詩人讚美海棠、悲嘆海棠，實際上是寄託自己的情操，悲嘆自身的遭遇。詩人同海棠感情交融，合而爲一，是花是人，不容分割。海棠詩與《賀新郎》雖一詩一詞，但它們在藝術構思和風格上却是頗有相似之處的。

海棠詩寫於貶官黄州時期，寄託了作者政治失意和身世飄零之感。《賀新郎》的寫作時期不易確定，宋人記述多説這首詞與杭州有關。蘇軾任職杭州，衹有熙寧中期（任通判）和元祐中期（任知州）兩次。通判杭州時，蘇軾所寫長調極少，且身世之感不重，如果這首詞確與杭州有關，似應寫於知杭州任内。衹是没有確切的材料可以證實。不過從這首詞的内容看，很可能是他晚期的作品。蘇軾一向有獨立的政見，爲人又表裏澄澈，直言敢議，在新舊兩派當權時，都不願隨聲附和希合求進。他曾被新派官僚深文周納，以致陷身囹圄；又遭到舊黨排斥，於朝内不能立足。在杭州知州任上，寫詩曾有「欲息波瀾須引去，吾儕豈獨坐多言」（《次韻錢越州見寄》）之句，足見他對官場的險惡是憤慨的。處在這樣的政治環境，不能不使他撫躬自悼，倍覺悲涼，産生懷才不遇、美人遲暮之感。《賀新郎》全篇浸透了這種感情色調。

海棠詩同《賀新郎》都有深遠的寄託，都浸透了作者的身世之感，但它們在寫法上又各有特色。在海棠詩裏，海棠爲主，詩人爲客，作者先從各方面突現海棠的美，然後引爲同調，對花抒感，直寫胸臆，同白居易《琵琶行》相似，撫身自悼的感情比較顯露。《賀新郎》以佳人爲主，以榴花爲賓，用榴花象徵佳人，借佳人映現詞人的品操和命運，詞人没有在作品中出現，也没有直接抒發「天涯流落俱可念」的感慨，感情體現得更加深沉含蓄。爲什麼這裏的榴花象徵佳人，而佳人的形象却反映着詞人的遭遇呢？因爲在詞人筆下，榴花已被充分地人格化，而佳人更是經由詞人的感情胚胎孕育了她特定的個性化品格。從榴花，人們不難聯想到佳人；從佳人，讀者可以看到詞人的影子。作者用榴花來比況佳人，用佳人來寄託個人的懷才不遇之感，孤高失時之悲，意在言外，餘味不窮，是很有藝術魅力的。

蘇軾是以開創豪放清曠詞風而著稱的大家，但他也不乏冶豔動人的婉麗之作。一般風格婉麗的詞章多表現兒女私情，而寫社會政治内容的，往往趨於豪放、剛健。蘇軾這首《賀新郎》與一般的婉麗之作不同，它用華豔絕倫的形象和「婉曲纏綿」的格調寫政治題材，感情表達得曲折含蓄，這在詞史上是頗有獨創性的。後來詞壇上產生過不少運用花草美人等比興寄託手法，表現政治内容的作品，如趙佶的《燕山亭》（裁翦冰綃）、陸游的《卜算子》（驛外斷橋邊）、辛棄疾的《摸魚兒》（更能消幾番風雨）、劉克莊的《賀新郎》（妾出於微賤）、王清惠的《滿江紅》（太液芙蓉）等等，或寄情於名花，或自比於蛾眉，應當説，在風格和手法上都是同蘇軾的這首《賀新郎》一脈相承的。尤其辛棄疾的名篇《摸魚兒》，借寫古代佳麗惜春、留春、怨春、傷春的情懷，傾訴自己憂讒畏譏、感嘆時勢的愁緒，政治内容更加豐富，在抗戰詞章中獨具一格，可與蘇軾的這首《賀新郎》前後媲美。（劉乃昌）

蝶戀花

蘇 軾

春 景

花褪殘紅青杏小。燕子飛時，緑水人家繞。枝上柳綿吹又少，天涯何處無芳草。
牆裏鞦韆牆外道。牆外行人，牆裏佳人笑。笑漸不聞聲漸悄，多情却被無情惱。

宋哲宗元祐九年（一〇九四）六月，蘇軾被貶惠州（今廣東惠陽）。紹聖四年（一〇九七）四月，再貶昌化（今海南島儋縣）。他在惠州一共居住了兩年多時間，這首《蝶戀花》就是寫在這一段時間内。從詞所寫的暮春景色和有關記載來看，很可能是寫於紹聖二年（一〇九五）或三年（一〇九六）。

詞的上片是寫景寄情。開頭一句「花褪殘紅青杏小」寫的既不是宋祁《玉樓春》中「紅杏枝頭春意鬧」的盛況，也不是李璟《浣溪沙》中「菡萏香銷翠葉殘」的凋零。而是說，枝上殘餘的花朵已經褪去了，長出小小的青杏。二、三兩句「燕子飛時，綠水人家繞」，作進一步的描寫。燕子歸來，正是綠水環繞人家的時候。以上三句明顯寫暮春景色，但是，萬紫千紅雖然消歇了，而「綠葉成蔭子滿枝」，春水粼粼燕雙飛，也是充滿着生機的。五、六兩句「枝上柳綿吹又少，天涯何處無芳草」，繼續寫暮春景色。枝上的柳綿又和往年暮春時節一樣，被風吹得快要完了。而放眼看去，一直到遙遠的天邊都盛長着青青的芳草。惜春的感情眞像小溪在字裏行間默默地流動着，但它也像前三句一樣，同時給人以開闊的、生機勃勃的景象和感覺。「柳綿」，柳樹種子上帶有白色的絨毛，隨風飛散，因此被稱爲「柳綿」或「柳絮」。

整個上片，寫得張馳有致。寫暮春景色，但不衰殘；有惜春的憂鬱，但不悲傷。這和詞人的被貶有關，也和詞人具有曠達的胸懷分不開。這在詞人其他作品裏也是不乏其例的。

下片是敍事抒情。首句「牆裏鞦韆牆外道」是總敍，交代環境。以牆爲界，牆內有鞦韆，牆外是道路。爲下文開拓了天地。二、三兩句「牆外行人，牆裏佳人笑」，說牆外道上的行人，忽然聽到牆內青年婦女的笑聲。「笑漸不聞聲漸悄，多情却被無情惱。」這是下片的重點，雖然衹有十四個字，但却具有豐富的內容和人生的哲理。行人聽到牆內佳人的笑聲，這熟悉而陌生的笑聲勾起了他的憶念。想到遠別的家人，想到過去安定溫馨的生活，他自然而然地停住脚想多聽聽。可是，笑聲漸漸消失了，聽不見了。留下的是一堆翦不斷的煩惱。牆外行人可謂是多情，而牆內佳人不見牆外行人，更不知牆外行人的內心世界，一切隨我所欲。她所表現的，在行人看來自然是無情。

整個下片是敍事，在敍述中透露了詞人感情的波動和對人生的認識。這和詞人的被貶也是緊密相關的。

據《詞林紀事》引《林下詞談》說：蘇軾在惠州時，秋至，落木蕭蕭，遂叫朝雲把酒唱這首詞。而朝雲還沒有唱就「淚滿衣襟」。蘇軾問是什麽原因，朝雲說：「奴所不能歌，是『枝上柳綿吹又少，天涯何處無芳草』也。」蘇軾大笑說：「吾正悲秋，而汝又傷春矣。」這段記載不僅使我們知道這兩句詞很感動人，而且也使我們知道這首詞的確深深寄寓着詞人的感慨，當然，其中也摻和着他的曠達之情。

這首《蝶戀花》詞和他的《念奴嬌·赤壁懷古》、《江城子·密州出獵》這類詞不同，它顯得清麗舒徐。這正代表了蘇詞婉約的一面。清人王漁洋在《花草蒙拾》中說：「『枝上柳綿』，恐屯田緣情綺靡，未必能過」，也指出這首詞藝術上的特點，是頗有見地的。

（馬興榮）

留侯論

蘇　軾

古之所謂豪傑之士者，必有過人之節。人情有所不能忍者，匹夫見辱，拔劍而起，挺身而鬥，此不足爲勇也。天下有大勇者，卒然臨之而不驚，無故加之而不怒。此其所挾持者甚大，而其志甚遠也。

夫子房受書於圯上之老人也，其事甚怪，然亦安知其非秦之世有隱君子者，出而試之？觀其所以微見其意者，皆聖賢相與警戒之義，而世不察，以爲鬼物。亦已過矣。且其意不在書。當韓之亡，秦之方盛也，以刀鋸鼎鑊待天下之士，其平居無罪夷滅者，不可勝數，雖有賁、育，無所復施。夫持法太急者，其鋒不可犯，而其勢未可乘，子房不忍忿忿之心，以匹夫之力，而逞於一擊之間。當此之時，子房之不死者，其間不能容髮，蓋亦已危矣。千金之子，不死於盜賊，何者？其身之可愛，而盜賊之不足以死也。子房以蓋世之才，不爲伊尹、太公之謀，而特出於荆軻、聶政之計，以僥倖於不死，此圯上老人之所爲深惜者也。是故倨傲鮮腆而深折之，彼其能有所忍也，然後可以就大事，故曰：「孺子可教也。」

楚莊王伐鄭，鄭伯肉袒牽羊以逆，莊王曰：「其君能下人，必能信用其民矣。」遂捨之。勾踐之困於會稽，而歸臣妾於吳者，三年而不倦。且夫有報人之志，而不能下人者，是匹夫之剛也。夫老人者，以爲子房才有餘而憂其度量之不足，故深折其少年剛銳之氣，使之忍小忿而就大謀。何則？非有平生之素，卒然相遇於草野之間，而命以僕妾之役，油然而不怪者，此固秦皇之所不能驚，而項籍之所不能怒也。

觀夫高祖之所以勝，而項籍之所以敗者，在能忍與不能忍之間而已矣。項籍惟不能忍，是以百戰百勝，而輕用其鋒；高祖忍之，養其全鋒，以待其斃，此子房教之也。當淮陰破齊，而欲自王，高祖發怒，見於詞色。由此觀之，猶有剛強不忍之氣，非子房其誰全之？

太史公疑子房以爲魁梧奇偉，而其狀貌乃如婦人女子，不稱其志氣。嗚呼！此其所以爲子房歟！

蘇東坡長於議論，通過《留侯論》這個窗口也可窺見一斑。這個作品是蘇東坡嘉祐六年（一〇六一）應「制科」所上的《進論》中的一篇。

縱觀《留侯論》，其成功處首先是立意不同凡響。對於「其事甚怪」、帶有濃厚神奇色彩的圯上老人賜書張良的故事，蘇東坡並不注意圯上老人賜給張良一本「讀此則爲王者師」的《太公兵法》，而是翻空出奇地認爲，「其意不在書」，其意在於：圯上老人看到張良「以蓋世之才，不爲伊尹、太公之謀，而特出於荆軻、聶政之計」，深爲痛惜，所以，他「倨傲鮮腆而深折之」，使張良深刻體會「忍」字的重要性。這是蘇東坡思維敏鋭的耀眼閃光，難怪這句議論受到許多文論家的嘆賞。金聖嘆認爲：「此文得意在『且其意不在書』一句起，掀翻盡變，如廣陵秋濤之排空而起也。」（《天下才子必讀書》卷八《留侯論》總評）汪武曹認爲：「撇開授書一句，即起警戒意，

翻盡舊案。」（《唐宋文學要》甲編卷八引）

其實，古代不少文論家僅僅注意《留侯論》立意是「忍」字，但並未對其內涵作深入的探索。如果仔細研究就不難發現，蘇東坡是從正反兩個方面來說明「忍」字的豐富內容。蘇東坡從受書前的張良來說明「不能忍」的情況就是「不忍忿忿之心，以匹夫之力，而逞於一擊之間」。另一方面，以鄭伯、勾踐、高祖爲例來說明「能忍」的內容，一是要有「度量」、「下人」，二是能「養其全鋒，以待其斃」，這表明「忍」字包含着忍耐和智慧的雙重內涵。它不僅是道德的修養，而且是過人的才智。明乎此，才能眞正懂得蘇東坡立論超卓在什麽地方。難怪歸有光在《文章指南》裏寫道，「作文須尋大頭腦，立得意定，然後遣詞發揮，方是氣象渾成。如韓退之《代張籍與李浙東書》以『盲』字貫說，蘇子瞻《留侯論》以『忍』字貫說是也。」眞可謂是蘇東坡的知音。

當然，一篇優秀的論說文，立論超卓、不同凡響，固然重要，但其論證方法和思維途徑也是不可忽視的方面。在這一点上也應該有異乎尋常的獨特創造，才顯出這篇論說文的生機。蘇東坡的《留侯論》在這方面亦有成功經驗。顯然，《留侯論》並沒有對「忍」的重要性和作用進行過多的理論上的演繹和推理，而是以聯翩而至的大量例證來加以說明。蘇東坡一開始就提出能「忍」，卽「卒然臨之而不驚，無故加之而不怒」等品質是「豪傑之士」的「過人之節」；這是中心議題。接着，蘇東坡以張良爲例證，說明他從「不忍」到能「忍」的轉化是其事業成功的關鍵，以此論證「忍」的重要性。隨之蘇東坡以鄭伯、勾踐爲例證，說明「忍」的具體內涵；這似乎離開了張良，其實不然，它暗含說明了張良能「忍」，就是具有了鄭伯、勾踐這樣的修養和才智。然後蘇東坡就以項羽與劉邦爲例證，說明劉邦之所以能戰勝項羽，就在於張良教會了劉邦能「忍」。其「忍」的巨大作用，不言自明。最後，蘇東坡形象地說明張良已是「忍」的化身，體格「魁梧奇偉」，而狀貌却如「婦人女子」，爲《留侯論》增加點抒情色彩，使論文不板滯枯澀。由此可見，「忍」祇是貫串全文的內在線索，而外在表現形態却是一系列生動的例證。這是《留侯論》論證方法的特異之處。這種論證方法也有較強的征服人心的力量。難怪徐乾學認爲，此文「意實翻空，辭皆徵實，讀者信其證據，而不疑其變幻」（《古文淵鑒》卷五十）。

而且，蘇東坡論證富有氣勢。毫無疑義，這與他的善於聯想密切相關。比如，蘇東坡在說明張良從「不忍」

向「忍」轉化之後，忽然筆鋒一轉，寫出這樣兩個例證：「楚莊王伐鄭，鄭伯肉袒牽羊以迎，莊王曰：『其君能下人，必能信用其民矣。』遂捨之。勾踐之困於會稽，而歸臣妾於吳者，三年而不倦。」金聖嘆認爲：「二證不甚相倫，却是行文到此時，更少不得。」爲什麽「少不得」？金聖嘆没有説出。其實，蘇東坡用意很明顯，與其空洞抽象説明「忍」所具有的内涵，不如以兩個生動歷史例證來形象地論證，文章也有氣勢。又如，蘇東坡爲了説明「忍」的作用，忽然又推出漢高祖：「觀夫高祖之所以勝，而項籍之所以敗者，在能忍與不能忍之間而已矣。項籍惟不能忍，是以百戰百勝，而輕用其鋒；高祖忍之，養其全鋒，以待其斃，此子房教之也。當淮陰破齊，而欲自王，高祖發怒，見於詞色。由此觀之，猶有剛強不忍之氣，非子房其誰全之？」有人認爲這是「餘意」成文。其實不然，恰如清人徐樹屏所説：「此亦不可謂之餘意，作此文先有此主張。子房之生，自當爲漢輔，能忍不能忍，蓋以子房一身言則爲正意、以相漢祖言則爲餘意耶？」高祖戰勝項籍在於能忍，這是張良教的，高祖並未忍到家，見淮陰王欲自立爲王就怒於詞色，是張良成全了他。這是説明張良善「忍」的程度和「忍」的作用，是全文的有機組成部分。還是金聖嘆較有眼力：「看他却又還一證佐，恣情恣筆，一至於此哉。」這種豐富的聯想力，無疑增強了論證的氣勢。

《留侯論》之所以富有氣勢，還與蘇東坡善於章法的變化有關。王慎中認爲：「此文若斷若續，變幻不羈，曲盡文家操縱之妙。」（茅坤《宋大家蘇文忠公文》抄引）楊慎認爲：「東坡文如長江大河，一瀉千里，至其渾浩流轉，曲折變化之妙，則無復可以名狀，而尤長於陳述敘事。」（《三蘇文範》卷七）看來，人們有共通的藝術感受。如果作一點理性分析，那就是流動性與曲折性的辯證統一，謀篇布局的一定程式與行文論證的摇曳多姿的辯證統一。很明顯，《留侯論》遵守了一般論説文的要求和規範，脈理貫通，首尾呼應，先提論點，然後層層加以論證，如獨繭抽絲。但是，在行文過程中却不呆板，往往能變化多端、騰挪翻奇。文章在提出中心論題後，馬上以張良從不忍到忍爲例證來説明，是順接；但張良能忍後，蘇東坡並未繼續論證「忍」對張良的作用，而是以鄭伯、勾踐這些能忍的人爲例證，這是逆接。然後，又插入高祖例證，看似節外生枝，但讀完此段，恍然大悟，仍然是緊扣張良來進行論證。這種縱横捭闔、汪洋恣肆的筆力，難怪獲得千年來欣賞者的驚嘆！

而且，在章法上，作者還注意文氣的緩、疾。比如圯上老人授書張良一段，金聖嘆認爲三起筆勁甚、三落筆舒緩，頗得蘇東坡爲文的匠心。從描寫張良的三個層次看：一、「當韓之亡，秦之方盛也，以刀鋸鼎鑊待天下之士，其平居無罪夷滅者，不可勝數，雖有賁、育，無所復施。」二、「夫持法太急者，其鋒不可犯，而其勢未可乘。」三、「子房不忍忿忿之心，以匹夫之力，而逞於一擊之間。當此之時，子房之不死者，其間不能容髮，蓋亦已危矣！」事態緊張，用筆勁疾。但是，從描寫圯上老人對張良的看法和態度的三個層次看：一、「千金之子，不死於盜賊，何者？其身之可愛，而盜賊之不足以死也。」二、「子房以蓋世之才，不爲伊尹、太公之謀，而特出於荆軻、聶政之計，以僥倖於不死，此圯上老人之所爲深惜者也。」三、「是故倨傲鮮腆而深折之，彼其能有所忍也，然後可以就大事，故曰：『孺子可敎也。』」因圯上老人要以「忍」字教育張良，所以用筆舒緩。這樣一疾、一緩的有機配置，就使文氣如夭矯龍舞，靈活多變。

（尹恭弘）

超然臺記

蘇　軾

凡物皆有可觀。苟有可觀，皆有可樂。非必怪奇偉麗者矣。餔糟啜醨，皆可以醉；果蔬草木，皆可以飽。推此類也，吾安往而不樂！

夫所謂求福而辭禍者，以福可喜而禍可悲也。人之所欲無窮，而物之可以足吾欲者有盡。美惡之辨戰乎中，而去取之擇交乎前，則可樂者常少，而可悲者常多，是謂求禍

超然臺記

而辭福。夫求禍而辭福，豈人之情也哉？物有以蓋之矣：彼游於物之內，而不游於物之外。物非有大小也，自其內而觀之，未有不高且大者也。彼其高大以臨我，我則常眩亂反復，如隙中之觀鬥，又焉知勝負之所在！是以美惡橫生，而憂樂出焉，可不大哀乎！

余自錢塘移守膠西，釋舟檝之安，而服車馬之勞；去雕牆之美，而蔽采椽之居；背湖山之觀，而適桑麻之野。始至之日，歲比不登，盜賊滿野，獄訟充斥，而齋廚索然，日食杞菊，人固疑余之不樂也。處之期年而貌加豐，髮之白者日以反黑。余既樂其風俗之淳，而其吏民亦安余之拙也。於是治其園圃，潔其庭宇，伐安丘、高密之木，以修補破敗，爲苟全之計。而園之北，因城以爲臺者舊矣，稍葺而新之，時相與登覽，放意肆志焉，南望馬耳、常山，出沒隱見，若近若遠，庶幾有隱君子乎？而其東則盧山，秦人盧敖之所從遯也。西望穆陵，隱然如城郭，師尚父、齊桓公之遺烈，猶有存者。北俯濰水，慨然太息，思淮陰之功，而弔其不終。臺高而安，深而明，夏涼而冬溫。雨雪之朝，風月之夕，余未嘗不在，客未嘗不從。擷園蔬，取池魚，釀秫酒，瀹脫粟而食之，曰：樂哉游乎！

方是時，余弟子由適在濟南，聞而賦之，且名其臺曰「超然」，以見余之無所往而不樂者，蓋游於物之外也。

蘇軾由於同王安石的政見分歧，從熙寧四年（一〇七一）離開朝廷，通判杭州起，直至神宗去世，再未回朝任職。熙寧七年（一〇七四）年底，他由杭州通判改知密州（今山東諸城）。第二年增葺廢臺，取名超然，作此記。此記前半駕空議論，發揮「安往而不樂」之意；後半敍己之事，坐實「無所往而不樂」；末以寥寥數語點題，而通篇都充滿了超然之情。

首段是全篇主旨。「凡」者，所有、一切之謂也；「凡物」，無物不包是也。無物不包，但大要不過正反兩類：

「怪奇偉麗」固可觀可樂，「餔糟啜醨」、「果蔬草木」亦可醉可飽。這就是賈誼所說的：「達人大觀兮，無物不可。」（《鵩鳥賦》）可見開頭凡物皆可觀可樂數句，已起到統領全篇的作用：「下筆便取『凡物』二字，祇此二字已中題之要害。」（《天下才子必讀書》卷十五）

首段是從正面闡明凡物皆可樂的道理，第二段是從反面闡明因不懂此理，硬要「求福而辭禍」，結果往往落得「求禍而辭福」的結局。爲什麽會事與願違呢？一是因爲慾壑難填，人的慾望很難滿足：「人之所慾無窮，而物之可以足吾慾者有盡。」二是求福辭禍、取美去惡的辨、擇本身，就是一種痛苦的、激烈的思想鬥爭：「美惡之辨戰乎中，而去取之擇交乎前，則可樂者常少，而可悲者常多。」這正是老、莊思想的發揮。《老子》第十二章：「五色令人目盲，五音令人耳聾，五味令人口爽（差失），馳騁畋獵令人心發狂。」《莊子・至樂》說：「夫富者，苦身疾作，多積財而不得盡用，其爲形（保養形體）也亦外矣！夫貴者，夜以繼日，思慮善否，其爲形也亦疏矣！」爲求富貴、辭貧賤而苦身疾作，日夜思慮，這本身就是苦差使，這不正是「求福而辭禍」反而變成了「求禍而辭福」嗎？

蘇軾還進一步分析了這種事與願違並非求福辭禍者的本願（「豈人之情也哉」），而是他們受外物蒙蔽的結果（「物有以蓋之矣」。「蓋」，蒙蓋、蒙蔽）：「彼游於物之內」——即被外物所囿；「而不游於物之外」——即不能超然物外。如果不被外物所囿，能够超然物外，就會看到「物非有大小也」，什麽美與惡，福與禍，怪奇偉麗與果蔬草木，實際上都沒有區別。這正是莊子「萬物齊一」的觀點。其《齊物論》說：「是亦彼也，彼亦是也。彼亦一是非，此亦一是非。」《德充符》說：「自其異者視之，肝膽楚越也；自其同者視之，萬物皆一也。」《秋水》說：「以物觀之，自貴而相賤」——爲物所囿，狹隘地看問題，才會自以爲貴而互以爲賤；「以道觀之，物無貴賤」——如果超然物外，站在「道」的高度看問題，那就沒有大小貴賤之分了。莊子所說的「以物觀之」，就是蘇軾所說的「自其內而觀之」。「自其內而觀之」就會爲外物的「高且大」所「眩亂」，就會「美惡橫生，而憂樂出焉」。反之，如果能超然物外，即「以道觀之」，就不會爲外物的「高且大」所「眩亂」，就會「無所往而不樂」。朱弁《曲洧舊聞》卷五錄有蘇軾晚年的一段話，正可用來說明這兩種境界。蘇軾說：「予始至南海，環視天水無際，淒然傷之曰：『何時得出此島耶！』已而思之，天地在積水中，九州在大瀛海中，中國在少海中，有生孰不在島耶？……念此可以一笑。」前之「淒然傷之」，是「游於物之內」，「自其內而觀之」所造成；後之「一笑」，就是因爲「以道觀之」，「游於物之外」了，故能「無所往而不樂」。

由此可見，這篇文章前半部分的駕空議論，確實「皆本之莊生」（唐順之《文編》卷五十六）。

文章的第三段以記敍描寫爲主，有五層意思。第一層以自己的經歷證明「凡物皆有可觀」、「皆有可樂」。蘇軾「自錢塘移守膠西」，實際上是由「奇怪偉麗」之地移居「餔糟啜醨」之地。杭州有「舟檝之安」、「雕牆之美」、「湖山之觀」。蘇軾對杭州是很熱愛的，他盛讚「余杭自是山水窟」（《將之湖州戲贈莘老》），「故鄉無此好湖山」（《望湖樓醉書》），他甚至說「平生所樂在吳會，老死欲葬杭與蘇」（《喜劉景文至》）。而密州根本不能與杭州相比，這裏祇有「車馬之勞」、「采（同採，櫟木）椽之居」、「桑麻之野」。蘇軾在《蝶戀花・密州上元》中把杭州與密州作了鮮明的對比：「燈火錢塘三五夜，明月如霜，照見人如畫。帳底吹笙香吐麝，更無一點塵隨馬。 寂寞山城人老也，擊鼓吹簫，卻入農桑社。火冷燈稀霜露下，昏昏雪意雲垂野。」杭州上元一派繁華景象，燈火輝煌，美人如畫，羅帳芬芳，笙管悠揚；密州上元却是一派蕭條景象，山城寂寞，燈火稀疏，雪意昏昏，暗雲垂野。兩地差別甚大，更何況「始至之日，歲比不登，盜賊滿野，獄訟充斥，而齋廚索然，日食杞菊」呢？這並不是誇張，而完全是寫實，祇要讀一讀他同時所作的《論河北京東盜賊狀》、《寄劉孝叔》詩和《後杞菊賦》就可知了。賦敍云：「余仕宦十有九年，家日益貧，衣食之奉，殆不如昔者。及移守膠西（指密州），意且一飽，而齋廚索然，不堪其憂。日與通守劉君廷式，循古城廢圃，求杞菊而食之。」賦云：「吁嗟先生，誰使汝坐堂上稱太守？……曾杯酒之不設，攬草木以誑口。」堂堂太守都以草木誑口，老百姓的生活也就不言自明了。生活環境發生了這樣大的變化，「人固疑余之不樂也」；但由於他善於以超然的態度對待生活逆境，善於從「不樂」中發現樂趣（「余既樂其風俗之淳，而其吏民亦安余之拙也」），結果他反而長得更加豐滿，白髮也反黑了。這樣，他就以自己的事證明「餔糟啜醨」、「果蔬草木」皆可醉可飽可樂，與文章首段緊緊相扣。

第二層寫他修建超然臺，先泛寫「治其園圃」，再專寫增葺廢臺。文章至此，才接觸到「臺」字。

第三層緊扣上層的「時相與登覽，放意肆志」，具體描寫登高眺遠。這段東南西北的鋪陳，並不是蘇軾的發明，建安時期的吳質《在元城與魏太子牋》、晉人習鑿齒《與弟秘書》，都用過這種手法。而且蘇軾自己早在初入仕途的鳳翔任上所作《凌虛臺記》就曾這樣用過了。正因爲如此，清人方苞頗不以爲然：「子瞻記二臺（凌虛臺、超然臺），皆以東西南北點綴，頗覺膚套。此類蹊徑，乃歐（陽修）、王（安石）所不肯蹈。」（《評校音註古文辭類纂》卷五十六）但如果仔細研究這段鋪陳的具體內容，我覺得雖「套」却不「膚」，都經過作者精心斟酌，恰如其分地表現了他當時在仕隱問題上的矛盾心情。秦博士盧敖曾隱居盧山，東望盧山而想到盧敖，還可說沒有什麽深意；馬耳山、常山，蘇軾舉不出類似的遯世之士；如果僅僅是寫實，寫到「出沒隱見，若近若遠」也就够了，何必補一句「庶幾有隱君子乎？」可見這裏寄託了作者因仕途失意而仰慕歸隱的感情。「倦游行老矣，舊隱賦歸哉！東望峨眉小，盧山翠作堆。」——密州任上所作《出城送客》也同樣發出了東望盧山而盼歸隱的感慨。「穆陵」指穆陵關，故址在今山東臨朐東南的大峴山上。「師尙父」即呂尙，俗稱姜太公，曾輔佐周武王滅商，封於齊。齊桓公是齊國國君，春秋時五霸之一。他們都功成名就，其「遺烈，猶有存者」，字裏行間浸透了他對功業的仰慕之情。「會挽雕弓如滿月，西北望，射天狼。」——同期所作的《江城子·密州出獵》，也抒發了類似的渴望建功立業的感情。曾以「濰水爲陣」的淮陰侯韓信，也曾建立赫赫功業，最後却不得善終，被呂后誘殺。蘇軾「慨然太息，思淮陰之功，而弔其不終」，又表現了他對有如屠場的政治舞臺的畏懼。「我欲乘風歸去，又恐瓊樓玉宇，高處不勝寒。」——密州所作《水調歌頭·丙辰中秋》，也流露了同樣的情緒。可見這段鋪陳在形式上雖套用前人手法，但抒發的却是蘇軾密州任上的特有情思。吳汝綸說：「前輩議東南西北等爲習俗常語，吾謂此但字句小疵，其精神意態實有寄於筆墨之外者，故自與前幅議論相稱。」（《評校音註古文辭類纂》卷五十六）

上一層還衹寫到登臺遠眺所見之景，第四層才描寫臺的本身。正如唐順之所說：「敍山川景象甚長（指上層），敍四時景象甚短（指此層）。蓋東坡才氣豪邁，故操縱伸縮，無不如意。」（《三蘇文範》卷十四）文雖「甚短」，但却充分描述了臺之可愛：臺高本危，但此臺却「高而安」；室深常暗，而此臺却「深而明」；一般規律是夏熱冬冷，此臺却「夏涼而冬溫」。

正因爲超然臺如此可愛，故此段的最後一層寫攜客常游。除登高眺遠外，還「擷園蔬，取池魚，釀秫（高粱）酒，瀹脫粟（煮糙米）而食之。」不求山珍，不尋海味，就其所有而享用之，仍可醉可飽可樂。寫法上也做到了首尾呼應。

文章由駕空議論寫到葺新廢臺，相與登覽，雖「全篇含超然意」（《唐宋八家文讀本》），但直至最後一段才點題，拈出「超然」二字，寫取名「超然」的原因。當時蘇轍任齊州（治所現今山東濟南）掌書記，據他所作的《超然臺賦並引》說，是蘇軾問他「將何以名之」，他回答說：「老子曰：『雖有榮觀，燕處超然。』嘗試以『超然』命之，可乎？」晉人王弼《道德經註》對這兩句話的解釋是「不以經心也」；宋人吳澄《道德眞經註》解釋得更具體一些：「雖有榮華之境可以游觀，……然常在內閑居靜處，超然無一物累其心。」可見「超然」就是對榮觀和燕處皆「不經心」，「無一物累其心」，也就是蘇軾所說的「余之無所往而不樂者，蓋游於物之外也。」這樣，「超然」二字就緊鎖全篇，結構非常嚴密。

前人作記多以描寫景物爲主，寄情於景，借景抒情。蘇軾好發議論，他的某些記如《清風閣記》、《思堂記》幾乎通篇都是議論，祇以寥寥數語記本事。本文的議論雖略少一些，但也幾乎佔了一半的篇幅，後半段雖以記敍、描寫爲主，但實際也是爲前面的議論服務的。本文的突出特點就是說理透徹：先之以議論，繼之以實證，循環往復，不由你不信。正如呂雅山所指出：「此篇文思溫潤有餘，而說安遇順性之理極爲透徹。」（《三蘇文範》卷十四）本文的另一突出特點就是以「極偉麗之文」寫「極閑淡之意」（《纂評唐宋八大家文讀本》卷七引賴山陽語）。莊子是先秦諸子中把隨遇而安、清心寡慾闡述得最透徹的，同時也是先秦文章寫得最偉麗的。本文從思想到文風都深受莊子影響，議論宏偉，敍事簡潔，富有文彩，特別是登臺遠眺一段，「鋪敍宏麗，有韻有調，讀之萬遍不厭」（同上）。

（曾棗莊）

石鐘山記

蘇　軾

《水經》云：「彭蠡之口，有石鐘山焉。」酈元以爲下臨深潭，微風鼓浪，水石相搏，聲如洪鐘。是說也，人常疑之。今以鐘磬置水中，雖大風浪不能鳴也，而況石乎！至唐李渤，始訪其遺蹤，得雙石於潭上，扣而聆之，南聲函胡，北音清越，枹止響騰，余韻徐歇。自以爲得之矣。然是說也，余尤疑之。石之鏗然有聲者，所在皆是也，而此獨以鐘名，何哉？

元豐七年六月丁丑，余自齊安舟行適臨汝，而長子邁將赴饒之德興尉，送之至湖口，因得觀所謂石鐘者。寺僧使小童持斧，於亂石間擇其一二扣之，硿硿焉，余固笑而不信也。至其夜月明，獨與邁乘小舟，至絶壁下。大石側立千尺，如猛獸奇鬼，森然欲搏人；而山上棲鶻，聞人聲亦驚起，磔磔雲霄間；又有若老人咳且笑於山谷中者，或曰此鸛鶴也。余方心動欲還，而大聲發於水上，噌吰如鐘鼓不絶。舟人大恐。徐而察之，則山下皆石穴罅，不知其淺深，微波入焉，涵淡澎湃而爲此也。舟回至兩山間，將入港口，有大石當中流，可坐百人，空中而多竅，與風水相吞吐，有窾坎鏜鞳之聲，與向之噌吰者相應，如樂作焉。因笑謂邁曰：「汝識之乎？噌吰者，周景王之無射也；窾坎鏜鞳者，魏獻之子歌鐘也。古之人不余欺也！」

事不目見耳聞，而臆斷其有無，可乎？酈元之所見聞，殆與余同，而言之不詳；士大夫終不肯以小舟夜泊絕壁之下，故莫能知；而漁工水師，雖知而不能言。此世所以不傳也。而陋者乃以斧斤考擊而求之，自以爲得其實。余是以記之，蓋嘆酈元之簡，而笑李渤之陋也。

有人說，名山勝景，要是有了大文豪所寫的名文爲江山生色，才更爲後人看重。王勃寫了《滕王閣序》，江西省南昌市贛江之畔的滕王閣才名傳千古。另一個例子，恐怕就是離它不遠的石鐘山。

石鐘山座落在江西省湖口縣鄱陽湖東岸，又分上、下兩山。倚南的爲上石鐘山，靠北的爲下石鐘山。雙峯對峙，矗立鄱陽湖口長江之濱。尤其是下石鐘山，正當江湖交匯處，更爲著名。山上奇石突兀，山下石洞縱橫，微風鼓浪，水石相搏，聲若洪鐘。此二山自古爲游覽勝地。登高遙望，匡廬峯競秀，江湖清濁分明，山色水光，令人神往。歷代不少文人到此，作文題詩，以紀遊蹤。宋代大文學家蘇軾來到這裏，探訪石鐘山命名的由來，寫下了膾炙人口的散文《石鐘山記》。從此，石鐘山、《石鐘山記》、蘇東坡，就永遠聯繫在一起了。

蘇軾貶官黃州時期，也是他創作的頂峯時代。他豪放、曠達的性格磨練得更深沉了，對事物的觀察愈發深刻了，文筆也愈發透出縱恣中的老到。他的許多名作，如《赤壁賦》、《念奴嬌·赤壁懷古》等都作於這一時期。《石鐘山記》可說是這一創作高潮的光輝結尾。

元豐七年（一〇八四），蘇軾被批准轉到汝州，也就是現在河南臨汝縣，那裏距離當時的首都汴京較近。對他來說，政治氣候有些轉暖了。於是他欣然攜帶全家買舟東下。一路上水色山光，頗不寂寞。半路上順便送長子蘇邁到饒州德興縣去作縣尉。那一年的六月初九，也就是陽曆七月十四日這一天，父子一起到了湖口，借機前往遊覽歷史上多有記載的勝景石鐘山，蘇軾寫下了《石鐘山記》。

這篇散文短小精悍，衹有五百零四個字，但有議論，有人物，有情節，有層次，一步步引人入勝，好似一

石鐘山記

幅採勝尋幽畫卷展現在我們面前。全文可分成三部分。

第一部分的意思若用現代漢語加以敘述的話，大致是這樣的：

《水經》上記載：鄱陽湖口有一座石鐘山。酈道元認爲山下有個深水潭，微風激起波浪，水向石頭猛烈碰撞，發出洪鐘般的響聲（石鐘山因此而得名）。這個說法，大家對它有些懷疑。因爲，現在卽使把鐘磬放在水裏，雖然有大風大浪也不能叫它發出聲音，更何況石頭呢！到了唐朝時，有個叫李渤的人，方才去石鐘山調查，他在水潭附近找到兩塊石頭，敲着聽它們的聲音，水潭南那塊石頭的聲音模糊不清，北邊那塊石頭的聲音清脆響亮，當停止敲擊以後，聲音還在飄蕩傳揚，慢慢地消失下去。所以，他自認爲找到了石鐘山的命名原因。然而，我對這個說法更加懷疑。石頭被敲打，發出鏗鏘的聲音，各處的石頭都是這樣的，那麽，這山單是用「鐘」來命名，是什麽緣故呢？

這一部分，以議論興起，提出以酈道元和李渤爲代表的兩種有關石鐘山命名的說法，同時提出自己的疑問。

第二部分用現代漢語譯意如下：

元豐七年六月九日，我從齊安乘船往臨汝去，同時大兒子蘇邁準備到饒州府的德興縣去做縣尉，我送他到湖口，因而得此機會觀看一下「石鐘」的景況。寺院裏的和尚讓小童拿着斧頭，在亂石中間隨意揀了兩塊敲了敲，那石頭發出硿硿的聲音，我本來就不相信這種說法，當然感到好笑了。到了這天晚上，月光明亮，我和兒子蘇邁乘着小船，來到一個懸崖絕壁的下面。這裏，大石矗立足有千尺高，像猛獸一樣，又像是奇鬼，陰森森的好像要撲向我們；這時，停息在山上的鶻鳥，聽到了人聲也嚇得驚飛起來，磔磔地叫着飛入高空去了；同時在山谷中，又聽到一種像是老人咳嗽而且笑的聲音，有人說這就是鸛鶴的叫聲。我正有些害怕想回去時，又有一種大的聲音從水中傳出來，噌噌吰吰的像是鐘鼓的響聲，很久沒有停止。駕船的人感到非常害怕。我緩慢而仔細地觀察了一番，發現山下的石頭都有縫穴，也不知它的深淺，微波衝進石穴，激蕩翻騰，才發出這種聲響。當船回行到上鐘山和下豁山之間，將要進入港口時，看到有一塊大石頭矗立在水中央，它上面可以坐得下一百人，它中間是空的，有許多窟窿，風捲着波浪，一會兒進去，一會兒出來，發出窾坎鏜鞳的聲音，與剛才聽到的那噌噌吰吰的響聲互相應和，就好像演奏音樂一樣。我於是笑着對兒子蘇邁說：「你知道了嗎？那噌吰的聲音，正像周景王的無射鐘所發出的聲音一樣；窾坎鏜鞳的聲音，正像魏獻子的歌鐘。古時候的人沒有欺騙我啊。」

這第二部分是全文的重點，記述自己在石鐘山實地考察的經歷。結論是「古之人不余欺焉」，同意酈道元的意思。

第三部分譯意如下：

事情不是親眼所見，親耳聽到，就想根據主觀猜測來判斷它的有與沒有，這是可以的嗎？酈道元的所見所聞，大致和我相同，但是他說得不詳細；士大夫終究不願意在夜間把小船停泊在絕壁下面，所以就不能知道這些情況；而一般的漁夫水手雖然知道這些情況，然而不能說出它的道理來。所以，這種情況社會上沒有流傳。而那些知識淺薄的人們，竟然用斧頭敲打石塊來尋求石鐘山得名的原因，還自認爲探討到了它的眞相。我所以記下這件事，實在是爲了嘆惜酈道元記敍的簡略，又譏笑李渤的見識淺薄啊！

這是全文的結尾部分，以議論結束。首先設問：「事不目見耳聞，而臆斷其有無，可乎？」然後議論生發，說明身歷其境調查研究之重要。這句設問實爲全文主幹，蘇軾寫此文的用意全在於此。其中隱含有對當時高坐廟堂的新黨的批評：主觀臆斷，不作調查研究，不了解實際情況，那是不行的。不過這層投影極爲淡薄，不十分了解當時政治情況和蘇軾當時處境的人是不易覺察到的。所以，通觀全文，似遊記而實非遊記；實係以議論爲骨幹，以寫景敍事交相烘托。其中隱含身在江湖者高朗中所包蘊的鬱勃之氣，不可以尋常模山範水之文視之。「二分《梁父》一分《騷》」（龔自珍《詠陶潛》），可借來爲此文寫照也。

東坡寫此文時四十九歲，正當創作和入世盛年，又是剛從羈絆中初得解放，身在江湖而心存魏闕，不忘用世而又不能用於世，所以精力全肆於山水與詩文。此文寫來有聲有色。石聲「鏗然」，斧聲「硿硿」，水石衝激如洪鐘，既有「窾坎鏜鞳」，復有「噌吰」。鸛鶴叫聲，竟用老人又咳嗽又笑作比，再和「磔磔」聲上下應和，點染極妙，使人有身臨其境之感。至於議論橫生，更開「遊記」中未有之局。蘇軾評吳道子的畫說：「出新意於法度之中，寄妙理於豪放之外。」這兩句話，也許可以現成的用在東坡自己的創作裏，特別用在對《石鐘山記》的評價上。

蘇東坡實地調查研究的求實精神是很寶貴的，可是，石鐘山的定名來歷也是比較複雜的，不是一次、兩次的調查就能得出正確的結論的，需要一個相當長的認識過程。蘇東坡探訪石鐘山是在農曆六月，正逢江水上漲，無法觀察到山的全貌，也就不可能探究到石鐘山命名的全部緣由。明、清兩代，有一些人趁冬、春枯水季節考究這座山，發現山中空，有洞，山形上鋭下寬，形狀像一個倒扣的鐘。這種不由發聲而由外形考慮的説法，很值得參考。看來，形、聲兼備的説法比較全面。蘇東坡的結論雖然帶有片面性，可是他在九百多年前就提出「事不目見耳聞，而臆斷其有無，可乎」的觀點，反對主觀臆斷和盲從古人，不能不説是很進步的。（白化文）

潮州韓文公廟碑

蘇　軾

匹夫而爲百世師，一言而爲天下法。是皆有以參天地之化，關盛衰之運。其生也有自來，其逝也有所爲。故申、呂自嶽降，傅説爲列星，古今所傳，不可誣也。孟子曰：「我善養吾浩然之氣。」是氣也，寓於尋常之中，而塞乎天地之間。卒然遇之，則王公失其貴，晉、楚失其富，良、平失其智，賁、育失其勇，儀、秦失其辯。是孰使之然哉？其必有不依形而立，不恃力而行，不待生而存，不隨死而亡者矣！故在天爲星辰，在地爲河嶽；幽則爲鬼神，而明則復爲人。此理之常，無足怪者。

潮州韓文公廟碑

自東漢已來，道喪文弊，異端并起。歷唐貞觀、開元之盛，輔以房、杜、姚、宋而不能救。獨韓文公起布衣，談笑而麾之，天下靡然從公，復歸於正，蓋三百年於此矣。文起八代之衰，而道濟天下之溺，忠犯人主之怒，而勇奪三軍之帥，此豈非參天地、關盛衰，浩然而獨存者乎？

蓋嘗論天人之辨：以謂人無所不至，惟天不容僞；智可以欺王公，不可以欺豚魚；力可以得天下，不可以得匹夫匹婦之心。故公之精誠，能開衡山之雲，而不能回憲宗之惑；能馴鱷魚之暴，而不能弭皇甫鎛、李逢吉之謗；能信於南海之民，廟食百世，而不能使其身一日安之於朝廷之上。蓋公之所能者，天也；其所不能者，人也。

始潮人未知學，公命進士趙德爲之師，自是潮之士，皆篤於文行，延及齊民，至於今，號稱易治。信乎孔子之言，「君子學道則愛人，小人學道則易使」也。潮人之事公也，飲食必祭，水旱疾疫，凡有求必禱焉。而廟在刺史公堂之後，民以出入爲艱，前守欲請諸朝作新廟，不果。元祐五年，朝散郎王君滌來守是邦。凡所以養士治民者，一以公爲師，民既悅服，則出令曰：「願新公廟者，聽。」民讙趨之，卜地於州城之南七里，期年而廟成。或曰：「公去國萬里，而謫於潮，不能一歲而歸，沒而有知，其不眷戀於潮也，審矣！」軾曰：「不然，公之神在天下者，如水之在地中，無所往而不在也。而潮人獨信之深，思之至，焄蒿凄愴，若或見之。譬如鑿井得泉，而曰水專在是，豈理也哉！」元豐七年，詔封公昌黎伯，故牓曰：「昌黎伯韓文公之廟。」潮人請書其事於石，因爲作詩以遺之，使歌以祀公。其詞曰：

公昔騎龍白雲鄉，手抉雲漢分天章，天孫爲織雲錦裳。飄然乘風來帝旁，下與濁世掃粃糠，西游咸池略扶桑，草木衣被昭回光。追逐李杜參翱翔，汗流籍湜走且僵，滅沒倒景不可望。作書詆佛譏君王，要觀南海窺衡湘，歷舜九疑弔英皇。祝融先驅海若藏，約束鮫鱷如驅羊。鈞天無人帝悲傷，謳吟下招遣巫陽。犦牲鷄卜羞我觴，於粲荔丹與蕉黃。公不少留我涕滂，翩然被髮下大荒。

這是一篇碑誌文。蘇軾自稱「平生不爲行狀墓碑」（《陳公弼傳》），所寫碑誌爲數寥寥，此文則是其中膾炙人口的名篇。它竭力頌揚韓愈的道德、文章和政績，可看作是篇「韓愈論」。蘇軾另有一篇題目就叫作《韓愈論》的文章，但所論遠不如該文全面、深刻、精到。宋代洪邁說：「劉夢得、李習之、皇甫持正、李漢，皆稱誦韓公之文，各得其勢。……及東坡之碑一出，而後衆說盡廢。」（《容齋隨筆》卷八）蘇軾於宋哲宗元祐七年（一〇九二）所寫的這篇文章，可說是論韓的壓卷之作。

蘇軾論文深受其父蘇洵的影響，強調「爲文者非能爲之爲工，乃不能不爲之爲工」，並說「有所不能自已而作者」（《江行唱和集序》）。也就是說，他反對作文無病呻吟、爲文而文，而是主張寫文章要有不可抑止的創作慾望，有不吐不快的感情噴發。這篇散文首先就好在具有充沛的感情、鮮明的愛憎。蘇軾和韓愈有着相似的思想和經歷，這使他對韓愈的所作所爲比較理解；在寫作此文的晚年，由於自己迭經波折，這種理解也就更深了一層。至於韓愈的道德文章和功業，則使他非常欽敬。他曾用韓愈的名字來稱讚其恩師和前輩歐陽修，說歐是「今之韓愈」（《六一居士集序》），顯然他是把韓愈和歐陽修一樣當作自己的榜樣的。正因爲這樣，此文雖是應潮州人士之請而作，但他借此由頭，把平時對韓愈的知己之感和敬仰之情都傾注在文中，所以寫得筆酣墨飽，激情洋溢。他稱頌韓愈，不像俗手寫碑文那樣，衹是就事論事，敍寫韓愈在潮州的政績如何使潮人思慕，因此立廟報功等等，而是從大處落墨，從宏觀角度盡情渲染。文章一開始就把韓愈加以聖人化、神化，說他作爲一個普通人却能成爲歷代學習的表率，他說的話被當作天下人行動的準則；他能够參與天地對萬物的化育，同國家盛衰的命運相關連。他像所有人間的精英一樣，生則爲聖人，死則爲神仙。他具有一種浩大剛正之氣，無往不勝，無處不在，永生不滅。眞是雄詞偉論，有着振聾發聵、先聲奪人之效。接着又用四句話概括韓愈的道德文章，指出韓愈領導古文運動，確立起新型散體文，改變了自東漢以來駢體文佔據文壇統治地位的衰頽局面；提倡儒學復古，使天下人免於沉溺在佛老思想的深淵；冒死上表諍諫唐憲宗迎佛骨，表現了韓愈的忠；祇身前往鎮州叛軍營中奉詔宣撫，則表現了他的勇：充分肯定韓愈轉變三百年來「道喪文弊」的功績和優秀的政治品德。以上或以虛帶實，或用概括性的語言加以鋪排，道人之所不道，發人之所未發，對韓愈可謂推崇備至，字裏行間熔鑄了深摯的禮讚之情。文中不僅正面褒揚韓愈，而且還別有寄慨。下面在評論韓愈的政治業績時，強調「天人之辨」，指出人無所不爲，惟天不允許作僞，韓愈所爲符合天道，而在社會人事中卻受盡挫折；他的誠心據說能使雲散天晴，得以觀賞衡山的景色，卻不能說服唐憲宗拒迎佛骨，反而自己被貶謫到潮州；他能令危害潮州百姓家畜的鰐魚遷走，卻不能消除宰相皇甫鎛、李逢吉對他的誹謗攻擊；他能取信於潮州人民，死後接受他們的立廟祭祀，可是卻不能使自己在朝廷上得到一天的安寧。韓愈大半生在仕途上幾起幾落，確實頗爲坎坷，但自潮州內移袁州以後，在他生命的最後幾年裏，是比較順利的，這裏所講「不能使其身一日安之於朝廷之上」，與其說是敍寫韓愈的遭遇，不如看作是蘇軾對自己政治上歷盡磨難的高度概括。這顯然是借他人酒杯澆自己的塊壘，在對韓愈失意的同情中寄寓了自己對現實政治的感慨不平。在這段鋪排而成的激揚文字中，我們分明聽到了作者憤怒悲愴的心聲。這裏是一篇議論說明性的作品，可是寫得情文並茂，在通篇詞采飛動的文字裏，飽含着濃烈的感情，具有很強的藝術感染力。

蘇軾散文受《戰國策》矜奇務新、馳騁其詞之風的影響，此文又是以贊頌爲主的碑誌文，其中不免有誇飾的成分；但就全文來看，所論基本上是符合實際的。文章主要採用的是浪漫主義手法，表現出想象豐富、描寫生動的鮮明特色。潮州人民爲韓愈立廟祭祀，可見早已把他神化了，蘇軾作碑文借鑒韓愈《柳州羅池廟碑》的寫法，運用奇特的想象，給碑文蒙上一層神話的色彩，完全切題切事，合情合理。作者寫韓愈像傳說中的申伯、呂侯由山神下凡，傳說死後變成天上列星一樣，「其生也有自來，其逝也有所爲」。在結尾的詩裏更把韓愈寫成原來就是天上的仙人，被天帝派到人間救弊除邪，後來又將他召回天庭。這些都是採用超現實的手法，突出韓愈的瑰偉過人之處，想象新奇獨特，出人意表，具有濃厚的浪漫氣息。不論在詩、詞中，還是在散文裏，比喻是蘇軾擅用的修辭手段。此文也多用比喻，如形容韓愈的深入人心，就以水爲喻：「如水之在地中，無所往而不在也」，十分貼切生動。他有時甚至運用連喻，如描寫「浩然之氣」無往不勝的作用，就說如果遇到它，王、公會失去他們的尊貴，晉國、楚國會失去他們的富有，張良、陳平會失去他們的智慧，古代著名勇士孟賁、夏育會失去他們的勇力，張儀、蘇秦會失去他們的辯才。這一連串的比喻，不僅把抽象的事物具體化了，而且行文顯得勢如破竹，汪洋恣肆。作者還好以對比手法來強化藝術效果，如面對「道喪文弊」的局面，文章先渲染雖經貞觀、開元的盛世，有房玄齡、杜如晦、姚崇、宋璟等賢相輔佐君主，也不能有所改變，以此作爲鋪墊；然後再說「獨韓文公起布衣，談笑而麾之，天下靡然從公，復歸於正」，經過這樣的對比襯托，更突出了韓愈的傑出之處以及在「道」和「文」兩方面所起的挽狂瀾於既倒的作用。作者想象奇異瑰譎，描寫手法豐富多樣，大大增強了該文的形象性和生動性。

氣勢磅礴，文筆奔逸，是該文的又一個特點。蘇軾提倡「胸有成竹」的畫論和文論，主張意在筆先和把握描寫對象的整體形象及精神實質，然後一氣呵成；他還強調「文理自然」，用筆揮灑不羈。該文就是這些理論的卓越實踐。作者具備了寫作時淋漓的興會、如湧的文思，文章在「匹夫而爲百世師，一言而爲天下法」劈空而起後，一氣直下，如長江大河，洶湧澎湃，勢不可擋。先論韓愈「參天地之化，關盛衰之運」，生則爲人，死則爲神，爲全文的總冒；繼論韓愈改變「道喪文弊」的局面，肯定其道德文章的不朽；再敍其政治業績及合於天而乖於人的坎坷經歷；後論其在潮的政績和潮人建廟立碑的緣由；最後的詩歌贊頌韓愈出神入聖，與李杜並駕，和日月同輝。這幾部分或比興寄託，或直抒胸臆，都理直而論確，其間由一股浩然之氣貫通之，所以全文雖不規矩於聯絡照應之法，而脈理自清。猶如韓愈散文結構中的「一片做」式：不着意於段落的安排，祇是筆墨任感情氣勢的驅遣，自由揮灑，渾然一片，但層次自明。通篇文章顯得恣肆縱橫，豪邁奔放。蘇軾許多文章以波瀾起伏、騰挪跌宕見長，此篇則以氣勢旺盛、筆墨淋漓取勝。

該文充沛的氣勢，主要由感情豐富濃烈、立論正確無誤、筆法鋪張揚厲而形成，同時和語言也有極大的關係。這篇文章詞采贍贍，語言富有概括力和生動性，尤其突出的是多用排偶句。排偶句是根據我國語言特點所構成的一種整齊和諧的句式。文中用得比較普遍，排比句如：「王公失其貴，晉、楚失其富，良、平失其智，賁、育失其勇，儀、秦失其辯」，還有兩物對比所構成的排比句，如「公之精誠，能開衡山之雲，而不能回憲宗之惑；能馴鱷魚之暴，而不能弭皇甫鎛、李逢吉之謗；能信於南海之民，廟食百世，而不能使其身一日安於朝廷之上。」偶句如「匹夫而爲百世師，一言而爲天下法」，又如「文起八代之衰，而道濟天下之溺，忠犯人主之怒，而勇奪三軍之帥」。這些排偶句子較多地使用，使語言整齊諧美，節奏鮮明，詞意警策，有助於形成文章淋漓酣暢的特點。不過排偶句畢竟不合語言的自然語氣，用得過多容易造成文章單調平板之弊。清代包世臣說得好：「凝重多出於偶，流美多出於奇。體雖駢必有奇以振其氣，體雖散必有偶以植其骨。儀厥錯綜，至爲微妙。」（《藝舟雙楫·文譜》）認爲光講對偶容易使文章呆板，就要間用散行來使其靈動；僅用散句則文章不齊，就要間用偶句來使其嚴整。對偶和散行錯落使用，才能寫成美妙的散文。蘇軾在此文中也是這樣來處理排偶和散句的關係的。該篇主要還是散體句式，就是較多的排偶句中也往往插入散行，如在「王公失其貴」等五個排比句和「不依形而立」等四個排比句之間，用了散句「是孰使之然哉？」在「文起八代之衰」等四個偶句之前，用了一大段自由流動的散體句子。這樣奇偶相間，整散錯雜，在語言形式上就富有整齊錯落之美，在音節上又顯得抑揚頓挫，鏗鏘響亮，給人以音樂的美感，這些更增強了文章的氣勢。

鄭之惠說：「蘇公作韓公碑及詩，卽如韓公作《樊宗師墓誌銘》，不獨文肖其人，抑且人摹其文。」（《蘇長公合作》卷七）張伯行也說：「其磅礴澎湃處，與昌黎大略相似。」確實，這篇文章感情充沛，想象豐富，氣勢旺盛，語言偶散相間，靈動流暢，都和韓愈散文極爲相像；文中所表現出的那種雄奇豪放、壯浪縱恣的陽剛之美，眞可直摩韓文之壘。

（吳小林）

前赤壁賦

蘇　軾

壬戌之秋，七月既望，蘇子與客泛舟游於赤壁之下。清風徐來，水波不興。舉酒屬客，誦明月之詩，歌窈窕之章。少焉，月出於東山之上，徘徊於斗牛之間。白露横江，水光接天。縱一葦之所如，凌萬頃之茫然。浩浩乎如憑虛禦風，而不知其所止；飄飄乎如遺世獨立，羽化而登仙。

於是飲酒樂甚，扣舷而歌之。歌曰：「桂櫂兮蘭槳，擊空明兮溯流光。渺渺兮予懷，望美人兮天一方。」客有吹洞簫者，倚歌而和之。其聲嗚嗚然，如怨如慕，如泣如訴；餘音嫋嫋，不絕如縷；舞幽壑之潛蛟，泣孤舟之嫠婦。蘇子愀然，正襟危坐而問客曰：「何爲其然也？」

客曰：「『月明星稀，烏鵲南飛』，此非曹孟德之詩乎？西望夏口，東望武昌，山川相繆，鬱乎蒼蒼，此非孟德之困於周郎者乎？方其破荆州，下江陵，順流而東也，舳艫千里，旌旗蔽空，釃酒臨江，横槊賦詩，固一世之雄也，而今安在哉！況吾與子漁樵於江渚之上，侣魚蝦而友麋鹿，駕一葉之扁舟，舉匏樽以相屬，寄蜉蝣於天地，渺滄海之一粟。哀吾生之須臾，羡長江之無窮，挾飛仙以遨游，抱明月而長終。知不可乎驟得，託遺響於悲風。」

蘇子曰：「客亦知夫水與月乎？逝者如斯，而未嘗往也；盈虛者如彼，而卒莫消長也。蓋將自其變者而觀之，則天地曾不能以一瞬；自其不變者而觀之，則物與我皆無盡也，而又何羨乎？且夫天地之間，物各有主，苟非吾之所有，雖一毫而莫取。惟江上之清風，與山間之明月，耳得之而爲聲，目遇之而成色；取之無禁，用之不竭。是造物者之無盡藏也，而吾與子之所共適。」

客喜而笑，洗盞更酌。肴核既盡，杯盤狼藉。相與枕藉乎舟中，不知東方之既白。

宋代的黃州，就是今天湖北省的黃岡縣。黃岡縣城西北的長江邊上，有一處風景勝地。那兒矗立着一座紅褐色的山崖，因爲形狀有些像鼻子，人們就稱它爲「赤鼻磯」；又因爲山崖陡峭如一面牆壁，所以它也被稱爲「赤壁」。宋神宗元豐五年（一〇八二），蘇軾遭受政治迫害，貶謫到黃州已經兩年了。「長江繞廓知魚美，好竹連山覺筍香」，水中的鮮魚，山間的新筍，總之，江城的一切風物，都給政治失意的蘇軾帶來了莫大的慰藉。這一時期，他曾站立在江邊赤壁之上，眺望如畫江山，唱出了「大江東去」的豪放歌聲。他還在七月十六日一個幽靜的夜晚，駕舟暢遊於赤壁之下的長江水面，寫下了我們今天要向大家介紹的千古名作《前赤壁賦》。

這篇賦以游賞山水爲題材，全文共分五段。開頭一段先交代游賞方式、時間、地點和人物：「壬戌之秋，七月既望，蘇子與客泛舟游於赤壁之下。」方式是「泛舟」，時間是「七月既望」，於是才有後文關於江水、月亮的描寫、議論；地點是「赤壁之下」，於是才有後文關於三國歷史的追敍與聯想；人物是「蘇子與客」，於是才有後文關於宇宙人生見解的雙方對話。這幾句看去像一般游記文的尋常格套，却並非可有可無的閑筆。作了這樣的交代之後，下面接着總寫游地的優美景色與游人的歡快心情。扣着「泛舟」二字，寫水兼寫風：「清風徐來，水波不興。」簡短二句，描繪出秋江的爽朗和澄淨，這也正是游人悠然自得、怡然自樂的內心寫照。扣着「七月既望」再寫月：「舉酒屬客，誦明月之詩，歌窈窕之章。」一邊舉起酒杯，與客共飲這秋江之酒，一邊引吭高歌，吟唱古代詠月的詩篇。「明月之詩」、「窈窕之章」，指《詩經·陳風》裏《月出》詩的第一章：「月出皎兮，佼人僚兮，舒窈糾兮，勞心悄兮。」這章詩描寫詩人看到明亮月光下美人嬌好的容貌和幽閑的體態，引起感情上的愛慕嚮往和煩悶不安。吟唱這樣的詩，除了引出下文作者自歌「望美人」之外，在這裏還有以「月出皎兮」召喚月亮飛臨的用意。果然，一輪明月，冉冉升起了：「少焉，月出於東山之上，徘徊於斗牛之間。」「斗牛」本是兩顆星宿的名稱，這裏泛指夜空中少數明亮的星點。「徘徊」二字，不止寫出月亮令人不易覺察的緩慢移動，逼眞傳神，而且寫出被召喚出來的月亮對於遊人的依依眷戀，脈脈含情，實際上乃是遊人卽作者對於冰清玉潔的月亮的無限愛悅。這時，在皎潔的月光的輝耀之下，秋江的夜色便歷歷在目了。你看，「白露橫江，水光接天」，那茫茫的霧氣、茫茫的江水、茫茫的夜空，經過月亮的銀輝的浸染，顯得浩瀚無邊，渾然一片；游人的心境也隨之疏朗，開闊，無拘無束，因而不由得「縱一葦之所如，凌萬頃之茫然」，就是說，任憑一葉扁舟隨意漂蕩，在「水波不興」的遼闊江面上自由來去。這裏雖然回應到開頭的「泛舟」二字，但是游人所感受到的，倒不像坐臥舟中、漂游江上，而是彷彿在浩蕩的太空中乘風飛行，毫無阻礙，簡直就要遠離人世，悠悠忽忽地升入仙界裏去了，正所謂「浩浩乎如憑虛禦風，而不知其所止；飄飄乎如遺世獨立，羽化而登仙。」

這開頭一段，寫「泛舟赤壁之下」，投入大自然的懷抱，盡情領略秋江夜色之美。清風、白露、高山、流水，再加上月色、天光，完全足以供人賞心悅目，作者也確乎陶醉於其中，以致感到進入了「羽化而登仙」的境界；而讀者又通過作者這樣精彩的描寫，有如親臨其地，與作者同享那「泛舟赤壁之下」的良辰美景。通篇《前赤壁賦》眞正描寫「泛舟」游賞景物的，也主要是這開頭一段，它正面寫了一個「樂」字。

接着第二段是過渡的部分，起着承上啓下的作用。所謂承上，就是繼續描寫「泛舟」時的歡快心情。「於是飲酒樂甚」一句，點出「樂」字。「樂」借「酒」來助興，「酒」又增添「樂」趣。古人往往「痛飲」伴隨以「狂歌」，作者在「飲酒樂甚」之後自然也情不自禁地「扣舷而歌之」了。比「舉酒屬客」進了一步，是「飲酒樂甚」；比「誦明月之詩，歌窈窕之章」進了一步，是「扣舷而歌之」，唱自己卽興所作的歌詞。這種深入一層的寫法，並非僅僅爲加強突出「泛舟」時的歡快心情，還主要是爲反襯下文感情的變化，以引出一番議論。關鍵在「扣舷而歌」

的歌詞。歌詞是「桂櫂兮蘭槳，擊空明兮溯流光。渺渺兮予懷，望美人兮天一方。」「美人」指所傾心的對象，代表一種理想的追求。歌詞顯然是從《月出》一詩生發而來。「流光」，指江面上閃爍蕩漾的月光，不就是「月出皎兮」麽？「美人」，即心上的漂亮的人兒，不就是「佼人僚兮，舒窈糾兮」麽？「渺渺兮予懷」，表現臨風悵惘，思緒黯然，不就是「勞心悄兮」麽？但這歌詞與單純的民間情歌已有不同，它所表現的是政治感慨，是作者在遭受貶謫之後，仍然堅持對生活的執著態度，堅持對朝廷政事的關切，而不甘沉淪。這在作者亦爲游賞赤壁而作的《念奴嬌》詞中，通過讚美年輕有爲的「三國周郎」，感嘆自己「早生華髮」，就表現得更爲明確。不過，「擊空明兮溯流光」，看到江水之闊，面對宇宙之大，難免產生知音何處之感，而發出天各一方之嘆。在遊賞之「樂」當中，已然包含着淡淡的哀愁了。對於蘇軾在歌詞中表現的這種政治感慨，他人是未必能了解、體會的。「客有吹洞簫者，倚歌而和之」，這位爲蘇軾歌唱伴奏之「客」，正是按照他自己的感受吹簫的，因而那簫聲就別是一種悲涼幽怨的調子：「其聲嗚嗚然，如怨如慕，如泣如訴；餘音嫋嫋，不絕如縷；舞幽壑之潛蛟，泣孤舟之嫠婦。」一曲洞簫，淒切宛轉，竟然引得潛藏在洞壑裏的蛟龍都難以寧靜而舞動起來，引得獨處孤舟的寡婦不由得感傷身世而哀哀哭泣。蘇軾借助於誇張、想象，運用精細的刻畫和生動的比喻，把洞簫那種悲咽低徊的哀音表現得十分形象、眞切，使人如聞其聲，幾乎也要淒然下淚。這簫聲，當然與「飲酒樂甚」的氣氛很不協調，而且當然要引起蘇軾的驚訝。「蘇子愀然，正襟危坐而問客曰：『何爲其然也？』」蘇軾鄭重其事地向客詢問，於是由客的回答帶出這篇賦的第三段文字來，這就是啓下。承上寫「樂」，啓下寫「悲」。第三段通過「客曰」，從反面揭示一個「悲」字。

客之所以「悲」，在觸景傷懷，有感於人生短促。眼之所見，是「月出於東山之上，徘徊於斗牛之間」，這很容易聯想到曹操的詩句，所以說『月明星稀，烏鵲南飛』，此非曹孟德之詩乎？」而且，身之所在，又正是曹操賦詩的長江赤壁，這自然會進一步聯想到赤壁之戰，所以說「西望夏口，東望武昌，山川相繆，鬱乎蒼蒼，此非孟德之困於周郎者乎？」三國時期的赤壁之戰發生在現在湖北武昌縣西、嘉魚縣東北的赤磯山，一說在蒲圻縣西北的赤壁山，總之，不在黃岡的赤壁。蘇軾不過是因爲地名相同，便信手拈來，出之客口，寄託遐想，抒發感慨，並非對於歷史無知。他在《念奴嬌》詞裏就說：「故壘西邊，人道是、三國周郎赤壁。」所謂「人道是」，卽在表明原屬傳聞，實無依據。在這裏，借着景物、地區的關合，從客的口中，用曹操這個歷史人物來感嘆現實人生。景物還是曹詩中所描繪的情狀，地區還是曹操曾經賦詩，後來又被周瑜戰敗的處所；底下就有一個問題：當時不可一世的曹操現在哪兒去了呢？「方其破荆州，下江陵，順流而東也，舳艫千里，旌旗蔽空，釃酒臨江，横槊賦詩，固一世之雄也，而今安在哉！」曹操在建安十三年七月，擊走劉備，攻破荆州，又率領浩浩蕩蕩的軍隊，沿江而下，戰艦千里相連，戰旗遮天蔽日。他志得意滿，趾高氣揚，在船頭對江飲酒，横握長矛朗吟自己的詩篇。這麽個「一世之雄」，尚且隨着「大江東去」而銷聲匿跡，那麽，默默無聞的平庸之輩就更連影子都不曾晃動一下便悄然消滅了。所以客說：「況吾與子漁樵於江渚之上，侶魚蝦而友麋鹿，駕一葉之扁舟，舉匏樽以相屬，寄蜉蝣於天地，渺滄海之一粟。」客認爲他和蘇軾既不在中央朝廷，又不在地方官署，談不到政治上有何作爲，事業上有何建樹，衹不過在江岸水洲，過着漁父樵夫的生活，魚蝦是伴侶，麋鹿當友人，划着小船，舉杯相勸；那微不足道的生命，簡直短促得像永恆天地裏僅能活幾個小時的蜉蝣，渺小得像茫茫大海裏一顆絲毫也不顯眼的米粒。這樣就連同曹操都不能相比了。客再回到眼前所見的長江、月亮，推廣開去，把人生與宇宙加以對照，一方面「哀吾生之須臾」，另一方面「羡長江之無窮」，進而希望「挾飛仙以遨游，抱明月而長終」，卽與仙人相交，與月亮同在。但是，「知不可乎驟得」，那本是不切實際的空想，因而憂傷愁苦，並把這憂傷愁苦通過冷清秋風裏的簫聲傳達出來，「託遺響於悲風」，點出了「悲」字。

第三段所寫客的回答，表現出一種消極的社會人生觀點和虛無主義思想。把人類社會同宇宙自然對立起來，又把個體的人同社會整體加以分割，那當然看不到全部歷史舞臺上威武雄壯的戲劇的持續演出，也看不到人類雖然依賴自然但更要改造自然的能動性和創造力，這就是悲觀厭世或消極出世思想的認識論根源。對於封建社會的文人士大夫來說，當他們政治失意或生活上遇到挫折的時候，往往就陷入這樣的苦悶與迷惘。蘇軾也是如此。客的回答，其實正是蘇軾自己貶謫黄州後思想感情的一個方面。《念奴嬌》詞不也是說「人生如夢」麽？而這樣的思想感情，作爲社會人生的抽象認識，却被蘇軾結合着地區景物的特徵，從歷史到現實，從具體到一般，用詩一般的語言表現出來，使讀者一點也不感到有任何枯燥的說教意味。更爲重要的是蘇軾同樣結合着景物、地區的特徵，同樣用詩一般的語言，批評了客的回答，表現了蘇軾當時思想感情的另一個主導方面，全文至此遂以「蘇子曰」開始而進入第四段。

因爲客曾表示「羨長江之無窮」，又希望「抱明月而長終」，所以蘇軾還是拾取眼前景物，從地面上的江水和天空裏的月亮說起：「客亦知乎水與月乎？」這一句彷彿京劇行腔中的「導板」，將引出一節精彩的唱段，而那種疑問式的語調，則又表明客其實不能從江水、月亮得出關於短暫與永恆這一哲學範疇的正確認識。關於江水，蘇軾認爲「逝者如斯，而未嘗往也」，意思是江水不捨晝夜地滔滔流去，作爲某一段江水，確乎從這裏消失了，而作爲整個江水，則始終長流不絕，因此可以說「未嘗往也」。關於月亮，蘇軾認爲「盈虛者如彼，而卒莫消長也」，意思是月亮有時圓滿，有時缺損，但它缺了之後又恢復圓，這樣周而復始，終究無所增減，因此可以說「莫消長也」。列舉江水、月亮說明去留、增減的辯證關係，作者再歸納到一般的認識原理：「蓋將自其變者而觀之，則天地曾不能以一瞬；自其不變者而觀之，則物與我皆無盡也。」就是說，變與不變，無論宇宙還是人生，都是相對的。如果從變的角度來看，豈但人生百年，頃刻卽逝，就是向來認定的天長地久，其實也是連一眨眼的工夫都不曾保持常態；而如果從不變的角度來看，則宇宙萬物固然無窮無盡，其實人生也一樣綿延不息。因此，對人生而言，那天地宇宙萬事萬物，「而又何羨乎」？自然也不必「哀吾生之須臾」了。

蘇軾這種宇宙觀和人生觀衹能說包含有一定的合理性，因爲作者不同意看問題絕對化，注意到事物相反相成的辯證關係；但不能認爲是科學的，因爲作者沿襲了莊子的相對主義觀點，而相對主義否認衡量事物的客觀標準，抹煞事物質與量的實際界限。同時，蘇軾這種宇宙觀和人生觀固然表現了他對政治迫害的蔑視，對於所追求的理想的堅持，身處逆境依然那麽豁達、開朗、樂觀、自信，但也表現了他隨緣自適、隨遇而安的超然物外的生活態度。這種生活態度往往包含着無可奈何的自我安慰，從流連光景中尋求精神寄託。所以他在「而又何羨乎」一句之後，掉轉筆鋒寫道：「且夫天地之間，物各有主，苟非吾之所有，雖一毫而莫取。惟江上之清風，與山間之明月，耳得之而爲聲，目遇之而成色；取之無禁，用之不竭。是造物者之無盡藏也，而吾與子之所共適。」蘇軾認爲人對自然萬物，非但不必因「吾生之須臾」而羡慕其「無窮」，反倒要使「無窮」的自然萬物爲「吾生」所享用，從中得到樂趣。前人說過「清風明月不用一錢買」，恰好切合蘇軾眼前的景物，「江上之清風」有聲，「山間之明月」有色，江山無盡，天地無私，風月長存，聲色俱美，他正可以徘徊其間而自得其樂。這，又回到了「樂」字上來。

文章寫了主客對話，表達了正反兩方面的觀點，最後以第五段作結。第五段寫客被蘇軾說服了，滿面春風，換却愁顔。「客喜而笑，洗盞更酌。」這次更加歡快，不免開懷暢飲，直到「肴核既盡，杯盤狼藉」。客解決了思想問題，心情舒暢，無所憂慮，於是同蘇軾「相與枕藉乎舟中，不知東方之既白」，跟文章開頭的「泛舟」、「月出」逆相呼應；一枕好睡醒來了，一宿晚景過去了，一次赤壁之游結束了，一篇《前赤壁賦》也隨之收尾了。而讀者則在經歷了一番江上月夜泛舟、聽取了一場關於宇宙人生的對話之後，却還久久地沉浸在作者優美筆調所表現的詩一般的意境之中。

作爲遊記文，固然要描寫山川風物之美，《前赤壁賦》也確乎使我們從它所刻畫的自然景色中獲得了藝術享受；但是，如果文章僅僅停留在山川風物本身，那意義與價值畢竟還是有限的，而《前赤壁賦》則正是通過赤壁之游以表達對宇宙人生的見解。作者對宇宙人生的見解，我們當然不會完全贊同，然而難能可貴的是作者在走出監獄到達流放地而幾乎喪失人身自由的情況下，一點也不灰心喪氣，並且那麽坦蕩、曠達，具有強烈的生活信念。同時，尤爲難能可貴的是，作者表達對宇宙人生的見解並沒有脫離赤壁之游的特定環境、條件，而是把理論的反覆申述跟感情的起伏變化及文章的層次結構有機地統一起來，使抽象的觀點具有形象性與感染力，並把讀者帶進一種頗有幾分迷幻色彩的藝術境界。這，就是哲理與詩情的高度融合。

還應該看到，《前赤壁賦》是採用賦的體裁來寫的游記。賦在漢代主要以鋪張渲染爲能事，排列許多怪異生僻的詞彙，宏篇巨制，繁縟富麗，叫做大賦；後來出現一些抒情詠物的小賦；到魏晉南北朝時期，發展了大賦的排比句法，接受了駢文的影響，講究對仗工穩、字句整飭，叫做駢賦；從唐代開始，科舉考試中寫賦，按照詩歌聲律，不但嚴格要求對偶句式，而且限制用韻，規定平仄要配合、音調要諧和，叫做律賦；宋代的散文大家歐陽修、蘇軾等人寫賦，有意打破這類聲律字句的限制，使之如散文那樣富於伸縮性，能够自由揮寫，叫做文賦。《前赤壁賦》就是宋代文賦的一篇優秀代表作品。我們稍不注意，就會以爲它是普通的散文；其實它是押韻的，也有排比、對仗的句子，而主客對話的方式，又是來自漢代的大賦。不過，它沒有大賦的板重、堆砌的毛病，也沒有駢賦、律賦的形式束縛，正體現了蘇軾散文的「行雲流水」的藝術風格；其中造語而多有變化，用典而不拘故實，寫景而富於想象，抒情而兼用誇飾，又可以看出蘇軾文學創作的革新、解放的精神和浪漫主義的色調。

（趙齊平）

後赤壁賦

蘇軾

是歲十月之望，步自雪堂，將歸於臨皋。二客從予，過黄泥之坂。霜露既降，木葉盡脱。人影在地，仰見明月。顧而樂之，行歌相答。已而嘆曰：「有客無酒，有酒無肴，月白風清，如此良夜何？」客曰：「今者薄暮，舉網得魚，巨口細鱗，狀如松江之鱸。顧安所得酒乎？」歸而謀諸婦。婦曰：「我有斗酒，藏之久矣，以待子不時之需。」

於是攜酒與魚，復游於赤壁之下。江流有聲，斷岸千尺，山高月小，水落石出。曾日月之幾何，而江山不可復識矣！予乃攝衣而上，履巉岩，披蒙茸，踞虎豹，登虬龍，攀棲鶻之危巢，俯馮夷之幽宫，蓋二客不能從焉。劃然長嘯，草木震動，山鳴谷應，風起水湧。予亦悄然而悲，肅然而恐，凜乎其不可留也。返而登舟，放乎中流，聽其所止而休焉。時夜將半，四顧寂寥。適有孤鶴，橫江東來，翅如車輪，玄裳縞衣，戛然長鳴，掠予舟而西也。

須臾客去，予亦就睡。夢一道士，羽衣蹁躚，過臨皋之下，揖予而言曰：「赤壁之游樂乎？」問其姓名，俯而不答。「嗚呼噫嘻！我知之矣。疇昔之夜，飛鳴而過我者，非子也耶？」道士顧笑，予亦驚寤。開戶視之，不見其處。

元豐二年（一〇七九）蘇軾以詩文獲罪，幾被極刑。一旦獲釋，即寫詩云：「却對酒懷渾似夢，試拈詩筆已如神」，顯示出放曠不羈的性格。他被遠謫黃州，屢次對友人聲稱「多難畏人」，「某自竄逐以來不復作詩與文字」，但吟詠不斷，佳篇疊出。甚至到元豐五年，在《答上官長官書》中還說：「既才思拙陋，又多難畏人，不作一字者已三年矣」。這自然是對勸他作詩的上官長官搪塞的謊言，但接着說：「所居臨大江，望武昌諸山如咫尺，時復葉舟縱游其間，風雨雲月，陰晴早暮，狀態萬千，恨無略寫其彷彿耳。」這却眞實地透露了詩人在寫作赤壁賦前躍躍欲試的創作激情。此時，蘇軾在黃州已是第三年，創傷稍復，沉疴去體，躬耕東坡，與漁樵爲伍；游於物外，以佛老自遣。曾借道觀靜居養練，常到佛寺默坐參禪。居住江濱，几席之下，大江東去，風濤掀天；南堂臥望，千帆遠落，清風滿床。常一葉扁舟，破浪縱游，情寄山水之間，心馳翰墨之中，終於寫出了不輕易示人的《赤壁賦》及《念奴嬌・赤壁懷古》；弔古傷今，抒發謫居精神的苦悶和超然曠達的情懷。但意猶未盡，三月後再次命筆，寫了《後赤壁賦》，借赤壁冬景的描繪，獨登西山的悲懼，白鶴道士的幻夢，表達了詩人壯志難酬、孤獨悒鬱、超然曠達、人生如幻的情思。赤壁二賦，早已成爲我國散文史上兩顆璀璨的明珠，晶瑩的雙璧。

賦文以時間爲順序可分爲游前準備、赤壁再游和游後夢境三部分。第一部分寫游覽的緣起和舟游的準備。蘇軾的詩文，比較注意寫作時間。他曾勸朋友寫詩時「以日月次之，異日觀之，便是記行」。因而後賦和前賦一樣，都是以記敍游覽的年月日開篇，爲了與前賦銜接，點明題中「後」字，將「壬戌」換成「是歲」，也就是元豐五年（一〇八二）十月。「望」，點出十五月色的明亮，引出下文月夜之游。此時蘇東坡正和兩位客人從東坡雪堂回臨皋住所。雪堂是元豐五年初大雪中築於東坡的五間草屋，四壁繪有雪景，作爲詩人勞動游憩居住或留客暫住之所。他們由雪堂漫步南行，經過一山坡名黃泥坂，至一神祠再向西轉，就回到臨皋亭南堂住所。隨行二客，未書姓名，這是因蘇東坡每憶及詩案連累親友，就「覺心肺間便有湯火芒刺」，所以隱去客人姓名。但從《與楊道士書帖》中可知，客人之一便是《前赤壁賦》中善吹洞簫的西蜀道士楊世昌。與道士交往，也使他在賦中表露出老莊幻想奇特的浪漫色彩。他們一路所見，是一派初冬景色：「霜露既降，木葉盡脱。人影在地，仰見明月。顧而樂之，行歌相答。」詩人以極其精粹的筆墨，對眼前景物稍作點染，就表現出時令特徵，烘托出籠罩全篇的凄清氣氛。而蘇軾此刻的心情却是愉快的。他的視線由低到高，俯見人影，仰望明月；觸景生情，顧月而樂。感情由内向外，由樂而歌；歌而互答，人己同樂，層次分明地寫出了月光下、朋友間、歌聲中詩人適意歡快的心情。那皎潔的明月，曾藴含着詩人多少深情：在杭州，他曾夜泛西湖，謳歌「今夜吐豔如半璧」的新月；在密州，正是中秋月照，促使他寫下了「但願人長久，千里共嬋娟」的《水調歌頭》；在徐州，也曾月夜與客飲酒杏花下，「勸君吸盡杯中月」；在黃州，月夜赤壁泛舟，朗誦了寄寓着深意的《明月》之詩、《窈窕》之章。蘇軾終生與月「約君爲莫逆」。正是這初冬的明月，觸發了詩人的游興。朋友間的行歌相答，更增添了詩人的興致。當詩人感嘆無酒無肴，無以助游興，難以度過這月白風清的良夜時，另一位客人——可能是當地的新交，願意獻出家中剛剛網獲的巨口細鱗的美魚，有了佳肴；蘇軾回家與妻子王閏之商量備酒，却意外地得到了她久藏的美酒。至此，月、客、酒、肴四事齊備，於是再度赤壁暢遊了。

第二部分寫赤壁放舟及獨登西山的所見所感，突出描繪了舟中所見的孤鶴，抒發了詩人壯志難酬、孤獨悲戚的複雜感情，是全賦的中心。「於是攜酒與魚，復游於赤壁之下」，這「復游」與下文之「復識」，都再次點明「後」字。「江流有聲，斷岸千尺，山高月小，水落石出」，寥寥十六字，就勾勒出一幅赤壁冬景的水墨畫：枯水季節，江水乃擊岸有聲；江流低平，峭壁愈顯高聳；江水落而礁石出，山愈高則月愈小，與前賦「清風徐來，水波不興」、「水光接天」、「萬頃茫然」的景色迥異其趣。萬物蕭疏，石澤改容，於是東坡發出了「曾日月之幾何，而江山不可復識矣」的感嘆！這江山的自然變化，通過飽經人世滄桑的詩人的感受，就蘊含了多少憂傷，千言萬語，盡在不言中。

扁舟不覺到了對岸武昌（今鄂州），兩位客人不願登高，東坡遊興不減，獨自上岸；撩起衣襟，登上西山。武昌諸山，「西曰西山，東曰寒溪」，「西山一上十五里，風駕兩掖飛崔嵬」，「陂陁蔓延，澗谷深密」，「依山臨壑，隱蔽松櫪，蕭然絕俗」，「西山奇勝，殆過於所聞。」蘇軾常獨自一人或攜友杖策載酒乘漁舟來游，與山中好客者相攜徜徉，適意而返。他常在同游者倦不能再上的情況下，獨自沿羊腸山路，繼續攀登，「同游困臥九曲嶺，褰衣獨到吳王臺」。他曾擴建西山九曲亭。此時，他再次「履巉巖，披蒙茸，踞虎豹，登虬龍，攀棲鶻之危巢，俯馮夷之幽宮」。登上險峻的山崖，披開叢生的雜草，蹲在形如虎豹的巖石上，爬上狀似虬龍的古樹，攀援高處棲鶻的窩巢，俯視水神出沒的宮府。這三言六言的對偶排比句式，虎豹虬龍的形象比喻，登樹攀巢動作的誇張，突出表現了詩人無險不攀的勇氣、居高臨下的氣勢，烘托出夙懷「奮厲有當世志」的詩人的高大形象。「願爲穿雲鶻，莫作將雛鴨」，這危巢棲鶻寄寓着詩人建功立業的壯志豪情；獨自攀登，體現着詩人自幼養成的勇於進取探索的鮮明個性。

詩人面對月夜山河，蒼茫所望，不禁憂從中來。無限鬱悒，都凝聚在長嘯之中，感情由樂轉悲。「劃然長嘯，草木震動，山鳴谷應，風起水湧。予亦悄然而悲，肅然而恐」。「嘯」，就是吹口哨。這嘯聲繼承了《詩經·白華》「嘯歌傷懷」的古老傳統，與阮籍的「猶餘胸中氣，長嘯獨軒軒」遙相應和。嘯聲中飽含着詩人的憤懣不平，劃破月夜的長空，在山谷中回響，震動了山川草木，激起了大風波濤。長嘯過後，留下的是寂靜的悲傷，肅然的恐懼。孤獨寂寞，使他不能久停，重新回船，「放乎中流，聽其所止而休焉。」一任扁舟，從流漂蕩，隨止而安，感情的波濤，復趨於平靜。

此時，一隻孤鶴下來，把詩人的感情，引向曠達超脫。「時夜將半，四顧寂寥。適有孤鶴，橫江東來，翅如車輪，玄裳縞衣，戛然長鳴，掠予舟而西也。」據《爲楊道士書帖》知是紀實。蘇軾及時捕捉這一富於特徵的事物，給以突出的描繪。鶴，鳴於九臯，聲聞於天，清遠閑放，超然於塵垢之外，與詩人隨遇而安的心境契合。但却是隻孤鶴，了無儔侶，孤獨寂寞。這孤鶴，體現着東坡由登山的悲懼轉入超逸曠達但又孤淒冷寂的複雜感情。寓情於物，精妙自然。

第三部分以道士化鶴的夢境，抒發超然曠達、人生如夢的情懷。道士化鶴，自是虛幻，但確有其夢，非爲作賦故弄玄虛。衆多詩文表明蘇軾有着豐富多彩的夢中生活：如他常在夢中賦詩，詩境皆奇；曾夢一僧，「破面流血，若有所訴」，醒後見到廟裏「面爲人所壞」的羅漢，便認爲是夢中僧人，爲他重塑金身；也曾夢一道士告訴他吃茯苓時要同吃胡麻；還在夢中與人討論神仙道術。當他夜遊歸來，送走客人入睡後，便「夢一道士，羽衣蹁躚」。道士穿着羽毛編製的衣服，輕盈飄逸，向他作揖，問道：「赤壁之游樂乎？」問他姓名，低頭不答。詩人在夢中驚奇地有所悟，「『嗚呼噫嘻！我知之矣。疇昔之夜，飛鳴而過我者，非子也耶？』道士顧笑，予亦驚寤。」化鶴道士，以疑問的語氣，超然飄逸的情趣，肯定東坡赤壁之游的快樂，與顧月而樂的心情呼應，而與登山的悲懼異趣。道士的思想，反映了蘇軾所受老莊哲學的影響。蘇軾自幼深受儒家思想的薰陶，但在政治上受挫後，生活上以老莊、佛學自處；認爲釋、道與儒相通，「道並行而不相悖」，「莊子蓋助孔子者」。老莊的清靜無爲合於《論語》仁者靜壽之說。他用莊子齊得喪、忘禍福的齊物論思想，使現實的傷痛在精神中消融，做到隨遇而安，無往而不樂。然而道士化鶴，衹不過是一場空夢。驚醒後「開戶視之，不見其處」。這變幻神秘的結尾，含蓄地表露了人生如夢的感嘆！詩人由樂而悲，由悲而逸，由逸而空，以「萬事到頭終是夢」作結，從內容上與《前赤壁賦》、《赤壁懷古》（「人間如夢」）一脈相承，兩賦相連，詞賦輝映，不過《後赤壁賦》情調更低沉些罷了。

《後赤壁賦》與前賦一樣，都是繼承和發展六朝抒情小賦的散體賦，既具有「體物寫志」的特點，又不過分「鋪張揚厲」，自然無斧鑿痕。詩人融情於景，寓情於物，託情於夢，波瀾起伏；行文如行雲流水，舒卷自如。全賦駢散相間，散中多駢。四字句爲主，輔以六字句。四六句式中有駢偶，但也有散句的壓縮，駢中有散。雖整齊有致，但不板不滯。歐陽修雖未及見此賦，但早已道出蘇氏父子四六文的特色：「往時作四六者多用古人語，及廣引故事，以衒博學而不思述事不暢。近時文章變體，如蘇氏父子，以四六述敍，委曲精進，不減古人。」《試筆・蘇氏四六》）蘇軾早年具有雄厚的駢文根底，成爲古文名家後，興之所至，也偶一爲之，如元豐元年作的駢文《徐州鹿鳴燕賦詩敍》。寫四六句，隨手拈來，皆成妙文，「駢體文不必是，而駢偶語未可非」（錢鍾書《管錐篇》）。

蘇軾還善於吸收前人詩文句子，或稍作變化，青出於藍而勝於藍。如「木葉盡脫」句，直接來自謝莊《月賦》「洞庭微波，木葉微脫」，間接來自《九歌・湘夫人》「洞庭波兮木葉下」。「月白風清」句，是唐代詩人陸龜蒙詠白蓮詩中成句「無情有恨何人見，月白風清欲墮時」；「水落石出」則來自歐陽修《醉翁亭記》，但與「山高月小」爲對，則巧奪天工，精妙異常，誠如《文賦》所說「襲故而彌新」了。

千古美文，也有小疵。蘇軾誤認鶴尾爲黑色，故云「玄裳」。其實，鶴尾也是潔白的，黑羽生於兩翅。蓋古人觀察不細，如宋徽宗《瑞鶴圖》所繪翔鶴，兩翅潔白，尾部却畫有黑羽，可知錯不獨在東坡了。

（張士聰）

記承天寺夜遊

蘇　軾

元豐六年十月十二日夜，解衣欲睡，月色入戶，欣然起行。念無與爲樂者，遂至承天寺，尋張懷民。

懷民亦未寢，相與步於中庭。

庭下如積水空明，水中藻、荇交横，蓋竹柏影也。

何夜無月？何處無竹柏？但少閑人如吾兩人者耳！

記承天寺夜遊

宋神宗熙寧九年（一〇七六），王安石罷相以後，新法逐漸失去其積極意義；一些追求高官厚祿的投機者紛紛混入變法隊伍，他們爭權奪利，互相傾軋，著名詩人蘇軾成爲這場政治角逐的一個不幸的犧牲者。元豐二年（一〇七九），諫官李定、舒亶、何正臣等摘出蘇軾一些諷刺新法的詩句，進行構陷羅織，以誹謗朝廷的罪名將他逮捕入獄，這就是有名的「烏臺詩案」（「烏臺」即御史臺，爲彈劾百官的中央監察機關）。歷四個多月，幾經殘酷的折磨，蘇軾幸免於死，被貶爲黃州（今湖北黃岡市）團練副使（掛名的地方軍事助理官），官銜上還加了「本州安置」字樣，不得簽署公事，不得擅離安置所，實際上跟流放差不多。

《記承天寺夜游》就是蘇軾在被貶斥於黃州的困苦境遇中寫的。這篇僅有八十四字的短文，像一則日記，似乎隨手寫來，毫不經意；却通過對月夜美妙景色的描寫，流露出作者在遭貶生涯中自我排遣的特殊心理。它好像一首清冷的月光曲，每一個音符都閃爍着銀色的寒光，都傾訴着詩人皎潔的襟懷。

下面試分小段進行分析：

元豐六年十月十二日夜，解衣欲睡，月色入戶，欣然起行。

元豐六年（一〇八三），正好是作者被貶謫到黃州的第四年。夏曆十月十二日，時屆秋末冬初，夜裏已很有點寒意了。「解衣欲睡」，是說寒夜寂寥，百無聊賴，還不如解衣就寢，「一枕黑甜鄉」，在睡夢中忘却人世的一切憂愁和煩惱吧。「欲睡」，是想睡而還沒有睡着；這當兒，「月色入戶」，月光悄悄地進門來了。「入戶」二字，把月色擬人化，寫得自然而生動。月光似乎懂得這位遷客的寂寞無聊，她主動地來與人作伴，有意地慰藉我們這位失意的詩人。「欣然起行」，是作者的反應。寫出他睡意頓消，披衣而起，見月光如見久違的知心朋友，欣然相迎。作爲一個被貶謫的朝廷「罪人」，可以想見其交遊斷絕、門庭冷落的境況；衹有月光毫無勢利之情，在寂寥的寒夜裏，依然來拜訪他。作者的興奮和喜悅則已高度地概括在「欣然起行」這四個字中了。這一句與「解衣欲睡」相對照，顯得一伏一起，一沉悶、一活躍，迥然兩樣心情、兩種節奏。

蘇軾對月光有一種特殊的感情，他常常把月光擬人化，寫得很富有人情味。例如著名的《水調歌頭》寫月光「轉朱閣，低綺戶，照無眠」，猶如臨歧執手的愛侶，欲去叮嚀，頻頻回首，顯得何等繾綣情深；又如《洞仙歌》：「繡簾開，一點明月窺人」，這偷看人間私情密約的月光，彷彿含着幾分神秘而羞澀的微笑，使人感到如此調皮而可愛；至於「缺月掛疏桐，漏斷人初靜。誰見幽人獨往來？縹緲孤鴻影」（《卜算子·黃州定慧院寓居作》），那天邊的一鉤孤月，夜空的縹緲孤鴻，已經與踽踽涼涼的「幽人」融爲一體了。我們不妨說，孤鴻就是詩人的身影，而月光就是詩人的靈魂。在中國文學史上，一生愛好月光和吟詠月光的詩人，大概以李白和蘇軾最爲突出了。

讓我們繼續讀下去：

念無與爲樂者，遂至承天寺，尋張懷民。

作者見月色而「欣然起行」，充分寫出內心的喜悅，進而想到要與人分享內心的喜悅，應該有人共同賞月，方不至於辜負如此良夜。「念無與爲樂者」，這個「念」字，由「欣然起行」的「行」字轉化而來，寫出心理活動的發展過程。可是作者在當時的境遇中，却「無與爲樂者」，卽沒有可以賞月同樂的人。言外有深深的寂寞之感。作者的心情由欣喜而轉入沉思，彷彿發出一聲低沉的喟嘆。文情也因之顯得跌宕多姿。這句話還可以作兩層意思來申說：其一、寫出作者貶居中寂寂寡歡，「雖平生厚善，有不敢通問者」（《答陳師仲書》）。月光雖無勢利之心，而世上却多勢利之徒；這是作者的悲憤。這悲憤，籠罩着貶謫生活的濃重陰影。古人說：「隔千里兮共明月」（謝莊《月賦》），一同賞月者應是同心之人，今宵如此皎潔的月光，世上那些庸俗勢利之徒是不配來欣賞的；那末可以與之賞月的又有誰呢？這是第二層意思。作者於寂寞中尋求伴侶，見明月而思同心，這就很自然地過渡到下一句：「遂至承天寺，尋張懷民。」「遂至」二字下得十分輕淡，好像不假思索，却包含着能與之賞月者衹有其人，可見張懷民在作者心目中的位置了。從文勢來說，上一句是「止」，這一句是「行」；蘇軾自述作文「如行雲流水，初無定質，但常行於所當行，常止於所不可不止」(《答謝民師書》)，這種地方，看似不經意，却顯得「文理自然，姿態横生」，有很高的技巧。「尋張懷民」的「尋」字，也很值得玩味。它使人想起唐人賈島那首《尋隱者不遇》的五絶：「松下問童子，言師採藥去。衹在此山中，雲深不知處。」要尋的這個人，多半是一位孤雲野鶴般的幽人。面對如此好天涼夜，他一定不會蒙頭大睡的，八成是在賞月。衹是不知道他是在庭中賞月呢？還是出門步月呢？因此需要尋他一尋。這是「尋」的第一層意思。其次，「尋」與「訪」不同，「尋」有一種急欲找到失物似的迫切感，這就熨貼地寫出了作者渴望與知心好友共同賞月的急切心理。

那末作者急於要「尋」的這位張懷民，又是一個何等樣的人物呢？

張懷民，名夢得，一字偓佺，清河(今河北清河縣)人。他於元豐六年貶謫到黄州，初到時寓居在承天寺(承天寺故址在今湖北黄岡縣南)。他曾築亭於住所之旁，在那裏可以縱覽江山的勝概，蘇軾名之爲「快哉亭」，並作《水調歌頭》以贈，詞中有「一點浩然氣，千里快哉風」之句。蘇軾的弟弟蘇轍還爲他寫了一篇《黄州快哉亭記》，文章中有這樣幾句話：「今張君不以謫爲患，竊會計之餘功，而自放山水之間，此其中宜有以過人者。」可見張懷民謫居黄州後，所任不過主簿之類的小官，但他心中坦然，以山水怡情悦性，處逆境而無悲戚之容，是一位有過人的自制力和倔強情懷的人。這就無怪乎蘇軾要引他爲同調和知己了。

懷民亦未寢，相與步於中庭。

「亦未寢」的「亦」字，寫出這一對朋友情懷相似；對方的「未寢」也正是作者意料中的事。他不必具體去寫如何尋張懷民，衹這一句，就足以表述出兩人的同心之情了。「相與步於中庭」，可以跟「無與爲樂者」一句對照起來讀，前後顯得有照應、有變化，文情的跌宕表現了作者心情的舒展，宛如在清冷的琴絃上撥出幾個歡快的音符。「步於中庭」，卽漫步在庭院中；他們不是憑欄眺月，也不是飲酒賞月，而是在月光下從容地漫步，雖然相對無言，但那和諧的步履節奏，已足以表達出相互默契的心聲了。

蘇軾寓居在黃州東坡時，喜歡在月光下扶杖漫步，他曾把這種漫步點化成一首情趣盎然的小詩：「雨洗東坡月色清，市人行盡野人行。莫嫌犖确坡頭路，自愛鏗然曳杖聲。」（《東坡》）詩人在漫步中領略月光的美好，在漫步中思索人生的哲理；從中我們可以體會到作者鄙棄人世的喧擾，愛在清寂中追求心靈的寧靜和純潔的境界。

庭下如積水空明，水中藻、荇交橫，蓋竹柏影也。

這是寫月光的高度傳神之筆。短短三句，沒有寫一個月字，却無處不是皎潔的月光。作者用「積水空明」四個字，來比喻庭院中月光的清澈透明；用「藻、荇交橫」四個字，來比喻月下美麗的竹柏倒影，可謂鈎魂攝魄，精練得無以復加。以水喻月，本來並不顯得新穎；新奇的是作者不用普通的明喻，而以隱喻先聲奪人，造成一種庭院積水的錯覺，進而寫清澄的水中交錯着藻荇的倩影，觸類生發，把隱喻推進一層，使人感到撲朔迷離，水月莫辨。正當讀者惚恍迷惘地加以體味時，作者却輕輕點出：「蓋竹柏影也」。於是恍然大悟。衹消一個「影」字，不明寫月光而月光的意境已宛然具現。它一方面來自眞切的生活體驗，另一方面又出於高明的烘染技巧。「積水空明」，給人以一池春水的靜謐之感，「藻荇交橫」却具有水草搖曳的動態之美；整個意境靜中有動，動而愈見其靜。「積水空明」是就月光本身作形容，「藻、荇交橫」是從竹柏倒影來烘托；兩句之間有正寫側寫之分，收點染並用之妙，創造出一個冰清玉潔的詩化的透明境界。

這個詩化的透明境界，映照出作者霽月光風、胸無塵俗的襟懷；月下的竹柏倒影，可能也有某種寓意：竹柏是耐寒之物，「歲寒，然後知松柏之後凋也」，古人稱松、竹、梅爲「歲寒三友」，以喻堅貞的操守；月光投影於竹柏，不正是純潔而堅貞的象徵嗎？這一寫景之筆，看來並不僅是泛泛的紀實，更是一種含蓄的抒情。我們從「積水空明」的整体意境中，聯繫作者與友人庭中步月的活動，還可以形象地推衍出一個作者沒有說出來的隱喻：這一對步月的幽人，難道不就是悠游於「積水空明」和「藻、荇交橫」中的魚兒嗎？「儵魚出游從容，是魚之樂也。」（《莊子・秋水》）莊子濠上觀魚的故事，可以幫助我們理解作者當時那種自由自在的心情。衹有在這時，他才擺脫了沉重的遷謫之感，忘懷人間的得失，而進入一個表裏澄澈的透明世界。這幾句是寫月光，也是寫作者的心境。它是一首美妙的月光曲，也不妨說是一個透明的夢。

　　何夜無月？何處無竹柏？但少閑人如吾兩人者耳！

作者連發二問，却不用置答；月色常有，竹柏亦常有，但像我們這樣賞月的「閑人」却不可多得啊！寥寥數語，感慨深長。它包孕着作者宦海浮沉的悲涼之感和由此領悟到的人生哲理，在痛苦中又得到某種慰藉的餘甘。試想，一個被拋出喧囂的功名利祿之外的「閑人」，却能有「閑情」來欣賞大自然的美妙景色，這是有幸呢，還是不幸呢？看來作者是以「閑人」自居，也以「閑人」自傲的。這時他雖有微官在身，却有名無實，「閑人」二字，是寫實，也不無牢騷之意。但他自寬自慰。在作於同一時期的《臨臯閑題》一文中說：「江山風月，本無常主，閑者便是主人。」這又使我們想起他在《前赤壁賦》中的幾句話：「惟江上之清風，與山間之明月，耳得之而爲聲，目遇之而成色，取之無禁，用之不竭，是造物者之無盡藏也，而吾與子之所共適。」這樣的「閑人」，從官場仕途的失意者，變爲大自然的驕子，他設身於自然的懷抱，享受着「造物者之無盡藏」，在大自然的撫慰中治癒政治鬥爭的創傷，從大自然的神奇秀美中獲得精神的復蘇和心境的安寧。他發現、吟詠自然美；同時也在發現自己，吟詠自己。美學中所謂「物我同一」的境界，在蘇軾這類作品中得到了完美的表現。

「但少閑人如吾兩人者耳！」最後這一句感慨中誠然有自豪和自慰的意味在，但更多的還是惆悵和悲涼。前此兩年，作者在《記游松江》一文中，回憶七年前在松江垂虹亭上與老朋友張先等人飲酒賦詩、盡醉極歡的情景，而轉眼之間，人亡物故，追思前游，恍如一夢。「後之視今，猶今之視昔」，不知再過若干年，像今天一樣賞月的「閑人」還在不在呢？這是望月的一聲長嘆。文章最後是一個感嘆號，它的感情內涵是微妙而複雜的。作者想排遣內心的苦悶，消極的情緒却還是無可奈何地流露出來。時代、階級的局限和佛老思想的影響，使他衹能奏出這樣清冷而帶幾分悲涼的月光曲。

蘇軾這類抒情述志的小品文，在濃郁的詩情畫意中滲透着發人深省的人生哲理，他寫得朴素自然，情理交融；行文之際，「如萬斛泉源，不擇地而出」（《文說》）。明人王聖俞在選輯《蘇長公小品》時說：「文至東坡眞是不須作文，衹隨事記錄便是文。」這是一種「百煉鋼化爲繞指柔」的藝術境界，它兼有魏晉文風的通脫和六朝小品的雋永，而又自出面目，代表了宋代小品文的最高成就，其流風餘韻霑溉後人處甚多。明代「公安派」的袁氏兄弟對蘇軾都十分傾倒，袁宏道說：「東坡之可愛者，多其小文小說，使盡去之，而獨存其高文大冊，豈復有坡公哉！」（《〈蘇長公合作〉引》）袁宗道因爲景仰白居易和蘇軾，而把自己的書齋取名爲「白蘇」，把自己的集子題爲《白蘇齋類稿》。他們在反對前後七子的擬古主義時，向蘇軾學習抒情小品的寫作，「獨抒性靈，不拘格套」，創造出一種清新活潑的文風。從明代「公安派」的山水小記，到張岱的《陶菴夢憶》，以及清代袁枚、鄭板橋的散文，都可以看到蘇軾抒情小品的深遠影響。

（吳戰壘）

黃州快哉亭記

蘇　轍

江出西陵，始得平地，其流奔放肆大。南合沅、湘，北合漢、沔，其勢益張。至於赤壁之下，波流浸灌，與海相若。清河張君夢得，謫居齊安，即其廬之西南爲亭，以覽觀江流之勝，而余兄子瞻名之曰「快哉」。

蓋亭之所見，南北百里，東西一舍。濤瀾洶湧，風雲開闔。晝則舟檝出沒於其前，夜則魚龍悲嘯於其下。變化倏忽，動心駭目，不可久視。今乃得翫之几席之上，舉目而足。西望武昌諸山，岡陵起伏，草木行列，煙消日出，漁夫樵父之舍，皆可指數：此其所以爲快哉者也。至於長洲之濱，故城之墟，曹孟德、孫仲謀之所睥睨，周瑜、陸遜之所騁騖，其流風遺跡，亦足以稱快世俗。

昔楚襄王從宋玉、景差於蘭臺之宮，有風颯然至者，王披襟當之，曰：「快哉此風！寡人所與庶人共者耶？」宋玉曰：「此獨大王之雄風耳，庶人安得共之！」玉之言蓋有諷焉。夫風無雌雄之異，而人有遇不遇之變。楚王之所以爲樂，與庶人之所以爲憂，此則人之變也，而風何與焉？士生於世，使其中不自得，將何往而非病？使其中坦然，不以物傷性，將何適而非快？今張君不以謫爲患，竊會計之餘功，而自放山水之間，此其中宜有以過人者。將蓬戶甕牖，無所不快；而況乎濯長江之清流，揖西山之白雲，窮耳目之勝以自適也哉！不然，連山絕壑，長林古木，振之以清風，照之以明月，此皆騷人思士之所以悲傷憔悴而不能勝者，烏覩其爲快也哉！元豐六年十一月朔日，趙郡蘇轍記。

文學史上有過這樣一件有趣的事情：宋神宗熙寧八年（一〇七五），蘇軾在山東密州任上寫過一篇《超然臺記》，所記「超然臺」，臺名「超然」，由其弟子由所命；元豐六年（一〇八三），蘇轍謫監江西筠州監酒稅時，寫了一篇《黃州快哉亭記》，「快哉亭」之名卻是其兄子瞻所題。「超然」出於《莊子》，「快哉」語本《楚辭》，二者皆含「自樂其樂」之意。《超然臺記》是流傳後世的名篇，而《黃州快哉亭記》亦足可與之媲美！

蘇轍（一〇三九——一一一二），字子由，號穎濱，又號欒城，四川眉山人，宋代著名散文家，與其父蘇洵、其兄蘇軾並稱爲「三蘇」。古人說他的文章「汪洋澹泊，深醇溫粹，似其爲人。」

此文題中的黃州，別號齊安，治所在今湖北省黃岡市，張夢得曾謫居此地，於元豐年間修建快哉亭。

黃州快哉亭記

蘇轍的《黃州快哉亭記》作於被貶期間，那時他在政治上處於逆境。但他和其兄一樣，具有一種曠達的情懷，故一篇之中而「快」字七出，極寫其觀賞形勝與覽古之快，抒發其不以個人得失爲懷的思想感情，道出了人生的一條哲理：心中坦然，無往不快。文章擒住題面「快哉」二字，暢加洗發。風格雄放而雅致，筆勢紆徐而暢達，敍議結合，情景交融，堪稱千古快文！

全文分作三段：先敍張夢得建亭之事；接着釋「快哉亭」命名之由；最後就「快哉」二字暢發議論，稱讚張夢得情懷之坦然。

文章是這樣開篇的：

江出西陵，始得平地，其流奔放肆大。南合沅、湘，北合漢、沔，其勢益張。至於赤壁之下，波流浸灌，與海相若。

這段文字的意思是：長江從西陵峽流出之後，才得以在平曠的大地上奔騰。它水勢迅疾，水流闊大。等到南面的沅、湘二水與之匯聚，北邊的漢水同它合流，那水勢就汪洋浩淼，越發盛大了。到了赤壁之下，江水浩浩蕩蕩，横無際涯，簡直就跟大海一般。作者以敍事兼描述之筆，寫出了此段江水的浩瀚雄偉。題目是《黃州快哉亭記》，而文章却劈頭出一「江」字，這與題目有何關涉呢？細想一下，問題便可得到解答。快哉亭既然建在黃州，而黃州瀕臨大江，那麽，爲要寫亭，而先寫江，由大江而引出亭來，這樣開頭，自然穩妥。此其一。其二，張夢得建亭的目的，在於覽觀江流的勝景，既然如此，文章自然要從江水寫起，用重筆寫出江水的壯觀。倘非這樣，「覽勝」一事，便無從可言，那麽，快哉亭的建築也就失去了意義。其三，文章先出一「江」字，接着運用鋪陳的手法，不惜筆墨，一連數語，始言其流「奔放肆大」，繼曰其勢「益張」，末道「波流浸灌」，「與海相若」：凡作三層，寫出水勢的三變，而且愈變愈大。這樣寫，一是爲後文蓄勢，欲使其精神倍出；二是爲快哉亭描繪出一個闊大雄偉的背景，以使得小巧玲瓏的亭臺與雄渾壯美的長江成一鮮明的對照，收到相映成趣的藝術效果。文章開篇，頓覺氣勢奔放，正有如作者筆下奔騰的長江！

接下去，文章以敍事入題。首提建亭之人——「清河張君夢得」，次敍建亭背景——「謫居齊安」，再述亭之修建及其所在——「卽其廬之西南爲亭」，再言建亭目的——「以覽觀江流之勝」，後點爲亭命名之人——「余兄子瞻」，末出亭名——「快哉」。亭名最後點出，可謂「千呼萬喚始出來」。這樣寫，在內容上起到了強調、突出的作用，因而能引起讀者的注意；在行文上，能使其與下文銜接緊密。作者敍事洗練，層次井然，「謫居」二字爲後文伏筆，更是結構上的嚴謹之處。

文章用一表述原因的虛詞「蓋」字緊承上文，寫出第二段。此段又分兩幅排寫，解釋亭以「快哉」爲名的原由。

前幅寫當日所見以爲「快」。

> 蓋亭之所見，南北百里，東西一舍。濤瀾洶湧，風雲開闔。晝則舟楫出沒於其前，夜則魚龍悲嘯於其下。變化倏忽，動心駭目，不可久視。今乃得翫之几席之上，舉目而足。西望武昌諸山，岡陵起伏，草木行列，煙消日出，漁夫樵父之舍，皆可指數：此其所以爲快哉者也。

登亭縱目，江山勝景，盡收眼底。以此之故，將亭名爲「快哉」，自是相宜。在這裏，作者既寫出了景物的紛繁，更狀出了景物的特色：濤瀾是「洶湧」的——何其雄渾！風雲是「開闔」的——何其多變！舟楫是「出沒」的——何其飄忽！魚龍是「悲嘯」的——何其感奮！岡陵則「起伏」，想見其逶迤之勢；草木則「行列」，想見其優美之姿；屋舍則「可數」，想見其恬然之態。凡此種種，在心地坦然者看來，自然是足以爲快的。

後幅寫憑弔往古以爲「快」。

> 至於長洲之濱，故城之墟，曹孟德、孫仲謀之所睥睨，周瑜、陸遜之所騁騖，其流

風遺跡，亦足以稱快世俗。

憑亭覽古，逸興遄飛，情懷曠達。以此之故，將亭名爲「快哉」，也自相宜。在這裏，作者憑藉史實，通過想象，運用簡潔的筆調，既高度概括而又具體形象地寫出了著名歷史人物的重大政治活動和軍事活動。漢獻帝建安十三年，也就是公元二〇八年，發生了一場有名的戰爭，那就是「赤壁之戰」。曹操的軍隊與孫權、劉備的聯軍在長江岸邊的湖北嘉魚縣的赤壁相遇，進行了一場大戰。當時，「老驥伏櫪，志在千里；烈士暮年，壯心不已」的曹操，和「以神武雄才，兼仗父兄之烈，割據江東」的孫權，都有吞併對方的氣概，故曰「曹孟德、孫仲謀之所睥睨」。「睥睨」者，傲視相仇之意也，傳神地寫出曹操孫權「固一世之雄」。周瑜、陸遜同爲東吳著名將領。周瑜曾破曹操於赤壁；陸遜曾襲關羽於荆州，敗劉備於夷陵，破魏將曹休於皖城，後整軍路過武昌，孫權令左右以御蓋覆遜，賞賜極厚，故曰「周瑜、陸遜之所騁鶩」。「騁鶩」者，往來活躍之貌也，令人想見周郎、陸遜的「雄姿英發」。儘管「大江東去，浪淘盡、千古風流人物」，「千古江山，英雄無覓、孫仲謀處」，但是，這些豪傑之士的「流風遺跡」，在心中坦然者看來，也自然是足以爲快的。

兩段文字，運用形象的語言，不但把亭以「快哉」爲名的原由申述得淋漓透徹，而且把江山的勝景展現在讀者的面前，將古人的活動再現於人們的眼底，的確十分精彩！前人說，「賓主是行文第一活着」。以上兩段文字，雖則同在解釋亭名「快哉」的原因，却又有着賓主之分：前幅是主，後幅爲賓；而且詳主略賓，借賓形主。寫覽觀勝景，運用實筆，濃墨重彩，大肆渲染；寫憑弔遺蹤，運用虛筆，輕描淡寫，簡潔勾勒。這樣詳略兼行，虛實並舉，使得文章既在內容上突出了重點，又在布局上顯得濃纖得中，疏密有致；既具整飭之感，還呈活潑之姿。

緊接着的第三段，又可分作三層，文意層層翻進。

一層先就「快哉」二字的來歷，將宋玉的見解評論一番。文章既是爲快哉亭而作，自應緊緊圍繞亭來記敍；可現在，蘇轍却「節外生枝」，將宋玉當年關於風的高見大加評論，這豈不是遠離題旨，殊違文意麽？但是細讀全文，我們便會發覺，作者的這一番話不但與上下文的關係極爲密切，而且頗有「虹飛天半，雲鎖山腰」之象，是極具妙用的。首先，從內容來看，文章敍事、狀物、論理、抒情，俱以「快哉」二字爲根，可以說，「快哉」二字是一篇主腦。既然如此，那麽，運用酣暢之筆，寫透「快哉」，自然就顯得十分必要了。如今作者借評論宋玉之話，巧妙地引出「快哉此風」一語，有意無形地點明「快哉」二字的出處，這正是在前文基礎上對「快哉」所作的進一步的闡發。它非但沒有偏離題旨，而且有助於深化文章的內容。此其一。再說，文中「人有遇不遇」之語，實際上在暗中籠起後文，與「士生於世」數語互爲表裏，彼此關合。由是觀之，這段話在內容上與前後文的聯繫是十分緊密的。再次，就文氣而言，也大有作用。古人爲文，注重氣勢。倘使「稱快世俗」之後，緊承以「士生於世」數語，文章讀來，便有氣短勢促之嫌。現在作者旁逸一筆，便覺其體態雍容、氣勢紆徐了。這便使得行文開闔有致，舒卷自如，搖曳而生姿了。

二層提出「心中坦然，無往不快」的泛論。文章寫道：

士生於世，使其中不自得，將何往而非病？使其中坦然，不以物傷性，將何適而非快？

意思是：人生在世，假使心中不能坦然，那麽不論去到哪裏，他都是鬱鬱不樂。相反，倘若心中自得，不因環境遭遇而損傷自己的心性，則不論走到何方，他都是怡然自樂的。

平心而論，生活在一個壓抑人才、桎梏個性的黑暗的封建社會，有志之士要做到心中坦然、無往不快，眞是談何容易！說過「人生得意須盡歡，莫使金樽空對月」的大詩人李白，是很有些樂觀精神的；然而當他受到權貴排擠，抱負無從施展時，便發出了「大道如青天，我獨不得出」的深沉感嘆。不用說，此時此刻，他心中有的衹是憤懣，而樂觀曠達，恐怕是找不到一點影兒的。古文運動的領袖韓愈，對於舉進士而「連不得志於有司」因而「懷抱利器，鬱鬱適茲土」的董邵南，曾作過一番勸勉與安慰。可是，當自己懷才不遇時，不是借送別友人孟東野、借教誨太學諸生、借談論千里馬等等場合和機會，發過許多的牢騷麽？這就足見做到「坦然自得，無往不快」的不容易了。相反，在那樣的時代，士人情懷悒鬱、悲傷憔悴，倒是一種極爲常見的普遍社會現象。因此，蘇轍所說的「使其中坦然，不以物傷性，將何適而非快」的話，從當時社會生活的實際情形來看，就衹能被認爲是對仕途坎坷、政治失意之士的一種慰藉之辭罷了。但是，蘇轍的話語却又畢竟道出了人生的一條哲理，其涵義是那樣地豐富，那樣地深刻，這就無怪乎在相距九百年後的今天，我們也是如此地喜愛它，覺得它是這樣地令人樂觀，這樣地令人充滿着對生活的熱愛！

這番話是由上文引出的泛論。作者爲文，主意全在於此！

三層稱道張夢得心中坦然，證明泛論。首先說明張夢得平日「自放山水之間」的曠達行爲，指出他心中「宜有以過人」之處；接着指出他由於心中坦然，因而卽使處於「蓬戶甕牖」的境遇，也將是無往而不快的，更何況面對美好的勝景呢！最後掉轉筆鋒，翻進一層，指出倘非如此，那麽卽使見到「連山絶壑」的雄奇，看到「長林古木」的幽靜，聽到清風的聲響，沐着明月的光輝，也衹會感到憂傷憔悴的，哪裏還會有「快哉」的情致呢！文章通過稱讚張夢得的坦然自得，無往不快，從正反兩個方面論證了「士生於世……將何適而非快」的泛論，有力地闡明了主題。此處「不以謫爲患」照應「謫居齊安」，「其中宜有以過人者」照應「其中坦然」，「濯長江之清流」照應「江出西陵」數語，「揖西山之白雲」照應「西望武昌諸山」之句：脈絡清晰，章法謹嚴。文以《黃州快哉亭記》爲題，而以「烏覩其爲快也哉」的反詰收篇，特意構成形式上的矛盾衝突，巧妙達到內容上的統一和諧。

（何伍修）

卜算子

李之儀

我住長江頭，君住長江尾。日日思君不見君，共飲長江水。　此水幾時休，此恨何時已。祇願君心似我心，定不負相思意。

李之儀，字端叔，自號姑溪老農，生卒年不詳。神宗元豐年間進士，曾跟從蘇軾於定州幕府，有詩作唱和。在北宋新舊黨爭的歷史漩渦中，他因爲蘇軾幕僚而被牽連停職。徽宗時編管太平州（今安徽當塗），後又遇赦復官。所著《姑溪詞》共有八十餘首，尤工於小令。毛晉《姑溪詞跋》稱其「小令更長於淡語、景語、情語」，並說此首「直是樂府俊語」。陳廷焯在《詞則・別調集》中亦說此詞「清雅得古樂府遺意」。

我國古代詩詞浩瀚，其中表現愛情的純潔、堅貞的主題，有着悠久的文化傳統。如《詩經・鄘風・柏舟》中刻畫一位少女誓死不改變主張的形象是那麽感人。再看漢樂府《上邪》中癡情女子的誓言：「上邪！我欲與君相知，長命無絶衰。山無陵，江水爲竭，冬雷震震，夏雨雪，天地合，乃敢與君絶！」但把這種情思溶化到詞篇裏的首先是民間詞。《敦煌曲子詞》中《菩薩蠻》（枕前發盡千般願），反映男女愛情的堅定，情意的深厚，與《上邪》的手法是一脈相承的。自從詞作文人化以後，典雅濃豔的詞作日多，民間詞所獨有的清新質樸的氣息漸趨淡化，但是它的流風影響是綿綿不絶的。因此可以說李之儀這首詞是沿流揚波的。不過，我認爲直接給予李之儀這首

卜算子（我住長江頭）

詞作以啓迪和影響的，是晚唐詩人姚合的《送薛二十三郎中赴婺州》（《姚少監詩集》卷二）詩篇：

　　我住浙江西，君去浙江東。日日心來往，不畏浙江風。

對讀這兩首作品，就不難發現李之儀這首小令的新穎立意，精妙用語，完全是從姚合的詩作中脫化而來的。當然，詩人因長江而抒寫眞情，形成了自己獨特的藝術風格。

詞的開頭借用女性的「我」來直敍，起兩句極寫兩地相隔之遠。我與君同住長江，然而一頭一尾，遙隔千里，實難相逢。但是「思君如流水，無有窮已時。」（漢末徐幹《室思》詩之三）。這條滾滾東流的江水時刻牽動着那顆無限思念的心靈。「日日思君不見君」兩句，進一層抒寫深切的相思。唐張九齡《賦得自君之出矣》詩：「思君如滿月，夜夜減清輝。」作者以宛轉的筆墨抒寫思婦因日夜相思而清瘦的形象。這裏是以坦率、質樸的語言展現女子日日思君的心態。她雖與君分離，不能相見，但飮水同源，又能貫通兩地。「共飮長江水」，寓寄着多麽深長的情意。

下片「此水幾時休」一句，承上而緊扣住長江。長江江水似乎成了「我」與「君」連結感情的紐帶，分離的怨恨猶如流動的江水。詞人把流水與別恨結合起來，以江水的不斷流淌，比喻離恨的無窮無盡。這旣與上片的「日日思君」相呼應，又把這種思緒進一步深化，由相思而怨恨，顯示出感情的動向流變。

結束兩句是化用五代顧敻《訴衷情》：「爭忍不相尋？怨孤衾。換我心，爲你心，始知相憶深」的詞意。兩情不相負，這是男女愛情堅貞不渝的表現。末句點到了不負相思的主旨，但以「衹願君心似我心」爲前提，使感情翻騰，讀來餘味無窮。

這首小令寥寥四十五字，寫得言短意長。全詞圍繞着長江水，展現男女的相思與離恨，感情由低層向高層發展，起伏動蕩。語言明白如話，質樸自然，並且用了重疊錯綜的詞句，如上片重復「長江」而有變化，下片又緊扣江水寫怨恨。這樣旣更好地表達出相思情深的意蘊，又體現了民歌的藝術特色。在北宋詞壇上，這是一首充滿民歌風味的不可多得的佳作。

（曹濟平）

次元明韻寄子由

黃庭堅

半世交親隨逝水，幾人圖畫入凌煙。春風春雨花經眼，江北江南水拍天。欲解銅章行問道，定知石友許忘年。脊令各有思歸恨，日月相催雪滿顛。

一湧一頓，互爲交錯，或者是一氣湧出，盡情鼓蕩，都是山谷擅長的手法。作爲他名篇之一的《登快閣》，就是因爲「能移太白歌行於律詩」（姚鼐語，轉引方東樹《昭昧詹言》）而得噴湧之勢的。但同一噴湧，開闔、舒卷之法各有不同，因而風格的剛柔也互有區別。《登快閣》是縱目放歌的題材，正如李白登鳳凰臺、杜甫登岳陽樓，所見者遠，自然更容易引起胸襟的浩蕩。「落木千山天遠大，澄江一道月分明」，這確是豪雄壯闊的境界，但這首詩題材與登臨憑眺迥異，因而氣勢奔湧也與登臨快閣有別。這時，王安石正在當權，被目爲舊黨的詩人雖然在江西泰和做官，但他和蘇氏昆仲友誼深厚，有着共同的功業難成之感。不過，由於山谷的胸襟豁達，所以儘管詩裏也描寫了舊事成塵、凌煙無望、盼望解官，縈回着賦歸之想和老去之嗟，但情調並不低沉。主要原因可能是因爲山谷其人具有硬朗風格，難怪趙甌北說他的詩「務爲峭拔，不肯隨俗爲波靡」了（《甌北詩話》）。惟其峭拔，所以能氣吞雲夢。當然，山谷的豪放不同於陸游。陸以流走激蕩出之，而黃則是慘淡經營，着力錘煉，寓豪放於緊密。因而，雖是以鼓蕩爲主，却不是沒有頓挫。這該是山谷的特色。如果沒有這個特色，他的拗峭的風格便無從顯示了。

首聯用了單韻，是山谷體的擅長，大大增加了反詰語氣中的鬱勃氣勢。可是頷聯却蕩開一筆，不緊接着寫自己的想念對方，而是來了一個「空鏡頭」，通過蒼蒼茫茫的自然景象，襯映出道途悠長，友誼情深，時空遼遠，世情變幻。頸聯詞意懇切，從沉着中見遒煉。尾聯則出以淡逸之筆，輕輕結尾。

統觀全詩，前四句噴湧中見壯闊，後四句沉着中見澹蕩；從議論到寫景，再到面向着自己來傾訴。或爲大言炎炎，或爲放懷縱目，或爲絮絮談心，都不是一味豪放、直瀉無餘。直瀉無餘在山谷詩中不是沒有，不過那祇是他被人詬病的、粗率質直的失敗之作。

（吳調公）

登快閣

黄庭堅

癡兒了却公家事，快閣東西倚晚晴。落木千山天遠大，澄江一道月分明。朱絃已爲佳人絶，青眼聊因美酒横。萬里歸船弄長笛，此心吾與白鷗盟。

快閣是在江西太和（今江西泰和）治東贛江之上，以江山廣遠、景物清華得名。元豐五年（一〇八二）秋，詩人在太和任知縣已達三年之久。閑暇中，常去快閣遊賞，登臨抒懷，寫下了這首著名的七律。

方東樹評此詩曰：「起四句且敍且寫，一往浩然。五六對意流行，收尤豪放。此所謂寓單行之氣於排律之中者。」確實，此詩把七言歌行的手法運用到律詩中間，氣勢流轉，有時似江河直下，有時又似山澗盤旋。謀篇布局仍頗見章法：首聯入題，頷聯寫景，頸聯抒情，尾聯表意；但寫時又寓有法於無法之中，渾成見境。

「癡兒了却公家事，快閣東西倚晚晴。」首聯似尋常筆法，寫得平坦，從登樓的時間和心境寫起。首句原出於《晉書·傅咸傳》：「生子癡，了官事，官事未易了也。了事正作癡，復爲快耳。」晉朝時尚清談，不務實際，認爲能够把事情辦妥的人是傻瓜。山谷在詩中自認「癡兒」，頗有牢騷之意，寫出了自己的處境和心境，平坦中暗見起伏。「了却公家事」寫得似有無限快意，而厭倦官務的情緒卻不言而在其中。快意愛快事，那麽登快閣當合情入理。一、二句順接自然。「東」和「西」方位詞的運用，於尋常字面見功力，詩人在閣上徘徊瞻眺、逍遙自在的生動情態宛然可見。倚欄干，賞晚晴，而詩人用更經濟的筆墨直寫「倚晚晴」，此筆的妙處即在人、境融成一體。刹那間，蒙在黃庭堅心靈上的塵凡俗事的陰影飄然而去，詩人與天地精神獨往來，享受着自然界的天趣，擺脱了煩惱，撫慰了心靈。

「落木千山天遠大，澄江一道月分明。」頷聯承第二句而來，從人、境相融，進而寫到心、境意會。這是快閣登覽之勝景，故放眼眺望，能見遠山無數；居高臨下，可覘大江一道。這是深秋晚晴之清景，故秋葉零落，更顯天宇遼闊；贛江澄澈，愈見初月分明。這是「胸中無一塵」之人所寫之意境，致思高遠，領悟深刻，化爲文字，亦不同凡響。故能拈出「天遠大」、「月分明」二詞，用得新奇、用得貼切，點活了眼前景，寫出了胸中境。無怪乎張宗泰評之曰：「其意境天開，則實能辟古今未泄之奧妙……」（見《魯巖所學集》），爲我們畫出了一幅高遠明淨的秋景圖。

《能改齋漫錄·沿襲》中曾寫到：「東萊先生呂居仁愛豫章少年時作泰和縣樓詩：『木葉千山天遠大，澄江一道月分明』，然白樂天亦有江樓夕望詩云：『燈火萬家城四畔，星河一道水中央』之句。」意謂黃詩沿襲了白詩。其言謬矣！黃詩寫得精粹洗練，意境逼眞，寫景中足見坦蕩之胸襟。此乃創意之句，絕非襲用之輩所能道出。

「朱絃已爲佳人絶，青眼聊因美酒横。」山谷集中愛用「朱絃」、「佳人」、「青眼」等字眼。如「佳人去後絶朱絃」、「青眼酒樽開」等。「朱絃」即琴弦，「佳人」即知己朋友。這二者化用的都是「伯牙碎琴」之典。《呂氏春秋・本味篇》：「鍾子期死，伯牙破琴絕絃，終身不復鼓琴，以爲世無足復爲鼓琴者。」「青眼」出自《晉書・阮籍傳》：「籍又能爲青白眼，嵇喜來弔，籍作白眼，喜不懌而退。喜弟康聞之，乃齎酒挾琴造焉，籍大悅，乃見青眼。」而這二典合爲一聯，不僅意對流行，而且詩味深永。詩人的思緒從對閣外之景的遐想中回到了人世的現實。此乃頷聯的逆轉，首句的暗承。細細品來，似有四層含意：獨自登臨，寂寞不歡，這是一。知音不在，落落寡合，這是二。與世相左，惟酒可意，這是三。暫消憂愁，終感無奈，這是四。於是一副傲骨躍然紙上，詩格與人格在此相合。故吳汝綸讚此詩爲「意態兀傲」。此聯對得極好，不僅音韻流轉，字面也極富色彩。「朱絃」與「青眼」相對，既達意又有美感。「已爲」、「聊因」把詩人內心的種種波瀾極有層次地展現出來。而一「絕」、一「橫」又寫得如此乾脆、如此老辣，簡直妙不可言。屬對之精直可與老杜相比，山谷眞不愧詩中高手。

「萬里歸船弄長笛，此心吾與白鷗盟。」借酒消憂，衹屬「聊因」，塵世難合，仍如既往。面對着澄江秋月的無限美景，有着領略不完的天趣，那麽，何不棄官歸隱？何況早已厭倦官事、世事。迴蕩在詩人胸間的意緒若不甚經意，在尾聯自然流出。

「白鷗盟」出自《列子・黃帝篇》：「海上之人有好鷗鳥者，每旦之海上，從鷗鳥游，鷗鳥之至者百數而不止。」鷗鳥樂羣適性，衹與忘機之人作伴。故自稱「癡兒」的山谷才能與白鷗結爲同盟。首尾相合，前後呼應。

看尾聯：扁舟江湖，無拘無束，寫得何等豪放；長笛抒懷，逍遙自在，寫得何等飄逸；心與鷗盟，忘機忘我，又寫得何等灑脫。有人因「萬里」二字，析出此是歸隱而非歸家，因家居修水與太和同在一省，何來萬里。其實歸家卽歸隱，異詞同義。而「萬里」之用，是詩人的誇張筆法。若用「千里」則犯重複之忌，若用「百里」則嫌頭重脚輕。詩人博大的胸懷既能容下「落木千山」之宏景，那麽詩人高遠的意趣怎不能隨「萬里歸船」而盡情馳騁？故「萬里」最好不過。這不僅是詩筆照應，而且使結尾拓展了詩境，於拓展處更見氣格、更有氣勢。

黃庭堅寫這首詩時，衹有三十七歲，但在作品中已處處顯露了他那與衆不同的難能可貴的意趣、風格和境界。翁方綱評山谷詩云：「坡公之外又出此一種絕高之風骨，絕大之境界，造化元氣發洩透矣。」此確是中肯之論，用它來評論《登快閣》一詩，也是非常恰當的。

（吳惠娟）

寄黃幾復

黃庭堅

我居北海君南海，寄雁傳書謝不能。桃李春風一杯酒，江湖夜雨十年燈。持家但有四立壁，治病不蘄三折肱。想見讀書頭已白，隔溪猿哭瘴溪藤。

這首詩作於宋神宗元豐八年（一〇八五），此時黃庭堅監德州（今屬山東）德平鎮。黃幾復，名介，南昌（今江西南昌市）人，與黃庭堅少年交遊，此時知四會縣（今廣東四會縣）；其事跡見黃庭堅所作《黃幾復墓志銘》（《豫章黃先生文集》卷二三）。

「我居北海君南海」，起勢突兀。寫彼此所居之地一「北」一「南」，已露懷念友人、望而不見之意；各綴一「海」字，更顯得相隔遼遠，海天茫茫。作者跋此詩云：「幾復在廣州四會，予在德州德平鎮，皆海濱也。」

「寄雁傳書謝不能」，這一句從第一句中自然湧出，在人意中；但又有出人意外的地方。兩位朋友一在北海，一在南海，相思不相見，自然就想到寄信；「寄雁傳書」的典故也就信手拈來。李白長流夜郎，杜甫在秦州作的《天末懷李白》詩裏說：「涼風起天末，君子意如何？鴻雁幾時到，江湖秋水多！」強調音書難達，說「鴻雁幾時到」就行了。黃庭堅却用了與衆不同的說法：「寄雁傳書——謝不能。」——我託雁兒捎一封信去，雁兒却謝絕了。「寄雁傳書」，這典故太熟了，但繼之以「謝不能」，立刻變陳熟爲生新。黃庭堅是講究「點鐵成金」之法的，王若虛批評說：「魯直論詩，有『奪胎換骨』、『點鐵成金』之喻，世以爲名言。以予觀之，特剽竊之黠者耳。」（《滹南詩話》卷下）類似「剽竊」的情況當然是有的，但也不能一概而論。上面所講的詩句，可算成功的例子。

「寄雁傳書」，作典故用，不過表示傳遞書信罷了。但相傳大雁南飛，至衡陽而止。王勃《秋日登洪府滕王閣餞別序》云：「雁陣驚寒，聲斷衡陽之浦。」秦觀《阮郎歸》云：「衡陽猶有雁傳書，郴陽和雁無。」黃庭堅的詩句，亦同此意；但把雁兒擬人化，寫得更有情趣。

第二聯在當時就很有名。《王直方詩話》云：「張文潛謂余曰：黃九云：『桃李春風一杯酒，江湖夜雨十年燈。』眞奇語。」這兩句詩所用的詞都是常見的，甚至可說是「陳言」，談不上「奇」。張耒稱爲「奇語」，當然是就其整體說的；可惜的是何以「奇」，「奇」在何處，他沒有講。其實，正是黃庭堅這樣遣詞入詩，才創造出如此清新雋永的意境，給人以強烈的藝術感染。

任淵說這「兩句皆記憶往時游居之樂」，看來是弄錯了。據《黃幾復墓志銘》所載，黃幾復於熙寧九年（一〇七六）「同學究出身，調程鄉尉」；距作此詩剛好十年。結合詩意來看，黃幾復「同學究出身」之時，是與作者在京城裏相聚過的，緊接着就分別了，一別十年。這兩句詩，上句追憶京城相聚之樂，下句抒寫別後相思之深。詩人擺脫常境，不用「我們兩人當年相會」之類的一般說法，却拈出「一杯酒」三字。「一杯酒」，這太常見了！但惟其常見，正可給人以豐富的暗示。沈約《別范安成》云：「勿言一樽酒，明日難重持。」王維《送元二使安西》云：「勸君更盡一杯酒，西出陽關無故人。」杜甫《春日憶李白》云：「何時一樽酒，重與細論文？」故人相見，或談心，或論文，總是要吃酒的。僅用「一杯酒」，就寫出了兩人相會的情景。詩人還選了「桃李」、「春風」兩個詞。這兩個詞，也很陳熟，但正因爲熟，能夠把陽春煙景一下子喚到讀者面前，用這兩個詞給「一杯酒」以良辰美景的烘托，就把朋友相會之樂表現出來了。

再試想，要用七個字寫出兩人離別和別後思念之殷，也不那麽容易。詩人却選了「江湖」、「夜雨」、「十年燈」，作了動人的抒寫。「江湖」一詞，能使人想到流轉和飄泊，杜甫《夢李白》云：「江湖多風波，舟楫恐失墜。」「夜雨」，能引起懷人之情，李商隱《夜雨寄北》云：「君問歸期未有期，巴山夜雨漲秋池。」在「江湖」而聽「夜雨」，就更增加蕭索之感。「夜雨」之時，需要點燈，所以接着選了「燈」字。「燈」，這是一個常用詞，而「十年燈」，則是作者的首創，用以和「江湖夜雨」相聯綴，就能激發讀者的一連串想象：兩個朋友，各自飄泊江湖，每逢夜雨，獨對孤燈，互相思念，深宵不寐。而這般情景，已延續了十年之久！

溫庭筠不用動詞，衹選擇若干名詞加以適當的配合，寫出了「鷄聲茅店月，人跡板橋霜」兩句詩，真切地表現了「商山早行」的情景，頗爲後人所稱道。歐陽修有意學習，在《送張至秘校歸莊》詩裏寫了「鳥聲梅店雨，柳色野橋春」一聯，終覺其在範圍之內，他自己也不滿意（參看《詩話總龜》、《存餘堂詩話》）。黃庭堅的這一聯詩，吸取了溫詩的句法，却創造了獨特的意境。「桃李」、「春風」、「一杯酒」、「江湖」、「夜雨」、「十年燈」，這都是些名詞或名詞性詞組，其中的每一個詞或詞組，都能使人想象出特定的景象、特定的情境，展現了耐人尋味的藝術天地。

同時，這兩句詩還是相互對照的；兩句詩除各自表現的情景之外，還從相互對照中顯示出許多東西。第一，此联下句所寫，分明是別後十年來的情景，包括眼前的情景；那麽，上句所寫，自然是十年前的情景。因此，上句無須說「我們當年相會」，而這層意思，已從與下句的對照中表現出來。第二，「江湖」除了前面所講的意義之外，還有與京城相對的意義，所謂「身在江湖，心存魏闕」，就是明顯的例證。「春風」一詞，也另有含意。孟郊《登科後》詩云：「昔日齷齪不足誇，今朝放蕩思無涯。春風得意馬蹄疾，一日看盡長安花。」和下句對照，上句所寫時、地、景、事、情，都依稀可見：時，十年前的春季；地，北宋王朝的京城開封；景，春風吹拂、桃李盛開；事，友人「同學究出身」，把酒歡會；情，則洋溢於良辰美景、賞心樂事之中。

「桃李春風」與「江湖夜雨」，這是「樂」與「哀」的對照；「一杯酒」與「十年燈」，這是「一」與「多」的對照。「桃李春風」而共飲「一杯酒」，歡會何其短促！「江湖夜雨」而各對「十年燈」，飄泊何其漫長！快意與失望、暫聚與久別、往日的交情與當前的思念，都從時、地、景、事、情的強烈對照中表現出來，令人尋味無窮。張耒評爲「奇語」，並非偶然。

後四句，從「持家」、「治病」、「讀書」三個方面表現黃幾復的爲人和處境。

「持家——但有四立壁」，「治病——不蘄三折肱」。這兩句，也是相互對照的。作爲一個縣的長官，家裏衹有立在那兒的四堵牆壁，這既說明他清正廉潔，又說明他把全部精力和心思用於「治病」和「讀書」，無心、也無暇經營個人的安樂窩。「治病」句化用《左傳·定公十三年》記載的一句古代成語：「三折肱，知爲良醫。」意思是：一個人如果三次跌斷胳膊，就可以斷定他是個好醫生，因爲他必然積累了治療和護理的豐富經驗。在這裏，當然不是說黄幾復會「治病」，而是說他善「治國」，《國語·晉語》裏就有「上醫醫國，其次救人」的說法。黄庭堅在《送范德孺知慶州》詩裏也說范仲淹「平生端有活國計，百不一試埋九京」。作者稱黄幾復善「治病」，但並不需要「三折肱」，言外之意是他已經有政績，顯露了治國救民的才幹，爲什麽還不重用，老要他在下面跌撞呢？

尾聯以「想見」領起，與首句「我居北海君南海」相照應。在作者的想象裏，十年前在京城的「桃李春風」中把酒暢談理想的朋友，如今已白髮蕭蕭，却仍然像從前那樣好學不倦！他「讀書頭已白」，還衹在海濱作一個縣令。其讀書聲是否還像從前那樣歡快悦耳，沒有明寫，而以「隔溪猿哭瘴溪藤」作映襯，就給整個圖景帶來凄涼的氛圍；不平之鳴，憐才之意，也都蘊含其中。

黄庭堅推崇杜甫，以杜甫爲學習榜樣，七律尤其如此。但比較而言，他的學習偏重形式技巧方面。他說：「老杜作詩，退之作文，無一字無來處，蓋後人讀書少，故謂韓、杜自作此語耳。古之能爲文章者，眞能陶冶萬物，雖取古人之陳言入於翰墨，如靈丹一粒，點鐵成金也。」（《答洪駒父書》）而杜甫的傑出之處主要表現在以「窮年憂黎元」的激情，藝術地反映了安史之亂前後的廣闊現實。詩的語言也豐富多采，元稹就贊賞「憐渠直道當時語，不着心源傍古人」的一面。當然，杜甫的不少律詩，也是講究用典的；黄庭堅把這一點推到極端，追求「無一字無來處」，其流弊是生硬晦澀，妨礙了眞情實感的生動表達。但這也不能一概而論。例如這首《寄黄幾復》，就可以說是「無一字無來處」。但並不覺晦澀；有的地方，還由於活用典故而豐富了詩句的内涵；而取《左傳》、《史記》、《漢書》中的散文語言入詩，又給近體詩帶來蒼勁古樸的風味。

黄庭堅主張「寧律不諧而不使句弱」。他的不諧律是有講究的，方東樹就說他「於音節尤別創一種兀傲奇崛之響，其神氣卽隨此以見」。在這一點上，他也學習杜甫。杜甫首創拗律，如「落花游絲白日靜，鳴鳩乳燕青春深」，「有時自發鐘磬響，落日更見漁樵人」等句，從拗折之中見波峭之致。黃庭堅推而廣之，於當用平字處往往易以仄字，如「衹今滿坐且尊酒，後夜此堂空月明」，「黃流不解涴明月，碧樹爲我生涼秋」，「清淡落筆一萬字，白眼舉觴三百杯」等都句法拗峭而音響新異，具有特殊的韻味。這首《寄黃幾復》亦然。「持家」句兩平五仄，「治病」句也順中帶拗，其兀傲的句法與奇峭的音響，正有助於表現黃幾復廉潔幹練、剛正不阿的性格。

黃庭堅與黃幾復交情很深，爲他寫過不少詩，如《留幾復飲》、《再留幾復飲》、《贈別幾復》等等。這首《寄黃幾復》，稱讚黃幾復廉正、幹練、好學，而對其垂老沉淪的處境深表惋惜。情眞意厚，感人至深。而在好用書卷、以故爲新、運古於律、拗折波峭等方面，又都表現出黃詩的特色，可視爲黃庭堅的代表作。（霍松林）

雨中登岳陽樓望君山（其一）

黃庭堅

投荒萬死鬢毛斑，生出瞿塘灩澦關。未到江南先一笑，岳陽樓上對君山。

在北宋新舊黨爭的大波中，黃山谷受到了很大的衝擊。元符三年（一一〇〇），徽宗卽位，他從戎州（今四川瀘敍一帶）得放還。翌年三月出峽州，泊家沙市。第二年初春，取道鄂岳路先回江西修水老家，再赴安徽當塗就任，《雨中登岳陽樓望君山》是其取道岳州時作，追述他放還出峽時欣喜若狂的心境。詩人泊家沙市時，曾於

雨中登岳陽樓望君山（其一）

《次韻馬荆州》中說：「六年絕域夢刀頭，判得南還萬事休」；於《次韻石三七六言七首》中說：「老死寬恩放去，心似驚波不停」；可見這首詩不是即興應景之作，而是詩人自己從六年貶謫生活的實感中，面對眼前景色，觸動了埋藏在內心的情愫，而繼續發出來的心聲。

「投荒萬死鬢毛斑」句，含有三層意義。「投荒」，指自己於哲宗紹聖二年（一〇九五）以修《神宗實錄》不實，貶官涪州（今四川涪陵）別駕，後移戎州事。自認爲「窮奇投有北」，心情十分沉重。「荒」，作名詞。同時他認爲「自荆州上峽入黔中，備嘗山川險阻」，是「病人生入鬼門關」（《題驢瘦嶺馬鋪》），在道途上隨時可能死；他認爲以修《神宗實錄》不實罪名受貶，政治上隨時可以死；他認爲在戎州經常「甑有輕塵釜有魚」（《戲答史應之三首》），在生活上隨時可能死，故曰「萬死」。他還覺得自己是「夜郎自古流遷客，聖世初投第一人」（《和張仲謀送別二首》），這「黯鄉魂」、「追旅思」、「剪不斷」、「理還亂」的愁緒，又怎能不「艱難苦恨繁霜鬢」（杜甫語）呢？因以「鬢毛斑」概之。全句用最準確的語言，多層次的句型，概括了自己六年極度艱苦的貶謫生活，自見詩人在剪裁熔鑄方面所具有的藝術功力。

「生出瞿塘灧澦關」句，包含着憂懼和歡快的瞬間變化的心情。古歌云：「灧澦大如馬，瞿塘不可下」，故黃山谷稱之爲「關」。以前是「生入鬼門關」，現在是「生出灧澦關」，面對現實，又怎能不激起生活激情的巨浪呢！他曾說「拾遺句中有眼」，「生出」一詞，就是句中的詩眼。

「未到江南先一笑」句，有兩個地方值得注意：一是「江南」，一是「一笑」。歷代不少詩人眷戀江南、嚮往江南，江南，可說是美的象徵、美的概括。黃山谷家鄉是在江南，親友多在江南，即將赴任的地方也在江南，所以寄予江南以深厚的感情。元豐三年（一〇八〇）他改京官知江西太和縣，便於《曉放汴舟》詩中云：「又持三十口，去作江南夢」；又在《贈別李端叔》詩中說：「我觀江南山，如目不受垢」；後在四川放還東歸時，仍於《次韻楊明叔見餞十首》中說：「夢作白鷗去，江南水如天」。故「江南」一詞，有詩人對自然美的感受、對故鄉的愛，也有他美好的願望和追求。假如我們把江南換成「故鄉」或「故園」，意思倒明確多了，可是意境和詩味却少了。

雨中登岳陽樓望君山（其一）

作者在《謫居黔南十首》中云：「病人多夢醫，囚人多夢赦。如何春來夢，合眼在鄉社」；「相望六千里，天地隔江山。十書九不到，何用一開顏」。現在不是夢赦，而是得赦了；不是相望六千里，而是指日可達了；不是夢鄉社，而是美好的江南在望了：這當然值得一笑。但同時他受禪學影響很深，在戎州時，詩人《次韻答張斌老病起獨游東園二首又和二首》中，曾有「心猿方睡起，一笑六窗淨」的詩句，可見此處的一笑，又有相似於如來「拈花一笑」的內涵，所以詩中的一笑，既含有對江南美的笑，也有對童年回憶的笑，還有對人生妙悟的笑。他爲着充分顯示這種笑的心情，採用了「加一倍」的寫法，這又是匠心獨運的地方。

「岳陽樓上對君山」句，同上句有緊密聯繫，因而含有兩層意思：一是關於岳陽樓和君山的自然美吸引着詩人；一是關於岳陽樓和君山的故實與詩人的心靈有相通處。岳陽樓和君山，歷代詩人留下不少名篇佳什，今日面對眼前景色，當然會發出會心的笑和讚美的笑，這一笑無形中對江南增加了相當的美的分量。他在領悟自然美的同時，當然也會有別的聯想。他再謫宜州（今廣西宜山）重經此地時，便直接寫道：「我雖貧至骨，猶勝杜陵老。昔上岳陽樓，一飯從人討」。認爲在生活上比杜甫還要略勝一籌，這當然會有妙悟的笑；據張華《博物志》說：「洞庭君山，帝之二女居之」；「堯之二女，舜之二妃，舜崩，二妃啼，以涕揮竹，竹盡斑」。這一生離死別的故事，始終滲透着愛戀與追求的狂熱。舜帝和二妃是永別了，而詩人自己還能和妻兒在一起，不久，又能到江南和親人親友相見，還能到江南去主事，這怎能不使詩人心靈中獲得慰安呢？這當然又會有妙悟的笑。所以岳陽樓和君山，又有它豐富的思理在。不信，還可看他居鄂時寫的《甯子與追和予岳陽樓詩復次韻二首》的其一寫道：「去年新霽獨憑欄，山似樊姬擁髻鬟。個裏宛然多事在，世間遙望但雲山」。詩的後兩句是說，君山有很多事情值得思考，而世間衹是吟詠雲山，毫無心外之想，殊覺太省事了。這就證明他對君山是有心外之想的。清劉熙載說：「宋蘇黃以意勝」，此中富有思致機趣，眞够耐人尋繹回味。

黃山谷是個性格剛強、透徹世事而潔身自好的人。他寫詩胸次釋然，並要創造一種意深義高的境界，讓人三復玩味，而得到性靈上的陶冶。故他的詩衹是表現着自己眞實情感的流動，領略他的詩，要從詩人內心去搜索，透過詩人眞實的人生感受去搜索。此詩一氣流注，而曲折盡情，絕無妝點，又見思理，是一首不可多得的

雨中登岳陽樓望君山（其一）

佳作。

這首詩還富有藝術特色。

山谷詩最講究章法。他爲了文字的簡練和語言的含蓄，常採用所謂的「草蛇灰線」的表現方法，詩的後兩句就有這樣的妙處，這是一；山谷詩的敍述或描寫，重視眞實性。所謂眞實性，是有選擇的眞實，卽當時所說的「精意入神」。詩中的「荒」、「灧澦關」、「江南」、「君山」等，就具有這樣的眞實，這是二；詩中多使用名詞，容易給人以堆砌、累贅之感。楊烱好用人名作對，被譏爲點鬼簿。故李白的《峨眉山月歌》中連用五個地名而不露痕跡，王世貞認爲實屬難能可貴；但此詩却連用六個地名而不露痕跡，這同樣是難能可貴的，這是三；這首詩以情勢取勝，它之所以筆勢放縱，文字流走，並能從中表現一種變化驚人的思想感情，主要是選准了句中的動詞。如第一句的「投」和「死」，第二句的「生出」，第三句的「未到」和「一笑」，第四句的「對」，它們彼此之間，有時相反相成，有時互相映襯；有時於情理妙在神會，有時於文勢妙在反振；故使人覺得此詩淡而有味，含而不露，樸而傳神，眞而動情，這是四；宋代李頎《古今詩話》引《名賢詩話》有這樣的記載：「魯直自黔南歸，詩變前體，且云特要唐律中作活計，乃可言詩」。清王士禛舉宋人絕句可追蹤唐賢者得數十首，「投荒萬死鬢毛斑」，卽在其中。劉熙載說：「唐詩以情韻勝」，可見此詩是饒有情韻之作，這是五。

據《詩林廣記》載《豫章先生傳贊》云：「山谷自黔州以後，句法尤高，筆勢放縱，實天下之奇作」，也可作爲本詩的註脚。若慣以「瘦硬雄奇」或「險峭古拗」目之，恐非「入木」之論。

（徐聲揚）

清平樂

黃庭堅

春歸何處？寂寞無行路。若有人知春去處，喚取歸來同住。春無蹤跡誰知？除非問取黃鸝。百囀無人能解，因風飛過薔薇。

對黃庭堅的詞，歷代毀譽不一。宋代陳師道說：「今代詞手，惟秦七、黃九耳，唐諸人不逮也。」（見《苕溪漁隱叢話後集》卷三十二）晁補之說：「黃魯直間作小詞，固高妙，然不是當家語，自是着腔子唱好詩。」（同上）清代陳廷焯更指斥說：「黃九於詞，直是門外漢。」（《白雨齋詞話》卷一）這些話雖各執一端，都但有一定的道理。因爲黃庭堅現存近兩百首詞中，品類很雜，有的「超軼絕塵」（蘇軾《答黃魯直書》），有的穢褻不堪，高下懸殊，不可一概而論。衹是這首《清平樂》，傳誦至今，向來獲得好評。

在古代詩詞中，以「惜春」爲主題的作品何止千百篇。因此詩人寫這類作品，必須取新的角度和用新的手法方能取勝。否則，與前人雷同，就將失去藝術的生命力。

此詞好就好在寫得新穎、曲折，風格清奇，語言輕巧，詩味雋永。它賦予抽象的春以具體的人的特徵。詩人因春天的消逝而感到寂寞，感到無處覓得安慰，像失去了親人似的。這樣通過詩人的主觀感受，反映出春天的可愛和春去的可惜，給讀者以強烈的感染力。

清平樂（春歸何處）

若詩人僅限於這樣點明惜春的主題，那也算不了什麼高手。此詞高妙處，在於它用曲筆渲染，跌宕起伏，饒有變化。好像蕩鞦韆，既跌得深、猛，又蕩得高、遠。此詞先是一轉，希望有人知道春天的去處，喚她回來，與她同住。這種奇想，已表現出詩人對美好事物的執着和追求。詩人如癡如呆，擺脫常規的羈絆，進入了一個純幻覺的藝術境界。

下片再轉。詩人從幻想中回到現實世界裏來，察覺到無人懂得春天的去向，春天不可能被喚回來。但詩人仍存一線希望，希望黃鸝能知道春天的蹤跡。爲什麼呢？因爲黃鸝常和春天一同出現，它也許能得知春的訊息。這樣，詩人又跌入幻覺的藝術境界裏去了。

末兩句寫黃鸝不住地啼叫着。它宛轉的啼聲，打破了周圍的寂靜。但詩人從中仍得不到解答，心頭的寂寞感更加重了。衹見黃鸝趁着風勢飛過薔薇花叢。薔薇花開，説明夏已來臨。詩人纔終於清醒地意識到：春天確乎是回不來了。

像這樣一首短詞，幾經曲折，含蘊着一層深似一層的感情。詩人從惜春到尋春，從希望到失望，從不斷追尋到瀕於絶望；終於懷着無可告慰的心情，言盡而意不盡，爲美好事物的消逝陷入沉思中去了。

黃庭堅在詩詞創作中，常喜歡掉書袋、發議論，甚至堆砌典故，化用前人辭句，並自詡爲「奪胎換骨」、「點鐵成金」。這首詞却無此類弊病。僅結尾與歐陽修《蝶戀花》（庭院深深深幾許）詞末句「淚眼問花花不語，亂紅飛過鞦韆去」，意境稍嫌重複。但這充其量衹是「偷意」。比起剽字竊句來，總還有點自己的創造，因此仍不失爲一種高格。

有的學者認爲這首詞「結語暗寓身世，大有佳人空谷、自傷幽獨之感」，不妨聊備一說。但我以爲從全詞看，這種說法顯然跟通篇的主題不合。

讀者讀這首詞，感情的波瀾常會隨着詩人筆底的波瀾一同跳動，一同變化。你也會覺得：春天是可愛的，要珍惜春天，別讓她輕易溜走！

（蔡厚示）

泗州東城晚望

秦　觀

渺渺孤城白水環，舳艫人語夕霏間。林梢一抹青如畫，應是淮流轉處山。

秦觀，字少游，一字太虛，號淮海居士，揚州高郵（今江蘇高郵縣）人。宋神宗元豐八年（一〇八五）進士。哲宗元祐初，因得蘇軾推薦，曾任太學博士，兼國史院編修官。紹聖初，因坐黨籍，故連遭貶謫。徽宗時始放還，客死於藤州，年五十三。

秦觀詞清麗婉約，辭情兼備，然以格調淒婉爲病。詞的內容多寫柔情，也有寄寓身世之作。

這是一首抒情詩，也像一幅山水畫。

詩的基調是鄉愁，畫面以冷色爲主。

起句流露出一種寂寞孤獨的壓抑之感。城總是獨立存在的，曰「孤城」，反映出詩人作客異鄉的感情。孤城的周圍爲白水所環抱，形成心靈上的壓迫感。「渺渺」，渺茫、遙遠之意，原是形容「白水」從遠方蜿蜒至此；冠於「孤城」之前，雖因協律需要，顛倒詞序；同時也突出了「渺渺」的意味，從心理上兼及對「孤城」的修飾。這句是詩人登東城晚望鳥瞰全景的最初感受。接着，將視線移至白水之上：舳艫橫空，人語聲喧，在黃昏晚霞映照中如眞似幻，十分動人。但這美景並不能令詩人悠然神往，他將目光移向更遠處極目眺望。祇見天的盡頭、模糊不清的樹林梢頭塗了一抹淡淡的青色，宛如圖畫一般。哦，那該是淮水轉彎處的山痕呀！

秦觀詩沒有宋詩那種愛發議論、愛掉書袋、散文化的傾向，或帶禪意的特點，却多情景交融，近於唐音。但它又確實是宋詩，比唐詩精緻細密，富有畫意。例如本詩第一句，中心詞是「孤城」、「渺渺」和「白水環」從虛、實兩方面突出其「孤」。「渺渺」以疊字帶有時空伸延的意味，引人遐思；「白水環」則加強了「孤城」的封閉氣氛。「白水」在這裏並非專有名詞，「白」是水清而白。按七絶格律，這第五字不用仄聲，用平聲「青」也可以；之所以選用「白」字，一則避免和下面的「青」字相重複，更主要的是「白」色和「孤城」、「渺渺」格外諧和。看來首句貌似信手拈來，並不費力，其用心很細。又如次句，則精心刻畫，顯而易見。寥寥七字中包含了船隻、人語、晚霞，且將三者聯成一動態畫面：霞光映照下舳艫相接，人語喧鬧，和上句的孤寂形成冷熱對照，白水和紅霞也形成色彩的對比；故本句意象豐富，聲色並茂，描寫精細，語言精練，與唐人絶句的氣象渾成有別。第三、第四句寫得灑脱，很像唐詩。從整首詩看來，疏密有致，汲取唐人長處而自具宋詩特色。

宋代因山水畫發展，影響詩詞也富有繪畫之美。秦觀前後，蘇舜欽七絶《淮中晚泊犢頭》、王安石七絶《書湖陰先生壁》、楊萬里七絶《桑茶坑道中》等等，無不美麗如畫。而通畫理的秦觀又是有意以繪畫筆法入詩詞的，其《滿庭芳》詞「山抹微雲，天黏衰草，畫角聲斷譙門。……斜陽外，寒鴉萬點，流水繞孤村。……」歷歷如繪。本詩也可入畫。近景白水繞孤城，中景爲水中的舳艫和上空的夕霏，遠景則是林梢外的一抹青色山痕。國畫講究線條，畫面上有錯綜的直線（孤城、林梢）和不同弧度的曲線（船隻、水流、青山）構成線條豐富的畫面。它還是一幅水彩畫，色調以冷色的青、白爲主，綴以一筆紅霞的暖色，爲畫中的最亮色。多麽美麗的一幅淮河下游水鄉晚景呵！但是，舳艫上的人語、詩人內心深處的鄉愁，能在畫面上聽到、看到、感受到嗎？富有畫意的詩畢竟不同於畫，而富於詩意的畫也畢竟不同於詩呀！

（錢鴻瑛）

滿庭芳

秦　觀

山抹微雲，天黏衰草，畫角聲斷譙門。暫停征櫂，聊共引離尊。多少蓬萊舊事，空回首、煙靄紛紛？斜陽外，寒鴉萬點，流水繞孤村。銷魂！當此際，香囊暗解，羅帶輕分。漫贏得、青樓薄倖名存。此去何時見也？襟袖上、空惹啼痕。傷情處，高城望斷，燈火已黃昏。

這首詞寫的是一個別離的場面，隨着情事的發展，細緻地刻畫了當時的生活環境和人物的內心活動。它一上來是寫一位旅客將要乘船遠行，情人趕來餞別，於是暫緩開船，一起飲酒。這時候所看到的是：遠處被一些浮雲遮掩着的隱約起伏的山峯，從近處一直延伸到天邊的枯草。這一切給人的印象是黯淡的、蕭瑟的，是深秋郊外與人物別離時的心情相一致的景色。

在這裏，作者用「抹」字形容那輕輕地飄浮在山上的一層層薄薄的雲彩，用「黏」字表現那一望無際的、與遠天逐漸銜接的已經枯萎了的秋草，就好像雲是流質，可以抹在山上；草有黏性，可以黏住天體。兩句非常精練、自然，又極其傳神。（「黏」，宋本作「連」。「黏」字或是後人所改，但更好些。前人如鈕琇、毛晉均有辯論。鈕說見《詞林紀事》，毛說見汲古閣本《淮海詞》附註。）這首詞當時已到處傳唱，頭兩句尤其爲人所讚賞。

蘇軾因此曾經開玩笑地給作者起了一個別號，稱之爲「山抹微雲君」。而蔡絛《鐵圍山叢談》中還記載：作者的女婿范溫曾經參加某一貴人的宴會。貴人有一歌妓，愛唱秦詞，當筵唱了許多，其中當然有這一首。她起初並沒有注意范溫，後來才問他是什麽人。范回答說：「某乃『山抹微雲』女婿。」座中人不禁大笑起來。可見此詞，尤其是其起句被人愛重的情形。

「山抹」兩句，是當時所看到的景物，而當時所聽到的，則是本在城樓門邊吹着而漸漸在晚空中消失的號角聲。不但角聲之悲涼引起了分手的情侶更多的離緒，而且畫角吹罷之後，時間也就更晚了。

一對情侶正是在這個地方、這個時候、這種情景之中停船飲酒的。但船是卽將遠行的「征棹」，酒是借以解憂的「離尊」，「征棹」無非「暫停」，「離尊」衹是「聊共」，這就如實地表達了兩人無可奈何的惆悵心情。

接着，作者寫這位旅客，也就是自己，在將要離開此時所在地汴京的時候，不由自主地回想起在這裏生活的一段時期中所發生的「多少」「舊事」來。「蓬萊」本是海中仙島，東漢人習慣用來指在洛陽的國家圖書館——東觀。秦觀曾在汴京的秘閣供職。秘閣則是宋代的國家圖書館，所以也可稱爲「蓬萊」。「蓬萊舊事」卽指在京城的一段生活而言。現在，就要離開了，回想起來，眞像煙霧一般，渺茫得很。平常說往事如煙，本來是個比喻，但此刻身在水邊，江天在望，煙水迷離，又將心中所感之情，結合眼中所見之景，而融成一體了。因此，「回首」兩句，可以是虛指情，也可以是實指景，妙在雙關。

回想往事，已如煙霧，極目前程，又衹見寒鴉、斜陽、流水、孤村，情景本已蕭瑟，何況又是從滿腹離愁的旅人眼中看出，就更加不是味兒了。「斜陽外」三句，也是傳誦千古的名句。作者的朋友晁補之說：「雖不識字人，亦知是天生好言語。」（見《苕溪漁隱叢話》）這正是稱讚其善於白描，形象鮮明，使人歷歷如見。隋煬帝詩：「寒鴉千萬點，流水繞孤村。」作者完全襲用其語，但正如晏幾道之用翁宏的「落花人獨立，微雨燕雙飛」兩句一樣，放在全篇之中，非常合適，極其自然，已成爲整首詞不可分割的有機組成部分。

換頭三句，寫別前的幽歡和留戀。古人以解帶暗示幽歡，如權德輿《玉臺體》：「昨夜裙帶解，今朝蟢子飛。鉛華不可棄，莫是藁砧歸。」（古人迷信，認爲妻子的裙帶自解，是遠出的丈夫要回家的兆頭。）賀鑄《薄倖》：「向睡鴨爐邊，翔鸞屏裏，羞把香羅暗解。」《西厢記》（寄生草）：「今宵同會碧紗橱，何時重解香羅帶？」「香囊」，則是佩飾，解以贈行，作爲紀念，如繁欽《定情詩》：「何以致叩叩，香囊繫肘後。」三句以「銷魂」兩字領起，用江淹《別賦》：「黯然銷魂者，惟別而已矣！」這説明，解帶贈囊，皆屬別情。蘇軾曾譏諷「銷魂當此際」句爲「學柳七作詞」（見黄昇《花庵詞選》），就是因爲這種寫法不够雅正，近於柳永之故。

「漫贏得」兩句，用杜牧《遣懷》「十年一覺揚州夢，贏得青樓薄倖名」之意。不但感嘆一切歡愛都成過去，而且是更多地擔心後會難期，最後不免在風月場中空留下一個負心郎的名聲。「漫」字有隨隨便便的意思。自己哪裏會願意留下這麽一個名聲？但却隨隨便便地留下了，暗示此别之於勢有所不得已。

哭哭啼啼，爲的是不知今天一别，何時再見。但無論怎樣傷感，也不能决定重見之期，那麽，即使是衣襟衣袖上都招惹了許多淚水，留下淚痕，也仍然是「空」的。所以「此去」二句，乃是由此時相别，想到今後相思，由今後相思，想到相思無益，是對離恨透過兩層的描寫，所以更顯深刻。

畫角吹殘，歸鴉成陣，天氣向晚，船要開了，送客的人也不得不回去了。用「傷情處」三字鄭重點出：這時回首遥望京城，已經萬家燈火，到了黄昏時候。這就將雖然非分手不可，却仍然流連惜别的心情，曲折地表達了出來，從情又歸到景，與篇首以景起對應。

周濟《宋四家詞選》説這首詞是「將身世之感打並入豔情」，這是一個很敏鋭的觀察。秦觀在秘閣擔任「黄本校勘」，是個官卑職小的工作，本不得意。在政治上，他同蘇軾關係密切，屬於舊黨。哲宗紹聖元年（一〇九四），新黨重新得勢，舊黨全部倒臺。秦觀也於此時外調杭州通判。這首詞可能就是作於此時。但關於「身世之感」，他衹用「多少蓬萊舊事」二句輕輕淡淡地帶過，不特因爲這首詞的主題是爲了和情人惜别，而且那個「黄本校勘」，也實在沒有什麽值得留戀的，比起分帶解囊的人來，簡直無法相提並論，故側重寫情場失意而把官場失意衹是依稀彷彿地包括其中。但「高城望斷」，自覺「傷情」，也未必沒有李白《登金陵鳳凰臺》中所謂「總爲浮雲能蔽日，長安不見使人愁」的意思在内。這就是周濟那句評語的含義。

（沈祖棻）

滿庭芳（山抹微雲）

鵲橋仙

秦　觀

纖雲弄巧，飛星傳恨，銀漢迢迢暗渡。金風玉露一相逢，便勝却人間無數。
柔情似水，佳期如夢，忍顧鵲橋歸路。兩情若是久長時，又豈在朝朝暮暮。

關於牛郎、織女的愛情故事，流傳頗爲久遠。早在《詩經·大東》裏就已有了記載：「維天有漢，監亦有光；跂彼織女，終日七襄；雖則七襄，不成報章。」這裏雖已出現了擬人化的描寫，但並無故事因素，而且也不涉及牽牛。到了西漢初年，始有一些片斷的故事情節。據史可考，東漢末年《古詩十九首·迢迢牽牛星》當是以牛女爲題材而情節又較爲完整的最早的作品。其詩曰：

迢迢牽牛星，皎皎河漢女。纖纖擢素手，札札弄機杼。終日不成章，泣涕零如雨。
河漢清且淺，相去復幾許？盈盈一水間，脈脈不得語。

漢應劭《風俗通》載曰：「織女七夕當渡河，使鵲爲橋，相傳七日鵲首無故皆髡，因爲梁以渡織女故也。」南朝梁宗懍的《荆楚歲時記》中關於牛郎織女故事的記載就較爲完整而更富有神話意味了。載曰：「天河之東有織女，

鵲橋仙（纖雲弄巧）

天帝之子也，年年織杼勞役，織成雲錦天衣。天帝憐其獨處，許嫁河西牽牛郎。嫁後遂廢織。天帝怒，責令歸河東，使一年一度相會。」又云：「七月七日，爲牽牛、織女聚會之夜。」至此，這個富有神話色彩的愛情悲劇故事才歸於完整。後人多以此爲題材入詩入戲，然而其基調不出愁苦哀怨，離愁别恨。

秦觀的《鵲橋仙》却能一反前人俗套，自出機杼，歌頌眞摯而忠貞的愛情，立意新穎，境界高絕。讀之令人迴腸蕩氣，吟味則韻味雋永。

詞的上片開始是以舉首仰望的角度來觀望那海空澄碧的夜空畫面。淡雲輕風，羣星閃爍，使人感到秋夜的天空是那麽晶瑩澄澈，寥闊明靜。這高遠幽深的境界給詞人帶來無限的遐想。那細長柔美的纖雲，縷縷如絲，淺淡若絮，悠悠然飄浮在浩淼如海的碧空。詞人宦海沉淪的怨恨，人生坎坷的況味，一下子被這靜謐深邃的氛圍所觸動，那貞靜而孤寂的織女的形象，以及她終日織杼的苦悶生活，和詞人此時此地的心境熔鑄默契。因此那忽而飛逝的流星引起了詞人的無限感慨。詞人以飛逝的流星比喻織女手中的金梭。勤勞而手巧的織女默默地、無止無休地織杼着璀璨的彩霞雲錦，而自己却終生孤寂。金梭的來往傳動，消磨着她的青春年華，她織着、想着、怨着、恨着，這萬千情緒都溶進了小小的金梭之中。這裏是寫景，也是抒情。狀寫牛郎織女之恨，其实也流露了詞人那種窮愁潦倒、抑鬱寡歡的心緒，是「化景物爲情思」（范晞文語）。「銀漢」是這一神話故事中罪惡勢力的化身，詞人以「迢迢」狀寫其闊，説明牛女相距之遠。然細加品味，始知這「迢迢」二字極盡摹寫二人相思之苦。我們不妨和《迢迢牽牛星》一詩中所描寫的「河漢」（卽銀河）作一比較，其詩云：「……河漢清且淺，相去復幾許？盈盈一水間，脈脈不得語。」在我們看來，這「清且淺」的天河，相去是沒有多遠的。然而這近在咫尺，似乎連對方的神情語態都宛然在目的「盈盈一水」，却成了他們不可逾越的浩瀚恨海，所以這一對愛情篤眞的情侶衹能是含情脈脈，欲語不得了。其相思之苦，怨恨之深不言自喻。

神話傳説體現着勞動人民的意志和對未來的憧憬。人們以豐富的想象、巧妙的構思，甚至以浪漫主義的手法不斷地豐富着、完善着故事的內容。面對這一牛女故事，人們化「同情」爲「鵲橋」，使這一對含恨終生、備嘗離别之苦的情侶終於暗渡鵲橋相會，不正是表達了我國古代勞動人民對於美好事物的嚮往麽？

詞的上片四、五兩句「金風玉露一相逢，便勝却人間無數」是作者有感而發的議論。而這一議論並不使人感到突兀，如果我們與上句「暗渡」聯繫起來，就會感到這議論是從詞人胸中自然流出，有水到渠成之妙。一如上述，以銀河爲象徵的罪惡勢力，把這一雙愛情眞摯而專一的青年男女，活生生地分隔於盈盈一水的兩邊，其相思之苦不難理解。因而這難得的一年一度的「七夕」相會，就更顯得珍貴。另外，作者把這一珍貴的一夕相會，映襯於金風玉露、冰清玉潔的背景之下，就更加顯示出主人公心靈的純潔而高尚，而他們那種不爲邪惡勢力所屈服、愛情眞摯而專一的道德情操，不正是對當時社會上那些朝歡暮樂，日日厮守而實際並無眞實感情的薄情男女的鄙棄嗎？因此這一慨嘆，使得詞的格調清奇而高絕。所以清代王國維在《人間詞話》中說：「有境界，則自成高格，自有名句。五代、北宋之詞所以獨絕者在此。」

如果說詞的上片是寫「佳期相會」，那麼詞的下片則是寫「依依惜別」。

詞的下片，作者是以置身於空中的角度來寫的。而且作者的感情似乎已化入作品主人公的藝術形象之中，讓人讀起來確有「不知何者爲我，何者爲物」（王國維《人間詞話》）的感覺。詞人以「柔情似水」開惜別之端，立意並不新奇。以有形的流水來比喻無形的、不可名狀的情思也並不始於秦觀。南唐李煜《虞美人》詞曰：「問君能有幾多愁，恰似一江春水向東流。」就是以水的流逝來形容無形的「愁」的名句。而本詞中却是以流水來形容柔情，他把情人相會時那種情意，比作悠悠無聲的流水，讓人格外感到愛情的溫柔、繾綣。然而，「別恨長長歡計短」，愈是情深意厚就愈加感到韶光苦短。這一夕的佳期竟然像夢幻一樣倏然而逝，對於牛女就更加感到割愛生分的痛苦。他們那種如泣如訴、流連顧盼、含情脈脈的惜別情狀是多麼令人感動而心碎啊！不僅如此，作者又以「忍顧鵲橋歸路」將情感進一步深化。那借以相會的鵲橋，轉瞬間却成了他們離別的歸路，豈肯忍心回顧！一個「忍」字把他們那種悲痛欲絕的心情表現得淋漓盡致。作品中主人公的感情已經達到高潮，而作者對於主人公的同情、惋惜的情感也達到了無法遏止的地步。秦觀不愧爲大手筆，他並沒有沿襲時俗陳套，以凄惋、低沉的情調作結，而是筆鋒突轉，另闢蹊徑，以高尚的精神境界，迸發出「兩情若是久長時，又豈在朝朝暮暮」的千古名句。這可以說是全詞的「點睛」之筆，詞人也就在這對於牛女純潔的愛情、高尚的情操、晶瑩澄澈的品

鵲橋仙（纖雲弄巧）

格的讚美聲中結束了全詞。

總觀全詞，共有十句。其中六句爲寫景（也是抒情），四句爲作者議論。就藝術技巧而論，寫景的句子倒不怎麽突出，而議論的句子却成了膾炙人口的千古名句。古代詩論家多以議論入詩爲病。嚴羽就批評宋詩「以文字爲詩，以才學爲詩，以議論爲詩」。（見《滄浪詩話》）。陳子龍也批評宋詩「言理不言情」（見《古今詞話》）。儘管以議論入詞者尙不多見，然而也不能說絕無影響。誠然，詩歌（當然也包括詞在内）應當講求形象思維，詩人興會所至，或觸景生情，或借景抒情，多以委婉曲折地表達詩人在某一時刻的心緒、感觸和意念爲上乘。所以我國古代詩論家很重視詩的含蓄美。然而「尺有所短，寸有所長」，宋詩中以議論見長者也不乏其例。卽就秦觀的這首《鵲橋仙》而言，其議論並無說教之感，而且析理精闢，格調高絕，大有墨氣四射、力透紙背之感。清末梁啓超說：「向來寫情感的，多半是以含蓄蘊藉爲原則，像那彈琴的絃外之音，像吃橄欖的那點回甘味兒，是我們中國文學家所最樂道。但是有一類的情感，是要忽然奔進一瀉無餘的，……眞可謂『一聲何滿子，雙淚落君前』，你若要多着些話，或是說得委婉些，那麽眞面目完全喪掉了。」（見《中國韻文裏頭所表現的情感》）因此，我覺得秦觀的這首《鵲橋仙》上片以「金風玉露一相逢，便勝却人間無數」發抒感慨，下片將意思翻進一層，道出了「兩情若是久長時，又豈在朝朝暮暮」的愛情眞諦。這字字珠璣，落地若金石聲的警策之語，正是這首詞流傳久遠，歷久而不衰的關鍵所在。

北宋由於城市經濟較之唐代更爲繁榮，當時不但宮廷内設有「敎坊」，大城市中也都有歌樓妓館。因此，一些落泊文人常常混跡勾欄，尋花問柳，吟詩唱詞，娛樂性情。而秦觀能於豔情靡詞之風中不落窠臼，歌頌情專意深的眞摯愛情，實爲難能可貴。卽就今日而言，這首詞除了能使我們在藝術享受中得到潛移默化的美感教育外，對於那些愛情生活中的種種醜惡現象，不是也可以給予無情的針砭嗎？

（王成懷）

踏莎行

秦觀

郴州旅舍

霧失樓臺，月迷津渡，桃源望斷無尋處。可堪孤館閉春寒，杜鵑聲裏斜陽暮。　驛寄梅花，魚傳尺素，砌成此恨無重數。郴江幸自繞郴山，爲誰流下瀟湘去？

王直方《詩話》云：「少游嘗因晚出右掖門，有詩云：『金爵觚棱轉夕暉，飄飄宮葉墮秋衣。出門塵漲如黃霧，始覺身從天上歸。』識者以爲少游作一黃本校勘，而炫耀如此，必不遠到。」（胡仔《苕溪漁叢話前集》卷五十引）這時的秦觀生活並不充裕，他曾遺詩錢穆父云：「日典春衣非爲酒，家貧食粥已多時」，穆父以米二石送之（同上）。但是他很得意，以爲與濁世比較起來，他簡直是置身天上。可惜，這樣的好景不長，宋哲宗紹聖元年（一〇九四），新黨執政打擊舊黨，他一再受到打擊。紹聖四年（一〇九七），他被一貶再貶，輾轉遷徙到了郴州。這對於秦觀來說，何止是從「天上」回到了人間，簡直是落入了地獄。經歷了這樣翻天覆地的變化，他的心情又當如何呢？這首《踏莎行》就足以說明。

詞的上片以寫景爲主，描寫了詩人謫居郴州登高悵望時的所見和謫居的環境，但景中有情，表現了他苦悶迷惘、孤獨寂寞的情懷。下片以抒情爲主，寫他謫居生活中的無限悲愁，但有時也情中帶景。

寫景，帶有強烈的感情色彩，使景與情取得和諧的統一，景語亦即情語，創造出完美的意境。

寫所見：「霧失樓臺，月迷津渡，桃源望斷無尋處」，描寫出一種迷離朦朧的景象。大霧濛濛，遮住了樓臺，月色茫茫，分辨不清渡口的所在。大霧彌漫，一點也看不到樓臺的影子，所以用一個「失」字；月光朦朧，渡口依稀如見，却又分辨不清，所以用一個「迷」字；用字極爲工巧。這還衹是詩人攝入眼中的景象，但並不是他眺望的目的。他的目的是什麽？是在尋找「桃源」。據陶淵明《桃花源記》說，在桃花源裏：

> 土地平曠，屋舍儼然，有良田美池桑竹之屬。阡陌交通，鷄犬相聞。其中往來種作，男女衣著，悉如外人；黃髮垂髫，並怡然自樂。

這是一個沒有剝削壓迫，人人平等的理想社會。秦觀瞻望桃源，表現了對這片與世隔絕的世外樂土的嚮往。當然，他所追求、所尋找的理想境界，是否與陶淵明的相一致，那倒不一定。但有一點可以肯定，在這樣的社會裏，沒有黨爭中的互相傾軋、沒有不平，同當時的社會現實形成鮮明的對照。在經歷了貶謫打擊之後的詩人，感受是十分痛切的。所以他不僅是「望」，而且是「望斷」，表現的心情是很迫切的。但這樣理想的地方在哪裏呢？「無尋處」。這一方面是說明北宋王朝的腐朽，在現實社會中，找不到一塊沒有不平的淨土；另一方面，也說明着詩人的迷惘，他看不到前途，看不到希望。他有所不滿，有所追求，但又看不清道路，不知道路在何方。他所炫耀的那種「天上」生活已經失去了，剩下的，是一片空虛。「失」、「迷」、「無尋處」，表現他沒着沒落的心情很形象，很生動。

寫環境：「可堪孤館閉春寒，杜鵑聲裏斜陽暮」。前一句寫大的環境，概括了一段時間的感受，是說：春寒料峭之中，獨自關閉在孤寂的旅舍裏，讓人不堪忍受。館曰「孤館」，客居曰「閉」，一種壓抑難伸、不得自由的情感隱含其間。環境的淒涼、心情的寂寞，都表現出來了。後一句寫登高眺望時的環境，是就眼前景物進行點染，意思更深一層。孤館春寒已經不堪忍受了，現在呢，又日暮斜陽，使人情懷慘淡，再加上杜鵑聲聲，就更使人失魂落魄，難以自持了。寫杜鵑，有兩種用意，一，取其鳴聲悲切。唐人陳藏器《本草拾遺》云：「人言此鳥（杜鵑）啼至血出乃止」（《本草綱目》引），所以才有「杜鵑啼血」的說法。二，取其鳴聲似催人歸去。《本草綱目・禽部三》云：「杜鵑，其鳴若曰『不如歸去』。」杜鵑聲的悲苦，同人物內心感情的悲苦是一致的，使環境氣氛更加凄涼哀怨；「不如歸去」的叫聲，就更勾起了遠謫在外的詩人的愁思。他遠離京華，又遠離故鄉，怎麽能不想歸去呢？思歸又不能歸，心情的悲苦更甚一層。既云「斜陽」，又云「暮」，意似重複。胡仔《苕溪漁隱叢話前集》卷五十引《詩眼》云，黄庭堅曾認爲「此詞高絶。但既云『斜』，又云『暮』，則重出也。」想改，又「極難得好字」，終未改成。其實，詩人衹是爲了摹寫他牢落而無偶的心情，反覆渲染，於理無障，並不能說是作品的毛病。它創造出來的深沉意境，是很爲人們稱道的。王國維說：「少游詞境，最爲凄婉，至『可堪孤館閉春寒，杜鵑聲裏斜陽暮』，則變而凄厲矣。」（《人間詞話・二九》）

下片寫情，前三句直抒胸臆：「驛寄梅花，魚傳尺素，砌成此恨無重數。」前兩句寫朋友們書來信往的情況。遠謫異地，能够經常得到朋友們的信息，應當說是一種幸事，一種樂事。但對於秦觀來說，却「砌成此恨無重數」，不僅給他帶來了愁恨，而且是無窮的愁恨。一個「砌」字，用得極工，它把無形的愁恨變得有形了。舊恨未除新恨又來，重重疊疊地堆在那裏，摞在那裏，塊壘難消，把愁恨之多表現得很形象。朋友、親人的寄贈和信息，雖然能够給他以慰藉，但也使他更加想念親人。想念而不能相見，豈不愁苦？親人所帶來的溫暖，使他聯想到被貶謫的無辜，使他更加感到受排擠、受打擊的痛苦。所以，親朋的信息越多，就使他越發感到怨氣難平，使他的愁恨到了「無重數」的地步。

後二句借助自然景物來抒情：「郴江幸自繞郴山，爲誰流下瀟湘去？」郴江本來是繞着郴山流的，爲什麽又要流到瀟湘去呢？把大自然的江河寫得有感情、有意志，好像郴江的注入瀟湘是出於迫不得已的原因。詩人遠徙南國，是被迫的。郴江本可以繞郴山流的，爲什麽也流向瀟湘呢？問的是郴江，表現的却是詩人自己的心事。這一問，感情很強烈，把滿腹憂愁、萬千心事，借助自然景物傳達出來，却又並不說破，妙在婉轉含蓄。據說蘇軾對這兩句詩極爲稱賞，《苕溪漁隱叢話前集》卷五十引惠洪《冷齋夜話》云：「少游到郴州，作長短句云：『霧失樓臺，……』東坡絶愛其尾兩句，自書於扇曰：『少游已矣，雖萬人何贖！』」這是因爲，這樣的詩句表達了被貶失意人無可告訴的心情，能够引起處境相類的人的感情共鳴。

這首詞表達了失意人的淒苦和哀怨的心情，流露了對現實政治一定程度的不滿，是有着一定積極意義的。在寫作上，還善於運用對句寫景抒情。上片開頭「霧失樓臺，月迷津渡」，霧靄與月色對舉，造成一種朦朧的藝術氛圍，籠罩全篇；下片開頭亦用對句，「驛寄梅花，魚傳尺素」，雖然表現的都是朋友的信息和寄贈這同一內容，却能造成書來信往頻頻不斷的氣勢，與「砌成此恨無重數」相照應。朋友對他慰藉多、對他同情多，説明他值得同情的地方多，這正是他愁多恨多的基礎，使全詞言情具有根據，不是無病呻吟，故能感人，而對詩人的同情，也正是對實行排斥異黨的新黨政策的一種否定。（張燕瑾、楊鍾賢）

初見嵩山

張　耒

年來鞍馬困塵埃，賴有青山豁我懷。日暮北風吹雨去，數峯清瘦出雲來。

嵩山爲五嶽之一，自東周定爲中嶽以來，屢受封禪，加上周公、漢武的遺跡，名聲極大。其五乳峯下少林寺又是佛教禪宗發源地，所以嵩山自古爲我國重要名勝之一。特別在宋代，由於距離京城較近，朝廷禪祭專幸嵩山，加上帝王行宫的修建、遊覽區域的擴大，使嵩山享有盛名，所以文人騷客遊覽嵩山，都懷有極高的興致。在這首詩中，詩人透過嵩山之景，寫出了自己初見嵩山時，塵慮爲之消洗、精神爲之振奮的喜悦心情。

初見嵩山

一、二句「年來鞍馬困塵埃，賴有青山豁我懷。」用對比手法寫出了世俗生活與登山遊覽時兩種截然不同的心境。在詩人心中，鞍馬勞頓，是自己所不願爲的，心緒相當不好，所幸有青山使自己陶醉，爲自己淘洗煩悶的情懷。「賴」字是憑靠的意思，「賴有青山豁我懷」，意思是全靠青山爲我開懷了。詩人在這裏先聲奪人地傾吐了自己對青山的特殊感情。「困」字與「豁」字，極富感情色彩。世俗生活，無論是公務還是私務，都是傷神、勞形的，詩人對此早有倦意，所以用一「困」字。而青山秀谷，美景宜人，登臨放目，胸臆頓開，所以用一「豁」字。這兩句高度概括地寫出了登臨嵩山時的喜悅之情。

三、四句「日暮北風吹雨去，數峯清瘦出雲來。」是寫眼前之景，並以山景喻人。黃昏時分，一陣風雨飄過，剛剛被雨水洗滌的青山，其青翠之色，在斜陽映照下，一定清新豔麗、光彩奪目。此時詩人已經登上頂巔，縱覽羣山，祇見數峯挺出雲外，清秀而瘦削，突出了嵩山主峯的峻拔和秀美。嵩山，山巒起伏，峻峯奇異，太室、少室諸峯有「嵩高峻極」、「峻極於天」之說。這裏，詩人用「清瘦」二字，不但寫出主峯高聳的姿態，而且寫出了它的精神品格，而詩人對嵩山精神品格的讚美，是頗有自況之意的。用山水品格喻人，早在魏晉時期就十分普遍。據《晉書・王衍傳》載，顧愷之稱王衍「巖巖清峙，壁立千仞。」《世說新語・容止》讚美嵇康：「巖巖若孤松獨立；其醉也，傀俄若玉山之將崩。」張耒在政治舞臺上屢遭黨禍之害而不隨波逐流，高風亮節爲人讚賞，晚年清苦而操守愈高，所以像嵩山這樣「清瘦」而高潔的品格，當是詩人引爲知己的。

這首詩在技法上頗有一些特點。全詩一氣呵成，瀟灑自如。一般即景抒情的絕句，前二句寫景，後二句抒情或議論。這首詩採取先抒情後寫景的方式，景隨情出，寫景成爲抒情的繼續，則筆下之景，飽含了詩人心中之情，所以景也就成了情的外現。那剛剛經過雨水沖洗的清瘦而挺拔的青峯，雖說是詩人眼中之景，但又是此時此地作者個人形象的外現。初見嵩山的新鮮感與自我聯想，使詩人驚喜萬分，形體的勞頓、精神的煩憂一下子溶解在高潔靜穆的青山懷抱之中。讀者在品味它的時候，也就不知不覺地被帶進那美妙而安謐的境界之中。

這首詩在遣詞造句上也頗見功力。首句「困塵埃」的「困」字；二句「豁我懷」的「豁」字；三句「吹雨去」的「吹」字；末句「出雲來」的「出」字，都是力度相當大的動詞，連續用來，句句有力，而通篇活潑。

（崔承運）

踏莎行

賀　鑄

楊柳回塘，鴛鴦別浦，綠萍漲斷蓮舟路。斷無蜂蝶慕幽香，紅衣脫盡芳心苦。　返照迎潮，行雲帶雨，依依似與騷人語：當年不肯嫁春風，無端却被秋風誤。

這首詞是詠荷花的。上片寫荷花的境遇。開頭兩句以「楊柳」、「鴛鴦」襯托荷花的美麗；以「回塘」、「別浦」交代荷花所處的地方。「回塘」，曲折回環的水塘。「別浦」，江河支流的入水處。「回塘」、「別浦」在這裏實際是一個地方。荷花生長在這不爲人注目的地方，而且「綠萍漲斷蓮舟路」：水面布滿了綠萍，採蓮船卽使要來，路也被阻斷了。那麽，能飛的蜂和蝶，總阻不斷吧？可是，斷然沒有蜂和蝶愛慕荷花的幽香。「紅衣脫盡芳心苦」，荷花衹能在秋風中憔悴零落，僅剩心有苦味的蓮子而已。「紅衣」，形容荷花的紅色花瓣，有人則把「紅衣」作爲荷花的代稱。

下片拓開一層，轉寫荷花的感慨。開頭兩句先寫「回塘」、「別浦」的自然景色：落日的餘光，迎照着晚潮；飛馳的流雲，帶來了雨滴。當然，這不僅是詞人攝取「回塘」、「別浦」一兩個自然景色的特寫鏡頭；詞人還運用落日、晚潮、流雲、雨滴來表達這样的感慨：朝朝暮暮，時光流逝，荷花依然「寂寞開無主」，衹有憔悴零落。第三句「依依似與騷人語」，寫荷花在秋風中搖曳不定，好像在向詩人傾吐自己的心曲：「當年不肯嫁春風，無

踏莎行（楊柳回塘）

端却被秋風誤」。「當年」句，語出韓偓《寄恨》詩：「蓮花不肯嫁春風」。賀鑄這兩句詞發展了韓偓詩的意思，說荷花高潔，不願與其他花在春天爭妍鬥豔。結果無緣無故地被秋風摧殘。荷花盛開於夏季，衰殘於秋日，如此寫極爲確切。同時，整個下片有眞景、有想象，詞人用一「似」字巧妙地把兩者聯繫起來，眞中的幻、幻中的眞給讀者以悠然遐思。

這是一首詠荷花的詞，但詞人沒有把筆墨用在描摹、刻畫荷花的形、神上，而主要是借荷花寄託自己的身世之感，這和蘇軾《水龍吟·次韻章質夫楊花詞》表面是寫楊花，實際是寫思婦的感傷有相同之處。我們知道，賀鑄有建功立業的雄心壯志，但仕途坎坷，沉淪下僚，鬱鬱不得志。他在《易官後呈交舊》詩中就曾說：「當年筆漫投，說劍氣橫秋。自負虎頭相，誰封龍頷侯。」不滿之情，溢於言表。他在這首詞中，通過豐富的想象，運用擬人化的藝術手法寫荷花的美麗、高潔、冷落、凋零、怨恨，實際是在寫自己的抱負、品德、遭遇、感慨。是詠花，也是詠人。花、人合一，渾然無跡。而詞人深沉的感慨，則又頻頻撥動着讀者的心弦。

（馬興榮）

青玉案

賀　鑄

凌波不過橫塘路，但目送、芳塵去。錦瑟華年誰與度？月橋花院，瑣窗朱戶，祇有春知處。

飛雲冉冉蘅皋暮，彩筆新題斷腸句。試問閑愁都幾許？一川煙草，滿城風絮，梅子黃時雨。

青玉案（凌波不過橫塘路）

作者晚年退隱蘇州，住在橫塘附近。此詞當是其時其地所作。它表面似寫相思之情，實則是發抒悒悒不得志的「閑愁」。上片，情之間阻；下片，愁之紛亂。上是賓，下是主。

起三句用曹植《洛神賦》「凌波微步，羅襪生塵」之語。凌波微步，不過橫塘，是其人沒有來；面對芳塵，祇能目送，是自己也不能去。「但」，猶言僅、祇。她沒有來，己不能去，則極目遠望，祇能從所見到的一片芳塵之中，想象其「凌波微步」的美妙姿態而已。

「錦瑟」一句提問，直用李商隱《錦瑟》：「錦瑟無端五十絃，一絃一柱思華年。」問她美好的青春與誰共度，亦卽懸揣其無人共度之意，點出盛年不偶，必致「美人遲暮」，暗暗關合到自己的遭際。

「月橋」兩句，是想象中其人的住處。「祇有」句是說其地無人知，自然也就更無人到。「月橋花院」寫環境之幽美，「瑣窗朱戶」寫房室之富麗，由外及內，而結以「祇有春知處」，就從絢爛繁華的時間和空間裏，顯示出其人的寂寞來。這三句共有兩層意思：其一，其人深居獨處，虛度華年，非常值得同情和憐惜；其二，深閨邃遠，除了一年一年的春光之外，無人能到，自己當然也無從寄與相思、相惜之情。這也完全與詞人自己沉淪下僚，一輩子不被人知重的情況相吻合。

過片「飛雲冉冉」，是實寫當前景色，同時暗用江淹《休上人怨別》「日暮碧雲合，佳人殊未來」，以補足首句「凌波不過」之意。「蘅皋暮」，是說在生長着杜蘅這種香草的澤邊，徘徊已久，暮色已臨，也是實寫，同時又暗用曹植《洛神賦》「爾乃稅駕乎蘅皋，秣駟乎芝田」——曹植就是中途在那兒休息，才遇到洛神宓妃的。這就補充了詞中沒有寫出的第一次和其人見面的情節。細針密線，天衣無縫。

「彩筆」一句，承上久立蘅皋、伊人不見而來。由於此情難遣，故雖才情富艷，有如江淹之曾得郭璞在夢中所傳的彩筆，而所能題的，也不過是令人傷感的詩句罷了。提起筆來，惟有斷腸之句，都是由萬種閑愁而起，所以緊接着就描寫閑愁。先以「幾許」提問，引起注意，然後以十分精警和誇張的比喻作答，突出主旨，結束全篇。

這首詞當時非常出名。黃庭堅寄作者詩云：「少游醉臥古藤下，誰與愁眉唱一杯？（秦觀《好事近》：「醉臥古藤陰下，了不知南北。」）解作江南斷腸句，祇今惟有賀方回。」詩作於秦觀死後，意思是說，當今詞手，就祇有賀鑄了。而結尾三句，尤其爲人傳誦，以致作者被稱爲「賀梅子」（見周紫芝《竹坡詩話》）。

結尾之好，歷來批評家多有論及，現加以概括，列舉如下：

首先，它們是用具體而生動的景物表現了抽象的、無跡可求和難以捉摸的細緻感情，使這種感情轉化爲可見的、可聞的，因而是可信的事物，使讀者可以從閑愁的形象中受到它的感染。本是言情，而作者却借景抒情，而所寫之景，又極其鮮明而且多樣化，使人覺得此愁簡直充塞天地，無所不在。沈謙《塡詞雜說》所云：「不特善於喻愁，正以瑣碎爲妙」，正是此意。

其次，這些比喻都不沿襲前人。羅大經《鶴林玉露》云：「詩家有以山喻愁者，杜少陵云：『憂端如山來，澒洞不可掇。』趙嘏云：『夕陽樓上山重疊，未抵閑愁一倍多。』是也。有以水喻愁者，李頎云：『請量東海水，看取淺深愁。』李後主云：『問君能有幾多愁？恰似一江春水向東流。』秦少游云：『落紅萬點愁如海。』是也。賀方回云：『試問閑愁都幾許？一川煙草，滿城風絮，梅子黃時雨。』蓋以三者比愁之多也，尤爲新奇，兼興中有比，意味更長。」所謂「新奇」，卽富於創造性。所謂「興中有比」，卽不僅比閑愁之無盡，亦以興身世之可悲，因爲三者都屬於暮春和初夏，卽「春去也」的光景，對於詞人的晚境欠佳，是有其象徵性的。

其三，如羅大經所略舉，他人言愁，或以山喻，或以水喻，大都祇限於用一個比譬，本詞却連設三喻；而且這三個比譬，又都不是單純的事物如山或水，而是複合的景色。草是煙霧中的草，而且是一望無際的平原上的煙草（一川卽滿川，川在這裏是平原之意，卽杜甫《樂游園歌》中「秦川對酒平如掌」之川）；絮是在空中飛動的絮，而且是韓翃《寒食》中「春城無處不飛花」之花絮；雨是梅子黃時下個不停的、如霧如煙的雨。（《潘子眞詩話》嘗舉寇準「杜鵑啼處血成花，梅子黃時雨如霧」之句，以爲是賀詞所本。）這都是它們跨越了前人同類句子的地方。所以沈際飛在《〈草堂詩餘〉正集》中評爲「眞絕唱」。

順便提到，像以多種事物比譬一件事物這樣的誇張手法，雖在文人詞中少見，寫得像本詞這樣新奇的更是不多，但這却是民間文學中常見的。如《鐃歌》中漢代民間詩人所寫的《上邪》：「上邪！我欲與君相知，長

青玉案（凌波不過橫塘路）

命無絕衰。山無陵，江水爲竭，冬雷震震，夏雨雪，天地合，乃敢與君絕！」又敦煌卷子中唐代民間詞人所寫的《菩薩蠻》：「枕前發盡千般願，要休且待青山爛，水面上秤錘浮，直待黃河徹底枯。白日參辰現，北斗回南面，休卽未能休，且待三更見日頭。」前者以高山變平、江水變乾、冬天打雷、夏天落雪、天地合並等五種絕對不可能發生的事情，後者以青山爛壞、秤錘浮水、黃河乾枯、參辰晝見、北斗南回、三更見日等六種絕對不可能發生的事情來比譬愛情之不可能「絕」和「休」，其聯想之豐富，比擬之奇特，感情之深沉，風格之渾厚、純樸、剛健，又把賀鑄這三句比下去了——雖然這三句更其工巧，而且仍不失爲佳作。

其四，這三句本是虛景實寫，目的在於用作比譬，但所寫又確係春末夏初橫塘一帶的景物，它本足以引起紛亂的愁緒，所以寫來就顯得亦景亦情，亦虛亦實，亦比亦興，融成一片。先著《詞潔》評本詞爲「工妙之至，無跡可尋」，正是指的這一点。

作者大概是在橫塘附近曾經偶然見到過那麽一位女子，既不知其住址，也無緣與之相識，甚至也沒有一定想要和她相識，但在她身上，却寄託一些遐想、一些美人遲暮的悲哀。《蓼園詞選》說此詞下片「言幽居腸斷，不盡窮愁，惟見煙草、風絮、梅雨如霧，共此旦晚，無非寫其境之鬱勃岑寂耳。」這一見解是符合詞意的。所以，它雖寫了相思，却並非以愛情爲主題的作品。

（沈祖棻）

春懷示鄰里

陳師道

斷牆着雨蝸成字，老屋無僧燕作家。剩欲出門追語笑，卻嫌歸鬢着塵沙。

風翻蛛網開三面，雷動蜂窠趁兩衙。屢失南鄰春事約，祇今容有未開花。

這首詩是陳師道的名作。陳師道是一個清貧自守、孤介澹泊的詩人，沉淪下僚，坎壈終身。《春懷示鄰里》是他晚年之作，元符三年（一一〇〇）寫於徐州。方回《瀛奎律髓》稱它「淡中藏美麗，虛處着工夫」，不爲過譽。這首詩運用明與暗相間的色調，動與靜、妍麗與枯淡對照的手法，細膩入微地刻畫出了貧居困頓的老去春懷。那一派春色駘蕩的畫面和詩人的枯寂心境相互映襯，極盡空外傳神之妙。

「斷牆着雨蝸成字，老屋無僧燕作家。」首聯寫貧居孤寂。春天悄然地降臨人間，也降臨到這荒涼破敗的老屋。工細的筆觸刻畫出一個枯寂靜坐的人眼中之所見。詩人擷取了最有特徵性的春天景物：春雨、飛燕。春雨紅濕，本爲悅目之景，杜甫《曲江對雨》：「林花着雨臙脂落」，紅艷欲滴。但是，投入詩人眼簾的竟是：頹敗的斷牆、剝蝕的舊壁，被春雨淋濕後，蝸牛在上面爬過，留下一行行蝸涎成爲篆字一樣的痕跡，一幅荒寒殘破的景象。「蝸成字」，蝸涎涴壁是貧家景象。宋陶穀《清異錄》卷三：「臨川李善寧之子，十歲能即席賦詩。親友嘗以『貧家壁』試之，略不構思，吟曰：『椒氣從何得？燈光鑿處分。拖涎來藻飾，惟有篆愁君。』」「篆愁君」、

春懷示鄰里

「拖涎」卽指蝸牛行跡。飛燕穿戶，本來也是怡情之物，杜甫《題桃樹》：「簾戶每宜通乳燕」，秋去春歸的燕子，飛來飛去，銜泥築巢，呢喃依人。但是，在詩人點染的「老屋無僧」的環境氛圍中，呢喃燕語，反而更加顯出空闃淒清，蕭索寥落。詩中兼有比興意味，「蝸成字」句，象徵自己蝸居斗室，百無聊賴；「燕作家」句，暗喻老屋朽敗如荒寺古廟，自己也已形同槁木，似僧却又非僧，故此燕子尚可築巢雙棲。一、二兩句純寫靜中神理，是一顆寂寞的心所感受到節候的變化，春天畢竟來了，在寒潭古井似的心底泛起了漣漪。

「剩欲出門追語笑，却嫌歸鬢着塵沙。」頷聯寫頹唐之感，尋春的渴念與衰老的意緒矛盾交織。可與詩人的《和黃生出游三絕句》其三對照：「剩欲登臨强作歡，衣冠未動意先闌」，都是委婉曲折地刻畫意興闌珊的春懷。「剩」，很，甚。尋春嬉游的人們在門外走過，傳來陣陣喧聲笑語，漸去漸遠，杳然無蹤了；自己很想出去結伴同遊，但是又嫌外面風沙大，惟恐歸時塵土落滿霜鬢，終於還是懶得動。一個「追」字，無限淒然，含蘊深長。弦外之音是：很想追尋那青春快樂的脚步，却又頹然而止，似乎往昔的逸興豪情和歡笑也已杳然遠去，如夢而逝，剩下來的衹有衰老和孤寂。這與蘇軾的《蝶戀花》詞（「花褪殘紅」）：「笑漸不聞聲漸悄」，情境略相彷彿。

「風翻蛛網開三面，雷動蜂窠趁兩衙。」頸聯寫春色暄妍，用明麗纖美的筆觸勾勒出一幅活潑的、春意盎然的畫面。紀昀評：「起二句言居處之荒涼，五六句言節候之暄妍，故兩聯寫景，而不爲復。」隨着詩人視線的遊移、景物的轉換，畫面變幻多姿，首聯陋室索居的黯淡、淒冷、枯淡、寂寥，正與頸聯大好春光的明媚、暄和、絢麗，爛漫形成鮮明對照。「蛛網」句，盡日春風，鼓破蛛網，游絲飄曳，是春深景色，杜甫《題省中壁》：「落花游絲白日靜」，使人頓然聯想起晴空湛藍，游絲百尺，柳絮飛白，落紅繽紛。「蜂窠」句，「蜂窠」，卽蜂房；「兩衙」，指蜂衙，羣蜂簇擁蜂王，如同衙門裏列隊參見長官，故稱蜂衙。傳說蜂有早晚兩衙應潮來潮落，早衙畢出採花，晚衙畢入蜂房。這句說，春雷驚蟄，蜜蜂傾窠而出，嗡嗡飛來飛去，採花忙個不停。這是詩人刻意雕鏤、典麗精工之筆，實寫黃蜂喧鬧，虛擬繁花似錦，顯見一片姹紫嫣紅，爭妍鬥艷，吐蕊飄香，蝶恣蜂狂，這是一幅艷陽麗日之下色彩絢爛、生機勃發的畫面，令人心醉目迷，卽使斗室枯坐的詩人，也靜極思動，不忍辜負芳時了。

「屢失南鄰春事約，祇今容有未開花。」尾聯以惘然若失的疑問結束。「南鄰」，可能是指寇國寶——陳師道的朋友，也是學生。陳的詩中屢次提到「南鄰」，如《戲寇君二首》：「南鄰歌舞隔牆聽」，都是指寇國寶。「春事約」，遊春賞花之約。「容有」，或許有，推測之詞。南鄰屢次約我看花都失約未去，現在也許還有未開過的花吧？詩意如松際斷雲，欲盡未盡。帶着幾分惆悵，春天終將落盡紅英，悄然歸去；又帶着幾分慵倦凄楚，詩人終於再一次地頹然而止，依然還是在枯寂靜坐中冥想。詩的結尾，蘊含着某種象徵暗示的意味：那逝去了的生命的春天還能追尋回來嗎？

這是一個帶着濃重的人生遲暮之感的詩人的春懷，古井微瀾，寫得極有層次。掩卷沉思，彷彿可見詩人擡起一雙倦眼凝視無邊春色。他的另一詩作《湖上晚歸寄詩友》其二：「殘年憎送歲，病眼怯逢春」，畫出此時心境。一個「怯」字，含着咀嚼不盡的苦澀。寫作《春懷示鄰里》後，不過二年，詩人就在貧病交迫中凄涼辭世了。

（林　薇）

瑞龍吟

周邦彥

章臺路，還見褪粉梅梢，試花桃樹。愔愔坊曲人家，定巢燕子，歸來舊處。　黯凝佇。因念箇人癡小，乍窺門戶。侵晨淺約宮黃，障風映袖，盈盈笑語。　前度劉郎重到，訪鄰尋里，同時歌舞。惟有舊家秋娘，聲價如故。吟牋賦筆，猶記《燕臺》句。

知誰伴、名園露飲，東城閑步？事與孤鴻去。探春盡是，傷離意緒。官柳低金縷。歸騎晚，纖纖池塘飛雨。斷腸院落，一簾風絮。

這首詞寫重游舊地但已看不到舊日情人的悵惋之情。對於作者來說，也許是一次新的生活經驗，但這却是一個古老的主題，所以周濟《宋四家詞選》說它衹是崔護《題都城南莊》「去年今日此門中，人面桃花相映紅；人面不知何處去，桃花依舊笑春風」一詩的「舊曲翻新」。

詞的起筆便表明了這舊日情人乃是汴京的一位妓女。章臺本是西漢京城長安一條繁華熱鬧的街名（見《漢書·張敞傳》），而鬧市往往爲妓女所聚居，所以又借指「坊曲人家」。（「坊曲」，各本作「坊陌」。鄭文焯校本云：「楊升庵云：『俗改曲爲陌。』案：唐人《北里誌》有『海論三曲中事』，蓋即平康里舊所聚居處也。當時長安諸倡家謂之曲；其選入教坊者，居處則曰坊。故云『坊曲人家』，非泛言之也。本集《拜星月慢》云：『小曲幽坊月暗』，可證『坊曲』爲美成習用。」）這裏則借長安鬧市以指汴京坊曲。「褪粉梅梢」，是寫梅花已將凋謝，故褪去花粉；「試花桃樹」，是寫桃花方始開放，故稱爲試花。二語點明季節，而領以「還見」兩字，則是說明章臺花樹，本是當年常來之地、常見之物，今日地、物依然，可是，人呢？這一起衹從正面寫了地、物仍舊，而實際上却已暗示了物是人非之感。

「愔愔」三句，進一步抒發了這種感慨。由「章臺路」寫到「坊曲人家」，重來的地點更具體了；由路旁的花樹寫到屋中的燕子，重見的事物也更具體了。「定巢」，猶言安巢。杜甫《堂成》「頻來語燕定新巢」，是用字所本。燕子依人定居，可是它們又是不理會人事的變遷，認屋不認人的，所以人雖換了，依然來「舊處」「定巢」。點明舊處，可見燕子也是當年常見的舊侶。燕子今年還能够回來定巢，可是，人呢？這就見得物是人非之感更深了。第一疊本是寫詞人初臨舊遊之地所見所感，但通體衹說物，不說人，衹暗說，不明說，就顯得感情沉鬱，有待抒發，直逼出後面的文字來。

第二疊還是不直接寫自己的「人面桃花」之感，却因景及情，因物及人，描繪了自己初見那位姑娘時一直保留在記憶中的美好印象。在行文方面，這乃是一種頓挫。這印象是如此新鮮而深刻，以致當他在舊遊之地淒黯地佇立徘徊的時候，就自然而然地湧上心來。所以「黯凝佇」三字，是拉開回憶的幕布的契機；就結構上說，則起了承上啓下的作用。

「因念」以下，是關於那位姑娘的直接描寫。「箇人」，即那人。「癡小」，形容她年紀還輕，天真爛漫。「淺約宮黃」，猶後來所謂薄施脂粉，也就是淡妝。以黃塗額，謂之「約黃」，本是古代宮廷婦女的一種打扮，後來民間也加以倣傚。「障風映袖」從「乍窺門戶」來，從「清晨」來。由於她一清早就打扮好了，在門口看街，（古代妓女習慣於在門口看街，這可能和招攬客人有關。《史記·貨殖傳》載有「刺綉文，不如倚市門」的諺語。許顗《彥周詩話》：「詩人寫人物態度，至不可移易。元微之《李娃行》云：『髻鬟峨峨高一尺，門前立地看春風。』此定是娼婦。」皆可證。）初春餘寒尚存，曉風多厲，不得不以袖遮風，因而晨妝後鮮艷的容顏，就掩映在衣袖之間了。「盈盈笑語」則是「癡小」的具體表現。這一切，都是詞人在從前某一個可紀念的清晨所銘刻在心底的不可磨滅的印象，而這一印象的重新浮現，顯然是舊地重遊，情人不見，黯然佇立時，被勾引起來的。

以上兩疊，是雙拽頭，寫憶舊；第三疊才是過片，寫傷今，也是聲情相應。「前度劉郎重到」，點明情事。這「重到」，按時間順序說，是在「還見」和「因念」之先，可是最後才說出來。這是周詞講究鋪敍騰挪之處。此語雖然出自劉禹錫《再游玄都觀》「種桃道士歸何處，前度劉郎今又來」，以與前文「試花桃樹」關合，但實質上却是用劉義慶《幽明錄》所載東漢劉晨入天臺山遇仙女故事，這個故事中也有桃樹。我們也可以說，是兩典合用，成語用前者，故事用後者。注家們衹引劉禹錫詩，是不全面的。由於情人不見，就很自然地想到尋訪她舊日的鄰居，打聽她的消息，從而知道了當時那些坊曲人家風流濟楚的人物，大都離散消沉，衹有從前那位姑娘，雖然不住在原處了，却至今仍然保持着很高的身價。（「舊家，即從前的意思，是當時口語。秋娘是貞元、元和時代在長安負盛名的一位妓女，其名屢見於元稹、白居易詩中，如元稹《贈呂三校書》「競添錢貫定秋娘」，白居易《江南喜逢蕭九徹因話長安舊游》「巧語許秋娘」，所以用來作比。此人並不是見於段安節《樂府雜錄》的謝秋娘，也不是杜牧詩中的杜秋娘，不可弄混了。）這就暗示了自己的情人在歌臺舞榭中的聲名、地位。那位姑

瑞龍吟（章臺路）

娘雖然身價依舊，但人却已雖可聞，不可見，而在自己這一方面，還分明記得當時兩相愛慕的情形，故有暗用李商隱詩中故事的「吟牋」兩句。

據李集《柳枝》詩序所載，柳枝是洛陽的一位姑娘，她因聽到李商隱的堂兄吟商隱的《燕臺詩》，產生了愛悅之情，可是後來因故沒有能够結合。（第二疊「障風映袖」也是略用詩序中語。）因此，這兩句不衹是寫雙方相識相好的經過，而且還暗示了對方的愛才之心與自己的知己之感，以致於今日懷念舊情的時候，不能不連帶想起自己過去曾經打動過她的心弦的「吟牋賦筆」來。

正因爲這是追念昔日的知音，所以下面「知誰伴」的問句，才顯得更有分量。和那位姑娘在名園的露天之下飲酒，在東城一帶散步……這在當年，本來都是自己的事，但現在是誰在陪伴她呢？這就寫出了無限難堪之情和今昔之感，風格也顯得沉鬱了。杜牧《題安州浮雲寺樓寄湖州張郎中》：「恨如春草多，事與孤鴻去。」詞卽直用杜詩原句，以表惜別之情。「事」雖指「露飲」、「閑步」而言，自然也包括了更多的往事在內。這一句結束了上面的回憶，使人回到清醒的現實中來，而不露痕跡，所以周濟說它是「化去町畦」。這樣，「探春盡是，傷離意緒」這點明主旨的句子就很自然地接着出現了。所探之春，不衹是季節上的春天，而且是感情上的春天，這是很清楚的。

由「凝佇」而「訪」、「尋」，由回憶而清醒，最後衹有踏上歸途。所以「歸騎晚」以下，就直寫歸途的景色。「歸騎」着一「晚」字，可見徘徊之久、留戀之深。而一路之上，官柳低垂、池塘飛雨，更增添了春愁、別恨。歸家以後，沉沉院落，風絮滿簾，也無非令人腸斷而已。「斷腸」回應上面的「凝佇」、「因念」、「傷離意緒」，結束全篇。

這首詞先寫舊地重遊所見所感，次寫當年舊人舊事，末寫撫今追昔之情，處處以今昔對襯。雖然層次分明，但曲折盤旋，不肯用一直筆，在藝術結構上煞費匠心，所以周濟要我們看它的「層層脫換，筆筆往復處」。

（沈祖棻）

蘭陵王

周邦彦

柳

柳陰直，煙裏絲絲弄碧。隋堤上、曾見幾番，拂水飄綿送行色。登臨望故國，誰識京華倦客？長亭路，年去歲來，應折柔條過千尺。　閑尋舊蹤跡，又酒趁哀絃，燈照離席。梨花榆火催寒食。愁一箭風快，半篙波暖，回頭迢遞便數驛，望人在天北。　悽惻，恨堆積！漸別浦縈迴，津堠岑寂，斜陽冉冉春無極。念月榭攜手，露橋聞笛。沉思前事，似夢裏，淚暗滴。

自從清代周濟《宋四家詞選》說這首詞是「客中送客」以來，註家多採其說，認爲是一首送別詞。胡雲翼先生《宋詞選》更進而認爲是「借送別來表達自己『京華倦客』的悒鬱心情。」把它解釋爲送別詞固然不是講不通，但畢竟不算十分貼切。在我看來，這首詞是周邦彦寫自己離開京華時的心情。此時他已倦游京華，却還留戀着那裏的情人，回想和她來往的舊事，戀戀不捨地乘船離去。宋張端義《貴耳集》說周邦彦和名妓李師師相好，得罪了宋徽宗，被押出都門。李師師置酒送別時，周邦彦寫了這首詞。王國維在《清眞先生遺事》中已辨明其妄。但是這個傳說至少可以說明，在宋代，人們是把它理解爲周邦彦離開京華時所作。那段風流故事當然不可信，但這樣的理解恐怕是不差的。

這首詞的題目是「柳」，內容却不是詠柳，而是傷別。古代有折柳送別的習俗，所以詩詞裏常用柳來渲染別情。隋無名氏的《送別》：「楊柳青青著地垂，楊花漫漫攪天飛。柳條折盡花飛盡，借問行人歸不歸。」便是人們熟悉的一個例子。周邦彥這首詞也是這樣，它一上來就寫柳陰、寫柳絲、寫柳絮、寫柳條，先將離愁別緒借着柳樹渲染了一番。

「柳陰直，煙裏絲絲弄碧。」這個「直」字不妨從兩方面體會。時當正午，日懸中天，柳樹的陰影不偏不倚直鋪在地上，此其一。長堤之上，柳樹成行，柳陰沿長堤伸展開來，劃出一道直線，此其二。「柳陰直」三字有一種類似繪畫中透視的效果。「煙裏絲絲弄碧」轉而寫柳絲。新生的柳枝細長柔嫩，像絲一樣。它們彷彿也知道自己碧色可人，就故意飄拂着以顯示它們的美。柳絲的碧色透過春天的煙靄看去，更有一種朦朧的美。

以上寫的是自己這次離開京華時在隋堤上所見的柳色。但這樣的柳色已不止見了一次，那是爲別人送行時看到的：「隋堤上、曾見幾番，拂水飄綿送行色。」「隋堤」指汴京附近汴河的堤，因爲汴河是隋朝開的，所以稱隋堤。「行色」，行人出發前的景象。誰送行色呢？柳。怎樣送行色呢？「拂水飄綿」。這四個字錘煉得十分精工，生動地摹畫出柳樹依依惜別的情態。那時詞人登上高堤眺望故鄉，別人的回歸觸動了自己的鄉情。這個厭倦了京華生活的客子的悵惘與憂愁有誰能理解呢：「登臨望故國，誰識京華倦客？」隋堤柳衹管向行人拂水飄綿表示惜別之情，並沒有顧到送行的京華倦客。其實，那欲歸不得的倦客，他的心情才更悲淒呢！

接着，詞人撇開自己，將思緒又引回到柳樹上面：「長亭路，年去歲來，應折柔條過千尺。」古時驛路上十里一長亭，五里一短亭。亭是供人休息的地方，也是送別的地方。詞人設想，在長亭路上，年復一年，送別時折斷的柳條恐怕要超過千尺了。這幾句表面看來是愛惜柳樹，而深層的涵義却是感嘆人間離別的頻繁。情深意摯，耐人尋味。

第一疊借隋堤柳烘托了離別的氣氛，第二疊便抒寫自己的別情。「閑尋舊蹤跡」這一句讀時容易忽略。那「尋」字，我看並不是在隋堤上走來走去地尋找。「蹤跡」，也不是自己到過的地方。「尋」是尋思、追憶、回想的意思。

「蹤跡」指往事而言。「閑尋舊蹤跡」，就是追憶往事的意思。爲什麽説「閑」呢？當船將開未開之際，詞人忙着和人告别，不得閑静。這時船已啓程，周圍静了下來，自己的心也閑下來了，就很自然地要回憶京華的往事。這就是「閑尋」二字的意味。我們也會有類似的經驗：親友到月臺上送别，火車開動之前免不了有一番激動和熱鬧。等車開動以後，坐在車上静下心來，便去回想親友的音容乃至别前的一些生活細節。這就是「閑尋舊蹤跡」。那麽，此時周邦彦想起了什麽呢？「又酒趁哀絃，燈照離席。梨花榆火催寒食。」有的註釋説這是寫眼前的送别，恐不妥。眼前如是「燈照離席」，已到夜晚，後面又説「斜陽冉冉」，時間如何接得上？所以我認爲這是船開以後尋思舊事。在寒食節前的一個晚上，情人爲他送别。在送别的宴席上燈燭閃爍，伴着哀傷的樂曲飲酒。此情此景眞是難以忘懷啊！這裏的「又」字告訴我們，從那次的離别宴會以後詞人已不止一次地回憶，如今坐在船上又一次回想起那番情景。「梨花榆火催寒食」寫明那次餞别的時間。寒食節在清明前一天，舊時風俗，寒食這天禁火，節後另取新火。唐制，清明取榆、柳之火以賜近臣。「催寒食」的「催」字有歲月匆匆之感。歲月匆匆，别期已至了。

「愁一箭風快，半篙波暖，回頭迢遞便數驛，望人在天北。」周濟《宋四家詞選》曰：「一愁字代行者設想。」他認定作者是送行的人，所以衹好作這樣曲折的解釋。但細細體會，這四句很有實感，不像設想之辭，應當是作者自己從船上回望岸邊的所見所感。「愁一箭風快，半篙波暖，回頭迢遞便數驛」，風順船疾，行人本應高興，詞裏卻用一「愁」字，這是因爲有人讓他留戀着。回頭望去，那人已若遠在天邊，衹見一個難辨的身影。「望人在天北」五字，包含着無限的悵惘與淒婉。

第二疊寫乍别之際，第三疊寫漸遠以後。這兩疊的時間是接續的，感情却又有波瀾。「悽惻，恨堆積！」「恨」在這裏是遺憾的意思。船行愈遠，遺憾愈重，一層一層堆積在心上難以排遣，也不想排遣。「漸别浦縈迴，津堠岑寂。斜陽冉冉春無極」。從詞開頭的「柳陰直」看來，啓程在中午，而這時已到傍晚。「漸」字也表明已經過了一段時間，不是剛剛分别時的情形了。這時望中之人早已不見，所見衹有沿途風光。大水有小口旁通叫浦，「别浦」也就是水流分支的地方，那裏水波迴旋。「津堠」是渡口附近的守望所。因爲已是傍晚，所以渡口冷冷清清的，祇有守望所孤零零地立在那裏。景物與詞人的心情正相吻合。再加上斜陽冉冉西下，春色一望無邊，空闊的背景越發襯出自身的孤單。他不禁又想起往事：「念月榭攜手，露橋聞笛。沉思前事，似夢裏，淚暗滴。」月榭之中，露橋之上，度過的那些夜晚，都留下了難忘的印象，宛如夢境似的，一一浮現在眼前。想到這裏，不知不覺滴下了淚水。「暗滴」是背着人獨自滴淚，自己的心事和感情無法使旁人理解，也不願讓旁人知道，祇好暗自悲傷。

統觀全詞，縈迴曲折，似淺實深，有吐不盡的心事流蕩其中。無論景語、情語，都很耐人尋味。

劉永濟先生在論及邦彥的詞時云：「北宋詞至東坡以後，漸與音樂相遠，清照所謂『句讀不葺之詩耳，又往往不協音律』。至滑稽派作家，復不演詞采，流於俚俗。邦彥既知音，又長於文學，其所作詞，音律流美，詞采和雅，故一時詞體，復歸於正，影響南宋詞學甚大，……」（《唐五代兩宋詞簡釋》）這首《蘭陵王》一向被認爲是周邦彥的代表作之一，它的特點也恰恰是「音律流美，詞采和雅」。宋沈義父《樂府指迷》說他「無一點市井氣」，如果拿這首詞和柳永同樣內容的慢詞《夜半樂》（凍雲黯淡天氣）、《雨霖鈴》（寒蟬淒切）相比較，便會感到確實這樣。邦彥的詞是一種詩味很濃的詞，或者說是文人氣很濃的詞。這首詞雖不像他的其他許多詞那樣化用前人詩句，但那種情調、氣氛還是接近於詩的。

（袁行霈）

蘇幕遮

周邦彥

燎沉香，消溽暑。鳥雀呼晴，侵曉窺簷語。葉上初陽乾宿雨，水面清圓，一一風荷舉。

故鄉遙，何日去？家住吳門，久作長安旅。五月漁郎相憶否？小檝輕舟，夢入芙蓉浦。

作爲北宋婉約詞體的集大成者，周邦彥的詞在技巧上最突出的一個優點就是如南宋人強煥所說的「模寫物態，曲盡其妙」（《題周美成詞》）。本詞卽是周詞中以善寫物態見稱的名篇之一。自來研治《清眞詞》者，在舉例論述其藝術特徵時，幾乎沒有漏掉這一篇的。不過細加翫索我們定會發現，此詞之所以玲瓏剔透招人喜愛，不僅在於它體物工巧，更在於它情景交融，具有清麗而幽遠的抒情境界。作者表面上是在隨筆描繪夏天的景致，實則借景言情，構思非常巧妙。他抓住荷花作文章，不但窮極荷之神理，而且因此物而引發自己胸中那一股淳眞濃烈的思鄉之情，通過委婉細膩的抒寫，達到了「思與境諧」的審美境界。

「燎沉香，消溽暑。鳥雀呼晴，侵曉窺簷語。」詞的發端，從夏日清晨的庭院小景閑閑起筆。「燎」，小火煨炙。「沉香」，一名水沉，一種香氣很濃的名貴香料。「溽暑」，潮濕悶熱的夏天。這裏寫的是一個炎熱的早晨。雖然昨夜下過了雨，但氣溫不但沒有降低，反而因爲空氣裏增加了水分，更使人覺得悶熱難耐了。於是房中的居者燃起了水沉香，借以驅除潮濕的暑氣。這時感到舒適的是那些活蹦亂跳的鳥雀，它們天一亮就站在屋簷上吱吱喳喳地叫喚個不休，彷彿在向人們通報一個晴天的來臨。在這一串動態描寫中，作者文心特細，下字運意極有法度。特別是對小鳥的描寫，更顯出作者言情體物的高明技巧。先用「呼」字，狀寫鳥雀對雨後復晴的歡欣；次用「窺」字，形容它們與房主人相處極熟，毫無畏懼，探頭探腦地向屋簷下張望的頑皮神態；末用「語」字將它們擬人化，似乎它們眞是在熱烈地談論晴天的種種好處。眞是聲態畢具，形神俱全，呼之欲出。

「葉上初陽乾宿雨，水面清圓，一一風荷舉。」上片後三句，專寫池中風荷。作者的筆觸由室內而戶外，再到庭中水池，有如攝影師的鏡頭逐步外推，層次井然，有移步換形之妙。這幾句極其自然生動，是古人寫風荷的作品中難得的神采飛動、清新警拔之句。歷代詞話家多表示讚美，如王國維《人間詞話》譽之爲「眞能得荷之神理者」。所謂「神理」，依我們的體會，就是指不但能描繪出客觀事物的外在形狀，而且還能逼眞地點化出它們的動態美，展現出一事物別於它事物的本質特徵。拿這三句來說，得「荷之神理」的關鍵在於使用動詞和形容詞準確生動，精警傳神。「乾」與「清圓」二詞，已將荷葉形狀勾畫出來；更著一生新警拔的「舉」字，則荷葉擺脫宿雨壓力之後亭亭出水的挺拔搖曳之態如在眼前。透過字裏行間，他們的確看到了這麽一幅賞心悅目的夏日小景：清晨，冉冉初升的紅日照亮了庭院，溫熱的陽光迅速地吸乾了荷葉上的雨珠，荷葉壓力頓然減輕；這時清風徐來，池中微波蕩漾，一張張寬大的荷葉如擎綠傘，紛紛搖曳着身子掙脫水面舒挺起來……這眞是一個「詞中有畫」的絕妙境界！而且可以說，這種以清新疏快的文學語言烘托出來的有聲有色的境界，是一般的畫家所無法表現的。

以上所寫的，是周邦彦在汴京的居所的美景。汴京，這個高度繁榮的封建帝都，是當時的騷人墨客施展才華和縱情遊樂的理想之地。周邦彦曾旅居這裏多年，無論是在太學攻讀的那一段時間，還是位居列卿、爲文學侍從之臣的年代，他的日子都是過得比較優裕的。更何況夏天本非令人傷心的季節，面對着這首詞上片所描繪的一派「映日荷花別樣紅」的迷人景致，他更應該覺得心曠神怡才是。然而實情並不如此。這位以多情、敏感著稱的感傷詞人，在欣賞着京華美景時，却不禁「悄焉動容，視通萬里」，覺得「別是一番滋味在心頭」了。原來他由眼前的池中之荷，聯想到了故鄉錢塘（杭州）西湖裏那無邊無際的荷花，因而思鄉之念油然而起，不可遏止了。於是詞的下片便以略帶感傷的筆調，低聲傾訴這濃厚的鄉情。

寫鄉情，是古詩詞中爛熟的題材。前人之作既多，後來者若才小學淺，就難出新意。周邦彥却能巧作布置，在短短幾十字的篇幅中將這種人之常情寫得不但新鮮可喜，而且回環曲折，深切感人。在過片處，他先不陳述自己是由汴京之荷想起了家鄉之荷，也不直說思鄉，而選用了跌宕生姿的問句：「故鄉遙，何日去？」這看似簡單明了的平常語，却因採用了揉直使曲的手法，而有引人遐想之勝。下接以「家住吳門，久作長安旅」二句，意轉沉鬱，抒情氣氛更加濃厚了。「吳門」，本爲蘇州的別稱，但因錢塘古屬吳郡，故用以代稱之。長安，本是漢唐故都，這裏用以代指汴京。古人云：「錦城雖云樂，不如早還家」，對此凡遠離家鄉者皆有同感。在此周邦彥師古人之意，而在寫法上翻新，來傳達自己眞摯的鄉情。身居繁華京都汴京，却心繫江南名城錢塘，這是一組矛盾。將這組矛盾寫進句中，對比極爲強烈，這就讓人對作者的遊子思鄉之情有了眞切感受。

「五月漁郎相憶否？小檝輕舟，夢入芙蓉浦」。詞的最後一個層次以描繪歸鄉之夢作結。這個夢幻境界被描寫得盡態極妍，令人意往魂消。盛夏五月如此撩人情思，而最能觸動神經的又恰恰是埋藏在心靈深處的少年時期浪漫生活的影子，這就決定了這支思鄉曲要以憶想青春歲月的夏日之樂爲高潮。周邦彥的少年生活是在家鄉錢塘渡過的；以後他幾十年離鄉背井，南遷北徙，生活很不安定，常常在作品中抒發鄉戀。如《滿庭芳・憶錢塘》：「夢魂迢遞，長到吳門」；《隔浦蓮近拍》：「屛裏吳山夢自到」。但這些詞中「夢」都寫得簡單概括，甚而祇是一句帶過。而本篇的「夢」却細膩生動，饒有情致。作者以深情的呼喚向故土的老友發問道，當年和我一道打魚游泳的伙伴們喲，你們還會記起我嗎？在這荷花盛開的五月，我夢見自己又和你們一起乘上輕舟，蕩開小檝，駛入西湖裏那一處處開滿荷花的淺水灣中去了！詞到這裏煞尾，然而那咿呀的蕩槳聲，却把讀者引入了像五彩繽紛的芙蓉浦一般優美的境界中去。這種由實化虛之法，使詞境更加空靈，有含蓄無盡的韻味。

（劉揚忠）

蘇幕遮（燎沉香）

六醜

薔薇謝後作

周邦彦

正單衣試酒，悵客裏、光陰虛擲。願春暫留，春歸如過翼，一去無跡。爲問花何在，夜來風雨，葬楚宫傾國。釵鈿墮處遺香澤，亂點桃蹊，輕翻柳陌。多情爲誰追惜？但蜂媒蝶使，時叩窗槅。東園岑寂，漸蒙籠暗碧，靜繞珍叢底。成歎息。長條故惹行客，似牽衣待話，别情無極。殘英小、强簪巾幘。終不似一朵、釵頭顫裊，向人欹側。漂流處、莫趁潮汐。恐斷紅、尚有相思字，何由見得。

這首詞的内容不過是惜花惜春，極平常的感情，却被周邦彦鋪展成一百四十一字的一首慢詞。寫得渾厚典雅、玉潤珠圓，是周邦彦的代表作。

上闋開頭三句「正單衣試酒，悵客裏、光陰虛擲。」這不是一般地感嘆虛度了光陰，而是説辜負了大好春光，在客中沒有心思欣賞春天的美景，讓它白白地過去了，因而感到惆悵，若有所失。這種感情是在換了單衣之際、品嘗新酒之時產生的，由更換單衣而想到更換季節。《武林舊事》載，夏曆四月初酒庫呈樣嘗酒。「試酒」也會帶來春天的新鮮感受。「願春暫留，春歸如過翼，一去無跡。」詞人知道春是不能久留的，他衹求「暫留」，但春毫不理會詞人的心情，如鳥之飛過，了無痕跡。周濟評此三句曰：「十三字千迴百折，千錘百煉。」確實如此。「過翼」二字出自杜甫《夜》：「村墟過翼稀」，但杜甫是直言其事，周邦彥則是用「過翼」比喻春歸，恰切而又新鮮。黃庭堅《清平樂》（春歸何處）全詞就「春歸何處」反覆追問，富有情趣；周邦彥衹用一個比喻，也很耐人尋味。春既匆匆歸去，薔薇花當然也凋謝了：「爲問花何在，夜來風雨，葬楚宮傾國。」這幾句顯然是從孟浩然的《春曉》變化來的，不同的是把花擬人化，比做楚宮裏的傾國佳人。她到哪裏去了？已被昨夜的風雨葬送了。下面繼續從「楚宮傾國」展開想象：「釵鈿墮處遺香澤，亂點桃蹊，輕翻柳陌。」薔薇的花瓣好像佳人的釵鈿，落在哪裏就把香澤留在哪裏。在長着桃樹、柳樹的小徑上亂撒着、輕翻着，一片衰颯景象。晚唐詩人徐夤《薔薇》：「晚風飄處似遺鈿」。中唐劉禹錫《踏歌詞》：「桃蹊柳陌好經過」。周邦彥加以融化，不露痕跡。「多情爲誰追惜？但蜂媒蝶使，時叩窗槅。」這落花會被哪一個多情的人所追惜呢？衹有蜂和蝶時時叩打着窗槅，以表達它們的惋惜和悲痛，並招呼詞人去弔花。詞人用「媒」、「使」二字，是因爲薔薇盛開的時候，它們曾忙着在花叢中穿來穿去做媒做使。如今花已凋零，它們格外感到冷落。

上闋寫春歸花落，是試酒之際的想象，下闋才走進東園去憑弔落花。「東園岑寂，漸蒙籠暗碧，靜繞珍叢底。成嘆息。」這幾句是寫剛進東園時總的印象。「岑寂」不是說沒有人到這裏來，而是說花事謝了，原來萬紫千紅、蜂飛蝶舞的東園已是綠葉成蔭，一片暗碧。詞人衹能靜靜地繞着無花的薔薇，嘆息春的過去。人既惜花，花亦惜人：「長條故惹行客，似牽衣待話，別情無極。」薔薇的長長的枝條彷彿故意要惹動詞人的愁緒，勾住衣服等待我說些什麼，那無限的別情眞是難以言狀。這三句是全詞的警句。唐代詩人儲光羲的《薔薇歌》裏有一句「低邊綠刺已牽衣」，周邦彥加以發展，薔薇之有情不僅表現在「牽衣」上，更表現在「待話」上。僅僅「牽衣」，不過是扣住薔薇帶刺的特點來寫，而「待話」二字則進一步把薔薇的神情寫了出來。這時詞人瞥見枝頭還有一朵小小的殘花，就摘來插在自己的頭巾上：「殘英小、強簪巾幘。終不似一朵，釵頭顫裊，向人欹側。」這是一朵遲開的薔薇，它沒趕上好時候，是那麼憔悴弱小，衹能勉強戴在頭巾上，好像戴也戴不住似的。「終不似」的「終」字，有的註本不註。有的註爲「終究」，「小小的殘花，勉強插在頭巾上，終究不像盛開時插在美人頭上那樣婀娜而媚人的姿態。」這樣講，詞人是不大喜歡這小花了；是一面插着小花，一面羨慕着盛開的大花，祇是因爲沒有大花才勉強以小花簪巾。細細想來，這樣講與整首詞的感情不協調。詞人既然惜花，就不會嫌花小。一邊簪着小花，一邊想着大花，豈不太輕薄了嗎？關鍵是這個「終」字的講法。「終」在這裏不是「終究」的意思，不是說小花終究比不上大花美，而是「雖」的意思，是說小小的殘英雖然不如美人釵上的大花那麼顫裊多姿，但它也是依依多情地「向人欹側」着。「向人欹側」不是形容大花；大花已有「顫裊」二字去形容，無須再用一個近義的「欹側」。「欹側」二字是屬於小小的殘英的。它雖不如大花之顫裊，但也向人欹側着表示親近。「終」釋爲「雖」有根據嗎？有。杜甫《鄭典設自施州歸》：「嘆爾疲駑駘，汗溝血不赤。終然備外飾，駕馭何所益！」是說外飾雖然齊備，但何益於駕馭。方干《贈信州高員外》：「膺門若感深恩去，終殺微軀未足酬。」意謂縱殺微軀亦難酬恩。晏幾道《少年游》：「淺情終似，行雲無定，猶前夢魂中。」意謂淺情雖然像無定的行雲，還是進入到夢魂之中了。揣摩這首詞的感情，詞人看到那小小的殘英無限愛惜，覺得它雖不像美人釵上的大花，但也別有一種親近之感。這樣講，詞的感情前後才是一致的。

詞的最後翻出一層新意：「漂流處、莫趁潮汐。恐斷紅、尙有相思字，何由見得。」詞人看見有的落花飄到水中，便記起紅葉題詩的故事。這落英上會不會也有寄託相思的詩句呢？眞怕它們被潮水漂走，那樣的話，花上的相思字就沒有人能見到了。紅葉題詩的故事見范攄《雲溪友議》：「盧渥舍人應舉之歲，偶臨御溝，見一紅葉，命僕搴來。葉上乃有一絕句。……詩云：『水流何太急，深宮竟日閑。殷勤謝紅葉，好去到人間。』」

《蓼園詞選》對此詞曾作很恰當的評論：「自嘆年老遠宦，意境落寞，借花起興。以下是花、是自己，已比興無端，指與物化，奇情四溢，不可方物，人巧極而天工生矣！結處意致尤纏綿無已，耐人尋繹。」黃蓼園說這首詞是晚年所作，必是因爲詞中有一種遲暮之感。雖然不能斷定，但不妨這樣設想。詞中所寫的殘英，那尙未盛開就已敗落的小花，寄寓着詞人自己的身世之感。從周邦彥現存的詩中可以看出，他是一個希望在政治上有所作爲的人。但他正像那殘英一樣，還沒來得及盛開就凋謝了，他的抱負也許還沒有機會讓人知道呢？詞的內容雖然是惜花，難道不也是在爲自己以及和自己一樣的一些文人惋惜嗎？

（袁行霈）

滿庭芳・夏日溧水無想山作

滿庭芳

周邦彥

夏日溧水無想山作

風老鶯雛，雨肥梅子，午陰嘉樹清圓。地卑山近，衣潤費爐煙。人靜烏鳶自樂，小橋外、新綠濺濺。憑欄久，黃蘆苦竹，疑泛九江船。　年年。如社燕，飄流瀚海，來寄脩椽。且莫思身外，長近尊前。憔悴江南倦客，不堪聽、急管繁絃。歌筵畔，先安簟枕，容我醉時眠。

周邦彥爲北宋末期詞學大家。由於他深通音律，故而創製慢詞很多，并且無論寫景抒情，都能刻畫入微，形容盡致；章法變化多端，疏密相間，筆力奇橫。王國維推尊爲詞中老杜，確非溢美之詞。

周邦彥於哲宗元祐八年（一〇九三）任溧水（今江蘇溧水縣）令，時年三十八歲。無想山在溧水縣南十八里，山上無想寺（一名禪寂院）中有韓熙載讀書堂。韓曾有贈寺僧詩云：「無想景幽遠，山屏四面開。憑師領鶴去，待我掛冠來。藥爲依時采，松宜繞舍栽。林泉自多興，不是傚劉雷。」由此可見無想山之幽僻。鄭文焯以爲無想山乃邦彥所名，非是。

上片寫足江南初夏景色，極其細密；下片卽景抒情，曲折迴環，章法完全從柳詞化出。「風老」三句，是說

滿庭芳·夏日溧水無想山作

鶯雛已經長成，梅子亦均結實。杜牧有「風蒲燕雛老」之句，杜甫有「紅綻雨肥梅」之句，皆含風雨滋長萬物之意。兩句對仗工整，「老」字、「肥」字皆以形容詞作動詞用，極其生動。時值中午，陽光直射，樹蔭亭亭如幄，正如劉禹錫所云：「日午樹蔭正，獨吟池上亭。」「圓」字繪出綠樹葱蘢的形象。本詞正是作者在無想山寫所聞所見的景物之美。

「地卑」兩句承上而來，寫溧水地低而近山的特殊環境。雨多樹密，此時又正值黃梅季節，所謂「梅子黃時雨」，使得處處濕重而衣物潮潤，爐香熏衣，需時較久。「費」字道出衣服之潤濕，則地卑久雨的景象不言自明：濕越重，衣越潤，費爐煙愈多，一「費」字既具體又概括，形象裊裊，精練異常。

「人靜」句據陳元龍註云：「杜甫詩『人靜烏鳶樂』。」今本杜集無此語。正因爲空山人寂，所以才能領略烏鳶逍遙情態。「自」字極靈動傳神，畫出烏兒之無拘無束，但也反映出自己的苦悶心情。周詞《瑣窗寒》云：「想東園桃李自春」，用「自」字同樣有無窮韻味。「小橋」句仍寫靜境，水色澄清，水聲濺濺，說明雨多，這又與上文「地卑」、「衣潤」等相互關聯。邦彦治溧水時有新綠池、姑射亭、待月軒、蕭閑堂諸名勝。

「憑欄久」承上，意謂上述景物，均是憑欄眺望時所見。詞意至此，進一步聯繫到自身。「黃蘆苦竹」，用白居易《琵琶行》中「住近湓江地低濕，黃蘆苦竹繞宅生」之句，點出自己的處境與貶謫的白居易相類。「疑」字別本作「擬」，當以「疑」字爲勝。

換頭「年年」，爲句中韻。《樂府指迷》云：「詞中多有句中韻，人多不曉，不惟讀之可聽，而歌時最要叶韻應拍，不可以爲閑字而不押。……又如《滿庭芳》過處『年年。如社燕』，『年』字是韻，不可不察也。」三句自嘆身世，曲折道來。作者在此以社燕自比，社燕每年春社時來，秋社時去，從漠北瀚海飄流來此，於人家屋椽之間暫時棲身，這裏暗示出他宦情如逆旅的心情。

「且莫思」兩句，勸人一齊放下，開懷行樂，詞意從杜甫詩「莫思身外無窮事，且盡尊前有限杯」中化出。「憔悴」兩句，又作一轉，飄泊不定的江南倦客，雖然強抑悲懷，不思種種煩惱的身外事，但盛宴當前，絲竹紛陳，又令人難以爲情而徒增傷感，這種深刻而沉痛的拙筆、重筆、大筆，正是周詞的特色。

「歌筵畔」句再轉作收。「容我醉時眠」，用陶潛語：「潛若先醉，便語客：『我醉欲眠卿可去。』」（《南史・陶潛傳》）李白亦有「我醉欲眠卿且去」之句，這裏用其意而又有所不同，歌筵弦管，客之所樂，而醉眠忘憂，爲己之所欲，兩者盡可各擇所好。「容我」兩字，極其宛轉，暗示作者愁思無已，惟有借醉眠以了之。

周邦彥自元祐二年離開汴京，先後流宦於廬州、荆南、溧水等僻遠之地，故多自傷身世之嘆，這種思想在本詞中也有所反映。但本詞的特色是蘊藉含蓄，詞人的內心活動亦隱約不露。例如上片細寫靜景，說明作者對四周景物的感受細微，又似極其客觀，純屬欣賞；但「憑欄久」三句，以貶居江州的白居易自比，則其內心之矛盾苦痛，亦可概見。不過其表現方式却與《琵琶行》不同。陳廷焯說：「但說得雖哀怨，却不激烈，沉鬱頓挫中別饒蘊藉」（《白雨齋詞話》），說明兩者風格之不同。下片筆鋒一轉再轉，曲折傳達出作者流宦他鄉的苦況，他自比暫寄脩椽的社燕，又想借酒忘愁而苦於不能，終於祇能以醉眠求得內心短暫的寧靜。《蓼園詞選》指出：「『且莫思』至句末，寫其心之難遣也，末句妙於語言。」這「妙於語言」亦指含蓄而言。

宋陳振孫《直齋書錄解題》云：「清眞詞多用唐人詩語，隱括入律，渾然天成，長調尤善鋪敍，富豔精工。」這話是對的。卽如這首詞就用了杜甫、白居易、劉禹錫、杜牧諸人的詩，而結合眞景眞情，煉字琢句，運化無痕，氣脈不斷，實爲難能可貴的佳作。

（唐圭璋）

虞美人

周邦彦

疏籬曲徑田家小。雲樹開清曉。天寒山色有無中。野外一聲鐘起、送孤篷。　添衣策馬尋亭堠。愁抱惟宜酒。菰蒲睡鴨佔陂塘。縱被行人驚散、又成雙。

張端義說「美成以詞行，當時皆稱之」（《貴耳集》）。王國維則進而認爲周邦彦的詞屬於「常人之境界」爲多，他說：「悲歡離合，羈旅行役之感，常人皆能感之，而惟詩人能寫之，故其入於人者至深而行於世也尤廣」（《清眞先生遺事》）。這幾句話是頗有概括性的。第一，它指出了周氏多用「常人皆能感之」的題材入詞；第二，「常人能感之」，並非「常人」能寫之，而是「惟詩人能寫之」，這就屬於表達的問題了，也就是說周邦彦能以其詩人的敏感和技巧，藝術地創造了那些「常人之境界」，因而便使一般的讀者覺得「詩人之言，字字爲我心中所欲言，而又非我之所能自言」（同上），從而獲得了心靈感應的快意、美的享受、美的啓示。這首《虞美人》，無疑也屬於這一類型。我們就看一看詞人是怎樣寫出這種「常人之境界」的。

詞的上片是寫景，開端有點兒突然，不過聯繫下文細細體味，也還大致可以探出個脈絡。詩人是在羈旅之中，也許是頭一天暮投村舍的吧，當時步履匆匆，暮色蒼茫，不可能也無暇去察看周圍的一切。第二天，一來要趕路，二來總還想對有緣寄宿一夜的環境留下一點印象，所以他黎明即起，走出屋外，環視所居，乃是一座

虞美人（疏籬曲徑田家小）

小小的農舍，四周插着稀疏的籬笆，門前有着一條曲曲彎彎的小路：「疏籬曲徑田家小」，乾淨簡樸的筆墨之中，別具一種幽靜溫存的韻味。接着詩人的視線向四外延伸，孟浩然說的「綠樹村邊合，青山郭外斜」，大概是比較典型的村外之景，所以下面也就看到「樹」和「山」。不過，出色的詩人總要根據四時、朝暮、陰晴等等的變化和主題的需要，描繪出它們的個性。比如這裏的「雲樹開清曉。天寒山色有無中」，便寫得頗有特色、耐人咀嚼。你看，黎明的曙光輕輕地拂去籠罩在樹梢上、彌漫在林間的朝霧，千枝萬葉在漸明的霞光曉色之中，緩緩地露出多姿多色的身影。「開」字令人想象那變化的過程，以及在這個過程中所展現的豐富多彩的形態。「隋堤路。漸日晚、密靄生深樹」（《尉遲杯・離恨》），這是寫隨着天色漸黑，林間暮靄增生的景象；雖與上面的景色相反，然而却從不同的側面說明了一個問題，即周邦彥是很喜愛也善於從變化之中摹寫物態的。下面詩人再極目遙望，那遠處的山巒，此刻還躲在帶着寒氣的雲霧之中，若隱若現，似起似無。這朦朧幻化的美是更有詩意，更能引人遐思冥想的吧！所以，自從佳句「山色有無中」在王維的《漢江臨泛》中出現之後，歐陽修、蘇軾也都曾寫入詩詞中（徐釚《詞苑叢談》）。而今在這裏又一次借用它，但並不使人感到是熟套，也不覺得生湊，因爲它和上文相聯，使得景色愈加層次分明，細膩深邃，從而成爲這個渾然有致的畫面中不可缺少的一筆；無怪張玉田稱讚他「善融化古人詩句，如自己出」（梁令嫻《藝蘅館詞選》）。詞的前三句就田家、雲樹、山色，由近而遠，一氣寫出了目之所見，下面還能寫什麼呢？「野外一聲鐘起」，可謂神來之筆。「殘月色低當戶斂，曉鐘聲迴隔山來」（趙嘏《早出洞仙觀》），這遠處的一聲曉鐘，清脆悠揚，飛過長空，宣告了長夜的終結，喚醒了沉睡的山林大地，也驚動了那目注神馳於「山色有無中」的詩人。請看，他已經收回了視線，目送那遠去的孤篷……整個上片句句寫景，一句一轉，遠近相襯，虛實相補，動靜相生，聲色相映，層層勾勒，終於把人們引到一個氣韻生動、詩意濃郁、畫圖難足的村野晨光的境界之中。

一日之計在於晨。曉鐘催發了「孤篷」，自己也該趁早趕路了。上片所寫已經爲下片的紀行、抒愁暗下伏線。「空城曉角，吹入垂陽陌。馬上單衣寒惻惻」（姜夔《淡黃柳》）。清晨驅馬，冷風迎面，更覺寒氣襲人。下片開頭的「添衣」二字，與上文「清曉」、「天寒」相照應。「尋亭堠」三字，承上啓下，策馬向前，心中想的不是目的地，而是「尋亭堠」（「亭堠」，用作偵察、監視敵情的亭子。古代亭堡、驛站的附近可以買到酒）。「尋」的用意也不是別的，而是「愁抱惟宜酒」；衹此一言，羈旅深愁便躍然紙上。亭堠尋得了沒有呢？酒飲了沒有呢？愁銷了沒有呢？下文似乎應該就此生發，可周邦彥畢竟不凡，他將這些內容統統撇開，却說那池塘裏的野鴨在水草中雙雙酣睡。「天下眞成長會合，兩鳧相依睡秋江」（黃庭堅《睡鴨》），這寧靜安逸、親昵甜蜜的鏡頭，會在冒寒曉發、匹馬奔波、愁情難解的行人心中，引發出什麽樣的滋味呢？讀者是會思而得之的。不過，這還不是令人最難受的。上文的「策馬」和「尋」已經透露了行人心急，自然也暗示了馬行之速，果然，一陣急促的馬蹄聲，使那些睡鴨驚飛四散。但是，轉眼之間又雙雙對對相依相偎，分外親密，「縱」和「又」緊相呼應，不僅寫出了相聚之快，似乎還向人顯示出情意之堅。如此警動而又意味深長的景象，自然是更有力地撥動了詩人的心絃，要知那絃外之音，讀一讀周邦彥《尉遲杯・離恨》一詞的下片，是不無啓示的。內容是這樣的：

因念舊客京華，長偎傍、疏林小檻歡聚。冶葉倡條俱相識，仍慣見、珠歌翠舞。如今向、漁村水驛，夜如歲、焚香獨自語。有何人、念我無憀，夢魂凝想鴛侶。

「夢魂凝想鴛侶」是說由於羈旅孤寂，觸發了對舊日相識的懷念，對昔日歡樂的嚮往。然而，一別天涯，兩地茫茫，怎能相逢，衹有夢魂凝想而已。哪如這「菰蒲睡鴨」，驚散又成雙，相依不分離。「縱被行人驚散、又成雙」，衹就其所見，如實寫來，不說孤寂，不敍愁懷，不言相思，不抒嚮往，妙在景因情厚，情因景深，言詞頓挫，思牽情繞，給人以遐想不盡的魅力，人稱「清眞詞結句最工」（俞平伯《清眞詞釋》上卷），誠不虛語。

（趙其鈞）

虞美人（疏籬曲徑田家小）

玉樓春（桃溪不作從容住）

玉樓春

周邦彥

桃溪不作從容住，秋藕絕來無續處。當時相候赤欄橋，今日獨尋黃葉路。　　煙中列岫青無數，雁背夕陽紅欲暮。人如風後入江雲，情似雨餘黏地絮。

憶昔年得讀《清眞詞》及此闋，有初見眼明之樂。後讀之乍熟，漸省其通體記敘，以偶句立幹，以規矩立極，辭固致佳，惟於空靈窅眇，蕩氣迴腸，似尚有所歉。頃徐而思之，始嘆其盡工巧於矩度，斂飛動於排偶，吾初見之未謬而評量之難也。《白雨齋詞話》卷一曰：「美成詞有似拙實工者，如《玉樓春》結句云『人如風後入江雲，情似雨餘黏地絮』，上言人不能留，下言情不能已，獃作兩譬，別饒姿態，却不病其板，不病其纖，此中消息難言。」固知甘苦疾徐之感，雖於寸心邂逅中爲眞實不虛者，然意會之耶，則惝怳難徵，似欺他人之耳目；言傳之耶，則塵凡可哂，徒損自己之尊嚴。夫心知此意，人同此心，可謂盛矣，其不能無遺憾也尚如此，況乎心知其意非旦暮可期，而人心之不同又如其面耶。斯誠難矣，而可樂自在，觀陳氏之言，當知前脩自遠，若僕則鸚鵡耳。

似可以休矣，然而偏不者，以僕恐壓根未有尊嚴，遂不憚爲諸君「一！二！三！」言之耳。詞情與調情相愜，一也。《玉樓春》亦名《木蘭花》，四平調也，故宜排偶，便鋪敍。若《浣溪沙》亦通體七字，且間有押仄韻者，

玉樓春（桃溪不作從容住）

上下兩片亦各有一偶，非不相似也，唯其伶丁結句，慣以不定生姿致無復平穩之氣象，《浣溪沙》之重心却正在此，故雖衹差了一句，而宮商便遠，欲知分曉，當吟誦耳。調情不宜拙而拙之，一拙而竟拙矣。若調情宜拙，因而拙之，則拙亦見，不拙亦見，蓋非拙之妙，宜之妙也。子縱曰拙不妙，豈得曰宜亦不妙耶？（拙之究竟妙不妙，是另一問題。）相女配夫，作詞之要也。

著色之濃酣，二也。范希文《蘇幕遮》曰：「碧雲天，黄葉地。秋色連波，波上寒煙翠。山映斜陽天接水。芳草無情，更在斜陽外。」以美景示柔情，於此爲近。衹這幾個顔色字，下得有多少斟酌。「相候赤欄橋」是何等意興，「獨尋黄葉路」又是何等意興，未免有情，誰能遣此，於是，「今日」也，「當時」也，便爲不可不有之對偶，而此對偶又非如此對不可。譬之作畫，畫平豎直其始也，銀鈎鐵畫其致也，遒即媚也，挺斯秀矣。移諸文事，當曰深穩之極，自見飛動。如何而爲深穩？如何而始爲極？則「此中消息難言」。緑對紅，秋月對春風，其跡然也，其情未始不然，亦不盡然。跡盡焉而情不盡，此其大較也。彼試帖詩視此如何耶，讀者當自辨其味而徐省其故，亦無待乎僕言矣。若必待僕言，僕則安能辨此耶？

過片兩句實用義山詩「虹收青嶂雨，鳥没夕陽天」，本係對句，今易整爲散，而散中仍整，與上文神理綿綿，似離似黏，試將「煙中列岫青無數，雁背夕陽紅欲暮」連上微吟數過，則恍然已在罨畫溪中，富春江上矣。青是濃的，濃好。紅是那麼淡的，淡好。最尋常的字句，最分明的境地，山川佳俠，造化梳櫳，何處宜匀脂，何處宜擁髻，賓羅萬象，並入毫端，暫顧此身，直如塵露矣。輕輕逗下，潛氣内轉，淡淡無痕，其説詳後。

用大排偶法，三也。盡八句作四對仗。三四七八爲對，人所知，一二五六爲對，或不盡人而知，而三四七八之如何爲對，人或知而不盡也。「煙中」兩句，脂黛映發，本係對句改造，已見上節。首句「桃溪」用天臺事，桃與藕對，實以春對秋，故於「藕」上特着一「秋」字。此良似附會，但若與下文相參，便知雖查無實據，却事出有因，總非漫然之附會也。奚獨桃藕然哉？即「赤欄橋」之於「黄葉路」，亦是以春對秋也，夫「黄葉路」吾知其爲秋矣，「赤欄橋」奈何定是春？春歸折橋，此事見於何典？此駁有趣，惟亦不可認眞，認了眞便没有趣。子安知「黄葉路」之必爲秋歟？此奇問，亦可意會乎？「葉兒青」，庸詎不可尋而必待其黄時耶？要之，

玉樓春（桃溪不作從容住）

咬定銀牙者，言言金玉，春痕怎見得紅了闌干，更何必在紅欄干邊扮演佳期。秋山縱盡黃其葉，謂君失却之夢兒必在其間，有是理乎？放鬆口氣者，大好商量，春日之橋必赤其欄，秋天之路必黃其葉，佳人思春必在荳蔻梢頭，才士悲秋必有鬢絲禪榻。凡此諸必，固皆不必也，言誠悠謬，彌近人情矣。陳注在「赤欄橋」下引《北夢瑣言》曰：「唐李匡威少年好勇，曾一日與諸游俠輩釣於桑乾赤欄橋之側」云云，其言甚怪，豈清眞少時亦曾在渾河上與關西大漢喝白幹兒麼，否則怎以此典入詞？不然，陳氏顛矣。皆不然！舊註之妙能不使人感嘆，此即前述「何等意興」之說也。於「黃葉路」下又據《談苑》引僧惟鳳詩：「去路正黃葉，別君堪白頭。」故知少章氏別有會心，原不爲初學解釋字句也。今非昔比，不獨時序有肅溫之異，此身亦有衰健之分，少章之註能闡清眞之微，而僕之解足補少章之闕矣。讀者疑吾言乎，請疏而證之。按清眞此句實用前人詞意。《花間集》卷一溫庭筠《楊柳枝》：「宜春苑外最長條。閑裊春風伴舞腰。正是玉人腸斷處，一渠春水赤欄橋。」着「春」字特多，此赤欄橋，疑乎否乎？若曰，彼宮詞也，與此不類。同書卷十孫光憲《楊柳枝》：「閶門風暖落花乾。飛遍江城雪不寒。獨有晚來臨水驛，閒人多憑赤欄干。」尚疑乎否乎？若曰此處奈何不肯言橋？謹對曰，不押韻，夫赤欄干者卽赤欄橋也，上雲水驛，此驛橋也。皇甫松《夢江南》「人語驛邊橋」可證。「赤欄橋」對「黃葉路」，工矣，而欄之對葉終似不甚工而實甚工者，蓋明以赤欄對，暗以柳色對也。

三者既明，言其安章，可有三種看法，自然一首詞不會有三種章法。先將首兩句看成一小段。凡景光在眼，或憶想從前，好處相牽，頃刻捏合，此通格也。今則不然，「桃溪」、「秋藕」已直揭本事，然後換筆細細分疏。「當時」一聯，其轉捩處。下片文字悉從「獨尋黃葉路」生出，此猶溫飛卿《更漏子》：

　　玉爐香，紅蠟淚。偏照畫堂秋思。眉翠薄，鬢雲殘。夜長衾枕寒。　　梧桐樹。三更雨。不道離愁正苦。一葉葉，一聲聲。空階滴到明。

下片直是賦得夜長耳。譚獻曰：「似直下語，正從夜長逗出，亦書家無垂不縮之法。」此予說所本也。「煙中」

玉樓春（桃溪不作從容住）

兩句其色彩與黃葉相映，好看殺人，而境界故有弘纖之別。末聯繳足「今日獨尋」之滋味，結句更如神龍掉尾，不特回注赤欄橋，竟直寫桃花溪上矣。是爲初見。

徐觀之，又有一種姿態，卽把「煙中」兩句看成夾縫文章，而其他作爲一「中段」，花花葉葉，隔句成文，茲列舉之。當時相候紅橋，寧非卽所謂桃溪歟？人如風後之雲，寧非卽所謂不作從容住哉？曰獨尋，是無續處也，而情如絮之沾，所謂藕斷絲連者耶？衹「煙中」兩句未免落空，而妙卽在此。《老子》曰：「無之以爲用。」否則縱使鄙人割裂得不差，畢竟衹是一篇三家村中文字，以之尙論，無乃可惜。

無何以妙？曰有故。竟無，何妙之有焉？讀者若以鄙言多而少中、勞而無功爲病，自係實話，却不知少便更不會得中，逸便更不會有功矣。尙簡奈何又貴多？記不云乎，有以多爲貴者，有以少爲貴者，夫言豈一端而已，夫各有所當也。解析者，創作過程之顛倒也。昔人詩不自註，卽是此意，彼豈眞欲以啞謎留贈後人耶。如上言《少年游》譚評似謎，是眼前一好例，彼固詞人，難免有此氣性。若當時他老人家懂得多說三五句之妙，不好得多麽？陳亦峯以「此中消息難言」了之，欲言又止，最爲得體，蓋不是知音不與彈耳。僕則不然，必求其故而言之，求之不得，則杜撰之，言之不得，又強言之，知音與彈，不知音亦與彈，所謂好事之尤、趣味之賊，大雅之人不肯爲此也。

於是有第三相。所謂三相非他，卽將一首看成一句，以無章法爲章法也。此似乎更須說明。若取譬於點睛，則「獨尋」二字，一字一睛也。欲明結尾兩句之妙，宜在「煙中」兩句求之；欲明「煙中」兩句之妙，宜先尋「獨尋」之境界，欲明「獨尋」之實在滋味，遂不得作本事之推求。翩翩連連，若銜尾鴉，一首衹是一句，此謂無法之法。僅依文立解，寧憚繁言。玩其首點桃溪，夫劉、阮之於天臺，固當自憐其緣，而自惜其緣之淺。奈何動輒怨彼天仙耶？「不作從容住」，用最輕筆，最不過癮，而最委婉。「秋藕」句重筆一頓，銀瓶入井矣，然世間何物不可取喻，獨取喻於此糾纏不清之藕耶？此畢其語，不盡其意；盡其意，而如縷綿綿者，其韻味也。雖似乎將昨日今朝一氣說出，而却爲下文留出無窮地步。

病「桃溪」之無印象，以「赤欄橋」足之，此固易知，而又開下，此猶未及言。蓋彼固一楊柳橋也，眼光

玉樓春（桃溪不作從容住）

射到「情似雨餘黏地絮」結句，針線之密，無可評量。「獨尋」句亦然，若無上文，則曰「尋」，何所尋？曰「獨」，本來是「獨」。唯其有上文也，故下一「尋」字，覺得有多少癡愚拗澀，下一「獨」字，有多少衰殘悲颯，而又飾以濃絢之彩色、排偶之聲調，斂奇才，抑柔情，使就文章之範，而從心所欲，不逾方圓，水到渠成，自然超妙。《文賦》曰：「和而不悲，悲而不雅，雅而不豔，言全才之難也。」兼此四德者，詞家中吾於清眞僅見之耳。

故謬言之，「當時」承上，「今日」啓下；質言之，則二者意義，相待而成，情致自然之完整，並無所謂承上啓下，更不當直指甲爲承上，乙爲啓下也。此是論理，而在事實上，此等陋說亦未可厚非。蓋分析文章，類名家言，不如囫圇吞耳。但太囫圇又似參禪，亦不甚好，此義法之由來也。一切義法皆當作如是觀。

初不必問過片兩句爲夾縫，還是正文；亦不必問其妙處究安在。夫文者上下文也，故認眞說來並無所謂獨妙，獨則不妙矣。徑取之不得，則旁求之。旁者何？上下左右之謂也。彼「赤欄橋」、「黃葉路」原係無情，然既候之、尋之，便是有情。世間祇春秋耳，奈人心上之有溫肅何。「獨尋」一句，有多少悵悵遲遲，款步低眉之苦。俄而自省，目之所窮唯有亂山拔地，碧到遙天，冷雁悲沈，夕陽紅遠，以外則風煙浩蕩而已，其可尋耶？於情致若何不着一字，唯將這麽一大塊，極空闊、極蒼莽、極莊嚴，然而極無情冷淡的境界放在眼下，使人兀然若得自會其愁苦，豈非得盡風流乎。

通篇語語含情，惟此兩句獨否，此其所以可說爲穿插也。然細辨之，始知許多情致語以得此兩句而始妙。否則直頭布袋，無味是一；脂粉氣多，膩人是二；呻吟絮聒，感傷是三也。馬東籬曰：「青山正補牆頭缺」，文章亦有此樂耳。

今有一境焉，旣如此之空闊蒼莽矣，如此之莊嚴冷淡矣，而猶不覺其置身天地之間之小，殆非人情歟。俯仰盛衰，當年此日，縱屬可憐可惜，又何足深道哉。此透過一筆寫一筆之法也。清眞或不定有此意，自然，誰敢說定無此意，但有此種看法，則結上便好。

何獨承上，逗下尤佳。徑入「人如風後入江雲」，如天衣無縫，針線難尋，亦自然而已。此句含義極渾泛，陳言「人不能留」，卽予以「不作從容住」爲說，然固未盡也。其與上文，蓋無不通連。陶詩曰：「萬族各有託，

玉樓春（桃溪不作從容住）

孤雲獨無依。」以興貧士最爲深美。當時相候赤欄邊者，今日居然獨尋黄葉路矣，此身無定若此，則風後之孤雲也。寧非絶而不續者乎？

其於「煙中」兩句如何相生，祇可譬之潛氣内轉，在他人視之，恐將曰：「不説，我倒明白，你愈説我愈糊塗了。」何謂潛氣内轉，殊惝怳而不能諦，質言之，以不轉折爲轉折也，卽不須我轉折得，他自然會轉折也。其難了解如故，唯可比擬耳，如七里瀧行船也。不特文境相似也，風物正復依稀耳。夫知山川之迂曲，睹天地之圓方矣，則輕塵墜露之感驀然兜上心來，其間豈尚有所謂轉折之存在乎？苟有賞心，必不待予言矣。觀其立喻，近取諸身，遠取諸物，江上風雲並入感覺範圍，昔之以有情見彼無情者，今又以無情吞納有情矣，冥冥坐忘，泠泠而善，大有天地與我並生、萬物與我爲一之概，妙在是卽目，對景掛畫，不消費得氣力，又妙不深説，不落頭巾窠臼，如拙説也——拙字實妙！

清眞詞結句最工，此亦其一。陳氏謂「呆作兩譬，别饒姿態」，雖簡而善；「呆」字、「别」字又極分明。然不便初學，因初學每每要問如何呆了，如何會别？此固難言，却正不得不言，詞話有詞話體，詞釋亦自有體耳。

用大排偶法，上文曾交代過，卽「桃溪」兩句，「煙中」兩句皆散而非整，亦曲説而合之。然而八句之中，實有兩句不對者，卽結尾之兩句是也。對得這般齊齊整整，所謂呆作兩譬，今反而説他不對，無乃弔詭不近理。假使不弔詭而復近理，豈不又是《白雨齋詞話》麽，此固非《白雨齋詞話》也——話原不過這麽説説的，説他是對偶的便怎麽樣，難道他不對麽？鄙人不過説一聯是兩段、兩個意思，换言之，在結尾突作一拗筆耳。

在清眞詞中屢見此項句法，如傳誦頗廣之《六醜》結尾「恐斷紅、尚有相思字」下，倒接一句「何由見得」。（白石《暗香》酷摹之）如《解連環》全作怨詛語，結句則曰：「拚今生、對花對酒，爲伊淚落。」竟把通首一筆勾之也！參證易明。

夫哲理詩情之難兼美，蓋自昔而已然。《列御寇》莊周豈不遠乎，以之入詞則刼。彼癡男怨女固詞曲之當行也。此所以在最後必要拗這麽一句，若竟不拗則作意落空，亦不會有詞了。予豈好拗哉，予不得已也。

玉樓春（桃漢不作從容住）

又豈獨「呆」而已耶，說這像什麽，那像什麽，立刻說完，就此不說，此孩提語，奈何當眞以之入詞；然而竟以之入詞，此所以爲清眞也，卽陳氏「似拙實工」之說也。若況氏「重、拙、大」之說，較陳爲愈密，今仍不暇辨，然已不覺言之長矣。

憔悴如霜前葉，飄飖如風後雲，漸漸露出垂年下世的光景，又不獨遲暮而已。人生至此萬念皆空，而耿耿此情仍復一靈不昧，若而人者其賦才如此之柔厚，何必以詞論哉？此詞之魂也。僕不曾讀放翁詩，而愛誦其暮年沈園詩，以爲全集恐無逾於此者，陋而自信其陋，亦一癡也。

陳曰：「不病其板，不病其纖，此中消息難言。」今請言此難言者。夫不病板者，其筆健也；不病纖者，其情厚也。於流散中寓排偶，亦於排偶中見飛動，又於其中見拗怒，復於拗怒中見温厚。春華秋實，文質彬雅，其辭麗以則，其聲和而悲。大巧若拙，大辯若訥，非清眞其孰堪之。斯足領袖詞流，冠冕百代矣。（清眞之性格，見《清眞先生遺事》引樓鑰敍）

末句好在一「膩」字，卽全篇亦好在「膩」字上，唯過片兩句，大筆濡染耳。眞是膩得可以。夫膩豈易言哉，柔厚之積也，非偶然也。柔厚之積，是情膩也，如秋藕絲，如春柳絮，如黏地絮，如雨餘黏地之絮，是喻膩也。八句四韻，四對仗。通體七言，是調膩也；自九御而十遇而十一暮，是韻膩也；末句「雨」、「餘」二字，雙聲疊韻（雨，上聲噳；餘，平聲魚：爲平仄韻），復同爲撮口呼，與「絮」字亦爲疊韻，而「絮」與「地」相鄰（絮，去聲御；地，去聲至），「地」與「似」又爲疊韻（似，上聲止，止至同部），七字之間，如絲引蔓，如漆投膠，是和膩也。故雒誦全章，尤其是到煞尾，唯覺膩字之的當，而猶病其不足，如飲醇醪，如邀明媚（醇酒婦人來得湊巧），豐若有餘，柔非無骨也。於是「別饒姿態」之姿態也者，又隱约而可會矣。夫清眞遠矣，僕何足以知之，唯作陳氏箋疏耳。以鸚鵡聲氣爲博士買驢，寧不自哂其塵下，然苟有千慮之得，發其所未發，則亦亦峯氏之功臣也歟。其於清眞又豈能無卓爾之嘆而彌切高山景行之思乎？（俞平伯）

相見歡（金陵城上西樓）

相見歡

朱敦儒

金陵城上西樓，倚清秋。萬里夕陽垂地，大江流。　中原亂，簪纓散，幾時收？試倩悲風吹淚過揚州。

這首詞的作者是北宋末世詞人洛陽朱敦儒。關於他，同時代的黃昇這樣介紹道：「希眞東都名士，以詞章擅名。天資曠遠，有神仙風致。」在徽宗朝政治昏暗之際，他隱居江湖，不肯爲官，還是值得稱許的。但是當國家危殆，民生凋蔽的時候，他却以天上的「清都山水郎」自居，以疏狂慵懶自許，「洗盡凡心」做神仙，使他的詞脫離現實，染上虛無主義的色彩，這就不足取了。北宋淪亡，他輾轉流離於江西、嶺南一帶。眼看山河易色，思想有了變化，竟於五十四歲高齡，應召入朝，作秘書省正字等官。因他站在主張恢復的名臣李光的一邊，後隨李光的被黜而罷職。這時他的詞篇頗有反映家國之痛的。清王鵬運刊印他的詞集，曾在跋中特爲指出他的「憂時念亂，忠憤之致，觸感而生」這一方面，可見他終於以流暢的詞筆、清逸的才情，吟唱出悲涼慷慨的時代之音了。這些憂世念亂之作，數量不多，却是他的二百餘首《樵歌》中的瑰寶。本首就是其中的一篇。

《相見歡》詞牌因南唐後主李煜寫有兩首亡國詞（「無言獨上西樓」、「林花謝了春紅」）而出了名。它的格律是九個字的四組，合成五韻。第一組一個六字句，一個三字句，佔兩韻。第二組是九字句一韻，也可通融爲六、

相見歡（金陵城上西樓）

三句式或四、五句式中頓。第三組的九個字分爲三個三字句，要求前兩個三字句押另仄韻，後一個三字句仍押原韻。第四組同第二組，最後以九字一氣呵成。如此聲調容易起到跌宕頓挫和九轉迴腸的藝術效果，最宜作淒愴悲壯之聲。

看這一首，起兩句何等深沉有力：「金陵城上西樓，倚清秋」。首句不完全爲點明地點，還爲表示江南游子，倚樓西望；北國江山，瘡痍滿眼。次句不完全爲點明時令，還爲形容其聲慘淡、其氣懍冽、其意蕭條、其聲淒切的清秋氣氛無所不在，侵人入骨。試把首二句改爲「金陵城上清秋，倚西樓」，「清秋」就不能成爲可觸的形象和無所逃離於天地內的廣漠無情的魔障了。爲什麼作者有「倚清秋」的感受？下面用景物回答：「萬里夕陽垂地，大江流」。詞句的境界與氣勢似可與杜甫詩句「星垂平野闊，月湧大江流」見比；詞句的主旨與格調和謝脁詩句「大江流日夜，客心悲未央」有相似之處。看來詞人對破國亡家寄慨很深，才能刻畫出如此氣魄雄渾的圖景。「夕陽垂地」的「垂」字比杜句「星垂平野」的「垂」字下得深：「夕陽垂地」暗示宋王朝的覆敗，「垂」字也流露了詞人對失國的蒙羞忍辱心情。「大江流」比謝句「大江流日夜」寫得悲：因爲南宋詞人筆下的水和山，大都是恨水與怨山，這裏的「大江流」未必沒有「鬱孤臺下清江水，中間多少行人淚」（辛稼軒《菩薩蠻》）詞意。「萬里夕陽垂地，大江流」，聲情悲壯的是南宋時代的喪亂之音。

上片鋪墊景物環境，下片剖白思想感情，三個短句是全篇題旨：「中原亂」，指靖康之亂；「簪纓散」，說衣冠人物，盡都逃散。「簪纓」是古代貴族冠飾，簪是髮簪，纓是帽帶，代指世族與官宦；「幾時收」詰問句，和岳飛《滿江紅》詞「臣子恨，何時滅」一樣，爲寃憤之聲。三句表示詞人在紛議不休的和戰之爭中的立場與憤慨。到結尾九字，詞人的愛國深情一下子傾洩出來：「試倩悲風吹淚過揚州」。揚州在當時是南宋前沿，高宗建炎三年，那裏曾慘遭金兵燒殺搶掠。李白有詩：「我寄愁心與明月，隨風直到夜郎西。」這裏詞人用同一手法，請求秋風向飽受戰火洗禮的揚州前線，吹去他在這兒紛紛而落的幾行清淚。一個無力回天的封建知識分子，憂傷滿懷，衹有用比興的手法，如此表達自己的愛國心情了。

（楊敏如）

好事近

漁父詞

朱敦儒

搖首出紅塵，醒醉更無時節。活計綠蓑青笠，慣披霜衝雪。　晚來風定釣絲閒，上下是新月。千里水天一色，看孤鴻明滅。

朱敦儒早年以清高自許，曾以斜插梅花、傲視王侯的「山水郎」自居。但金兵南下，驚破了這位名士的清高好夢。他從洛陽一直退避到偏僻的南雄州（今廣東南雄縣），嘗够了流離顛沛之苦。紹興三年（一一三三）被召回臨安，先後任秘書省正字及浙東提點刑獄等官職。因與主戰派李光等人交往而被彈劾，於紹興十九年致仕後寓居浙江嘉禾鴛鴦湖畔（今嘉興南湖）。從此放浪煙霞，蕭然物外，寫下大量描繪湖光山色的詞章，成了一位名副其實的山水詞人。他先後用《好事近》詞牌寫了六首漁父詞，此爲其中之一，頗能代表朱敦儒後期詞的風格。

自唐張志和的《漁歌子》詞以後，文人詞中出現了不少漁父的形象。他們或者像張志和描寫的「青箬笠，綠蓑衣，斜風細雨不須歸」那麽悠閑；或者像李煜筆下的「花滿渚，酒滿甌，萬頃波中得自由」那麽自在；或者像蘇軾所謳歌的「一笑人間千古」那麽曠達。但這些形象，都已不是眞正以漁爲業的漁翁，而是徜徉山水的隱士。朱敦儒筆下的漁父也是這麽一個人，或者不如說就是他的自我寫照吧。

詞一開始，即以「搖首出紅塵」明確宣布要永遠脫離官場。當北宋末年他首次辭官時就表示「麋鹿之性，自樂閑曠，爵祿非所願也」（《宋史》本傳），但那畢竟還處於表面昇平的時代，詞人雖以「山水郎」自居，過的卻是「射麋上苑，走馬長楸」（《雨中花》）的裘馬清狂的生活。經過戰亂中困苦的關山跋涉，特別是十多年的宦海浮沉，他的心境有了很大改變。如果說入「紅塵」前，祗是由於「懶慢疏狂」的本性而流連山水清音的話，那麽當他嘗够了「紅塵」的箇中滋味之後又「搖首」而「出紅塵」時，則又摻入了多少難以言說的悔恨啊！「搖首」二字，寫出了詞人要「洗盡凡心，相忘塵世」（《念奴嬌》）的決心，也傳達出詞人受到打擊後又重返大自然，從而得到精神解脫的輕鬆心情，甚至還活畫出詞人那搖首長嘯而去的疏放神態。

然而如何才能將凡心洗盡，與塵世決絕呢？這就衹有在醉鄉中討生活了。「醒醉更無時節」較以前的「醉臥洛陽」更進一步。所謂「蘆花開落任浮生，長醉是良策」（《好事近》）、「日日深杯酒滿，朝朝小圃花開。自歌自舞自開懷，且喜無拘無礙」（《西江月》），詞人這種頽唐自放的人生態度，正反映了南渡後國勢衰弱而昏君奸臣偏安一隅，一般正直文人又無可奈何，勉作達觀以求自解的思想。

「活計綠蓑青笠，慣披霜衝雪」兩句化用張志和詞句，但張詞「斜風細雨不須歸」顯得悠然，而此詞的「慣披霜衝雪」顯得曠達。「綠蓑青笠」而作爲「活計」，「披霜衝雪」而冠以「慣」字，自然並不是眞出沒風波之中，爲生計而操勞的漁翁生活的寫實。作者在另一首漁父詞中有同樣表白：「眼裏數閑人，可有釣翁瀟灑？已佩水仙官印，惡風波不怕。　此心那許世人知，名姓是虛假。一櫂五湖三島，任船兒尖耍」。是的，比起官場傾軋、名利羈絆，大自然的風波霜雪又算得什麽？「慣披霜衝雪」正是作者在終於擺脫紅塵後「不受世間拘束，任東西南北」（《好事近》）的疏放自適情懷的寫照，是前兩句詞內涵的具體體現。

上闋偏於言情述志，下闋則純用景語寫境。

換頭承「綠蓑青笠」來，精繪出一幅月下釣圖：「晚來風定釣絲閑，上下是新月」。新月初生，倒映湖中，皎潔的月光與微波不興的水面交相輝映，漁翁設竿垂釣；一個「閑」字，勾勒出漁翁那志不在魚、魚筌兩忘的神態。煞拍把畫面延伸到更廣闊的空間，把漁翁內心昇華到一個獨特的境界。「千里水天一色」，這裏沒有塵世的喧囂，沒有官場的爭奪，衹有一碧萬頃的湖水、萬里長空的明月與悠閑垂釣的漁翁，水天一色，表裏澄澈，眞所謂「萬頃琉璃，一輪金鑒，與我成三客」（《念奴嬌》）。「看孤鴻明滅」，「看」的主語爲漁翁，「明滅」，偏義在「滅」。漁翁望着那飛向遠處天邊的孤鴻，若隱若現，最後連影兒也不見了。這樣，漁翁的魚竿兩忘的悠閑心情頓時進入到了物我兩忘的境地。詞人之所以對漁翁的審美心理的捕捉是如此敏鋭，構圖是如此精微，不正因爲他自己的心境是如此的悠閑疏曠麽？因此，下闋儘管純用景語，但詞人那瀟灑疏放的自我形象却相當活躍、相當完整地凸現出來，與詞的上闋能够情景相生，從而使意與境的結合做到水乳交融、渾然一體。

黄昇《花菴詞選》評朱詞爲「天資曠遠，有神仙風致」，這主要指其晚年作品而言。退隱後，朱敦儒不再唱「回首妖氛未掃，問人間英雄何處？……但愁敲桂櫂，悲吟梁甫，淚流如雨」（《水龍吟》）這慷慨激憤的悲歌了，而多是些「先生筇杖是生涯，桃月更擔花。把住都無憎愛，放行總是煙霞」（《朝中措》），以及「老來可喜，是歷遍人間，諳知物外；看透虛空，將恨海愁山一時挼碎」（《念奴嬌》）等遠離塵世的低吟。但處在南宋民族矛盾、階級矛盾、主戰主和的矛盾等複雜情況下，他想超脱塵世，泯滅「憎愛」，消除「愁恨」，終不免掉入秦檜的牢籠，做了短期的贊禮官（鴻臚少卿），給他的「清高」名節留下一個污點。但他這時期的詞在藝術表現手法上却有他「獨到的意境，獨到的技術」（胡適《朱敦儒小傳》）。卽如這首詞而言，它一掃前人的庸濫腔調，不作矯揉之態，也無俗豔之氣，寫得清新自然，瀟灑飄逸，「如一幅雨後的叢篁，如晨曦中的圓露，如人跡絕滅的幽林，令人耳目爲之一新」（薛礪若《宋詞通論》）。清新淡遠正是朱敦儒晚期詞作的顯著特色。

（趙曉嵐）

烏江

李清照

生當作人傑，死亦爲鬼雄！至今思項羽，不肯過江東！

李清照（一〇八四——一一五五？）號易安居士，宋濟南（今山東濟南市）人，自幼卽負才名，工詩文，詞尤精妙，「莫道不銷魂，簾捲西風，人比黃花瘦」，佳句流傳，衆所周知。父李格非，字文叔，爲宋神宗熙寧間進士，官至禮部員外郎，也長於文學，撰有《洛陽名園記》傳世，清照顯然是曾受其父薰陶的。

李清照不僅擅長於詞，而且亦工於詩。她的詞由於受她「詞別是一家」主張的束縛，在反映社會生活的深廣度上，受到了一定的影響；而她的詩却能更直接、更深刻地反映當時那動蕩不安的時代。在她僅存的詩作中，好些詩篇都深深地表達了她對國家命運、民族安危、人民苦難的關心；對侵略者、對屈辱求和的投降派的痛恨；以及詩人高尚的情操、崇高的氣節。這些作品，字裏行間閃耀着熠熠的愛國主義光芒，而《烏江》詩便是其中最爲傑出的篇章。

靖康元年（一一二六），女眞貴族侵略者長驅南下，北宋都城汴京陷落，中原河山淪入敵手。次年康王趙構在南京（今河南商丘）卽帝位後，畏敵如虎，忍辱偏安。看到這些，詩人感到痛心疾首，悲憤難抑地寫出了《烏江》這首滿含愛國激情的詩篇。

這首詩一開始，詩人就巧妙而靈活地用了兩個典故，旗幟鮮明地提出人生價值的問題。據《史記·高祖本紀》載：「高祖曰：『……夫運籌帷帳之中，決勝千里之外，吾不如子房；鎭國家，撫百姓，給饋餉，不絕糧道，吾不如蕭何；運百萬之衆，戰必勝，攻必克，吾不如韓信。此三者，皆人傑也。』」屈原在《九歌·國殤》中說：「身既死兮神以靈，子魂魄兮爲鬼雄！」李清照認爲：作人就應該像張良、蕭何、韓信等人一樣，有所作爲、有所建樹，成爲人中的豪傑；死了也要像屈原所歌頌的爲國犧牲的愛國將士們的英靈一樣，是鬼中的英雄。這是詩人久鬱心中的激憤之辭，所以一起筆就寫得氣勢豪邁，慷慨激昂。在李綱、宗澤等主戰派受到打擊迫害，朝野一派求和聲中，女詩人敢於如此大聲疾呼，如果沒有滿腔的愛國熱情，是絕對辦不到的。這在當時無疑能起到振聾發聵的巨大作用。這兩句語淺意深、發人深省，已成爲千百年來廣爲傳誦的佳句。

行文至此，詩人追昔撫今，感觸萬端，不禁懷念起那曾經叱咤風雲的西楚霸王來。項羽是秦末農民起義軍的領袖，最初跟他叔父在「江東」起義，摧毀秦王朝的主力軍，自立爲西楚霸王。秦亡後他與劉邦爭奪天下，爲劉邦擊敗。據《史記·項羽本紀》記載，當劉邦將他圍困在垓下（今安徽靈壁南）時，他率二十八騎奮勇衝破重圍，行至烏江（今安徽和縣東北），眼看追兵將至，烏江亭長停船於江邊，對項羽說：「江東雖小，還有千里之地，數十萬人，也足以爲王了。請大王急速渡江，不然漢軍追來，就無法渡過去了。」項羽謝絕了亭長的好意，悲壯地笑了笑說：「天要亡我，我爲什麼還要渡江呢？況且我當年率江東子弟八千人渡江西進，如今沒有一人生還，卽使江東父老同情我，擁戴我爲王，我還有什麼臉面回去見他們呢？卽使他們不責備我，我難道心中就不感到慚愧嗎？」追兵至，乃自刎而亡。詩人說：直到如今，還讓人想念項羽，敬佩他那寧死不屈的英雄氣概。「至今」二字用得極爲精當，旣承前啓後，使詩意一氣貫通；又暗喻當時，將古與今緊密地聯在一起。項羽雖然是一個失敗的英雄，但他生爲人傑，死亦剛烈，寧可自刎烏江，也不忍辱偷生；而當時的趙構集團面對金朝貴族統治者的入侵，却是貪生怕死、懦弱無能。兩相對比，品格靈魂之高下美醜，就不言自明了。顯然，詩人是要借項羽這面鏡子，來照照趙構集團的軟骨症；借着對項羽英雄行爲的讚美，無情地鞭笞高宗及其一伙投降派的無恥行徑。

這是一首詠史詩，但詩人不是在發思古之幽情，而是取材於歷史，着眼於現實，並大膽地從歷史題材中發掘新意，借古諷今，抨擊時弊，抒發自己的一片愛國深情，因而作品有着鮮明的現實性和強烈的戰鬬性。

李清照的詩才早已爲當時的詩壇所器重。她父親的好友張文潛在爲其父寫的墓志銘中便指出：「長女清照能詩文」。王灼《碧鷄漫志》也說她「自少年便有詩名，才力華贍，逼近前輩，在士大夫中已不多得，若本朝婦人，當推文采第一。」朱弁《風月堂詩話》也指出她「於詩尤工」。細讀本篇，便可知這絕非過譽之辭。詩雖短小，却立意高遠、落筆不凡，寫出了「俯視巾幗」、「壓倒鬚眉」的氣概。通篇貌似詠古，却是處處鑒今；對古人古事，信手拈來，即成妙句。寥寥四句，連用數典，工而不琢，實在堪稱千古絕唱！

（温紹堃）

如夢令

李清照

昨夜雨疏風驟，濃睡不消殘酒。試問捲簾人，卻道海棠依舊。知否？知否？應是綠肥紅瘦。

不論是在柳絮不吹綿的秋冬，還是在楊柳芳菲的春夏，我曾幾度在宋代女詞人李清照紀念堂前的漱玉泉畔，留連觀賞。臨泉矚目，彷佛看到一個「首無明珠翠羽之飾」（李清照《金石錄後序》）、端莊容與的古代婦女

如夢令（昨夜雨疏風驟）

的影象，藕花出水般地映現出來——這便是我想象中的李清照。

這位自號易安居士，「壓倒鬚眉」（李調元《雨村詞話》）的女詞人，人品才學使人讚佩，她的種種遭遇，又發人深思，引人同情——這又使我每當耳聞目睹李清照蒙受物議時，往往產生一種莫名的感慨。

上述數言，誠然是題外話。但是，每當我在閱讀李清照的作品時，以上的聯想和心情便不禁油然而生。這一定的聯想和特有的心情，往往是文學鑒賞中不可或缺的，姑稱之爲一種「共鳴現象」吧。

《如夢令》詠海棠，是一首一氣呵成的小詞，今天我們閱讀這首詞，可不去煞費苦心地挖掘其思想價值。寥寥三十三字的一闋小令，說它有多積極，談不上；說它那麼消極有害，也不見得。它衹是用清新流暢的語言描繪了一個閨中女子片斷的生活細節和思想情緒。說到閨中女子，人們不禁要問：這時的李清照是少女，還是少婦？由於這首詞的具體寫作時間無從查考，這個少女、少婦之謎，也就不好解開。這無關緊要。從整首詞的情緒看，它的主人公還是一個少不更事的女子，當然以少女的可能性更大些。她儘管對卽逝的春天有一種曲折含蓄的哀嘆和淡淡的愁緒，但這種哀嘆和愁緒，且不說與杜甫的「窮年憂黎元，嘆息腸內熱」和岳飛的「莫等閑，白了少年頭，空悲切」的憂國憂民的愁腸大不相同，也與她自己後來的「衹恐雙溪舴艋舟，載不動、許多愁」這種愁的分量很不一樣。「愁人知夜長」，一個濃睡經夜醉態慵慵的少女，與蘇軾在《水調歌頭》（明月幾時有）中所寫的「無眠」者的愁，那也是完全不同的兩種滋味。

這麽說，「綠肥紅瘦」所蘊含的哀嘆，便是作者的故作嬌嗔、無病呻吟不成？完全不是。我們從李清照自幼的教養、志趣來看，她是一個有理想、有抱負的女子。這樣一種性格，在無所事事中打發日月，儘管整日詩酒相伴，有人服侍，生活優裕，也不能不惋惜時光流逝、韶華將盡。對表現這種情緒的作品，不承認它是「大雅」也罷了，但不能與什麽「滴粉搓酥」之類同等看待，貶稱爲「精豔語」（《白雨齋詞話》卷六）。相反，它比一般的傷春悲秋之作，更要耐人尋味。

也許有人提出：說這首小詞表現了惜春的情緒、進而引伸爲哀嘆時光流逝，是不是根據有的版本在詞牌《如夢令》下，又書作《春晚》、《暮春》的詞題斷言？這樣一來，還有的版本詞題作《春景》、《春曉》、《春容》，又

如夢令（昨夜雨疏風驟）

如何解釋？這首詞豈不就是對一般春色的描摹而已？或者說惜春的情緒大都產生在季春，詞中沒有任何表明時間的語句，又何以見得時至春暮呢？我們說這正是作者的高明之處。詞是用白描的手法寫的，對答無奇，簡練如洗，却不是平鋪直敍、辭單意孤。它彷彿是一泓靜水中的微瀾，要細細體察才能發覺蕩漾的波紋。向來的詞評說它「口氣宛然」（《古今詞統》卷四），「妙在含蓄」，「短幅中藏無數曲折，自是聖於詞者」（《蓼園詞評》）。這些評論是符合實際的。「却道『海棠依舊』」和「知否，知否」以下答語，實在跌宕有致。詞貴含蓄，這首詞的可貴之處正在這裏，它所包含的惜春之情，詞中並未點破。一眼看去，也不知已到傷春時節。詞中雖無交代時間的用語，但它的時令感很明晰，又很有層次。我們從首句「昨夜雨疏風驟」的氣氛中，便會感到這雨已不是杜甫寫的「潤物細無聲」的雨了，而是如她自己《點絳唇》（寂寞深閨）中所說「惜春春去，幾點催花雨」。「綠肥紅瘦」指的是海棠，而不是初春時節桃杏枝頭的綠紅更替。紅杏出牆意味着春天的到來，「花褪殘紅青杏小」是一種生機盎然的陽春景象，人們不至於爲之嘆息。待看到海棠的零落，人的情緒就不一樣了。李清照在《好事近》詞中曾寫到：「長記海棠開後，正傷春時節。」以此爲旁證，說作者以海棠的「綠肥紅瘦」曲折含蓄地表達了她的傷春情緒，是不出詞意的。

這首詞對時令的交代，不僅有層次，又緊緊扣住作者傷春的心情。「雨疏風驟」可理解成代指春天。歐陽修《蝶戀花》裏的「雨橫風狂三月暮」寫的是同一季節。海棠的飄謝也正是在這個時候。我們知道，春分一候海棠開，每五日爲一候。春分的下一個節氣就是清明。海棠開了再過個把月便是初夏，這已是「開到荼蘼花事了」的節候了。這個「花事了」在古代詩詞中，幾乎是傷春的代名詞，不知有多少詩詞作者爲之慨嘆惋惜：周權《晚春》詩「花事匆匆彈指頃，人家寒食雨天晴」，張炎《高陽臺》「東風且伴薔薇住，到薔薇、春已堪憐……莫開簾，怕見飛花，怕聽啼鵑」，他的《清平樂》則有「三月休聽夜雨，如今不是催花」。惜花傷春是古代作家的一種思想寄託，其中往往包含了社會的、人生的深刻內容。像杜甫筆底的「一片花飛減却春，風飄萬點正愁人」（《曲江詩》），這絕不是無聊的閑愁。李清照這首小詞的思想容量雖然有限，但把它指斥爲「貴族婦女的感情」，「思想價值不大」，未免過於苛責了。

李清照的不少作品，近千年來一直沒有得到應有的評價。唯獨這首《如夢令》贏得了不少知音者的讚許。《苕溪漁隱叢話》的作者南宋胡仔說：「『綠肥紅瘦』此語甚新」；《堯山堂外紀》的作者明蔣一葵說這首詞「當時文士莫不擊節稱賞，未有能道之者」；《花草蒙拾》的作者清王士禎說：「如『綠肥紅瘦』、『寵柳嬌花』，人工天巧，可稱絕唱。」這些讚賞之辭，雖然不盡是我們現代文學評論的用語，但它們的含意與今天對這首詞的公允評價並不相悖。

上述古人的評價對今天的讀者理解李清照的抒情詞作，也許不無隔膜。打個今人熟悉的比方：李清照的詞，篇幅大都較小，但却頗似西洋歌劇中的詠嘆調，極富抒情色彩並有戲劇性。

（陳祖美）

一翦梅

李清照

紅藕香殘玉簟秋。輕解羅裳，獨上蘭舟。雲中誰寄錦書來，雁字回時，月滿西樓。

花自飄零水自流。一種相思，兩處閒愁。此情無計可消除，纔下眉頭，卻上心頭。

《一翦梅》是李清照早期重要作品之一，爲歷代詞論家所稱譽。明楊慎評此詞云：「離情欲淚。讀此始知高則誠、關漢卿諸人，又是傚顰。」足見《一翦梅》對後代影響之深遠。元伊世珍《瑯嬛記》謂：「易安結縭未久，明誠即負笈遠遊，易安不忍別，覓錦帕書《一翦梅》詞以送之。」細味《一翦梅》詞意，乃離情，非送別。按《瑯

一翦梅（紅藕香殘玉簟秋）

嬛記》明人藏書目錄判其爲僞書，其說不可信。

清照的詞繼承了《花間》、《尊前》的優良詞風，如詞意含蓄典重、布局嚴密等，清照均已得之。但她不囿於此，又有自己的創造，因此她的詞具有獨特的風格。

此詞上片三韻五句，分兩段。首韻「紅藕香殘玉簟秋」七個字，描繪晚秋景物，雅飾絕倫。「紅藕」、「玉簟」，設色極絢麗。「簟」，席也，指舟之篷。次韻「輕解羅裳，獨上蘭舟」，以賦筆敍事，而「獨」字，已入情，寓孤寂之感。「蘭舟」，即「木蘭舟」，相傳魯班刻木蘭爲舟，其後詩家云木蘭舟即出於此。上片首、次二韻，以詞藻色澤作鋪敍，達到典重高華的藝術效果，純用唐、五代詞法度。上片結拍：「雲中誰寄錦書來，雁字回時，月滿西樓」，筆力排奡橫放，轉換「境界」，從荷塘宕開寫去，這是吸取慢詞的創作方法。「錦書」即「錦字」，事見前秦秦川刺史竇滔被徙流沙，其妻蘇氏思之，織錦爲迴文旋圖詩以贈滔，詞甚淒婉。作者在這裏活用此故事，並把它和蘇武雁足傳書連結在一起，來抒發自己渴望得到遠方消息的心情。「錦書」、「雁字」，在古典詩詞用得很多，作者用設問語氣，使詞意跌宕神駿，有推陳出新的藝術效果。「誰」字似虛，實有所指，不言而喻，妙在不即不離之間。末句「雁字回時，月滿西樓」，一波三折：「雁字」，一層；「回時」，又一層；「月滿西樓」，點出時間、空間，再一層。如此使詞境層深渾成，耐人尋味。

下片四韻，分三段。首韻第一段：「花自飄零水自流」，以景起，與上片首韻「紅藕香殘玉簟秋」見應，惟上片僅寫景，下片則純「比興」之筆，「花」清照自比，「水」比明誠，暗寓「離情」。次韻第二段：「一種相思，兩處閒愁」，這兩句對仗工穩，是詞中起眼處。全詞在此韻之上均用暗寫法，寓情於景，到此始點出題面「離情」，極具「境界」。這種以尋常語度入音律，是李清照的絕詣。「一種相思」，江淹《別賦》一開篇便指出：「黯然銷魂者，惟別而已矣。」人同此情，容易理解，至於「兩處閑愁」，卻是李清照獨有的幽愫，與衆不同了。這就需要深入探索其內涵。《漱玉詞》中，還有幾首「離情」，我以爲都同樣閃爍着《一翦梅》這種「閒愁」的晶光，是作者性格的特徵。在清照之前的無數「閨情」詞，大多數描寫室內的情事、物景，而李清照的「閨情」，卻不限於室內的描寫，像《一翦梅》、《醉花陰》、《鳳凰臺上憶吹簫》等。周輝《清波雜誌》載：「頃見易安族人言，

一翦梅（紅藕香殘玉簟秋）

明誠在建康日，易安每值大雪，卽頂笠披蓑，循城遠覽以尋詩，得句，必邀其夫賡和，明誠每苦之。」近代詞學家龍沐勛《漱玉詞敍論》云：「吾人欲知《漱玉詞》之全部風格，果屬何種，一面自當於其作品加以極精深之翫味，至其性格環境，亦不容忽略。……惟其不甘深閉閨帷，必騁懷縱目，得江山之助，故能縱筆揮灑，壓倒鬚眉。……感慨沉雄，何曾有閨閣習氣。」所論極是。

趙明誠、李清照，《宋史》均無傳，他們的生平事跡，端賴李清照晚年所作《金石錄後敍》及散見在南宋以來說部所著錄的一鱗半爪遺留下來。清照早經憂患，年十八，嫁趙明誠，翌年，其父李格非則以名列元祐黨籍，貶逐出汴京。骨肉離散的慘痛，無疑對清照的生活是沉重的打擊，使她的詞風趨於沉鬱。崇寧五年，趙明誠之父趙挺之又爲蔡京所害，明誠被牽連奪官，不得不離開汴京，屏居青州鄉裏。清照在《後序》這樣記述他們夫婦的生活：「余建中辛巳始歸趙氏，時先君作禮部員外郎，丞相作吏部侍郎，侯年二十一，在太學作學生。趙、李族寒，素貧儉。每朔望謁告出，質衣取半千錢入相國寺，市碑文果實歸，相對展翫咀嚼，自謂葛天氏之民也。」「……每獲一書，卽同共校勘，……余性偶強記，每飯罷，坐歸來堂，烹茶，指堆積書史，言某事在某書、某卷、第幾葉，第幾行，以中否，角勝負，爲飲茶先後，中卽舉杯大笑，至茶傾覆懷中，反不得飲而起，甘心老是鄉矣。故雖處憂患困窮而志不屈。」繆荃孫《雲自在龕筆記》載趙明誠跋白居易書楞嚴經云：「淄州邢氏□之村，丘地平彌，水林晶清，牆麓磽角布錯，疑有隱君子居焉。問之，兹一村皆邢姓，而邢君有嘉，故潭長，好禮，遂造其廬。院中繁花正發，主人出接，不厭余爲茲州守，而重余有素心之馨也。夏首後，相經過，遂出白樂天所書楞嚴經相示。因上馬馳歸，與細君共賞。時已二鼓下矣，酒渴，烹小龍團，見對展玩，狂喜不支。兩見燭拔，猶不欲寐，遂下筆爲之記。」以上二節清照和明誠自述的資料，是了解《漱玉詞》風格最重要的依據。我以爲清照《一翦梅》以及其他「離情」詞，所表達的「愁」，與清照之前無數「閨情」之作言「愁」的內容是不相同的，清照詞中的「離情」，表達了一種「多少事，欲說還休」（《鳳凰臺上憶吹簫》）的心境，是用「咽」字訣，其中有對政局動盪變化的敏感；也有學術方面的因素。明誠別後，過去那種「夜盡一燭爲率」，充滿學術氣氛的生活起了很大變化，清照在一首《蝶戀花》煞拍這樣寫：「酒意詩情誰與共，淚融殘粉花鈿重」，就透露了箇中

一翦梅（紅藕香殘玉簟秋）

消息：她把他們共同校勘金石、品評字畫的生活概括爲「酒意詩情」，這種對學術生活的嚮往與追求就是她詞中「閑愁」的一個具體內容。正是這一些翦不斷、理還亂的「閑愁」，使她從內心迸發出煞拍「此情無計可消除，才下眉頭，却上心頭」的激情。這種不假借藻繪、口語化的文學語言，看來平易，似脫口而出，其實是經過千錘百煉得來的，藝術感染力非常強烈。雖有范仲淹的名句「殘燈明滅枕頭欹，諳盡孤眠滋味。都來此事，眉間心上，無計相迴避」（《御街行》）在前，然而范詞的內容，祇是久羈思歸，沒有更多的內涵。而清照生當北宋末造，黨禍慘酷，外患頻仍，她詞中表現的，不是一般「閑愁」，而是「隱憂」。「纔下眉頭，却上心頭」，作者是用勁毫，以千鈞之力寫出。在音律上，又用疊韻急拍哀絃來強調這種淒惶不安的情緒。「纔下」、「却上」，是「時間」概念，有一種不可抵擋的迫促感，扣人心絃。詞的上片濃麗凝重，下片疏淡激越，濃淡相配，才顯得深厚。其基調是沉鬱，技法是頓挫，回環往復，以此表現作者的離情，取得了巨大的藝術效果。

李清照的某些早期詞寫在作者生活急劇變化的時刻。崇寧四年（一一〇五），趙明誠之父挺之因避蔡京嫉，自請罷相。徽宗昏庸，懼蔡京勢，不得不同意，爲彌補趙家損失，既賜第宅，又賜其三子官，趙明誠爲鴻臚少卿，出仕遠行。《一翦梅》乃作於上述大臣互見傾軋、國事日非之時。近人論李清照，往往將她的生活簡單地劃分爲早晚兩期，並論斷早期的生活是平靜的幸福的，早期的詞是表現對愛情的憧憬，沉醉在伉儷歡愛中，這完全不符合李清照這位歷史人物的實際。這樣就造成若干詞筆虛淺、內容儇薄的詞混入《漱玉詞》。李清照不是以色事人的女性，她同丈夫志同道合，她對丈夫的愛情異於一般。南宋洪邁《容齋四筆》有趙德甫《金石錄》一則云：「東武趙明誠德甫……著《金石錄》三十篇……其妻易安李居士，平生與之同志，趙歿後，愍悼舊物之不存，乃作《後序》，極道遭罹變故本末。」南宋張端義《貴耳集》一則云：「易安居士李氏，趙明誠妻，《金石錄》亦筆削其間。」李清照在《後序》中也記載爲了購買圖書，「始謀食去重肉，衣去重彩，首無明珠翡翠之飾，室無塗金刺綉之具。」我以爲應該重視南宋學者記述和作者的自述。再從作品看。李清照早期的詞作有《一翦梅》和《如夢令》二首，並非全是平靜歡快的內容。《一翦梅》已如前述。《如夢令》游溪亭一首，集中筆墨寫歸途一幕光景，新穎活潑，逸趣橫生，但讀者切不可忽略開頭兩字「嘗記」，說明這首詞是回憶從前的愉快生活。第二首晚春詞，通過一問一答，委婉曲折地道出詞人惜春的心情。「惜春」和「惜時」同義，嘆光陰之易逝。這些詞作的風格顯得比較沉鬱，似不能以「沉醉在伉儷歡愛中」概之。可見，對李清照詞的風格，及對她的個性的評判，是需要採取求實的態度的。

（黄墨谷）

蝶戀花

晚止昌樂館寄姊妹

李清照

淚濕羅衣脂粉滿，四疊陽關，唱到千千遍。人道山長山又斷，蕭蕭微雨聞孤館。

惜別傷離方寸亂，忘了臨行，酒盞深和淺。好把音書憑過雁，東萊不似蓬萊遠。

此詞寫作背景有兩說，一是以爲作者在滯留青州時寫給移守萊州的丈夫；一是以爲作者在赴萊州途中的昌樂館寫給留居青州的姊妹們。我以爲，當以後說爲勝。理由是：一、元代劉應李《事文類聚翰墨大全》後丙集卷四收此詞，題爲《晚止昌樂館寄姊妹》。但劉認爲作者失考，歸入無名氏。其實，在此之前，也即在宋代曾慥的《樂府雅詞》裏，已標明此詞爲李易安作。曾氏生活年代與作者同時，其說當較可信，正可補正劉氏將此詞編入無名氏之誤。而以爲此詞爲清照思夫念舊之作，均出後代，殊無實據。二、詞中出現的「人道山長山又斷，蕭蕭微雨聞孤館」句，與所標「晚止昌樂館寄姊妹」題意正合，且詞中所流露的也恰是作者身處旅途中的口氣和寄宿孤館中的心境。因此，斷此詩爲作者寄姊妹之作，當較近是。

詞首句說：「淚濕羅衣脂粉滿」，是說淚水和着脂粉霑滿了羅衣。這是婦女們分別時常有的情景，也很符合作者個人的思想氣質，同時在某種程度上也表現出時代的特徵；宋人在抒發離情別緒的詞篇中，就很喜歡寫愁、寫淚，而且往往是直接、赤裸裸，毫不掩飾地寫，清照自己的作品往往就是這樣，如《武陵春》說：「物是人非事事休，欲語淚先流」，「祇恐雙溪舴艋舟，載不動、許多愁。」但人們讀到清照這樣的詞句，並不覺得淺露、造作、「爲賦新詞強說愁」（辛棄疾《丑奴兒・書博山道中壁》語），而是看到了作者跳動着的一顆率直、眞誠、火熱的心。詞這樣寫，藝術效果也很好，一下子就把一個淚水橫流的女子推到讀者面前，先是使人感到突兀、愕然，繼而爲之感嘆，爲之同情，緊緊地扣住讀者的心。謝榛說過，詩詞「起句當如爆竹、驟響易徹」，也正是這個道理。

詞接着說：「四疊陽關，唱到千千遍。」《陽關曲》原唱三疊。何謂三疊？有人說是因爲唱到陽關句時要反覆唱三遍。這是望文生義。蘇軾在《論三疊歌法》裏說：「舊傳《陽關》三疊，然今世歌者，每句再疊而已，若通首言之，又是四疊，皆非是；或每句三唱以應三疊之說，則叢然無復節奏。余在密州，文勛長官以事至密，自云得古本《陽關》，每句皆再唱，而第一句不疊，乃知古本三疊蓋如此。樂天《對酒詩》云：『相逢且莫推辭醉，聽唱陽關第四聲。』註云：『第四聲，勸君更盡一杯酒。』以此驗之，若一句再疊，則此句爲第五聲，今爲第四聲，則第一句不疊審矣。」蘇軾見到文勛的古本《陽關曲》，又有白樂天《對酒詩》註爲證，而白氏晚出《陽關》詩作者王維僅半世紀，他生活的年代，當是《陽關曲》方興未艾之時，他的附註當是可靠的。所以我們應從蘇軾之說，也卽說，所謂《陽關三疊》，卽除第一句外，其他三句均唱兩遍。但清照這裏不說「三疊」而偏說「四疊」，人們又多以爲是清照弄錯的，或以爲清照爲表現對姊妹的深情厚誼而多唱一疊。這些說法都不盡善。我以爲，作者並不是搞錯了，也不是有意多唱一疊以表情誼，而是實錄，也卽當時就是這樣唱的。姊妹睽違，飲泣悲歌，哀傷至極，喪神失魄，以致忘了哪一句該重唱，哪一句不該重唱，衹知一味地任情唱下去，唱它千千遍，唱到哽咽吞聲時——這從下片「惜別傷離方寸亂，忘了臨行，酒盞深和淺」三句也可悟出。作者傷離痛別，既會忘了酒杯大小深淺，怎不可能把《陽關》唱成四疊呢？

蝶戀花・晚止昌樂館寄姊妹

以上三句是作者追憶往事，下面兩句轉入抒寫眼前：「人道山長山又斷，蕭蕭微雨聞孤館。」是說自己與所思念的姊妹之間，橫隔着一座大山，這山不僅茫茫蒼蒼，望不到盡頭，而且盡是懸崖斷壁，難於超越。這也就是說，她們姊妹之間的歡聚更難了，「會面安可知」？尤可惱的是，她自己偏偏孤獨地托宿寒館，天又偏偏沙沙地下起細雨。這細雨無情地撩撥着離人愁緒，敲打着作者心胸，使人更感孤寂、徬徨、淒怨、哀傷，簡直到了令人難於忍受的地步了！總之，這兩句話，極言關山的險阻難度和逆旅的獨孤淒涼，以烘托作者懷遠思親的深情。古詩詞也多有此筆法。《古詩十九首・行行重行行》：「行行重行行，與君生別離。相去萬餘里，各在天一涯。道路阻且長，會面安可知？」陸游《卜算子》也說：「已是黃昏獨自愁，更著風和雨。」可與此詞相輝映。

在這裏，有必要指出的是，清照由青州經昌樂赴萊州，一路上走的盡是丘陵平原交錯的地帶，並無高山峻嶺相隔絕，作者之所以要那樣寫，除了文學藝術的虛構誇張手法在起作用外，主要恐怕還是作者此時此地特殊的心理氣質在作怪。由於她不忍與姊妹們遠別，由於她對姊妹們的懸念莫解，因而就把兩地間的距離阻險盡情地加以形容、擴大，甚至把它推進到至高的程度。從這裏我們也正可以看到作者待人接物品格的一面。

如果說詞的上片前三句重點描繪作者自己的外表形象，那麼下片頭三句就轉而着重刻畫作者自己的內心世界了。「惜別傷離方寸亂，忘了臨行，酒盞深和淺。」這幾句描寫堪稱生花妙筆；它選擇了一個富有典型意義的細節，把一個離人依依惜別的神態，眞實、深刻、細膩、傳神地表現出來了，使人如見其形，如睹其神。漢樂府《陌上桑》寫人們見到美女秦羅敷時，也曾有過一段精彩的文字：「行者見羅敷，下擔捋髭鬚。少年見羅敷，脫帽著帩頭。耕者忘其犂，鋤者忘其鋤。」兩例都是描繪人們在失神時所流露出來的下意識的動作情狀，又都是通過選擇描寫典型的細微動作來完成；所不同的衹是，一則志喜，一則託悲，喜使人意狂，悲令人心亂，意狂心亂則舉措失態矣！可謂異曲同工之妙。

但作者並沒有一味地追憶臨別傷心事，也沒有一味地哀傷下去，詞最後兩句說：「好把音書憑過雁，東萊不似蓬萊遠。」這是對姊妹的囑咐，意思說，你們要把音訊讓過往的大雁捎來，以慰我心，東萊不像蓬萊那樣，「山在虛無縹緲間」，可望而不可卽。作者借此用以自慰，也用以慰人。愁緒稍開，清風徐來，詞情爲之一變，給人留下淡淡的快慰和希望。

這首詞布局極具匠心。詞上下片前三句都是追憶與姊妹離別時的情景——重點表現作者個人；上下片後兩句都是寫作者在旅途孤館中的心情。但兩者又有區別，上片前三句作者主在自繪外表，下片前三句作者意在表露自己內心。上片後兩句肆筆於哀思，下片後兩句寄意於希望。從而使整首詞前後之間或相呼應，或相對照，波濤疊起，而秩序井然，令人耳目一新。且詞的開頭突然破筆，震懾人心；收篇寫意深遠，餘味深厚。可見清照妙筆之一斑。

（龔克昌）

醉花陰

李清照

薄霧濃雲愁永晝，瑞腦銷金獸。佳節又重陽，玉枕紗廚，半夜涼初透。　東籬把酒黄昏後，有暗香盈袖。莫道不銷魂，簾捲西風，人比黄花瘦。

古代文學中有關愛情的描寫，出之於女子手筆的十分少見。宋代女詞人李清照的一些晶瑩猶如美玉般的愛情詞，如《鳳凰臺上憶吹簫》、《一翦梅》、《醉花陰》、《孤雁兒》、《武陵春》、《聲聲慢》等，向我們輕啓她心靈的雙扉，從那兒流瀉出玲瓏的音響，訴述了她生命歷程中的幸福和苦難，其中閃爍着戀情的火花和悲愴的淚光，使我們讀後不禁爲之欣悅，也爲之嘆息。

醉花陰（薄霧濃雲愁永晝）

李清照十八歲時與趙明誠結婚，兩人對金石書畫嗜之成癖，志趣十分相投，感情非常融洽。偶有離別，她便以小詞抒寫相思之意；靖康之亂以後，夫婦倆都在南方，不久趙明誠不幸病故，她自身又横遭誣陷毁謗，歷年收藏的文物也喪失殆盡，這使她在悲嘆自己不幸遭際的同時，也更深地陷入對丈夫的憶念之中。在她南渡以後的一些悼亡詞裏，凝結着對丈夫永久不滅的愛和纏綿不盡的情，使得後世無數讀者一掬同情之淚。

對於清照詞的愛情描寫，宋人已有評論。如王灼《碧鷄漫志》說她「作長短句，能曲折盡人意。輕巧尖新，姿態百出。閭巷荒淫之語，肆意落筆。自古縉紳之家能文婦女，未見如此無顧藉也。」文中雖將她的愛情描寫斥之爲「荒淫之語」，可是也不得不承認她具有「能曲折盡人意」的寫作技巧。後人對清照詞的善於寫情，頗多譽揚之語，如「指取溫柔，詞歸蘊藉……語情則『紅雨飛愁』、『黄花比瘦』，可謂雅暢。」（《詩辨坻》）可以看出，「蘊藉曲折」，是清照描寫愛情時所經常使用的手法。在本詞，也是運用了這種手法而獲得很好的藝術效果。

本詞是南渡以前所作。各本分别題爲「九日」、「重陽」、「重九」等。内容是逢佳節、思愛人，借詞以抒情遣懷。重陽，爲秋季登高游賞的節日。「九月重陽，都下賞菊有數種……酒家皆以菊花縛成洞户，都人多出郊外登高」（《東京夢華録》），可見賞菊、登高是重九的習俗。但由於愛人遠出未歸，又值天色陰沉，這就使節日的氣氛顯得十分黯淡。上片首兩句描繪室外晨霧尚未消散，又見濃雲密布；室内獸形爐中噴出瑞腦香的裊裊煙霧，繚繞四周。這樣的環境使得日子顯得特别漫長，一「愁」字反映出她内心的百無聊賴，至於爲了什麽原因而生愁，則暫不說破。「佳節」三句點出重陽節。「玉枕紗廚」，指涼枕紗帳，都是夏季寢具，如今節令已届重九，半夜夢回，但覺涼氣透進紗帳，觸動萬千思緒，念及佳節已到，愛人未歸。本可以一同登高望遠，共飲菊花美酒，現今却衹能在獨自沉思中度過這個佳節，這就是她之所以要「愁」的原因。此處先以黯淡的筆調透露她的感受，再以清秋遊樂的佳節，反襯出她倍覺神傷的孤獨感；而不是使用直接的方式來表達「愁」字，其含意可說是蘊藉而又委婉曲折。

下片承上面「愁永晝」而來，自已雖然整日沉浸在懷人的憂思之中，但逢此佳節，也得按照習俗飲酒賞菊，聊以應景。正值園中菊花開放，一片大好秋光，使她稍解愁懷。清照本來愛菊，她在《多麗・詠白菊》中說：「細

醉花陰（薄霧濃雲愁永晝）

看取，屈平陶令，風韻正相宜。」由此可見，她不僅愛菊，還欽慕古代愛菊者的高潔襟懷。「東籬」兩句，用陶淵明《飲酒》詩意：「採菊東籬下，悠然見南山。」灰濛濛的重九節，在低沉的心情中度過。黃昏時分，把酒東籬，閑眺遠山，雖然愛人未歸，鬱鬱寡歡；但在大好秋光下飲菊酒、賞黃花（《禮記・月令》：「鞠（菊）有黃花」），遙慕屈原、陶潛，也可稍紓愁懷，聊以解憂。暮色蒼茫，捻花入室，但覺幽香滿袖，久久不散，這又觸動了「纔下眉頭」的離愁別恨。

結尾三句是傳誦人口的名句。過去評詞者都特別舉出，倍加讚賞。如《詞的》云：「但知傳誦結語，不知妙處全在『莫道不消魂』。」《草堂詩餘正集》（沈際飛本）說得很爲具體：「康詞『（人瘦也）比梅花，瘦幾分。』一婉一直，並峙爭衡。」[1]點出「莫道」三句，是用委婉曲折的筆法；而「人瘦也」三句，則係直接指陳。《本事詞・自序》又深入一層：「瘦比黃花，寓幽情於愛菊。」爲什麽會在佳節黯然魂消呢？這是由於賞菊以後，幽香啓人情思，又聞秋風蕭颯，不禁憂從中來，「朗月清風，濃煙暗雨，天教憔悴度芳姿。縱愛惜，不知從此，留得幾多時。」（《多麗》）菊花因風雨欺凌即將凋零，而愛菊之人，則不僅憐菊兼又傷別自憐，致使內心焦慮，風姿憔悴，有甚於行將萎謝於西風中的黃花。這裏以景見情，以物擬人，以「人比黃花瘦」塑造出爲相思所苦的女詞人的憔悴形象。用筆蘊藉含蓄而又委婉曲折，較之直敘更富藝術感染力，也充分體現出清照詞的風格特色。

（潘君昭）

[1]「人瘦也，比梅花，瘦幾分。」系宋程垓《攤破江城子》詞中語，誤作康與之《江城梅花引》。

孤雁兒（藤牀紙帳朝眠起）

孤雁兒

李清照

世人作梅詞，下筆便俗。予試作一篇，乃知前言不妄耳。

藤牀紙帳朝眠起，說不盡、無佳思。沈香斷續玉爐寒，伴我情懷如水。笛聲三弄，梅心驚破，多少春情意。

小風疏雨蕭蕭地，又催下、千行淚。吹簫人去玉樓空，腸斷與誰同倚。一枝折得，人間天上，沒個人堪寄。

這是一首詠梅詞，作者意在借詠梅悼念自己已死去的丈夫趙明誠，明誠死於建炎三年（一一二九）八月，那麼，這首詞便應是建炎四年以後某一個春天的作品。作者在詞前的小序中說：「世人作梅詞，下筆便俗。予試作一篇，乃知前言不妄耳。」她批評前人寫的詠梅詞多平庸、俗氣，因而自己用《孤雁兒》的調子來寫一首詠梅的詞，意欲免俗創新。但寫成後自己也並不滿意，所以感到「下筆便俗」的話實在不是虛妄之談。我們從這個小序裏可以看到作者在藝術創作上對自己的嚴格要求。

李清照是非常喜愛梅花的，在她的詞裏有許多地方寫到過梅花。如《漁家傲》的上片寫道：「雪裏已知春信至，寒梅點綴瓊枝膩。香臉半開嬌旖旎，當庭際，玉人浴出新妝洗。」寫雪裏的梅花；《滿庭芳》的「良宵淡月，疏影尚風流」，寫月下的梅花；《小重山》的「紅梅些子破，未開勻」，寫初放的梅花；《玉樓春》的「紅酥肯放

孤雁兒（藤牀紙帳朝眠起）

瓊苞碎，探著南枝開遍未？」寫盛開的梅花；還有《浣溪沙》（淡蕩春光寒食天）寫疏雨中殘敗的梅花；《菩薩蠻》（風柔日薄春猶早）寫鬢邊枯萎的梅花。作者在這些詞裏多是著力於刻畫梅花的形象，而這首《孤雁兒》詞却努力擺脫一般的寫法，不在描寫梅花形象上下工夫，而是抒發被梅花引起來的特殊的思想感情。這實際上不是梅詞，而是一首頗爲動人的抒情之作。整個詞始終在寫一己的情懷，寫死去丈夫之後自己孤身飄泊的悽慘處境。

上片作者首先從個人的日常生活寫起：「藤牀紙帳朝眠起，說不盡、無佳思。」「無佳思」是說情緒不好。早上起來便「無佳思」，那是因爲她有訴說不盡的憂愁痛苦。沈義父在《樂府指迷》中講到起句時說：「大抵起句便見所詠之意，不可泛入閑事，方入主意。」李清照這首詞正是一開始便入主意，爲全詞確定了基調。「沈香斷續玉爐寒，伴我情懷如水」，是說玉爐中的沈香早已熄滅成了死灰，而作者的情懷也像是一泓死水那樣冷漠，沒有什麼事情可以使她興奮、快活。她極端孤單寂寞，衹能和那冰冷的玉爐爲伴。這裏，作者着力渲染了那個淒涼、寧靜的環境，以襯托她那愁苦的情懷和悲慘的身世。下面轉而寫到「笛聲三弄，梅心驚破，多少春情意」，是說這時突然傳來了悠揚、連綿的笛聲，那《梅花》樂曲導引着她注意到室外的變化：原來梅花開放了，庭院中已經是春意盎然！自然界裏的梅花本不是被笛聲催開的，但因爲作者是先聞笛，後見花，所以才故意說梅花的蓓蕾是被笛聲驚綻的；作者賦予了無情之物以知春的靈性。在她的筆下，笛聲曉得催花，梅花也能够聽見笛聲而驚悟到自己的遲開。那悠揚動聽的笛曲、競相開放的梅花給人間帶來了多麼濃郁的春天的氣息呵！但笛聲悠揚，梅枝爛漫，和室內那「沈香斷續玉爐寒」的環境，和作者那「說不盡、無佳思」的情懷，恰恰形成了鮮明的對比。那麼這時作者的感情是否會因室外盎然的春意而有所改變呢？上片正是在交給讀者這樣一個「懸念」之後便截住了。

下片首句是「小風疏雨蕭蕭地，又催下、千行淚」。「蕭蕭」，是微風細雨的聲音。小風送來的疏雨乃是催花雨，它能够把梅花滋潤得更加繁茂，庭院中的春天當然也就更加美麗了。但作者憂鬱的心情却並沒有因之改變，她反被催下了千行熱淚。「又」字是接續「無佳思」說的，本「無佳思」，如今「小風疏雨」更加令人感傷，以至於又繼而流下了千行淚。作者的情緒從上片裏的「無佳思」、「情懷如水」的憂鬱，進一步發展成了下片裏流下「千行淚」的悲哀。這種感情發展變化的契機，正在於梅花的開放。她是看到梅花而更加思念自己的丈夫，所以才悲痛下淚的。下面作者寫道：「吹簫人去玉樓空，腸斷與誰同倚」。「吹簫人」是指作者的知音趙明誠。如今丈夫已經死去，有誰和她一同憑欄觀賞盛開的梅花呢？這裏的人去樓空正好與上片的「沈香斷續玉爐寒」相互補充，構成了一個空蕩蕩、冷清清的環境。這個環境和室外悠揚的笛聲、繁茂的梅花氣氛大不相同，而它却和作者悲傷的情懷、悽慘的身世是極其合諧的。最後作者又寫道：「一枝折得，人間天上，沒個人堪寄」。作者這時折得了一枝梅花，但寄給誰呢？人間當然再也尋不到趙明誠，天上更是茫茫不可見！折梅寄遠是前人在詩歌中經常寫到的，南朝陸凱的《贈范曄》詩：「折梅逢驛使，寄與隴頭人。江南無所有，聊贈一枝春」，是折梅寄朋友；南朝樂府《西洲曲》「憶梅下西洲，折梅寄江北」，是折梅寄情人。作者也想折梅寄遠，但却已無人可寄！這結句正面地落在了梅花上，並且在「腸斷與誰同倚」之後，又一次點出了她「無佳思」、流下「千行淚」的眞實原因。這結句餘音繚繞，情思無限，表達了作者對丈夫趙明誠的深厚感情和極其沉痛的悼念，「言雖止而意無盡」（劉熙載《詞概》中語）。

作爲一首梅詞來看，李清照在避免「下筆便俗」的弊病上，已經做出了有益的探索。她盡量擺脫描寫梅花的花朵、枝條，寫梅花的顏色、芳香等等俗套，也不致力於點染「疏影橫斜」、「暗香浮動」一類優美的詞句。她的梅詞是從梅花所引起的人的內心活動上構思立意的。在這首詞中，作者不斷地在抒情：她寫自己早晨起來卽「無佳思」，「情懷如水」；寫她對着小風疏雨而流下「千行淚」；寫她因無人同倚樓而斷腸；最後寫因折得梅花「沒個人堪寄」而悲傷。整首詞始終以寫人爲主體，寫人對周圍事物的觀察和反應，而不是單純地詠物。所以說李清照這首《孤雁兒》，實際上是一首優秀的含有悼亡性質的抒情詞。

（鄧魁英）

永遇樂

李清照

落日鎔金，暮雲合璧，人在何處？染柳煙濃，吹梅笛怨，春意知幾許！元宵佳節，融和天氣，次第豈無風雨？來相召、香車寶馬，謝他酒朋詩侶。中州盛日，閨門多暇，記得偏重三五。鋪翠冠兒，撚金雪柳，簇帶爭濟楚。如今憔悴，風鬟霧鬢，怕見夜間出去。不如向、簾兒底下，聽人笑語。

這首詞是作者晚年流寓臨安（今浙江杭州）時某一年元宵節所寫。上片寫今，寫當前的景物和心情；下片從今昔對比中見出盛衰之感。

它以兩個四字對句起頭。所寫是傍晚時分的「落日」、「暮雲」，本很尋常，但以「鎔金」、「合璧」來刻畫它們，就顯出日光之紅火、雲彩之鮮潔，並且暗示出入夜以後天色必然晴朗，正好歡度佳節的意思。

「人在何處」突以問語承接。此「人」字，註家或以爲是指她死去的夫夫，卽王維《九月九日憶山東兄弟》中「每逢佳節倍思親」之意。但從全篇布局乃是今之臨安與昔之汴京對比來看，則「人」字似應指自己，「何處」則指臨安。分明身在臨安，却反而明知故問「人在何處」，就更加反映出她流落他鄉、孤獨寂寞的境遇和心情來，而下文接寫懶於出游，就使人讀之怡然理順了。如果在上文、下文都是景語的情況下，中間忽然插一句問話：「我

永遇樂（落日鎔金）

那心愛的人現在在什麽地方呢？」一問過以後，就擱置一邊，再也不提，不但於情理上說不過去，就是在文理上也說不過去。

「染柳」兩句，仍是寫景，但起兩句是寫傍晚之景，是屬於一天之中的某段時間；這兩句是寫初春之景，是屬於一年之中的某個季節，所以並不犯重。元宵節是正月十五日，正在初春，有時春來得遲，天還很冷，但今年不但晴朗，而且暖和，大有春意，這就更爲可喜。初春柳葉剛剛出芽，略呈淡黃色，但由於煙霧的渲染，柳色似也很深，故曰「染柳煙濃」。梅花開得最早，這時開始凋謝，而笛譜有《梅花落》曲，故李白《聽黃鶴樓上吹笛》云：「一爲遷客去長沙，西望長安不見家。黃鶴樓中吹玉笛，江城五月落梅花。」作者流徙異鄉，懷念舊京，見梅之凋落，而思及李詩，故曰「吹梅笛怨」。接以「春意知幾許」，則是對春之早、景之妍的讚嘆之詞。

這樣一來，她是不是又有「多少游春意」呢？然而，也許年齡更老、憂患更深了吧，她這回却產生了另外一種想法：儘管今天的天氣如此之好，難道轉眼之間，就不會刮風下雨嗎？（「次第」在這裏是轉眼的意思，與《聲聲慢》中「這次第」的意思有別。）這就顯示了她歷盡滄桑之後，對於一切都感到變幻難測，因而顧慮重重的心理狀態。既然如此存心，對於一些貴婦人來邀請她出去遊賞和賦詩飲酒，當然就衹能婉言謝絶了。（李清照晚年社會地位、經濟情況一落千丈，但仍和一些上層人士有交往，紹興十三年，她還曾代親戚中的一位貴婦人撰《端午帖子詞》進獻朝廷，可證。）

下片分兩層：前六句憶昔；後五句傷今。「中州」以下，從眼前的景物和心情，想到汴京淪陷以前的繁華世界。那時節，不但社會顯得繁榮，自己也很閑空，對每年的元宵是十分重視的。（《古詩十九首》之十七：「三五明月滿，四五蟾兔缺。」「三五」，指十五日；「四五」，指二十日。）由於「多暇」，所以頭上戴着翡翠冠子，還插上應景的首飾，插戴得十分漂亮，才出門游賞。（「鋪」，嵌鑲。「翠」，指翠鳥的羽毛。「冠兒」，即冠子，一種女式帽。「撚金雪柳」，據《武林舊事》記述：「元夕節物：婦女皆戴珠翠鬧蛾，玉梅雪柳」，衹知是一種婦女頭飾，形制不詳。「簇帶」，插戴或裝飾。「濟楚」，漂亮。）可是，現在呢，完全不同了。所以「如今」以下，又轉回眼前。人，憔悴了，蓬頭散髮地，誰還願意「夜間出去」呢？還「不如向、簾兒底下，聽人笑語」算了。這一結，不但有今昔盛衰之感，還有人我苦樂之别，所以更覺淒黯。

李清照晚年的詞，非常具體地、生動地反映了她精神生活方面的變化，而對於她物質生活的變化，則涉及很少。這首詞却給我們透露了一些。首先是她說「中州盛日，閨門多暇」，這就後證了南渡暮年，閨門少暇。歸來堂中的賭書潑茶、建康城上的戴笠尋詩，恐怕早已被瑣屑的家務勞動代替了。由於貧困，不能不親自操作，就忙了起來，這是可推而知之的。其次是她說向「簾兒底下，聽人笑語」，這決不是住在深宅大院、有重重門戶的大戶人家所可能，也決不是上層婦女的行爲。衹有一般市民，居宅淺狹，開門見街，婦女才有垂下簾子看街上動靜和聽行人說話的習慣。而她竟然也是如此，則其生涯之潦倒，就更可想見了。

宋末劉辰翁曾和此詞，小序云：「余自乙亥上元，誦李易安《永遇樂》，爲之涕下。今三年矣。每聞此詞，輒不自堪，遂依其聲，又託之易安自喻，雖辭情不及，而悲苦過之。」乙亥是公元一二七五年，到一二七九年，南宋就亡了。劉辰翁正是從這首詞中卽小見大，卽從其所寫的個人過元宵節時的今昔之感，看到國家的興亡、廣大人民喪亂流離的痛苦的。

（沈祖棻）

武陵春

春晚

李清照

風住塵香花已盡，日晚倦梳頭。物是人非事事休，欲語淚先流。　聞說雙溪春尚好，也擬泛輕舟。衹恐雙溪舴艋舟，載不動，許多愁。

讀着這首小詞，我們彷彿坐在戲場裏，觀賞着一齣古老的昆劇。擡眼望去，遠處是一幅暮春的景色：紅日高懸，東風駘蕩，園林內的花枝上已謝殘紅，一片片綠葉正綴滿樹梢。再看近處，則是一所古色古香的兼作書齋的閨房，案頭上堆着書史，妝臺上放着鏡奩，旁邊也可看到一隻寶鴨香爐，它正裊裊不絕地吐着沉香的氤氳。少頃，一位衣着淡雅、年紀還不甚老的孀婦走出來望了望窗外，然後踱向妝臺，想對鏡梳妝，但又慵怠無力，於是她舒展歌喉（或展開花箋），歌唱（抒寫）了一首迴腸蕩氣的歌曲。

《武陵春》詞之所以像戲曲，主要在於它是代言體，類似戲曲中的一段唱詞。戲曲尚未誕生以前，詞史上一些描寫閨情閨怨的曲子詞，往往是由歌妓在歌臺舞榭、酒邊花前演唱的，演唱時她們可以充當其中的角色。我們從唐五代詞中，即可探知箇中消息。像《敦煌曲子詞》中的《菩薩蠻》(枕前發盡千般願)、溫庭筠的《菩薩蠻》(小山重疊金明滅)即是如此。李清照的這首《武陵春》繼承了傳統的手法，表現出明顯的代言體的特色。我們大都有看戲的經驗，不妨拿戲曲中旦角的抒情獨唱相比較。像湯顯祖《紫釵記》第二十齣中霍小玉唱的《傍妝臺》：「傍妝樓，日高花謝懶梳頭。咱不曾經春透，早則是被春愁。暈的個臉兒烘，哈的個眉兒皺。」《牡丹亭》中杜麗娘唱的《步步嬌》：「裊晴絲吹來閑庭院，搖漾春如線。停半晌，整花鈿，沒揣菱花，偷人半面，迤逗的彩雲偏。」雖然所寫的人物性格、感情有所不同，但其表現手法却頗爲相似：始寫春景，次寫梳妝，再寫心情。在《武陵春》詞中，李清照正是採用這種類似後來戲曲中的代言體，以第一人稱的口吻，用深沉憂鬱的旋律，抒發了內心深處的苦悶和憂愁，從而塑造了處於「流蕩無依」、孤苦凄涼環境中的自我形象。

所不同的是：戲曲比較鋪張，這首詞却非常簡練；戲曲比較顯豁，這首詞却非常含蓄。我國古代詞人很講究煉字煉句，不但要做到「句中無餘字，篇中無長語」，而且要做到「句中有餘味，篇中有餘意」(姜夔《白石道人詩說》)。李清照在這方面是頗見工力的。「風住塵香花已盡」一句即達到如此境界。「風住」二字，既通俗又凝煉，極富於暗示性，它告訴我們在此以前曾是風吹雨打、落紅成陣的日子。在此期間，詞人肯定被這無情的風雨鎖在家中，其心情之苦悶是可想而知的。「塵香」即後來陸游《卜算子》詞中「零落成泥輾作塵」的意思，它不僅說明天已晴朗多時，落花已化爲塵土，而且寓有對美好事物遭受摧殘的惋惜之情和對自身「流蕩無依」的深沉感慨。語言優美，意境深遠，含有無窮之味、不盡之意，令人一唱三嘆。

這首詞在藝術形象的刻畫上，是由表及裏，從外到內，步步深入，層層開掘。如果勉強分開來說，這首詞的上半闋側重於外形，下半闋則多偏重於內心。「日晚倦梳頭」、「欲語淚先流」是描摹人物的外部動作和神態。從頭髮梳妝方面摹寫意態的詩句，易安詞中不止一處，如「夜來沉醉卸妝遲，梅萼插殘枝」（《訴衷情》），「睡起覺微寒，梅花鬢上殘」（《菩薩蠻》），「起來慵自梳頭」（《鳳凰臺上憶吹簫》），「髻子傷春懶更梳」（《浣溪沙》）……或是抒發傷春懷抱，或是表現離情別緒，或是刻畫嬌慵神態：沒有一處是相同的。這裏所寫的「日晚倦梳頭」則是另外一種心境。這時她因金人南侵，幾經喪亂，和她志同道合的丈夫趙明誠早已逝世，自己隻身流落金華，眼前所見的是一年一度的春景，以及趙明誠的遺著《金石錄》和別的一些文物。睹物思人，物是人非，不禁悲從中來，感到萬事皆休，無窮索寞。因此她日高（「日晚」即「日高」之意）方起，懶於梳理。「欲語淚先流」，寫得鮮明而又深刻。眼淚是傳達感情的最好工具之一，人們在激動的時刻，常常以眼淚來宣洩內心的痛苦。古往今來有很多詞人創造了描寫眼淚的名句，像「淚眼倚樓憑獨倚」（馮延巳《蝶戀花》），「淚眼問花花不語」（歐陽修《蝶戀花》），「停梭垂淚憶征人」（溫庭筠《楊柳枝》），「故國夢重歸，覺來雙淚垂」（李煜《菩薩蠻》），「相顧無言，唯有淚千行」（蘇軾《江城子》），「淚洗殘妝無一半」（朱淑眞《減字木蘭花》），「執手相看淚眼，竟無語凝咽」（柳永《雨霖鈴》），有的是寫淚水含在眼裏，有的是寫淚水掛滿兩腮，有的則是寫淚水哽咽在喉嚨中間：表現了各種各樣的感情。這裏李清照寫淚，先以「欲語」作爲鋪墊，然後讓淚奪眶而出，簡單五個字，先抑後揚，下語看似平易，用意却無比精深，把那種難以控制的滿腹憂愁一下子傾瀉出來，具有一股撼人心絃的藝術魅力。

詞的下半闋在挖掘內心感情方面更加細膩，更加深邃。李清照是塡詞的聖手，她的作品起伏跌宕，曲折多變。那怕是祇有三四十字的難於變化的小令，也能於「短幅中藏無數曲折」（黄了翁《蓼園詞選》）。這首《武陵春》也表現了這樣的特色。張炎在《詞源》中說：「詞與詩不同，合用虛字呼喚。」李清照深得箇中秘訣，她在《武陵春》的下半闋中一連用了「聞說」、「也擬」、「祇恐」三組虛字，作爲起伏轉折的契機，一波三折，感人至深。第一句「聞說雙溪春尚好」是陡然一揚，詞人剛剛還在流淚，可是一聽說金華郊外的雙溪正是春光明媚、遊人如蟻的時刻，她這個平日喜愛遊覽的人遂起出遊之興，「也擬泛輕舟」了。「春尚好」、「泛輕舟」，措詞輕鬆，節奏明快，恰到好處地表現了詞人一剎那間的喜悅心情。而在「泛輕舟」之前着「也擬」二字，更顯得婉曲低回，說明詞人出遊之興並不十分強烈。「輕舟」一詞爲下文的愁重作了很好的鋪墊和烘托。至「祇恐」以下二句，則是在鋪足之後來一個猛烈的跌宕，使感情顯得無比深沉，收到了有餘不盡的藝術效果。在這裏，上半闋所說的「日晚倦梳頭」、「欲語淚先流」的原因，也得到了深刻的揭示。劉熙載論詞說：「一轉一深，一深一妙，此騷人之三昧。倚聲家得之，便自超出常境。」（《藝概・詞曲概》）用這句話來評價李清照的《武陵春》，無疑是很恰當的。像這樣婉曲幽深的手法，後來戲曲中常常採用：一些人物的靜場唱裏，往往有「欲要」怎樣、「唯恐」怎樣，反覆詠唱，一轉一深，從而將細微的心理活動維妙維肖地勾畫出來。

值得注意的是這首詞在比喻方面的巧妙運用。詩歌中用比喻，是常見的現象；然而要用得新穎，却非常不易。就以形容「愁」和「恨」來說，詞史上有不少名句，像：「問君能有幾多愁？恰似一江春水向東流。」（李煜《虞美人》）「試問閑愁都幾許？一川煙草，滿城風絮，梅子黃時雨。」（賀鑄《橫塘路》）「便做春江都是淚，流不盡許多愁。」（秦觀《江城子》）這些優美的詩句將精神化爲物質，將抽象的感情化爲具體的形象，都饒有新意，各具特色。在這首詞裏，李清照說：「祇恐雙溪舴艋舟，載不動、許多愁。」同樣是用誇張的比喻形容「愁」，但她自鑄新辭，不落前人窠臼，而且用得非常自然妥帖，不着痕跡。我們說它自然妥帖，是因爲它承上句「輕舟」而來，而「輕舟」又是承「雙溪」而來，寓情於景，渾然天成，構成了完整的意境。有人說，李煜將愁變成水，秦觀將愁變成隨水而流的東西，李清照又進一步把愁搬上了船，到了董解元《西廂記諸宮調》：「休問離愁輕重，向個馬兒上駝也駝不動」，則把愁從船上卸下，駝在馬背上。王實甫《西廂記》說：「遍人間煩惱填胸臆，量這些大小車兒如何載得起。」更把愁從馬背上卸下來，裝在車子上。這樣的評述，確是總結了一條藝術經驗，很值得借鑒。

李清照是個嫻於音律的詞人，她作詞要求嚴格遵守「五聲」「六律」、「輕重清濁」。對於音律上稍有不諧的作家，曾譏諷他們的作品爲「長短不葺之詩」（《詞論》）。這首詞像她的其他作品一樣，「皆以尋常語度入音律」（張端義《貴耳集》），音節諧婉，聲情並茂，反映了她在詞作上高深的造詣。然而她根據感情發展的需要，有時在格律上也作某些突破。我們知道，《武陵春》詞本爲雙調，上下闋句數字數完全相等，平仄音韻也都一樣。但李清照的這首詞的末句「載不動、許多愁」，却多出句首一字。《詞譜》講這是「又一體」，依我看，她是有意創新的。因爲如將這句改爲五字，作「難載許多愁」，雖協音律，但所抒之情在力度和深度上却相差甚遠了。

（徐培均）

聲聲慢

李清照

尋尋覓覓，冷冷清清，悽悽慘慘戚戚。乍暖還寒時候，最難將息。三盃兩盞淡酒，怎敵他、曉來風急。雁過也，正傷心，却是舊時相識。　滿地黄花堆積，憔悴損，如今有誰堪摘？守着窗兒獨自，怎生得黑！梧桐更兼細雨，到黄昏、點點滴滴。這次第，怎一個愁字了得！

在談正文以前先要交代兩點。第一、古人以詞爲詩餘，這當然不完全對：即使承認詞爲「詩之餘」，那也衹限於小令；至於慢詞，光論字數，也比律詩和絶句多出一倍到幾倍，怎麼能說是「詩之餘」呢？我以爲，詞中

聲聲慢（尋尋覓覓）

的慢調實是「賦之餘」。賦的特點是鋪敍，慢詞的特點亦正復相同。漢代的賦，「鋪采摛文」有餘，「體物寫志」不足，進而爲六朝小賦，逐漸向後一方面發展，却又成爲「律賦」，形成了新的條條框框，雖勻整而失之死板。唐宋古文家以散文爲賦，而倚聲家實以慢詞爲賦。夫慢調講格律，能配以樂調，有律賦勻整之長，却又有律賦所沒有的蘊藉與流利的特色，且較律賦的篇幅短，變化多，稱之爲「賦之餘」，是一點也不爲過的。因此，不熟讀六朝小賦，塡慢詞必不易工。退一步說，至少亦須長於作駢文，始能工於爲慢調。兩宋詞人以慢詞擅勝場者，南渡後的史達祖、吳文英、張炎、周密、王沂孫輩專以詠物爲工者固無論矣，卽使是抒情寫景之作，如北宋之柳永、蘇軾、秦觀、周邦彥，南宋的李清照、辛棄疾、姜夔諸家，其慢詞也多以能近似賦體者爲工。卽如李清照這首《聲聲慢》，膾炙人口數百年，就其內容實質而言，簡直是一篇悲秋賦。亦惟有以賦體讀之，乃得其旨。第二、李清照的這首詞在作法上是有創造性的。原來的《聲聲慢》的曲調，韻脚押平聲字，調子相應地也比較徐緩。而這首詞却改押入聲韻，並屢用疊字和雙聲字，這就變舒緩爲急促、變哀婉爲淒厲。我不同意把李清照劃歸婉約派詞人，至少，一定不能把這首詞列入婉約體。因爲此詞以豪放縱恣之筆寫激動悲愴之懷，旣不委婉也不隱約。如果連這樣直往直來、了無假借的作品也被稱爲「婉約」，那恐怕再也找不到非婉約體的詞了。

前人評此詞，對開端三句多以用一連串疊字爲特色。當然，這與樂調音節是有關的，但衹注意這一層，仍不免失之皮相。詞中寫主人公一整天的愁苦心情，却從「尋尋覓覓」開始，可見她從一起牀便百無聊賴，恍如有失，於是東張西望，彷彿飄流在海洋中的人要抓到點什麼才能得救似的，希望找到點什麼來寄託自己的空虛寂寞，所以這一句應用分號（；）點斷。下文「冷冷清清」是「尋尋覓覓」的結果，不但無所獲，反被一種孤寂清冷的氣氛襲來，使自己感到悽慘憂戚；於是緊接着再寫了一句「悽悽慘慘戚戚」。僅此三句，一種由愁慘而淒厲的氛圍已籠罩全篇，使讀者不禁爲之屏息凝神。這乃是百感迸發於中，不得不吐之爲快，所謂「欲罷不能」的結果。

「乍暖還寒時候」，這一句也是此詞的難點之一。「乍……還……」的句式正如現代漢語中「剛……又……」的說法。「乍暖還寒」如譯成口語，當作「剛覺得暖和却又冷了起來」。這是什麼樣的天氣呢？此詞作於秋天，自無疑問；但秋天的氣候應該說「乍寒還暖」，祇有早春天氣才用得上「乍暖還寒」。我以爲，這是寫一日之晨，而非寫一季之候。秋日清晨，朝陽初出，故言「乍暖」，但曉寒猶重，秋風砭骨，故言「還寒」。至於「時候」二字有人以爲在古漢語中應解爲「節候」；但柳永《永遇樂》云：「薰風解慍，晝景清和，新霽時候。」由陰雨而新霽，自屬較短暫的時間，可見「時候」一詞在兩宋時代已和現代漢語基本無殊了。「最難將息」句則與上文「尋尋覓覓」句相呼應，說明從一清早自己就不知如何是好。

下面的「三盃兩盞淡酒，怎敵他、曉來風急」，「曉」通行本作「晚」。這又是一個可爭論的焦點。俞平伯先生《唐宋詞選釋》註云：

> 「曉來」，各本多作「晚來」，殆因下文「黃昏」云云。其實詞寫一整天，非一晚的事。若云「晚來風急」則反而重複。上文「三盃兩盞淡酒」是早酒，即……《念奴嬌》詞所謂「扶頭酒醒」；下文「雁過也」即彼詞「征鴻過盡」。今從《草堂詩餘別集》、《詞綜》、張氏《詞選》等各本，作「曉來」。

這個說法是對的。說「曉來風急」，正與上文「乍暖還寒」相合。古人晨起，於卯時飲酒，又稱「扶頭卯酒」。這裏說用酒消愁是不抵事的。至於下文「雁過也」三句，却與作者前期所作的《念奴嬌》裏的「征鴻過盡」云云略有差別。蓋《念奴嬌》作於春日，是清明前夕，所以有「寵柳嬌花寒食近」之句；那麼彼詞的「征鴻過盡」，乃指南雁北飛。當時李的丈夫趙明誠在汴京，作者居南，所以彼詞說「萬千心事難寄」。而《聲聲慢》是南渡後所作，秋日北雁南飛，作者所指，正是往昔在北方見到的「征鴻」，所以說「正傷心，却是舊時相識」了。俞《選》說：「雁未必相識，却云舊時見識者，寄懷鄉之意。趙嘏《寒塘》：『鄉心正無限，一雁度南樓』，詞意近之」。其說是也。

上片從一個人尋覓無着，寫到酒難澆愁；風送雁聲，反增加了思鄉的惆悵。於是下片由秋日高空轉入自家庭院。園中開滿了菊花，秋意正濃。這裏我認爲「滿地黃花堆積」是指菊花盛開，而非殘英滿地。「憔悴損」是指自己因憂傷而憔悴瘦損，也不是指菊花枯萎凋謝。正由於自己無心看花，雖値菊堆滿地，却不想去摘它賞它，這才是「如今有誰堪摘」的確解。然而人不摘花，花當自萎；及花已損，則欲摘已不堪摘了。這裏既寫出了自己無心摘花的鬱悶，又透露了惜花將謝的情懷，筆意比唐人杜秋娘所唱的「花開堪折直須折，莫待無花空折枝」要深遠多了。

從「守着窗兒」以下，寫獨坐無聊、內心苦悶之狀，比「尋尋覓覓」三句又進一層。「守着」句依張惠言《詞選》斷句，以「獨自」連上文。秦觀（一作無名氏）《鷓鴣天》下片：「無一語，對芳樽，安排腸斷到黃昏。甫能炙得燈兒了，雨打梨花深閉門。」與此詞意境相近。但秦詞從人對黃昏有思想準備方面着筆，李則從反面說，好像天有意不肯黑下來而使人尤爲難過。「梧桐」兩句不僅脫胎淮海，而且兼用溫庭筠《更漏子》下片「梧桐樹，三更雨，不道離情正苦。一葉葉，一聲聲，空階滴到明」詞意，把兩種內容融而爲一，筆更直而情更切。最後以「怎一個愁字了得」句作收，也是蹊徑獨辟之筆。自庾信以來，或言愁有千斛萬斛，或言愁如江如海（分別見李煜、秦觀詞），總之是極言其多。這裏却化多爲少，衹說自己思緒紛茫複雜，僅用一個「愁」字如何包括得盡。妙在又不說明於一個「愁」字之外更有什麽心情，卽戛然而止，彷彿不了了之。表面上有「欲說還休」之勢，實際上已傾瀉無遺，淋漓盡致了。

這首詞大氣包舉，別無枝蔓，逐件事一一說來，却始終緊扣悲愁之意，眞得六朝抒情小賦之神髓。而以接近口語的樸素清新的語言譜入新聲，又確體現了倚聲家的不假雕飾的本色，誠屬難能可貴之作了。

（吳小如）

聲聲慢（尋尋覓覓）

金石錄後叙

金石錄後叙

李清照

右《金石錄》三十卷者何？趙侯德甫所著書也。取上自三代，下迄五季，鐘、鼎、甗、鬲、盤、彝、尊、敦之款識，豐碑、大碣，顯人、晦士之事蹟，凡見於金石刻者二千卷，皆是正訛謬，去取褒貶，上足以合聖人之道，下足以訂史氏之失者皆載之，可謂多矣。嗚呼！自王播、元載之禍，書畫與胡椒無異；長輿、元凱之病，錢癖與傳癖何殊。名雖不同，其惑一也。

余建中辛巳，始歸趙氏。時先君作禮部員外郎，丞相時作吏部侍郎，侯年二十一，在太學作學生。趙、李族寒，素貧儉。每朔望謁告出，質衣取半千錢，步入相國寺，市碑文、果實歸，相對展翫咀嚼，自謂葛天氏之民也。後二年，出仕宦，便有飯蔬、衣練，窮遐方絶域，盡天下古文奇字之志。日就月將，漸益堆積。丞相居政府，親舊或在館閣，多有亡詩、逸史，魯壁、汲冢所未見之書，遂盡力傳寫，浸覺有味，不能自已。後或見古今名人書畫、一代奇器，亦復脱衣市易。嘗記崇寧間，有人持徐熙《牡丹圖》，求錢二十萬。當時雖貴家子弟，求二十萬錢，豈易得耶？留信宿，計無所出而還之，夫婦相向惋悵者數日。

後屏居鄉裏十年，仰取俯拾，衣食有餘。連守兩郡，竭其俸入以事鉛槧。每獲一書，卽同共校勘，整集、籤題。得書、畫、彝、鼎，亦摩翫舒卷，指摘疵病，夜盡一燭爲率。故能紙札精致，字畫完整，冠諸收書家。余性偶强記，每飯罷，坐歸來堂烹茶，指堆積書史，言某事在某書某卷第幾頁第幾行，以中否角勝負，爲飲茶先後。中卽舉杯大笑，至茶傾覆懷中，反不得飲而起。甘心老是鄉矣！故雖處憂患困窮而志不屈。

收書旣成，歸來堂起書庫大櫥，簿甲乙，置書冊。如要講讀，卽請鑰上簿關出卷帙或少損汚，必懲責揩完塗改，不復向時之坦夷也。是欲求適意而反取憀慄。余性不耐，始謀食去重肉，衣去重采，首無明珠、翡翠之飾，室無塗金、刺綉之具，遇書史百家，字不刓闕、本不訛謬者，輒市之，儲作副本。自來家傳《周易》、《左氏傳》，故兩家者流，文字最備。於是几案羅列枕藉，意會心謀，目往神授，樂在聲色狗馬之上。

至靖康丙午歲，侯守淄川，聞金人犯京師，四顧茫然，盈箱溢篋，且戀戀，且悵悵，知其必不爲己物矣。建炎丁未春三月，奔太夫人喪南來。旣長物不能盡載，乃先去書之重大印本者，又去畫之多幅者，又去古器之無款識者，後乃去書之監本者，畫之平常者，器之重大者。凡屢減去，尚載書十五車。至東海，連艫渡淮，又渡江，至建康。青州故第，尚鎖書冊什物，用屋十餘間，期明年再具舟載之。十二月，金人陷青州。凡所謂十餘屋者，已皆爲煨燼矣。

建炎戊申秋九月，侯起復，知建康府。己酉春三月罷，具舟上蕪湖；入姑孰，將卜居贛水上。夏五月，至池陽。被旨知湖州，過闕上殿；遂駐家池陽，獨赴召。六月十三日，始負擔舍舟，坐岸上，葛衣岸巾，精神如虎，目光爛爛射人，望舟中告别。余意甚惡，呼曰：「如傳聞城中緩急，奈何？」戟手遥應曰：「從衆。必不得已，先去輜重，次衣被，次書冊卷軸，次古器。獨所謂宗器者，可自負抱，與身俱存亡，勿忘也！」遂馳馬去。途中奔馳，冒大暑，感疾，至行在，病痁。七月末，書報臥病。余驚怛，念侯性素急，奈何病痁？或熱，必服寒藥，疾可憂。遂解舟下，一日夜行三百里。比至，果大服柴胡、黄芩藥，瘧且痢，病危在膏肓。余悲泣，倉皇不忍問後事。八月十八日，遂不起，取筆作詩，絶筆而終，殊無分香賣履之意。

葬畢，余無所之。朝廷已分遣六宫，又傳江當禁渡。時猶有書二萬卷，金石刻二千卷，器皿、裀褥可待百客，他長物稱是。余又大病，僅存喘息。時勢日迫，念侯有妹婿任兵部侍郎，從衛在洪州，遂遣二故吏先部送行李往投之。冬十二月，金人陷洪州，遂盡委棄。所謂連艫渡江之書，又散爲雲煙矣！獨餘少輕小卷軸、書帖，寫本李、杜、韓、柳集，《世説》、《鹽鐵論》，漢、唐石刻副本數十軸，三代鼎鼐十數事，南唐寫本書數篋，偶病中把翫，搬在臥内者，巋然獨存。

上江既不可往，又虜勢叵測，有弟迒，任敕局删定官，遂往依之。到臺，臺守已遁。之剡。出睦，又棄衣被。走黄巖，雇舟入海，奔行朝。時駐蹕章安，從御舟海道之温，又之越。庚戌十二月，放散百官，遂之衢。紹興辛亥春三月，復赴越，壬子，又赴杭。

先，侯疾亟時，有張飛卿學士攜玉壺過視侯，便攜去，其實珉也。不知何人傳道，遂妄言有頒金之語，或傳亦有密論列者。余大惶怖，不敢言，亦不敢遂已，盡將家中所有銅器等物，欲赴外廷投進。到越，已移幸四明。不敢留家中，并寫本書寄剡。後官軍收叛卒，取去，聞盡入故李將軍家。所謂「巋然獨存」者，無慮十去五六矣！惟有書畫硯墨可五六簏，更不忍置他所，常在臥榻下，手自開闔。

在會稽，卜居土民鍾氏舍。忽一夕，穴壁負五簏去。余悲慟不得活，立重賞收贖。後二日，鄰人鍾復皓出十八軸求賞，故知其盗不遠矣！萬計求之，其餘遂牢不可出。今知盡爲吴説運使賤價得之。所謂「巋然獨存」者，乃十去其七八。所有一二殘零不成部帙書冊三數種，平平書帖，猶復愛惜如護頭目，何愚也耶！

今日忽開此書，如見故人，因憶侯在東萊静治堂，裝卷初就，芸籤縹帶，束十卷作一帙。每日晚吏散，輒校勘二卷，跋題一卷。此二千卷，有題跋者五百二卷耳。今手澤如新，而墓木已拱，悲夫！

昔蕭繹江陵陷沒，不惜國亡，而毁裂書畫；楊廣江都傾覆，不悲身死，而復取圖書。豈人性之所著，生死不能忘歟？或者天意以余菲薄，不足以享此尤物耶？抑亦死者有知，猶斤斤愛惜，不肯留人間耶？何得之艱而失之易也？嗚呼！余自少陸機作賦之二年，至過蘧瑗知非之兩歲，三十四年之間，憂患得失，何其多也？然有有必有無，有聚必有散，乃理之常。人亡弓，人得之，又胡足道！所以區區記其終始者，亦欲爲後世好古博雅者之戒云。

紹興二年玄黓歲壯月朔甲寅，易安室題。

寫散文和作詩詞、書畫一樣，人人有自己的風格。古代的文學大家於此，往往能够信手揮灑，不落恆蹊。李清照的《金石錄後叙》就是一篇風格清新、辭采俊逸的佳作，其特點主要在一個「眞」字。李清照把對她丈夫趙明誠的眞摯而深婉的感情，傾注於行雲流水般的文筆中，娓娓動人地叙述着自己的經歷和衷曲，使讀者隨着她的歡欣而歡欣，隨着她的悲切而悲切，心馳神往，掩卷凄然。這篇文章的魅力，永恆存在。一片冰心萬古情，就算我概括出來的讀後感吧！

趙明誠（一〇八一——一一二九），字德甫（亦作德父、德夫），密州諸城（即今山東諸城縣）人，曾守青州、萊州、淄州（都在今山東省），後知建康府（即江寧，今南京市）。又於宋高宗建炎三年（一一二九）罷守建康，移官湖州（今浙江吳興縣），同年八月病死在建康，年四十九。其父趙挺之，曾在宋徽宗（趙佶）崇寧間爲相，《金石録後敍》中提到的丞相，即指趙挺之。

金石錄後敘

李清照在十八歲時和趙明誠結婚，這兩人，一個長於文學，一個喜歡金石，志趣相同，情投意合，收書考古，品畫論詩，極一時唱隨之樂。明誠守清、萊二州，政務清簡，就和清照一起校勘、考訂，倣照歐陽修《集古錄》的體例，編撰了《金石錄》三十卷。這部書著錄自三代至隋唐五代的鐘鼎彝器款識和碑碣文字，共二千種，跋尾五百零二篇。後代學者，於此評價很高，如清李慈銘卽說：「趙氏援碑刻以正史傳，考據精慎，遠出《集古錄》之上，於唐代事尤多訂新舊唐兩書之失。」（《越縵堂書記》下冊一〇五三頁）這部書原有趙明誠的自序，宋高宗紹興二年（一一三二）李清照重閱及此，作了後敘。

一般說來，爲書籍作敍，多就書論書，談與著作有關的事情；李清照這篇後敍則打破常規，講《金石錄》本身的不過寥寥數語。除去先敍《金石錄》的卷數、作者及其取材的時代內容等等，稱頌它「去取褒貶，上足以合聖人之道，下足以訂史氏之失者，皆載之，可謂多矣」，爲開宗明義應有的文字外，緊跟着文意一轉，借古喻今，發出了慨嘆：「嗚呼！自王播、元載之禍，書畫與胡椒無異；長輿、元凱之病，錢癖與傳癖何殊。名雖不同，其惑一也。」王播、元載都是唐代的宰相，王播喜藏書畫，不免巧取豪奪；元載攬權納賄，貪貨無厭。二人因故被殺，死後抄家，結局近似。王播的書畫，被人取去奩軸上的金玉，棄之於地；元載家裏連胡椒也多到八百石。晉和嶠字長輿，家富而性吝；杜預字元凱，酷愛《左傳》，他曾說和嶠有錢癖，自己有《左傳》癖。李清照在這裏用這四個人的典故，指出蓄書畫與藏胡椒，聚斂招禍，本質並無不同；愛金錢和愛《左傳》，各有嗜好，一樣沈迷陷溺，不能自拔。她把這些事視爲一律，俱歸於「惑」，就爲本文定下了一個基調：卽趙明誠和自己的搜購碑文書籍，亦出於「惑」，雖屬愛好，亦受其累；下文對往事的回憶，就由此而引起、展開。

買書藏書，是本文的關鍵，由少至多，其樂不同。趙李雖同屬宦族，並不富裕，最初衹是在休假時，質衣得錢，「步入相國寺，市碑文、果實歸，相對展翫咀嚼」，自以爲像古帝王葛天氏時人民那樣愉快。其後不斷尋求，「日就月將，漸益堆積」，遇到難見的珍本，就盡力抄寫，「浸覺有味，不能自已」。隨着搜輯範圍又加擴大，見着書畫古器，「亦復脫衣市易」，崇寧間有人拿來五代南唐名畫家徐熙的牡丹圖，要賣二十萬錢，因爲無力構買而還之，「夫婦相向惋悵者數日」。作品這些敍述，看來瑣屑異常，但却頗有情致，使李趙兩個人的形象在讀者面前，逐漸清晰起來。

由於趙明誠有居鄉十載的積蓄，加上連守兩郡的俸祿，能夠大量地買書，於是收藏日豐。作者以生動的筆觸描繪了當時勘書談笑的景況：

> 每獲一書，卽同共勘校、整集、籤題。得書、畫、彝、鼎，亦摩翫舒卷，指摘疵病，夜盡一燭爲率。故能紙札精致，字畫完整，冠諸收書家。余性偶（偏）強記，每飯罷，坐歸來堂烹茶，指堆積書史，言某事在某書某卷第幾頁第幾行，以中否角勝負，爲飲茶先後。中卽舉杯大笑，而茶傾覆懷中，反不得飲而起。甘心老是鄉矣！故雖處憂患困窮而志不屈。

燈下校書賞畫，已經是興會淋漓；飯後指述典故，比賽勝負，以致舉杯大笑，茶傾懷中，更見出趙李夫婦唱隨融洽的雅趣，一時歡愉氣氛，活躍紙上，儼然一幅閨中行樂圖！在起書庫、置書橱，兼儲副本之後，書籍羅列几案，「意會心謀，目往神授，樂在聲色狗馬之上。」趙李二人，這時大概是躊躇滿志的了。如果說本文上半是寫歡愉之趣，那麼此處已達到了高峯；下文狀離散之情，也就從風雲變幻之中開始。

宋欽宗（趙桓）靖康元年丙午（一一二六），金兵攻破東京，恍如一聲霹靂，驚醒美夢，於是趙李夫婦「四顧茫然，盈箱溢篋，且戀戀，且悵悵，知其必不爲已物矣。」他們把書畫等屢加刪汰，載了十五車，「連艫渡淮，又渡江」。次年四月，徽宗和欽宗被金人俘虜北去，五月康王趙構卽位於建康，改元建炎。十二月金人攻陷青州，趙明誠故宅所存十餘間的書籍，先成灰燼，建炎三年趙明誠被任命知湖州，獨自從池陽（今安徽貴池）赴建康，清照記云：

> 六月十三日，始負擔舍舟，坐岸上，葛衣岸巾，精神如虎，目光爛爛射人，望舟中

告別。余意甚惡，呼曰：「如傳聞城中緩急，奈何？」戟手遥應曰：「從衆。必不得已，先棄輜重，次衣被，次書冊卷軸，次古器。獨所謂宗器者，可自負抱，與身俱存亡，勿忘之！」遂馳馬去。

這裏寫趙明誠神采奕奕，如在目前，但一問一答，都很短促，可見金兵逼近，人心惶惶的緊張情景。所謂「宗器」，指最重要的寶貴之物；「與身俱存亡」，語意似壯，而其實可悲！

在趙明誠病逝建康之後，李清照一人伶仃孤苦，茫無所之。這時南宋小朝廷不思抗金御侮，一味遠避求和。先是「分遣六宮」，繼又「放散百官」。高宗（趙構）由章安（宋時臺州的鎮名）到溫州（今浙江溫州），往越州（今浙江紹興），又奔衢州（今浙江衢縣），移四明（今浙江寧波），驚慌逃竄，綱紀盡喪，已經完全不成體統。李清照到處流浪，不得安居，她把所謂「連艫渡江之書」，運到洪州（今江西南昌），由於金兵攻陷洪州而化爲雲煙；病中搬入臥室的一小部分「巋然獨存」的典籍和因恐懼流言準備獻給朝廷的銅器和寫本書等，隨着也大都散失；剩下了五、七簏書畫硯墨，不忍更置他所，常放臥榻之下，又在會稽（卽浙江紹興）被人穴壁竊走五簏；至此，趙明誠舊藏的書籍文物，已經十去八九。可是作者對殘存的幾種平常的書，「猶復愛惜如護頭目」，連自己都不禁發出「何愚也耶」的感嘆。實際她這個「愚」勁，正是基於她和趙明誠有眞摯的伉儷之情而產生的，因人及物，所以格外愛惜這點殘書。聯繫上文對趙明誠由池陽赴建康時臨別形象的刻畫以及得知明誠冒暑致疾，立卽想到他平日性急，病熱必服寒藥，於病不利，立卽解舟而下，一日夜行三百里，趕往建康的敍述，可知李清照於趙明誠相愛極深，關心極切，眞情流露，隨處顯現於字裏行間。

回憶生平，追懷往事，似乎就到此結束了，可是作者餘情未斷，感慨仍多。「今日忽閱此書（指《金石錄》），如見故人」，腦中又閃出自己丈夫在萊州的一個生活片斷：「因憶侯（指趙明誠）在東萊靜治堂，裝卷初就，芸籤縹帶，束十卷作一帙。每日晚吏散，輒校勘二卷，跋題一卷，此二千卷，有題跋者五百二卷耳。」過去的歡愉，祇能增加今日的淒涼感，她終於忍不住傷心，發出「今手澤如新，而墓木已拱」的嘆息。因此要爲《金石錄》作後敍，使讀者了解此書和自己的心跡。

睹物懷人，爲作後敍的樞紐；「得之艱而失之易」，爲自己藏書經歷的概括；「三十四年之間，憂患得失，何其多也」，設問探詢，回答自然是戰亂所造成。隨着又轉作達觀之語：「然有有必有無，有聚必有散，乃理之常。人亡弓，人得之，又胡足道！」這又以天地間一切事物的盈虛消長、更易無常的哲學來開導自己。「人亡弓，人得之」，用《孔子家語》卷二的典故：「楚王出游，亡弓，左右請求之。王曰：『止，楚人失弓，楚人得之，又何求之？』孔子聞之：『惜乎其不大也，不曰：人遺弓，人得之而已，何必楚也！』」李清照以藏書的散失比喻有人丟了弓，有人得到弓，得失雖異，弓却仍在人手，不值得一說。我們知道李清照愛惜書籍，有如性命，對趙明誠的遺物，更是視同珍寶，曾千方百計地移轉、保存，遇亂盡失，對她是個沉重的打擊，傷心可想。她這樣說，是眞的已經想通，豁然開朗，平心釋「惑」，不再爲物累呢？還是無可奈何，故意寬慰自己呢？可能兩者兼而有之，一再申明，似張似弛，更見其覩物懷人的深沉悲痛。文章最後說：「所以區區記其終始者，亦欲爲後世好古博雅者之戒云。」以警戒的意思作結，與開頭的「其惑一也」的「惑」字相照應。波瀾疊起，愈轉愈深。作者一刹那間思想情緒的變化，也正是自己認識逐漸深刻的過程。

總起來說，李清照少歷繁華，中經喪亂，晚境淒涼，《金石錄後敍》既是她的自傳，也是對趙明誠的回憶錄。由書籍之得失聚散，寫人世之離合悲歡，感懷淋漓，文情跌宕，正如李慈銘所說：「敍致錯綜，筆墨疏秀，蕭然出町畦之外。」他認爲「宋以後閨閣之文，此爲觀止」（《越縵堂讀書記》）是不算過譽的。此外，這篇文章還有很高的史料價值。它的內容決非《金石錄》一書所記，也非一家一姓之事所能限，而展示了較廣泛的生活画面；關係國家興亡的青州之亂、靖康之恥等，其中都有所反映。我們可以說，它所表現的是一個時代，使我們由此看到由北宋末因統治者昏庸造成的積弱之勢到南宋小朝廷偏安一隅不思抗敵御侮的傾危之局。在那樣黑暗動蕩的環境中，一個好古的文人、多才的詞客，想翫賞金石，縱情讀書考古，根本是不可能的。《金石錄後敍》之所以值得重視，主要是它揭露了造成李清照那樣夫死書亡的悲劇的根源，具有一定的典型性。

至於行文之妙，李慈銘祇云「筆墨疏秀」，還未足以盡之，其迥異尋常，乃在文生於情，情見於文，眞情貫

襄邑道中

乎全篇，故無意求工而文自工。我所謂一片冰心萬古情，即指這種文情交摯的作品，沒有古今的界限，到現在仍然足以感人！

（劉葉秋）

襄邑道中

陳與義

飛花兩岸照船紅，百里榆堤半日風。臥看滿天雲不動，不知雲與我俱東。

這是一首寫舟行的小詩，是陳與義於徽宗政和八年（一一一八）春，自汴京赴洛陽途經襄邑（今河南睢縣）所作。

晚春時節，花褪殘紅，紛紛揚揚，四處飄蕩。落花，意味着春天即將過去，總是給人以衰颯之感，歷來詩家詞客多借它來抒寫傷春嘆逝之意，所謂「無可奈何花落去」（晏殊《浣溪沙》）、「林花謝了春紅，太匆匆」（李煜《相見歡》）……然而，這裏的落花却不同一般。你看，它是那樣嫵媚多情，那樣五彩斑斕，它伴隨着詩人的行舟，與灩灩江水相輝映，以至於把小船都給照紅了。吳喬《圍爐詩話》有云：「景物無自生，惟情所化，情哀則景哀，情樂則景樂。」作者寫落紅而不蕭瑟，這當然是他用愉悅的感情塗抹的結果。因此，這篇行舟圖給人的感受，不是「花落水流紅，閑愁萬種」（王實甫《西廂記》），而是「落花如有意，來去逐輕舟」（儲光羲《江南曲》）；不是「一片飛花減却春」（杜甫《曲江》），而是「百般紅紫鬥芳菲」（韓愈《晚春》），一開篇就把讀者帶入了「落

襄邑道中

英繽紛，芳草鮮美」的桃源勝境，給全詩定下了輕快明麗的基調。這一切都凝集在「照船紅」三字中，讀者衹要稍加想象，卽可領會。

次句「百里榆堤半日風」寫舟行之速，進一步強化了詩人的愉悅感，與上句在意脈上扣得很緊。此句措辭用語頗類太白的「千里江陵一日還」，而作者易「還」爲「風」，又自不同。這風自然是順風，不僅交代了船行甚速的原因，而且暗示出此風雖順却不猛——否則作者不會那麼自在，飛花也不會那麼輕盈了。再深一層想，如果船在曲曲折折的小河裏行進，雖有順風，也不會如此之快，所以又暗示這百里榆堤中的河道是開闊平直的。一個「風」字，暗處傳神，值得細細玩味。詩人與李白雖都是寫舟行之速，都是順風順水，而一是高山急峽、波翻浪湧，一是河道開闊、風正潮平；一爲雄峻奔放，一則闊大輕盈，彼此都符合各自的情境，移易不得。如果說陳與義此句是受李白啓發，那麼他決不像江西派的某些詩人那樣生吞活剝，追求什麼「無一字無來處」，而確是能因境而異、推陳出新了。

榆柳成蔭，飛花點翠，春和景明，波瀾不驚；這沿途美景使詩人目不暇接。飽覽之餘，他「半脫綸巾臥翠藤」（陸游《小雨極涼，舟中熟睡至夕》），於舟中假寐小憩，詩筆也自然從兩岸風光轉寫天空景象。天上的雲彩當然是飄動的，由於船行與雲飛的方向一致，從船上看去，就很難覺察其位移了。更重要的是詩人是用「有色眼鏡」在看——此時此刻，詩人以安閑恬適的心境去觀照那藍天白雲，自是感到雲彩也如自己一樣恬靜閑遠，因而似乎靜止不動了。「臥看滿天雲不動，不知雲與我俱東。」詩人寫的是卽目所見之景，而這寫景不渲染，不着色，明淨樸素，如同口語，却能使人自然想象到那雲霞是怎樣地舒卷自如，那船中的詩人是何等地俯仰自得，那春水輕舟又是如何地輕快平穩，它甚至使人想象浩瀚的江水將一葉輕舟迅疾而穩當地送過一程又一程，小舟載着詩人飄然遠去，正如同悠悠白雲在空中飄浮……讀至此，不由得聯想起柳宗元的名句：「回看天際下中流，巖上無心雲相逐」（《漁翁》）。意境雖不盡相同，却同樣引人心馳神往。從結構上看，這兩句以雲彩的「不動」來襯托舟行，以大自然的恬靜來烘托心境的輕鬆安恬，正和前兩句潛脈暗通。四句小詩，用筆跳脫多變，而又自然流動。末句「不知雲與我俱東」，淺語直致，自饒情味，把悠閑自在寫足，使得這首短歌既神完氣足，又餘味無窮。

古人論詩，有所謂「韻味」說，強調要有「韻外致」、「象外象」，即要求在詩的表層形象之外，還要有一種（或多種）旨趣、韻味。陳與義這首絕句抒寫的是順水行舟的輕快、閑適之情，但作者並不明說，衹以自在飛花、悠悠浮雲一、二小景點染，讀者却能透過這些表象領悟到、感受到作者的心情意態，並由此而發生無窮的聯想和想象，景中具意，情與景渾，可謂具有「象外之象」、「景外之景」，因而引起我們審美的愉悅。

（徐定祥）

春寒

陳與義

二月巴陵日日風，春寒未了怯園公。海棠不惜臙脂色，獨立濛濛細雨中。

這首詩寫於南宋高宗建炎三年（一一二九）二月，當時南宋剛建立不久，金兵仍不斷南侵，攻掠州縣，國家處在風雨飄搖之中。作者自陳留避亂，經鄧州、房州、均州，至建炎二年八月到了岳州。所謂「避虜連三年，行半天四維」（《抵回谷》），就是描述這段逃難經歷的。到岳州第二年正月，城中大火，火後作者借郡守王接後園君子亭居住。詩人在園中看到獨立在霏霏春雨中盛開的海棠，有感於懷，於是寫下這首有名的絕句。

「二月巴陵日日風，春寒未了怯園公。」詩一開始，先寫季節、氣候，然後點題。巴陵的二月，天天在刮着料峭的春風；未盡的春寒，不免使人感到有些畏怯。「巴陵」即指岳州（治所在今岳陽市）。「園公」，據詩人自註：「借居小園，遂自號園公。」春天來到人間，本來應該給人們帶來歡樂和希望，可是巴陵二月的氣候却變化無常。

春寒

「陰風三日吹南極，二月巴陵寒裂石」（《陰風》），「霏霏三日雨，藹藹一園青」（《雨》），在這陰風冷雨的吹襲下，寒氣逼人，對於一個避亂他鄉的詩人來說，怎能不感到心怯神寒呢？一個「怯」字，用的十分含蓄，與其說是身體怯寒，不如說是心靈怯寒。不是嗎？詩人自靖康元年以來，到處避亂逃亡。在房州突遭金人襲擊，「今年奔房州，鐵馬背道馳。造物亦惡劇，脱命眞毫釐」（《正月十二日自房州城遇虜至奔入南山十五日抵回谷張家》）。在山中躲避三個月後，才取道南下，到岳州後雖不再奔波，但時局的多變，仍使他心神不安。「倚杖東南觀百變，傷心雲霧隔三川」（《春夜感懷寄席大光》），「天翻地覆傷春色，齒豁頭童祝聖時」（《雨中對酒庭下海棠經雨不謝》）。他憂國傷時，竟至夜不能寐。「鴻鴈聲回人不眠」（《春夜感懷寄席大光》）、「感時傷舊意難裁」（《望燕公樓下李花》）。巴陵春寒，固然使他畏怯，但國家的危亡恐怕更會使他心寒神傷！

前兩句寫詩人在春寒中的感懷，後兩句「海棠不惜臙脂色，獨立濛濛細雨中」，則是寫海棠在春寒中盛開。兩相對照，情寓於景，含意深邃。「海棠」，春季開花，未放時深紅色，已開呈淡紅色。「臙脂」，原謂紅色顔料，泛指紅色。在這裏用來形容海棠，就更顯得鮮豔奪目了。海棠由於它開得早和它的姿色豔麗，向爲歷代詩人所愛賞、歌詠。如唐代詩人韓偓的「海棠花在否，側卧捲簾看」，薛能的「朧月正當寒食夜，春風不過海棠時」，宋代詩人晏殊的「已定復搖春水色，似紅如白海棠花」，還有李清照的「試問捲簾人，却道海棠依舊」等等。這些作者歌咏海棠的詩句，不是欣賞它的嬌姿麗色，就是惋惜它的早落。而陳與義在這裏却讚美海棠，在二月巴陵「寒裂石」、「日日風」的惡劣環境裏，不惜它的臙脂色，獨立在濛濛細雨中開放，這就別具一格，高人一籌。尤其用「不惜」和「獨立」兩詞來表現海棠不畏寒風，不懼冷雨，傲然挺立的奇豔麗姿，眞可說達到了傳神點睛之妙。試問詩人爲什麼要這樣讚美海棠？按古人「詩言志」、「託物寄意」的創作思想和手法來看，作者也是有爲而發。歷代詩人多有詠菊、頌梅之佳作，着意讚美菊、梅抗嚴寒、傲霜雪的精神。詩人在這裏也盛讚了海棠頂風冒雨傲然盛開的英姿，不難想象，他是羨慕、嚮往海棠那樣的抗爭精神。作爲一個愛國志士，面對祖國山河破碎、人民陷於水深火熱之中的現實，怎能抑制得住他抗擊金人的憤怒烈火！

從全詩來看，詩人通過巴陵季節氣候的描寫和對海棠與風雨抗爭怒放的讚揚，抒發了憂國憂民的愛國情懷，表現出抗敵報國的心願。他這種愛國思想從其他詩篇和秉政的言行中可以證實。他曾大聲疾呼過：「滅胡猛士今安在？非復當年單父臺。」（《雨中再賦海山樓詩》）也曾寫下了充滿愛國激情的戰歌。「中興天子要人才，當使生擒頡利來。正待吾徒紅抹額，不須辛苦學顏回」（《題繼祖蟠室三首其三》）。他這種公然要上馬殺敵的雄壯歌聲，不知激勵過多少愛國志士。陳與義是一個正直、愛國的士大夫，他熱切希望抗擊金兵，重整山河。當他立朝秉政時，曾建議撫問將士、薦舉人才，積極支持抗戰派，從他的詩中也可以看到這一點。

《春寒》是一首抒情短詩。作者在這裏沒有直抒胸臆，而是採用託物寄意、寓情於景的手法，他的憂國匡復心志雖不見於言表，但隱寓其中，更耐人尋味。同時又採用對照寫法：寫人在春寒中感到畏怯，而海棠在春寒中却傲然盛開，兩相對照，人不如物；反之，人應該法物。這樣一抑一揚，自然形成曲折跌宕之妙。作者一向刻意求新。歷來詩人寫海棠都着意刻畫它的嬌姿麗色，詩人在這裏却不落窠臼，賦予它頂風冒雨的抗爭性格，使海棠的形象更加鮮明。陳與義的詩，語言清新流暢，音節瀏亮。經過喪亂之後，詩風轉變爲雄渾而慷慨，沉鬱而洗練。劉克莊評論他的詩說：「及簡齋出，始以老杜爲師。」「以簡嚴掃繁縟，以雄渾代尖巧，第其品格，當在諸家之上。」此語甚爲公允。

（孟慶文）

傷春

陳與義

廟堂無策可平戎，坐使甘泉照夕烽。初怪上都聞戰馬，豈知窮海看飛龍。孤臣霜髮三千丈，每歲煙花一萬重。稍喜長沙向延閣，疲兵敢犯犬羊鋒。

在古典詩詞裏，「傷春」這個題目頗爲多見，但多數是個人的傷懷之作。唐代大詩人杜甫一改舊題，多次用「傷春」一題抒寫對國事的憂心。四百年後，師承杜甫的陳與義又用這個題目抒發了國事多艱的感慨和憂國傷時的哀痛。

陳與義生活在北宋與南宋之交，正值國家多事、災難深重之時。建炎三年（一一二九）冬，金兵大舉南下，宋高宗趙構丟棄剛剛建都的建康（今南京市）航海逃亡。建炎四年（一一三〇）春，作者寫了這首詩，記錄了這一歷史事實，抒發了自己憂國傷時的痛楚感傷。

「廟堂無策可平戎，坐使甘泉照夕烽。」「廟堂」，指朝廷。「戎」，指金兵。「甘泉」，卽甘泉宮，在陝西淳化縣甘泉山上，秦代的離宮，漢武帝增修後設爲行宮。《史記・匈奴列傳》有「邊烽火通於甘泉」句。這兩句詩，直接指責朝廷的腐敗無能，批評了他們的投降路線。指出由於他們的低能和錯誤而導致的嚴重後果：他們身居廟堂，竊取高位，却沒有能力抵禦外辱、保衛社稷，以致使邊關烽火映紅了帝王的寢宮。首句起得突兀而悲壯，批判的矛頭直指最高統治者，表現了詩人的膽識。二句雖然用典，但以烽火通於皇宮說明國家危在旦夕，語意十分明確。

「初怪上都聞戰馬，豈知窮海看飛龍。」「上都」，卽京都，此指北宋京城汴梁（今河南開封）。「窮海」，窮盡大海，意思是渡海到很遠的地方去。「飛龍」，大船，指高宗南逃時乘坐的大船。這兩句意思是說，當初聽到京城陷落的消息，已經感到十分驚怪，哪曾想到，如今剛剛登基的皇上又乘船逃到遠海去了。這一聯是對上聯的推進與擴展。由上聯的邊關吃緊、形勢緊迫，到此聯的京城淪陷、帝王遠逃，銜接緊密，一氣呵成，其勢如絕巘飛瀑，凌空而下，勢急而警響。南宋朝廷剛剛建立便一敗再敗、潰不成軍，根源在哪裏？根源就在朝廷的平庸低能和投降主義路線。陳與義是愛國詩人，也是主戰派的支持者，對投降派十分痛恨，所以在詩中以輕蔑的口吻和嘲諷的語氣記下了他們可恥的行徑。「初怪」二字，說明當初對北宋朝廷的低能估計不足，所以對汴京的陷落感到驚怪。但是，先不要驚怪吧，還有更令人痛心的呢！「豈知窮海看飛龍」一句，是詩人痛心疾首的呼聲。本來京城陷落還可以收復，然而令人悲痛的是，南宋皇帝及其權臣貴戚們還不如北宋，一見金兵就渡海南逃了。肩負國家社稷的重任而如此貪生怕死，簡直令人難以相信！詩人用「豈知」二字，對此表示極大的驚訝，這驚訝裏邊含蘊了辛辣的嘲諷之意。

以上兩聯寫的是朝廷中的帝王及投降派，下面兩聯轉寫愛國臣民。

「孤臣霜髮三千丈，每歲煙花一萬重。」「孤臣」，從字面看，似乎是詩人自己，可是由於憂心國事而鬚髮皆白的又何止千萬？所以它實際上代表了所有憂國之士。「霜髮三千丈」是化用李白《秋浦歌》「白髮三千丈，緣愁似箇長」語意，以誇張手法極喻自己爲國事憂慮之深。「每歲煙花一萬重」一句，取意於杜甫《傷春》第一首：「西京疲百戰，北闕任羣兇。關塞三千里，煙花一萬重。」杜詩原指唐代京城長安，陳與義借用此句來表示對北宋京城汴梁的懷念。詩人化用兩個唐人的名句合成一聯，大意是說，愛國臣民們，由於懷念汴京風物，頭髮都變白了；一年一度的春天又來到人間，那無知的花草照樣繚亂紛繁，密密匝匝，遮住了自己遙望京都的視線。表達了詩人繫心天下，憂懷國事的耿耿忠心。

「稍喜長沙向延閣，疲兵敢犯犬羊鋒。」「向延閣」，即向子諲，當時任長沙知州，組織軍民抵抗金兵。「延閣」，是漢代史官的官署名，向子諲曾任秘閣直學士，屬史官職務，所以詩人以此稱呼他。兩句大意是說，稍感可喜的是，還有長沙知州向子諲這樣一些愛國老臣，能够身赴國難，敢於率領疲憊的軍民抵御一下入侵的虎狼之兵。

全詩八句，明顯地分爲上下兩部分：前四句，直指包括皇帝在內的大官僚集團，斥責他們腐敗無能、投降誤國；後四句，抒發愛國臣民的無限感慨，歌頌他們的愛國精神。愛國臣民精忠保國的耿耿忠心成爲一面鏡子，從反面照出了南宋當權派不以國事爲重、不顧人民死活的可恥靈魂，使詩歌具有很強的批判力量。

（崔承運）

里翁行

陳與義

里翁無人支緩急，天雨牆壞百憂集。賣衣雇人築得牆，不慮偷兒披戶入。夜寒干掫不經過，偷兒若來知奈何？君不見巴丘古城如培塿，魯肅當年萬人守！

歷史事件有時驚人地相似。安史之亂造就了詩人杜甫，無獨有偶，靖康之變也造就了詩人陳與義。曾倡「一祖三宗」（杜甫，黃庭堅、陳師道、陳與義）之說的元人方回，是看出陳與義學杜的成就的，所以才把他同黃、陳並列；然而陳與義的學杜有得，却是在他晚年，是經歷了嚴重的民族苦難之後。對此，稍後的楊萬里就隱約地指出了[1]。

陳與義兒童時就「已能作文辭，致名譽」（張嵲《陳公資政墓志銘》），在家鄉洛陽，交結時賢，少年英敏。正如他後來在《臨江仙》詞裏說的：「憶昔午橋橋上飲，座中多是豪英。長溝流月去無聲。杏花疏影裏，吹笛到天明」，一派豪情勝概。他早年學詩，頗受江西派的影響，也主張學杜甫，却仍是「衹得皮毛」。二十三歲中了

[1] 楊萬里《跋陳簡齋奏草》詩：「詩風已上少陵壇，筆法仍抽逸少關。」

科舉，授文林郎，出任德州府（今河南濮陽縣）教授；不久又回汴京，任太學博士、著作佐郎；後雖因事謫監陳留酒稅，在官場上遭到挫折，但他的詩風仍未受到影響。

不料靖康元年（一一二六）金兵大舉入侵，他因父喪，也爲了避兵，便離開陳留，先在今河南、湖北一帶流亡，以後又在岳陽（宋時稱岳州巴陵縣）住了將近一年。直到一一二九年九月離開南下。一場天翻地覆的民族災難，三年多的流亡生涯，使他從狹小的圈子裏擺脫出來，思想起了極大變化。他看到國家命運的危急、人民的苦難、官僚的無能、軍事的廢弛，處處觸目驚心。於是，他的詩風發生了巨變，過去衹知在字句上學杜甫的皮毛，如今才看到杜詩的精髓。「避虜連三年，行半天四維……但恨平生意，輕了少陵詩。」（《正月十二日自房州城遇虜至奔入南山》詩）在喪亂之中反省了自己。

在岳陽這一年，他寫了不少膾炙人口之作，《登岳陽樓》、《巴丘書事》、《再登岳陽樓感慨賦詩》、《除夜》等七律，撫時感事，蒼涼激越，神似老杜。難怪劉克莊說他：「造次不忘憂愛，以簡潔掃繁縟，以雄渾代尖巧。第其品格，故當在諸家之上。」（劉克莊《後村詩話》前集卷二）

自然，陳與義不僅近體學杜，古體也學杜；但同樣是到了這一時期，他的古體才眞正得杜之神。可惜前人對此還甚少論到。這裏所介紹的《里翁行》，就很可以看出他在這方面的新成就。

詩的開頭說的是這樣一件事：岳陽城裏有個孤老頭，住在一所舊房子裏，有一回，下了一場大雨，把房子一堵牆打塌了。這老頭家裏沒有人手，左鄰右里也幫不了忙。他怕小偷夜裏會爬進來，急得什麼似的。左思右想，最後衹好把自己的衣服賣掉，顧來幾個壯漢，重新把牆修好。老頭鬆了一口氣，說這就不怕小偷前來光顧了。

這本來是很尋常的事情，在一般人看來，實在不值得爲此寫詩，可是，在經歷了憂患的陳與義眼中，這件尋常小事却使他深思，而且想得很遠。

夜寒干掫不經過，偷兒若來知奈何？

這一轉實在出人意外，然而詩的焦點却正是落在此處。「干掫」，語出《左傳・襄公二十五年》：「陪臣干掫有淫者。」「干掫」作動詞用是警戒、戒備，作名詞用是巡夜的人，像巡防隊、巡更人之類。詩人在岳陽住久了，他知道情況。因此他就指出，老頭兒還沒有考慮到，偌大一座岳陽城，在正要「防冬」的寒天夜裏，竟然連個巡夜的人也找不到，如果小偷果眞來了，這孤老頭又有什麽辦法啊！

這是替孤老頭擔心嗎？是。却實在意不在此。這句話的分量，要比擔心孤老頭一家安全更沉重得多。

建炎二年（一一二八）的冬間，高宗趙構雖然在揚州勉強住脚，戰爭還在北方進行。金兵陸續攻破冀州（今河北冀縣）、延安、濮州（今山東鄄城北）、北京（今河北大名縣）等重鎮，金左副元帥宗翰統大軍於東平（今山東東平縣），正準備奪取兩淮。戰火隨時可以燒過長江。然而作爲軍事要地的岳陽城，却連個巡街守夜的人也沒有。這就是詩人親身目擊的情景。

北宋王朝的政治腐敗、軍備不修，居然到了這種地步！在中央是這樣，在地方也是這樣；在平時已經是不應該的，在戰時就更顯得荒唐了。這是憂國傷民的詩人最感到吃驚和焦慮的大事。

岳陽古稱巴丘。詩人想到三國時代吳國大將魯肅鎮守巴丘的事，今昔對比，更是感慨遙深。《三國志・呂蒙傳》載：「是時劉備令關羽鎮守，專有荆土。（孫）權命蒙西取長沙、零、桂三郡……而備自蜀親至公安，遣羽爭三郡。權時住陸口，使魯肅將萬人屯益陽拒羽。」（陸口在今湖北蒲圻縣，益陽今爲湖南益陽市）也就是傳統戲曲《單刀會》故事的來歷。魯肅自周瑜死後，就代周瑜領兵，長期鎮守巴丘。詩人兩事合用，因此他說：

君不見巴丘古城如培塿，魯肅當年萬人守！

古城巴丘，不過像小土丘那樣，不是雄關大邑，當年魯肅却用上萬人來鎮守，爲什麽？他當然知道巴丘是軍事必爭之地，巴丘不守，湘江兩岸就很難保險了。然而，眼前却是官僚玩忽職守，防衛廢弛，到了這種程度。

里翁行

他不能不再一次發出呼吁了。他早些時就寫過一首《巴丘書事》，詩裏說：「未必上流須魯肅，腐儒空白九分頭！」慨嘆岳陽沒有像魯肅的人鎮守；現在更是直截了當指出：岳陽沒有重兵是不行的。眼下這種情形，一旦發生意外的事，簡直不堪設想。憂國愛民之心，躍然如見。

然而我們還可以開挖得更深一些。

《左傳》有兩句話，大意說，有個寡婦不擔心自己織布機上的緯線不够用，反而憂慮周王朝的滅亡，那是因爲一旦國家滅亡，自己跟着將要遭殃了[1]。所以清詩人龔自珍有詩說：「四海變秋氣，一室難爲春。宗周若蠢蠢，嫠緯燒爲塵。所以慷慨士，不得不悲辛。」（《龔自珍全集》，第四八五頁，上海人民出版社一九七五年版）這叫做「皮之不存，毛將焉附」。陳與義這首詩，從一個孤老頭修補壞牆的事，也想到這個道理：假如岳陽城保不住，一座小房子还能保住嗎？《莊子・胠篋篇》說的一個故事是發人深省的：有人爲了防備小偷，把家裏的箱子櫃子都捆得緊緊的，鎖得嚴嚴的，不料一伙江洋大盜跑來了，他們連箱帶櫃統統搬箇精光，怕你還捆得不够結實呢！陳與義的詩，似乎也帶有《莊子》這個故事的用意，雖然他不是責難或嘲笑那孤老頭，他憂慮的是整個國家的危亡、整個民族的災難，孤老頭的事不過是用來作引子罷了。

這種從個人想到國家、從身邊想到大局，由平時想到動亂、由晏安想到憂患的遠大眼光和豪蕩襟懷，正是陳與義學杜甫而得其精粹的最好說明。

詩是兩句一轉折。抒情敍事，簡練明快。開頭從里翁「百憂集」說起；三四句一轉，似乎里翁已經解決了困難；五六兩句忽然再一轉，原來問題仍然存在；結末更來個大轉身。每轉一層，迫近一步，層層轉遞，迫到問題的中心。原來「百憂集」的不是一家，而是整個地區；「百憂集」如今不是里翁，反而是詩人自己了！這樣的行文，曲折盤旋，跌宕生姿。全詩不過八句，却恍如看一幅山水横披，在咫尺之中，顯出萬里之勢。詩人的剪裁功夫，也正體現了「以簡潔掃繁縟」的特色。

[1]《左傳・昭公二十四年》：「嫠不恤其緯，而憂宗周之緯，爲將及焉。」

前人論陳與義詩，以紀昀說的中肯：「至於湖南流落之餘，汴京板蕩以後，感時撫事，慷慨激越，寄託遙深，乃往往突過古人。」（《四庫全書總目提要》卷一五六《簡齋集》）時代的劇變，使詩人的思想和創作也爲之劇變。假如不變，他要做哪一號的詩人呢？

（劉逸生）

臨江仙

陳與義

夜登小閣，憶洛中舊游

憶昔午橋橋上飲，坐中多是豪英。長溝流月去無聲。杏花疏影里，吹笛到天明。

二十餘年如一夢，此身雖在堪驚！閑登小閣看新晴。古今多少事，漁唱起三更。

陳與義可謂一位以清新自然著稱的詩人，其詩句「客子光陰詩卷裏，杏花消息雨聲中」早已成爲千古名句。他的詞作，也具有同樣的風格，其中最著名者，要數廣爲人們傳誦的《臨江仙・夜登小閣，憶洛中舊游》一詞。

陳與義是北宋末、南宋初洛陽（一說汝州葉縣）人，北宋徽宗政和三年甲科進士，授開德府教授，累遷太學博士。金兵進犯，宋室南逃，他避亂襄漢，轉湖湘，逾嶺嶠，飽受流離之苦。後來政局漸定，陳與義回到南宋政府裏，任翰林學士，知制誥，參知政事。這首《臨江仙》可能作於此時。

臨江仙·夜登小閣，憶洛中舊游

通首詞中，沒有一個華麗詞藻，沒有一處用典，更無艱澀隱晦之詞，簡直如一幅白描山水畫。雖句句平白清晰，完全出自自然，但又不失之於平直，而給人一種清新幽麗之感。

開首「憶昔」二字，引起題中所云「憶洛中舊遊」，回憶在洛陽時與好友宴游之情。「午橋橋上飲」，已極有情致而愉悅人心，加上「坐中多是豪英」，則更見其游之樂，益發使人憶念。「長溝流月去無聲」，描寫當時宴飲的環境。皎潔、幽雅的月夜，橋下流水載着月波悠然而去，富於詩情畫意。其更動人之處，是上片結句：「杏花疏影裏，吹笛到天明」，平白至極，又自然至極，堪稱名句，讀之使人倍感親切，似親眼看到一羣青年「豪英」在月明花好的杏樹叢中，觀月賞花，吹笛賦詩，一直玩到天明，充滿了歡樂及風流倜儻的情調。對於這樣的「舊游」，怎能不追憶呢？

下片從憶舊游回到目前，即「夜登小閣」。既憶舊游，則必於目下情景有感，古人憶昔之作，每多如此。作者這裏抒發的是一種深沉的家國之感和身世之感，悵惘的懷鄉之情和深刻的愛國之忱交織在一起。這種情懷，當然與當時社會政治的動亂和個人生活環境的變遷有關。試想，二十多年前，金人南犯，汴洛失守，國破家亡，作者憂國憂民，又挽瀾無力，怎能不感慨萬千呢？正如他在《夜賦》一詩中所說：「腐儒憂平世，況復值甲兵！終然無寸策，白髮滿頭生。」避亂異鄉，有家難歸，憶及舊日與故鄉好友暢游之歡，而今舊友星散，故國未復，其心苦楚可知，所以感慨道：「二十餘年如一夢」。這一句，不但以時間概念將舊游與現狀聯繫起來，使下闋自然地承接上闋，而且以「如一夢」使氣氛驟變，衹數字便給人以情調已非之感。避亂以來，「倚杖東南觀百變，傷心雲霧隔三川」（《春夜感懷寄席大光》），「殊俗問津言語異，長年爲客略歧難」（《舟行遣興》），「風霜侵游子」（《巴蜀書事》），「無夢到功名」（《道中寒食》），這裏「如一夢」，便概括了家國、身世之感。緊接着道出：「此身雖在堪驚！」幾多感慨，幾多悵惘，盡在其中。此兩句是全詞的主題所在。感念故國淪亡、長期不見恢復，語極沉痛，頓使此詞分量增加許多。目前政府偏安江南，國家景況已非疇昔，那麼現在夜登小閣，當然不會有舊日夜飲午橋時的興致了，兩相比較，倍覺感傷！「登小閣」前冠一「閑」字，則更見其救國無門、生活無聊之情。悒鬱之時，獨自登小閣，幸而看到的却是晴天，暗示此時南宋政府已以杭州爲都城，改名臨安，國家轉危爲安，前途已有希望。從這裏可看到赤心愛國的作者，對恢復失地並沒有喪失信心。最後以封建士大夫慣有的感慨作結：「古今多少事，漁唱起三更。」謂古往今來，盛衰往復，國家總是要復興的。和「強弱與興衰，今古莽難平」（《夜賦》）意同。

這首詞因其平易，沒有特別深奧之處，所以較好理解。詞意清新，語出自然，詩意深沉雋永，眞是平淡裏見功夫，難怪膾炙人口，廣爲人們傳誦。讀者欣賞此詞，不獨愛其清新自然之特點，作爲自己寫作時的借鑒，且將受其熱愛祖國的思想感情之感染，而增強自己對人生對國家之積極態度。

（羅元貞　馬門全）

瀟湘圖

張元幹

落日孤烟過洞庭，黃陵祠畔白苹汀。欲知萬里蒼梧眼，淚盡君山一點青。

這首詩見於宋曾季貍《艇齋詩話》，曾被採入《宋詩紀事》，作者的本集《蘆川歸來集》失載。《四庫全書總目題要》言及此詩時云《題瀟湘圖詩》，可見它是一首題畫詩，所題之畫爲《瀟湘圖》。「瀟」在這裏是水清深的樣子，瀟湘猶如說清湘。因爲湘水流入洞庭，所以在古人詩句中，瀟湘洞庭往往是混言不分的。

從詩中看，《瀟湘圖》的畫面是：夕照中，一葉扁舟經過洞庭湖濱的黃陵祠前，君山遙處湖中，衹呈青青一點的痕跡。詩人沒有呆詠畫面的景物，而是就景生發，利用有關神話傳說，別構一動人情境，寓志抒懷，在優

瀟湘圖

美的畫面中注入深厚的情思與意蘊，把題畫詩寫活了，寫深了。

關於湘水，很早就有堯的兩個女兒——娥皇、女英的傳說，散見於先秦以來多種古籍。相傳二女嫁爲舜妃，後來舜到南方巡視，死於蒼梧，二妃追趕不及，溺死於江湘之間。所以《水經注》說二妃「神游洞庭之淵，出入瀟湘之浦。」《博物誌》還說二妃哭舜，「以涕揮竹，竹盡斑。」連屈原《九歌》中祀湘水神的《湘君》、《湘夫人》，也曾被後人用這個傳說加以指實，王逸註楚辭便以爲《湘夫人》篇指堯之二女。這些優美的神話和文學作品都成爲詩人構思的材料。

首句從整幅畫面着眼，着意勾勒荒曠孤寂的環境，爲下面抒寫凄涼怨情醞釀氣氛，所以突出了「落日」與「孤煙」。洞庭水面浩瀚，張孝祥《過洞庭》詞所謂「玉鑒瓊田三萬頃」。天邊一輪落日正貼近水面，最足以展示湖水的渺漫無涯，這落日黃昏自然又帶來一天迷濛的暮色。就在這遼闊黯淡的背景上，衹有一葉扁舟一縷孤煙浮動，所釀出的幽獨孤寂風味如何？唐詩人王維寫大漠遼闊荒涼的名句：「大漠孤煙直，長河落日圓」，詩人衹擷取其「落日」「孤煙」四字，移寫洞庭，別成佳境，可謂善於用古。

次句轉入黃陵祠前近景。黃陵祠卽祭祀二妃的祠廟，在洞庭湖南岸。「汀」，水邊沙洲。「白苹」，水草。《九歌·湘夫人》寫湘夫人企望湘君云：「登白蘋兮騁望，與佳期兮夕張」。蘋，一本作苹。這裏卽取其詞並隱用其句意。那湖上的扁舟也許正朝着家鄉的方向駛去，這黃陵祠中的二妃呢？當此日暮黃昏時刻，又佇立在白苹叢中騁望那日夜懷思的舜了吧！這句用黃陵祠引入詩中歌詠的主角——二妃；用《湘夫人》句意引入詩中歌詠的主題——懷思；暗運詩意於寫景之中，曲折含蓄，耐人尋味。

後二句集中刻畫二妃對舜懷思的深沉。「蒼梧」，卽九疑山，傳說爲舜死處與葬地，在今湖南南部寧遠縣南，與洞庭遙處湖南南北兩端，故言「萬里」。「蒼梧眼」，望蒼梧之眼，仍從二妃一邊說。一個「眼」字，時刻想望繫思的神態活現紙上。君山，在洞庭湖偏北水域，相傳爲二妃所居。這二句緊接上句說，要想知道二妃對舜懷思之深，就看看青青一點的君山吧，那就是二妃痛哭淚盡的最後一滴淚水。二句雖然仍是以淚寫縈心傷悼之情，却避開一般常用的「斑竹」之典，卽景生情，別構奇境，新穎引人。君山是卽將滴落湖中的最後一滴淚水，那麽，整個湖水自然都是二妃淚水匯成的了，悲痛之深，自可想見。

一幅《瀟湘圖》可以從不同角度去題詠，爲什麽詩人特別敏感於二妃思舜之情呢？這不能不說與作者傷時之感相關了。作者是北宋末、南宋初的愛國作家，他的寄李綱和送胡詮的兩首《賀新郎》詞，是愛國詞中的佼佼之作。北宋爲金人所滅，徽宗、欽宗二帝被擄到遙遠的東北邊荒。南宋立國，人們曾寄予很大的復國希望，但最高統治集團一味妥協退讓。失地不會收復了，二帝也歸返無望了。當詩人看到《瀟湘圖》時，神話中與時事相類的情事不禁湧上心頭，而借二妃的酒杯澆自己的塊壘了。二妃之思裏，糅合着作者故君往世之思；二妃之淚裏，摻合着慨事傷時之淚。大約也正因爲滲透着作者現實的感情，這個古老的神話故事才被寫得這麽深情感人。小詩的妙處就在於畫面鮮明，情境動人，寄意遙深，蘊藉雋永。看來，抒寫慨世傷時之情並非衹有劍拔弩張一種風格。

（孫　靜）

賀新郎

張元幹

送胡邦衡待制赴新州

夢繞神州路，悵秋風、連營畫角，故宮離黍。底事崑崙傾砥柱，九地黄流亂注，聚萬落千村狐兔？天意從來高難問，況人情老易悲難訴。更南浦，送君去。　涼生岸柳催殘暑。耿斜河、疏星淡月，斷雲微度。萬里江山知何處？回首對牀夜語。雁不到、書成

賀新郎·送胡邦衡待制赴新州

誰與？目盡青天懷今古，肯兒曹恩怨相爾汝！舉大白，聽金縷。

南宋初年，抗戰派和投降派曾展開過激烈的和戰問題的鬥爭，由於金人初時想用武力消滅南宋，南宋小朝廷即使很想同侵略者談判也是談不攏的。但到了紹興八年（一一三八），情況已有了變化，宋高宗趙構在南方站定了脚跟，就讓秦檜復任丞相，並派計議使王倫赴金國談判條件。那時，任樞密院編修官的胡銓（邦衡）憤然上書，要求斬秦檜、王倫和參知政事孫近三人之頭，以表示朝廷抗戰的決心。因此觸怒趙構，被貶爲監廣州鹽倉，再改調福州簽判。到了紹興十一年，韓世忠、岳飛等都被解除兵權，岳飛隨後被殺，投降派氣焰不可一世。次年，胡銓再受迫害，被遣送新州編管（押送到廣東新興縣交地方官看管）。就在這種政治局面下，張元幹寫了這首《賀新郎》爲胡銓送行。這件事更激怒了投降派，張元幹受到削除名籍的處分，從此失去做官的資格。

這首詞寫得激昂悲憤，充滿了對侵略者的仇恨和對投降派的憤怒，同時對胡銓的備受迫害寄予無限同情。

「中原的故鄉啊，多少人魂夢難忘地思念着你！在秋風蕭瑟的日子，軍號淒涼地響着，到處是侵略者的營壘，故宫已經長滿野草了。」

作者一開頭就把人帶進一個悲涼的境界，使人回憶悼念，引進對於侵略者的痛憤。

跟着，進一步提出疑問：「崑崙山倒下擎天柱，汚濁的河水傾瀉泛濫，淹沒整個大地。爲什麼會這樣？千村萬落人煙寂滅，狐兔横行。爲什麼會這樣？」

這兩韻雖然用提問的形式，含意却遠超於質疑之外。它是對侵略者的痛恨，又是對投降派的嚴斥。侵略者製造了中國的嚴重災難，這固然不用說；但如果不是投降派把岳飛、韓世忠等大將殺的殺貶的貶，摧折了國家的「砥柱」，局面又何至於這樣？

再下去，「天意從來高難問，況人情老易悲難訴」，把感情再引深一步。「天意高難問，人情老易悲」（《暮春江陵送馬大卿公恩命追赴闕下》），原是杜甫的兩句詩，作者添上五個字，把原作的涵意進一步豐富和深化了。老杜寫這兩句時，原是慨嘆個人的不幸遭遇；張元幹用在這裏，就顯出家國之感，人事之痛，交錯紛雜。「天意

賀新郎・送胡邦衡待制赴新州

高難問」加了「從來」，顯見得世上許多事情是無法按常理解釋的。比如對於侵略者，竟然會有人主張投降，甚至連皇帝也這樣；反對投降的人，竟會受到一再貶斥，甚至於受到殺害。「老天爺」到底安的什麽心腸？你怎麽去問他！「人情老易悲」，老年人本來就容易傷心動情，而這種傷情却又「難訴」，又可見朝廷上的事情如今連講實話也不行了，眞是何其顛倒！

以上兩句，充分表達了作者胸中一股說不出來的悲憤。而這便是「更南浦，送君去」的心情。作者在頗似低沉的音調中，分明帶着沉重的吼聲，彷彿來自谷底的雷鳴，有點悲涼，卻充滿力量。這也許就是文藝批評家所說的「鬱怒」，是一種被壓抑着而又堅強掙扎着的力量的撼動。

下片，先作一個轉折，把初秋的景色描寫一番。既是點出時序，又是借景抒情。當時，送客的筵席大抵都是設在晚間，相敍到五更天氣，客人才起程。所以宋詞中的送客之作，多描寫夜間或凌晨景色。此詞換頭「涼生岸柳催殘暑」，便是暗點作者到江岸上送胡詮南行。時值新秋，堤岸柳下已有涼意，天上銀河顯得十分明亮，在疏星淡月之中，偶然可以看到幾縷斷雲飄過，兩位朋友就在這清爽的秋夜中談着話，互相傾訴惜別之情。

「萬里江山知何處？回首對牀夜語」——補出兩人平日在議論國家大事時，常常提到中原的萬里江山，如今大好中原河山落在誰人之手？爲什麽朝廷當政者不思量恢復？這些都是兩人平日「對牀夜語」中的話題。

「雁不到、書成誰與」——折入胡銓此去，是鴈飛不到的地方，連託鴈兒捎一封信也辦不到。那時候，廣南東路的新州，是號稱最爲山僻荒遠的地方，而且瘴疫流行，外來的人很易受染。被貶到此的官員，常感不易生還。所謂「書成誰與」，還帶有擔心胡銓是否能够生還的微意在內。

以上一段，專就兩人交情方面着筆，寫得很沉着，很深切。

但是下面忽然抛開眼前個人的榮辱，改從高處遠處設想。詩人仰首蒼天，想到古往今來的許多歷史，許多人物，特別是在歷史的緊要關頭，那些臨大節而不辱、赴刀鋸而不辭的仁人志士。他對這位朋友說：你我是用不着悲傷的，從古仁人志士都不肯像小人物那樣，爲了個人的恩怨寵辱而互相爭吵，介介於懷。我們今天何必做出可憐的樣子？相反，應該「舉大白」——把酒斟得滿滿的，碰杯！「聽金縷」——聽着激昂的《金縷曲》，慷慨地分手！

這樣的一結，意氣昂揚，表現了作爲一個愛國者的驕傲，也是對那些投降派的高度輕蔑。這樣的一結，使人彷彿看到作者的横眉冷眼，也彷彿聽到一曲歷史的勝利者的壯歌。

文學之所以有貢獻於人民，正是在於後者需要它出現的時候，它就挺身而出，爲此一時代留下不可磨滅的聲音。張元幹這首《賀新郎》便是屬於這類作品。它在戰和兩派激烈搏鬥、而且投降派氣焰正兇之際，敢於舉起如椽之筆，突出描述了抗戰派正氣凛然的精神面貌和蔑視宵小的英雄氣概，眞是金聲玉振，大長愛國者的威風。如果在趙構和秦檜毒焰狂煽的時候，文壇却像死水似地沉默，那實在是令人喪氣的。

（劉逸生）

滿江紅

張元幹

自豫章阻風吳城山作

春水迷天，桃花浪、幾番風惡。雲乍起、遠山遮盡，晚風還作。綠卷芳洲生杜若，數帆帶雨煙中落。傍向來、沙嘴共停橈，傷飄泊。　寒猶在，衾偏薄。腸欲斷，愁難著。倚篷窗無寐，引懷孤酌。寒食清明都過却，最憐輕負年時約。想小樓、終日望歸舟，人如削。

滿江紅・自豫章阻風吳城山作

張元幹是北宋末年成長，身經南宋戰亂的愛國詞人，他這首詞究竟作於何時？這一点對於理解詞作內容是極爲重要的。因此有必要略作一點考證。據他的《蘆川歸來集》卷九《跋楚甸落帆》中說：「往年自豫章下白沙，嘗作《滿江紅》詞，有所謂『綠卷芳洲生杜若，數帆帶雨煙中落』之句，此畫頗與吾眼界熟，要是胸次不凡者爲之，寧無感慨？」然而，此題跋的作年不詳，故對文中所說「往年」，仍不能確斷。按《蘆川歸來集》卷十《蘆川豫章觀音觀書》云：「元幹以宣和元年（一一一九）三月出京師，六月至鄉里（福建）。」此與詞中所述的時地相脗合，大約作於是年，爲張元幹前期的作品。

這首詞《花庵詞選》題作「旅思」。《妙選羣英草堂詩餘》作「離恨」。此題中「豫章」，在今江西南昌市。「吳城山」，山名。據《太平寰宇記》：「南昌縣……吳城山在治東一百八十里，臨大江。」古代行船至此常爲風浪所阻。南宋張孝祥曾在《吳城阻風》詩中形象地概括了風濤洶湧的險情：「吳城山頭三日風，白浪如屋雲埋空。」在這首詞中，作者抒寫了旅途阻風吳城山的情景與急切思歸的心理勢態。從詞的章法來看，明吳從先《草堂詩餘雋》卷二謂此詞「上言風帆飄泊之象，下言歸舟在家之思」，可見脈絡分明。

詞的開頭「春水迷天」二句，點出了春日天氣驟變，風浪迷天。詞人緊扣住題中「阻風」入筆，而寫得氣勢雄闊。在舊曆的三月，春暖化雪，水位暴漲，此時正值鮮豔的桃花盛開，故稱「桃花浪」。杜甫《春水》：「三月桃花浪，江流復舊痕。」而詞裏連綴着「風惡」二字，更增添了桃花浪的外在張力，使一望無際的煙水迷茫景象中滲透出一股洶湧澎湃的氣勢。

「雲乍起」二句寫舟行所遇。傍晚的黯淡天氣，一團團烏雲翻滾，遠處的青山被遮沒，而江上的風濤又作。這裏着一「還」字，既是「幾番風惡」的自然氣象的延續，又關聯到時空觀念的推移。這樣更充分地揭示了行舟爲風雨所阻的景象。

「綠卷芳洲生杜若」二句，由遠及近，寫景如畫。「杜若」，一種香草。屈原《九歌・湘君》：「采芳洲兮杜若。」在長滿一片葱綠芳草的水洲旁邊，幾片高舉的帆篷從急風驟雨中迅猛地降落下來。寥寥幾筆，勾勒出一幅筆墨蒼潤的煙雨落帆圖。多少年過去了，當詞人看到《楚甸落帆》畫景時，感到眼界是那麼熟悉，聯想起這首詞

滿江紅・自豫章阻風
吳城山作

作，情不自禁地把這兩句寫進了讀畫的跋文裏。

「傍向來」二句寫停泊的情景。「向來」，張相《詩詞曲語辭匯釋》謂：「向來，指示時間之辭；有指從前者，有指近來者，有指卽時者。」這裏指卽時。「沙嘴」，指沙洲。「橈」，船槳。「停橈」，卽停船，晏幾道《玉樓春》有「停橈共說江頭路」之句。在水行途中受到風浪的阻厄而停泊，這是人世間可以超越時空界限所能共遇的自然現象，但是，行人傷飄泊的意緒則是千差萬別的。這裏詞人沒有具體流瀉飄泊的情懷，正是爲下片抒情作鋪墊。

換頭「寒猶在」以下四句，承上轉下，由景及情，抒寫行舟夜宿的意象。黑夜茫茫，歸宿船中，直感衾被偏薄，春寒逼人。從時間上來說，由「晚風還作」的傍晚時分推移到「寒猶在，衾偏薄」的夜色之中。從心緒上來說，客觀時間的一再推移，更加重主觀心緒的內在的載負力。愁腸欲斷，正是揭出了這種蘊藏內心的深層痛楚的思緒。

「倚篷窗無寐」二句，從心境的抒發轉到自我的動態。這是愁腸的深化。因愁思鬱積，難以入眠；倚窗獨酌，借酒澆愁，又感到清冷孤寂，更令人心碎，催人斷腸。

「寒食清明都過却」二句，筆墨宕開，回憶當年的約會。「寒食清明」，據《荆楚歲時記》：「去冬節（冬至）一百五日，卽有疾風甚雨，謂之寒食，禁火三日。」又，《東京夢華錄》：「清明節，尋常京師以冬至一百五日爲大寒食，前一日謂之炊熟。……寒食第三日，卽清明節矣。」在寒食清明節都過了的時刻，行舟途中又爲風浪所阻，耽誤了歸期，辜負了佳人相約的一片深情，心中的懊喪和痛苦是難以用筆墨來形容的。

結末「想小樓、終日望歸舟，人如削」。這兩句是化用柳永《八聲甘州》「想佳人、妝樓顒望，誤幾回、天際識歸舟」的詞意。如果說柳永詞中「誤幾回」倍覺靈動，那麽這裏的「人如削」亦能傳神。唐代元稹《三月二十四日宿曾峯館夜對桐花寄樂天》詩中說：「是夕遠思君，思君瘦如削。」不過，詞中不是寫自己相思之深，而是寫對方。本來是自己思歸心切，但却寫佳人在小樓終日癡望歸舟。這是出於自己的想象，是一種虛寫的手法。而這裏用了「終日望歸舟，人如削」這樣具體細緻地抒寫思念的情節，就顯得眞有其事、化虛爲實了。結尾的藝術處理不僅把埋藏內心深層的意蘊宣洩出來，而且表達了兩方面的相思之情，更具有一種「含不盡之意」的境界。

這首旅途思歸懷人的詞作，上片寫景，下片抒情，結構嚴密，而鋪敍盡致，深受柳永詞作的影響。柳永的《滿江紅》（暮雨初收），在他的《樂章集》裏入「仙呂調」。這個詞調一般用入聲韻，聲情比較激越，適宜於抒發豪壯的感情；但也有作平聲韻的，如南宋姜夔的《滿江紅》：「仙姥來時，正一望，千頃翠瀾。」他改用平聲韻，其情調也發生了變化。張元幹這首詞上片用四個仄聲韻：惡、作、落、泊。下片用五個仄聲韻：薄、著、酌、約、削。這是依照柳永《滿江紅》詞的格調，而抒寫羈愁之深情，尤覺疏蕩渾厚，歌唱起來，聲情相應，凄婉動人。

（曹濟平）

滿江紅

岳　飛

怒髮衝冠，憑欄處，瀟瀟雨歇。擡望眼，仰天長嘯，壯懷激烈。三十功名塵與土，八千里路雲和月。莫等閒、白了少年頭，空悲切。靖康恥，猶未雪；臣子恨，何時滅？駕長車踏破，賀蘭山缺。壯志饑餐胡虜肉，笑談渴飲匈奴血。待從頭、收拾舊山河，朝天闕。

岳飛是南宋時抗击金兵的民族英雄，他填的這闋調寄《滿江紅》的詞，充滿了愛國主義的精神，抒攄着發

滿江紅（怒髮衝冠）

憤圖強的懷抱。這一闋詞，由于所蘊含的那種昂揚戰鬥的氣魄、沉鬱蒼涼的意境，而具有極強的感染力，已經傳唱千古了。

我嘗試着把它翻譯成現代的語言，大意是這樣的：

這些日子裏連天風雨，風也蕭蕭，雨也瀟瀟。想起了國難當頭，山河變色，偏趕上這樣一個不爭氣的朝廷，甘願對外族屈膝求和，稱臣納貢。涉想到這些時，眞教人怒髮衝冠！

天忽然放晴了。我站在高樓之上，倚定欄杆，遠望着那被金邦的鐵騎蹂躪着的大江以北，不禁仰天長嘯。中原的父老兄弟姊妹們，正處在水深火熱之中，盼望着我們去收復失地啊！偏是這昏聵的朝廷，賣國的秦檜，主張投降，甘心媚外，想解除抗敵人民的武裝，高唱着不抵抗。愛國的志士們，雄心壯志無緣發洩，衹能喊出激烈的呼聲，控訴着人事天心的不平！

我也回想着我自己。孔子說：「三十而立」，我已經是三十開外的人了，雖說也曾屢次立下戰功，到底還沒有把金兵驅逐到黃河以北；而且個人的功名業績又有什麼値得貪戀的呢？我早已把它視同塵土草芥一般的了。「八千里路雲和月」，看祖國的錦繡山河，是何等的宏麗，何等的雄偉，它是多麽値得我們熱愛呀！總該有那麽一天，我們大家同心協力地打敗了金兵，恢復中原，報仇雪恥，才算眞正的英雄，眞正的好漢！千萬不要隨隨便便地度過了這一輩子的光陰，等到一個個頭髮都白了，人都老了，不中用了，家還是這個樣子，國還是這個樣子，那就衹有在西風裏流淚，悲悲切切，也毫無用處了。

自從靖康年間，我們的太上皇和皇帝被金兵俘虜了去，直到今天，還沒有昭雪這個奇耻大辱。這對天下的臣民百姓來說，正是不共戴天；什麽時候才能够報了此仇、雪了此恨哪？衹有萬衆一心，駕着兵車，跨着戰馬，殺向賀蘭山，直搗黃龍府，餓了便吃匈奴的肉，渴了就喝匈奴的血，那些光榮戰役中湧現出來的多少英雄事跡才是我們笑談的材料；報了仇，雪了恨，收復中原，統一天下，才算完成了我們的壯志和雄心。古語說：「有志者，事竟成。」我們一定要把祖國的城池，由南到北，一個一個，都收復回來，天下百姓都能安居樂業，萬國衣冠都來朝奉天子的冕旒，才算達到了我們終極的目的，不愧爲軒轅黃帝的兒孫。遠望着北地的山河，我不禁高

滿江紅（怒髮衝冠）

聲地叫道：「還我河山！」

岳飛的這一闋詞，本是因爲登高望遠，看到祖國的大好山河，因而抒發出愛國的感情，所以他寫出：「憑欄處，瀟瀟雨歇。」這種感情是特別強烈的，在當時又是受到壓抑的，因此才爆發式地用「怒髮衝冠」四個字做一個總冒，這天外飛來似的第一句，既喚起全篇的精神，也總領了全篇的氣氛。古人說，「言爲心聲」，語言文字，詩歌創作，都一定會體現出詩人的思想感情，這樣的起句正可以作一個說明。若不是這樣的起法，這一闋詞的感召力量就要削弱了許多。這又不是僅僅從筆下「作」出來的，它是詩人思想感情忠實的表現。因爲這種思想感情是特別強烈的，所以才選擇到這樣一個火山爆發的噴火口，噴出光芒四射的巖石的熔液。

過去的人常常講作詩作文，起句最難。我們讀這一首《滿江紅》，可以領會到：祇要創作的人內在的思想感情達到了不能已於言、欲罷不能的火候時，自然會找到適當的表現這個意象的詞句。所謂「閎其中而肆其外」，是不必專在寫作方法上去推敲的。「靖康恥」的那種湔洗不淨的恥辱、「臣子恨」的那種不共戴天的仇恨，不能不激起民族英雄的義憤，這種憤怒的火焰就自然表現爲有力的詞句了。文學藝術，必然是內容決定形式，不會是形式決定內容的。

這一闋詞，用的字數不多，概括的面却特別廣。頭一句「怒髮衝冠」，概括了先秦時藺相如完璧歸趙和荊軻刺秦王兩個故事：

……相如視秦王無意償趙城，乃前曰：「璧有瑕，請指示王。」王授璧，相如因持璧却立倚柱，怒髮上衝冠。……（《史記·廉頗藺相如列傳》）

……遂發。太子及賓客知其事者，皆白衣冠以送之。至易水之上，既祖取道，高漸離擊筑，荊軻和而歌，爲變徵之聲，士皆垂淚涕泣。又前而歌曰：「風蕭蕭兮易水寒，壯士一去兮不復還。」復爲羽聲慷慨，士皆瞋目，髮盡上指冠。……（《史記·刺客列傳》）

藺相如不畏強國，荆軻要爲燕太子丹報仇雪恨；岳飛當時也正是這些想法，因此很吻合地用上了這個「怒髮衝冠」。這麽一概括，又把「風蕭蕭兮易水寒」那個氣氛一下子奪過來籠罩住這一闋詞的意境，增強了它的感染力，並且也很自然地引起下面的「瀟瀟雨歇」和「壯懷激烈」。這就是「借古人之境界，爲我之境界」（王國維《人間詞話》）一個很好的例子。昔人在詩詞裏運用典故成語，也都是爲了能够生發出這樣的效果，才甄選遴用的。

「三十功名塵與土」，概括了岳飛他自己半生的戰鬥生活；「八千里路雲和月」，概括了祖國山河的壯美和岳飛「直搗黄龍」的願望。「靖康耻」，三個字概括了整個的國家多難；「臣子恨」，三個字概括了全民恢復中原的希望。唯其能够概括，遂顯示出它的精練，以少勝多。

一首抒情詩，所表現的是特别激動的感情，因爲它太接近生活的氣息了，很容易生糙，或是淪入概念化。這就要求一些形象的描寫梳織於字裏行間——不然就將成爲口號式的作品了。古典詩詞裏，作者很講究依靠寫景的點染，作到情景交融。如：「三十功名塵與土，八千里路雲和月」，「塵與土」、「雲和月」，都是形象化了的，正因爲它的形象，遂成爲流傳千古的名句。

景物的點染之功，還可以從下面的實例見出。譬如這一闋詞的前幾句，若把「憑欄處，瀟瀟雨歇」七個字删去，它的感染力就削弱了。而且抽掉這樣的敍述，篇中那種激蕩的感情也没有因由喚起，像是無因而至的，轉令讀者有不眞實的感情。有了這七個字，以情寓景，即景生情，在讀者的心目中，好像看到了岳飛正在那雨過天晴的時候，在高樓上憑高望遠，隱隱約約地似乎辨認得出他那個激昂慷慨、千古流芳的英雄形象來了。

這個英雄形象，還透露於另外一些詞句裏。如：「仰天長嘯，壯懷激烈」。「仰天」，表現出岳飛這樣一位民族英雄在當時處境中有多少憤懣不平的遭遇；「長嘯」，又表現出英雄的性格和氣概來。假如把這一句改爲「臨風長嘆」就衹是一般詩人衰颯的情態和消極的口吻了。又如：「壯志饑餐胡虜肉，笑談渴飲匈奴血」，眞是豪情壯語，可以氣吞斗牛。尤其是用上「笑談」二字，體現出藐視強敵的大無畏的精神，閃爍着積極的浪漫主義的光彩。

岳飛的《滿江紅》，從内容到形式，激蕩着極爲飽滿的愛國主義的精神，滲透着特别沉著的發憤圖強的思想。直到今天，朗誦它的時候，還让人感到振奮人心的力量。

（傅庚生）

游山西村

陸　游

莫笑農家臘酒渾，豐年留客足鷄豚。山重水復疑無路，柳暗花明又一村。
簫鼓追隨春社近，衣冠簡樸古風存。從今若許閒乘月，拄杖無時夜叩門。

在我國古代的詩人當中，陸游的詩歌創作最爲豐富，留傳到現在的還有九千多首。他生當民族矛盾極爲尖銳的時代，堅決主張抗擊金兵入侵，收復北方失地。他不但用詩歌來表現自己以身許國的壯志，抒發自己愛國願望不能實現的悲憤，而且直接用詩歌作爲武器，無情地抨擊南宋統治集團苟安妥協的對外政策，譴責主和派賣國降敵的罪惡活動；對於人民羣衆抗御外侵、保衛祖國的鬥爭，則滿腔熱情地進行歌頌。因此，愛國主義思想構成了陸游詩歌的中心主題。但是這樣一個中心主題的表現形式是多種多樣的。除了上面所提及的內容，詩人還寫了大量描繪祖國山川名勝、自然風物、人民生活以及反映個人生活情趣的詩篇。詩人對於祖國的熱愛，同他對於人民、對於生活、對於自然的熱愛是融爲一體的。《游山西村》所表現的便是詩人由農村景色引起的歡娛之感和與農村人民的眞摯而深厚的情誼。

這首詩寫於宋孝宗乾道三年（一一六七）。宋孝宗剛一卽位，還有志於圖謀恢復，許多主張北伐的人物，包括陸游在內，都得到了任用。但由於事先準備不足，就匆匆發動進攻，再加上軍事將領們沒有取得統一的認識

游山西村

和步調，結果在安徽宿縣的符離鎮被金兵打得大敗，這就是歷史上著名的「符離之敗」。戰事失利之後，南宋統治集團和金國訂立了更爲屈辱的和約，這就是繼「紹興和議」之後的「隆興和議」。宋孝宗心灰意冷了，主和派乘此機會囂張起來，瘋狂地打擊迫害愛國力量。陸游就被加上「力說張浚用兵」的罪名，在乾道二年（一一六六）被罷免了官職。詩人於是回到自己的故鄉，卽現在浙江省的紹興市，一直住到乾道六年（一一七〇）才動身前往四川。《游山西村》卽是回鄉後的第二年春天寫的。

在紹興的西面，離城九里，靠近有名的鏡湖，有一處風景優美的地方，叫做三山；陸游就住在這裏。他和當地農村人民生活在一起，並經常走訪附近的村莊。鄉間的流水、清風和蛙聲、柳色，野外的桔子、豆莢和麥苗、蕎花，以至兒童騎的竹馬、放的風箏，都引起了詩人濃厚的興味。曾幾何時，朝廷的昏暗、官場的污濁，使得詩人深感厭惡和痛心。而今這村居恬淡融和的生活，就彷彿在詩人眼前展開了一個純淨的新天地。心地如水、感情似火的農村人民，給詩人帶來了慰藉，帶來了愉悅，帶來了樂觀的展望。詩人有一次到三山西面一個村莊游玩，這裏山好水好人也好。他游興所及，春風滿面，春意滿懷，於是興致勃勃地寫下這首《游山西村》的七言律詩。

詩人因爲是以客人身分去的，所以先從作爲主人的山西村農民寫起。開頭兩句「莫笑農家臘酒渾，豐年留客足鷄豚」，總寫山西村農民得到了一個豐收年成後的生活，却把主人好客的熱情貫注於其中。「臘酒」，是臘月裏釀造的酒。「渾」，渾濁，形容酒質不好。「豚」本是小猪，這裏泛指猪。這兩句說：且不要嫌棄農家的臘酒渾濁，味道欠佳，須知他們在今年的收成還不壞的情況下，自己飼養的家禽家畜，都還可以足够用來款待來客。這不但寫出豐年景象，而且重要的是用普普通通的「臘酒」、「鷄豚」寫出農村人民不同尋常的內心：樸實、純眞、誠懇、熱情，同時寫出詩人領受了農村人民對他的一番盛意之後的感動和感激。用「莫笑」的語氣，表明席上盡管不是什麼珍饈美味，但却是農民自家辛勤勞動的成果，尤爲難得的是農民的一片眞心。顯然，這裏隱含着對於朝廷昏暗、官場污濁的鄙薄。詩人後來有詩說「城市尙餘三伏熱，秋光先到野人家」，辛棄疾在詞中也說過「城中桃李愁風雨，春在溪頭薺菜花」，都是這個意思。

詩的三四兩句「山重水復疑無路，柳暗花明又一村」，寫山西村的景物。「山重水復」是從大範圍落筆，勾

游山西村

畫整個山環水抱的自然環境，以「重」、「復」二字突出山與水的曲折幽深。「柳暗花明」是具體寫到「山重水復」中的一個村莊，顯示着興旺的氣象和蓬勃的生機，以「暗」突出柳的茂密，以「明」突出花的繁盛，而濃綠之盡入望中、紅豔之耀人眼目，亦從「暗」「明」二字包舉無餘。北宋陳師道有「綠暗連村柳，紅明委地花」的詩句，陸游加以約取提煉，用來在山環水抱的遠景之中，推出一個「有良田美池桑竹之屬」的小村近景。「山重水復」底下說「疑無路」，就格外襯托出山水的轉折迂迴，具有引人入勝的魅力；「柳暗花明」底下說「又一村」，意在表明這個村莊的突然呈現，寫出了它在一刹那間給予詩人的強烈印象和詩人心花怒放的情態。「疑無路」是虛寫，「又一村」是實寫；然而虛中有實，實中有虛，虛實相生，情景交融。類似的境界，前人詩文中也曾有過。柳宗元說：「舟行若窮，忽又無際。」王安石說：「青山繚繞疑無路，忽見千帆隱映來。」與陸游同時的辛棄疾在詞中也曾寫到「舊時茅店社林邊，路轉溪橋忽見。」但都不及陸游這兩句詩形象、生動，既充滿韻味無窮的詩意，又包含寓意深遠的哲理。因此，「山重水復疑無路，柳暗花明又一村」才成了千古名句，爲我國廣大人民所傳誦、所熟悉。當我們的思路閉塞而转瞬卽有所領悟的時候，當我們對一件事情無從措手而忽然找到解決辦法的時候，我們就有了彷彿是武陵漁人以爲林盡水窮、面臨絕境，又誰知山露小口、別有洞天的感受。這時，大家便會不約而同地脫口念出這兩句詩來。

寫了山西村的景物之後，五六兩句，詩人接着寫山西村的鄉土習俗。這兩句詩是：「簫鼓追隨春社近，衣冠簡樸古風存。」「簫」和「鼓」都是樂器。「春社」是古人在春天祭祀土地神和五穀神的日子。在祭神的時候，吹打着樂器，一方面娛神，祈求神的保佑；一方面也娛己，大家聚在一起歌舞歡樂。「簫鼓追隨春社近」，是說在這個村莊裏，看見一羣羣的樂隊來往不斷，原來是「春社」快要到了。「衣冠簡樸古風存」，則從成羣結隊的人們的服裝上寫出這裏保存着傳統的簡古素樸的生活作風。這兩句詩就眼前所見，隨手取材，但都选取具有典型特徵的事物，包含的內容十分豐富。上句通過節日景象的描繪，烘托出歡樂的情緒，跟第二句的「豐年」照應。假使五穀不收，連最基本的生活都無法維持，那就衹能聽到一片啼饑號寒，而不會是簫鼓的樂聲了。不僅如此，詩人在這裏還暗示了農民的美好祝願：祭祀土地和穀神，就是爲了祝禱風調雨順、五穀豐登。衹此一句，就把

游山西村

農民已經取得的豐收、眼前的歡樂、以及未來的希望，全都囊括在內。下句通過農民的「衣冠」外表，表現其精神面貌。人們的生活習慣本來反映在各個方面，但詩人這裏衹抓住衣着的特徵隨手點染，便很好地展示了勞動人民淳厚、儉樸、不事華靡的本色。從藝術表現來講，又進一步豐富了開頭兩句所揭示的農民殷勤待客的內容；也切合「山重水復」這樣特定的自然環境，衹有山水阻隔而較少受到澆薄世風侵染的山村，才有這種純樸的習俗和人情。

最後，詩人以「從今若許閑乘月，拄杖無時夜叩門」收結全詩。意思是說：從今以後，假如你們允許我在閑空的時候，趁着晚上的月色前來訪問的話，那麼，我是會隨時在夜間拄着拐杖叩啓你們的家門的。語調極其親切，洋溢着詩人與當地農民在感情上十分融洽的氣氛。作者對山西村和山西村農民的熱愛之情，這裏有意不從正面述說，而是從側面采用一種探詢的口氣，委婉地流露出來，更顯得具有感情分量。「閑乘月」側重在點明山西村的景色，從月下走訪見往來之頻繁；「夜叩門」側重在點明山西村的主人，從敲門徑入見關係之密切，由此總括並深化了全詩開頭的「豐年留客」的描寫。

通過這首詩，我們可以認識到陸游愛國主義思想基礎的一個方面，也可以看出陸游早期詩歌在藝術上的錘煉功夫。全詩的層次非常清楚，章法相當講究，由客及主，由景及人，由大及小，由虛及實，前後呼應，步步深入。語言也極爲明白流暢，沒有使用典故，沒有深奧難懂的字句。對仗工穩而自然貼切，採用白描手法也生動逼眞。這首詩通篇充滿了輕快爽朗的情調和搖曳多姿的韻致。它不止是一幅清新可喜的景物畫，同時也是一幅意趣濃郁的風情畫。詩人沒有把這個「山重水復」的所在描繪成與世隔絕的仙境，而是首先注意到在這裏勞動生息的淳樸善良的人民。妙在「山重水復疑無路」之後，而有「柳暗花明又一村」，因爲「村」中必有人。全詩自始至終，緊扣這一「村」字，然後才是詩人的「游」。所以它不同於一般流連風物、表現士大夫閑情逸致的山水詩、田園詩；詩人在詩中向我們提供了農村自然風景的美、農民純樸風俗與純潔心靈的美，從而把詩人自己熱愛祖國、熱愛人民、熱愛生活、熱愛自然的高尚情趣的美，渾然一體地融化於其間。這是陸游的《游山西村》這首詩藝術上高妙之所在。

（趙齊平）

劍門道中遇微雨

劍門道中遇微雨

陸　游

衣上征塵雜酒痕，遠游無處不消魂。此身合是詩人未？細雨騎驢入劍門。

這首詩是宋孝宗乾道八年（一一七二）作者從漢中（今陝西省漢中市）調到成都任職時，途中經過劍門山所寫的。他當時在宋、金兩國對峙的前線漢中住了一個時期，由於自己積極反抗侵略、恢復失地的政治主張未被採納，心情很是抑鬱。詩中所寫旅途情景、淒涼意味，可能與此有關。

首句寫長年久客，生活潦倒，衣上既有旅途中蒙上的塵土，又有喝酒時沾上的痕跡，可是懶得換洗。次句承上，點明遠游。陸游是山陰（今浙江省紹興市）人，來到陝西、四川做官，可算得遠了，而且又多次調動工作，就更使人感到消魂了。（消魂這個詞，在古代漢語中，含義很複雜豐富，難以準確地譯成現代漢語，大體上是精神上非常激動或感觸很深的意思。）這兩句是泛寫近年生活。後兩句接寫當前情景。現在，又在細雨中騎着一匹驢子經過劍門山進入四川了，那麽我該不該算是一個詩人呢？這一問，顯示了詩人複雜迷惘的心情。在唐、宋時代，詩人多半騎驢尋詩，所以騎驢已成爲詩人的一種標誌。他本來是一位已經很有名的詩人，又正細雨騎驢，那不是多此一問嗎？但我們如果注意到他曾經多次表示過，他畢生最大的志願是要做一位爲國家報仇雪耻的戰士，而不是一位詩人，那就可以體會這一問乃是一種深感遺憾的表現了。

許多讀者，對於此詩，往往衹注意到其詞意的瀟灑，却忽略了這個問題提得突兀；對於詩中微旨，便難以領會了。在我們看來，這首詩畫的並不是一位雖然跋涉長途、仍悠然自得的詩人的形象，而是一位心情抑鬱的、並不甘心衹做個詩人的戰士的形象。

（沈祖棻）

關山月

陸　游

和戎詔下十五年，將軍不戰空臨邊。朱門沈沈按歌舞，廄馬肥死弓斷絃。戍樓刁斗催落月，三十從軍今白髮。笛裏誰知壯士心，沙頭空照征人骨。中原干戈古亦聞，豈有逆胡傳子孫！遺民忍死望恢復，幾處今宵垂淚痕。

南宋的愛國詩人陸游在敵人壓境、中原淪陷、民族矛盾極端尖鋭的關頭，發出了踴躍作戰的歌聲，鼓舞了人民的鬥志。他留下來《劍南詩稿》八十五卷，其中《關山月》、《書憤》兩篇，尤爲人們所傳誦。

《關山月》是淳熙四年（一一七七）陸游五十三歲在成都時作的。他用守邊兵士的口吻，寫出十五年來，宋人對金屈服，將軍們衹知道歡娛歌舞的情狀。馬死了，武器朽了，兵士的頭髮白了，戰友的白骨橫在沙場，但是壯士的火熱的愛國熱情却被埋沒了。最後他更指出敵人的命運不會長久，淪陷區的人民正含着滿眶熱淚，盼望光復。陸游在這首詩裏痛斥統治階級的對外屈服，同時也指出淪陷區人民的對於回到祖國懷抱的渴望。

讀這首詩必須聯繫到當時的現實。陸游在四川作此詩，因此詩中「不戰空臨邊」的將軍，主要是指川北前線的主將。五年以前的乾道八年（一一七二），陸游是到過南鄭前線的。他的職銜是「四川宣撫使幹司辦公事兼檢法官」。當時的四川宣撫使王炎是前線的主將。主將幕府中的主要人員，有「主管機宜文字」，也有「幹辦公事」，有時祇有「幹辦公事」，大約相當於近代的機要秘書。關於陸游在軍中的生活，他在紹熙二年（一一九一）所作《懷南鄭舊游》裏曾說：「南山南畔昔從戎，賓主相期意氣中」，他和王炎的關係是好的。王炎在南鄭如何準備收復失地的工作，因爲沒有直接的材料，我們不得而詳了，但是從陸游的詩中，我們知道陸游曾經到過褒斜、駱谷、沔縣、兩當，接待過西安方面的地下工作者，不斷得到敵人內部的情報。他的活動範圍環繞着敵人的前線。同時我們也看到當日將士的意氣發揚，平時常在南鄭、沔縣一帶打獵，陸游自己也曾刺死一隻猛虎。這一切都顯出南鄭前線的軍隊，士氣非常旺盛。王炎在南鄭，着着布置，陸游也曾感到成功有望，他在南鄭所作的詩中不時流露出來。《山南行》說：「國家四紀失中原，師出江淮未易吞，會看金鼓從天下，却用關中作本根。」《和高子長參議道中二絕》說：「莫作世間兒女態，明天萬里駐安西。」《驛亭小憩遣興》說：「郵亭下馬開孤劍，老大功名頗自期。」

正在進行布置的當中，南宋的政策變了。這一年九月，王炎調樞密使，次年正月罷官。調樞密使好像是升官，給他以軍事大權，其實這是調虎離山的策略，以前對韓世忠就曾用過同樣的一着，所以王炎一到臨安，隨即得到罷官的處分。王炎調職的時候，陸游也調任成都安撫使司參議官。他離開南鄭，有《歸次漢中境上》一首，後四句是「遺虜孱孱寧遠略，孤臣耿耿獨私憂。良時恐作他年恨，大散關頭又一秋。」他認爲敵人沒有遠大的企圖，可是現在大散關頭作戰的良時一經失却，自己憂心耿耿，惟恐遺恨他年。

南宋的統治者久已安心於屈辱的生活，祇要能够保持小朝廷的存在，他們是不會感到遺恨，更不會想到淪陷區的人民的。陸游對於「不戰空臨邊」的將軍固然是充滿憤恨，但是將軍的「不戰」，主要還是因爲「和戎詔下」，因此陸游更把淳熙四年將軍的歡娛歌舞，上溯到十五年前的隆興元年（一一六三）。那一年宋人出兵北伐，在符離一敗以後，隨卽派王之望爲通問使，進行和議，金人索唐、鄧、淮、泗四州地和歲幣二十萬，決心投降的宋王朝除了在字句上進行一些爭執以外，基本上完全承認了。「和戎詔下十五年」一句，陸游的矛頭直接投向宋王朝，而「遺民忍死望恢復」一句，更把決心屈服的宋王朝，和熱望回到祖國懷抱的人民，作一個強烈的對照。我們仔細讀過，更可以體會詩人的用意。

（朱東潤）

小園（其一）

陸游

小園煙草接鄰家，桑柘陰陰一徑斜。臥讀陶詩未終卷，又乘微雨去鋤瓜。

《小園》是一組詩，共四首，這是其中的第一首。

淳熙七年（一一八〇），陸游在提舉江南西路常平茶鹽公事任上，主管錢糧倉庫和茶鹽專賣等事。這一年江西水災，陸游「奏撥義倉賑濟，檄諸郡發粟以予民」（《宋史·本傳》）。結果是百姓得到一點賑濟，陸游却得到罷官的處分，罪名是「不自檢飭，所爲多越於規矩」（《宋會要輯稿·職官·黜降》九）。《小園》這組詩，便是淳熙八年陸游閑居山陰時寫的，時年五十七歲。過去的歲月主要是讀書、爲官，奔走四方，尋求報效之門，雖然也有過閑居家中的時候，如乾道二年至五年（一一六六——一一六九），不過那一來是初次罷官，二來是方富於年，來日方長，所以還沒有眞正的躬耕南畝的思想和行動。而現在呢，累遭挫折，年歲已長，深感到「歷盡危機歇盡狂，殘年惟有付耕桑」（《小園》其二）。他不僅這麽想，也眞的這麽做了。「必有是實，乃有是文」（《上

小園（其一）

辛給事書》）；生活上和思想上的這一變化，倒是給創作上帶來了新的內容，那就是像《小園》、《蔬圃絕句》、《灌園》……這一類詩的出現，這是陸游詩歌題材的一個拓新，也可以說是他田園詩創作的開端。

陸游很早就喜愛陶詩，他曾說過：「吾年十三四時，侍先少傅（陸宰）居城南小隱，偶見藤牀上有淵明詩，因取讀之，欣然會心。日且暮，家人呼食，讀詩方樂，至夜，卒不就食」（《跋淵明集》）。隨着閱歷的增長，對世事的了解，他不僅喜愛陶詩，也更仰慕其人，特別是這次罷官歸來，他在心理上與陶淵明是愈加親近了。這首小詩可以看作是這種思想感情的藝術寫照。

那是一個初夏的季節，天空中「靄靄停雲，濛濛時雨」，屋外的青枝綠葉，生意盎然，「競用新好」，招引着屋內的詩人；詩人也正以一種欣羨的眼光向園林看去，祇見煙雨籠罩下的萋萋青草，一直蔓延到鄰家，那曲徑兩旁的桑樹、柘樹，翠葉陰陰。這一派勃勃生機，更爲那幽靜、安寧的田園之美，注入了活力，增添了魅力。詩的一二兩句是寫景，然而景中有情，情在言外；這言外之情，大概也就像陶淵明說的：「孟夏草木長，繞屋樹扶疏。衆鳥欣有託，吾亦愛吾廬。既耕亦已種，時還讀我書。」（《讀山海經十三首》）陶淵明的這幾句詩，陸游是極爲讚賞的，他說：「君看夏木扶疏句，還許詩家更道不？」（《讀陶詩》）明白了這些，讀到第三句就不會感到上下脫榫；相反的，應該體味到在一、二兩句描寫的境界之中，已經化入了陶淵明其人其詩的影子，爲下文暗設了伏線。

陶淵明說：「衡門之下，有琴有書；載彈載詠，爰得我娛。」（《答龐參軍》）陸游也說過：「讀書取暢適性靈，不必終卷」（《居室記》）。詩中的「臥讀陶詩未終卷」，就是很傳神地刻畫出那種借讀書以自娛適志、暢達性靈的神情意態。「未終卷」三字還給人以語焉未盡的懸念，第四句用「又」字領起，使上下句勾連緊湊。然而，在內容上「讀詩」與「鋤瓜」又有何相關呢？似是並無深意的偶合。其實不然，因爲這裏讀的是「陶詩」，陶淵明就是過着既耕且讀的生活，而且陶詩中還說過：「衣食當須紀，力耕不吾欺」（《移居二首》）、「氣節易過，和澤難久」（《勸農》）；可見「耕」是關係衣食的大事，「耕」須不誤農時，因而當農事須要的時候，便可以放下喜愛的書、喜愛的詩，趁着微雨到瓜地去鬆鬆土。「臥讀陶詩未終卷，又乘微雨去鋤瓜」，不僅是對詩人雅靜高曠的田園生活的描寫，也巧妙地體現了陶淵明的思想和生活情趣，可以說雖「未終卷」，已得精髓。後來陸游在《讀陶詩》中又一次寫出了類似的詩句：「我詩慕淵明，恨不造其微……雨餘鋤瓜壟，月下坐釣磯……」。可以看出陸游自己對這一境界的創造大概也是滿意的、欣賞的，是覺得很能反映自己生活與心境的。

這首小詩，寫的是眼前景、身邊事，似乎是興之所致，信筆而就；可是細讀來，景中含情，事中寓意，再將那景、事、情、意融和一體，反覆咀嚼，境界可感，人物可見。這種淡中有味的語言、形散神凝的結構所形成的樸素自然而又蘊意幽邃的風格，也可以說是「我詩慕淵明」的一個結果吧，那「恨不造其微」，也可以說是頗能「造其微」的謙詞。當然，「慕」之所得，亦非此一端，當你讀着「行遍天涯千萬里，却從鄰父學春耕」（《小園》其三）、「駿馬寶刀俱一夢，夕陽閑和飯牛歌」（《小園》其四）等等詩句的時候，你能不感到那不忘現實，而又報國無門的悲憤，仍像一股強大的暗流，衝擊着詩人的心靈嗎！而這又多麽酷似那位「於世事也並沒有遺忘和冷淡」的陶淵明啊。《小園》，在陸游的詩中，不僅以其題材的拓新和出色的藝術表現引人注目，也是我們了解陶淵明對陸游影響的一組好詩，也是反映陸游晚年生活、思想、創作的一面小小的鏡子。

（趙其均）

臨安春雨初霽

陸　游

世味年來薄似紗，誰令騎馬客京華？小樓一夜聽春雨，深巷明朝賣杏花。
矮紙斜行閑作草，晴窗細乳戲分茶。素衣莫起風塵嘆，猶及清明可到家。

臨安春雨初霽

偉大的愛國詩人陸游，一生是在和奸邪、近習的鬥爭中成長發展起來的。雖然從此失掉了理應得到的科名、量才授職的官位，他不但毫不後悔，而且一直創製着愛國的、進步的詩篇，顯示着時代的正義感和責任感。宋孝宗隆興元年（一一六三），三十九歲的陸游被龍、曾集團排擠出朝，先任鎮江府、隆興府（今江西南昌市）通判，旋以「力說張浚用兵」的罪名罷免還鄉。經過幾年，才起復爲四川夔州（今四川奉節縣）通判，明是任用，暗是流放。他由是而漢中，而成都，而蜀州（今四川崇慶縣），而嘉州（今四川樂山縣），而榮州，而再返成都；非任州佐，卽爲幕僚。淳熙五年（一一七八），孝宗念其在外日久，趣召東歸，方將畀以京朝官職，又因寵幸謗毁，到福建建安（今建甌縣）、江西撫州（今江西臨川）任茶使和漕司，未久，又被參劾返里。多少年來，「摧枯拉朽，競爲排陷」，他清醒地估計到仕途風險，不如早日擺脱塵網。過了幾年之後，不料孝宗又想起這位「桀驁不馴」的詩人，特召起爲嚴州知州（嚴州，今浙江建德縣），陛辭時，孝宗有幾句耐人尋味的面諭：「嚴陵，山水勝處，職事之暇，可以賦詠自適！」他的弟子張鎡（功夫、南湖）對此也有記載說：「陸丈赴官，陛辭日，上曰：『嚴陵，清虚之地，卿可多作文！』」話頭略有不同，但內容一樣，就是暗示陸游可以作詩，但必須是模山範水的閑適詩。陸游對此心中有數，到任謝表說：「親降玉音，俯憐雪鬢。勞其久別，蓋寵嘉近侍之所宜；勉以屬文，實臨遷守臣之未有。」實際上他在嚴州任上所作的愛國詩篇，較遠游梁益時期毫無遜色，看來他對神聖的「玉音」是「陽奉陰違」的。

陸游是愛國志士，但他身上也確有鮮明的詩人氣質。當他由漢中循古棧道入川途中，不是寫過《劍門道中遇微雨》有名的絕句嗎？他用自疑的語氣惋嘆自己僅是一個詩人的遭遇：「此身合是詩人未？細雨騎驢入劍門！」（《劍南詩稿》卷三）。而這時老毛病又發作了，寫了《臨安春雨初霽》。

論理，一個宦途失意、閑散日久的人，又得專城之寄，應該是非常興奮的；但這首詩的基調，却是以恬静優美的外衣，覆蓋着一顆低沉抑鬱的心。

「世味年來薄似紗，誰令（平讀）騎馬客京華？」開頭就以自負的語氣帶起全篇。「世味」，實際上就是「宦情」，如此措詞，較爲含蓄委婉。「薄似紗」，用確切的比喻總結了多年來的實際感受。因爲陸游之所以不辭仕宦，固然有「以祿代耕」之意；但更重要的是他念念不忘自己的政治抱負：或協贊朝廷收復中原，或減輕賦斂蘇息民力。如果衹是安排閑散，甚至像狙公賦芧，那麽這個「世味」衹能比之爲羅紗，薄到無可再薄了。此聯題旨已立，以下無非如春水漣漪，稍作回旋蕩漾，並與末聯相呼應。

「小樓一夜聽春雨，深巷明朝賣杏花」，此聯爲傳誦名句。李調元曾謂此放翁得名之句，雖未中的，却也可見此聯的藝術魅力。它反映、歌頌了生活的美，詩意醇濃，韻味雋永。小樓——地點；一夜——時間；聽春雨——季節。深巷——地點；明朝——時間；賣杏花——季節。這是由横線聯想、縱線聯想結合因果聯想。其妙在於把現實的美的感受，通過思維判斷，期待、召唤即將來到的更美的感受。這種因果聯想，要以客觀事物的自然規律爲其基本内涵，即春雨、杏花兩種事物的内在聯繫和相互作用：春雨以催綻杏花而顯示其造物的功能，杏花以飽含春雨而增加其質性的芳豔；杏花簇簇，春雨滴滴，不但是清麗的詩篇，而且成爲著色的圖畫了。這是詩人獨具的一種驅遣自然、美化人生的藝術生命力。可謂句有餘情，字無虚設。

「矮紙斜行閑作草，晴窗細乳戲分茶」，承上而來，用濃筆重墨渲染生活的閑情逸致。意謂志士不遇，衹能如此。「矮紙」，尺幅較短的紙。「作草」，練習寫草書。漢人及北宋人都有「匆匆不暇草書」及「事忙不及草書」語，故此處著「閑」字，與「匆匆」、「事忙」暗對；並與下句「戲」字相應。

「細乳」，煮茶既熟所浮起之泡沫。「分茶」，分别斟茶於盞中，是一種點茶技術，也是待客的一種禮貌、儀式。「戲」，或旅中孤獨，並無來客，而戲作待客之狀，語氣中帶有自嘲意味。

「素衣莫起風塵嘆，猶及清明可到家」。上一句源於陸機詩：「京洛多風塵，素衣染爲緇」。京都繁華，車馬輻湊，風塵漲起，會把潔白的衣服染成黑色。後世士人倦宦，多用此事。這是自我安慰的語氣，估計清明節還能趕回家鄉，拜掃先人楸壟，並和家人相聚；借此和首聯構成呼應關係。而眷懷故里，厭薄宦途，可謂篇有餘意。

一位傑出的、此心無日不在中原的愛國詩人，爲什麽在新命面前會有這樣惋嘆的情緒呢？因爲他此時已深深懂得：愛國是有罪的，恢復中原的希望是渺茫的。權姦近習，仍在控制着朝廷，左右着皇帝，他們竊據要津，斥逐賢能。朝廷又廣設科條，橫徵暴斂，州郡官吏，衹有奉行，廣大人民生活困苦，陷於水深火熱之境，如是等等，怎麼會讓有志之士的心情振奮起來呢？

陸游留給後代的精神遺產是豐富的。平素爲詩，尤工律體。沈德潛評謂「放翁七言律對仗工穩，使事熨帖，當時無與比埒」（《說詩晬語》卷下）。姚鼐評謂「上法子美，下攬子瞻，裁製既富，變境亦多。其七律固爲南渡後一人」（《今體詩鈔序目》）。趙翼評謂「放翁以律詩見長，名章俊句，層見疊出，令人應接不暇。使事必切，屬事必工」（《甌北詩話》卷六）。都不是過情之譽。

（于北山）

書憤

陸　游

早歲那知世事艱，中原北望氣如山。樓船夜雪瓜洲渡，鐵馬秋風大散關。
塞上長城空自許，鏡中衰鬢已先斑。出師一表真名世，千載誰堪伯仲間。

這首詩見陸游《劍南詩稿》卷十七，是陸游回到山陰作的。作的時間是在宋孝宗淳熙十三年（一一八六），這時他已六十二歲。

這是一首律詩。律詩一共八句，每句有一定的平仄，通首限用一韻，中間三四和五六兩句都須要對仗。這首詩可分兩段：第一段寫他早歲渴望北伐的英雄氣概；第二段寫他晚年報國無路的憤慨。開頭「世事艱」中，已寫出他對當時小朝廷一味投降求和、盡量摧毀抗戰力量的憤慨。第二句寫自己北望中原，豪氣如山，充分表現詩人對敵人的痛恨、對祖國對人民的熱愛和對恢復中原的殷切。三四兩句緊承「氣如山」，具體說明向敵人反攻的聲勢和反攻的途徑：「瓜洲渡」是從水路反攻，「大散關」是從陸路反攻；「雪夜」、「秋風」是反攻時的景象；「樓船」、「鐵馬」是反攻時的隊伍；兩句中間不用一動詞，不用一虛字，就把地點、景象和人物結合在一起，構成一幅堂堂正正、浩浩蕩蕩的出師圖。這兩句對仗工整，語言凝煉，寫足了詩人的豪氣。像這樣的表現手法，在古典文學裏面也是常見的，如元人馬致遠《天淨沙》曲「枯藤、老樹、昏鴉，小橋、流水、人家，古道、西風、瘦馬……」便是很好的例證。

「塞上」兩對句，忽轉悲涼，慨嘆歲月蹉跎，恢復的壯志未遂，大有一落千丈之勢。早歲豪氣如山，以「塞上長城」自許，如今頭髮都白了，祖國山河依然破碎，人民依然遭受苦難，一「空」字表示一切成空，沉痛已極。末了，讚美諸葛亮出師，也就是譴責當時小朝廷的不出師。這首詩前面豪視一世，後面轉入哀傷，也極盡沉鬱頓挫之妙，這種好處確足以與杜甫比美。

（唐圭璋）

秋夜將曉出籬門迎涼有感（其二）

陸　游

三萬里河東入海，五千仞嶽上摩天。遺民淚盡胡塵裏，南望王師又一年。

秋夜將曉出籬門迎涼有感（其二）

這首小詩是陸游膾炙人口的名篇，寫於宋光宗紹熙三年（一一九二），作者閒居故鄉山陰（今浙江紹興）時。這時雖然中原淪陷已經六十餘年，作者罷官家居已經三年，詩人也已經到了六十八歲的高齡，但他抗金報國的壯志始終不衰，仍然念念不忘收復失地、統一祖國，仍然念念不忘淪陷區苦難中的人民。這首可歌可泣的小詩，正足以說明他對祖國大好河山的無比熱愛、對淪陷區人民的無比同情，深刻形象地表現了他憂國憂民的一片丹心。

詩的前兩句用工整的對仗描寫了中原淪陷區河山的雄偉壯麗，痛心其長期淪陷於敵人手中。「河」，指黃河。「嶽」，指西嶽華山。「三萬里」、「五千仞」，用誇張的手法寫黃河的長與華山的高。河長與「入海」相配，山高用「摩天」形容，更顯得畫面壯闊而富有色彩。黃河是我國北方的主要河流，是中華民族的發源地；華山是五嶽之一，自古以來有重要的戰略地位。詩人舉出黃河與華山，足以代表中原壯麗的河山。這兩句不但寫得畫面壯闊，而且極有氣勢。讀此兩句，彷彿看到波濤滾滾的黃河奔騰咆哮、一瀉萬里的氣概；巍峨矗立的華山，莽莽蒼蒼、直插雲霄的雄姿。作者提出黃河與華山來加以重點描寫，還因爲它培育了中國悠久的文化，是中國歷史的見證。黃河一帶是堯舜建都過的地方，華山地區產生過不少的名臣將相，正如唐人張孜的斷句所說：「華山秀作英雄骨，黃河瀉出縱橫才。」這樣神聖的土地，這樣壯麗的河山，一旦淪於敵手，多麼可惜！南宋朝廷把中原淪陷區的大好河山長期置之腦後，全然不作恢復的打算，又是多麼令人痛心疾首！所以這兩句既表現了作者對祖國河山的無比熱愛，又表現了對南宋統治者置失地於不顧的無比憤慨。作者《劍南詩稿》卷三十四《寒夜歌》：「三萬里之黃河東入海，五千仞之泰華摩蒼旻。坐令此地沒胡虜，兩京宮闕悲荊榛。」寫的也是這種思想感情。

三四兩句表現出淪陷區人民的深重災難，盼望早日回到祖國懷抱的殷切心情。侵略者打來了，宋朝的文官武將聞風喪膽，驚恐萬狀地逃到江南，丟下老百姓不管，使大好河山淪於敵手。中原父老在敵人的鐵蹄下受盡折磨，掙扎在死亡線上，傷心地哭着，直到流乾了眼淚。「淚盡」二字深刻地反映了淪陷區人民飽受踐踏蹂躪的痛苦。儘管宋朝廷拋棄了人民，但他們並不因此倒向敵人，甘當亡國奴。他們掙扎在死亡線上，頑強地生活下去，等待着中原的恢復。他們日夜南望，熱切盼望宋朝的軍隊來驅逐敵人，解救自己。可是，漫長的歲月過去了，他們望眼欲穿，總不見宋朝軍隊的到來，希望一次一次地落了空。「望」字和「又」字，都下得十分哀痛和憤切，它把淪陷區人民極端失望和哀怨憂憤的心情充分表現出來了。

收復中原，重見故國山河，是陸游夢寐以求的理想；他整個的詩作表明了這一點，這首詩也是明證。秋夜將曉，詩人輾轉不能入睡，祇好早些起來。他走向籬門，想排除內心的苦悶，但故國的河山又浮現在眼前。陸游一心想着收復失地，也想象着中原父老正在「南望王師」，熱切地盼望王師北伐。這說明作者的心和中原父老的心是息息相通的。三四兩句表面上是寫中原父老，實際上是用從對面寫起的手法，借遺民的失望，來抒發自己的悲憤。陸游的詩談論恢復，總是和人民的意願聯繫在一起，和解除人民的苦難聯繫在一起，如「三秦父老應惆悵，不見王師出散關。」（《觀長安城圖》）「遺民忍死望恢復，幾處今宵垂淚痕。」（《關山月》）這首詩的可貴，也正在於他描寫祖國河山的壯麗與描寫人民的意願聯繫在一起，使詩的思想境界達到一個感人的高度。

陸游這首詩所表現出來的思想感情，在當時具有一定的典型性，代表了時代的心聲。從靖康之變、宋朝廷南渡，到這時的紹熙三年，儘管已經過去六十五個年頭，世事發生了很大的變化，南宋政權已沒有能力推翻金人在中原的統治，但許多的愛國志士依然沒有放棄抗金的主張，北中國的廣大人民仍然對宋政權懷有較深的感情，所以當時有些詩人寫到中原淪陷區人民的時候，依然是聲淚俱下的。如范成大在宋孝宗乾道六年（一一七〇）使金時寫的《州橋》：「州橋南北是天街，父老年年等駕回；忍淚失聲詢使者：『幾時眞有六軍來？』」韓元吉《南澗甲乙稿》卷六中的《望靈壽致拜祖塋》：「白馬崗前眼漸開，黃龍府外首空回；殷勤父老如相識，祇問『天兵早晚來？』」都和陸游的詩一樣，通過寫中原父老的愛國心來激發南宋人的愛國心，抒發自己對時局的憂憤。

全詩四句二十八字，不僅描寫了北中國的河山，暴露了宋政權的腐敗無能，表達了人民的願望和痛苦，揭露了敵人的殘酷統治，而且充分表達了詩人熱烈的愛國感情，對宋朝廷的不滿，對敵人的仇恨，對人民的關懷。情景交融，是一首內容豐富深刻、形式簡潔完美的好詩。

（趙呈元）

十一月四日風雨大作（其二）

陸　游

僵臥孤村不自哀，尙思爲國戍輪臺。夜闌臥聽風吹雨，鐵馬冰河入夢來。

宋光宗紹熙三年（一一九二）農曆十一月的一個風雨大作之夜，在浙江山陰鄉間的一個荒村茅舍裏，六十七歲的愛國詩人陸游，正病臥牀簀。「風卷江湖雨暗村，四山聲作海濤翻」（《十一月四日風雨大作》其一），風聲雨聲浪濤聲，聲聲拍擊着詩人的心扉。收復失地的宏圖未展，而「老冉冉其將至」；保國安民的壯志猶存，「雖九死其猶未悔」。滿腔激情從詩人那滾燙的胸中噴瀉而出。詩人扶病揮毫，寫下了上面這首動人心魄的詩篇。

「僵臥孤村不自哀」，「僵」字、「孤」字給全詩塗上了一層蒼涼的色彩。在這樣的寒風冷雨之夜，詩人竟一點也不爲自身的境遇而悲哀，仍然想着爲祖國戍守邊陲：「尙思爲國戍輪臺」。「輪臺」，漢代西域的地名，卽今新疆輪臺縣；這裏是泛指西北一帶邊防據點。詩人的思緒隨着大作的風雨騰挪翻飛，由「孤村」一下子飛到那風雪彌漫的塞外邊疆：風雨之夜，更應加強防備。「尙思」二字凝結着老詩人對以往戰鬥生活的回憶，和一片愛國赤誠。

「夜闌臥聽風吹雨，鐵馬冰河入夢來。」夜已經很深了，「風吹雨」的聲音把詩人引入「鐵馬冰河」的夢鄉：詩人想象自己置身在戰鬥行列之中，行進在峽谷冰川之間，戰旗獵獵，號角陣陣，金戈耀日，鐵馬嘶鳴……在這「雪暗凋旗畫，風多雜鼓聲」的古戰場上，我們偉大的詩人已不再是僵臥孤村的病叟，而是衞國殺敵的勇士！詩人自己曾有過一段如火如荼的戎馬生活，時間雖然不長，但終生難忘。這裏所想象的「鐵馬冰河」的戰鬥生活，既是對心中希望得到的理想生活的渴求，也有對已經過去了的那一段沙場生活的懷念。

全詩感情起伏，筆勢頓挫。由近及遠，由靜到動，從現實寫到夢境，從凄涼轉入豪壯。那不可遏止的大作的風雨，激起了詩人難以平靜的愛國激情。既借助於風雨，烘托和渲染了詩人報國殺敵的英勇氣概，又以風雨爲媒介，把過去的歲月、現實的生活和理想願望，巧妙地聯繫在一起。寥寥二十八個字中，蘊藏着英雄主義的磅礴氣勢和愛國主義的巨大力量。

（程郁綴）

示兒

陸　游

死去元知萬事空，但悲不見九州同。王師北定中原日，家祭無忘告乃翁。

距離現在七百七十四年以前，在越州山陰（浙江紹興）城南鏡湖的岸邊，住着一個人口衆多的家庭。院落已經很破舊了。雖然時光已經臨近除夕，但春暖的信息却似乎依然是十分遙遠。寒風一陣陣穿過窗子吹進來。架子上，櫃子裏，放有各種各樣的圖書。牀頭上掛着一個袋子，裏面塞滿了還沒有整理好的詩稿。桌子上擱着半碗米粥，還有賒來的沒有吃完的藥。一家兒孫輩都圍到牀前，強忍住悲慟，等待着病危老人的最後囑咐。[1] 而老人留給他們的，就是上面這首詩。

詩的大意是說：

兒子們，我就要離開你們了，我本來也知道，人死了，什麼事情都是一場空的了。可衹有不能見到祖國的統一這一件事情，却永遠叫我悲憤在心。兒子們啊，如果國家的隊伍趕走了北方的金兵、收復了中原的失地，到那一天哪，家裏人祭祀祖先，可千萬不要忘記，把這勝利的消息告訴你老父親！

這位老人，就是南宋一代最傑出的愛國詩人陸游。在他那個時代，淮河以北的廣大土地被金兵攻佔，淪陷區的人民飽受壓迫和奴役的痛苦。南宋朝廷却偏安於東南一隅，奉行妥協投降的政策。他們對金統治者屈膝求和，對抗戰的力量極盡壓制、摧殘之能事。而陸游的一生，始終都反對妥協投降，堅決地站在抗戰派一邊。他生長在一個愛國的士大夫家庭，二十歲的時候，就立下了「上馬擊狂胡，下馬草軍書」（《觀大散關圖有感》）的志願，還努力讀兵書、學劍法，準備殺敵。他曾經參加鎖廳、禮部考試，取得了最好的成績，但是由於喜論恢復，「語觸秦檜」，被除了名，連考官都幾乎牽連得禍。到宋孝宗初年，抗戰將領張浚一度率兵北伐，他就大力地予以鼓励，積極地給以支持。北伐不幸失敗以後，陸游從隆興（江西南昌）通判任上被免職歸還鄉里。後來參加了駐守漢中的部隊，戎衣鐵馬，馳騁在秦嶺大散關一帶，但他並不以軍旅生活爲苦，反以爲樂。衹是因爲「諸公尚守和親策」（《感憤》），所以雖決心爲國捐軀，但終究是「報國欲死無戰場」（《隴頭水》），壯志始終不得實現。就在宋寧宗嘉定二年（一二〇九）他病重以前，還由於他所贊助的韓侂胄北伐失敗，先後被免除了半俸和寶謨閣待制的名譽職銜。從以上的簡單介紹中可以看出，陸游的一生都是爲抗戰而奮爭，因愛國而獲罪。這樣，在他的詩歌創作裏，就自然充滿了「憂國復憂民」（《春晚即事》）的憤激之情，「寄意恢復」（葉紹翁《四朝聞見錄》）就成了他創作的主要傾向。而這一傾向，在《示兒》這首詩中得到了最後一次的、也是最鮮明的體現。

讓我們逐句分析這首詩。先看第一句：「死去元知萬事空」。乍聽起來，這很像是人終老時常常發出的一種

[1] 以上情景的敍述，依據的是陸游病逝前的作品及他人的有關追憶。

慨嘆，在質樸的語氣中還帶着幾分的曠達，近乎是一種老生常談。但是緊接下去，詩人用一個當「僅」、「祇」講的「但」字引出第二句「但悲不見九州同」來，就又翻進了一層新意，使人感到，原來詩人的本意並不是在抒發一般的感慨，而是在貌似曠達的外表下，傾吐自己一腔深沉的悲憤，那「老生常談」其實是很不平常了。它不同於漢末文學家孔融的《臨終詩》「生存多所慮，長寢萬事畢」的強作自慰，因爲孔融的慨嘆雖也充滿了對於人世的不平和憤懣，但到底還不免把死亡看成了一切的終結。它也不像東晉末年田園詩人陶淵明最後的《挽歌詩》「死去何所道，托體同山阿」所表現的那樣灑脫，把逝去當成是人生自然而平淡的歸宿。陸游對生死有他自己的看法，他說是百事都空了，實際上并不是一切都眞的歸於空無了，因爲還有「九州同」這一理想永遠存在着；說是一切事情都不能再叫人動心了，却仍然還有「不見九州同」這一恨事令人死了也不能瞑目。讀到這裏，人們彷彿聽到，詩人臨危時的微弱的語音，頓時如黃鐘大呂般地轟鳴起來，把人帶進了一種壯闊、崇高的境界裏去。和「九州同」的理想比較起來，和「不見九州同」的最大悲憤比較起來，什麽個人八十六年間的種種榮辱得失，什麽一家老小的悲歡離合，什麽長期抱病的艱窘與痛苦，什麽身後事務的料理和安排，都統統地顯得那麽狹隘、那麽渺小，因而也都顧不上去說，都不值得去說了。這樣，詩人就把自己的生死、和兒孫的永訣與祖國的安危緊密地紐結到一起，把自己悲憤的靈魂和民族深重的災難融爲一體了。

往下看詩的第三句：「王師北定中原日」。從結構上說，這是全詩的樞紐。它是頭兩句「死去元知萬事空，但悲不見九州同」的遞轉，使詩情由悲慟的抒發轉到對勝利的展望。這裏值得注意的是，「王師北定中原日」這一句中，詩人并沒用本來可以用的「若是」、「如果」之類的假設之詞，而是用了一種近乎在明後日就必定會成爲看得見的事實的肯定語氣敍寫，這就流露出一種對事態發展所抱的堅定而樂觀的情緒。不管南宋的時局是如何險惡，不管自己一生的經歷是如何坎坷，陸游就是這樣始終堅信，民族的前途終歸是光明的，勝利的一天最後必將到來。而這對於當時投降派所宣揚的南北分治的自欺欺人之談，也無疑是一個有力的反駁。「四海一家天歷數，兩河百郡宋山川」（《感憤》），在詩人看來，國家領土的完整和人民親密無間的團結，本來就是天經地義的。至於陸游在這裏把希望寄託在王師——南宋朝廷的軍隊——的身上，而事實上，這支軍隊由於南宋政權的頑固

示兒

妥協和日益腐敗，不但沒有實現人民收復故土的願望，反而最終覆滅在另一個南侵的元統治者的手裏。對於這一點，我們不必去責怪陸游。在封建時代，當國家處於分裂危亡時期，作爲一個士大夫階層的詩人，他的認識是難以超越當時歷史條件的。他能在詩篇裏一貫地譴責「和戎白面郎」，懷念臨死「大呼渡河」的京城留守名將宗澤和威嚴如山的「岳家軍」，而且對淪陷區不屈服的烈士、義士和遺民父老始終抱着崇敬的關切的態度，這已經是非常難能可貴了。

由於第三句「王師北定中原日」以肯定無疑的語氣點出了對勝利的展望，因此最後一句「家祭無忘告乃翁」的囑託，就是水到渠成、順理成章的了。「家祭」，是古代家庭祭祀祖先的傳統禮儀，表示後人對先人的懷念。「家祭」與篇末「乃翁」遙應篇首的「死去」和詩題的「示兒」，因而顯得首尾相顧，脈絡通暢，通體渾成。另外，這裏所用的句法也是值得玩味的。一個「告」字，本來已經把要求報告消息的願望交代清楚了，但在「告」字的前邊，詩人又添了一個「無」字、一個「忘」字，在意念上作了個雙重的否定，這就大大加重了「告」字的分量。「不要——忘了——告訴——你老父親！」叮嚀是多麽懇切！這就是我們在今天讀起來，仍然會覺得老詩人與兒孫訣別的情景猶歷歷在目，他對兒孫千叮萬囑的話語猶聲聲在耳的原因所在。「豈有堂堂中國空無人！」(《金錯刀行》)詩人永遠離去了，但他那顆執著地追求祖國統一的心，後來人是永遠不忍也決不會辜負的！

這首《示兒》詩的風格是深沉悲壯的，或者可以說，在深切的悲感中透出一種豪壯而又凝重的風采。若是仔細體味其哀怨的重壓，就使人不禁聯想到法國作家莫泊桑「黑暗，啊，實在黑暗」的臨終嘆息；若看其堅定與明朗，則又似相通於德國詩人歌德「多一些光明吧」的最後呼吁。不過早於這兩位世界大文豪六個世紀辭世的陸游，却更加表現出融會貫通、縱横裕如的藝術才能。他在一生最後的這首四句短詩裏，由悲憤導出豪情，而又壯懷吞吐悲戚，因而能將悲與壯之美熔於一爐。這樣就產生出既感動人而同時又鼓舞人的巨大藝術力量。而在語言的運用上，也并不堆砌辭藻，不搬弄典故，做到了流暢自然，明白如話。在聲韻的調度上，每句首停頓處的「去」、「悲」、「師」、「祭」出音都比較細微低沉；句末通葉平聲 ong 韻，結響壯闊有力，這樣就做到了陰陽相間，抑揚頓挫，成功地傳送出既悲且壯的情調。歷代無數讀者之所以吟詠不輟，過目不忘，在承平的時期，從其中體味到統一安定的難能可貴；而在戰亂分裂的關頭，却每每又從中汲取到捍衛與獻身祖國的力量，這一切都并不是偶然的。在陸游「六十年間萬首詩」（《小飲梅花下作》）裏，這首臨終七絶可以說當得上壓卷之作。就是在我國古典詩歌史上，也是極爲罕見的。

陸游從自己豐富的創作經驗中曾經概括出一個重要的體會：「文從實處工。」這裏的「文」，當然也包括詩。這首《示兒》，就是他這一認識的最後的也是最成功的體現。所謂「實」，首先可以體會是要反映現實。以《示兒》詩來說，這「九州同」和「北定中原」的思想，正是反映了南宋那個時代人民的普遍要求和迫切願望。其次，「實」還可以理解作包括作者思想感情的眞實。所謂：「知文之不容僞，豈可容一毫之僞於其間哉！」（《上辛給事書》）在這首詩裏，悲憤和豪情發自肺腑，沒有半點虛假，這有詩人一生的言行作證。因此說，這首詩「可謂之實錄」（方熏《山靜居詩話》），說「此爲故翁不可奪之志」（楊大鶴《劍南詩抄序》），都很恰當。《示兒》這首詩，的確是「從實處」達到了工的一個範例。它所以能成爲一篇永垂史冊的不朽之作，其關鍵就在於此。

陸游一生清廉自持，「出仕三十年，不殖一金產」；退居鄉裏二十年間又足跡「不踏權門」，甘心過着比較艱窘的生活。他「作詩博得一生窮」（《貧甚戲作絶句》），到頭來也并沒有什麽財貨留給後人。然而他却實現了平生與鄉裏父老的約言，履行了老一輩「忠義傳子孫」（《村飲示鄰曲》）的神聖責任。「亘古男兒一放翁！」（見梁啓超《讀陸放翁集》）陸游的愛國精神是無可估價的，不可磨滅的！我們沒有任何理由不爲我們民族有這樣一位生死如一的愛國詩人而感到自豪！

（李　易）

釵頭鳳

陸　游

紅酥手，黃縢酒，滿城春色宮墻柳。東風惡，歡情薄，一懷愁緒，幾年離索。錯！錯！錯！　春如舊，人空瘦，淚痕紅浥鮫綃透。桃花落，閒池閣。山盟雖在，錦書難託。莫！莫！莫！

《釵頭鳳》一名《折紅字》，上下片各用七仄韻，兩疊韻，兩韻部遞換，聲情急促淒緊。陸游就以此調寫下他年輕時的婚姻悲劇。關於此事，宋陳鵠《耆舊續聞》和周密《齊東野語》都有記載。陸游在二十歲左右娶唐琬爲妻，婚後伉儷情深，但他母親却不滿意這個媳婦，逼迫陸游休棄她。雖然他深愛唐琬，但母命難違，結果兩人還是被迫仳離；這一、二年的婚姻生活使陸游永遠不能忘懷。以後，陸游另娶王氏，唐琬改嫁給趙士程。幾年後的一個春日，陸游到山陰（今浙江省紹興市）城東南的沈園遊覽，與唐琬、趙士程不期而遇，唐琬命人送來酒肴，陸游飲下了這杯苦酒，不禁萬感交集，在壁間題下《釵頭鳳》一闋。四十年後，他在重遊該園時題詩一首，題目是《禹跡寺南有沈氏小園，四十年前嘗題小闋壁間，偶復一到而園已易主，該小闋於石，讀之悵然》。詩中有云：「林泉感舊空回首，泉路憑誰說斷腸。壞壁醉題塵漠漠，斷雲幽夢思茫茫。」字裏行間，透露出他對唐琬始終不渝的愛情。而這首《釵頭鳳》則是他倆生命歷程中的永久紀念。

釵頭鳳（紅酥手）

「放翁詞多放筆爲直幹。」（俞陛雲《唐五代兩宋詞選粹》）本詞沒有採用這種寫法，由於陸游與唐琬的仳離是高堂嚴命，無法違抗，雖然造成這次婚姻悲劇的原因不能明白道出，但被迫與愛侶離異却是終身遺憾，因此落筆時不能不隱約其辭，不勝今昔之感地傾吐了彼此之間深摯的情意，以及自己難以言宣的悵恨。這與一般詞中委婉曲折的細膩抒情也不盡相同。

上片寫作者與分別幾年以後的前妻在沈園偶然相遇，觸目傷懷，引起痛苦的回憶。首三句以概括的語言敍述兩人婚後生活的美滿和不幸的突然降臨，致使他陷入痛苦的深淵。「紅酥手」，形容雙手的嫩紅滋潤，亦卽以手的柔美想見其人的容顏風姿。「黃縢酒」，卽黃封酒，指用黃紙封口的官酒。記得當年，夫婦倆也曾在柳拂宮牆的明媚春日裏出遊，賞佳景、飲美酒。作者攝取了這一鏡頭來概括他倆婚後的歡樂，「滿城春色」，是他倆「滿心喜悅」的襯托。

「東風惡」四句，用東風摧殘百花來比喻與唐琬的生別離。「東風又作無情計，豔粉嬌紅吹滿地。」（晏幾道《玉樓春》）東風無情，致使花落離枝，憔悴飄零，令人惋惜不已。這裏的「東風」當有所指，而「東風惡」，則是隱喻老母迫使夫妻生離。「歡情薄」，敍仳離以後相見無因的苦楚。接着寫幾年分離（「離索」，分散之意，《禮記·檀弓》鄭註云，索，猶散也。）自己與唐琬雖已離異，但仍是「中心藏之，何日忘之。」亦可用韋莊詞來形容：「閑掩翠屏金鳳，殘夢，羅幕畫堂空。碧天無路信難通，惆悵歸房櫳。」（《荷葉盃》）「悲莫悲兮生別離」，這就是他愁緒之所在。「錯！錯！錯！」錯指何事，當是指兩人的仳離；錯爲何人造成，不便明言；至於錯的後果，是使兩人抱恨終身。這三個「錯」字，既痛心疾首而又無可奈何，故急促而戛然卽止。

下片描繪在沈園與唐琬不期而遇，「春如舊」與上面「滿城春色」呼應；春色不減當年，而伊人却形容憔悴，淚水和着胭脂濕透了手絹。兩人慘然相遇，終於又悄然別去。「傷心橋下春波綠，曾是驚鴻照影來。」（《沈園》）這是作者在垂暮之年對此次相遇的回憶。伊人如驚鴻倏爾而逝，四周景物也黯然失色，但見桃花亂落，亭臺空寂。接着就由景及人，回想昔年山盟海誓，至今猶銘刻心頭，但這種矢志不渝的情意却無法借書信表達，眞可說是魚鴈難通了。

全詞用「莫！莫！莫！」三字作爲結束。唐司空圖《耐辱居士歌》有「休，休，休。莫，莫，莫」之句。「莫」，在此爲否定語，與上片末之「錯」有內在聯繫，意爲錯已鑄成，無可挽回，還是莫要再提此事，三個「莫」字，是再三強調之意。用否定語結束全詞，能表達出作者鬱結難平的心情，同時也從反面暗示了他對此事的無法忘懷。事實上，唐琬的形象始終深藏在他的心底，對她的愛也是至死不渝，這從他晚年的一些詩句中可得到印證：六十三歲時，有《偶復採菊縫枕囊，淒然有感》兩首，「喚回四十三年夢，燈暗無人說斷腸」、「人間萬事消磨盡，衹有清香似舊時」。在他逝世前四年即八十一歲時，還不勝感傷地寫道：「城南小陌又逢春，衹見梅花不見人。玉骨久成泉下土，墨痕猶鎖壁間塵。」（《十二月二日夜夢游沈氏園亭》）

（潘君昭）

卜算子

陸　游

詠　梅

驛外斷橋邊，寂寞開無主。已是黃昏獨自愁，更著風和雨。　無意苦爭春，一任羣芳妒。零落成泥碾作塵，衹有香如故！

此詞吟詠梅花，也抒寫胸懷；是讚頌梅花，也是讚人、自讚。

首句「驛外斷橋邊」，點出梅生長的地方，在驛站之外，斷橋的旁邊。驛站并不是城郭，居民已經稀少，今

卜算子・詠梅

更在其外，客旅必是罕至的了。「橋」，爲水上通路，今已斷棄，也就沒有人會從這裏經過。這樣一株荒郊的「野梅」，自然就不同於殿廡之旁的「官梅」，也不同於苑亭之間的「園梅」了。次句「寂寞開無主」，上承首句。這樣一株荒郊野生的梅，在成長的過程中，自然不會得到官府主家們照料；在解苞開放的時節裏，也無從享有遊人們的青睞。名花而無所歸屬，孑然一身，四顧蒼茫，則其「寂寞」之情境不難想見。第三句中「黄昏」點明時間。夕陽西下，夜幕降臨，這寂寞無主的梅花，又遭到了夜寒的威逼（梅開花一般是在隆冬早春的寒冷季節），於是愁情油然而生。這「愁」，是「獨自」的，沒有人前來分擔，甚至也沒有人能够理會，奈何！但是事態的發展還不是到此爲止。緊接着第四句更來了「風和雨」。「雨送黄昏花易落」（唐琬《釵頭鳳》），何況寒風刺骨，凍雨傷身，或者竟是朔風雨雪呢。讀到這裏，我們就不禁爲這株梅花所處的逆境而嗟嘆，眞正是：「這次第、怎一個愁字了得！」（李清照《聲聲慢》）

上闋意在通過梅的處境的描寫，以見其愁情。但於愁緒本身，却着墨無多。既不像李後主詞「問君能有幾多愁，恰似一江春水向東流」，調動了江流以喻其態勢；也不像李清照詞「祇恐雙溪舴艋舟，載不動、許多愁」，設想用舟船以衡量其深沉；而是層層着彩，由驛外斷橋而見寂寞之甚，經黄昏來臨而感孤愁之深，終至於風雨交加而覺危殆之極。對外界的事物用實寫，細工雕繪，訴諸人的感官；而對內在的情緒却止於點染，主要是靠外部的描寫所產生的印象，來引發、來填充，以豐富其情感的內涵。運用外界事物的渲染和周圍環境的烘托的手法，一層深似一層地將愁情由發生加重到極點。從而使我們覺得，這愁情不是出之於多愁善感，更不是在強說閑愁，而是外界的重壓所導致的自然結果，是特定的嚴峻環境之必然反應。這樣，這重壓下的愁情，就好像是不僅僅存在於孤獨的梅的自身，而且同時也充盈於驛外斷橋之間，彌漫於黄昏風雨之時，甚至與滿天的風雨交織在一起，籠罩了整個大地。這愁，是梅花之愁，抑是作者之愁，已無從分辨，「物我兩忘」，渾然一體，甚至連讀者都愁在一塊了。

下闋，「無意苦爭春，一任羣芳妒」，初讀似横空盤結，細品却似斷實續。接上闋愁衷的敘寫，進一步挖掘梅花的性格。「爭春」，原指羣花迎春，鬥豔爭芳。這裏會使人習慣地聯想起當時社會上那些趨炎附勢、諂媚取寵的醜行。「羣芳」，泛指桃李等花。「妒」，是說嫉賢害能。「爭春」以自然現象暗喻人事；「妒」則是以社會心理直比花木。寫花寫人完全交織在一起。這樣的寫法，可以說是詠物詩詞的一個特點。陸游《落梅》詩「醉折殘梅一兩枝，不妨桃李自逢時」，《西郊尋梅》詩「淺顰常鄙桃李學，獨山不容鶯蝶覘，……餘花豈無好顏色，病在一俗無由砭」，可以作爲這兩句詞的註脚。本來，桃、李等花，應春而發，古代作品中多稱道其美麗。至於梅，「以花貴，自戰國始」，「梅花詩五七言至梁、陳而大盛」（方回《瀛奎律髓・梅花類》）。然而大約自唐尤其是宋代以後，有的作者們却喜歡把妖嬈迎春的豔桃穠李與鬥霜傲雪、冰肌玉骨的梅花作對照，桃李與梅花逐漸地被寫成含有對立意味的形象。例如唐白居易《新栽梅》「莫怕長洲桃李妒，今年好爲使君開」；鄭述誠《華林園早梅》「獨凌寒氣發，不逐衆花開」；宋蘇軾《中隱堂》「春深桃杏亂，笑汝（梅）益羈孤」；李綱《梅花賦》「惟標格之獨高，故衆美之咸具；下視羣芳，不足比數；桃李遜謣，梨杏推姸」……都可以大體上說明這種寫作上的新的趨勢。陸詞二句，是綜合了諸如以上唐宋各家之作，把梅之不屑與桃李爭春及蔑視其妒毀的意念鑄於一爐；并於上句前加一「苦」字來突出其厭棄的傾向，後句前用「一任」一詞來加重其決絕的語氣。這樣，梅花的那種不逐流俗、不畏讒毀、貞潔自守、挺拔獨立的性格，就更爲集中而鮮明地塑造出來了。

以下「零落成泥碾作塵」一句，遙承上闋黄昏風雨的嚴峻形勢，交代梅花的結局。這七字可分爲三層：其一，「無主」之花遭遇到風雨的襲擊而飄零；其二，落花着地而成爲泥滓；其三，終於再被踐踏而化作塵土。三者各爲部伍，而又環環緊扣，爲結句「香如故」作了強有力的鋪墊。歷來嗟嘆花的飄零的，舉不勝舉；與塵泥牽涉的，亦多有之。然而在一句七字之中，將其殞落的過程作如此細密完整的刻畫，從而將其遭遇的悲慘表現得如此淋漓盡致的，却并不多見。明沈麐《梅花集句詩序》拈出「零落成泥」與唐宋璟的《梅花賦》、蘇軾的梅詞及各代的一些名作名句相媲美，是有見地的。

寫到這裏，這野梅的命運該是終結了。却又大不然！末句「衹有香如故」，以筆扛萬鼎之力，了結全篇。陸游的祖父陸佃在《埤雅》中說：「梅花優以香。」杜甫《西郊》詩：「江路野梅香。」陸游之友、詩人范成大《梅譜序》載：「野生不經栽接者，……謂之野梅。凡山間水濱荒寒清絶之趣者，皆此本也，香最清。」可見，以香之味來概括梅，特別是江路荒遐的野梅的特徵，是最精確不過的。「香」，是野梅的靈魂，也是這一首詞的穴眼，它貫穿着全篇。有了「香」，這「最清」、最「優」的香，上闋的花開才有了超出羣花的韻味；這「愁」情才值得人們特別的關切；而「零落成泥碾作塵」的結局，也才能激發人們的痛惜，啓發人們去深思。「香」字前又襯以「祇有」一詞，排除了雜質的混淆，淨化出氣味的精醇；其後又綴以「如故」一短語，凝鑄了芳郁的歷久不歇。上句「零落」過程的悲戚，到這裏就兜轉爲悲壯；而風雨的侵襲和羣芳的妒毀所形成的呑沒一切之勢，都頓然失色，適足以反宕出梅花精神力量的強大與不可征服。試再與通篇作聯想，這梅香，在怒放的花蕊中生發，隨着落瓣而黏着大地，終再伴花塵而飛揚於天空。它是所在皆有，永不可磨滅的！這樣，梅花彷彿就成了人間散布芬芳的使者，它以自己的整個生命在美化着世界！所以，「祇有香如故」一句，起有畫龍點睛的作用，是篇末點明主題之句。

不妨拿其他作者的詠梅之作作一些比較。北宋大開咏梅之風的林逋有「疏影横斜水清淺，暗香浮動月黃昏」（《山園小梅》）之名句。但它畢竟是「佔盡風情向小園」的園中之梅的寫照，它的香，祇是在月下的清淺的水面上暗自飄浮動蕩着，格調是纖麗的，與陸詞的高標悲壯的格調迥然不同。林雖然也詠及野梅，但也祇是「清香飄盡更應無」（《梅花》），并不見持久。陸詩「林逋語雖工，竟未脫纏縛」（《開歲半月湖村梅開花無餘偶得五詩》）之評，蓋由此而發。林雖自詡爲梅之「知音」（《霜天曉角》詞：「誰是我知音，孤山人姓林」），看來他并未能如陸游那樣深知梅之心。至於詩詞中常見的「國香」、「凍香」、「馨香」等等，也不過都是一般的豔稱，着眼點往往偏重於花味的本身而忽略了梅的精神。還可以舉出楊萬里《梅花下遇小雨》詩：

初來也覺香破鼻，頃之無香亦無味，虛疑黃昏花欲睡，不知被花薰得醉。

楊已經是爲梅香所陶醉了，而且有着一點詼諧的情趣，然而陸游的梅詞却是清醒的、嚴肅的。陸的筆，沉浸於梅香之中，同時又超拔於梅香之上。他是「借花發吾詩」（《游東郭趙氏園》）。詠花，可以說近乎借題發揮，是

卜算子・詠梅

採用了一種寄意的手法。「梅花如高人」（《宿龍華山中寂然無一人方丈前梅花盛開月下獨觀至中夜》），詠梅，本來也是爲了讚人。「嗟余與梅可同調」（《西郊尋梅》），詠梅，實際上也是自讚。陸游詩「一樹梅花一放翁」（《梅花絕句》），他與梅竟然結下了不解之緣。梅，就是詩人的化身；梅的香，就是詩人精神的象徵。這首詞，從頭到尾，處處寫梅花，又處處不止於寫梅花；不見直寫作者感情，却可以從中窺探到作者的心胸；從而就達到了交融無間、渾然如一的境界。所謂不黏不脱者，庶幾近之。

梅是陸游詠物之作中最常見的題材，在他的詩詞中，標明梅（梅花）的大約有八十四題、凡一百六十五首之多。這是由於「若寓意所愛者」（方回《瀛奎律髓・梅花類》評語），并非偶然。這裏不妨結合他的生活經歷再作一些補充，或許能有助於進一步探索這首詞的「寓意」。詩人在早年以「語觸秦檜」，被取消了「首卷」的優異成績而落第；在中年又因「力説張浚用兵」北伐失敗而自隆興通判任罷歸山陰故里；到了臨終前一年，還因支持開禧年間的北伐，被劾落寶謨閣待制。他曾自嘆：「何流俗之見排，加之罪其無詞。」質言之，他之得罪皆出於愛國。但他雖然備受打擊，却始終并不畏縮。又在蜀時「人譏其頹放」，被免除四川制置使司參議之職，就乾脆自號爲「放翁」；到了晚年因「以詩爲首，謂之嘲詠風月」而遭譴，「遂以『風月』名小軒」。他的抗爭是堅韌的，是壓不倒的。魯迅先生説：「倘要論文，最好是……顧及作者的全人，以及他所處的社會狀態，這才較爲確鑿。」（《題未定草七》）將陸詞與其人及其所處的社會狀態聯繫起來看，詞中的這株荒遐的「野梅」，正像是被南宋的妥協投降派所排斥的「羈臣放士」的代詞；其艱辛危殆的境遇，又恰是當時施之於愛國者的高壓的影射；其「愁」情，又當與「憂國復憂民」（《春晚卽事》）的懷抱爲同一範疇；其獨處而自悲，則反映出一個赤誠的愛國者遭受圍攻、備受打擊後所產生的孤獨之感，是一種「衆人皆醉而我獨醒」的狷介之情，是那個時代的悲劇在詩人心靈上所留下的難以磨滅的痛苦印記。而下闋中的「無意苦爭春」，則暗喻其不屑附和妥協勢力的行徑；「一任羣芳妒」，又與「何流俗之見排，加之罪其無詞」爲同指；這不衹是道德之士的自我修養的表露，而且有着社會的矛盾與衝突的背景，是一個愛國者光明磊落心跡的明證。結語「零落成泥碾作塵，衹有香如故。」可借用吳焯評陸游《落梅》詩的話：「公之咏梅，直是『横看成嶺側成峯』，無往不妙，卽至飄零，亦寫至好處。」（《批校劍南詩稿・批語》）而其好處也就在於，它十分成功地表現出一種堅貞不屈、死而不悔的情操，塑造出一種民族的崇高而永生的精神之美，而這在那個悲劇的時代，却是有着普遍意義的。

（李　易）

夜游宫

記夢寄師伯渾

陸　游

雪曉清笳亂起。夢游處、不知何地。鐵騎無聲望似水。想關河，雁門西，青海際。

睡覺寒燈裏，漏聲斷、月斜窗紙。自許封侯在萬里。有誰知，鬢雖殘，心未死。

陸游從乾道九年至淳熙元年（一一七三——一一七四）做過一任攝知嘉州事（代理嘉州知州。嘉州，今四川樂山縣）。赴任途中經過眉山（今四川眉山縣），認識了一位他稱爲「天下偉人」的名士師伯渾。師伯渾是具有愛國思想的人。據陸游說，四川宣撫使王炎想引荐他做官，因「忌者」排斥而罷。所謂「忌者」，大抵便是朝中的主和派，由此也可知師伯渾的爲人。

這首詞是陸游以「記夢」爲名寄給師伯渾的。

近人李淡虹寫了一篇《陸游夢游黄河、潼關，太華詩初探》（見一九六三年版《文史》第二輯），他認爲陸游在乾道八年（一一七二）在四川宣撫使王炎幕下當屬員時，曾經奉命化裝深入關中的潼關、華山以及中條山、崤山一帶（這些地方那時都在金人控制下）進行刺探活動。由於這是秘密進行的，并且連中樞當局事前也許不知道，所以他這一活動，無法公開，事後亦衹能托於夢境。他的詩集裏屢次提到夢遊華山、河潼，就是這個道理。這種探索自然是很有意思的。

但是這首《夜游宮》却不屬於上述這一類。它衹是寄託了一種希望，以及對於這種希望之脆弱的感慨。

陸游同師伯渾在眉山一見如故，到了嘉州之後，師伯渾曾去拜訪他，逗留了十天。那是乾道九年的深秋。這期間陸游有一首詩，題爲《九月十六日，夜夢駐軍河外，遣使招降諸城，覺而有作》。可見他實際上是做了一個收復西北失地的美夢。這首詞所描寫的夢境，同詩裏寫的頗有點近似（時間都是下雪的冬天），很可能寫的是同一夢。不過那首詩沒有寫到夢破以後的感慨罷了。由此看來，這首詞的寫作時間，似乎可以定爲乾道九年的冬天，也就是師伯渾回到眉山故鄉以後。

先看作者怎樣描述他的夢境：

「雪曉清笳亂起」——是一個下雪的早晨，原野上忽然飛起一片噪雜的軍號聲。「亂起」是描寫軍號聲突如其來，各營此起彼應，軍中已接到立刻出發的命令。

「夢游處、不知何地」——點出這是夢境。「不知何地」四字，恰好寫出初入夢境時迷離恍惚的神態。

「鐵騎無聲望似水」——這句承上「清笳」而來，是定一定神之後才看清楚的戰地景象。作者用了「鐵騎無聲」四字，極力寫出一支威武的騎兵正在列陣候命，陣上一片肅穆，人馬都悄然無聲，使人感覺到正是決戰之前一瞬間的靜默。「望似水」三字，再把軍隊的氣勢形容一筆：它看去就像一片沉着而又洶湧的潮水，沉靜中有動勢，顯示出一股令人望而生畏的力量。（這句可以作另外一種解釋：鐵騎像流水似地進行着。）

於是作者再以自問自答的口氣指出這是一支什麽部隊：「想關河，雁門西，青海際」。雁門關在今山西省代縣北，北宋時是宋、遼兩國的邊界，雁門以西，則屬夏國。青海在今青海省，宋時屬吐蕃轄地。這兩處都不是宋、金雙方的戰場。但正如岳飛《滿江紅》以賀蘭山指代北方淪陷地區一樣，詩人不過借用而已。陸游夢中出現的這支部隊，正爲收復北方失地準備向敵人衝殺。

以上是一片夢境。寫得彷彿確有其事。在藝術技巧上，這叫做蓄勢。正如把強弓拉得滿滿，使旁人看了也覺得異常緊張。然後在下片突然來個轉折，文章就有「兔起鶻落」的動人效果。

下片，他從美麗的夢幻中驚醒過來。一盞搖晃不定的殘燈，慘淡的月光灑在窗紙上。側耳一聽，計時的漏壺好像也停止了活動。自己是躺在寧靜得使人發慌的山城之中。這幾句寫夢醒後環境的淒冷和個人的孤獨。因爲他雖是嘉州的攝知州事，但州務閑簡，心情也是孤獨而寂寞的。

「自許封侯在萬里……」作者不由得說出心頭的感慨：本來滿心滿意爲了恢復失地、驅逐侵略者，老遠跑到漢中前線，要盡自己一點微薄的力量，誰知道反而逼着從前線撤退下來，跑到四川一個山城當一員閑官；更有誰知道，自己雖然已是近五十歲的人，頭髮都變得稀疏了，這顆重回前線殺敵的雄心，還沒有死去呢——也許祇有夢魂才能够知道了。

「鬢雖殘，心未死」六字，幾層意思：少年時便已有壯心，這是一；壯心却至老還未實現，這是二；如今老了，本不應有壯心，這是三；偏偏老了，壯心還未死，這是四；這壯心無從實現，祇有在夢中才有實現的可能，這是五。

作者心情有多麼沉重，從結拍這幾句話裏，我們是掂到它的分量的。

（劉逸生）

漁家傲

寄仲高

陸　游

東望山陰何處是？往來一萬三千里。寫得家書空滿紙，流清淚，書回已是明年事。
寄語紅橋橋下水：扁舟何日尋兄弟？行遍天涯真老矣！愁無寐，鬢絲幾縷茶煙裏。

古代詩人，身居異地，遙憶故鄉，繫念親人，是正常的、自然的感情活動。通過藝術手段，或形於吟詠，或寫成書信，就能超越時間空間的界限，把故鄉風物、家室親人，刹那間提到自己的眼前，恍如乘風歸去，或縮地飛來，使那即將乾涸的心田，忽然得到春雨甘露的滋潤；但轉眼又墮入空虛，驚喜的夢境般的景象歸於幻滅。這樣，勢必惹起更加深重的悵惘和哀愁，甚至產生聯想：歲月不居，寶刀已老，爲國爲民建立功業的雄心壯志，都是那麼飄浮，那麼暗淡，那麼游移不定，不可捉摸——這大概是許多有志之士創作這類題材時的共同感受吧。

偉大的愛國詩人陸游這首《漁家傲》，可算得這種類型的一篇佳作。這首詞，陸游自註是寄給仲高的。仲高是陸升之字，是陸游的從祖兄，長陸游十二歲。起拍「東望山陰何處是？往來一萬三千里。」思鄉憶親的主題凌空而至，如皓月初升，奇峯突起，用來統攝全篇。此時作者身在西陲，故鄉山陰遠在東方。着一「望」字，顒首注目神情和「愛而不見，搔首踟躕」的動作，躍然紙上。「何處是」像是問方向，而下句「往來一萬三千里」却是說遠近，可見空間的距離實是「有家歸不得」的主要原因。在詩詞裏，「萬里」的概念，一向表示空間的極限。如李白的「雪霽萬里月，雲開九江春」；杜甫的「窗含西嶺千秋雪，門泊東吳萬里船」；戴叔倫的「一年將盡夜，萬里未歸人」等等，不勝枚舉。而當陸游寫此詞時，更不能不想起前輩名臣范仲淹所寫的同一詞調，那篇名作裏就有「濁酒一杯家萬里，燕然未勒歸無計」的慨嘆。這裏所說「往來一萬三千里」，不但突破了習慣上空間的極限，而且兼有由泛指變成實數的意味。路程如此具體，可見歸去之難。我們知道，詩人故里，往來於山陰城不過十幾里，如今和山陰相距，却隔成一萬三千里了。這樣的距離，加上古代的交通條件，的確是個驚人的數字。這樣，便逗引起第三句：「寫得家書空滿紙」。在兩地睽違、魂馳夢溯之際，一封家書，眞抵萬金。但是滿紙詳書，其實都是「空」話，近於徒勞無功。「空」在於什麼地方呢？就在於距離太遠，時間難必，「書回已是明年事」。事隔經年，家人、游子情況如何，有無變化，由於書信過時，就會更滋困惑。本意「報平安」的書信，却引起「不平安」的馳念。句前又著「流清淚」一語，正是彼此擔心的形象而眞實的寫照。上半闋着重寫現實。

過片：「寄語紅橋橋下水：扁舟何日尋兄弟？」在悵望中不禁引起昔時的回憶。他問紅橋（卽虹橋），兼及橋下的湖水：什麼時候才能到「你們」那裏和兄弟會晤呢？這樣，對故鄉和兄弟的雙重懷念，便緊密地糅合在一起，更加強了感情色彩。「紅橋」，距詩人家居不過二里，旣是山陰的勝境、鑒湖的標誌，也是詩人青少年時代的釣游之地，印象最爲深刻。他自然很想小舟容與，蕩漾於橋畔清波之上，享受兄弟相逢、詩酒唱酬的樂趣。可謂一往情深，凄涼無限。接着筆鋒一轉，又回到現實，「行遍天涯眞老矣」，這裏顯有合理的誇大。所謂「行遍天涯」，和上片「往來一萬三千里」相呼應，還說得過去。至於「眞老矣」，作者本年祇有四十八歲，還在古人所謂「四十曰強，而仕；五十曰艾，服官政」的範疇內，就似乎有些勉強了。但詞章家殊不拘此，而且這裏主要是表示時不我待、光陰虛擲的惋嘆，從應該及時建立功業的角度看，也未始不可言「老」。「愁無寐」一語，是化用了范仲淹詞的「人不寐」，易一「愁」字，有其深廣的含義。他實際并不是爲遠離家鄉、不見家人而愁；

而是爲宋室無心收復失地、遺民不得解脫而愁，爲賦斂苛重、官吏殘暴、人民生活痛苦而愁，爲朝廷綱紀廢弛、近習暗操政柄而愁。作爲一個愛國詩人，當然也爲文風日趨衰靡、愛國詩歌缺乏同調而愁。同時也包括作者自己和主和派的鬥爭、和近習派的政治衝突，以及由此招致的流放、壓抑、毀謗和折磨等等。

行文至此，下面似乎應該緊承呵壁問天的悲憤語；但於歇拍處，却衹輕輕以嗟傷的語氣煞住，「鬢絲幾縷茶煙裏」，化用了杜牧「今日鬢絲禪榻畔，茶烟輕颺落花風」的詩意。有意以詩人的氣質自掩其胸中的昂藏不平之氣，恰似千尺懸瀑，飛落深潭，經過瀠洄蕩漾，逐漸衍爲細浪平流。

全詞以抒情、敍事爲主，緊扣遙望家鄉、思念兄弟的主題，没有過大規模的波瀾起伏，而是多角度、多層次的馳騁筆力，宛轉關合，密如串珠。意在言外，耐人尋味。

這首詞的寫作年代，約在乾道八年十月，至遲在九年春季。八年十月，作者任四川宣撫使王炎的幕僚（宣撫使司當時在漢中，作者任宣撫使司幹辦公事兼檢法官），於時他正因公到四川閬中。公畢返回，在閬中城北仙魚鋪接到從兄仲高的書信，意者他返抵漢中後即應復書。但當時正值王炎召還朝廷，使司結束，賓僚散去。作者也調爲成都府宣撫使司參議官，忙於長途涉險的準備，也可能不遑及此。迨歲杪到成都，稍事安頓，至遲也在正月復書。從情理上說，對於兄長，没有特殊情況，不會遲遲作復的。

他在閬中城北接到仲高來信，詩作中有明顯的記載：「閬中城北仙魚鋪，忽得山陰萬里書。」（《劍南詩稿》卷三）這首詞，當是他給仲高回信時附去的。

讀這首詞，我們還應看到：思鄉念兄，固然是這首詞的基調；但這并不是詩人主要的創作傾向。我們可略舉他在這一時期的詩作加以參證。他瞻拜閬中的杜甫祠堂，有詩說：「夜歸沙頭雨如注，北風吹船横半渡。亦知此老憤未平，萬竅爭號泄悲怒。」又有許多詩句不能忽視，「朱顔漸改功名晚，擊築悲歌一再行。」「郵亭下馬開孤劍，老大功名頗自期。」「渭水函關元不遠，着鞭無日淚空横。」「危身無補國，忠孝兩堪羞。」這些都是他思想感情的主流，可以作「愁無寐」的註脚。這首詞裏，没有衹字半句涉及國事，也没有豪放和感憤的詞語。但正如曲港支汊，都通向這一愛國的主流。因此，可以認爲這首詞其實是他愛國思想光芒折射的産物。

（于北山）

鵲橋仙

陸　游

華燈縱博，雕鞍馳射，誰記當年豪舉？酒徒一半取封侯，獨去作江邊漁父。　輕舟八尺，低篷三扇，佔斷蘋洲煙雨。鏡湖元自屬閒人，又何必官家賜與！

陸游一生，以恢復中原、完成統一爲其主要的政治抱負，也是他詩歌創作的基本傾向。顛沛造次，厥志不移。但也因此屢受朝廷主和派（秦檜及其餘黨）、近習派（龍大淵、曾覿集團）的讒毀、壓抑和打擊，使他的壯志無從實現。中年宦游梁、益（主要在南鄭、成都地區），說是朝廷任用，實際等於流放。所以西陲之行，他所提出的國防計劃自然不會被上官採用，「登高以望兮慷慨涕流，畫策不見用兮寧鐘釜之是求！」（《逸稿》卷上《自閔賦》）但作爲一個詩人，從此深入了社會，開拓了胸襟，擴大了視野，使自己的詩歌藝術，跨入了一個飛躍的、劃時代的階段。這段生活理應在記憶裏佔極大的比重，這就是他隱居家鄉時常有追憶梁、益詩作的原因。爲了和本詞的思想內容相印證，不妨略引兩首詩作：

我昔學詩未有得，殘餘未免從人乞。力孱氣餒心自知，妄取虛名有慚色。四十從戎駐南鄭，酣宴軍中夜連日。打球築場一千正，閱馬列廄三萬匹。華燈縱博聲滿樓，寶

鵲橋仙（華燈縱博）

敘豔舞光照席。琵琶弦急冰雹亂，羯鼓手匀風雨疾。詩家三昧忽見前，屈賈在眼元歷歷。……

放翁五十猶豪縱，錦城一覺繁華夢。竹葉春醪碧玉壺，桃花駿馬青絲鞚。鬥鷄南市各分朋，射雉西郊常命中。壯士臂立緑絛鷹，佳人袍畫金泥鳳。椽燭那知夜漏殘，銀貂不管晨霜重。一梢紅破海棠回，數蕊香新早梅動。酒徒詩社朝暮忙，日月匆匆叠賓送。……（以上兩首均見《劍南詩稿》）

起拍「華燈縱博，雕鞍馳射」，衹八個字，就把南鄭、成都的「豪縱」生活提挈而出，概括無餘。試想華燈初上，同僚相聚，呼聲喝雉，喧笑無禁，一時遠宦之苦、坎坷之嘆，都會拋於九霄雲外。着一「縱」字，如見其神注形忘、叫呶興奮之狀。至於「馳射」的畫面，則是風勁弓鳴，雪消馬疾，着一「馳」字，修兵備武、搏鬥拚殺的境界豁然全出，這是多麼值得回憶的快意場景啊！接着筆鋒陡轉，用疑問語氣「誰記當年豪舉」，顯示出故交零散，不但這段逝去的生活不能再現，就連共談往事，也找不到對象了，以見其感慨之深，而且爲下面的「獨去」作了感情上的鋪墊。「酒徒一半取封侯，獨去作江邊漁父」。兩句都是暗用事。上句用酈生「高陽酒徒」，下句用嚴光富春垂釣。封侯、漁父，兩種世路遭逢，兩種生活境界。就詩人自己來說，他是意在封侯的。但他所謂封侯，當然不是爲了個人名利，而是爲國立功，實現其中興夙志。「漁父」一詞，會令人自然聯想到「羊裘老子」和「煙波釣徒」。他們的高風雅韻，固然可慕；但作爲「常恐埋山丘，不得委鋒鏑」，「一聞戰鼓意氣生，猶能爲國平燕趙」的陸游來說，畢竟是牴牾的，甚至可說是自認不幸的。但這不幸却伴隨了他的大半生！至於那些能取封侯的「酒徒」，是憑才略和戰功嗎？不是；自己去做「漁父」是年老志搖、甘心遁世嗎？也不是。其中意藴，不必說明，留給讀者自去尋繹、玩味。

過片，緊承上文的「漁父」展開描寫：「輕舟八尺，低篷三扇，佔斷蘋洲煙雨。」泛宅浮家，眠雲釣月的生活，「輕舟」、「低篷」則是最重要的物質條件。「八尺」、「三扇」，并非贅語，乃是通過具體描寫起着必要的烘托作用。

鵲橋仙（華燈縱博）

接着下「佔斷」一詞，就更突出詩人的欣賞感情；而且雲煙潑墨，構成詩情畫意的山水圖卷。白蘋洲裏，煙雨迷濛，小艇孤篷，去留無礙，這才是對世情塵網的徹底遺棄和最大突破，把讀者的思想感情，也一齊攝入到作者巧妙安排的快意境界中去了。至此，詩人好像自酌微醺，放懷高唱「鏡湖元自屬閑人，又何必官家賜與」！當年賀監，曾自署「四明狂客」；稍後的張志和，自號「煙波釣徒」；至此，加上放翁自己，可謂異代知音，遙相契合。可是賀監的「鏡湖一曲」，是官家所賜，不免還有市朝之跡。作者在此却用了「翻案法」，自贊漁父本是「閑人」身分，鏡湖分應歸我所有，何待「官家賜與」；所以前面又附加「又何必」三字，隱然流露出他對那個骯髒昏暗的統治集團的蔑視和不滿，語氣果決明快。連起拍兩句不能忘情的巴蜀「豪縱」生活，比較之下，也覺得偏執和乏味了。

全詞有緣情成句、遇思入詠的自然之妙，而閑淡中隱寓昂揚邁往之氣，歇拍處用高亢的語氣體現了高標傲世的個性，尤見老筆精健。歷代詞章家都以讚美賀知章「帝賜鑒湖一曲」爲高隱極致，而放翁却又透過一層，佔據了最上關。楊慎《詞品》卷五評放翁詞「纖麗處似淮海，雄慨處似東坡」；並特別拈出此首，評謂「英氣可掬，流落亦可惜矣」，可謂一語中的。清代詩人吳雯有詩說：「風箏天半玉嵌奇，本是仙人鳳管吹。一夜愁心化冰雪，韋家詩句渭南詞。」（《蓮洋集》卷二《讀放翁詞》）能使讀者愁心化爲冰雪，這是多麼強烈的藝術感染力啊，此作即足以當之。

（于北山）

訴衷情（當年萬里覓封侯）

訴衷情

陸　游

當年萬里覓封侯。匹馬戍梁州。關河夢斷何處，塵暗舊貂裘。　胡未滅，鬢先秋。淚空流。此生誰料，心在天山，身老滄洲。

陸游此詞的具體創作時間難以確定，但上片敍及南鄭從軍，歇拍説明已退居山陰（滄洲爲隱者所棲的水濱），可知當在孝宗淳熙十六年（一一八九）罷官回鄉以後。一一八九年陸游六十五歲，此後雖曾起用，但都是修國史或掛名的宫觀閑職，不能再有所作爲。八十二歲時（開禧二年，一二〇六），韓侂冑出兵抗金，陸游雖極力擁護，但其時年已衰邁，無力參與；同時韓侂冑的伐金也因他本人被謀殺而於次年迅即失敗，所以從六十五歲退居山陰之年起，陸游實現爲抗金效命的心願已經無望，懷着未酬的壯志，他自度衹能終老牖下了。此詞正是回顧他前半生報國無路的悲歌。

陸游一生寫了九千二百餘首詩，而詞衹有一百三十首，可知詞不是他心力所萃的主要文學事業。但南宋前期，他的詞與辛棄疾並稱「辛陸」，劉克莊評其詞道：「放翁長短句，其激昂感慨者，稼軒不能過；飄逸高妙者，與陳簡齋、朱希眞相頡頏；流麗綿密者，欲出晏叔原、賀方回之上，而歌之者絶少。」（《後村詩話》）陸詞「歌之者絶少」的原因是容易理解的，與辛棄疾相較，陸游反映時代要求的呼聲已經大量表現在藝術成就更高的詩歌

訴衷情（當年萬里覓封侯）

裏，不像辛氏主要依賴於詞。陸游詞較爲人所傳誦的倒是抒寫個人情感的《釵頭鳳》和託物言志的《卜算子・咏梅》等近於「婉約」風格的幾首，而那些所謂「豪放」風格的他的大部分詞作，則因與他詩歌的內容和情調相近，便爲詩名所掩蓋了。

誠然，他的多數詞作也如詩一樣，都是感懷時局、發抒抗敵主張的。陸游詞中逕提「封侯」字樣的有四處：一是乾道九年（一一七三）在成都所作的《漢宮春》，其歇拍爲「君記取，封侯事在，功名不信由天」，滿懷着「天生我材必有用」的十足的信心；二是稍晚於前一首的《夜游宮・記夢寄師伯渾》，結尾道：「自許封侯在萬里。有誰知，鬢雖殘，心未死？」從口氣上看來，信心不那麽足了；三是這首《訴衷情》，「封侯」已是「當年」的願望，如今衹落得「心在天山，身老滄洲」，無法實現了；最後，在暮年所作的《沁园春・洞庭春色》中，他回顧了「壯歲文章，暮年勳業」，意冷之餘，唱出了「何須更、慕封侯定遠，圖象麒麟」，以解脱之語發洩功名絕望的悲憤。這正是志在千里的伏櫪老驥無可奈何的長鳴。

陸游對封侯、立功名的向往，與一般士大夫的志在顯親榮身多少有些不同。他的功名觀是和恢復故土的抗金事業聯繫在一起的。他曾在《太息》詩中自述其功名觀的內容：「早歲原於利欲輕，但餘一念在功名。白頭不試平戎策，虛向江湖度此生。」此詩最足以與這首《訴衷情》的「此身誰料，心在天山，身老滄洲」的感慨相表裏。因此，一想到「當年萬里覓封侯」，記憶中立即燃起最難忘的「匹馬戍梁州」的往事，那也正是他無數次在詩中追懷過的「我昔從戎清渭側，散關嵯峨下臨敵」（《江北莊取米到》）、「最憶清渭上，衝雪夜掠渡」（《秋夜感舊》）、「鐵馬秋風大散關」（《書憤》）的從戎南鄭的那段戰鬥生涯。當時陸游雄心勃勃，滿心希望在四川宣撫使王炎的率領下，越秦嶺北上，直取長安，「却用關中作本根」（《山南行》），東出關河，恢復中原，以償宿志。這便是他垂老而仍念念不忘的「平戎策」。

和這首《訴衷情》同時作的，還有一首《謝池春》，兩詞是姊妹篇，內容和情調完全一致：

壯歲從戎，曾是氣吞殘虜。陣雲高狼烽夜舉。朱顏青鬢，擁雕戈西戍。笑儒冠自來多誤。　功名夢斷，却泛扁舟吳楚。漫悲歌傷懷弔古。煙波無際，望秦關何處。嘆流年又成虛度。

不僅這兩首詞，同一主題在他詩中也是反覆吟唱的，直到開禧二年，即臨終前二年所作的七律《憶昔》中，作者還吟哦着「憶昔梁州夜枕戈」、「當時重鎧渡冰河」的往事，而詩中「悲壯空傳《敕勒歌》」，「今日扁舟釣煙水」，也正是「心在天山，身老滄洲」的同義異詞。因此，這首《訴衷情》所「訴」的，正是陸游一生惓惓於懷的「衷情」；縱使衹是一首小令，也充分體現了偉大愛國詩人的人格和情操。

（何滿子）

題臨安邸

林　升

山外青山樓外樓，西湖歌舞幾時休？暖風熏得游人醉，直把杭州作汴州！

林升（一一八〇年前後在世），生平不詳，其事跡無從查考。根據極少的材料，衹知道他是南宋孝宗時期的一個知識分子。

這是一首膾炙人口的名篇。「題臨安邸」——題寫在臨安旅店裏的詩。臨安，南宋都城，即現在浙江省杭州市。「邸」，旅店。從題目上看，作者很像是進京應試的士人，他目睹了南宋統治者的腐敗情景，寫了這首諷刺詩。

在金人統治者大舉進犯的威脅下，南宋統治者採取了對外屈辱投降、對內殘酷鎮壓的政策。一一六四年，宋孝宗下詔與金人議和，簽訂了「隆興和議」，割地、進貢，換來了苟延殘喘、偏安一隅的局面；與此同時，却向南宋勞動人民大施淫威，任意搜刮，大興土木，經營新的都城臨安，使它成了一個繁榮的大都市。南宋統治者在這裏過着花天酒地、紙醉金迷的腐朽生活，完全忘記了北方的人民和國土。作者實在看不下去，無限悲憤和感慨，訴諸筆端，寫詩加以有力的諷刺和鞭撻。

「山外青山樓外樓，西湖歌舞幾時休？」這一聯寫出了杭州西湖的美麗、南宋統治者的腐化和作者的無比憤慨。「山外青山樓外樓」，山外有山，樓外有樓，無數的青山和樓臺，參差錯落，一望無邊，好一派宏偉秀麗的美景。南宋統治者從宋高宗開始，就在臨安大造宮殿園林，僅花園就有四十多所，其他貴族官僚的樓臺亭榭更是不計其數；經過半個世紀左右，到這時杭州已成爲無比繁華美麗的大城市。但在作者筆下，僅僅用了七個字，就把偌大一個富有山水園林之美的杭州勾畫出來了，而且勾畫得又是如此洗練生動、耐人尋味，足見作者的語言概括力和表現力何等強大。難怪「山外青山樓外樓」成了描寫杭州和西湖風光的名句，千古傳誦。「西湖歌舞幾時休？」是哪裏的青山和樓臺呢？是西湖的、杭州的。南宋統治者不想收復失地，一味苟且偷安。他們終日裏輕歌曼舞，飲酒作樂，全然不顧人民的死活，不做抗金的打算，理所當然地激起了詩人的不滿；「幾時休」三字，責問他們驕奢淫逸的生活何時才能結束，抗金復國的神聖事業何時才能進行。「暖風熏得游人醉」，暖洋洋的風把遊人吹得像喝醉了酒一樣。「直把杭州作汴州」，簡直把杭州當成了汴州。汴州（今開封市），北宋都城，當時被金人侵佔。南宋統治者不去收復汴州和北方其他失地，却在杭州盡情享樂，好像忘了身在杭州而不是汴州。「暖風」，語意雙關，既可看作自然的風，也可看作臨安那種脂粉香風。南宋統治者沉醉入迷，忘乎所以，恰好和當時汴州淪陷前夕北宋的情景一樣。詩人警告南宋統治者，長此以往，杭州也要變成汴州的，也要淪陷的。汴州淪陷時，金兵擄走了宋徽宗、宋欽宗及皇室人等，使他們成了階下囚，受盡了金統治者的戲弄和侮辱，廣大人民更是蒙受了深重的災難。詩人大聲疾呼，提醒南宋統治者，殷鑒不遠，如此腐化下去，勢必也要走上北宋滅亡的道路。

全詩揭露和諷刺了南宋統治者的荒淫無恥的生活，斥責他們根本沒有收復失地的決心，表現了作者深厚的愛國憂國的感情。本詩沒有瑰麗的詞藻，而且在一首二十八字的七絕中，出現了西湖、杭州、汴州三個地名，佔去將近四分之一的篇幅，却用得十分恰當，也顯示出詩人駕馭語言的能力十分高超。詩中不用典，不雕琢，語言淺顯流暢，却寫得情景交融，寓意深長，實在是不可多得的佳作。

（馮國華）

催租行

范成大

輸租得鈔官更催，踉蹌里正敲門來。手持文書雜嗔喜：「我亦來營醉歸爾！」牀頭慳囊大如拳，撲破正有三百錢：「不堪與君成一醉，聊復償君草鞋費。」

范成大的《催租行》，衹八句五十六字，却有情節、有人物，展現了一個頗有戲劇性的場面，使人既感到可笑，又感到可怕、可悲。

第一句單刀直入，一上來就抓住了「催租」的主題。全篇衹有八句，用單刀直入法是適宜的，也是一般人能够想到、也能够做到的。「催租」是個老主題，用一般人能够想到、也能够做到的單刀直入法寫老主題，容易流於一般化。然而一讀這首詩，就會感到不但不一般化，而且很新穎。這新穎，首先來自作者選材的角度新。

請看：「輸租得鈔」，這四個字，已經簡練地概括了官家催租、農民想方設法交清了租、並且拿到了收據的全過程。舊社會的農村流傳着一句老話：「早完錢糧不怕官。」既然已經交清租、拿到了收據，這一年就可以安生了！詩人《催租行》的創作，也就可以擱筆了，然而不然，官家催租的花樣並不一般。農民欠租、官家催租，這是老一套；農民交了租，官家又來催，這是新名堂。范成大衹用「輸租得鈔」四個字打發了前人多次表現過的老主題，接着用「官吏催」三個字揭開了前人還不太注意的新序幕，令人耳目一新。這新序幕一揭開，一個「新」人物就跟着登場了。

緊承「官吏催」而來的「踉蹌里正敲門來」一句極富表現力。「踉蹌」一詞，活畫出「里正」歪歪斜斜走路的流氓神氣。「敲」主要寫「里正」的動作，但那動作既有明確的目的性——催租，那動作的承受者就不僅是農民的「門」，而且是農民的心！隨着那「敲」的動作落到「門」上，在我們面前就出現了簡陋的院落和破爛的屋子，也出現了神色慌張的農民。憑着多年的經驗，農民從急促而沉重的敲門聲中已經完全明白敲門者是什麼人，他又來幹什麼，於是趕忙來開門。接下去，自然是「里正」同農民一起入門、進屋，農民低三下四地請「里正」就座、喝水。……這一切，都沒有寫，但都在意料之中。沒有寫而產生了寫的效果，這就叫不寫之寫。在這裏，不寫之寫還遠不止此，看看下文就會明白。「手持文書雜嗔喜」一句告訴我們：「里正」進屋之後，也許先說了些題外話，但「圖窮匕首現」，終於露出了催租的兇相。當他責問「你爲什麼還不交租」的時候，農民就說：「我已經交清了！」並且呈上官府發給的收據。「里正」接過收據，始而發脾氣，想說「這是假的」，然而看來看去，千眞萬確，衹好轉怒爲喜，嘻皮笑臉地說：「好！好！交了就好！我沒有別的意思，衹不過是來你這兒弄幾杯酒、喝它個醉醺醺就回家罷了！」通過「雜嗔喜」的表情和「我亦來營醉歸爾」的語氣，把那個機詐善變、死皮賴臉、假公濟私的狗腿子的形象，勾畫得多麼活靈活現！

在詩歌創作的天地裏，不寫之寫的領域十分寬廣，而適當的跳躍，就是其中之一。從「敲門」到「手持文書」，跨度就相當大，但作者跨越的許多東西，讀者都不難通過想象再現出來。——這就是適當的跳躍。相反：如果作者跨越的東西讀者無從想象，乃至茫然不解，那麼這種跳躍就很不適當。不適當的跳躍衹能說是「不寫」，不能

催租行

算是「不寫之寫」。

「里正」要吃酒，農民將如何對付呢？

催租吏一到農家，農民就得設宴款待，這在唐詩中已有過反映。柳宗元《田家》裏說：「蠶絲盡輸稅，機杼空倚壁。里胥夜經過，鷄黍事筵席。」李賀《感諷》裏說：「越婦通言語，小姑具黄粱；縣官踏餐去，簿吏更登堂。」唐彦謙《宿田家》裏說：「忽聞叩門急，云是下鄉隶。……阿母出搪塞，老脚走顛躓。小心事延款，酒餘糧復匱。東鄰借種鷄，西舍覓芳醑。再飯不厭飽，一飲直呼醉。」范成大《催租行》裏的這個「里正」既然明說要盡醉方歸，那麽接下去，大約就該描寫農民如何借鷄覓酒了。然而出人意外，作者却掉轉筆鋒，寫了這麽四句：「牀頭慳囊大如拳，撲破正有三百錢：『不堪與君成一醉，聊復償君草鞋費。』」錢罐「大如拳」，極言其小；放在「牀頭」，極言愛惜。小小的錢罐裏好容易積攢了幾百錢，平時捨不得用，如今迫不得已，衹好敲破罐子一股腦兒送給「里正」，還委婉地陪情道歉說：「這點小意思還不够您喝一頓酒，您爲公事把鞋都跑爛了，姑且拿去貼補草鞋錢吧！」寫到這裏，就戛然而止，下面當然還有些情節，却留給讀者用想象去補充，這也算是不寫之寫。

「里正」要求酒席款待，農民却衹顧打破慳囊獻上草鞋錢，分明牛頭不對馬嘴，難道不怕碰釘子、觸霉頭嗎？不怕。因爲「里正」口頭要酒，心裏要錢，農民懂得他内心深處的潛臺詞。何況，他口上說的與心裏想的並不矛盾：有了錢，不就可以買酒吃嗎？范成大的組詩《四時田園雜興》裏有一首就刻畫了一個公然要酒錢的公差，詩是這樣的：

黄紙蠲租白紙催，皂衣旁午下鄉來，「長官頭腦冬烘甚，乞汝青錢買酒回。」

朝廷下詔免了租，皂衣（公差）却拿着縣官的公文下鄉催租。及至農民一說明，便撒野放刁，說什麽「縣官糊塗得很，管不了事，做好做歹全由我，你得孝敬我幾個錢兒買酒喝。」

同這位「皂衣」相比，《催租行》里的「里正」就奸滑得多。他不直截了當地說「乞汝青錢買酒回」，却紆迴曲折地說「我亦來營醉歸爾」。作者的高明之處，在於他跨越「里正」的潛臺詞以及農民對那潛臺詞的心照不宣，便去寫送錢。「撲破」一句雖無人指出，實際上用了杜詩「徑須相就飲一斗，恰有三百青銅錢」的典故。撲破「慳囊」，不多不少「正有三百錢」，說明農民針對「里正」「醉歸」的要求，正是送酒錢，却又不直說送的是酒錢，而說「不堪與君成一醉，聊復償君草鞋費」，其用筆之靈妙，口角之生動，也值得我們讚賞和揣摩。

蘇轍在《詩病五事》裏舉《詩經·大雅·綿》及杜甫的《哀江頭》爲例，說明「事不接，文不屬，如連山斷嶺，雖相去絕遠，而氣象聯絡，觀者知其脈理之爲一」，是「爲文之高致」。與此相對照，又指出白居易「寸步不遺，猶恐失之」，是「拙於紀事」的表現。葉燮在《原詩》裏又加以發揮說：「轍此言譏白居易長篇拙於敍事，寸步不遺，不得詩人法。然此不獨切於白也；大凡七古必須事文不相屬，而脈絡自一。唐人合此者亦未可概得，惟杜則無所不可。亦有事文相屬，而變化縱橫，略無痕跡，竟似不相屬者，非高、岑、王所能及也。」這裏所說的「事不接，文不屬」或「事文不相屬」，也就是我們所說的「跳躍」。

這首《催租行》在紀事方面就不是「寸步不遺」，而是大幅度地跳躍。八句詩四換韻：「催」、「來」押平聲韻，「喜」、「爾」押上聲韻，「拳」、「錢」押平聲韻，「醉」、「費」押去聲韻。韻脚忽抑忽揚的急遽轉換，也正好與內容上的跳躍相適應。

（霍松林）

四時田園雜興四首

范成大

一

土膏欲動雨頻催，萬草千花一餉開。舍後荒畦猶綠秀，鄰家鞭筍過牆來。

二

晝出耘田夜績麻，村莊兒女各當家。童孫未解供耕織，也傍桑陰學種瓜。

三

採菱辛苦廢犂鉏，血指流丹鬼質枯。無力買田聊種水，近來湖面亦收租。

四

新築場泥鏡面平，家家打稻趁霜晴。笑歌聲裏輕雷動，一夜連枷響到明。

在范成大三十四卷詩集中，確有不少佳作。而最引人注目的有兩組七言絕句：一組是出使金國往返途中的紀行詩七十二首，是屬於表現愛國思想部分；一組是《四時田園雜興》六十首，晚年退隱石湖別墅時所作，屬於描寫江南農村生活的田園詩部分。這裏，我們想把後者裏的四首絕句介紹給讀者，並約略作一點分析。

《四時田園雜興》前面有一段小引說：

四時田園雜興四首

淳熙丙午，沉疴少紓，復至石湖歸隱。野外紀事，輒書一絕，終歲得六十篇，號《四時田園雜興》。

「丙午」，是宋孝宗淳熙十三年（一一八六），作者六十一歲，辭去江南東路安撫使知建康府兼行宮留守已經三年。這一組詩是他晚年得意之作，曾錄寄友人，並自書之（成大工書），期垂久遠。後代評論家贊爲「雙絕」。

「土膏」是《春日田園雜興十二絕》裏的一首，主要描寫農村恬靜的生活環境。「土膏欲動雨頻催」，「土膏」是指土地肥沃。「欲動」，將要開始翻耕和播種了，「動」字也兼含肥沃的土地裏具有生長植物機能之意。江南爲多雨區，在將要下犁耕種之際，經常有雨，好像春雨多情，催促人們趕快幹農活。這是江南農業發達的天惠條件，也是太湖流域富庶殷實的可靠保證。在「土膏欲動」之際，而風雨時至，首先就給讀者一種清新的、心情舒暢的感覺。正因如此，所以「百草千花一餉開」，好像刹那之間，繁花似錦，爭妍鬥豔，讓人看見了春天的足跡；又好像前人所說的「暮春三月，江南草長，雜花生樹，羣鶯亂飛」的動人美景，斯須卽可來到。

「舍後荒畦猶綠秀」，「荒畦」意爲「閑地」。「綠秀」，是指瓜果蔬菜幼苗茁壯。「鄰家鞭筍過牆來」，「鞭筍」，結筍的竹根，雨後萌生，滋長更快。這是說鄰家的竹林，在春雨頻催的情況下，蔓延過牆，不久也將有嫩綠新篁和鄰居原有的竹林連成一片。土膏、春雨，萬草千花，荒畔綠秀，鞭筍過牆，無不在顯示着農村景物的和諧，同時也表達出作者的喜悅和讚賞。

「晝出」是《夏日田園雜興十二絕》之一。

「晝出耘田夜績麻，村莊兒女各當家。」從「晝」「夜」耕織着眼，體現農村男女進行生產勞動的主動性和積極性：白天，男勞力外出耘田（「耘」，也作「芸」，除草）；夜間，女勞力在家緝麻（「績」，義通「緝」，分析、接續）。「兒女」，就是「男女」。「各當家」，都能各自持家，有勞動生產的知識、技能。男耕女織、積極勞動，就是康樂富庶的太平景象。這裏有詩人對現實的讚美，也含蘊着詩人對小農經濟理想社會的追求。

四時田園雜興四首

成年的男女都是勞動能手，兒童們怎樣呢？「童孫未解供耕織，也傍桑陰學種瓜。」詩人筆下又勾勒出一羣天眞活潑的兒童形象。兒童們嬉戲、玩耍，實際上就是摹擬學習，許多知識就是從這裏探求、積累起來的。「童孫」是對家庭老人而言；「老人」在詩裏沒有出現，但是理應存在。這些在桑陰下遊戲的兒童們，在家庭結構上應是第三代人了。這些天眞無邪的孩子，他們還不可能具有耕種的知識，更不懂得爲什麼要耕種的意義，但是家人、村人每天的勞動，也逃不過他們的小眼睛。兒童對一切事務都覺得新鮮，非常敏感，模仿性也特別強。而且他（她）們正是祖、父輩的繼承人，是農業生產戰線上的後備軍，描寫農村的詩篇，理應有他們的位置。這一點，詩人眼光四射，並沒有放過。

「採菱」，也是《夏日田園雜興十二絶》之一。這首詩的主題、描寫角度和前兩首迥然不同，透過農村和諧的表面，鍥入到階級剝削的本質，是作者對勞動人民的關念和同情，具有更爲深刻的社會意義。

「採菱辛苦廢犂鋤」。鏡頭轉換，出現了採菱的場面。表面看來，小舟容與蕩漾在清波綠水之上，是恬靜而優美的；但是詩人洞察到她們內心的痛苦，是失去勞動工具（犂鋤）不得不另謀生計。再從外形來看，「血指流丹鬼質枯」，菱角的芒刺破了手指，在流着血；而且農民們骨瘦如柴，面有菜色，人形變成了「鬼質」（鬼的本相）。再著一「枯」字，不僅是押韻需要，而且進一步刻畫「鬼質」的慘苦形狀，整體已經乾枯了。（「鬼質」一詞，指唐朝宰相盧杞，他貌醜，面色如藍。見《新唐書・奸臣傳贊》。）既然辛苦到「血指流丹」，「鬼質」乾枯，爲什麼還不另作別圖呢？因爲「無力買田聊種水」，勞動對象和生產工具都已失去，衹好以水面當土地，種植一些水產借以糊口。可是「血指流丹鬼質枯」不但沒有同情者，「近來湖面亦收租」，官府照樣不肯放過，剝削的魔掌依然伸到他們頭上。賦稅苛重，結果必然導致失去民心，動搖國本。范成大有多年的統治經驗，早已看到這一危險的跡象。

「新築」是《秋日田園雜興十二絶》裏的一首，歌詠、讚揚農民生產勞動的積極和豐收的喜悅。

「新築場泥鏡面平」，築好打穀場，是保證顆粒歸倉的基本建設。它要求很高，必須堅實、光潔、平整，爲此要付出緊張的勞動。「鏡面平」這一比喻頗爲確切。衹有先忙完這一步，才能够「家家打稻趁霜晴」。凡在農村生活過的人都曉得，豐年並不一定等於豐收。如果碰上秋雨連綿，堆積在場上的稻穀就會生根發芽，終年勞動，廢於一旦。所以，「霜晴」天氣在豐收季節就十分可貴。「鏡面」似的平場，加上「霜晴」的好天氣，於是就產生了家家興奮的動人情景：「笑歌聲裏輕雷動，一夜連枷響到明。」用「輕雷」形容笑歌之聲，可見其普遍廣泛，人人如此，場場皆然。輕雷傳笑語，連枷響到明，終年的勞動得到了報酬，衣食的憂慮也暫時得到了緩解，官府的催科也不至奪去了兒女。詩人本於多年同情人民的感情，也好像加入了「輕雷」似的笑歌。

這一組詩六十首，描寫的面很廣，涉及的事很多。詩人用清新、樸素、形象的語言，寫出農民的勤勞品質和內心活動，他們有苦有樂、有喜有憂、有愛有恨，有理想、有希望，既自我滿足，也同情他人。在風景如畫的水鄉裏，世世代代生存着、勞動着、鬥爭着、創造着，充滿着生活的氣息，含蘊着變革世界的動力。

這一組詩，寫得自然、清新、優美、恬靜，深刻。我們讀它，好像看瓜果冊、耕織圖、山水小幅、風俗畫卷；其中並無大議論，也不用事掉書袋，衹是直敘其事，直抒己懷，不事塗澤，自饒秀潤。作者是上承陶、王、韋、儲，兼采竹枝、楊柳歌詞，經過吸收營養，加工錘煉，完成自己的本來面目，內容更加豐富，藝術更臻完美，爲後代作者撰寫田園詩拓展了更爲廣闊的道路。

（于北山）

橫塘

范成大

南浦春來綠一川，石橋朱塔兩依然。年年送客橫塘路，細雨垂楊繫畫船。

橫塘

《橫塘》是范成大的早期作品，他在家鄉郊野游覽，寫成一組絕句，共二十首，自註：「城西道中。」《橫塘》以地名標題，就是其中的一首。這是寫從吳城西門到天平山路上所見。這條路線，就是他後來到石湖別墅的往來經行之地，是和詩人的隱居生活有緊密聯繫的。

橫塘，在蘇州西南十里，原是一個大型池塘，附近一鎮，以塘得名。橫塘歷來是文士送別之處，所以此篇也就圍繞離情別思着筆。作者郊游到此，並沒有送別任務，衹是觸景生情、歌詠其事而已。

自古文士多情，才人多感，尤其是情侶相戀或朋友羣居，每當臨歧送別，更要陳訴衷懷、發揮藻思。文學史上這類叩擊心扉、撥動心弦的作品，也就踵事增華，豐富多彩。

結繩、契刻時代，未見文字材料，不知具體情況如何。可是到《詩經》、《楚辭》，大概可以說是這類作品的濫觴時代了。「送子涉淇，至於頓丘」（《詩經·衞風·氓》）、「子交手兮東行，送美人兮南浦」（《楚辭·九歌·河伯》）就是例證；不過還好，沒有哭哭啼啼。漢代古詩《攜手上河梁》、樂府詩《焦仲卿妻》就有了發展。梁江淹《別賦》：「春草碧色，春水淥波。送君南浦，傷如之何！」情景對舉，詞彩豐蔚，南浦一詞，遂成定格。厥後甚至有人認爲，生離更甚於死別。杜甫曾有詩說：「死別已吞聲，生別常惻惻。」（《夢李白二首》）而灞橋折柳、渭城離歌，更成爲人所熟知的故事。古代山川修阻，交通不便，再加宦海沉浮，世途變幻，多屬身非我有，就更增加了離多聚少的傷感。像王勃「海內存知己，天涯若比鄰。無爲在歧路，兒女共沾巾」那種曠達豪邁之作，確是少見。

成大集中，送行之作並不少，其中也有積極昂揚的（如《送同年萬元亨知階州》、《書懷二絕再送文季高兼呈新帥閣才元侍郎》），但是低徊惆悵欷歔不勝的則更多；有時甚至「中岩送別，至揮淚失聲」（《四川眉州與陸游別》），都未能擺脫前人窠臼。

這篇《橫塘》並非送別，不過一時觸發、涉及送行之事而已；但意境的安排、詞語的調動，走的仍是老路。「南浦春來綠一川，石橋朱塔兩依然。」《九歌》、《別賦》裏的「南浦」，當是泛指（後來地方志強實其地，並不可信）；即使是王勃《滕王閣詩》，雖然和「西山」對舉，恐怕也是虛用。成大此作的「南浦」，比擬借用，

橫塘

尤爲明顯。「一川」，指平地，和賀方回「一川煙草」同義。「綠一川」是說橫塘岸上，春來長滿綠草，暗用「春草碧色」，和「春水淥波」相映襯。這一句已經布置了一個送別的環境，移入了《別賦》的感情色彩。石橋、朱塔，都是橫塘附近有代表性的建築物，把它們看成古往今來在此送別的「見證」者。「依然」是說它們依然存在，年年如此；如果解爲擬人手法，說石橋、朱塔也代人依依惜別，雖稍嫌迂曲，似亦可通。

以上兩句，是布置送別環境，創造送別氣氛。「南浦」，沿用；「綠一川」，暗用；「石橋、朱塔」，實寫地方特色，它處移用不得。由是而引出點題的第三句、借景抒情的第四句。

「年年送客橫塘路，細雨垂楊繫畫船。」絕句的第三句，是轉折處，也是關鍵處。一首詩的成敗，往往在「它」身上。這句既使詩題明朗，又引起詩人歷歷在目的回憶。這次是信步遊覽到此，但它並不是陌生的，多次送別友人的離情別恨，一時又湧上心頭。還記得橫塘側畔，春草綿芊，細雨迷濛，垂揚飄拂。於是「方留戀處，蘭舟催發，執手相看淚眼，竟無語凝咽」的送行場面，又豁然呈現於眼前。即使曠達豪邁的詞宗東坡，也會有「細看來不是楊花，點點是，離人淚」的纏綿悱惻之語。

這首詩用借景抒情、融情入景的手法，追溯歷次送行的動人場面，表達送行的深切感受；如披閱「灞橋折柳」的古畫，聆聽「陽關三疊」的餘音。

（于北山）

晚潮

范成大

東風吹雨晚潮生，疊鼓催船鏡裏行。底事今年春漲小？去年曾與畫橋平！

《晚潮》，是范成大的早期作品，時在紹興二十年（一一五〇）春季，年二十五歲，在他中進士前四年，作者正寓居昆山薦嚴資福禪寺讀書。那裏有一個詩社組織，他被邀請加入，常與諸詩友唱和，有時也回家鄉蘇州作短暫勾留；這首絕句便是往來於蘇州、昆山之間途中所作。

題標「晚潮」是這一小詩的着重點。本詩開頭兩句寫得意境恬適，詩味盎然。「東風」，點明春季；「吹雨」，渲染詩境；黃昏風雨，帶來晚潮初漲。着一「生」字，便把風、雨、潮融爲一體，同時闖入詩人的視野。這種構思，可能和張若虛《春江花月夜》裏的「春江潮水連海平，海上明月共潮生」的啓發有關；也是韋應物《滁州西澗》「春潮帶雨晚來急」的化用。「疊鼓」，解爲「小擊鼓」。舟行江河，遇氣候變化、灘險、漲潮，都要擊鼓，似有求神保佑或答謝神靈之意，陸游《入蜀記》「是日便風，擊鼓掛帆而行」可作旁憑。「鏡里行」，說明輕風細雨，波瀾不驚，水程迢遞，舟行平穩。讀詩至此，我們不妨掩卷試思：下面詩句應如何安排，是寫煙雨迷離、雲山隱現？或寫酒旗招展、漁牧遄歸……這樣寫，作者也都優爲之。但出人意料，筆鋒陡轉，「底事今年春漲小？去年曾與畫橋平！」春漲？不是上下不接嗎？不是詩味索然嗎？大好的開端，却來了個蹩脚的結尾，石湖不會作詩嘛！至少這首詩是如此。看官，且慢！這樣寫，正顯示了他的手法高明，也正需要我們稍加探索。

從時間的跨度上把今年的春漲和去年的春漲作了對比，大小有顯著不同，這就意味着潮水漲落大小，任其自然；沒有發揮人的作用加以變革、控制和改造。潮水的過大過小，和地方農業生產、交通運輸都有直接的、密切的關係。潮勢過大則敗稼，過小則膠舟，對人民生活都是不利的。

我們讀范氏詩文，要始終抓住他生平思想的一個特點：關念農業生產和人民生活。

他在知處州時，在職時間雖然很短（十個月），却組織動員了地方民力，修復了廢棄多年的「通濟堰」，溉田二十萬畝，爲地方農業生產奠定了堅實的物質基礎。他早年寫過《昆山縣新開塘浦記》，晚年寫過《水利圖序》（兩文俱存），从這兩篇文章中可以看出他對地方水利沿革、興廢利害了如指掌。此篇的創作動機、藝術構思，都是他借以抒寫個人對潮勢的注意，希望用人力改造自然，掌握利用潮水的主動權；而不能聽其自然，那就害多利少，或有害無利。總之，是要像他的好友楊萬里所讚揚的「要看水從人指揮」（《誠齋集》卷三十二《圩丁詞十解》）。因此，我們完全可以理解，作者三、四兩句不是上下脱節、詩味索然，而是認爲與其描摹山容水態，還不如關心國計民生來得重要，這很符合作者一生（特別是青、中年時期）積極向上的功業思想和樂觀情緒。因而，這首詩不能置之於「景物類」，而是體現了范成大詩歌特殊的風格和深廣的社會意義。

此作也採用了對襯、對比手法。「東風吹雨」之景，是明處落墨；「春漲大小」之情（詩人的內心意念），是暗處着筆，轉接自然，黏合無跡。昔人評詩，有謂絶句體裁第三句爲關棙，承上啓下，轉折入神，盡在阿堵中。這裏以「底事」疑問詞語轉入正題，末句並非正面作答，而是借以引出去年春漲及橋的險情，一大一小，對比見意。用詞也脈絡清晰，「東風」和「春漲」相關；「春漲」和「畫橋」相關；「鏡里行」和「晚潮生」相關。有情景交融，關合緊密之妙，全篇不對偶、不避重詞（如「今年」、「去年」），大家往往如此。

（于北山）

图书在版编目（CIP）数据

历代名篇赏析集成．宋金元卷·上／袁行霈主编．—北京：高等教育出版社，2009.2（2017.2重印）
ISBN 978-7-04-023576-0

Ⅰ．历…　Ⅱ．袁…　Ⅲ．古典文学－文学欣赏－中国－辽宋金元时代　Ⅳ．I206.2

中国版本图书馆 CIP 数据核字（2008）第 036812 号

策划编辑　迟宝东　　责任编辑　迟宝东
书籍设计　刘晓翔　　责任校对　王效珍
责任印制　尤　静

出版发行　高等教育出版社
社　　址　北京市西城区德外大街4号
邮政编码　100120
印　　刷　北京佳信达欣艺术印刷有限公司
开　　本　787×1092　1/16
印　　张　31.5
字　　数　520 000

购书热线　010-58581118
咨询电话　400-810-0598
网　　址　http://www.hep.edu.cn
　　　　　http://www.hep.com.cn
网上订购　http://www.landraco.com
　　　　　http://www.landraco.com.cn

版　　次　2009年2月第1版
印　　次　2017年2月第4次印刷
总 定 价　66.00元

本书如有缺页、倒页、脱页等质量问题，请到所购图书销售部门联系调换。

物料号　23576-00